UN SIGLO DE TERROR
EN AMÉRICA LATINA

UNA CRÓNICA DE CRÍMENES DE ESTADOS UNIDOS
CONTRA LA HUMANIDAD

LUIS ARMANDO SUÁREZ SALAZAR (Guantánamo, Cuba, 1950). Licenciado en Ciencias Políticas en la Universidad de la Habana; postgraduado en Filosofía y Doctor en Ciencias Sociológicas. Durante más de una década fue director del Centro de Estudios sobre América (CEA) de La Habana, Cuba, y de la revista *Cuadernos de Nuestra América* que publica esa institución. También fue Presidente de la Asociación Latinoamericana de Sociología (ALAS), integrante del Comité Directivo del Consejo Latinoamericano de Ciencias Sociales (CLACSO) y de la Junta Directiva de la Coordinadora Regional de Investigaciones Económicas y Sociales (CRIES) para Centroamérica y el Caribe. Miembro de la Unión de Escritores y Artistas de Cuba (UNEAC), de la Asociación de Historiadores de América Latina y el Caribe (ADHILAC) y de la Sociedad Cubana de Derecho Internacional de la Unión de Juristas de Cuba (UNJC). Asimismo, es Profesor de la Cátedra "Ernesto Che Guevara" del Programa FLACSO-Cuba de la Universidad de La Habana, Profesor Titular Adjunto (asociado) de la Facultad de Filosofía e Historia de ese centro docente y del Instituto Superior de Relaciones Internacionales (ISRI) del Ministerio de Relaciones Exterior de la República de Cuba.

Ha publicado decenas de ensayos y artículos en diferentes revistas tanto de Cuba como de otros países del mundo. Su ensayo más reciente "Hacia un nuevo paradigma para la integración multinacional Latinoamericana y Caribeña: Un enfoque desde la prospectiva crítica y participativa" recibió Mención de Honor en el Segundo Concurso Internacional de Ensayo *Pensar a Contracorriente* convocado por el Ministerio de Cultura, el Instituto Cubano del Libro y su Editorial de Ciencias Sociales.

Como autor ha publicado seis títulos. Los más recientes son: *El Siglo XXI: posibilidades y desafíos para la Revolución Cubana* (2000); *América Latina y el Caribe: Medio siglo de crimen e impunidad: 1948-1998* (2001) y *Madre América: Un siglo de violencia y dolor (1898-1998)*, en el año 2005, este último recibió el Premio de la Crítica Científico-Técnica de la Academia de Ciencias de Cuba y el Instituto Cubano del Libro a los mejores libros de Ciencias Sociales que circularon en Cuba en el año precedente.

UN SIGLO DE TERROR EN AMÉRICA LATINA

UNA CRÓNICA DE CRÍMENES DE ESTADOS UNIDOS CONTRA LA HUMANIDAD

LUIS SUÁREZ

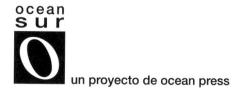
ocean sur

un proyecto de ocean press

Cubierta: Sean Walsh

Imágen de la cubierta por Oswaldo Guayasamín
© 2006 Fundación Guayasamín

ISBN 10: 1-920888-49-7
ISBN 13: 978-1-920888-49-7
Library of Congress Control Number: 2006921980

Primera edición 2006

PUBLICADO POR OCEAN SUR

OCEAN SUR ES UN PROYECTO DE OCEAN PRESS
Australia: GPO Box 3279, Melbourne, Victoria 3001, Australia
          Fax: (61-3) 9329 5040 Tel: (61-3) 9326 4280
          E-mail: info@oceanbooks.com.au
EEUU: PO Box 1186, Old Chelsea Stn., New York, NY 10113-1186, USA
Cuba: Calle 7, #33610, Tarará, La Habana, Cuba
          E-mail: oceanhav@enet.cu

DISTRIBUIDORES DE OCEAN SUR
EEUU y Canadá: **Consortium Book Sales and Distribution**
          Tel: 1-800-283-3572   www.cbsd.com
Gran Bretaña y Europa: **Turnaround Publisher Services Ltd.**
          E-mail: orders@turnaround-uk.com
Australia y Nueva Zelanda: **Palgrave Macmillan**
          E-mail: customer.service@macmillan.com.au
Cuba y América Latina: **Ocean Press**
          E-mail: oceanhav@enet.cu

www.oceansur.com
www.oceanbooks.com.au

ÍNDICE

Nota editorial   ix

Prefacio   1

Introducción   11

1. LAS PRIMERAS VÍCTIMAS DEL "JOVEN" IMPERIALISMO
ESTADOUNIDENSE   34

Consecuencias inmediatas para América Latina y el Caribe
    de la "guerra hispano-cubano-norteamericana" de 1898   35

El "gran garrote" y el Corolario Roosevelt   41

La "diplomacia del dólar y las cañoneras"   55

Las primeras resistencias al orden neocolonial *Made in USA*   68

2. LOS CRÍMENES DE LA "DIPLOMACIA MISIONERA" DE
WOODROW WILSON   82

Vicisitudes y frustraciones de la Revolución mexicana
    de 1910 a 1917   84

Los artificios de "la promoción de la democracia"   99

Implicaciones de la Primera Guerra Mundial para
    América Latina y el Caribe   111

3. LAS TROPELÍAS DE LA "RESTAURACIÓN REPUBLICANA"   131

El contradictorio resurgimiento del "sistema panamericano"   137

La Gran Depresión: Su impacto económico, social y político
    en América Latina   153

4. LAS FALACIAS DE LA "POLÍTICA DEL BUEN VECINO"   173

Los primeros crímenes de la "buena vecindad"   176

La confrontación entre la dictadura y la democracia entre
1933 y 1940   190

Impacto de la Segunda Guerra Mundial en América Latina
y el Caribe   199

5. LAS PRIMERAS VÍCTIMAS DE LA "GUERRA FRÍA"   219

La Doctrina Truman   222

Consecuencias inmediatas de la fundación de la OEA   234

La "Política del Buen Socio"   243

**6. REVOLUCIÓN, REFORMA Y CONTRARREVOLUCIÓN EN
LA DÉCADA DE 1960**   262

La Revolución cubana: su impacto en las relaciones
interamericanas   265

Vida, pasión y muerte de la "Alianza para el Progreso"   273

La "Doctrina Johnson" y las "dictaduras de seguridad nacional"   280

Nuevos gritos de guerra y de victoria   289

7. LOS CRÍMENES DEL TRÍO NIXON-FORD-KISSINGER   302

La crisis del orden neocolonial instaurado en la
década de 1960   305

Contrarreforma y contrarrevolución en la década de 1970   315

El "nuevo diálogo"   325

8. LAS VACILACIONES DE JAMES CARTER   341

Las ilusiones perdidas   344

La militarización de la Cuenca del Caribe   357

La confrontación revolución-contrarrevolución en los albores
de la década de 1980   369

9. LOS CRÍMENES DEL DÚO REAGAN-BUSH   384

El "Corolario Reagan"   388

La crisis de la deuda, la "redemocratización" y la impunidad
en América Latina y el Caribe 404

Las primeras víctimas de la "Posguerra Fría" 414

La Iniciativa de las Américas 423

10. HACIA UN NUEVO ORDEN PANAMERICANO 437

La retórica de la "relación madura" entre los Estados Unidos,
Canadá, América Latina y el Caribe 442

Las Cumbres de las Américas 450

Las falacias del "proceso de Miami" 458

Las víctimas de las nuevas nociones de la
"seguridad hemisférica" 470

11. LOS CRÍMENES DEL NEOLIBERALISMO 493

Las víctimas de los programas de ajuste estructural 495

Los costos socioambientales de la "globalización neoliberal" 509

A modo de conclusión: Una mirada al pasado desde el futuro 520

12. EPÍLOGO

NOTICIAS: ¿SIMPLES NOTICIAS? 539

Bibliografía 581

En el 150 Aniversario de su natalicio, a José Martí; quien dedicó toda su trascendental existencia a la lucha por la verdadera y definitiva independencia de los pueblos de Nuestra América.

A los caídos y las caídas en esa inconclusa contienda y, en especial, a los y las decenas de miles de desaparecidos y desaparecidas en las naciones que el comandante Ernesto Che Guevara —siguiendo el legado de El Libertador Simón Bolívar— denominó "la América mayúscula".

Luis Suárez
La Habana, 20 de agosto del 2003

NOTA EDITORIAL

Entre el 2 y el 4 de junio del 2005 se efectuó en La Habana, Cuba, el *Encuentro Internacional contra el terrorismo, por la verdad y la justicia* en el que participaron 681 delegados de 67 países del mundo. Días después, cumpliendo uno de los acuerdos de ese evento, un grupo de prestigiosas personalidades difundió el *Llamamiento contra el terrorismo y en defensa de la humanidad* que, entre otras cosas, proclamó el derecho de la opinión pública a conocer la verdad sobre *la era de terror* instaurada por Estados Unidos, sus aliados y testaferros; particularmente desde el lanzamiento de las bombas atómicas contra las ciudades japonesas de Hiroshima y Nagasaki (6 y 9 de agosto de 1945) hasta nuestros días. También convocó a romper el silencio en torno al pasado, el presente y futuro previsible de esas prácticas imperialistas y a impulsar un movimiento internacional contra el terrorismo a través de la red de redes *En defensa de la humanidad* fundada en Caracas en diciembre del 2004. Asimismo, exhortó a emprender diversas acciones inmediatas; entre ellas, la preparación de una colección de publicaciones sobre la memoria histórica del terrorismo; en especial del terrorismo de Estado y de la política genocida perpetrada por las clases dominantes estadounidenses y de múltiples países del mundo.

Dándole continuidad a nuestra política editorial —identificada con esos objetivos— y bajo el título *Un siglo de terror en América Latina*, decidimos adelantar la publicación en español de una versión abreviada y revisada del más reciente libro del conocido escritor y académico cubano Luis Suárez Salazar; publicado, por primera vez, en el año 2003, por la Editorial de Ciencias Sociales de La Habana con el titulo *Madre América: Un siglo de violencia y dolor (1898-1998)*. En enero del 2005, ese volumen —llamado a convertirse en un clásico de la historia de las intervenciones de Estados

Unidos en el hemisferio occidental, así como de la violencia estructural típica de las naciones situadas al sur del Río Bravo— recibió uno de los premios de la Crítica Científica-Técnica que entregó la Academia de Ciencias de Cuba y el Instituto Cubano del Libro a los mejores textos de Ciencias Sociales que circularon en ese país en el año precedente.

De lo antes dicho se desprende que la calificada y prolija investigación contenida en este volumen sólo abarca los principales acontecimientos que ocurrieron en las relaciones interamericanas, así como en los países de ese continente hasta mediados del año 2002. No obstante, todas las conclusiones y previsiones que aparecen en su epílogo han sido confirmadas por las evidencias y los acontecimientos posteriores. Según adelantó su autor: "Estas y estos reiteran la complicidad de los círculos oficiales de los Estados Unidos con los crímenes de guerra y de *lesa humanidad* que se han perpetrado en América Latina y el Caribe, al menos desde fines del siglo XIX hasta el inicio del tercer milenio". Por ello, como también indicó Suárez Salazar:

> [La] dialéctica entre la revolución, la reforma, la contrarreforma y la contrarrevolución que ha caracterizado el devenir del continente en los últimos dos siglos no ha desaparecido del curso de la situación latinoamericana y caribeña. Tampoco ha desaparecido la proyección contrarrevolucionaria y contrarreformista del "poder global" y hemisférico de Estados Unidos, ni su estrecha alianza con los sectores más reaccionarios de las clases dominantes del continente, incluidas las altas jerarquías de la Iglesia Católica, de las Fuerzas Armadas y de las elites que controlan los principales medios de comunicación masiva del hemisferio occidental.
>
> Esas proyecciones contrarrevolucionarias se mantendrán en los próximos años. Más aún, es de esperar que, con el pretexto de la "guerra contra el terrorismo" o contra "el narcotráfico", así como de sus antojadizas interpretaciones de la Carta Democrática Interamericana, la administración de George W. Bush, con mayor o menor respaldo de la OEA (Organización de Estados Americanos), emprenda nuevas acciones intervencionistas (…) contra diversas naciones de América Latina y el Caribe; en particular contra aquellas

(...) que desafíen sus pretensiones de imponer un "nuevo orden mundial" de factura imperial...

Desde que se escribieron esas líneas hasta hoy, así lo demuestran —entre otros hechos— las persistentes agresiones del gobierno de Estados Unidos contra el pueblo cubano y la ingerencia de la Casa Blanca en las sucesivas y frustradas intentonas dirigidas a derrocar a cualquier precio al presidente de la República Bolivariana de Venezuela (RBV), Hugo Chávez Frías. Igualmente, la mal llamada "intervención democrática y humanitaria" de Estados Unidos, Francia, Canadá y de algunos gobiernos latinoamericanos en Haití; la continuidad del sanguinario Plan Colombia (rebautizado como Plan Patriota); la implementación de la intervencionista Iniciativa Regional Andina; y la brutal represión que —al amparo de esos y otros planes "antinarcoterroristas"— han sido y son objeto las luchas antineoliberales, populares y antimperialistas que, en los últimos tres años, se han venido desplegando en diversos países de América Latina.

Sin embargo, esas prácticas represivas no han podido impedir que los pueblos de ese continente continúen bregando por construir las Grandes Alamedas demandadas, poco antes de ofrendar su vida, por Salvador Allende. Así lo confirman las victorias electorales de las fuerzas populares y progresistas en Argentina, Brasil y Uruguay, al igual que en el referendo revocatorio y en los comicios para Gobernadores y Alcaldes realizados en la RBV en el segundo semestre del 2004; la consiguiente profundización de la Revolución bolivariana; los avances obtenidos por el pueblo cubano en la edificación de su proyecto nacional y social; los pasos emprendidos por los gobiernos de ambas naciones para materializar la Alternativa Bolivariana para las Américas (ALBA); los tropiezos que está sufriendo su antítesis: el mal llamado Acuerdo de Libre Comercio para las Américas (ALCA); y el rechazo de la OEA, en junio del 2005, a los nuevos planes estadounidenses contra la RBV. Se deban añadir las exitosas sublevaciones populares que determinaron las fugas hacia el exterior de los corruptos mandatarios de Bolivia y Ecuador, la crisis política que están viviendo los gobiernos pro-imperialistas de México y Nicaragua, así como la victoria electoral del líder popular boliviano Evo Morales, las resistencias armadas y desarmadas del pueblo colombiano contra la "seguridad democrática" impulsada, con el apoyo de la Casa Blanca, por el presidente Álvaro Uribe Vélez.

Aspiramos a que la publicación de este libro —además de contribuir al enriquecimiento de la memoria histórica de todos los pueblos del mundo— sirva como un acicate para la elaboración de inéditas alternativas frente al genocida y depredador modelo económico, social, político e ideológico-cultural que quieren imponer —por la sinrazón y con la fuerza— las principales potencias imperialistas, encabezadas por los sectores neo-conservadores, neoliberales y neofascistas que actualmente gestionan los belicosos y expansionistas "intereses nacionales" de los grupos domi-nantes en Estados Unidos. También aspiramos a que la lectura de las páginas que siguen contribuya a la batalla de ideas y por la justicia global a la que —siguiendo el legado Simón Bolívar, José Martí y Ernesto Che Guevara— convocan los pueblos de Nuestra América.

Los editores

PREFACIO

En la mañana del 11 de septiembre del año 2001, tres aviones civiles de las compañías *American* y *United Airlines,* sorpresivamente convertidos en potentes proyectiles, fueron intencionalmente estrellados por sus secuestradores contra el edificio del Pentágono, ubicado en Washington, y contra las emblemáticas torres gemelas del *World Trade Center* de Nueva York. Nueve días después —cuando aún humeaban las cenizas de esas edificaciones y todavía no se había logrado establecer la cantidad, la identidad, ni la nacionalidad de las víctimas, ni de los autores de esos atentados— el entonces bisoño presidente estadounidense George W. Bush proclamó el inicio de una prolongada "guerra preventiva contra el terrorismo de alcance global". Igualmente, emprendió diversas acciones dirigidas a conformar —a espaldas de la Organización de las Naciones Unidas (ONU)— una potente coalición internacional contra algunas de las organizaciones terroristas que —a su decir— operan en diferentes países del mundo. También contra todos los gobiernos del orbe que —en la percepción imperial— protejan, encubran, apoyen o financien las actividades de esas organizaciones.[1]

Con tal fin, el 20 de septiembre del propio año, se efectuó en Washington una nueva Reunión Extraordinaria de Consulta de los 34 Cancilleres de los países integrantes de la Organización de Estados Americanos (OEA) y de los 20 gobiernos del llamado "hemisferio occidental" participes del moribundo Tratado Interamericano de Asistencia Reciproca (TIAR). Este fue signado —a instancia del *establishment* de la política exterior y de seguridad de los Estados Unidos— inmediatamente después de culminada la Segunda Guerra Mundial (1939-1945) y en los albores de la llamada "Guerra Fría"

(1947-1989). A pesar de las reservas expresadas por algunos de sus participantes (como fue el caso del gobierno de la República Bolivariana de Venezuela), en ambos cónclaves se refrendó el apoyo del gobierno de Canadá y de los 32 gobiernos latinoamericanos y caribeños (se exceptúa Cuba) actualmente integrantes del Sistema Interamericano a la brutal "cruzada terrorista contra el terrorismo" emprendida por la Casa Blanca.[2]

En consecuencia, se instruyó al Consejo Permanente de la OEA para que —siguiendo los acuerdos de las tres Cumbres de las Américas efectuadas respectivamente en Miami (1994), Santiago de Chile (1998) y Québec, Canadá (2001), así como de las decenas de reuniones "panamericanas" efectuadas al amparo de estas— elaborara una nueva Convención Interamericana contra el Terrorismo. Esta fue aprobada en la XXXII Asamblea General de esa organización efectuada en Barbados, en junio del 2002. Dicho cónclave también le encomendó a la Comisión de Seguridad Hemisférica (fundada en 1995) que —asesorada por la desprestigiada Junta Interamericana de Defensa (JID) y por el Colegio Interamericano de Defensa— acelerara las labores dirigidas a la celebración en el año 2003 de una Conferencia Especial sobre Seguridad encargada de formular recomendaciones específicas sobre la manera de encarar "colectivamente" a los "nuevos enemigos de la seguridad hemisférica".[3]

Con independencia de los contenidos de la Declaración de Bridgetown acerca del "enfoque multidimensional" que debe acompañar cualquier análisis de la llamada "seguridad interamericana",[4] no tengo dudas de que — bajo la presión del secretario del Estado Colin Powell— la asamblea y las reuniones de consultas antes mencionadas favorecen la progresiva institucionalización de un "Gran Sistema Americano" congruente con las bicentenarias aspiraciones de los círculos de poder estadounidenses de ejercer su férrea dominación económica, política, militar e ideológico-cultural sobre las naciones situadas al sur del Río Bravo y de la península de Florida. Y, por tanto, complementario a la siempre agresiva proyección del "poder global" de los Estados Unidos hacia otras zonas del planeta y, en particular, hacia el todavía denominado Tercer Mundo.

En efecto, luego de los acuerdos de la XXXII Asamblea General de la OEA, la Casa Blanca anunció con "bombos y platillos" los ingentes preparativos que estaba realizando con vistas a desatar una nueva guerra de agresión contra Irak. Del mismo modo que, días después de las reuniones extraordinarias de los Cancilleres de la OEA y del TIAR antes referidas, la poderosa maquinaria militar estadounidense —con el respaldo de la Organización del Atlántico Norte (OTAN) y de otros gobiernos euro-asiáticos (como Japón, Pakistán y Rusia)— convirtió al depauperado y virtualmente inerme territorio de Afganistán en un nuevo polígono de pruebas de sus cada vez más sofisticados armamentos y en una pieza más de la expansión de sus intereses geopolíticos y geoeconómicos en Asia Central. En esta ocasión, con el pretexto de derrocar al gobierno talibán presidido por el *mulá* Mohamed Omar, así como de aniquilar a las fuerzas de la organización islámica *Al Qaeda y* a su ahora afamado jefe y otrora estrecho aliado de los Estados Unidos, Osama Bin Laden.

A causa de esas acciones, miles de inocentes pobladores afganos —entre ellos, ancianos, ancianas, mujeres, niños y niñas—, al igual que varias instalaciones civiles, fueron fulminadas por la metralla. Asimismo, luego del derrocamiento del gobierno talibán, cientos de prisioneros políticos afganos y de otras nacionalidades fueron asesinados a sangre fría por las heterogéneas fuerzas integrantes de la Alianza del Norte, actualmente amamantadas por el Pentágono, por sus aliados británicos y por los gobiernos de algunas repúblicas centroasiáticas que otrora formaban parte de la desaparecida Unión de República Socialistas Soviéticas (URSS). Además, otros miles de presidiarios de guerra fueron confinados —como animales— en virtuales campos de concentración dislocados en Afganistán o en otras instalaciones militares de los Estados Unidos, cual es el caso de la Base Naval enclavada —contra la voluntad del pueblo cubano— en una parte de la Bahía de Guantánamo, Cuba. Siguiendo una orden ejecutiva de George W. Bush, tales detenidos serán juzgados y sancionados (incluso a la pena capital) de manera secreta, y sin que les asista el más mínimo derecho a la legítima defensa, por tribunales militares conformados por "una comisión de oficiales militares" pertenecientes a las parcializadas fuerzas armadas estadounidenses.[5]

Para contener las crecientes denuncias contra esas flagrantes violaciones del Derecho Internacional de los Derechos Humanos y del Derecho

Internacional Humanitario,[6] al igual que las repercusiones que estas han comenzado a tener en la opinión pública internacional y doméstica, la Casa Blanca —embarcada en la aplicación de una draconiana legislación antiterrorista que limita sobremanera los derechos civiles de los ciudadanos estadounidenses, al igual que de los inmigrantes extranjeros en ese país— ha venido presionando de manera exitosa a los medios de comunicación masiva (en primer lugar, a la "gran prensa" de su país) para que eviten "la transmisión de informaciones e imágenes" que puedan poner en peligro los aún imprecisos objetivos de la operación político-militar mal denominada "Libertad Duradera".

En ese contexto, y cual ya había hecho en Irak y Yugoslavia en la década de 1990, la poderosa maquinaria propagandística estadounidense, apoyada por los "grandes comunicadores planetarios", multiplicó sus mensajes atribuyendo los crímenes de guerra perpetrados por sus fuerzas militares y los brutales ataques contra la población civil afgana a "los errores" de sus "armas inteligentes", a los "daños colaterales" que supuestamente se producen en cualquier contienda bélica, así como a la enconada resistencia de los reductos de Al Qaeda y de las fuerzas del gobierno talibán que aún subsisten en Afganistán. Del mismo modo que —sin mostrar prueba alguna— en la actualidad orquestan una insidiosa "campaña mediática" dirigida a acusar al gobierno iraquí de estar produciendo armas químicas y otras armas de destrucción masiva.

Sin dudas, con esas y otras fabulosas y multimillonarias operaciones de la guerra psicológica "posmoderna" las principales potencias imperialistas —en primer lugar los Estados Unidos— quieren obtener "una flamante impunidad" para violar la soberanía y la autodeterminación de los pueblos de Europa Central y Oriental, Asia, África, América Latina y el Caribe, al igual que para los responsables intelectuales o materiales de los cientos de miles de crímenes de *lesa humanidad* (torturas, desapariciones forzadas, asesinatos extrajudiciales, genocidios y etnocidios) *y* de las múltiples violaciones del Derecho Internacional Humanitario que tradicionalmente han cometido y todavía cometen sus fuerzas pretorianas.

Con tales propósitos —además de presionar a los gobiernos signatarios del Tratado de Roma de 1998 que dio origen a la Corte Penal Internacional para que se abstengan de juzgar a militares estadounidenses que cometan esas fechorías — pretenden desdibujar las nítidas fronteras que existen entre "el terrorismo" y las legítimas luchas por la liberación nacional y social de los pueblos sometidos a diversas formas de opresión nacional o extranjera. También buscan borrar de la memoria histórica de los pueblos del mundo el sistemático empleo del terrorismo y del terrorismo de Estado como parte del arsenal históricamente empleado por las principales potencias imperialistas y sus subalternos de diversos países para sofocar las multiformes resistencias al injusto orden colonial o neocolonial instaurado a lo largo de los siglos XIX y XX en diferentes escenarios del mundo subdesarrollado.

A pesar de todos los cambios mundiales de los últimos lustros, símbolos imperecederos de tales prácticas siguen siendo, entre otros, las matanzas perpetradas por las potencias coloniales europeas en diversos países latinoamericanos, asiáticos y africanos; las sanguinarias estrategias contrainsurgentes desarrolladas, a su turno, por Gran Bretaña, Francia, Bélgica, España, Portugal, Italia, Alemania, Japón y los Estados Unidos contra las luchas por la independencia y la justicia social de los pueblos sometidos a diversas formas de dominación imperialista; "el holocausto" perpetrado por el nazi-fascismo contra el pueblo judío; los ataques con napalm y las bombas atómicas lanzadas sucesivamente por los Estados Unidos contra el territorio nipón y sobre las indefensas ciudades japonesas de Hiroshima y Nagasaky (1945); al igual que los cruentos bombardeos perpetrados, entre 1950 y 1953, por la aviación estadounidense contra las principales ciudades y la población civil de la República Democrática de Corea. Asimismo, los 200 mil indonesios asesinados inmediatamente después del golpe de Estado pro imperialista encabezado por el ya depuesto general Suharto (1967-1999); los millones de crímenes cometidos por las fuerzas armadas norteamericanas y por sus títeres en Vietnam, Laos y Camboya; las sistemáticas matanzas que, desde 1948, y con el respaldo de "los imperialismos anglosajones", han cometido y todavía cometen las fuerzas sionistas contra el pueblo palestino; los cientos de miles de víctimas civiles del férreo bloqueo de alimentos y medicinas impuesto a lo largo de la última década por el antidemocrático Consejo de Seguridad de la ONU contra el pueblo iraquí; y las infinitas masacres y "asesinatos selectivos" que, a lo largo del siglo XX, se perpetraron en América Latina y el Caribe por parte de las fuerzas armadas estadounidenses, por sus tenebrosos "servicios especiales", por mercenarios a sus servicios o por los sicarios "criollos" apoyados, entrenados, armados o protegidos, según el caso, por los Estados Unidos.

A recrear algunas facetas de esa violenta, dolorosa y a menudo desconocida historia va dirigido el presente libro. Como sugiere su título, en él se narran las decenas de intervenciones y los cientos de miles de crímenes de *lesa humanidad* que, entre 1898 y el comienzo del siglo XX, fueron perpetrados por los círculos de poder estadounidenses, solos o en consuno con sus aliados europeos (Inglaterra, Francia y Holanda) o con sus testaferros latinoamericanos y caribeños. También se muestran las múltiples falacias ("la protección de la vida y los bienes de los ciudadanos estadounidenses"; "la contención del comunismo", la "seguridad nacional", "la guerra contra las drogas" y la defensa o promoción de las "democracias representativas" y del "libre mercado") a las que, en forma pendular, han acudido los grupos gobernantes en los Estados Unidos para justificar sus acciones unilaterales o "colectivas" dirigidas a edificar, preservar y consolidar —cuando ha sido necesario, a sangre y fuego— su dominación sobre América Latina y el Caribe. Igualmente, para tratar de legitimar ante la opinión pública interna e internacional sus múltiples y sistemáticas "alianzas perversas" con los sectores más reaccionarios de las clases dominantes de esos países y con las decenas de dictadores militares o civiles que, a lo largo del pasado siglo, asolaron a la mayor parte de las naciones y los pueblos que José Martí denominó *Madre América*.[7]

Advierto a los lectores que la vastedad del período histórico y del espacio geográfico que abarca el volumen, así como las lógicas exigencias editoriales no siempre me han posibilitado detenerme con toda la profundidad requerida en algunos de los acontecimientos internos o internacionales que aparecen mencionados en el texto. Para tratar de suplir esa carencia, he anexado una selección de las principales obras referidas a lo largo del libro. En ellas, al igual que en los libros, artículos y ensayos mencionados en las notas que acompañan a cada capítulo, los interesados podrán profundizar en las determinaciones específicas de algunas situaciones nacionales, hemisféricas o internacionales en las que no me detuve todo lo necesario o que quedaron excluidas por un olvido involuntario o en aras de la síntesis. Asimismo, podrán encontrar otros puntos de vistas (diferentes a los míos) acerca del lapso histórico que abarca la obra.

De esto último se desprende que —siguiendo las reglas del trabajo académico y de la indagación histórica— en la bibliografía mencionada aparecen múltiples referencias a algunos autores que, en mi concepto, han adoptado una postura apologética o escasamente crítica hacia el desenvolvimiento de las "asimétricas" interacciones entre los Estados Unidos, América Latina y el Caribe. Sin embargo, preponderan los especialistas que, a lo largo del siglo XX, contribuyeron a esclarecer la continuidad que, sin negar los cambios, ha caracterizado la "gran estrategia" de las clases dominantes estadounidenses sobre el hemisferio occidental; y, en particular, la lógica imperial que unifica las diversas políticas desplegadas hacia sus "vecinos del sur" por las 19 administraciones, demócratas y republicanas, que han ocupado la Casa Blanca desde la mal llamada "guerra hispano-norteamericana" de 1898 hasta los primeros años del siglo XXI. Acorde con los temas en boga, en la bibliografía seleccionada también he incluido algunos autores y obras que, en fecha más reciente, han develado "la doble moral" que subyace en las doctrinas y en las prácticas "antiterroristas" de la actual administración republicana y de sus principales aliados de diferentes partes del mundo.

Por todo lo antes dicho, espero que la lectura de esta obra permita vislumbrar —desde una interpretación crítica de "la historia oficial" y de los inflamados discursos que ahora se pronuncian acerca de la presunta igualdad de intereses existentes entre "las dos Américas"— los inmensos peligros de todo tipo que le plantean a "las naciones románticas del continente", así como a las "islas dolorosas" del Caribe,[8] el "nuevo orden panamericano" que han venido edificando los círculos dominantes en los Estados Unidos y los sectores hegemónicos de las clases dominantes del hemisferio occidental desde la brutal intervención militar en Panamá (diciembre de 1989) hasta la actualidad; pasando por los múltiples acuerdos de las Cumbres de las Américas; las reformas regresivas que se han venido introduciendo en la Carta de la OEA; las diversas convenciones interamericanas que se han firmado en los últimos años; el rediseño del sistema de bases y acuerdos militares de los Estados Unidos con las fuerzas armadas y policiales del hemisferio occidental; el Plan Colombia y la Iniciativa Regional Andina; el despliegue de los Planes de Ajustes y Reestructuración de factura "neoliberal" impulsados por el Departamento del Tesoro de los Estados Unidos, por el Fondo Monetario Internacional (FMI) y el Banco Mundial (BM); así como por el Plan Puebla Panamá y por las intensas negociaciones que —apoyadas por las grandes corporaciones transnacionales, en particular las de origen estadounidense— se desarrollan con vistas a institucionalizar de manera total o parcial el mal llamado "Acuerdo de Libre Comercio para las Américas" (ALCA). Este último dirigido a "recolonizar" las economías y las sociedades latinoamericanas y caribeñas.

También espero que este volumen demuestre la certeza de lo planteado desde hace cerca de doscientos años por el Libertador Simón Bolívar: "Los Estados Unidos (…) parecen destinados por la Providencia para plagar la América de miserias a nombre de la Libertad".[9] Igualmente, la vigencia del ya centenario llamado del Apóstol de la Independencia de Cuba, José Martí: "Estos tiempos no son para acostarse con el pañuelo a la cabeza, sin con las armas de almohada (…); las armas de juicio, que vencen a las otras. Trincheras de ideas valen más que trincheras de piedras".[10] "La historia de América, de los incas acá, ha de enseñarse al dedillo, aunque no se enseñe la de los arcontes de Grecia…"[11]

Luis Suárez
La Habana, 20 de agosto del 2003

NOTAS

1. Para un análisis de estos temas puede consultarse, entre otros, John Saxe-Fernández y Gian Carlos Delgado-Ramos: *Globalización de terror y amenaza bioterrorista*, Centro de Investigación y Desarrollo de la Cultura Cubana "Juan Marinello", La Habana, 2002.

2. Ramón Grosfoguel: "Colonialidad global y terrorismo antiterrorista", en *Nueva Sociedad*, Venezuela, enero-febrero del 2002, no.117, pp. 133-137.

3. Todas las referencias a los acuerdos de la Reunión Extraordinaria de Consulta de los 34 Cancilleres de los países integrantes de la OEA y de la XXXII Asamblea General de esa organización fueron tomados de: OEA: *Declaraciones y Resoluciones aprobadas por la Asamblea General en su Trigésimo Segundo Período Ordinario (versión provisional sujeta a revisión de la Comisión de Estilo)*, OEA/AG/doc.4, Bridgetown, Barbados, 4 de junio del 2002.

4. Ibídem, pp. 1-4.

5. Hedi Tejeda: "Deriva policíaca", en *Vértice*, Facultad Latinoamericana de Ciencias Sociales, Programa República Dominicana, enero-febrero, 2002, no.5, pp. 6-7.

6. Existen diferencias entre las normativas del Derecho Internacional Humanitario o "derecho de la guerra" y el Derecho Internacional de los Derechos Humanos. Este último refiere las responsabilidades que tienen los Estados y gobiernos en el cumplimiento o en la protección de los derechos económicos, sociales, culturales, civiles y políticos de sus ciudadanos. También en la promoción de los llamados "derechos humanos colectivos", como los derechos de la mujer y de la infancia, de los inmigrantes y sus familias, al igual que el "derecho al desarrollo" y a disfrutar de "un medio ambiente sano" que tienen todos los pueblos del mundo. Mientras que el Derecho Internacional Humanitario sólo regula las conductas que deben mantener las partes contendientes (estatales o no estatales) en cualquier conflicto bélico; entre ellas, el absoluto respeto a la población civil y a la labor de las organizaciones humanitarias y socorro (por ejemplo, la Cruz Roja), el trato que debe otorgársele a los heridos y prisioneros de guerra, etcétera.

7.   José Martí: "Madre América", en *Nuestra América*, Casa de las Américas, La Habana, 1975, pp. 31-40.

8.   José Martí: "Nuestra América" en *Nuestra América*, ed. cit., pp. 21-30

9.   Simón Bolívar: "Carta a el coronel Patricio Campbell, Encargado de Negocios de S.M.B., Guayaquil, 5 de agosto de 1829", en *Simón Bolívar: Obras completas*, Editorial LEX, La Habana, 1947, t. 1, p. 736.

10.   José Martí: "Nuestra América", ed. cit., p. 21.

11.   Ibídem, p. 24.

INTRODUCCIÓN

Parafraseando al Premio Nobel de Literatura, Gabriel García Márquez, los más recientes cinco siglos de la historia latinoamericana y caribeña bien podrían definirse como quinientos "años de soledad, de amarguras sin cuento, de injusticias, violencia y dolor".[1] Sin ánimo de ser exhaustivo y sin orden de prelación, así lo demuestran:

1. Los más de 70 000 000 de indígenas pertenecientes, dependientes o descendientes de las civilizaciones azteca, maya, inca, aymará, tupí-guaraní, araucana, chibcha, timote, aruak y karib que, durante los siglos XVI, XVII y XVIII, fueron exterminados en el denominado "Nuevo Mundo"[2] a causa de "la conquista" y la colonización europeas (española, portuguesa, francesa, inglesa, holandesa y danesa) y, en particular, de "la evangelización" conducida a sangre y fuego por los sectores más reaccionarios de la Iglesia católica, apostólica y romana, preponderantes en los decadentes imperios mercantilistas, absolutistas, parasitarios e inquisitoriales enquistados en la península ibérica.[3]

2. El aniquilamiento de más de 45 000 000 de negros y negras africanos y africanas[4] y sus descendientes que, luego de ser violentamente desterrados, fueron convertidos —junto a la población indígena que sobrevivió a "la conquista" y la colonización— en la mano de obra esclava o "semiesclava" que reclamaban las brutales tareas vinculadas a la extracción, fundición y acuñación de los metales preciosos (oro y plata), unido a las agobiantes labores relacionadas con las plantaciones de azúcar, algodón y otros

productos agrícolas que —según denunció Carlos Marx— tanto contribuyeron a la acumulación originaria del capital y a la reproducción
ampliada de la injusta y sanguinaria división internacional del trabajo que
caracterizó, desde sus albores, al sistema capitalista mundial.[5]

3. Los cerca de 140 000 000 de negros africanos que murieron durante su
captura, fueron asesinados o lanzados vivos a las aguas del Océano
Atlántico durante la travesía entre diferentes puntos del África occidental y
los principales puertos de "las Américas"; incluidos los de las Trece
Colonias de Norte América que —luego de su independencia del colonialismo británico (4 de julio de 1776)— dieron origen a los Estados Unidos
de América. [6] A pesar de la prédica democrático-libertaria de los Padres
Fundadores (*Founding Fathers*) de esa emblemática "república federal y
liberal" (George Washington, Thomas Jefferson y Alexander Hamilton),
hasta la Guerra de Secesión entre el Norte industrial y el Sur esclavista
(1861-1865), las autoridades y la entonces naciente burguesía industrial
estadounidense —al igual que la inglesa, la holandesa, la francesa, la
española y la portuguesa— cohonestaron o participaron de las inmensas
ganancias y en los diversos crímenes derivados de la abominable "trata de
esclavos" africanos o asiáticos (los *coolies* chinos o los hindúes) hacia el mal
llamado "hemisferio occidental".[7]

4. Los terribles suplicios a que fueron sometidos, entre el supuesto
"descubrimiento de América" (12 de octubre de 1492) y los albores del siglo
XIX, todos aquellos que encabezaron o protagonizaron diversas formas de
resistencia contra las brutales condiciones en que se reprodujeron en
América Latina y el Caribe las más oprobiosas instituciones de la esclavitud
grecoromana, al igual que las más degradantes y humillantes formas de
servidumbre que tipificaron, al menos, las primeras etapas del feudalismo
europeo.[8] También, los que se rebelaron, una y otra vez, contra el injusto y
depredador "orden colonial" impuesto en el territorio continental latinoamericano por España y Portugal, y en el llamado "archipiélago de las
Antillas", por España, Inglaterra, Francia, Holanda y Dinamarca.

5. El martirio de los principales protagonistas de la cruenta y prolongada (1790-1804) guerra antiesclavista y anticolonial (dejó un saldo de más de 150 000 muertos) que concluyó con la independencia de Haití.[9] En la brutal represión a esa radical sublevación popular, en los frustrados intentos de reconquistar y restablecer la esclavitud en el territorio haitiano, emprendidos —en coalición con Inglaterra y con la connivencia de los Estados Unidos— por Napoleón Bonaparte; en el suplicio que sufrió en las cárceles francesas el líder antiesclavista e independentista haitiano, Toussaint Louverture (1743-1803), en el asesinato de su sucesor, Jean Jacques Dessalines (1758-1806), y en el cruento bloqueo económico, político y militar que, a partir del 1ro de enero de 1804, sufrió la "primera república negra del mundo", se evidenció cómo —en la percepción imperial— las consignas de *Libertad, Igualdad* y *Fraternidad* propaladas por los artífices de la Revolución burguesa francesa de 1789 y por su antecesora, la Revolución por la Independencia de las Trece Colonias Unidas del Norte de América, no tenían vigencia para los pueblos latinoamericanos y caribeños.

6. El alto tributo en vidas (más de 4 000 000 de muertos) y haciendas que, entre 1810 y 1825, tuvieron que pagar los luchadores por la independencia de la también llamada "América Española", a causa de la ferocidad de las autoridades coloniales ibéricas y de sus secuaces "criollos".[10] Esas pérdidas fueron mayores debido a la actitud displicente de Francia, a la "ayuda interesada" de Inglaterra y a la "neutralidad hostil" de los Estados Unidos ante las luchas por la liberación nacional emprendidas en América Latina.[11] Esa "neutralidad", estuvo fundada en el concepto —expresado desde 1786 por Thomas Jefferson— de que era necesario posponer la independencia de los países hispanoamericanos hasta que la población estadounidense hubiera "crecido lo suficiente" para ir arrebatándoselos [a España] pedazo a pedazo".[12] Tal estrategia encontró continuidad en "el sueño" de Alexander Hamilton (1788) y sus seguidores —entre ellos el secretario de Estado, Henry Clay— de fundar un Gran Sistema Americano controlado por los Estados Unidos;[13] pero sobre todo en la célebre Doctrina Monroe (1823), en sus diferentes corolarios, así como en las diversas interpretaciones del denominado Destino Manifiesto y de los Intereses

Supremos (*Paramount Interest*) de la potencia hegemónica en el hemisferio occidental.[14]

7. Las perversas y exitosas maniobras desarrolladas por los círculos dominantes de los Estados Unidos, en consuno con las conservadoras oligarquías "criollas", con vistas a impedir la realización de las utopías redentoras del Libertador Simón Bolívar. Este —a diferencia de otros líderes político-militares independentistas— concibió la derrota del dominio colonial español como paso previo a la edificación de una Federación de Estados de la América Española, que pudiera actuar de manera independiente frente a todas las potencias imperiales del Viejo y del Nuevo Mundo; en primer lugar, ante el expansionismo estadounidense.[15] En el concepto bolivariano —aprendido de los más radicales y solidarios independentistas haitianos (por ejemplo, el presidente Alexander Petión), al igual que de los vaivenes de la cruenta "guerra social venezolana"—,[16] el sustento de ese empeño tendría que ser la total eliminación de la esclavitud y de las diversas formas de servidumbre que mantenían a los indígenas y a *los cholos* (mestizos) brutalmente sojuzgados por los usufructuarios y testaferros del "orden poscolonial"; incluidos la alta jerarquía de la Iglesia católica, los múltiples caudillos militares surgidos de la gesta independentista, los latifundistas peninsulares y los "gamonales criollos".[17]

8. Las cruentas y costosas guerras intestinas que, aprovechadas por las potencias europeas y por los Estados Unidos, afectaron a la mayor parte de los recién nacidos Estados latinoamericanos, luego del desmembramiento de las llamadas "Provincias Unidas del río de la Plata" (Argentina y Uruguay), del fracaso del Congreso Anfictiónico de Panamá (1826), del alevoso asesinato de Antonio José de Sucre (1829) y de la solitaria muerte de Simón Bolívar (17 de diciembre de 1830).[18] Todo ello contribuyó a la inmensa inestabilidad interna —inducida por las intrigas norteamericanas— que, a partir de la década de 1820, caracterizaron a México y a las naciones centroamericanas. También a la balcanización, en 1830, de la Gran Colombia (Venezuela, Colombia, Ecuador y Panamá). Asimismo, a la destrucción de la Confederación Peruano-Boliviana (1838) y de la

Federación de Estados Centroamericanos (1840). Igualmente, a la prolongación durante todo el siglo XIX de la brutal dominación española sobre los archipiélagos de Puerto Rico y Cuba.[19] Por su ubicación estratégica en el Mar de las Antillas, en 1823, ambos habían sido calificados por uno de los principales artífices de la Doctrina Monroe, el secretario de Estado (1817-1825) y posterior presidente de los Estados Unidos (1825-1929), John Quincy Adams, como "apéndices naturales del Continente americano". Es decir, del territorio estadounidense.[20]

9. Las decenas de miles de vidas humanas, las inmensas riquezas naturales (incluidos los importantes yacimientos de oro de California) y los vastos territorios (más del 45% de su extensión original) que perdió México a causa de las diversas conspiraciones y conflictos separatistas estimulados por los círculos de poder norteamericanos; pero sobre todo fruto de la brutal guerra de rapiña desencadenada, entre 1845 y 1848, por los Estados Unidos contra el pueblo mexicano. Tal despojo —"jurídicamente" consumado en 1848 y 1853— se realizó con la anuencia o el silencio cómplice de las potencias euroasiáticas hegemónicas en el "orden mundial pos napo-leónico"; en particular de las integrantes de la Santa Alianza y de Inglaterra.[21] En nombre de la mal llamada "lucha entre la civilización y la barbarie", esta última potencia también aupó y respaldó las grandes matan-zas de gauchos e indígenas (mapuches y tupiguaraníes) que se produjeron en Argentina, Uruguay y Chile en la segunda mitad del siglo XIX. En el primer caso, por los gobiernos racistas, oligárquicos y pro británicos del general Bartolomé Mitre (1862-1868), de Domingo Faustino Sarmiento (1868-1874) y de Nicolás Avellaneda (1874-1880). En el segundo, por los gobiernos bipartidistas (blanco-colorado) que gobernaron, en Uruguay, entre 1872 y 1903. Y, en el tercero, durante las sucesivas guerras desatadas por la "europeizada" oligarquía santiaguina —y sus estrechos aliados militares— con vistas a dominar a la población mapuche asentada en el centro y el sur de ese país.

10. Los cientos de miles de bajas causadas entre los combatientes y la población civil por las sangrientas, costosas y, en algunos casos, persistentes

guerras fratricidas que, a lo largo del siglo XIX, se produjeron entre diferentes países latinoamericanos y caribeños con el estímulo y el financiamiento de las principales potencias coloniales europeas y de los Estados Unidos. Entre ellas, por su crueldad, merecen recordarse las guerras argentino-brasileñas por el control de la llamada "Banda Oriental del río de la Plata" (Uruguay) y las dos Guerras del Pacífico que enfrentaron a Perú, Bolivia y Chile en 1838 y entre 1879 y 1883, respectivamente.[22] También la Guerra de la Triple Alianza emprendida por Brasil, Argentina y Uruguay contra el gobierno del presidente paraguayo Francisco Solano López (1862-1870), continuador de la prominente obra nacionalista y reformadora de su padre, el mandatario Carlos Antonio López (1841-1869), y del injustamente denigrado fundador de la República de Paraguay, Gaspar Rodríguez de Francia (1814-1840).[23] A causa de esa criminal contienda perdieron la vida más de 1 100 000 paraguayos; incluidos cientos de miles de mujeres y niños.[24]

11. Las múltiples intervenciones perpetradas a todo lo largo del siglo XIX en América Latina y el Caribe por Inglaterra, Francia, los Estados Unidos y España. Muestras de ellas fueron la anuencia estadounidense ante la usurpación de las islas Malvinas —históricamente pertenecientes a la Argentina— por parte de Gran Bretaña (1833); las continuas embestidas de ese país contra la integridad territorial de diversas naciones centroamericanas; las invasiones ejecutadas —con el respaldo de los círculos oficiales norteamericanos— por el filibustero estadounidense William Walker contra Nicaragua y Honduras (1855-1860); así como la cruenta intervención de Francia en México y la ilegítima imposición del imperio encabezado por el títere de Napoleón III, el emperador austriaco Maximiliano de Habsburgo (1861-1867). También los frustrados intentos de España de recolonizar el territorio de la actual República Dominicana y del presidente Ulysses Simpson Grant (1869-1877) de anexar esa nación a los Estados Unidos. Asimismo, las turbias gestiones del malogrado presidente estadounidense James Garfield (20 de marzo de 1981-19 de septiembre de 1981) y de su secretario de Estado, James Blaine, dirigidas a apropiarse de las islas Galápagos, pertenecientes a Ecuador, al igual que a establecer su "protectorado" sobre Perú.[25]

12. La brutal ofensiva lanzada en la última década del siglo XIX por los círculos de poder norteamericanos con vistas a consolidar —en nombre del "panamericanismo"— su dominación sobre América Latina y el Caribe.[26] Aunque esa estrategia adoptó diversas formas "diplomáticas" —entre otras, la realización de la Primera Conferencia Internacional de Estados Americanos y de la Conferencia Monetaria Internacional Americana efectuadas en Washington en 1890 y 1891, respectivamente— también incluyó el empleo de la fuerza militar dirigida a aniquilar, a toda costa, la capacidad de resistencia de los gobiernos y los pueblos latinoamericanos y caribeños. Así se demostró en los sucesivos desembarcos que, entre 1890 y 1896, perpetró la tristemente célebre infantería de marina de los Estados Unidos —los *marines*— en diversos países de esa región.[27] También, en el apoyo otorgado por los Estados Unidos a las cruentas dictaduras "liberales" instauradas en ese período en México, Centroamérica y en otros países insulares (Haití y República Dominicana) de la Cuenca del Caribe.[28]

13. Las más de 250 000 víctimas de la última etapa (1895-1898) de la guerra de liberación del pueblo cubano contra el colonialismo español.[29] Sin negar la crueldad de las autoridades coloniales españolas —expresada de forma dramática en la llamada "Reconcentración de Weyler" (1896-1897)—, esa matanza también estuvo causada por la "neutralidad" (absolutamente favorable a España) de sucesivos mandatarios demócratas y republicanos frente a las luchas por la independencia de Cuba,[30] así como por el cruel bloqueo de medicinas y alimentos deliberadamente impuesto por la marina de guerra de los Estados Unidos con el propósito expreso de diezmar a la población civil cubana y facilitar "la anexión de la Perla de la Antillas".[31] Lo anterior explica la unilateral "intervención humanitaria" de los círculos de poder norteamericanos en el conflicto hispano-cubano, su absoluto desconocimiento del Consejo de Gobierno y de las estructuras de mando del Ejército Libertador cubanos. También, todas las acciones desplegadas por sucesivas administraciones estadounidenses —incluida la imposición de la Enmienda Platt— para garantizar su férrea dominación económica, política y militar sobre la mayor de las Antillas.[32]

14. El prefabricado "conflicto secesionista" y la descarada intervención militar norteamericana que, en 1903, concluyó con la segregación del territorio de Panamá de la República de Colombia, así como con la imposición de un gobierno títere que le cedió a perpetuidad un "canal a medio hacer" y "más de mil cuatrocientos kilómetros cuadrados de territorio panameño".[33] También reconoció el presunto "derecho" de los círculos dominantes en los Estados Unidos a intervenir en forma permanente en los asuntos internos y externos de esa inerme nación latinoamericana. En tal desenlace tuvo un papel decisivo la protocolización del Tratado Hay-Pauncefote de 1901, por medio del cual los Estados Unidos aceptó que Inglaterra y sus aliados europeos (Francia y Holanda) preservaran sus principales colonias en el Mar Caribe. A cambio, esas potencias imperialistas admitieron que los Estados Unidos construyera a su libre albedrío un canal interoceánico en el istmo centroamericano.[34] Igualmente, que preservara su dominación colonial sobre el archipiélago de Puerto Rico.

15. Las diversas ocupaciones militares y otras acciones punitivas perpetradas por los Estados Unidos, entre 1905 y 1917 (aún antes del triunfo de la Revolución socialista de Octubre), contra Cuba, Haití, Honduras, Nicaragua, Panamá y la República Dominicana. Ejemplos de la brutalidad que acompañó a tales acciones imperialistas fueron las despiadadas prácticas contrainsurgentes —antecesoras de las aplicadas por los "boinas verdes" durante la guerra de Vietnam— empleadas por las fuerzas armadas norteamericanas contra la población civil —alevosamente despojada de sus tierras por los monopolios estadounidenses— y los combatientes antiimperialistas (los mal llamados "cacos" y los "gavilleros") de Haití (1915-1934) y de la República Dominicana (1916-1924), respectivamente.[35]

16. El millón de vidas humanas que le costó al pueblo azteca la prolongada guerra civil, vinculada a la primera revolución social del siglo XX latinoamericano: la Revolución mexicana de 1910 al 1917.[36] En esa sangría tuvo mucho que ver el descarado respaldo del gobierno de los Estados Unidos a los sectores más reaccionarios de la sociedad mexicana —incluida la alta jerarquía de la Iglesia católica— y las dos intervenciones militares

realizadas, en 1914 y 1917, por las fuerzas armadas norteamericanas, con el socorrido pretexto de "defender la vida y los intereses de los ciudadanos estadounidenses". Igualmente, el apoyo de la Casa Blanca a las cruentas estratagemas del presidente "constitucionalista" Venustiano Carranza y de su Ministro de Guerra, Álvaro Obregón, dirigidas a aniquilar, a sangre y fuego, la resistencia de los destacamentos populares, indígenas y campesinos, liderados por Pancho Villa y Emiliano Zapata.[37]

17. Las múltiples matanzas y asesinatos políticos perpetrados en América Latina y el Caribe durante las primeras tres décadas del siglo XX por las clases dominantes locales, por sus fuerzas pretorianas o de manera directa por las fuerzas represivas de las potencias capitalistas europeas y de los Estados Unidos, con el propósito de derrotar las legítimas demandas del movimiento popular y, en particular, de la naciente clase obrera latino-americana y caribeña. Igualmente, las brutales prácticas utilizadas por los Estados Unidos y por las clases dominantes locales para sofocar los diversos "movimientos nacionalistas, sublevaciones populares, revueltas campesinas y fallidos intentos revolucionarios que estremecieron el continente de un extremo a otro", entre 1930 y 1934.[38] Entre ellos, la sangrienta represión a la insurrección de los trabajadores y campesinos salvadoreños encabezada por el martirizado dirigente comunista Agustín Farabundo Martí (1932), al igual que contra la población campesina y los combatientes del "pequeño ejército loco" que, bajo la dirección de Augusto César Sandino, logró una trascendente victoria político-militar sobre las fuerzas de ocupación norteamericanas en Nicaragua (1933).[39]

18. Los múltiples crímenes cometidos por la cadena de dictaduras militares o de gobiernos civiles o cívico-militares obsecuentes con la dominación de los imperialismos anglosajones que — a pesar de la cacareada "Política del Buen Vecino" pregonada por el presidente norteamericano Franklin Delano Roosevelt— se instalaron en América Latina y el Caribe entre 1933 y 1945. Entre ellos, el asesinato de Augusto César Sandino en Nicaragua (1934) y de Antonio Guiteras en Cuba (1935); la sangrienta represión contra la extendida revuelta popular capitaneada por la Alianza Nacional

Liberadora de Brasil (1935) y contra las diversas sublevaciones campesinas y las huelgas de trabajadores mineros que se produjeron en Bolivia.[40] A ellas habría que agregar, al menos, la brutalidad con que fueron enfrentadas por las autoridades coloniales británicas las huelgas de trabajadores azucareros y de otras ramas de la economía que se realizaron en Jamaica, Barbados, Trinidad y Tobago, San Vicente y Santa Lucía (1937-1939). También las matanzas realizadas por las fuerzas de ocupación norteamericanas contra los sectores independentistas de Puerto Rico.

19. Las decenas de miles de víctimas de las diversas guerras fratricidas que se desarrollaron en América Latina a lo largo del siglo XX como reflejo de las contradicciones entre los monopolios ingleses o norteamericanos interesados en el control de los principales recursos naturales del continente.[41] Así ocurrió, por ejemplo, en la cruenta guerra brasileño-boliviana de 1902 por el control de las importantes reservas de caucho que poseía este último país; en la guerra panameño-costarricense impulsada por la geofagia de la United Fruit Company (UFCO) y de su rival la American Banana Company (1921), y en la sangrienta Guerra del Chaco que, a instancias de la Standard Oil (Esso) y de la Royal Dutsh Shell, enfrentó, entre 1932 y 1935, a Paraguay y Bolivia por el control de los supuestos yacimientos petrolíferos existentes en esa zona. También los diversos y hasta hace poco inconclusos conflictos armados entre Ecuador y Perú por el control de 200 000 kilómetros cuadrados de selva, cuyo subsuelo se supone contiene petróleo.[42]

20. El más de un millón de muertos y desaparecidos, los incontables millones de exiliados y desplazados internos, así como los miles de torturados o mutilados provocados por la violencia reaccionaria en América Latina y el Caribe, entre 1945 y 1992: año del 500 aniversario del presunto "descubrimiento de América". En particular, por las constantes y violentas contrarreformas y contrarrevoluciones emprendidas por las clases dominantes locales, por sus sicarios y sus fuerzas pretorianas con el apoyo directo o "indirecto" de los círculos de poder norteamericanos y de sus principales aliados europeos (el Reino Unido, Francia y Holanda), con vistas a tratar de contener las recurrentes crisis de su sistema de

dominación, así como de preservar, a toda costa, las deformadas e injustas estructuras económicas, sociales y políticas, internas y externas, que caracterizan al capitalismo dependiente instaurado en la mayor parte de los países del hemisferio occidental. Un ejemplo de la ferocidad que ha acompañado a las estrategias represivas de las clases dominantes y del imperialismo —en particular, del norteamericano— son los datos que se muestran en el Cuadro 1.

CUADRO 1

Estimados mínimos de los muertos y los desaparecidos a causa de la represión oligárquico-imperialista en algunas etapas y en algunos países de América Latina y el Caribe (1945-1992)

País	Cantidad de muertes
Argentina	46 000[a]
Cuba	20 000[b]
Colombia	350 000[c]
Chile	4 000[d]
El Salvador	75 000[e]
Guatemala	200 000[f]
Haití	45 000[g]
Nicaragua	70 000[h]
Perú	69 000[i]
Panamá	3 000[j]
República Dominicana	6 000[k]
Total	888 000

a. Sólo se refiere al período 1974-1983.

b. Aunque no se ha hecho una investigación histórica sobre este asunto, es comúnmente aceptado que ese fue el número de mártires durante la última dictadura de Fulgencio Batista (1952-1958). No se incluyen las cerca de 3 500 muertes causadas por las diversas agresiones perpetradas por los Estados Unidos contra la Revolución cubana.

c. Desde 1946 hasta la actualidad. No suman, por ejemplo, los 100 000 muertos de la llamada "Guerra de los Mil Días", que, a comienzos del siglo xx, enfrentó a las huestes del Partido Liberal con los reaccionarios y proimperialistas gobiernos del Partido Conservador colombiano.

d. Sólo incluye los datos hasta ahora divulgados de los asesinatos perpetrados por la dictadura de Augusto Pinochet (1973-1990).

e. Sólo se vinculan con el "terror blanco" desatado entre 1980 y 1992.

f. Incluye las víctimas de la represión desatada desde 1960 hasta 1994.

g. Únicamente la dictadura de los Duvallier (1958-1985) y las represiones desatadas por sus sucesores hasta el retorno al país del presidente constitucional Jean Bertrand Aristide, en octubre de 1994.

h. Sólo se refiere a los caídos durante la última etapa de la lucha revolucionaria contra la dinastía somocista (1970-1979) y las estimaciones de las muertes causadas por "la guerra sucia" desarrollada por los Estados Unidos contra la Revolución sandinista.

i. Este dato sólo corresponde al período 1980-1995.

j. Sólo se refiere a los muertos provocados por la invasión norteamericana de 1989.

k. Sólo suman las víctimas de la invasión norteamericana de abril de 1965 y de la represión desatada por los tres primeros gobiernos "democrático-representativos" de Joaquín Balaguer (1966-1978). No se incorporan, por ende, los incontables asesinatos que se cometieron por la larga satrapía de Rafael Leónidas Trujillo (1930-1961), ni las matanzas de haitianos que se produjeron por aquellos años en el territorio de la República Dominicana.

FUENTE: Cuadro confeccionado por el autor de este volumen sobre la base de diferentes fuentes mencionadas en la bibliografía.

Y todo lo anterior sin mencionar las incontables matanzas, mutilaciones físicas y síquicas que, de manera cotidiana, han producido y reproducido la miseria, el hambre, la desnutrición, la mortalidad y la morbilidad generada por las "enfermedades de la pobreza", así como por la depredación y la contaminación ambiental, al igual que por la sobrexplotación de amplios sectores populares —en primer lugar de la población indígena, negra y mestiza, además de las mujeres y los niños— que han tipificado y tipifican el racista, genocida y etnocida "orden neocolonial" instaurado, desde las primeras décadas del siglo XIX hasta nuestros días, por los imperialismos anglosajones (Estados Unidos e Inglaterra) y por sus aliados europeos (Francia y Holanda) con la activa participación de las clases dominantes latinoamericanas y caribeñas, de sus representantes políticos, intelectuales y militares.

Resulta imposible en el espacio de un solo volumen recrear todos los detalles y determinaciones nacionales e internacionales de los cientos de acontecimientos y procesos sociales, económicos, políticos y militares, internos o externos, antes mencionados. Tampoco es posible reproducir todas las truculentas maniobras desarrolladas por los Estados Unidos — desde 1776 hasta la actualidad—, con vistas a tratar de garantizar la total subordinación de las naciones de América Latina y el Caribe a sus estrategias y a sus cambiantes tácticas de expansión y dominación hemisférica y mundial. Mucho menos, referir todas las intrigas estadounienses para desplazar de manera definitiva del hemisferio occidental (incluido el territorio de Canadá) a todos aquellos "actores extrarregionales" que han actuado en el continente, así como para destruir, a cualquier precio, a todas aquellas fuerzas sociales y políticas —incluso las de ciertos sectores de las clases dominantes— que fueron percibidos, en cada momento histórico, como obstáculos a la realización de sus afanes expansionistas. Sobre todo porque, a partir de fines del siglo XIX, las brutales acciones oligárquico-imperialistas antes referidas siempre han sido acompañadas por diversas componendas "diplomáticas" —como el cacareado "panamericanismo"— al igual que por una poderosa y a veces "invisible" ofensiva de la oligarquía financiera norteamericana dirigida a controlar la economía y, por tanto, el funcionamiento de las sociedades y de los Estados y gobiernos de la región.

Por ello, en las páginas que siguen sólo intentaré presentar un relato sintético y lógico-histórico acerca de los principales crímenes que se han cometido en nuestra América desde fines del siglo XIX hasta los albores del siglo XXI. Para realizarlo he dividido el volumen en once capítulos y un epílogo. En el primero, describiré las más importantes acciones desarrolladas por la Casa Blanca contra América Latina y el Caribe entre la mal llamada "guerra hispano-norteamericana" de 1898 y marzo de 1913;

pasando por la brutal secesión de Panamá, por la "intervención financiera" en República Dominicana y por los restantes atropellos cometidos en el continente por el presidente Theodore Roosevelt (1901-1909), así como por el dúo formado, entre 1909 y 1913, por los también republicanos William Howard Taft y su secretario de Estado, Philander Knox.

En el segundo, me referiré a la larga cadena de cruentas intervenciones militares desplegadas entre 1913 y 1921 por el presidente demócrata Woodrow Wilson, bajo el artificio de "promover la democracia" en América Latina y el Caribe, así como de "proteger" al continente de las "apetencias alemanas" que se develaron en la Primera Guerra Mundial (1914-1818). Por su parte, el tercer capítulo va dirigido a explorar las continuidades y los cambios que se produjeron, entre 1921 y 1933, en la política latinoamericana y caribeña desplegada por los sucesivos mandatarios republicanos: Warren Harding (1921-1923), Calvin Coolidge (1923-1929) y Herbert Hoover (1929-1933); este último considerado por algunos autores como "el verdadero inventor" de la Política del Buen Vecino, seguida, entre 1933 y 1945, por el célebre mandatario demócrata Franklin Delano Roosevelt.[43]

A criticar los enfoques apologéticos que se han realizado acerca de la política latinoamericana y caribeña seguida por este último mandatario va dirigido el cuarto capítulo. En este demostraré cómo, a pesar de la retórica respecto a la no intervención en los asuntos internos y externos de las naciones ubicadas al sur de sus fronteras, durante los doce años de su administración, el antes mencionado mandatario prohijó la instauración de diversas dictaduras militares en todo el continente (en particular en la Cuenca del Caribe), responsables de los más brutales crímenes que se cometieron en los países situados al sur del Río Bravo y de la península de Florida antes del estallido, en 1939, de la Segunda Guerra Mundial. También demostraré cómo, en el contexto de esa sangrienta conflagración, los círculos de poder estadounidenses —inicialmente amparados en su "neutralidad"— emprendieron nuevas y consistentes acciones dirigidas a consolidar su hegemonía económica, política y militar sobre América Latina y el Caribe.

Las nefastas consecuencias que tuvieron esas acciones serán retomadas en el quinto capítulo. En este abordaré los principales acontecimientos de la situación política latinoamericana y caribeña, así como de las relaciones interamericanas entre 1945 y el triunfo de la Revolución cubana, el 1ro de Enero de 1959. En ese lapso acentuaré todas las acciones emprendidas por la Casa Blanca y las oligarquías locales con vistas a revertir la ola de reformas que sacudió al hemisferio occidental al calor del desarrollo y desenlace de la Segunda Guerra Mundial; resaltando aquellas vinculadas con la formación del Sistema Interamericano (el TIAR, la OEA y la JID) como parte consustancial de la llamada "estrategia de contención del comunismo" y de la "política al borde de la guerra" emprendidas sucesivamente por las administraciones del demócrata Harry Truman (1945-1953) y del republicano Dwight Eisenhower (1953-1961).

Por su parte, en el sexto capítulo describiré las principales acciones políticas, diplomáticas y militares desplegadas, entre 1961 y 1969, por los gobiernos de los demócratas John F. Kennedy y Lyndon B. Johnson, con el apoyo de las clases dominantes locales, con el propósito de derrotar e impedir la expansión del "mal ejemplo cubano". Particular realce tendrán el origen y la frustración de la Alianza para el Progreso, la cadena de "dictaduras de seguridad nacional" que, amparados por la política estadounidense y con el apoyo del "subimperialismo brasileño", se instauraron en la región a partir de 1964. También las nuevas intervenciones militares directas o indirectas, unilaterales o "colectivas", emprendidas por la Casa Blanca contra diversos países latinoamericanos y caribeños. Entre ellas, las perpetradas contra Cuba, Guyana, la República Dominicana y Bolivia. En este último caso, al calor del golpe de Estado encabezado por el general René Barrientos (1964) y del frustrado intento del comandante Ernesto Che Guevara de transformar a ese país suramericano en uno de los pivotes de las luchas por la segunda independencia de América Latina y el Caribe.

A su vez, en el séptimo capítulo referiré las vicisitudes de las políticas desarrolladas entre 1969 y 1977 por los mandatarios republicanos Richard Nixon y Gerald Ford, así como por su prominente asesor para la Seguridad Nacional y secretario de Estado, Henry Kissinger, para tratar de derrotar la ola revolucionaria y reformista que sacudió a las relaciones interamericanas y a las sociedades latinoamericanas y caribeñas. Especial atención le brindaré a las cruentas dictaduras militares "fascistas" que se instauraron en Bolivia, Chile, Uruguay, Argentina y El Salvador para revertir el profundo impacto que tuvo en la región la victoria electoral de la Unidad Popular chilena, el amplio desarrollo de multiformes luchas populares en Uruguay y Argentina, el profundo cuestionamiento del "orden poscolonial" instaurado en el Caribe y la emergencia de algunos gobiernos militares que vindicaban políticas de corte nacional-popular en Perú, Panamá, Ecuador y Bolivia. En este último caso, durante el breve gobierno del general Juan José Torres.

En el octavo capítulo — titulado "Las vacilaciones de James Carter" — presentaré una síntesis de la vida, pasión y muerte de la llamada "política de promoción de los derechos humanos" emprendida en América Latina y el Caribe, entre 1977 y 1981, por el antes mencionado mandatario demócrata. También la emergencia y rápida desaparición de sus dema-gógicos esfuerzos dirigidos a neutralizar los diversos procesos de cambio favorables a los intereses populares que por aquellos años se desarrollaron en la Cuenca del Caribe. Componentes de esas ambivalentes tácticas imperiales fueron las acciones emprendidas por la Casa Blanca con vistas a evitar la victoria de la Revolución sandinista y la consolidación de la "gran revolución en la pequeña isla de Granada" encabezada por Maurice Bishop. También la búsqueda por parte del gobierno estadounidense y por las clases dominantes locales de las vías que permitieran sustituir a las sanguinarias dictaduras militares entonces instauradas en el continente por "democracias tuteladas o restringidas" que garantizaran la estabilidad de la dominación oligárquico-imperialista en la región.

En el noveno capítulo me detendré en la brutal ofensiva contrarrevolu-cionaria emprendida, entre 1981 y 1993, por los mandatarios republicanos Ronald Reagan y George H. Bush para revertir los importantes avances que habían obtenido, en la década precedente, las luchas populares, revolu-cionarias, antimperialistas y democráticas en diversos países de Centro-américa y el Caribe. En ese contexto, haré énfasis en el tema de la "guerra sucia de los Estados Unidos contra la patria de Augusto César Sandino", las descaradas y brutales intervenciones militares norteamericanas en Granada (1983) y Panamá (1989), junto a la abrumadora injerencia política y militar de los Estados Unidos y de sus lacayos centroamericanos (Honduras y Costa Rica) en los mal llamados "conflictos de baja intensidad" que diezmaron a los pueblos de El Salvador y Guatemala. También destacaré la sucesiva crisis de las dictaduras militares suramericanas y las exitosas maniobras desplegadas por ellas y por los gobiernos civiles que le sucedieron para garantizar la impunidad de los autores de los brutales crímenes perpetrados en los años precedentes.

Guardando una estrecha relación con los anteriores, en el décimo capítulo me referiré a la estrategia desarrollada, entre enero de 1993 y fines de 1998, por el presidente demócrata William Clinton para intentar consolidar —con nuevos métodos— la dominación de los Estados Unidos en el hemisferio occidental. Asimismo, a las principales falacias que han rodeado el denominado "proceso de Miami" desplegado desde la Primera Cumbre de las Américas realizada en esa ciudad norteamericana en diciembre de 1994 hasta la Segunda Cumbre realizada en Santiago de Chile en abril de 1998. Las referencias a los acuerdos de esos y otros cónclaves "panamericanos", al igual que al desarrollo de la situación en algunas naciones latinoamericanas y caribeñas, persiguen mostrar las flamantes vías a través de las que importantes sectores de las clases dominantes estadounidenses, en estrecha alianza con las oligarquías financieras latinoamericana y canadiense, pretenden lograr la consolidación de un "Gran Sistema Americano" que sirva a las añejas aspiraciones de los Estados Unidos de garantizar la total subordinación a sus designios de todos los Estados y gobiernos situados en el hemisferio occidental.

En esa lógica, el texto incluye el undécimo capítulo, donde describiré las silenciosas matanzas cotidianas que se producen en América Latina y el Caribe a causa de la aplicación fundamentalista de los Programas de Ajuste Estructural elaborados por el Departamento del Tesoro de los Estados Unidos, por el Fondo Monetario Internacional (FMI) y por el Banco Mundial (BM) con el propósito de "honrar" la impagable y creciente deuda externa del continente (800 000 millones de dólares, según el dato más reciente) y de "superar" la profunda crisis económica y social que vive el capitalismo latinoamericano y caribeño desde los primeros años de la década de 1980.[44] Como en otras ocasiones históricas referidas en el volumen, en tal empeño, al igual que en los crecientes procesos de desnacionalización, pignoración y privatización de las principales riquezas del continente que se están desarrollando, las instituciones financieras controladas por los Estados Unidos han contado con la activa colaboración de las de las clases dominantes en el hemisferio occidental. En especial, de aquellos sectores directamente asociados con la oligarquía financiera, tecnotrónica, transnacional y triádica (estadounidense, europea y japonesa) que, al calor de "la globalización", se ha venido estructurando en las dos últimas décadas del siglo XX.[45]

Con la inclusión de ese capítulo pretendo demostrar que la violencia reaccionaria,[46] armada o desarmada, no es privativa de los gobiernos militares instaurados en uno u otro momento de la historia latinoamericana y caribeña, sino que también se ha ejercido y se ejerce por los gobiernos democrático-representativos −o, mejor aún, por los gobiernos "democrático-represivos"− que en la actualidad preponderan en buena parte del hemisferio occidental.

En correspondencia con ese enfoque, el volumen cierra con un Epílogo, en el que refiero de manera sintética algunos de los principales acontecimientos que han ocurrido en América Latina y el Caribe entre 1999 y los primeros meses del año 2002; incluidos los principales derroteros de la política latinoamericana y caribeña seguida, desde el 20 de enero del 2001, por el mediocre mandatario republicano George W. Bush. En él mostraré cómo la violencia y su infatigable cómplice, la impunidad, siguen siendo rasgos dominantes de la vida económica, social y política de la América nuestra, al igual que componentes estructurales del funcionamiento y de la reproducción "normal" del capitalismo dependiente instaurado (con excepción de Cuba) en todas las naciones que el comandante Ernesto Che Guevara −siguiendo el legado de Simón Bolívar y José Martí− denominó la "América mayúscula".

Significo que en los capítulos de este volumen intentaré presentar la estrecha interrelación que existe entre cada una de las etapas de la estrategia latinoamericana y caribeña de la Casa Blanca y las políticas desarrolladas por los gobiernos de diferentes países de esa región. También referiré en forma somera las principales expresiones de las multiformes luchas antioligárquicas, democráticas, antimperialistas o por el socialismo que, a lo largo del siglo XX, emprendieron los pueblos latinoamericanos y caribeños y sus diversas vanguardias políticas o político-militares. Desde mi punto de vista, la incorporación de esas informaciones al relato histórico de los infinitos atropellos que se presentan en el texto, permite resaltar la inconclusa y vigente dialéctica entre la reforma, la contrarreforma, la revolución y la contrarrevolución que ha caracterizado y todavía caracteriza la historia del continente. También permite demostrar que la violencia revolucionaria que se ha desarrollado en diversas naciones del mismo ha sido, es y seguramente será una respuesta obligada a los innumerables genocidios y etnocidios constantemente perpetrados por las clases dominantes y por las principales potencias imperialistas con intereses en la región.

Alerto que la amplitud de los acontecimientos que se relatan en este volumen me impiden referirme a todos y a cada uno de los crímenes que se han cometido y se cometen, todos los días, contra la mayor parte de los pueblos de nuestra América. También me impiden abordar de manera detallada la historia específica de cada uno de los 33 países independientes o formalmente independientes que, en la actualidad, existen al sur del Río Bravo y de la península de Florida. Mucho menos, la historia y problemática de todos los territorios del hemisferio occidental aún colonizados por Inglaterra (Anguila, Islas Vírgenes, Monserrate, Islas Caimán, Turcos y Caicos), los Estados Unidos (Puerto Rico e Islas Vírgenes estadounidenses), Holanda (Aruba, Curazao, Bonaire, Saba y Saint Marteen) y Francia (Guadalupe, Martinica y Cayena).

No obstante, confío en que la lectura de las páginas que siguen les permitirá a los lectores —en particular, a los pertenecientes a las nuevas generaciones— obtener una visión panorámica de los más recientes 105 años de la historia latinoamericana y caribeña. También colocar la situación de sus correspondientes países en el contexto lógico-histórico de las inconclusas luchas por el logro de una vida más justa, digna y mejor para todos los pueblos del continente. Sin embargo, por sobre todas las cosas, aspiro a que la lectura de este volumen les permita comprender, en toda su profundidad, la actualizada vigencia de lo planteado en su famoso discurso sobre

Simón Bolívar (28 de octubre de 1893) por el Apóstol de la Independencia de Cuba y precursor de la verdadera y definitiva independencia de los pueblos de la "América robusta y mestiza", José Martí: "La independencia de América venía de un siglo atrás sangrando: (...) ¡van y vienen los muertos por el aire, y no reposan hasta que no está su obra satisfecha!"

NOTAS

1. Gabriel García Márquez: "La soledad de América Latina" (palabras pronunciadas ante la Academia Sueca de las Letras al recibir, en 1982, el Premio Nóbel de Literatura), en *La soledad de América Latina*, Editorial Arte y Literatura, La Habana, 1990, pp. 504-511.

2. Para un recuento de las diferentes denominaciones que tuvo la ahora llamada "América Latina" entre el siglo XV y el siglo XIX, puede consultarse Sergio Guerra Vilaboy y Alejo Maldonado Gallardo: "Raíces históricas de la integración latinoamericana", en *Historia y perspectiva de la integración latinoamericana*, Asociación por la Unidad de Nuestra América (Cuba)/Escuela de Historia de la Universidad Michoacana de San Nicolás de Hidalgo, Morelia, Michoacán, México, 2000, pp. 33-50.

3. Darcy Ribeiro: *Las Américas y la civilización*, Casa de las Américas, La Habana, 1992, pp. 184, 237, 238, 276, 279 y 423.

4. Aunque me sumo a la necesidad de emprender una diferenciación de género en el discurso oral y escrito, dadas las referencias a uno y otro género que se repiten a lo largo de este volumen, he optado por utilizar lo que en el idioma español se denomina "el género no marcado" (masculino). Este implica tanto a la mujer como al hombre.

5. Carlos Marx: *El capital*, Imprenta Nacional de Cuba, La Habana, 1962, t. 1, p. 654.

6. M'Baye Gueye: "El continente del miedo", en *El Correo de la UNESCO*, París, octubre de 1994, año XLVII, no. 3, pp. 16-18.

7. Nelly Schmidt: "Una abolición gradual", en *El Correo de la UNESCO*, ed. cit., pp. 20-24.

8. Eduardo Galeano: *Las venas abiertas de América Latina*, Siglo XXI Editores, México, 1979, pp. 126-131.

9. Juan Bosch: *De Cristóbal Colón a Fidel Castro: El Caribe, frontera imperial*, Casa de las Américas, La Habana, 1981, pp. 210-222.

10. No conozco datos acerca del monto total de las bajas causadas entre los combatientes y la población civil latinoamericana durante los 15 años que duró la lucha por la independencia frente al colonialismo español. En 1815, en su famosa carta de Jamaica, Simón Bolívar estimó tales bajas en 1 250 000 personas, sólo en los territorios de Nueva España (México), de la Capitanía General de Guatemala y de Nueva Granada (Venezuela, Colombia y Ecuador). A esos guarismos habría que sumar las muertes que se produjeron, previo a esa fecha, en el bajo y alto Perú, así como en otros países del Cono Sur de América Latina. También las que se produjeron entre 1816 y 1825 a lo largo y ancho del continente. De esas inclusiones es que surge el estimado de caídos en la lucha por la independencia latinoamericana que aparece en el texto.

11. Manuel Medina Castro: *Estados Unidos y América Latina, siglo XIX*, Editorial de Ciencias Sociales, La Habana, 1974.

12. Gregorio Selser: *Enciclopedia de las intervenciones extranjeras en América Latina*, Monimbó e. V, Dietzenbach, Bonn, República Federal Alemana, 1992, t. 1, p. 31.

13. Ibídem, p. 107.

14. Gordon Connell-Smith: *Los Estados Unidos y la América Latina*, Fondo de Cultura Económica, México, 1997, pp. 96-132. También puede consultarse Francisco García-Amador Rodríguez: *El proceso internacional panamericano*, Jesús Montero editores, La Habana, 1942, pp. 133-137.

15. Simón Bolívar: "Contestación de un Americano Meridional a un caballero de esta isla", Kingston, 6 de septiembre de 1815, en *Simón Bolívar: Obras completas*, Editorial LEX, La Habana, 1947, t. 1, pp. 159-174.

16. Juan Bosch: ob. cit., pp. 236-249.

17. Raúl Ruiz González: *Bolivia, el prometeo de los Andes*, Ediciones Venceremos, La Habana, 1964, pp. 70-71.

18. Gabriel García Márquez: *El general en su laberinto*, Casa de las Américas, La Habana, 1989.

19. El territorio de la actual República de Cuba está integrado por la isla de

Cuba (la mayor), por la otrora llamada Isla de Pinos (ahora denominada Isla de la Juventud) y por cientos de cayos adyacentes. A su vez, el territorio de Puerto Rico (todavía sometido a la dominación colonial de los Estados Unidos) se conforma por las islas de Puerto Rico (la mayor), Vieques y Culebra, al igual que por otros cayos adyacentes. Sin embargo, en el texto utilizaré indistintamente la expresión "archipiélago" o "islas" para referirme a ambos territorios.

20. Gregorio Selser: ob. cit., p. 126.

21. Demetrio Boersner: *Relaciones internacionales de América Latina: breve historia*, Nueva Sociedad, Caracas, 1996, pp. 96-99.

22. Ibídem, pp. 129-132.

23. Eduardo Galeano: ob. cit., pp. 293-307.

24. Darcy Ribeiro: ob. cit., p. 380.

25. Jorge Núñez: "Estados Unidos contra América Latina: una ola de agresiones", en *Nueva* (Separata), Quito, s/f, pp. 58-59.

26. José Martí: *Nuestra América*, ed. cit., pp. 235-342.

27. "Estados Unidos contra América Latina y el Caribe: principales agresiones yankis en Nuestra América", en *Granada: El mundo contra el crimen*, Editorial de Ciencias Sociales, La Habana, 1983, pp. 322-325.

28. Sergio Guerra Vilaboy: *Etapas y procesos en la historia de América Latina*, Centro de Información para la Defensa, La Habana, s/f.

29. Raúl Izquierdo Canosa: *La Reconcentración 1896-1897*, Ediciones Verde Olivo, La Habana, 1997, pp. 79-80. También puede consultarse Eduardo Torres-Cuevas y Oscar Loyola Vega: *Historia de Cuba (1492-1898)* Editorial Pueblo y Educación, La Habana, 2002.

30. Ángela Grau Imperatori: *El sueño irrealizado del Tío Sam*, Casa Editorial Abril, La Habana, 1997.

31. Hortensia Pichardo: *Documentos para la historia de Cuba*, Quinta edición revisada, Editorial Pueblo y Educación, La Habana, 1986, pp. 511-514.

32. Juan Bosch: ob. cit., pp. 303-312.

33. Eduardo Galeano: *Memoria del fuego: el siglo del viento*, Casa de las Américas, La Habana, 1990, t. 3, p. 9.

34. Demetrio Boersner: ob. cit., p. 149.

35. Juan Bosch: ob. cit., pp. 316-328.

36. Eduardo Galeano: *Memoria del fuego:* ... ed. cit, t. 3, p. 70.

37. M. S. Alperóvich y B. T. Rudenko: *La revolución mexicana de 1910-1917 y la política de los Estados Unidos,* Editorial Popular, México D.F., 1960.

38. Sergio Guerra Vilaboy: ob. cit., p. 39.

39. Jorge Núñez: "Estados Unidos contra América Latina: Sandino, General de Hombres Libres", en *Nueva* (Separata), Quito, s/f, p. 53.

40. Raúl González Ruiz: ob. cit., pp. 82-90.

41. América Díaz Acosta, Sergio Guerra V. y otros: *Panorama histórico-literario de Nuestra América (1900-1943),* t. 1, Casa de las Américas, La Habana, 1982.

42. Demetrio Boersner: ob. cit., p. 172.

43. Gordon Connell-Smith: ob. cit.

44. Joseph E. Stiglitz: *El malestar en la globalización,* Editorial Taurus, Buenos Aires, 2002. Los datos de la deuda están tomados de *CEPAL: Balance preliminar de las economías de América Latina y el Caribe,* Santiago de Chile, 2002.

45. Luis Suárez Salazar: *El siglo XXI: Posibilidades y desafíos para la Revolución cubana,* Editorial de Ciencias Sociales, La Habana, 2000, pp. 111-198.

46. Operacionalmente, utilizo el concepto *violencia,* tal y como lo define Luis Rojas Marcos (*Las semillas de la violencia,* Espasa Calpe, Madrid, 1995, p. 11); o sea, como el uso intencionado de la fuerza física con el propósito de herir, abusar, robar, humillar, dominar, ultrajar, torturar, destruir o causar la muerte de un semejante. Aunque esa definición, en lo fundamental, se refiere a la violencia interpersonal, su contenido y sus métodos pueden generalizarse a todas las relaciones sociales y a las relaciones internacionales.

1. LAS PRIMERAS VÍCTIMAS DEL "JOVEN" IMPERIALISMO ESTADOUNIDENSE

Al decir de Vladimir Ilich Lenin, la mal llamada "guerra hispano-norteamericana", del 21 de abril al 12 de agosto de 1898, fue uno de los primeros conflictos bélicos típicos de "la fase moderna" —monopolista, oligárquico-financiera y parasitaria— del sistema capitalista mundial. O sea, de lo que él indistintamente denominó "el capitalismo monopolista", "el capitalismo monopolista de Estado", "el fenómeno imperialista" o, simplemente, "el imperialismo". Fundamentó sus juicios en la demostración acerca de cómo mediante esa "guerra de rapiña" —al igual que de otras maniobras económicas, militares o político-diplomáticas, previas o posteriores— el entonces pujante imperialismo estadounidense, así como los grandes monopolios, consorcios y *trusts* (alianzas o combinaciones entre diversos monopolios) que, desde 1880, florecían en esa nación, se habían incorporado en forma decidida al "encarnizado reparto económico y político del mundo" que, en las últimas dos décadas del siglo XIX y en los primeros tres lustros del siglo XX, protagonizaron las "viejas" potencias imperiales europeas (Inglaterra, Francia y Rusia) y los "países capitalistas jóvenes": Alemania, Japón y los Estados Unidos.[1]

Cualesquiera que sean los juicios que en la actualidad merezcan esas afirmaciones, lo cierto fue que —aprovechándose en forma oportunista de los inmensos sacrificios y de la sangre derramada por los luchadores por la independencia de los pueblos de Cuba, Puerto Rico y Filipinas— mediante esa "espléndida guerra chiquita" contra el impotente coloniaje español (sólo duró diez semanas) y del subsiguiente Tratado de París de diciembre de 1898 (signado, con la anuencia de las potencias imperiales euroasiáticas, entre España y los Estados Unidos), a partir del 1ro de enero de 1989, los grupos dominantes en este último país pudieron coronar sus añejas aspiraciones de apoderarse de las 7 100 islas Filipinas y de Guam (todas en el Océano Pacífico), al igual que de los archipiélagos de Puerto Rico y Cuba. En los tres primeros casos, como "botín de guerra" o "compensación" por los gastos incurridos en esa "barata contienda" y, en el último, con el pretexto de crear los mecanismos que supuestamente permitirían consagrar la soberanía y la independencia de la mayor de las Antillas.

Todo lo anterior —junto a la anexión de Hawai (1898), a la formalización de su "protectorado compartido" con Alemania sobre las islas Samoa (1900) y al constante incremento de su poderío económico y militar— transformó a los Estados Unidos de América en "una auténtica potencia mundial",[2] capaz —por primera vez en su historia— de llevar a la práctica por sí sola y sin depender de los vaivenes de sus relaciones de cooperación, competencia y conflicto con el vetusto imperio británico, las aspiraciones de los *Founding Fathers* de esa nación de crear un Gran Sistema Americano que sirviera a las apetencias expansionistas de las clases dominantes en las Trece Colonias Unidas del Norte de América que, el 4 de julio de 1776, proclamaron su independencia de Gran Bretaña.[3]

CONSECUENCIAS INMEDIATAS PARA AMÉRICA LATINA Y EL CARIBE DE LA "GUERRA HISPANO-CUBANO-NORTEAMERICANA" DE 1898

En consecuencia, aprovechando las fabulosas ganancias territoriales obtenidas como resultado de los procesos expansionistas antes mencionados (cerca de 10 000 km²) y siguiendo los pasos de sus antecesores —en particular, de los que ocuparon la Casa Blanca luego de la Guerra de Secesión que enfrentó entre 1860 y 1865 a los Estados del Norte industrial con los del Sur esclavista—, los sucesivos presidentes republicanos William McKinley (1897-1901), Theodore Roosevelt (1901-1909) y William Howard

Taft (1909-1913) emprendieron diversas acciones dirigidas a consolidar su hegemonía y dominación sobre los Estados ubicados al sur de sus fronteras. En especial, sobre México, sobre "el istmo centroamericano" y sobre las naciones y territorios colocados en las inmediaciones del Golfo de México y del Mar de las Antillas, subregión que —al menos, desde la proclamación de la Doctrina Monroe (2 de diciembre de 1823)— había sido considerada por los círculos gobernantes en los Estados Unidos como imprescindible — en palabras de Thomas Jefferson— "para apartar de nuestras tierras a todas las potencias extranjeras y no permitir que las de Europa se mezclen en los negocios de nuestras naciones",[4] así como para garantizar lo que él llamó: "nuestra seguridad continental".[5]

En función de lo anterior, inmediatamente después de la suscripción del Tratado de París y paralelamente a la ocupación a sangre y fuego por parte de las fuerzas armadas estadounidenses de las irredentas islas Filipinas (1899-1901), la administración de William McKinley emprendió enérgicas acciones dirigidas a obtener el control total sobre Cuba y Puerto Rico. En este último caso, puso en vigor la Ley Foraker de 1900. Gracias a ese *ukase* y a su ocupación militar, el control de ese archipiélago comenzó a ser ejercido por un gobernador nombrado por la Casa Blanca. A su vez, el comercio con los Estados Unidos quedó liberado de todos los impuestos, y se implantaron las tarifas monetarias vigentes en el territorio estadounidense. También se establecieron los elitistas mecanismos electorales a través de los cuales, en el futuro, debía elegirse una Asamblea Legislativa "puertorriqueña", y la obligación de que las leyes aprobadas por ésta fueran refrendadas por el Congreso estadounidense. Con esas triquiñuelas, se inició la aún inconclusa dominación colonial sobre esa nación latinoamericana.[6]

En lo que a Cuba se refiere —sobre la sangre derramada por 250 000 cubanos y pese a la declaración del Congreso estadounidense de que "Cuba era y de derecho debía ser libre e independiente" (20 de marzo de 1898)— la soberanía y la autodeterminación de ese país e incluso sus límites territoriales quedaron al arbitrio de los círculos gubernamentales en los Estados Unidos. Estos —después de desconocer al Consejo de Gobierno, de desarmar al victorioso Ejército Libertador cubano y de realizar las primeras elecciones municipales (16 de junio de 1900)—, en octubre del propio año, convocaron a nuevas elecciones para conformar —según las instrucciones de McKinley— una Asamblea Constituyente, con el fin "de redactar una constitución para el pueblo de Cuba y, como parte de ella, prever y acordar con el gobierno de EE.UU. (…) las relaciones que habrán de existir entre aquel y el gobierno de Cuba…".[7] Aunque inicialmente el significado de esas últimas palabras no resultó totalmente claro para los integrantes de la susodicha asamblea, muy pronto se evidenció que los círculos dominantes en los Estados Unidos habían decidido mantener su ocupación militar sobre la isla hasta tanto no se incorporara a su Carta Magna un apéndice donde quedara consagrado el protectorado norteamericano sobre el archipiélago cubano. Lo antes dicho tomó cuerpo "legal" en la Enmienda Platt aprobada, como parte de la ley de gastos de su Ejército, por el congreso estadounidense en 1901. Luego de muchas discusiones, esta fue impuesta —bajo la coacción de las armas— en la primera constitución de la "frustrada República de Cuba".[8]

Pero el asunto no quedó ahí. La fórmula "jurídica" ideada por los círculos gubernamentales estadounidenses para enmascarar el régimen semicolonial impuesto sobre Cuba (el llamado "plattismo") sentó un precedente para las relaciones futuras de los Estados Unidos con otras naciones centroamericanas y caribeñas. A eso me referiré después; pero antes conviene recordar que —paralelamente a la ocupación militar de Cuba y Puerto Rico— McKinley, siguiendo las rancias ideas geopolíticas elaboradas por sus antecesores, orientó sus pasos a definir cual sería la mejor zona del "istmo entre la América del Sur y la América del Norte" para construir "su" anhelado canal interoceánico. A tal fin, en junio de 1899, con el apoyo del congreso, nombró una comisión presidida por el almirante Walker para que elaborara un estudio sobre el particular. A su vez, el Departamento de Estado inició las gestiones con el gobierno de Londres con vistas a obtener la renegociación del Tratado Clayton-Bulwer de abril de 1850.

Tal paso resultaba imprescindible ya que, por medio de este, luego de varios conflictos mutuos que afectaron la soberanía y la integridad territorial de Honduras, Nicaragua y, en menor medida, de Guatemala, los gobiernos de ambas potencias imperialistas se habían comprometido a garantizar la consulta mutua y el protectorado compartido sobre cualquier canal interoceánico que se construyera en el istmo centroamericano. A pesar de que a lo largo de la segunda mitad del siglo XIX diferentes gobiernos británicos habían vindicado la vigencia de ese acuerdo, en los albores del siglo XX el Reino Unido no estaba ni interesado, ni capacitado para defender sus estipulaciones. Por el contrario, la creciente debilidad relativa de la economía inglesa frente a la estadounidense y a la alemana, los grandes intereses que tenía la oligarquía financiera británica en los Estados Unidos, al igual que el inicio, en 1899, de la guerra anglo-bóer y los diversos conflictos que tenía Inglaterra con otras potencias imperialistas europeas (Francia y Alemania) o asiáticas (como Japón) en África y en el Lejano Oriente, determinaron un giro en la política exterior británica. Esta se orientó a la búsqueda de "un nuevo entendimiento" con los Estados Unidos en diferentes escenarios del mundo.

En lo que se refiere a América Latina y el Caribe así se expresó en la elaboración y posterior aprobación del Tratado Hay-Pauncefote (en referencia al secretario de Estado norteamericano John Hay y al ministro británico en Washington, Sir Julian Pauncefote) de 1901. Este autorizó la construcción de un canal interoceánico en territorio del istmo centro-americano bajo el absoluto control político y militar de los Estados Unidos, lo que consagró —al menos de manera implícita— una nueva división de esferas de influencias entre los imperialismos anglosajones en el hemisferio occidental.[9]

En efecto, Inglaterra y sus eventuales aliados europeos (Francia y Holanda) admitieron el dominio estadounidense sobre las naciones latino-americanas y caribeñas situadas al norte del río Amazonas. A cambio, los Estados Unidos —acorde con una de sus antojadizas interpretaciones de la Doctrina Monroe— aceptó que Inglaterra, Francia, Holanda y Dinamarca preservaran sus principales colonias en el Mar Caribe, al igual que sus más importantes intereses estratégicos al sur de esa estratégica vía fluvial. Entre ellos, la próspera "colonia comercial inglesa" en la que se había transfor-mado Argentina, el control británico sobre las islas Malvinas (pertene-cientes a ese país suramericano) y los poderosos intereses comerciales y financieros que tenía esa nación europea en Brasil, Uruguay, Chile, Bolivia, Perú y Paraguay.[10]

Sin dudas, esa transitoria distribución de esferas de influencia entre los imperialismos anglosajones facilitó la dominación estadounidense sobre las naciones "independientes" de la Cuenca del Caribe. También le permitió a los Estados Unidos ganar el tiempo necesario para culminar el acelerado fortalecimiento de sus fuerzas militares. Además, sirvió para contrarrestar el desembozado interés del imperialismo alemán en abrir una "cabeza de playa" en América Latina y el Caribe. A comienzos del siglo XX así lo evidenciaba el afán del Káiser de instalar una base naval en Baja California (México), en adquirir las Islas Margarita (Venezuela), las Antillas Danesas (pertenecientes a Dinamarca), así como las Bahías de Samaná y Molé de Saint Nicholas en República Dominicana y Haití, respectivamente.[11] Igualmente, los anhelos de la oligarquía financiera alemana de afincar sus intereses en México, Centroamérica y en algunas naciones suramericanas.

Para contener esas aspiraciones, el Departamento de Estado —siguiendo indicaciones del presidente— mantuvo la "intervención financiera" que venía ejerciendo desde 1893 sobre la República Dominicana; continuó sus coacciones para evitar que Haití cediera a Francia u otras potencias europeas la estratégica Bahía de Molé de Saint Nicholas; reforzó su apoyo a las férreas dictaduras militares existentes en Venezuela y México, así como en la mayor parte de las naciones centroamericanas, e inició las gestiones necesarias con vistas a revivir el "panamericanismo". A tal fin impulsó la realización de la Segunda Conferencia Internacional Americanos dirigida a fortalecer el "papel tutelar" de los Estados Unidos sobre las naciones ubicadas al sur de sus fronteras. Como oportunamente denunció José Martí, esa última pretensión ya se había expresado en la Primera Conferencia Internacional de igual carácter, realizada en Washington entre el 2 de octubre de 1889 y el 19 de abril de 1890.

En esta, el presidente republicano Benjamín Harrison (1889-1993) —y, sobre todo, su célebre secretario de Estado James Blaine (1889-1992)— habían tratado de lograr que los representantes latinoamericanos (Argentina, Bolivia, Brasil, Colombia, Costa Rica, Chile, Ecuador, El Salvador, Guatemala, Haití, Honduras, México, Nicaragua, Paraguay, Perú, Uruguay y Venezuela) refrendaran un sistema de arbitraje hemisférico obligatorio "para el arreglo de (los) desacuerdos y problemas que, pudieran, en el futuro surgir entre ellos" u otras potencias extrahemisféricas. Igualmente, la institucionalización de una Unión Aduanera Americana (a la que curiosamente también fue invitada la monarquía entonces independiente de Hawai) absolutamente favorable a la expansión comercial de los Estados Unidos.[12] Sin embargo, a pesar de sus presiones "diplomáticas", la conferencia rechazó ambas propuestas.[13] Sólo aprobó la formación de la Unión Internacional de las Repúblicas Americanas, cuya Secretaría Ejecutiva —la Oficina Comercial de las Repúblicas Americanas— se radicó en Washington bajo la supervisión del Secretario de Estado de los Estados Unidos.[14]

A pesar de sus magros resultados, tales acuerdos objetivamente debilitaron las intermitentes gestiones que, a lo largo del siglo XIX, habían realizado diversos gobiernos latinoamericanos "para unirse frente a las amenazas externas a su independencia", incluidas las provenientes de los Estados Unidos.[15] A fines del siglo XXI, tal realidad se expresó en el fracaso del Congreso Internacional Americano convocado en agosto de 1896, en la capital mexicana, por el primer gobierno del presidente nacionalista de Ecuador Eloy Alfaro (1895-1901), y por el dictador "liberal" mexicano, Porfirio Díaz (1884-1911), con el propósito, entre otros, de "elaborar un derecho internacional americano alternativo a la Doctrina Monroe".[16] También, en la escasa solidaridad de la mayor parte de los gobiernos latinoamericanos con las luchas por la independencia de Cuba y Puerto Rico.[17] Hechos que evidenciaron, otra vez, "los mitos del panamericanismo (entre ellos la falacia de identificar a Simón Bolívar como el "padre del panamericanismo") y la enorme brecha que separaba el ideal y la realidad de la unidad latinoamericana; ya que, de hecho, todas las conferencias que con ese fin se convocaron en el siglo XIX habían contado con un escaso número de asistentes y sus acuerdos nunca habían sido ratificados por los Estados latinoamericanos participantes.[18]

EL "GRAN GARROTE" Y EL COROLARIO ROOSEVELT

Todo lo antes dicho le abrió inmensas oportunidades a la administración de William McKinley para desplegar su estrategia expansionista hacia América Latina y el Caribe. Sin embargo, este no pudo cosechar los frutos de sus éxitos. Después de su reelección en los comicios presidenciales de noviembre de 1900, el 6 de septiembre de 1901, fue abatido por el "anarquista" León Czolgosz. Lo sustituyó en la Casa Blanca el entonces vicepresidente Theodore Roosevelt; quien permaneció en la presidencia — luego de su reelección formal en noviembre de 1904— hasta el 4 de marzo de 1909. Merece la pena recordar que ese mandatario había ganado parte de su fama durante la guerra "hispano-norteamericana". En ella, con el grado de teniente coronel, ocupó la vicejefatura del cuerpo voluntario de caballería (los llamados "*Rough Riders*") al que falsamente se le atribuía un heroico papel en la derrota de las fuerzas españolas atrincheradas en la Colina de San Juan, en Santiago de Cuba.[19]

No obstante, esa fábula había proyectado su figura política como un "convencido expansionista" y un "decidido imperialista". Mucho más porque desde que ocupó la subsecretaría del Departamento de la Marina de los Estados Unidos (1897-1898), Roosevelt se había identificado con los conceptos geopolíticos difundidos en la década de 1890 por el posterior almirante de ese cuerpo armado, Alfred Mahan, al igual que con las teorías del darvinismo social de factura británica. Estas últimas presumían que "la competencia [era] la ley del mundo" y que los "más fuertes [estaban] destinados a ejercer su dominación —preferentemente benévola y civilizadora— sobre los más débiles".[20] Mientras que las primeras, consideraban todos los componentes del "poder naval" (por extensión, del "poder militar") y del "poder mundial" de los Estados Unidos como "hermanos siameses".[21] Tal vez la mejor síntesis de esos reaccionarios pensamientos fue el apotegma que le dio nombre a la política desarrollada por el nuevo mandatario: "Cuando vayas a visitar a tu adversario, habla en voz baja, pero lleva un gran garrote".

Según el historiador venezolano Demetrio Boersner, con esa parábola Roosevelt quería connotar que los Estados Unidos no debían "emprender iniciativas diplomáticas que no pudieran ser respaldadas por la fuerza [de las armas] si fuera necesario".[22] Por ello, y por sus escasos escrúpulos, no resultó extraño que vigorizara la expansiva y crecientemente militarizada política exterior desarrollada por su antecesor. Expresiones de esa continuidad fueron la ratificación como secretario de Estado de John Hay y como secretario de Guerra del abogado Elihu Root. Este —además de haber elaborado los instrumentos jurídicos para "legitimar" la dominación estadounidense sobre Cuba y Puerto Rico— venía encabezando, desde 1899, un acelerado programa dirigido a superar las enormes debilidades y corrupciones que había demostrado el Ejército, la armada y la secretaría de Guerra durante el desarrollo de "la guerra hispano-estadounidense";[23] mientras que a Hay se le atribuía el mérito de haber sentado las bases para el desarrollo de las posteriormente denominadas "relaciones especiales" entre los Estados Unidos y Reino Unido. También, el de haber convencido a McKinley acerca de la necesidad de convocar la Segunda Conferencia Internacional de Estados Americanos.[24]

En cualquier caso, tal conferencia se efectuó en México, entre diciembre de 1901 y enero de 1902. Aunque se abordaron otros asuntos hemisféricos, en ella la delegación estadounidense concentró sus esfuerzos en lograr que todos los gobiernos latinoamericanos expresaran su adhesión a la Convención de la Primera Conferencia Internacional de Paz efectuada en Holanda en 1899, en la que se fundó —con el respaldo de las principales potencias imperialistas euroasiáticas y de unos pocos países "semidependientes" (entre ellos, México)— el Tribunal Permanente de Arbitraje Internacional de La Haya.[25] También insistió en la creación de mecanismos de arbitraje obligatorio para las disputas que surgieron entre los Estados miembros de la Unión de Repúblicas Americanas y de estos con "otras potencias no americanas".

Según la versión del Departamento de Estado, a diferencia de lo ocurrido en la Primera Conferencia Internacional de Estados Americanos, ocho gobiernos latinoamericanos y el de los Estados Unidos firmaron un proyecto de tratado de arbitraje obligatorio. Igualmente, aprobaron una Convención de Reclamaciones que —luego de las ratificaciones establecidas— entró en vigor en 1905.[26] Sin embargo —al decir del historiador británico Gordon Connell-Smith —, en esta ocasión tampoco "se logró un consenso sobre un tratado de arbitraje eficaz", y los Estados Unidos no firmaron la convención sobre Reclamaciones e Intervenciones Diplomáticas impulsada por algunos gobiernos latinoamericanos. En tal resultado influyó de manera decisiva la resistencia latinoamericana —encabezada por la diplomacia argentina— a la pretensión estadounidense de que se le reconociera "el derecho (…) a intervenir en cualquier país en auxilio de sus ciudadanos y de sus propiedades". [27]

Frente a esa exigencia, la mayor parte de los representantes latinoamericanos defendieron la vigencia de la Doctrina Calvo de 1868 (en honor al jurista argentino Carlos Calvo). Esta vindicó la igualdad de los Estados y el principio de que los inversionistas extranjeros en la región debían renunciar "al derecho de acudir a sus gobiernos en demanda de ayuda diplomática". Ante esa irreducible diferencia, la conferencia se limitó a reorganizar la Oficina Comercial surgida —como vimos— en 1890. En lo adelante, esta comenzó a denominarse Oficina Internacional de Repúblicas Americanas y, aunque su personal continuó siendo exclusivamente estadounidense, estuvo a cargo de "un consejo directivo compuesto por el secretario de Estado de los Estados Unidos, como presidente, y por los representantes diplomáticos de los demás gobiernos americanos acreditados en Washington". [28]

A pesar de esos acuerdos (para algunos historiadores estadounidenses, demostrativos de los supuestos intereses comunes existentes entre las "dos Américas"), [29] muy pronto se reiteró el carácter complementario y oportunista del "panamericanismo" respecto a la política de dominación de los Estados Unidos en América Latina y el Caribe. Así, dándole carta blanca a las potencias imperialistas europeas para agredir a las naciones de la región, a fines de 1901, Roosevelt expresó que los Estados Unidos no impedirían "que un Estado, que no sea americano, tome las represalias que estime oportunas contra una nación de la América, con tal que el castigo no traiga, como consecuencia, la adquisición de territorios...". [30] Meses después, durante la llamada "Guerra por El Acre" entre Bolivia y Brasil (1901-1902), la Casa Blanca —olvidándose de sus exigencias en relación con el arbitraje obligatorio de los conflictos que surgieran entre naciones americanas— cohonestó un nuevo desmembramiento de Bolivia. Gracias a ese conflicto fratricida, Brasil (apoyado por la oligarquía financiera británica) se apoderó de 200 000 km² a cambio del exiguo pago a Bolivia de 2 000 000 de libras esterlinas y de la promesa de construir una línea férrea que le daría acceso a ese país mediterráneo a los ríos Madeira y Amazonas.[31]

Paralelamente, y con el pretexto de contrarrestar las aspiraciones del Káiser, el dúo Roosevelt-Hay emprendió un nuevo esfuerzo (transitoriamente frustrado) por comprarle las Antillas Danesas (actualmente Islas Vírgenes estadounidenses) a Dinamarca. Acto seguido, sobre la base de la Enmienda Platt, le impuso al gobierno títere del presidente "cubano" Tomás Estrada Palma (1902-1906) el mal llamado Tratado de Reciprocidad Comercial y el Tratado Permanente entre los Estados Unidos y Cuba.[32] Mediante el primero, el archipiélago cubano —cuyos verdaderos límites geográficos no fueron reconocidos por el gobierno estadounidense hasta 1904: año en que finalmente aceptó la soberanía cubana sobre la entonces llamada Isla de Pinos— se transformó en una colonia comercial y financiera de los Estados Unidos. Y, mediante el segundo, esa potencia adquirió, "a perpetuidad", una parte de la estratégica Bahía de Guantánamo, en cuyas inmediaciones todavía sigue instalada contra la voluntad del pueblo cubano, la mal llamada "US Guantánamo Naval Base".[33]

Algo mucho más dramático ocurrió en Panamá, entonces bajo la soberanía de la República de Colombia, la cual se encontraba debilitada a causa de la sangrienta Guerra de los Mil Días (dejó un saldo de 100 000 muertos) que, entre 1899 y 1902, enfrentó a las derrotadas huestes del Partido Liberal y los reaccionarios y pro imperialistas gobiernos del Partido Conservador.[34] Como se ha documentado, luego que el congreso estadounidense —movido por grandes coimas económicas— desechó la idea de construir el canal interoceánico a través del territorio de Nicaragua y aceptó hacerlo en el istmo de Panamá, la Casa Blanca intentó consumar el despojo de ese territorio por la vía "diplomática". A tal fin, en 1903, se firmó un tratado entre el secretario de Estado, John Hay, y el inepto negociador colombiano, Tomás Herrán. Este incluía la concesión a perpetuidad de la zona del Canal para uso exclusivo de los Estados Unidos.

Ante el rechazo del congreso colombiano a esa pretensión, al igual que ante las demandas del gobierno de Bogotá dirigidas a garantizar el cobro de las acciones que poseía en la Nueva Compañía del Canal de Panamá, Roosevelt no vaciló en aceptar la sugerencia que le hiciera el poderoso empresario francés, radicado en los Estados Unidos, Philippe Bunau-Varilla: aprovechar las reiteradas demandas independentistas de ciertos sectores de la sociedad itsmeña con vistas a organizar "una revolución separatista" en el territorio panameño y a firmar con el gobierno que de ella surgiera un tratado para la construcción del canal interoceánico aún más leonino que el que había rechazado —ante las potentes presiones internas— el entreguista gobierno colombiano presidido por el caudillo "conservador-histórico" José Manuel Marroquín (1900-1904). Este había llegado al Palacio de Nariño luego de un golpe de Estado contra el ya anciano presidente conservador Manuel Antonio Sanclemente (1898-1900).

Esos objetivos se hicieron realidad el 3 de noviembre 1903. Violando el Tratado Mallarino-Bidlack de 1846 (por medio del cual los Estados Unidos se había comprometido a garantizar la soberanía colombiana sobre el territorio de Panamá), la marina de guerra estadounidense impidió que el gobierno de Bogotá pudiera desembarcar sus tropas y sofocar "la rebelión separatista" iniciada el propio día. Enseguida se formó un gobierno títere que, inmediatamente, procedió a firmar el Tratado Hay-Bunau Varilla. Por medio de este, el gobierno "panameño" aceptó la cesión perpetua a los Estados Unidos de un "canal a medio hacer" y de "más de mil cuatrocientos kilómetros cuadrados de territorio panameño".[35] Además, el uso de una franja de territorio de diez millas de ancho, desde la costa del Pacífico hasta el Caribe, por la cual la Casa Blanca pagaría la ridícula suma de 10 000 000 de dólares (cuando se ratificara el tratado antes mencionado) y de 250 000 dólares anuales.[36]

Huelga decir que, en febrero de 1904, el antes referido tratado fue ratificado sin ninguna enmienda por parte del "ilustre" Senado estadounidense. Igualmente, por el gobierno "panameño" presidido por el oligarca conservador Manuel Amador Guerrero (1904-1908) y por el congreso "de bolsillo" que se había elegido bajo la tutela estadounidense. Tal congreso también aprobó la Constitución del país, en la que —al igual que en la primera constitución "cubana"— quedaron "jurídicamente" consagrados los presupuestos de la Enmienda Platt. Es decir, el derecho de los Estados Unidos a intervenir en forma permanente en los asuntos internos de ese nuevo Estado latinoamericano. Igualmente, la prohibición a contraer deudas y realizar acuerdos internacionales sin la previa autorización de los Estados Unidos. Nació así —al decir del prestigioso intelectual y político dominicano, Juan Bosch— "la semirrepública de Panamá".[37]

Merece la pena consignar que todo lo antes descrito fue facilitado por el previo aniquilamiento —con apoyo de los Estados Unidos— de la insurrección liberal y campesina contra el gobierno de José Manuel Marroquín, que encabezó, en territorio panameño, el popular general "liberal" Victoriano Lorenzo, quien fue fusilado en 1903, luego de oponer una tenaz resistencia, junto a sus seguidores, al Tratado de Wisconsin, firmado el 21 de noviembre de 1902, a bordo del navío de guerra norteamericano del mismo nombre, entre las cúpulas del Partido Liberal y del Partido Conservador. Igualmente, que el gobierno de Marroquín impidió, a toda costa (incluida la sangrienta represión de los sectores patrióticos) que se emprendieran operaciones militares para tratar de recuperar el territorio panameño. Sólo se limitó a enviar a los Estados Unidos a su cómplice de fechorías: el vicepresidente y posterior presidente, Rafael Reyes (1904-1909), para buscar una "solución negociada" al diferendo entre ambos países.

Al decir del escritor colombiano José María Vargas Vila, las indignas actitudes asumidas por Marroquín y Reyes tuvieron sus causas en los jugosos sobornos que, en 1903, ambos habían recibido de parte de la Nueva Compañía del Canal de Panamá.[38] En esta, entre 1899 y 1903 (fecha en que fue comprada en 40 000 000 de dólares por la Casa Blanca), tenían importantes acciones —además de Philippe Bunau-Varilla— Henry Taft, hermano del posterior presidente de los Estados Unidos, William Howard Taft; un cuñado del presidente Theodore Roosevelt, llamado Douglas Robinson; y el célebre banquero y multimillonario estadounidense John Pierpoint Morgan.[39] Se demostró así, una vez más, las estrechas relaciones existentes entre el *trust* del dinero, los más altos funcionarios de la Casa Blanca y los estropicios de la política exterior norteamericana.

Esa mancuerna también se había puesto en evidencia durante el desarrollo y desenlace del conflicto que, entre 1902 y 1904, enfrentó al gobierno de Venezuela con sus principales acreedores europeos: Inglaterra, Alemania e Italia. En el primero de esos años, el dictador militar de turno en Caracas, Cipriano Castro (1899-1908), luego de aplastar a sangre y fuego la Revolución Libertadora de 1901, decretó la suspensión de pagos de la deuda externa del país. En represalia, y con la anuencia expresa del Departamento de Estado (había sido consultado por la cancillería alemana desde el 11 de diciembre de 1901),[40] buques de guerra ingleses y alemanes, junto a algunos navíos italianos, bloquearon las costas venezolanas y bombardearon salvajemente las ciudades costeras de La Guaira, Puerto Cabello, Maracaibo (diciembre de 1902) y San Carlos (enero de 1903). En este último caso destruyeron totalmente el poblado.

Inicialmente −movido por un nuevo acto de colaboración ínterimperialista−, el gobierno de los Estados Unidos contempló impasible esa sangrienta operación. Pero cuando en febrero de 1903 intervino en el litigio, lo hizo −en un nuevo contubernio con el Reino Unido− para obligar al gobierno venezolano a que presentara la disputa ante el Tribunal Permanente de Arbitraje Internacional de La Haya. Como era de esperar, el 22 de febrero de 1904, ese tribunal falló contra Venezuela y obligó al gobierno de dicho país a reiniciar los pagos de su deuda externa, dándole prioridad a las potencias imperialistas que habían encabezado las acciones punitivas antes referidas. Tal veredicto legitimó el supuesto derecho de las potencias imperialistas a emprender "intervenciones por medio de la fuerza contra un Estado delincuente".[41] Lo diferente fue que −acorde a los Protocolos de Washington de 1903−, de manera tácita, la Casa Blanca quedó "comprometida" a ejercer una virtual tutela sobre Venezuela (y, por consiguiente, sobre otros "Estados delincuentes" de la subregión) al constituirse en garante del cobro de sus créditos por parte de las potencias imperialistas europeas y de la oligarquía financiera estadounidense.

Este comportamiento se reiteró en el desenlace del conflicto que, desde 1901, venía enfrentando a sucesivos e inestables gobiernos de la República Dominicana con la célebre Santo Domingo Improvement Company de Nueva York; apoderada desde 1893 de los intereses de otros acreedores europeos y norteamericanos. Gracias a las presiones del Departamento de

Estado, en 1903, el gobierno dominicano presidido por el ex sacerdote Carlos Morales Languasco (1903-1906) aceptó someter el litigio a una Comisión mixta de arbitraje. Esta dio a conocer su fallo el 14 de julio de 1904. Sobre la base del mismo, la República Dominicana se convirtió en "deudora directa del gobierno norteamericano". A consecuencia, se estableció la intervención permanente de un agente financiero nombrado por el gobierno de los Estados Unidos, con autoridad para el control de las aduanas, de la hacienda pública y, por ende, del Estado dominicano.[42] Con esos precedentes —al igual que mediante el rechazo por parte del Departamento de Estado a la Doctrina Drago (en honor al canciller argentino, Luis M. Drago), según la cual "la deuda pública no da causa para intervención armada y menos aún para la ocupación material del suelo de naciones americanas" —[43] la Casa Blanca engendró un nuevo corolario de la Doctrina Monroe: El llamado "Corolario Roosevelt". Según su texto:

> El mal proceder crónico, o una impotencia que desemboca en un aflojamiento general de los lazos de una sociedad civilizada, pueden en América, como en cualquier otra parte del mundo, exigir la intervención de algún país civilizado, y en el hemisferio occidental el apego de los Estados Unidos a la Doctrina Monroe puede obligar a los Estados Unidos, con gran renuencia de su parte, en casos flagrantes de tal mal proceder o de impotencia, a ejercer un poder de policía internacional.[44]

Sin embargo, al decir del historiador ecuatoriano Manuel Medina Castro, no fue hasta los mensajes de Roosevelt de 1905 y de 1906 a la nación y al Senado estadounidense respectivamente, que "este [corolario] adquiere su forma definitiva. Conciso y brutal, el mensaje plantea a Iberoamérica el dilema fatal: bloqueo, bombardeo o incautación de aduanas por los acreedores europeos, o intervención norteamericana".[45] En cualquier caso, lo cierto fue que amparándose en esa nueva inferencia de la Doctrina Monroe, a partir de esos años, la Casa Blanca —con el respaldo del Capitolio— se atribuyó el presunto "derecho" a intervenir de manera unilateral en los Estados de América Latina y, sobre todo, de la Cuenca del Caribe, cuyos gobiernos —a juicio de los círculos gubernamentales estadounidenses— no estuvieran en condiciones de garantizar el "orden interno" y de cumplir con sus compromisos internacionales. Por consiguiente, el cada vez menos "joven" imperialismo estadounidense (y sus cada vez más poderosas fuerzas armadas) se transformó en el gendarme de la oligarquía financiera internacional y, en especial, del *trust* del dinero que florecía en Wall Street. Igualmente, en el pretendido tutor de los destinos de las naciones ubicadas al sur de sus fronteras.

Así se demostró nuevamente en la llamada "intervención financiera" de 1905 a 1912 en República Dominicana. Como se ha documentado, en 1904, luego de la intervención de la infantería de marina norteamericana en la nueva guerra civil que afectaba a esa nación (la llamada "Guerra de la Desunión"), el Departamento de Estado le exigió al ya debilitado gobierno títere de Morales Languasco el nombramiento de un funcionario oficial estadounidense con el propósito de que recaudara "los derechos de aduana" y "los distribuyera equitativamente" entre los acreedores extranjeros (norteamericanos y europeos) de ese país caribeño.[46] Para dar fuerza a su demanda y demostrar su "poder policial internacional", el 1ro de enero de 1905 dos buques de guerra estadounidenses anclaron en la Bahía de Santo Domingo y otras naves comenzaron a merodear las costas de ese país. Ante esa demostración de fuerza, y tratando de salvar su posición política, el presidente Morales suscribió en forma apresurada un protocolo con el gobierno norteamericano mediante el cual le entregó la administración de las aduanas dominicanas hasta la total cancelación de los créditos externos.

Pero el Senado estadounidense rechazó dicho tratado, aduciendo los vicios de procedimiento de esos actos del presidente Theodore Roosevelt. De todas formas, mediante una decisión ejecutiva, este nombró un receptor general de aduanas que, de *facto*, comenzó a ejecutar las funciones acordadas con el presidente "dominicano". Estas quedaron interrumpidas por su derrocamiento, a comienzos de 1906, por parte de su vicepresidente Ramón (Mon) Cáceres (1906-1911); quien retomó las negociaciones con la Casa Blanca, hasta que, finalmente, en 1907, el "ilustre" Senado estadounidense aprobó la denominada Convención de 1907.[47] En el ínterin (o sea, en el llamado "*modus vivendi* entre 1905 y 1907"), unidades de la flota norteamericana se mantuvieron en forma permanente en las aguas jurisdiccionales dominicanas con la expresa orden de "reprimir cualquier revolución".[48] Pero en esta ocasión, a diferencia de lo ocurrido en 1904 (año en que la armada y la infantería de marina norteamericana se implicaron directamente en los combates contra las fuerzas opositoras al gobierno de Morales Languasco), su desembarco resultó innecesario, debido a la eficacia de la sanguinaria política represiva emprendida —con apoyo oficial estadounidense— por el gobierno de Mon Cáceres. Se renovó así, manchado con la sangre del pueblo dominicano, el virtual protectorado que, desde la cruenta dictadura de Ulises (Lilí) Heureaux (1881-1899), venía ejerciendo los Estados Unidos sobre esa nación caribeña.[49]

Paralelamente, la Casa Blanca decidió emprender una nueva intervención militar "preventiva" en Cuba. Esta se produjo a causa de la incapacidad de Tomás Estrada Palma de "legitimar" el fraude electoral —para reelegirse en la presidencia— que había sido cohonestado por el procónsul de los Estados Unidos en La Habana, Herbert G. Squires.[50] En respuesta a la violencia oficial y al asesinato de algunos líderes de la guerra por la independencia contra el colonialismo español (como el prestigioso general negro Quintín Banderas), tomó creciente fuerza el alzamiento que, en agosto de 1906, habían protagonizado algunos dirigentes del opositor Partido Liberal. Frente al fracaso de "la mediación" estadounidense, y atendiendo a una expresa demanda de Estrada Palma, un mes después, tropas norteamericanas ocuparon el archipiélago cubano. Acto seguido, Roosevelt nombró como Gobernador provisional de la isla a su entonces secretario de Guerra, William Howard Taft, quien había sido colocado en esa cartera, luego que su antecesor Elihu Root sustituyera, en 1905, al ya gravemente enfermo secretario de Estado, John Hay. Taft, a su vez, fue sustituido de su responsabilidad directa sobre Cuba por el tristemente célebre ex Gobernador de la Zona del Canal de Panamá, Charles A. Magoon.

Según la historia difundida, en correspondencia con sus intenciones de apaciguar sus relaciones con los gobiernos de América Latina, la Casa Blanca intentó evitar esa intervención militar y, a su vez, Taft hizo todo lo posible por demostrar el carácter provisional de esta.[51] Sin embargo, se prolongó durante dos años y cuatro meses. O sea, hasta unas semanas antes de que concluyera, el 4 de marzo de 1909, la presidencia de Theodore

Roosevelt. Acorde con las prácticas políticas en los Estados Unidos, durante su gobierno en Cuba, Magoon entronizó la corrupción política y administrativa. También dilapidó los fondos públicos. Con esos recursos —y gracias al apoyo de la Iglesia católica estadounidense— gestionó con éxito el respaldo del Vaticano y del Episcopado "cubano" (en su casi totalidad integrado por eclesiásticos españoles) a la estrategia norteamericana contra la isla. Además, compró a diversos políticos venales con vistas a garantizar el normal desarrollo de las elecciones presidenciales que se realizaron —nuevamente bajo ocupación militar norteamericana— el 28 de enero de 1909. En estas resultó electo el corrupto líder del Partido Liberal, José Miguel Gómez (1909-1913).

Para cubrir el déficit fiscal que había provocado su gestión, Magoon gestionó un nuevo crédito de la Casa Speyer de Nueva York por 16 000 000 de dólares. Gracias a este —al igual que al crédito de 35 000 000 de dólares previamente ofrecido por esa casa a Estrada Palma para sufragar los gastos de la desmovilización del Ejército Libertador cubano— la oligarquía financiera norteamericana avanzó en su cada vez más férreo control de las principales fuentes de riquezas del país, en particular de la industria azucarera.[52] A su vez, para cautelar sus intereses, las fuerzas armadas estadounidenses organizaron, armaron y entrenaron un Ejército profesional, así como una Guardia Rural que —como fuerzas pretorianas de la oligarquía cubana y de la Casa Blanca— en lo adelante se encargaron de la represión a la más mínima disidencia contra su dominación sobre la "semirrepública de Cuba".

No es ocioso recordar que, inmediatamente antes de esa intervención militar en el archipiélago cubano, Roosevelt continuó sus gestiones para dinamizar el "panamericanismo". A tal fin, el secretario de Estado, Elihu Root, realizó una gira por diferentes países suramericanos. También participó personalmente en la Tercera Conferencia Internacional de Estados Americanos efectuada entre el 23 de julio y el 27 de agosto 1906 en Río de Janeiro, Brasil. Aunque en general —gracias al apoyo que desde 1890 le habían otorgado los sucesivos gobiernos republicanos brasileños al "panamericanismo"— se mantuvieron fuera del programa las cuestiones de controversia, en esa conferencia "las reclamaciones pecuniarias y el cobro mediante la fuerza de las deudas tuvieron un lugar prominente".[53]

Ante la imposibilidad de llegar a acuerdos al respecto, se aprobó una resolución que prolongó por diez años más la vida de la Unión Internacional de las Repúblicas Americanas y la de su oficina, radicada en Washington. Asimismo, se reformularon la organización, las funciones y normas de dicha oficina y se le pidió a su Consejo directivo, encabezado por el Secretario de Estado, que se encargara de preparar los proyectos de su programa y reglamento. Además, acorde con los criterios de Elihu Root acerca de que más vale "un mal pacto de arbitraje de las disputas internacionales, que no poseer ninguno",[54] la delegación estadounidense nuevamente colocó el tema del arbitraje obligatorio en el centro de las deliberaciones de la conferencia. Esta vez, se signó una nueva Convención de Reclamaciones, "por la cual continuaba en vigor hasta 1912 la Convención de 1902". A diferencia de esta última, la nueva convención fue ratificada por los Estados Unidos y por once repúblicas americanas.[55]

Adicionalmente, se adoptó una resolución que afirmaba la adhesión de los participantes al principio de arbitraje internacional y recomendaba que se dieran instrucciones a los delegados latinoamericanos a la Segunda Conferencia de Paz de la Haya, pautada para 1907, con vistas a que actuaran en conformidad con esa decisión. Sin embargo, sólo México, Panamá, Guatemala, Nicaragua, Haití y El Salvador ratificaron los acuerdos de esa conferencia; y, entre ellos, sólo Panamá y México lo hicieron sin presentar ninguna reserva. Según el historiador estadounidense Samuel Flagg Bemis, la oposición de la mayor parte de los Estados latinoamericanos a los acuerdos de la Segunda Conferencia de La Haya, "se debía a su rechazo a admitir el arbitraje obligatorio y el derecho de intervención [de las potencias europeas y de los Estados Unidos] en caso que fuera rechazado el arbitraje".[56] De ahí que —salvo las deshonrosas excepciones ya indicadas— ni los gobiernos latinoamericanos, ni las fuerzas políticas opositoras a estos, "sintieran gran ayuda en el panamericanismo, ni [en el] orden jurídico internacional de la época para frenar las crecientes demandas e intervenciones de los Estados Unidos".[57]

Así se demostró rápidamente en México. En ese país, la administración de Theodore Roosevelt —convocada por el dictador Porfirio Díaz— se implicó directamente en la represión a los movimientos huelguísticos que comenzaron a sacudir a ese inmenso país desde el segundo lustro del siglo XX. De hecho, tropas estadounidenses contribuyeron a sofocar la poderosa huelga obrera que, en junio de 1906, paralizó las operaciones de la Green Consolidated Cooper, ubicada en el norteño Estado mexicano de Sonora. Esa represión dejó un saldo de veinte muertos y veintidós heridos.[58] Poco después, la Casa Blanca colaboró con la derrota de la insurrección popular de septiembre de 1906, encabezada por la Junta del Partido Liberal, donde ocuparon un lugar prominente los famosos hermanos Ricardo, Jesús y Enrique Flores Magón.[59] Como era de esperar, la represión engrosó la lista de los miles de luchadores populares asesinados por los secuaces de Porfirio Díaz. Entre ellos, los inmensos contingentes de indios yaquis (deben su nombre a su ubicación en las inmediaciones del río del propio nombre) y de procedencia maya que, desde fines del siglo XIX, venían protagonizando en el sur del país (en particular en Yucatán) una tenaz resistencia contra la oligarquía agraria mexicana y contra los grandes hacendados estadounidenses que los tenían sometidos a un virtual régimen de esclavitud.[60]

Lo antes dicho contribuye a explicar la estrecha (aunque a veces conflictiva) alianza que hasta las semanas previas a su derrocamiento en 1911, mantuvieron sucesivos gobiernos de los Estados Unidos con la dictadura de Porfirio Díaz. Pero a ello habría que agregar que, en la primera década del siglo XX, el 40% de las inversiones privadas estadounidenses en la agroindustria, la minería (incluida el petróleo) y los ferrocarriles de todo el mundo estaban colocadas en México. Ese país, por otra parte, tenía comprometidas el 60% de sus importaciones y el 77% de sus exportaciones con el mercado norteamericano. Además, los capitales estadounidenses participaban en la generación del 43,4% de todas las riquezas mexicanas; seguidos muy de lejos (con un 30%) por los capitales mexicanos y por los de sus competidores británicos. Aunque a partir de 1905 —para gran disgusto de los círculos oficiales y empresariales estadounidenses— estos últimos habían comenzado a mejorar sus posiciones (sobre todo en la explotación del petróleo), en 1910, sólo accedían a un 13,2% del producto bruto interno mexicano.[61]

Por ello no fue extraño que la administración Roosevelt se asociara con la dictadura mexicana para intentar imponer la *pax estadounidense* en Centroamérica. Así, en respuesta a la guerra que en 1906 había estallado entre Guatemala y El Salvador a causa del respaldo del gobierno de este último país a los opositores a la larga y cruenta dictadura del pro imperialista presidente Manuel Estrada Cabrera (1898-1920), la Casa Blanca interpuso sus fuerzas militares para lograr un armisticio entre los contendientes. Ese armisticio se firmó el 20 de julio de 1906 a bordo del buque *Marblehead*, perteneciente a la armada estadounidense. Inmediatamente después —a instancias de los gobiernos de México y los Estados Unidos— se realizó una Conferencia de Paz en Costa Rica (24 y 25 de septiembre de 1906); en la que no participó el gobierno de Nicaragua, entonces encabezado por el prestigioso presidente liberal y nacionalista José Santos Zelaya (1893-1909). Con tal ausencia, Zelaya marcó su rechazo al Acuerdo de Marblehead. También, a la pretensión de la administración Roosevelt de que le autorizara a montar una base militar estadounidense en el Golfo de Fonseca, así como el territorio suficiente para construir un canal interoceánico a través de Nicaragua.[62]

Como consecuencia, un año después estalló una nueva guerra en Centroamérica. Esta vez entre Honduras (apoyada por el nuevo gobierno militar de El Salvador) y Nicaragua, cuyas fuerzas —unidas a la del general hondureño Dionisio Gutiérrez— lograron derrotar al primer gobierno del conservador y pro imperialista Manuel Bonilla (1903-1907) y colocar en la presidencia al liberal Miguel R. Dávila (1907-1911). Otra vez, la infantería de marina ocupó varias ciudades de ambos países con el pretexto de "proteger los intereses norteamericanos". Y, gracias a una mediación compartida con México, la Casa Blanca logró la suspensión de las hostilidades. La paz se restableció, nuevamente, mediante un acuerdo firmado el 23 de abril de 1907 a bordo del buque *Chicago*, perteneciente a la armada estadounidense. Sin embargo, como las causas más profundas de los conflictos centroamericanos (las diferencias existentes entre los sectores progresistas y nacionalistas del liberalismo y la oligarquía conservadora, respaldada por el clero y por diversos monopolios estadounidenses) seguían sin resolverse, escasos meses más tarde estalló otro conflicto armado entre Nicaragua y Guatemala.

En esta ocasión, siguiendo sus impulsos "panamericanos", el secretario de Estado Elihu Root —otra vez unido al dictador Porfirio Díaz y bajo la perenne amenaza de acudir a la fuerza— "invitó" a los representantes de las cinco repúblicas centroamericanas a celebrar otra Conferencia de Paz en Washington. Esta se realizó a fines de 1907. En ella los representantes centroamericanos aprobaron un Tratado General de Paz y Amistad en el que se comprometieron, entre otras cosas, a impedir que su territorio sirviera como base a los "movimientos revolucionarios" contra otros Estados de la subregión y a restringir las actividades políticas de sus correspondientes refugiados. Igualmente, a que Honduras —dada su posición geográfica— fuera permanentemente neutral para evitar que el control de su gobierno se convirtiera en objeto primordial de los conflictos entre sus vecinos más fuertes. Asimismo, de manera poco congruente con la realidad, convinieron en denegar su reconocimiento a "cualquier gobierno [de la región] que llegara al poder por medio de un golpe de Estado o de una revolución". Además, acordaron formar un Tribunal de Justicia Centroamericano, encargado de dirimir los conflictos que se presentaran entre los Estados miembros.[63]

LA "DIPLOMACIA DEL DÓLAR Y LAS CAÑONERAS"

Sin embargo, entre 1909 y 1916 (año en que desapareció), la acción de ese tribunal fue sistemáticamente boicoteada por el Departamento de Estado. En ello influyó sobremanera la insistencia de la Casa Blanca en que los Estados Unidos no eran parte del acuerdo y su consistente apoyo al odiado dictador guatemalteco Manuel Estrada Cabrera, quien a sus sanguinarias prácticas represivas, unió perennes concesiones a la UFCO: monopolio que venía sentando sus reales en Costa Rica, Honduras y Guatemala desde fines del siglo XIX.[64] Igualmente, incidió la agudización de los conflictos existentes entre el gobierno de Santos Zelaya y la administración Roosevelt. Entre ellos, los causados por el incumplimiento por parte de la compañía minera United States-Nicaragua Concession de sus acuerdos con el gobierno nicaragüense. Como el Tribunal de Justicia Centroamericano no había sido diseñado para dirimir esos litigios, las contradicciones entre ambas partes estaban en pleno apogeo cuando, el 4 de marzo de 1909, William Taft sustituyó a Theodore Roosevelt en la Casa Blanca y, simultáneamente, ocupó la secretaría de Estado Philander Knox.

Tanto Taft como Knox representaban a los sectores más conservadores del Partido Republicano. Y Knox —antes de llegar a ese cargo— había estado estrechamente vinculado a un bufete de abogados encargados de representar los intereses de grandes corporaciones estadounidenses; entre ellos, los de la United Steele Corporation —propiedad de John Pierpoint Morgan— y los de la Familia Fletcher, dueña de la United States-Nicaragua Concession.

De ahí, y de las ya mencionadas relaciones de un hermano de Taft con el mundo de los negocios, las íntimas relaciones que mantenían el nuevo Secretario de Estado y el flamante Presidente con el *establishment* de Wall Street. Por ende, para ellos, en "grado mucho mayor que el de algunos de sus antecesores", el interés nacional estadounidense coincidía plenamente con el de los principales monopolios, consorcios y *trusts* del país. Tanto que —según el historiador venezolano Demetrio Boersner: "En la Casa Blanca, en el Departamento de Estado o en otros sitios más discretos, los máximos dirigentes del gobierno se reunían regularmente con los jefes de la gran banca para proyectar y organizar acciones conjuntas encaminadas a ocupar y dominar la zona del Caribe y la parte septentrional de América del Sur, así como también a conquistar una participación económica y política cada vez mayor en los asuntos del Pacífico y de China". A su vez, en lo doctrinario, Taft y Knox acogieron cabalmente el Corolario Roosevelt y la necesidad "de garantizar la seguridad del Canal de Panamá y las rutas marítimas que conducen hacia él".[65]

De esa mezcla de intereses económicos y geopolíticos, fue que surgió la llamada "diplomacia del dólar". Según sus enunciados públicos, en todas partes, pero particularmente en la Cuenca del Caribe, "el dólar sustituiría al fusil y al cañón como instrumento de pacificación". Además, como el capital europeo mantenía latente el peligro de complicaciones geopolíticas en esa región, este debía ser sustituido por capital norteamericano. Y, puesto que las revoluciones y trastornos políticos se atribuían en gran parte a la pobreza y al atraso de esos países, "se fomentaría su desarrollo con vistas a lograr su bienestar, su seguridad y la paz".[66] En la opinión de Knox, en el caso de las naciones centroamericanas el procedimiento para lograr todos esos fines sería relativamente sencillo. Se induciría a sus gobiernos a contratar empréstitos con banqueros norteamericanos, lo que les permitiría liquidar las eventuales reclamaciones de las potencias imperialistas europeas y normalizar la hacienda de cada país. También se estimularía a los capitalistas y a los hombres de negocios de los Estados Unidos a obtener concesiones y desarrollar empresas que mejoraran los servicios públicos y fomentaran las riquezas de esas repúblicas. Como el capital exigía garantías, la Casa Blanca se las otorgaría; ya que el pago de los intereses y de la amortización del capital invertido se garantizaría con la renta de las aduanas de cada país. A tal efecto —como ya se había venido ensayando en la República Dominicana— un colector general de nacionalidad estadounidense sería el encargado de efectuar el cobro de los impuestos aduaneros y de otros importantes gravámenes para evitar el mal manejo de estos. Todo ello uniría a las repúblicas centroamericanas entre sí y estrecharía sus correspondientes vínculos políticos con los Estados Unidos.[67]

Tales "recetas" debían aplicarse de manera urgente en Nicaragua. En primer lugar, a causa de su posición estratégica para la construcción de un canal interoceánico alternativo al de Panamá. En segundo, porque en esa nación los alemanes tenían grandes intereses económicos. En tercero, porque existían indicios (nunca comprobados) de que el presidente Santos Zelaya había acariciado la idea de negociar con los alemanes o con los japoneses la construcción de un canal interoceánico a través del Río San Juan y del Lago de Nicaragua.[68] Y, finalmente, porque —como ya vimos— ese mandatario se había convertido en un obstáculo para los planes norteamericanos dirigidos a montar "su" esquema de seguridad en el istmo centroamericano. De ahí que, cuando en 1909, el gobierno nicaragüense, apoyado por la mayoría del Partido Liberal y de la opinión pública interna, rechazó las pretensiones norteamericanas de imponerle un crédito por 15 000 000 de dólares a cambio del control de las aduanas y del derecho exclusivo a construir un canal interoceánico, el dúo Taft-Knox decidió —como había hecho Theodore Roosevelt en Panamá— organizar "una revolución" apoyada por los Estados Unidos.

Para hacerla, los representantes "diplomáticos" norteamericanos en Nicaragua comenzaron a conspirar con el Partido Conservador y con algunos sectores del Partido Liberal opuestos a Santos Zelaya, en particular con los interesados en la "independencia" de la costa atlántica nicaragüense. Estos se sublevaron el 8 de octubre de 1909. Pero como esa "revolución *Made in USA*" estaba a punto de ser derrotada, intervinieron algunos buques de guerra norteamericanos. Y —aprovechándose del fusilamiento de dos mercenarios estadounidenses— la Casa Blanca rompió relaciones con Nicaragua y exigió la renuncia del presidente de ese país. Este, inducido por el dictador mexicano Porfirio Díaz, y tratando de evitar una intervención directa de los Estados Unidos, renunció a su cargo el 16 de diciembre de 1909. Dejó en su lugar a José Madriz, quien tampoco fue reconocido por los Estados Unidos.

Ante la continuidad de las agresiones norteamericanas, Madriz protestó ante el Departamento de Estado, y el Tribunal de Justicia Centroamericano trató de mediar en el conflicto; pero el dúo Taft-Knox estaba decidido a sacar, a toda costa, a los liberales del poder, lo que logró en 1911 —pese al creciente rechazo de la opinión pública nicaragüense y centroamericana— mediante diversas maniobras políticas y militares. En ese año, se apoderó de la presidencia de Nicaragua el dirigente del Partido Conservador, Adolfo Díaz, quien había compartido sus actividades políticas con el desempeño de la secretaría de la United States-Nicaragua Concession. Acto seguido, el representante en Washington del nuevo mandatario firmó con el Secretario de Estado norteamericano un acuerdo similar a la ya mencionada Convención que, en 1907, se le había impuesto a la República Dominicana.[69] A pesar de las presiones de la Casa Blanca, ninguno de esos acuerdos fueron aprobados por el Senado de los Estados Unidos, ni por la Asamblea (poder legislativo) de Nicaragua. Se entró así, entre 1911 y 1916, en un *modus vivendi* similar al entronizado por Roosevelt en la República Dominicana.

La diferencia fue que, a pesar de todo el apoyo estadounidense y de las medidas represivas internas, Adolfo Díaz no pudo contener la oposición popular. Esta fue encabezada por el abogado y diplomático liberal nicaragüense Benjamin Zeledón (1869-1912), a quien se unieron voluntariamente diversos luchadores antimperialistas de otros países centroamericanos. Por ende, a la Casa Blanca no le quedó otro remedio que proceder, en 1912, a la intervención militar directa. Ello implicó a sus fuerzas militares en la brutal y sangrienta represión de los opositores al gobierno títere de Adolfo Díaz; quien —luego de la caída en combate de Zeledón y de la derrota de las fuerzas encabezadas por el general liberal Luis Mena (quien se rindió ante las tropas norteamericanas), así como amparado por las fuerzas militares norteamericanas— el 3 de noviembre de 1912, fue "constitucionalmente" electo como presidente de la República. Inmediatamente después, firmó con el Departamento de Estado otro tratado (el Tratado Weitzel-Chamorro) por medio del cual le concedía a los Estados Unidos los derechos exclusivos para construir un canal interoceánico a través del Río San Juan y del Lago de Nicaragua, la autorización para montar una base naval en el Golfo de Fonseca y el alquiler por 99 años de las Islas Great y Little Corn (maíz), ubicadas en el Mar Caribe. A cambio, los Estados Unidos entregó 3 000 000 de dólares, de los cuales 2 500 000 iban dirigidos al pago de las deudas adquiridas con bancos norteamericanos.

Sin embargo, ni Taft, ni Knox se mantuvieron el tiempo suficiente en la Casa Blanca para obtener la ratificación de este tratado. Ante la derrota republicana en las elecciones presidenciales de noviembre de 1912, ambos dejaron sus correspondientes cargos el 4 de marzo de 1913. Y, como Adolfo Díaz y sus sucesores en la presidencia no tuvieron las fuerzas propias para garantizar la estabilidad política del país, los sucesivos inquilinos de la Casa Blanca tuvieron que imponer un descarado protectorado sobre Nicaragua. Este se prolongó (con un pequeño interludio entre 1925 y 1926) hasta el año 1933. Sobre los vaivenes de esa intervención volveré en los próximos capítulos; pero ahora es necesario indicar que la "diplomacia del dólar" —o, con más precisión, "la diplomacia del dólar y las cañoneras"— tuvo otras brutales expresiones en América Latina y el Caribe.

En primer lugar en México, nación que, entre 1910 y 1917 —y a costa de 1 000 000 de muertos— fue estremecida por la revolución social más radical de las que hasta entonces habían triunfado en el sur del Río Bravo y de la península de Florida. Resulta imposible en el espacio dedicado a este capítulo sintetizar todos los conflictivos pormenores del desarrollo de la Revolución mexicana. Tampoco las oportunistas y cambiantes tácticas seguidas frente a esta por los círculos dominantes en los Estados Unidos. De hecho, en las próximas páginas nuevamente me referiré al tema. Ahora basta decir que cuando Taft y Knox —asesorados por el siniestro embajador de los Estados Unidos en México, Henry Lane Wilson (1911-1913)— se percataron de la incapacidad del octogenario dictador Porfirio Díaz (finalmente abandonó su cargo en mayo de 1911) para controlar la situación revolucionaria creada en México, comenzaron a desplegar diversas maniobras contrarrevolucionarias, incluidas las constantes amenazas de emprender una intervención militar directa. A tal grado que —al igual que ya habían hecho en el año anterior— en febrero de 1912 concentraron 34 000 efectivos del Ejército norteamericano en la frontera común, movilizaron a 60 000 voluntarios y buques de guerra estadounidenses violaron la soberanía mexicana sobre sus costas y puertos en los Océanos Atlántico y Pacífico.[70]

Igualmente, la Casa Blanca y sus representantes en México convocaron en forma directa y nítidamente intervencionista a los principales dirigentes políticos y militares de la dictadura, a los sectores más reaccionarios de la Iglesia católica (unidos en el Partido Católico Nacional), de la llamada "comunidad empresarial" y del cuerpo diplomático, incluidos sus competidores británicos y alemanes. También —con la anuencia de las autoridades mexicanas— armaron a miles de ciudadanos estadounidenses residentes en México (según el Censo de 1910, radicaban en forma permanente en dicho país 75 000 ciudadanos norteamericanos) con vistas a que emprendieran "acciones de autodefensa" y apoyaran una eventual agresión contra esa nación latinoamericana. Asimismo, hicieron todo lo que estuvo a su alcance para cooptar o neutralizar, según el caso, a los representantes de la oposición nacional burguesa y de los llamados "terratenientes liberales" que habían participado en forma destacada en la lucha política y militar contra la dictadura.

Tales sectores fueron encabezados por Francisco Madero, quien —luego del breve gobierno provisional del derechista Francisco León de la Barra y con el apoyo del recién fundado Partido Constitucional Progresista —ocupó la presidencia de la república entre el 6 de noviembre de 1911 y el 19 de febrero de 1913. A cambio del apoyo de la Casa Blanca, a Madero se le exigió que conservara dentro de su gabinete y en las fuerzas armadas a los principales representantes de la dictadura y de los sectores oligárquicos que la apoyaban; garantías para la ampliación de las inversiones norteamericanas en México; así como la reparación de los daños que durante la guerra civil habían sufrido diversas empresas y ciudadanos estadounidenses. Igualmente, el abandono de las negociaciones emprendidas por el gobierno anterior con los monopolios petroleros británicos competidores de la Standard Oil of New Yersey, propiedad de la familia Rockefeller; la total renuncia a las relaciones que se habían establecido con Japón para el alquiler de facilidades portuarias en la Bahía de Magdalena, Baja California; la neutralización de los sectores de izquierda del partido oficial; y, sobre todo, la desmovilización, el desarme o la derrota de los ejércitos populares —en especial campesinos— que en el norte comandaba el legendario Pancho Villa y, en el sur, el radical y combativo líder agrario, Emiliano Zapata. Además, la represión de las movilizaciones y reclamos del incipiente movimiento obrero mexicano, notablemente influido por las consignas propaladas por el anarcosindicalismo de factura europea.

Como Madero no pudo cumplir con la mayor parte de esas exigencias, ni derrotar al cada vez más potente movimiento campesino comandado por Villa y Zapata y comenzó a emprender acciones internas y externas discrepantes con los intereses estadounidenses, la Embajada norteamericana en Ciudad México organizó un golpe de Estado contra ese "indeseable" mandatario y contra su vicepresidente José María Pino Suárez. Este se concretó entre el 9 y el 19 de febrero de 1913. En esa "decena trágica", sólo en Ciudad México perdieron la vida 3 000 personas y otras 6 000 resultaron heridas como consecuencia del enfrentamiento entre las fuerzas "leales" al gobierno constitucional y los golpistas inicialmente encabezados por los generales derechistas Bernardo Reyes (quien murió en la acción) y Félix Díaz.

Atendiendo a que la derrota de las fuerzas leales a Madero sólo había sido posible gracias a la traición del general Victoriano Huerta (estrechamente ligado a la dictadura precedente y a la sazón jefe de las tropas acantonadas en la capital), así como temiendo un conflicto entre este y las fuerzas del general Félix Díaz, el embajador estadounidense Henry Lane Wilson propició lo que en la historia de México se conoce como "el Pacto de la Embajada" del 18 de febrero de 1913. Según este, Huerta asumiría la dirección del gobierno provisional y Díaz se "reservó el derecho de presentar su candidatura al puesto de Presidente en las próximas elecciones".[71] Además, al menos de manera tácita, Lane autorizó a Victoriano Huerta a asesinar a Madero y a Pino Suárez. Ese crimen se consumó — bajo la mirada cómplice del embajador estadounidense — el 22 de febrero de 1913, aduciendo la manida "ley de fuga".[72]

Cualquiera que haya sido la complicidad de Henry Lane Wilson en el asesinato de ambos estadistas mexicanos, lo cierto fue que, mientras se mantuvo en el cargo, hizo todo lo que estuvo a su alcance para lograr la consolidación de la sanguinaria dictadura de Victoriano Huerta (1912-1914). Incluso, pese a la sanguinaria política represiva seguida por el nuevo dictador, más de una vez interpuso su influencia con vistas a garantizar que la Casa Blanca, como habían hecho las restantes potencias imperialistas del mundo, reconociera a la nueva dictadura mexicana. Pero, como Taft fue derrotado en las elecciones presidenciales de noviembre de 1912, el asunto quedó en manos de la administración demócrata encabezada por Woodrow Wilson (1913-1921).

Se abrió así — como veremos en el próximo capítulo — una nueva etapa de la política de los Estados Unidos hacia América Latina y el Caribe y específicamente hacia la Revolución mexicana. Vale adelantar que en esa etapa se abandonó definitivamente la peregrina idea — gestada por el dúo Taft-Knox y apoyada por el dictador guatemalteco Estrada Cabrera — de segregar varios Estados del sur de México (Chiapas, Soconusco y Lacantún) para conformar — junto al norteño departamento guatemalteco del Petén — una República Suroriental,[73] donde campearían los intereses norteamericanos, incluidos los vinculados a la eventual construcción de una vía interoceánica alternativa a Panamá y a Nicaragua a través del istmo de Tehauntepec.

A pesar del fracaso de esa idea, y de los simultáneos retos que le planteó a los artífices de "la diplomacia del dólar y las cañoneras" las inesperadas resistencias a sus políticas que se presentaron en Nicaragua y en México, es necesario consignar que, entre 1909 y 1912, la Casa Blanca objetivamente logró consolidar su influencia en Guatemala, El Salvador, Honduras y Costa Rica. En el primer caso, las inversiones norteamericanas registraron un indudable incremento. Gracias a ellas y al fortalecimiento de la dictadura de Estrada Cabrera (se reeligió "constitucionalmente" en 1911), los gobiernos conservadores salvadoreños sucesivamente presididos por el general Fernando Figueroa (1907-1911) y por su delfín Manuel Enrique Araujo (1911-1913) aceptaron la construcción del ferrocarril entre ambos países, auspiciado por la International Railway of Central America, controlada en un 50% por la UFCO.

A su vez, en 1911, ese monopolio le impuso un préstamo al gobierno costarricense presidido por Ricardo Jiménez Oreamuno (1910-1914). Como consecuencia, las aduanas de ese país quedaron intervenidas por la antes mencionada compañía estadounidense. Esta detentaba la mayor parte de las riquezas del país.

Mientras, en Honduras, una nueva intervención militar norteamericana logró el derrocamiento, en 1911, del gobierno encabezado por el "liberal" Miguel R. Dávila. Por ende, fue restituido en la presidencia el conservador y pro imperialista Manuel Bonilla (1912-1913), quien —a diferencia de su antecesor— enseguida respaldó el Tratado Paredes-Knox, por medio del cual el gobierno "hondureño" se comprometió a aceptar un crédito de 10 000 000 de dólares de la Casa Morgan de Nueva York, dirigido a liquidar sus deudas con la oligarquía financiera británica.[74] Bonilla, además, abrió las puertas del país a la UFCO y a la Cuyamel Fruit Company: empresa estadounidense que lo había respaldado en sus periódicas y hasta entonces derrotadas sublevaciones contra el fenecido gobierno liberal. De esa manera, se inició un largo ciclo de inestabilidad política, golpes de Estado y enfrentamientos armados "nutridos por la injerencia de [esas] compañías bananeras estadounidenses" en los asuntos internos y externos de esa *Banana Republic.*[75]

Una situación parecida se había presentado tres años antes en Venezuela. A consecuencia de la política "nacionalista" del dictador

Cipriano Castro y de sus constantes conflictos fronterizos con sus vecinos de la mal llamada "Guyana Holandesa" (actualmente Surinam), así como con diversas empresas norteamericanas, en 1908, se habían roto las relaciones diplomáticas con los Estados Unidos. Buscando realizar sus propias ansias de poder, el 19 de diciembre de 1908, el vicepresidente y general Juan Vicente Gómez derrocó al mencionado dictador en momentos en que este se encontraba en Europa. En medio de la represión a los seguidores de Cipriano Castro, y para consolidar ese cambio político, la administración Roosevelt envió una flota de guerra al puerto de la Guaira, en la cual viajó la misión gubernamental encargada de restablecer las relaciones diplomáticas entre ambos países. Meses después, el dúo Taft-Knox firmó un acuerdo con Vicente Gómez por medio del cual se profundizó la penetración de capitales estadounidenses en dicho país. Así, en 1912, la empresa General Asfalt recibió cuantiosas concesiones en el subsuelo de varios Estados venezolanos. Surgió así —con el respaldo de la Casa Blanca y de los monopolios petroleros de ese país— una de las más largas, cruentas y odiadas dictaduras de América Latina y el Caribe. Esta se prolongó hasta 1935.[76]

Estropicios como los antes relatados y otros excluidos en aras de la síntesis —entre ellos, las reverdecidas pretensiones estadounidenses de "arrendar" las Islas Galápagos, pertenecientes a Ecuador, y los recurrentes conflictos fronterizos entre Perú y Ecuador—, así como la preponderancia que conservaban los capitales y la política británica en la mayor parte de los países de América del Sur, contribuyen a explicar los magros resultados de la Cuarta Conferencia Internacional de Estados Americanos efectuada en Buenos Aires entre el 12 de julio y el 30 de agosto de 1910. Aunque la atmósfera de la conferencia fue armoniosa a causa de "la cuidadosa preparación del programa y a la exclusión de las cuestiones de controversia", poco se pudo avanzar en las relaciones entre Estados Unidos y América Latina.

De hecho, un esfuerzo del gobierno de Brasil —entonces encabezado por el oligarca cafetero Nilo Peçanha (1909-1910)—, para introducir una moción laudatoria a la Doctrina Monroe, tuvo que ser retirada de las deliberaciones. Además, aparecieron preocupaciones en relación con el dominio que ejercía el Departamento de Estado sobre el Consejo Directivo de la Oficina de la Unión Internacional de Repúblicas Americanas. Por ende, los acuerdos de la conferencia se limitaron a prorrogar por otros diez años su funcionamiento y a cambiar los nombres de las instituciones surgidas a su amparo. En lo adelante esta se llamó simplemente Unión de Repúblicas Americanas y la oficina en Washington quedó identificada bajo el apelativo de la Unión Panamericana.[77] A su vez, acorde con la política estadounidense, se adoptó una Convención de Reclamaciones que disponía que estas se sometiesen al Tribunal Permanente de Arbitraje de La Haya, "a no ser que las (...) partes [en conflicto] acordasen constituir una jurisdicción especial".[78] Se excluyó así de los debates el polémico tema del arbitraje obligatorio impulsado por los Estados Unidos en las citas anteriores.

Sin embargo, la exclusión del tema no fue favorable para América Latina y el Caribe. Ante la parcialidad hacia las principales potencias imperialistas que había demostrado el Tribunal Permanente de Arbitraje de La Haya, y frente a la imposibilidad de elaborar una normativa latinoamericana, la mayor parte de los litigios que se presentaron en la región quedaron sometidos al arbitrio de las asimétricas relaciones de poder existentes entre los imperialismos anglosajones —en especial, los Estados Unidos— y las naciones situadas al sur de sus fronteras. Ya vimos las implicaciones que esto tuvo para la República Dominicana, Venezuela, Colombia, Nicaragua y México. Pero hay que agregar el caso de Haití. En esa nación, las discrepancias que, a partir de 1908, surgieron entre la Casa Blanca y el gobierno militar de Antoine Simon (1908-1911) en relación con la intención de este último de contratar un crédito de 75 000 000 de francos con un banco francés, sólo se resolvieron cuando —bajo la presión de la infantería de marina y de unidades navales estadounidenses— el presidente haitiano aceptó que la Casa Speyer and Co. y el National City Bank (ambos de Nueva York) compartieran ese préstamo con el Banque de L' Union Parisienne. Igualmente, cuando, en 1910, firmó el llamado "Contrato Mac Donald" mediante el cual entregó a empresas norteamericanas "la construcción del ferrocarril Port-au-Principe a Cap Haitien" y autorizó la penetración en ese país de la UFCO.[79]

Con acciones como estas (al igual que con las ya mencionadas presiones ejercidas contra las relaciones de México con los intereses petroleros británicos y con Japón en torno al alquiler de facilidades portuarias en la Bahía de Magdalena) el presidente Taft, apoyado por los sectores republicanos en el Congreso, dio origen a una nueva inferencia de la Doctrina Monroe: el Corolario Taft. Según este, no solo la ocupación de algún país "independiente" en las Américas por parte de una potencia extracontinental constituiría una violación de esa doctrina. Esta también sería vulnerada por la "influencia económica" en las naciones de la región "de sectores privados extracontinentales".[80] Aunque la mayor parte de los historiadores de las relaciones interamericanas no identifican la existencia de ese corolario, y algunos lo atribuyen a una decisión autónoma del Senado que no contó con el respaldo del Presidente, según el historiador estadounidense Thomas Bailey, "al menos en cuatro ocasiones" sus enunciados fueron utilizados para fundamentar algunas de las acciones de la Casa Blanca contra América Latina y el Caribe.[81]

En cualquier caso, lo que está fuera de discusión es que —pese a la oposición latinoamericana—, en esa etapa, el Departamento de Estado elaboró y presentó al Congreso estadounidense un extenso memorando fundamentando, a la luz del "derecho internacional", el "deber de los Estados Unidos" a utilizar sus fuerzas militares para "proteger a los ciudadanos norteamericanos radicados en otros países".[82] Con ese argumento, en 1912, el dúo Taft-Knox autorizó que las fuerzas miliares acantonadas en el Canal de Panamá se interpusieran en las disputas entre los partidos Liberal y Conservador, así como dirigieran las elecciones presidenciales en ese país. En ellas resultó electo el presidente "liberal" Belisario Porras, quien —salvo un breve y convulso interregno entre 1916 y 1918— se mantuvo en el gobierno hasta 1924 con el inexcusable apoyo de los Estados Unidos y de la débil y entreguista oligarquía panameña.

Por otra parte, en el propio año 1912, la infantería de marina estadounidense volvió a incursionar en territorio cubano. Esta vez con el pretexto de proteger la vida y los intereses de los ciudadanos y los inversionistas norteamericanos, supuestamente amenazados por la protesta armada iniciada por el denominado Partido Independiente de Color (PIC) con vistas a obtener la anulación de la Ley Morúa (en referencia al senador Martín

Morúa Delgado) que —con pretextos racistas— había proscrito a esa agrupación política y violado su derecho a participar en las elecciones generales pautadas para noviembre de ese año. Dadas las diversas manifestaciones de discriminación racial que existían en la isla y el descontento de amplios sectores populares hacia el gobierno oligárquico y pro imperialista de José Miguel Gómez, la insurrección rápidamente movilizó el apoyo de un importante grupo de trabajadores de los ingenios azucareros de las provincias orientales, en su mayoría negros y mestizos.

Siguiendo su política en relación con Cuba —bajo la mirada cómplice del Secretario de Estado (que inmediatamente viajó a La Habana)— un contigente de 750 marines estadounidenses acantonados en la base naval que ocupa una parte de la bahía de Guantánamo, entró en la zona del conflicto. A su vez, el Ejército y la Guardia Rural emprendieron una sangrienta represión contra los amotinados. En efecto, fueron asesinadas a sangre fría más de 3 000 personas; entre ellas, al menos uno de los dos principales dirigentes del PIC: el político negro Evaristo Estenoz y el general mulato Pedro Ivonet. Acto seguido se extendió "una ola de represión contra la población negra" que —cual venía ocurriendo en el sur de los Estados Unidos— se exteriorizó en el "ambiente de linchamiento [que] se extendió por diferentes ciudades y pueblos de la isla". Además, "en los tribunales fueron incoados procesos draconianos contra los independientes [de color], sus familiares y simpatizantes".[83] Después, sobre la sangre derramada por los seguidores del PIC, en noviembre de 1912, llegó a la presidencia de Cuba el general conservador Mario García Menocal, cuyos grandes "méritos" políticos provenían de haber sido, por una parte, uno de los jefes de la Policía durante la primera intervención militar norteamericana en Cuba (1899-1902) y, por otra, administrador de los bienes de la mal llamada "Cuban American Sugar Company".[84]

LAS PRIMERAS RESISTENCIAS AL ORDEN NEOCOLONIAL *MADE IN USA*

Obviamente, todos los atropellos, crímenes, despojos e intervenciones perpetradas por el "joven" imperialismo estadounidense en México y en la Cuenca del Caribe, solo o en contubernio con los sectores más reaccionarios de las clases dominantes locales y sus fuerzas pretorianas, fueron generando, poco a poco, multiformes resistencias en diversas naciones del continente. Aunque, como hemos señalado, esa oposición comprometió a algunos gobiernos de la región (en particular de América del Sur), así como a ciertos sectores de las clases dominantes del continente relacionados con algunas potencias imperialistas europeas, no hay dudas que esas rebeldías fueron movilizando paulatinamente a importantes sectores populares. En particular, a los campesinos, a la naciente y aún inconsciente clase obrera, al igual que a los sectores medios urbanos o rurales afectados —junto a las débiles burguesías nacionales— por el pacto neocolonial impulsado por los Estados Unidos, sus monopolios y *trusts* en consuno con las oligarquías nacionales y, en algunos casos, con las oligarquías financieras europeas; en especial, con la británica.

En el período que abarca este capítulo la contradictoria confluencia de todas esas oposiciones tuvo su más potente erupción en la Revolución mexicana de 1910 a 1917. A lo ya dicho, habría que agregar que, en la misma medida en que se fue desarrollando ese complejo proceso revolucionario (definido por algunos como el último acto del ciclo de las "Revoluciones democrático-burguesas" abierto, a comienzos del siglo XIX, por las luchas por la independencia de América Latina frente al coloniaje español),[85] se hizo cada vez más evidente que para que este pudiera arribar a sus últimas consecuencias económicas, sociales y políticas, era imprescindible destrozar todas las estructuras de dominación y explotación —esclavistas, feudales, clericales, capitalistas e imperialistas— que simultáneamente atenazaban a la sociedad mexicana. Muestra de esa precoz conciencia, fue la fugaz proclamación, en enero de 1911 —seis años antes del triunfo de la revolución bolchevique de 1917— de la República Socialista de Baja California, impulsada mediante una invasión militar por un grupo de anarquistas mexicanos y extranjeros encabezados por los hermanos Flores Magón.[86]

No obstante las limitaciones de todo tipo (ideológicas, políticas, programáticas y organizativas) que evidenció esa frustrada intentona, no existen dudas de que para sus principales protagonistas estaba claro que para que la Revolución mexicana pudiera avanzar hacia metas superiores era imprescindible, en primer término, destrozar las estructuras de dependencia impuestas a ese país por su poderoso vecino del norte. Mucho más porque, desde la propia independencia mexicana (16 de septiembre de 1810), los círculos dominantes en los Estados Unidos se habían explayado como los enemigos directos de la independencia de ese país y de las más elementales reformas que exigía el pueblo azteca. En lo transcurrido del siglo XX, así se demostró nuevamente, en el apoyo de la Casa Blanca a la cruenta dictadura de Porfirio Díaz y en la participación de la Embajada estadounidense en la conspiración que concluyó con el asesinato del líder reformista Francisco Madero. A pesar de las inconsecuencias de los principales líderes políticos y militares que le sucedieron (incluidos algunos ubicados en el campo popular), tal certidumbre incorporó nuevas evidencias entre 1913 y 1917. En ese lapso, el programa popular y antimperialista de la Revolución incluyó con creciente fuerza la consigna "¡Tierra y Libertad! ¡Mueran los gringos!": proclamada, en 1910, por los sectores más radicales de la lucha contra la tiranía de Porfirio Díaz.[87]

Esas consignas, de una u otra forma, tuvieron un innegable impacto en otros países de la Cuenca del Caribe. En particular, en Nicaragua. En ese país, las semillas sembradas por Santos Zelaya y, sobre todo, por el martirizado héroe popular Benjamín Zeledón, fructificaron, poco a poco, en una tenaz resistencia a la ocupación militar norteamericana de 1912 a 1933 y a los sucesivos gobiernos títeres impuestos al amparo de esta. En lo inmediato —como ya indicamos— ello movilizó a diversos sectores políticos nicaragüenses y centroamericanos opuestos a los dictados estadounidenses. Pese a sus sucesivas derrotas, esos sectores patrióticos confluyeron con todos aquellos que continuaban luchando contra las sanguinarias dictaduras instauradas en la mayor parte de los países de la subregión. También con los que protagonizaron los primeros brotes de resistencia política y social frente al creciente poder de la UFCO sobre Costa Rica, Honduras, Guatemala y, en menor medida, sobre El Salvador y Nicaragua. Aunque de manera aún tímida, todo ello se expresó en el Primer Congreso Obrero de los Países Centroamericanos efectuado en El Salvador en 1911.[88] En este se vindicó el afán "unionista" sembrado por el martirizado prócer de la unidad centroamericana Francisco Morazán (1792-1842).

Pero la resistencia al "orden" implantado por los imperialismos anglo-sajones, también tuvo peculiares expresiones en el Caribe. A las primeras y cruentamente sofocadas sublevaciones, motines y huelgas de campesinos y trabajadores que se produjeron en la primera década del siglo XX en la colonia francesa de Martinica, así como en Jamaica, Guyana y Trinidad y Tobago (bajo el dominio colonial británico),[89] se agregó la emergencia de un potente movimiento campesino en Haití. Desde sus orígenes, en el siglo XIX, este fue peyorativamente denominado por las clases dominantes y las potencias imperiales como *les cacos* (los ladrones). A fines de 1910, ese movimiento irrumpió con tal fuerza frente a las constantes pugnas por el poder entre las oligarquías negra y mulata del norte y el sur de esa nación, que el 2 de agosto de 1911 —encabezado por Cincinnatus Leconte— logró derrocar al gobierno de Antoine Simon, responsable de todas las concesiones realizadas a los Estados Unidos en el año precedente.[90]

Fue necesario un criminal y masivo asesinato político, atribuido a la oligarquía mulata, para tratar de erradicar esa influencia popular (teñida de explicables vindicaciones raciales) sobre el gobierno de esa empobrecida nación. El 8 de agosto de 1912, un potente atentado dinamitero contra el Palacio Nacional de Puerto Príncipe acabó con la vida de Leconte y de 300 de sus seguidores. Sobre esa sangre, se encaramó en el poder su aliado y representante de los terratenientes negros, Tancréde Auguste, quien, a su vez, murió envenenado un año más tarde.[91] Lo sustituyó el representante de los comerciantes y terratenientes mulatos, Michel Orestes; quien enfrentó un turbulento proceso político que sólo pudo ser sofocado mediante la sanguinaria intervención militar de los Estados Unidos entre 1915 y 1934.

Paralelamente, en República Dominicana, a causa de pugnas palaciegas, a fines de 1911 fue ajusticiado el sanguinario dictador Mon Cáceres.

Aunque como bien se ha dicho, detrás de esas pugnas en el seno de las clases dominantes no existía un proyecto popular y antimperialista, lo cierto fue que el gobierno norteamericano tuvo que utilizar los potentes mecanismos de su "intervención financiera" para tratar de sostener el sistema de dominación que había establecido sobre el Estado dominicano desde fines del siglo XIX. Se creó así una alianza clerical-imperialista que por breve tiempo llevó a la presidencia, luego de unas elecciones amañadas, al arzobispo de Santo Domingo, monseñor Adolfo Alejandro Nouel; quien, en 1913, tuvo que solicitar un nuevo crédito al National City Bank of New York para tratar de estabilizar la situación financiera del país.

Sin embargo, ello no evitó su sustitución de la presidencia unos meses después; ni las sucesivas destituciones de sus sustitutos que se produjeron entre 1914 y 1916.[92] En ese nuevo ciclo de inestabilidad política, de una u otra forma, afloraron las larvarias resistencias que existían en la sociedad dominicana frente a la dominación estadounidense, incluida la resistencia popular y campesina expresada a través de los peyorativamente llamados "gavilleros".[93] Como veremos después, entre 1916 y 1924, fue imprescindible una violenta ocupación militar directa de los Estados Unidos como único medio de consolidar sus intereses en la parte occidental de esa isla caribeña denominada por Cristóbal Colón: La Española.

A pesar de sus expresiones nítidamente "legalistas", en el período que analizamos también surgió una creciente oposición al gobierno colonial impuesto por los Estados Unidos en Puerto Rico. No obstante la relativa facilidad con que, entre 1898 y 1908, sucesivas administraciones republicanas fueron moldeando la vida económica, social y política de ese archipiélago, estas no pudieron impedir el paulatino fortalecimiento del movimiento independentista en esa nación. Así, en 1909, la Asamblea Legislativa —controlada por los sectores más radicales del Partido Unión de Puerto Rico (PUPR)— impidió la aprobación del presupuesto propuesto por el gobernador estadounidense George G. Colton. Para resolver ese conflicto, fue necesario que la Casa Blanca modificara la Ley Foraker de 1900. Surgió así la Ley Olmstead promulgada, en 1909, por el presidente norteamericano William H. Taft. En virtud de esta, cuando la Asamblea Legislativa puertorriqueña no aprobara el presupuesto federal refrendado por el Congreso norteamericano, automáticamente quedaría en vigencia el del año anterior.[94] Se desató así un convulso proceso político al interior del PUPR que concluyó, en 1912, con la fundación del Partido de la Independencia de Puerto Rico, encabezado por Rosendo Matienzo Cintrón.[95] Aunque este murió el 27 de diciembre de 1913, sin dudas sus ideas abonaron las semillas que había sembrado el prócer Ramón Emeterio Betances (1830-1898). Como veremos en este volumen, ese legado fructificó con todo vigor a partir de 1920; en particular luego de la fundación en 1922 del Partido Nacionalista, encabezado por Pedro Albizu Campos.

Un fenómeno parecido, pero mucho más acelerado y radical, ocurrió en Cuba. Como respuesta a la férrea dominación oligárquico-imperialista sobre ese archipiélago, paulatinamente se fue gestando un potente movimiento popular y antimperialista que recogió y enriqueció el legado de los próceres de la lucha por la independencia contra el colonialismo español y contra la dominación de los Estados Unidos. En particular, el radical pensamiento antimperialista de José Martí y del general mulato Antonio Maceo, quienes el 19 de mayo de 1895 y el 7 de diciembre de 1896 habían caído en combate, respectivamente, luchando por instaurar en Cuba "una república con todos y para el bien de todos" y por evitar, con la independencia de esa isla, que los Estados Unidos "cayeran con esa fuerza más" sobre las Antillas y sobre sus hermanas repúblicas latino-americanas.[96] En el período que abarca este capítulo, esas ideas martianas fueron retomadas por su compañero de lucha Carlos Baliño, quien el 13 de noviembre de 1906, fundó el Partido Socialista de Cuba. No obstante sus contradicciones internas, esa agrupación política se vinculó con las incipientes luchas del movimiento obrero cubano contra la simultánea dominación de la burguesía "nacional", de la oligarquía financiera estadounidense y de los gobiernos de turno instaurados —como hemos visto— con el apoyo político y militar del dúo Roosevelt-Taft.

Así comenzó a articularse el naciente movimiento popular, obrero, socialista y antimperialista cubano con las multiformes luchas populares y obreras que —bajo el contradictorio estímulo del movimiento y las ideas anarquistas y anarcosindicalistas europeas, así como de la prédica de la Segunda Internacional Socialista (fundada por Federico Engels el 14 de julio de 1889) — comenzaron a emprenderse en diferentes países suramericanos sometidos a la dominación oligárquico-burguesa, estrechamente asociada con el imperio librecambista británico. Tales luchas tuvieron sus expresiones más destacadas en Chile y Argentina. En este último país, en 1896, se fundó el Partido Obrero Socialista de Argentina. Años después, en 1903, se organizó la Unión General de Trabajadores (UGT), separada de la Federación Obrera de la Región Argentina (FORA), bajo influencia anarquista. No obstante sus diferencias, en 1905 ambas organizaron una potente manifestación obrera que fue cruelmente reprimida. Esa manifestación se produjo días después de que fuera violentamente derrotada, en febrero del propio año, una sublevación de las clases medias urbanas capitaneadas por el Partido Radical, bajo el liderazgo de Hipólito Yrigoyen (1852-1933).

La represión oficial cobró nuevas víctimas durante la huelga general convocada por la FORA y la UGT en 1906. Igualmente, en ocasión de una manifestación en saludo al 1ro de mayo (Día Internacional de los Trabajadores) convocada en 1909 por la FORA. Esta dejó un saldo de ocho trabajadores muertos y más de 40 heridos. Un año más tarde, cientos de obreros fueron encarcelados o deportados luego de los sangrientos choques con la policía que sucedieron a una nueva huelga general convocada por la UGT. Se fueron sentando así las bases del potente movimiento sindical que marcaría la vida política argentina a lo largo del siglo XX.

Por su parte, en Chile, en 1909, luego de diversas tentativas dirigidas a organizar un Partido Socialista y a estructurar el movimiento sindical, se fundó la Federación Obrera de Chile (FOCH). Y, tres años más tarde, el Partido Obrero Socialista (POS), encabezado por el combativo dirigente obrero Luis Emilio Recabarren. Ambas organizaciones fueron las legítimas herederas de la sangre derramada por el naciente movimiento obrero chileno en la huelga de trabajadores portuarios de Valparaíso del 11 de mayo de 1903 (dejó un saldo de 35 muertos y más de 600 heridos), en la huelga de trabajadores ferroviarios de Antofagasta (1906) y, sobre todo, en la célebre matanza de Santa María de Iquique del 21 de diciembre de 1907. En esta, las fuerzas represivas del reaccionario y pro imperialista gobierno, presidido por Pedro Montt (1906-1910), asesinaron a 3 600 personas,[97] incluidos mujeres y niños pertenecientes a las familias de los obreros chilenos, bolivianos y peruanos que ocuparon pacíficamente la ciudad en demanda de elementales reformas en las brutales formas de explotación ejercidas por las poderosas compañías salitreras inglesas o chilenas, controladas —desde fines el siglo XIX— por el afamado *Rey del Salitre*, el británico John Thomas North.[98]

Huelga decir que esa carnicería humana se produjo bajo la mirada cómplice de los gobiernos de las principales potencias imperialistas y, en particular, del "civilizado" y liberal gobierno británico; entonces preocupado por sofocar a sangre y fuego las revoluciones democrático-burguesas de Irán (1905-1911) y China (1906-1912), así como en definir con el Zar de Rusia sus correspondientes esferas de influencia en el Medio Oriente y en el Tibet. Igualmente, la matanza de Iquique se produjo gracias a la displicencia de la Casa Blanca. A diferencia de la enérgica actitud que había adoptado el presidente republicano Benjamín Harrison —estuvo a punto de declararle la guerra a Chile— frente a los dos marineros del buque *Baltimore* muertos en el incidente callejero (octubre de 1891), Theodore Roosevelt no movió un músculo frente al asesinato del ciudadano norteamericano José Briggs y de sus demás compañeros de lucha.

Sin dudas, en 1907, la principal preocupación del antes mencionado mandatario norteamericano era garantizar los intereses de la Braden Cooper Company que, desde 1904, había comenzado a participar en la explotación de los importantes yacimientos de cobre chilenos, y sobre todo los de la famosa mina El Teniente. En esa perspectiva, la Casa Blanca compartía con el gobierno de Pedro Montt y con sus socios británicos el interés en aniquilar a toda costa el "mal ejemplo" de los trabajadores del salitre.

No obstante, las brutales represiones antes aludidas no detuvieron las luchas políticas y sindicales en Argentina, Chile y otros países de América del Sur. Por el contrario, en 1912, se efectuó en Buenos Aires un Congreso General Latinoamericano del Trabajo. A él acudieron delegados de Argentina, Brasil, Chile, Paraguay, Uruguay y Perú. En este último país, en el propio año, la clase obrera —impulsada por los trabajadores de las haciendas azucareras del norte del país y en respuesta a la represión desatada contra estos— protagonizó importantes jornadas de luchas políticas y sindicales contra el primer gobierno del reaccionario y pro imperialista Augusto Leguía (1908-1912). Fueron de tal magnitud las movilizaciones populares, que su fugaz sucesor constitucional Guillermo Enrique Billinghurst (1912-1914), pese a la oposición del parlamento, se vio obligado a reconocer el derecho de huelga y de sindicalización, la jornada de ocho horas en algunos sectores productivos, el pago por accidentes de trabajo y el salario mínimo.[99] Dado el "sacrilegio" que esas medidas implicaban para la propiedad privada, en febrero de 1914, Billinghurst fue derrocado por un golpe de Estado de factura oligárquico-imperialista. Durante más de un año se apoderó del cargo el coronel Oscar Benavides, entonces jefe del Estado Mayor de la guarnición de Lima.

Aunque no sin conflictos, resultados distintos tuvieron las movilizaciones obreras en Uruguay. Allí las grandes huelgas protagonizadas por los trabajadores de los tranvías y portuarios (1901), por los trabajadores de Montevideo (1905) y por el poderoso sindicato de la Unión Ferroviaria, impulsaron la política nacionalista y reformista seguida —entre 1903 y 1907, así como entre 1911 y 1915— por el presidente "colorado" José Batlle y Ordóñez. A reserva de los retrocesos que se produjeron durante el gobierno de su correligionario Claudio Williman (1907-1910) —quien en 1909 ordenó la disolución de la Unión Ferroviaria—, Batlle, "aprovechó los grandes ingresos fiscales debidos a la prosperidad del mercado mundial de carnes, lana y cueros, para implantar el primer *Welfare State* del mundo". En él "todos los ciudadanos gozaban de una seguridad social desde la cuna hasta la tumba". Y —junto a esa labor reformista en el plano interno— "despertó la conciencia de sus compatriotas con respecto a la [nocividad] de la dependencia económica ante el mundo exterior".[100]

Obviamente, para realizar esa obra reformadora y nacionalista, tuvo que derrotar a dos sublevaciones armadas de los sectores oligárquicos y pro imperialistas del Partido Blanco (también denominado Partido Nacional). Igualmente, tuvo que aprovechar con mucho tino las contradicciones entre Argentina y Brasil por lograr la hegemonía sobre el Cono Sur latinoamericano. Asimismo, las pugnas por "controlar" esa zona del continente que se desplegaron entre los imperialismos alemán, estadounidense y británico. Este último preponderante en Uruguay desde las primeras décadas de vida "independiente" de esa pequeña nación. Lo antes dicho implicó la apertura del mercado uruguayo a las inversiones norteamericanas en los frigoríficos, y de las alemanas en diferentes esferas de la economía del país. Estas últimas tuvieron tal importancia que, en 1906, la oligarquía financiera alemana había convertido a Montevideo en "su principal centro de acción en Suramérica". Para ello contaba con el influyente Banco Alemán Trasatlántico, filial del Deutsch Reich Bank, y con la compañía mercantil Stuat. Esta última controlaba buena parte del comercio mayorista y reexportaba sus mercancías hacia los países limítrofes.[101]

Con todas esas contradicciones y resistencias al pacto neocolonial *Made in USA* y con otras excluidas en aras de la síntesis, tuvo que enfrentarse la administración del demócrata Woodrow Wilson cuando llegó a la Casa Blanca el 4 de marzo de 1913. Sobre todo, después que el 1ro de agosto de 1914 estalló la que más tarde pasaría a la historia con el apelativo de la Primera Guerra Mundial. Esta enfrentó a Alemania, Austria-Hungría e Italia (la Triple Alianza) contra Francia, Inglaterra y Rusia (la Entente). Manteniendo su tradición "aislacionista" en los asuntos europeos, durante casi tres años los círculos de poder norteamericanos proclamaron su "neutralidad" (favorable a la Entente) y medraron a costa de ese devastador y cruento conflicto interimperialista. Hasta que, de manera oportunista, se incorporaron a este el 6 de abril de 1917. O sea, poco más de un año antes de que, el 11 de noviembre de 1918, luego de la abdicación del Káiser, se firmara el armisticio entre Alemania y las potencias aliadas que puso fin a las operaciones militares.

Sin embargo, esa actitud de los Estados Unidos y su afán por subordinar a los demás gobiernos del hemisferio occidental (con excepción de Canadá) a las necesidades de su cambiante política, no impidieron que el desarrollo de ese conflicto bélico tuviera un contradictorio impacto en América Latina y el Caribe, al igual que en las relaciones interamericanas. Asimismo, en los diversos conflictos políticos y socioclasistas que por entonces caracterizaban a las sociedades latinoamericanas y caribeñas. No obstante las diferencias existentes entre uno y otro país, esas contradicciones incorporaron nuevos elementos al calor de las consecuencias económicas, sociológicas, políticas e ideológicas que tuvo en el continente el desarrollo y desenlace de esa guerra mundial. Entre ellos, la derrota del zarismo y la victoria de la primera revolución socialista del mundo: la Revolución bolchevique que triunfó en Rusia el 25 de octubre (7 de noviembre, según el calendario juliano) de 1917, bajo el liderazgo de Vladimir Ilich Lenin. Objetivamente, esa revolución —junto al desarrollo de la Revolución mexicana de 1910 a 1917— estimuló las luchas populares, democráticas y antimperialistas en algunos países de América Latina y el Caribe. Precisamente, a recrear todos los complejos fenómenos internos e interna-cionales antes referidos va dirigido el próximo capítulo.

NOTAS

1. V.I. Lenin: *Obras escogidas en doce Tomos*, Editorial Progreso, Moscú, 1976, t. 5, p. 372.

2. Allan Nevins, Henry Steele Commager y Jeffrey Morris: *Breve historia de los Estados Unidos*, Fondo de Cultura Económica, México, primera reimpresión, 1996, pp. 363-364.

3. Citado por Gregorio Selser: ob. cit, pp. 31 y 33.

4. Ibídem, p. 139.

5. Ibídem, p. 128.

6. América Díaz Acosta, Sergio Guerra V. y otros: *Panorama histórico-literario de Nuestra América (1900-1943)*, Casa de las Américas, La Habana, 1982, t. 1, pp. 23 y 35.

7. Dirección Política de las FAR: *Historia de Cuba*, Editorial de Ciencias Sociales, La Habana, 1985, p. 526.

8. Ibídem, pp. 516-538.

9. Demetrio Boersner: ob. cit., p. 166.

10. V.I. Lenin: ob. cit., pp. 456, 457, 472 y 488.

11. Ramiro Guerra: *La expansión territorial de los Estados Unidos*, Editorial de Ciencias Sociales, La Habana, 1975, p. 422.

12. Demetrio Boersner: ob. cit., p. 140.

13. Ibídem.

14. Ibídem.

15. Gordon Connell-Smith: ob. cit., pp. 134-136.

16. Jorge Núñez: "Estados Unidos contra América Latina: El archipiélago en peligro", en revista *Nueva* (Separata), Quito, Ecuador, s/f, p. 50.

17. Sergio Guerra Vilaboy: "Los gobiernos latinoamericanos y la guerra de 1898", en *Baluarte*, Universidad de Cádiz, 2000, no. 2, pp. 115-126.

18. Gordon Connell-Smith: ob. cit., pp. 134-136.

19. Dirección Política de las FAR: ob. cit., p. 503.

20. Demetrio Boersner: ob. cit., p. 148.

21. Thomas Bailey: *A diplomatic history of the American people*, Prentice-Hall, New Jersey, 1970. p. 421.

22. Demetrio Boersner: ob. cit., p. 148.

23. Allan Nevins, Henry Steele Commager y Jeffrey Morris: ob. cit., p. 363.

24. Samuel F. Bemis: *The Latin American Policy of the United States*, Harcourt, Brace and Company, New York, 1934.

25. Charles Evans Hughes: *Relación de los Estados Unidos con las otras naciones del Hemisferio Occidental*, Princeton University Press, New Jersey, 1929, pp. 84-85.

26. Ibídem.

27. Gordon Connell-Smith: ob. cit., p. 136.

28. Ibídem, pp. 137-139.

29. Samuel F. Bemis: ob. cit.

30. Citado por Raúl de Cárdenas: *La política de los Estados Unidos en el continente americano*, Sociedad Editorial Cuba Contemporánea, La Habana, 1921, p. 166.

31. Eduardo Galeano: *Las venas abiertas de América Latina*, p. 135.

32. Miguel A. D'Estéfano Pisani: *Dos siglos de diferendo entre Cuba y los Estados Unidos*, Editorial de Ciencias Sociales, La Habana, 2000, pp. 61-75.

33. Olga Miranda: *Vecinos indeseables: la base yanqui en Guantánamo,* Editorial de Ciencias Sociales, La Habana, 1998.

34. América Díaz Acosta, Sergio Guerra V., y otros: ob. cit., t. 1, p. 42.

35. Galeano Eduardo: *Memoria del fuego...,* ed. cit, t. 3, p. 8.

36. Demetrio Boersner: ob. cit., pp. 147-148.

37. Juan Bosch: ob. cit., p. 315.

38. Manuel Medina Castro: ob. cit., p. 628.

39. Juan Bosch: ob. cit., p. 311.

40. Raúl de Cárdenas: ob. cit., p. 169.

41. Samuel F. Bemis: ob. cit., p. 151.

42. Manuel Medina Castro: ob. cit., p. 442.

43. Gordon Connell-Smith: ob. cit., p. 141.

44. Existe más de una traducción del inglés al español del llamado "Corolario Roosevelt". La traducción que aparece en el texto trata de sintetizar la que indica Manuel Medina Castro (ob. cit., p. 439) y la que entrega Connell-Smith (ob. cit., p. 142). Esta, a su vez, está referida a Dexter Perkins: *The Monroe Doctrine, 1813-1826,* Harvard University Press, 1927, p. 404.

45. Manuel Medina Castro: ob. cit., p. 444.

46. Roberto Cassá: *Historia social y económica de República Dominicana,* Editora Alfa y Omega, decimocuarta edición, 1998, t. 2, pp . 203-205.

47. Manuel Medina Castro: ob. cit., pp. 439-440.

48. Ibídem, pp. 439-440.

49. Roberto Cassá: ob. cit., t. 2, pp. 191-210.

50. Dirección Política de las FAR: ob. cit, p. 548.

51. Raúl de Cárdenas: ob. cit., pp. 203-204.

52. Miguel A. D'Estéfano Pisani: ob. cit., pp. 76-79.

53. Gordon Connell-Smith: ob. cit., p. 152.

54. Thomas Bailey: ob. cit., p. 541.

55. Charles Evans Hughes: ob. cit., p . 85.

56. Samuel F. Bemis: ob. cit., p. 229.

57. Gordon Connell-Smith: ob. cit., p. 152.

58. América Díaz Acosta, Sergio Guerra V., y otros: ob. cit., t. 1, p. 94.

59. M. S. Alperóvich y B. T. Rudenko: ob. cit., pp. 61-62.

60. Ibídem, p. 33.

61. Ibídem, pp. 51-52.

62. América Díaz Acosta, Sergio Guerra V., y otros: ob. cit., t. 1, p. 95.

63. Elisabeth Fonseca: *Centroamérica: Su historia*, Facultad Latinoamericana de Ciencias Sociales (FLACSO)/EDUCA, cuarta edición , San José de Costa Rica, 2001, p. 202.

64. Ibídem, pp. 168-170.

65. Demetrio Boersner: ob. cit., p. 151.

66. Samuel F. Bemis: ob. cit., pp. 326-341.

67. Ramiro Guerra: ob. cit., pp. 433-434.

68. Raymund L. Buell: "Change in our Latin American Policy", *The Annals*, Estados Unidos, julio de 1931, t. 156, p. 130.

69. Samuel F. Bemis: ob. cit., p. 163.

70. M. S. Alperóvich y B. T. Rudenko: ob cit., pp. 131-132.

71. Ibídem, p. 159.

72. Ibídem, p. 160.

73. América Díaz Acosta, Sergio Guerra V., y otros: ob. cit., t. 1, p. 173.

74. Samuel F. Bemis: ob. cit., p. 163.

75. Parlamento Latinoamericano e Instituto de Relaciones Europeo-Latinoamericanas: *Manual de los partidos políticos en América Latina*, Madrid, 1997, p. 238.

76. Ibídem, pp. 402-403.

77. Gordon Connell-Smith: ob. cit., pp. 155-156.

78. Charles Evans Hughes: ob. cit., p . 87.

79. América Díaz Acosta, Sergio Guerra V., y otros: ob. cit., t. 1, p. 138.

80. Demetrio Boersner: ob. cit., p. 150.

81. Thomas Bailey: ob. cit., p. 541.

82. Samuel F. Bemis: ob. cit., p. 165.

83. Pedro Serviat: *El problema negro en Cuba y su solución definitiva*, Editora Política, La Habana, 1986, pp. 80-96.

84. Dirección Política de las FAR: ob cit., p. 566.

85. Manfred Kossok: *La Revolución en la historia de América Latina: estudios comparativos*, Editorial de Ciencias Sociales, La Habana, 1989, pp. 129-154.

86. Sergio Guerra y Alberto Prieto: *Cronología del movimiento obrero y de las luchas por la revolución socialista en América Latina (1850-1916)*, Casa de las Américas, La Habana, 1979, p. 53.

87. M. S. Alperóvich y B. T. Rudenko: ob cit., p. 86.

88. Sergio Guerra y Alberto Prieto: ob. cit., p. 52.

89. Ibídem, pp. 38-52.

90. América Díaz Acosta, Sergio Guerra V., y otros: ob. cit., t. 1, p. 150.

91. Ibídem, pp. 162 y 173.

92. Roberto Cassá: ob. cit., t. 2, pp. 208-210.

93. María Filomena González Canalda: "Gavilleros, 1902-1924", en *Ecos*, Instituto de Historia de la Facultad de Humanidades de la Universidad Autónoma de Santo Domingo, 1996, año 4, no. 5, pp. 127-140.

94. América Díaz Acosta, Sergio Guerra V., y otros: ob. cit., t. 1, p. 130.

95. Ibídem, p. 165.

96. Dirección Política de las FAR: ob. cit., pp. 368 y 437-439.

97. América Díaz Acosta, Sergio Guerra V., y otros: ob. cit., t. 1, p. 104.

98. Eduardo Galeano: *Memoria del fuego...*, ed. cit, t. 3, pp. 14 y 15.

99. América Díaz Acosta, Sergio Guerra V., y otros: ob. cit., t. 1, p. 176.

100. Demetrio Boersner: ob. cit., p. 153.

101. América Díaz Acosta, Sergio Guerra V., y otros: ob. cit., t. 1, p. 98.

2. LOS CRÍMENES DE LA "DIPLOMACIA MISIONERA" DE WOODROW WILSON

Las innumerables fechorías que —solos o en consuno con las clases dominantes locales y sus fuerzas pretorianas— habían perpetrado en América Latina y el Caribe el trío McKinley-Roosevelt-Taft, ayudan a entender las lógicas expectativas que generó —luego de dieciséis años en "la oposición"— la victoria del Partido Demócrata en las elecciones presidenciales de noviembre de 1912 y el consiguiente arribo de Woodrow Wilson a la Casa Blanca el 4 de marzo de 1913.

Esas expectativas se agrandaron cuando, en su discurso inaugural, este anunció su compromiso de impulsar un radical programa de reformas dentro de la sociedad, la economía, el sistema político y la proyección exterior estadounidenses. Entre ellas, eliminar el sistema arancelario que —en sus palabras— había convertido "al gobierno en un instrumento fácil de los intereses privados" (es decir, de los monopolios y los *trusts*), al igual que trasformar al poder ejecutivo, —"con demasiada frecuencia degenerado y convertido en un instrumento de los malvados" —, en una institución que se pusiera "al servicio de la humanidad".[1]

Tales esperanzas se reafirmaron cuando paulatinamente comenzaron a difundirse las instrucciones que, unos días después de la inauguración de su mandato, Wilson y su "antimperialista" secretario de Estado, William Bryan (1913-1915), les habían remitido a todos sus representantes diplomáticos en América Latina y el Caribe. En estas —desechando los enunciados del "gran garrote", de la "diplomacia del dólar" y del entonces denominado "imperialismo económico"— se expresaba que uno de los primeros objetivos de su administración sería "cultivar la amistad" y la "confianza mutua" con "nuestras hermanas repúblicas de América Central y del Sur". Igualmente, impulsar la cooperación entre los Estados Unidos y esas veinte naciones formalmente independientes sobre la base de la paz, el abandono de las conquistas territoriales y la instauración de "gobiernos justos guiados por la ley" que contaran "con el consentimiento de los gober-nados".[2]

Según algunos analistas de las relaciones interamericanas, esas instruc-cciones incorporaron, por primera vez en la historia, "un nuevo principio a la política latinoamericana de los Estados Unidos: la oposición a los gobiernos establecidos por la fuerza, violando la constitución y contra la voluntad de los pueblos".[3] Sin embargo, según otros, la ahora denominada "promoción de la democracia" —entiéndase de las instituciones repu-blicanas, liberal-burguesas y "democráticas" específicamente norte-americanas—, junto a la constante defensa de sus antojadizas nociones sobre la "seguridad nacional estadounidense", desde la proclamación de la Doctrina Monroe y el Destino Manifiesto, siempre habían estado presentes entre "las imprescindibles justificaciones internas y externas" que requería la progresiva expansión del poder global de los Estados Unidos. En especial, hacia sus vecinos más inmediatos de América Latina y el Caribe.[4]

Cualquiera que sea la interpretación más adecuada acerca de la real o presunta novedad de los argumentos "democráticos" empleados por el flamante Presidente, lo cierto fue que lo que algunos autores denominan "la diplomacia misionera" de Woodrow Wilson (1913-1921),[5] pasó a la historia de las relaciones interamericanas como una de las etapas en que mayor cantidad de intervenciones militares o "diplomáticas", así como sangrien-tas y desfachatadas acciones punitivas, emprendió la Casa Blanca contra las naciones y los pueblos situados en las inmediaciones meridionales del Río Bravo y de la península de Florida. Igualmente, como el período en el cual —con el apoyo directo de la infantería de marina estadounidense— se sentaron las bases de algunas de las dictaduras militares o de las "demo-cracias represivas" más odiadas de la historia latinoamericana y caribeña.

Mucho más, por la enorme y contradictoria influencia que tuvo en la proyección internacional y hemisférica de la administración Wilson el desarrollo y desenlace a favor de Inglaterra, Francia y, sobre todo, de los

Estados Unidos, de la Primera Guerra Mundial (1914-1918); la derrota del zarismo y la victoria de la Revolución bolchevique de Octubre de 1917; la participación de los Estados Unidos en la agresión imperialista (Inglaterra, Francia, Japón y Alemania) contra la entonces naciente Unión de Repúblicas Socialistas Soviéticas (institucionalizada en 1922); el conflictivo proceso diplomático que condujo a los acuerdos de Paz de Versalles y a la fundación de la Liga de las Naciones (1919-1920); así como —en especial— las multiformes resistencias de los pueblos latinoamericanos y caribeños al "orden colonial y neocolonial" instaurado en la región por los imperialismos anglosajones en las primeras lustros del siglo XX y, dentro de esas resistencias, la Revolución mexicana de 1910 a 1917.

VICISITUDES Y FRUSTRACIONES DE LA REVOLUCIÓN MEXICANA DE 1910 A 1917

Como ya se indicó, unos días antes de la inauguración de la primera administración demócrata del siglo XX, en el llamado "Pacto de la Embajada", el tenebroso embajador estadounidense Henry Lane Wilson había aceptado como "Presidente provisional" de México al general Victoriano Huerta. Con él —como era uno de los propósitos de los artífices de la "diplomacia del dólar"— retornaron al gobierno los elementos latifundistas, clericales, pro imperialistas, las castas militares y otros personeros civiles que habían formado parte del criminal aparato burocrático-represivo de la derrocada dictadura de Porfirio Díaz. En consecuencia, la vida política de ese país cobró los rasgos peculiares de un régimen de terror contrarrevolucionario. Todas las manifestaciones de la oposición fueron reprimidas. El Congreso electo en 1910, aunque formalmente se mantuvo funcionando, fue depurado de los 110 parlamentarios opositores a la dictadura. Los asesinatos políticos se convirtieron nuevamente en una práctica cotidiana; en particular, el de todos aquellos que no comulgaban con el flamante dictador. Este, luego de desplazar del gobierno a algunos de sus aliados iniciales (entre ellos, al reaccionario general Félix Díaz), se adjudicó el control de los poderes legislativo y judicial, al igual que las funciones como Ministro de Hacienda, de Gobernación y de Guerra.

Además, el aparato político-militar de la dictadura fue encargado de "garantizar" su elección en los escrutinios generales del 26 de octubre de 1913. Sin embargo, fue tan descarado el fraude electoral, que el Congreso se vio obligado a anular sus resultados y a convocar nuevas elecciones para julio de 1914. Mientras tanto, Huerta —sobre la base de su "acuerdo" con el Congreso— retuvo la presidencia del país y, aprovechando a su favor las agudizadas contradicciones interimperialistas que antecedieron a la Primera Guerra Mundial, les realizó al unísono numerosas concesiones a ciertos monopolios estadounidenses y europeos. En especial, a las poderosas empresas petroleras británicas organizadas a través de la mal llamada "Compañía Mexicana de Petróleo", controlada por el afamado Lord Crowdey, quien tenía grandes influencias sobre el gobierno de Londres. Por ende, a diferencia de los Estados Unidos, la monarquía constitucional británica, al igual que los gobiernos de Japón, Alemania, Francia, Italia y otras potencias imperialistas euroasiáticas reconocieron *de facto* al nuevo mandatario mexicano.

No obstante, rápidamente creció la oposición interna. El 4 de marzo de 1913, el combativo líder agrario Emiliano Zapata declaró su decisión de continuar combatiendo contra Victoriano Huerta hasta que se garantizasen los objetivos del Plan de Ayala de 1911, particularmente "la devolución de las tierras, los bosques y las aguas usurpadas al pueblo". Por consiguiente, desde el Estado de Morelos continuó irradiándose la insurrección armada indígena y campesina hacia otros Estados del sur y del centro del país. De manera convergente, a mediados de marzo de 1913, Pancho Villa reinició la lucha armada contra la dictadura con el apoyo de sus tradicionales bases político-militares campesinas y urbanas del norte de México. A su vez, el 26 de marzo del propio año, los generales Venustiano Carranza y Álvaro Obregón, respaldados por más de 60 oficiales de las fuerzas armadas, proclamaron el Plan de Guadalupe. En este convocaron a una sublevación general con el fin de derrocar a Huerta y de restaurar la vigencia de la constitución de 1910. Por lo anterior, Carranza, con una clara trayectoria política y militar conservadora, fue nombrado Jefe del Ejército Constitucionalista y Encargado del Poder Ejecutivo en todos los territorios que estuviesen controlados por sus fuerzas militares.

De manera que, hacia mediados de 1913, los diferentes destacamentos insurgentes habían logrado una gran expansión y una aceptable organización política y militar en todo el país. Así se expresó en diversas batallas donde las fuerzas armadas de la tiranía sufrieron contundentes derrotas. A ello se unió la reanimación de los movimientos políticos y reivindicativos de los trabajadores urbanos; en particular los de la capital de la república. El 25 de mayo de 1913, en la Casa del Obrero Mundial, de inspiración anarquista, y antecedida por una impresionante manifestación en conmemoración al 1ro de mayo (Día Internacional de los Trabajadores), se lanzaron las primeras consignas obreras contra la dictadura. A causa de la brutal represión que le siguió —y pese a las contradicciones que subsistían dentro de la dirección del naciente movimiento obrero mexicano entre los anarquistas, los anarcosindicalistas, los reformistas y los socialistas de diferente signo—, los más importantes inspiradores de tal acto se unieron a las fuerzas de Emiliano Zapata.[6] Entre ellos, el prestigioso dirigente anarquista Otilio Montaño y el destacado líder socialista Antonio Díaz Soto y Gama.[7]

En ese contexto, y en el marco de las encontradas presiones que ejercían sobre la Casa Blanca los diferentes monopolios norteamericanos con intereses en México, el dúo Wilson-Bryan comenzó a desarrollar una política de varios "carriles" contra la Revolución mexicana. El núcleo de esta era lograr la articulación de un nuevo gobierno proclive a los intereses de los Estados Unidos, menos comprometido con los monopolios petroleros británicos, y alejado de los sectores más radicales del proceso revolucionario mexicano. De ahí —y de su recién inaugurada "doctrina del no-reconocimiento" de los gobiernos que, a su parecer, no contaran con el "consentimiento de los gobernados"—, la persistente negativa de la Casa Blanca a reconocer el gobierno de Huerta, tras el "argumento moral" (simultáneamente desconocido en otras partes de América Latina y el Caribe) de que este no había llegado al poder por vías constitucionales. También sus diversas gestiones para lograr la renuncia del dictador o que este declinara su candidatura para las elecciones presidenciales de 1914.

Con esos propósitos, las fuerzas navales estadounidenses realizaron diversas demostraciones de fuerza en las aguas jurisdiccionales mexicanas y el Departamento de Estado presionó con creciente éxito al gobierno británico para que rompieran sus vínculos diplomáticos y financieros con México. Esto lo logró a fines de 1913, a cambio de reconocerle a las naves del Reino Unido iguales tarifas a las que pagarían las estadounidenses por su tránsito a través del Canal de Panamá, el cual fue inaugurado el 15 de agosto de 1914.[8] Por otra parte, aunque el 16 de julio de 1913 Woodrow Wilson retiró de manera definitiva de Ciudad México al embajador Henry Lane, oficiosamente mantuvo funcionando su Embajada y sus diversos consulados. Incluso, envió hacia ese país a otros "representantes del Presidente", con el objetivo de conspirar con todas las fuerzas opositoras a Huerta; en primer lugar, con las fuerzas "constitucionalistas", y con aquellos sectores derechistas de la sociedad mexicana proclives a la política estadounidense. Estos tenían entre sus representantes políticos y militares más destacados al general Félix Díaz; quien, con el apoyo norteamericano, había huido del país ante el temor de ser asesinado por los sicarios de Huerta.

Como ninguna de esas acciones lograron los resultados deseados, los círculos de poder norteamericanos (en particular los poderosos monopolios petroleros) acrecentaron sus presiones para que el presidente Wilson le declarara la guerra a su vecino del sur. En efecto, el 21 de abril de 1914 — luego de una provocación prefabricada en el puerto de Tampico que enardeció los "ánimos nacionalistas en los Estados Unidos" —, la infantería de marina ocupó la ciudad de Veracruz, al tiempo que su poderosa marina de guerra cañoneó salvajemente las posiciones de los que les ofrecieron resistencia, en particular las que ocupaban cientos de cadetes y de trabajadores de ese puerto que nada tenían que ver con la dictadura. A causa de esas acciones, perdieron la vida 320 mexicanos y cerca de 100 *marines*.[9]

Estos, finalmente, se apoderaron de la ciudad y, en un acto típico del corzo y la piratería, se apropiaron de cerca de 8 000 000 de dólares depositados en la aduana de esa importante terminal portuaria. Además, intentaron ocupar el puerto de Tampico; pero las fuerzas "constitucionalistas" que lo controlaban se lo impidieron, amenazándolos con incendiar los pozos y las instalaciones petroleras.

Aunque Woodrow Wilson hizo todo lo posible por evidenciar que sus acciones militares sólo iban dirigidas contra la dictadura, y por demostrar su amistad hacia el pueblo mexicano, la intensa movilización antinorteamericana que se produjo a lo largo y ancho de México y, en menor medida, en otros países de América Latina, lo hizo abandonar los planes previamente elaborados para que sus medios militares continuaran su avance hacia la capital del país. Mucho más porque contra esa eventualidad se pronunciaron, incluso, los generales "constitucionalistas" Venustiano Carranza y Álvaro Obregón. Ambos caracterizaron la ocupación de Veracruz como un atentado a la soberanía mexicana y exigieron la inmediata evacuación de las tropas estadounidenses.

Ante esa realidad, Wilson acudió, por primera vez durante su mandato, a una "maniobra diplomática panamericana": aceptó la mediación entre los gobiernos de México y los Estados Unidos que le habían propuesto sus homólogos de Argentina, Brasil y Chile (el llamado "grupo ABC"), de alguna manera animados por la diplomacia británica. Gracias a esas gestiones, el 20 de mayo de 1914, se efectuó la Conferencia de Niagara Falls, Canadá, en la que participaron representantes de la Casa Blanca, de la dictadura de Huerta y del grupo ABC; pero —dada la intransigencia estadounidense y la ausencia de los representantes de las fuerzas "constitucionalistas"— ese cónclave no llegó a ningún acuerdo valedero.[10] Sin embargo, el avance incontenible de todas las fuerzas opositoras determinó la renuncia del dictador. Esta se produjo el 15 de julio de 1914. Unas semanas después, las tropas comandadas por el general Álvaro Obregón ocuparon Ciudad México y, el 22 de agosto, Carranza se autoproclamó Jefe Supremo de la Revolución. Pese a ello y a las constantes exigencias del nuevo gobierno, las tropas estadounidenses prolongaron su ocupación de Veracruz hasta el 23 de noviembre de 1914, y la Casa Blanca tampoco reconoció al gobierno de Carranza.

En ello influyeron varios factores. Ante todo, la continuación de la guerra civil y la incapacidad demostrada por ese mandatario para controlar la situación del país. De hecho, a fines de 1914, y en respuesta a las vacilaciones de Carranza para cumplir el programa social y agrario de la Revolución, las tropas comandadas por Villa (la llamada "División del

Norte"), y por Zapata, ocuparon buena parte del territorio nacional —incluida la capital de la República— e instalaron, después de un breve y único encuentro entre ambos, el Gobierno Convencionista (relativo a la Convención efectuada en Aguas Calientes en octubre de 1914) presidido, primero, por el general Eulalio Gutiérrez y, luego de su traición, por el coronel Roque González Garza. Pero este, luego de sangrientos combates, en agosto de 1915, tuvo que abandonar Ciudad México. En consecuencia, las fuerzas "constitucionalistas" recuperaron el control de la capital y Carranza asumió nuevamente la jefatura ejecutiva del país. Se demostró así, la incapacidad objetiva del movimiento campesino y de sus principales líderes para consolidar un gobierno popular que garantizara el apoyo político y militar del resto de las fuerzas sociales del país (en particular de la clase obrera y la pequeña burguesía urbana) y llevara la Revolución hasta sus últimas consecuencias. Sin embargo, la lucha armada popular contra las fuerzas "carrancistas" continuó tanto en el norte, como en el sur.

El otro factor que demoró el reconocimiento del gobierno de Carranza por parte de la Casa Blanca fue las decisiones adoptadas por este —bajo la presión de las masas urbanas y rurales, al igual que de los sectores más radicales de la burguesía y de los llamados "terratenientes liberales" mexicanos— con vistas a defender los recursos naturales del país. Entre ellas, la revisión de todos los contratos para la explotación de las minas, aguas, tierras, bosques y otras riquezas que le habían sido concedidas a los inversionistas extranjeros (en la mayoría estadounidenses) por las satrapías precedentes; la cancelación de todas las concesiones mineras que no fueran adecuadamente explotadas por sus dueños; la Ley Agraria de enero de 1915; y la formación por parte del entonces ministro de Guerra, Álvaro Obregón, de los llamados "batallones rojos" integrados por destacamentos obreros de la capital de la república con el propósito de combatir al movimiento indígena-campesino.

Aunque muchas de esas disposiciones quedaron en el papel y otras fueron abandonadas tan pronto Carranza logró controlar la situación del país, éstas tuvieron un impacto negativo en los medios empresariales y políticos estadounidenses. Por consiguiente, continuaron conspirando contra el gobierno mexicano y comenzaron a propugnar una nueva inter-

vención militar en ese país. Ello a pesar de que, desde octubre de 1915
—luego del fracaso de otra "maniobra panamericana" dirigida a formar un
gobierno de coalición en México y, eventualmente, a producir una "intervención militar colectiva" en dicha nación—, la administración de
Woodrow Wilson había reconocido al gobierno "constitucionalista", en
consuno con los gobiernos de Argentina, Brasil, Bolivia, Chile, Guatemala y
Uruguay.[11]

Según se ha documentado, en esa decisión influyó el generalizado
convencimiento de los círculos gubernamentales de Washington respecto a
que, pese a sus bemoles, "el partido carrancista" era el único que podía
garantizar una eventual estabilidad política en México. Asimismo, la
aspiración de la Casa Blanca a que Carranza se comprometiera a darle una
mayor protección "a la vida y hacienda" de los ciudadanos estadounidenses radicados en México, al igual que el reconocido afán de ambos
gobiernos por lograr la derrota definitiva de las fuerzas más revolucionarias
de ese país. Así lo demostró el férreo bloqueo de las ventas de armas a estas
y el silencio cómplice de la administración demócrata frente a los múltiples
crímenes y desmanes contra la población civil (en particular contra la
población indígena y campesina) que cometían los militares "carrancistas"
con el propósito de derrotar, a sangre y fuego, a las huestes populares y las
fuerzas guerrilleras comandadas por Zapata y por Villa. Igualmente, frente
a la endurecida represión contra el movimiento obrero y la desmovilización
forzosa de los "batallones rojos" que comenzó a desarrollarse desde los
últimos meses de 1916.

Adicionalmente, el Departamento de Estado también aspiraba a
eliminar los obstáculos que la situación de México pudiera crearle en las
negociaciones secretas del Pacto Panamericano, que había comenzado a
desarrollar con los gobiernos del llamado "grupo ABC" luego de la celebración en Washington de la intrascendente Primera Conferencia Financiera
Panamericana (mayo de 1915).[12] Con tal pacto, el grupo ABC —unido al
gobierno de Colombia (todavía enredado en sus disputas diplomáticas con
los Estados Unidos por la secesión de Panamá)— quería lograr garantías
contractuales del presidente Wilson en relación con que los Estados Unidos
respetarían la integridad territorial y el monopolio de la venta de armas en

sus correspondientes naciones. A cambio, —sin abandonar su presunto derecho a intervenir en las naciones ubicadas al sur de sus fronteras— la Casa Blanca buscaba obtener el apoyo "panamericano" a su "modelo republicano de gobierno" y —siguiendo la ruta de sus antecesores— al presunto "papel tutelar" de los Estados Unidos en la solución arbitral de todas las disputas que se produjeran entre las naciones del continente o de estas con terceros países. Además, procuraba el respaldo de los gobiernos latinoamericanos y caribeños a la pretensión de dar por concluidos todos los litigios territoriales existentes entre las naciones "independientes" del hemisferio occidental, así como a los tratados de "enfriamiento de los conflictos" que, a la sazón, estaba impulsando el secretario de Estado William Bryan con diferentes países del mundo.[13]

Sin embargo, como en ocasiones anteriores, esas negociaciones "pana-mericanas" (finalmente frustradas) no detuvieron la mano agresora de los Estados Unidos. Por el contrario, en el marco de otras acciones interven-cionistas contra diferentes naciones de la Cuenca del Caribe (a ellas nos referiremos después), Wilson y su nuevo secretario de Estado, Robert Lansing (1915-1920), decidieron emprender la llamada "expedición puni-tiva". El 15 de marzo de 1916, 12 000 soldados norteamericanos respal-dados por fuerzas de caballería, artillería y aviación, penetraron brutal-mente en la profundidad del territorio mexicano, comandados por el general John Pershing, quien había participado, entre 1898 y 1901, en la represión a los patriotas filipinos que se opusieron a la ocupación de su país. Fue tal la magnitud y la velocidad de la operación, así como la reacción antinorte-americana del pueblo y del Ejército mexicano, que Venustiano Carranza exigió la retirada inmediata de los tropas estadounidenses, a pesar de los beneficios que podría obtener de la eventual derrota de las huestes de Pancho Villa. Tal exigencia se hizo mayor cuando —en medio de las accidentadas negociaciones entre ambos gobiernos—, el 5 de mayo del propio año, otro destacamento del Ejército estadounidense al mando del mayor Lenhorn, abrió otra brecha en el territorio azteca, y la Casa Blanca ordenó la movili-zación de más de cien mil voluntarios hacia la frontera entre ambos países.[14]

Aunque la Casa Blanca justificó todas esas acciones aduciendo un tratado secreto que se estaba negociando con el gobierno mexicano y una intrascendente incursión militar realizada por un destacamento de las ya debilitadas fuerzas de Pancho Villa contra la pequeña ciudad estado-unidense de Columbus (desde la cual constantemente se hostilizaban las fuerzas de ese líder agrario) y el ataque por parte de fuerzas desconocidas contra los poblados fronterizos de Boquillas y Glen Springs (5 de mayo de 1916), tanto Carranza, como Obregón rechazaron esos argumentos. Mucho más porque —según los historiadores soviéticos M. S. Alperóvich y B. T. Rudenko— existían evidencias acerca de que esos últimos ataques habían sido provocados intencionalmente por los Estados Unidos, así como que la incursión del destacamento de Villa contra Columbus había sido inducida por "las compañías petroleras norteamericanas con el fin de contar con un pretexto para la intervención". Así lo evidenciaba el asimétrico balance de bajas de ambas partes: "Entre los guerrilleros mexicanos hubo 215 muertos; mientras que entre los [defensores] norteamericanos sólo hubo 15."[15] En todo caso —como indicó Eduardo Galeano— la "expedición punitiva" fue una desproporcionada y sanguinaria respuesta a "la única vez en la historia que América Latina invadió el territorio de los Estados Unidos".[16]

Merece la pena resaltar que, a pesar del estruendoso fracaso de los supuestos objetivos de esa operación militar (la derrota de las huestes de Pancho Villa) y del latente peligro de que se provocara una guerra entre México y los Estados Unidos, el presidente Woodrow Wilson, en un acto de politiquería doméstica, no autorizó el regreso de sus fuerzas militares hasta después de su reelección en los comicios presidenciales de noviembre de 1916. Y que, cuando a fines de enero de 1917, ordenó la retirada de esas tropas, la justificó con los preparativos que ya estaba realizando los Estados Unidos con vistas a participar directamente —con socarrones argumentos "democráticos" y "morales"— en la Primera Guerra Mundial. Ambos actos se consumaron a partir del 6 de abril de 1917. O sea, cuatro días después que Wilson diera a conocer al Congreso su famoso mensaje donde explicó los "altos propósitos morales" que tenía "el pueblo estadounidense" para apoyar a las potencias imperialistas integrantes de la Entente (Reino Unido, Francia y Rusia) y declararle la guerra a sus opositoras, las Potencias Centrales: Alemania, Austria-Hungría y Turquía. La primera de ellas había venido desplegando una intensa "guerra submarina" para impedir los suministros de armas y mercancías que —a pesar de su presunta "neutralidad"— los Estados Unidos venía entregándole a las naciones integrantes de la Entente.[17]

Vale la pena recordar que ninguno de los argumentos relativos "a los derechos y a las libertades de las naciones pequeñas" y al "dominio universal del derecho" empleados por Wilson para justificar la incorporaciónde los Estados Unidos a ese conflicto Euroasiático fueron tomados en cuenta por el Departamento de Estado cuando estaba negociando la retirada de sus tropas de México. Por el contrario, en esas negociaciones los representantes estadounidenses nunca aceptaron las consideraciones del gobierno de Carranza en relación con el respeto a la soberanía y la auto-determinación mexicanas. Más aun, hicieron todo lo posible para prolongar su presencia militar en ese país o para obtener, con ese chantaje, un acuerdo general con el gobierno azteca que incluyera garantías para las inversiones privadas estadounidenses, así como su presunto derecho a volver a invadir el territorio mexicano en el caso que la Casa Blanca lo considerase necesario. Pese al persistente rechazo a esas pretensiones, a la retirada de las fuerzas del general Pershing y a la demostrada neutralidad de México en la guerra interimperialista, las fuerzas navales de los Estados Unidos mantuvieron virtualmente ocupadas las aguas de Tampico, Mazatlán y otros puertos del país, ahora con el pretexto de "defenderlos de las incursiones de los submarinos alemanes".

De ahí que, mientras duró el mandato de Woodrow Wilson (hasta el 4 marzo de 1921), la Casa Blanca mantuviese sus constantes presiones contra los sucesivos gobiernos de Venustiano Carranza (1915-1920) y de Álvaro Obregón (1920-1924). A partir de 1917, esas coacciones estuvieron dirigidas a obtener el apoyo mexicano a las fuerzas militares norteamericanas que participaron en la fase final de la Primera Guerra Mundial y, luego, en la intervención armada de las potencias imperialistas contra la Revolución bolchevique de octubre de 1917. También, a obtener absolutas garantías o jugosas indemnizaciones, según el caso, para todas las inversiones estado-unidenses que se habían realizado en México, incluso durante las sangui-narias dictaduras de Porfirio Díaz y de Victoriano Huerta. Este último asunto adquirió toda su magnitud luego de la promulgación, el 31 de enero de 1917, y de la entrada en vigor en mayo del mismo año, de la nueva Constitución Política de los Estados Unidos Mexicanos, generalmente considerada —junto a la elección constitucional de Venustiano Carranza— como la cúspide de la revolución democrático-burguesa iniciada en esa nación en los albores de la segunda década del siglo XX.

Pese a sus limitaciones, esa Carta Magna de corte republicano, que reconocía la tripartición de los poderes del Estado (Ejecutivo, Legislativo y Judicial), así como el voto universal y secreto de todos los ciudadanos (incluida la vilipendiada población indígena), fue una de las más progresistas y democráticas hasta entonces existente en el mundo y, sin dudas, la más democrática de las existentes en toda las naciones "independientes" de América Latina y el Caribe.[18] Sobre todo, por sus importantes enunciados sociales, agrarios, nacionalistas y antimperialistas.[19] De hecho, fue la expresión jurídica de la correlación de fuerzas sociales y políticas creadas por la heroica lucha de las masas campesinas y del naciente movimiento obrero mexicano. Igualmente, de la redoblada intención de importantes sectores de la burguesía nacional y de los "terratenientes liberales" de edificar —sobre la sangre derramada por un millón de sus compatriotas— lo que el historiador alemán Manfred Kossok definió como "un frustrado proyecto de capitalismo independiente de los dictados de las potencias imperialistas y en particular de los Estados Unidos".[20]

En cualquier caso, lo cierto fue que, como complemento a esa Constitución, el gobierno de Carranza emitió varios decretos y leyes de corte nacionalista que causaron una profunda irritación tanto en los Estados Unidos, como en el Reino Unido. Mucho más después de la ola de huelgas emprendidas entre 1917 y 1919 por los trabajadores petroleros y textileros mexicanos que luchaban por convertir en realidad los derechos que le había otorgado el artículo 123 de la Constitución de 1917. Entre ellos, la jornada laboral de ocho horas, el salario mínimo, el derecho a la sindicalización, a la seguridad social y a las huelgas.[21] En respuesta, las empresas petroleras, en particular las estadounidenses, con la anuencia más o menos expresa del gobierno mexicano, organizaron y financiaron generosamente "guardias blancas" (es decir, grupos paramilitares privados) para reprimir a los trabajadores. A su vez, el Departamento de Estado mantuvo sus constantes presiones políticas, diplomáticas y militares contra las autoridades aztecas.

A tal grado que —inmediatamente después de la culminación de la Primera Guerra Mundial (11 de noviembre de 1918)— comenzó otra campaña en los Estados Unidos dirigida a favorecer una nueva intervención militar en México. La Casa Blanca no estuvo al margen de esa campaña. El 13 de diciembre de 1918, el Secretario de Estado acusó al gobierno de Carranza de emprender "acciones ilegales" contra los empresarios estadounidenses establecidos en ese país. Igualmente, en abril de 1919, reaccionó en forma abrupta frente a una declaración del Secretario de Relaciones Exteriores de México en la que rechazó la vigencia de la Doctrina Monroe vindicada por Woodrow Wilson durante su participación en la Conferencia de Paz efectuada en el Palacio de Versalles, París, entre enero y junio de 1919, con vistas a establecer el "orden" mundial posbélico. En represalia a la postura mexicana, Wilson consiguió que el gobierno de ese país fuera excluido de la entonces naciente Liga de las Naciones.[22]

Como en otras ocasiones, detrás de esas acciones se encontraban los grandes monopolios y *trust* estadounidenses. El 21 de enero de 1919, estos habían fundado la Asociación Nacional para la Defensa de los Derechos Norteamericanos en México. Tenían un papel directivo en esa asociación, la Standard Oil Company, su subsidiaria, la Mexican Petroleum Company, y la American Smelting and Refining Company. Esta última monopolizaba la extracción de importantes riquezas minerales mexicanas. Adicionalmente, el 23 de febrero de 1919, se había establecido en París el Comité Internacional de Banqueros de México, cuya finalidad era defender los intereses de los poseedores de bonos de la deuda, y de todas las empresas extranjeras que operaban en ese país. Formaban parte del mismo diez norteamericanos, cinco ingleses y cinco franceses. Lo presidía, nada más y nada menos, que Thomas Lamont, representante del célebre multimillonario estadounidense John Pierpoint Morgan. De ahí que, en septiembre de 1919, la Comisión de Asuntos Exteriores del Senado estadounidense difundiera un voluminoso informe donde —sin prueba alguna— se acusaba al régimen de Carranza de ser "excesivamente radical, inestable, putrefacto, bárbaro, ateo, antinorteamericano, pro germano y pro japonés", así como de ser el responsable "de

centenares de asesinatos y ultrajes a ciudadanos norteamericanos". Igual-
mente, de constituir "una amenaza para la seguridad nacional de los
Estados Unidos, para la zona del Canal de Panamá y para la Doctrina
Monroe".[23]

Objetivamente, todas esas presiones influyeron en forma negativa sobre
Venustiano Carranza, quien nunca se decidió a llevar a la práctica los
postulados más revolucionarios de la Constitución de 1917, ni las leyes
complementarias dictadas al amparo de esta. De hecho, ante la apatía de las
autoridades, las empresas norteamericanas y británicas se burlaron
descaradamente de toda la legislación del país. A su vez, la aplicación de la
reforma agraria quedó a cargo de los gobernadores y los jefes militares. Por
ello, entre 1917 y 1920, sólo se beneficiaron unas 48 000 familias y, en casi
todos los Estados, los adictos al régimen se enriquecieron repartiendo las
tierras entre sus familiares, amigos y allegados. Aquellos sectores del movimiento indígena y campesino que continuaron la lucha por la tierra fueron
salvajemente reprimidos. En algunos casos, con el apoyo de las fuerzas
armadas estadounidenses acantonadas en la extensa frontera entre ambos
países.

En efecto, en junio de 1919, con la participación de 3 500 soldados norteamericanos (encabezados por un General de Brigada), fueron diezmadas
las fuerzas de Pancho Villa y de los indígenas yaquis (comandadas por su
jefe Mori) que las apoyaban.[24] Paralelamente, en el sur del país, un poderoso
cuerpo punitivo al mando del general Pablo González comenzó a desarrollar una política de tierra arrasada en el principal bastión de las fuerzas
de Emiliano Zapata: el Estado de Morelos. A consecuencia, fueron
incendiados diversos poblados y vilmente masacrados sus habitantes. De
tal magnitud fue la represión que se calcula que, por esa causa perdieron la
vida la mitad de los pobladores del antes mencionado Estado.[25] Como con
tal estrategia no lograban derrotar a la insurrección zapatista, que ahora
había adoptado la forma de la lucha guerrillera irregular, el general
González acudió a un alevoso acto de traición: apoyándose en el corrupto
coronel Jesús Guajardo, el 10 de abril de 1919, condujo a Zapata a una
trampa en la que fue vilmente asesinado. A cambio de su "abominable

crimen", Guajardo recibió de parte del Presidente "una recompensa de 100 mil pesos y el título de general".[26]

Una política represiva parecida se aplicó contra las organizaciones obreras que impulsaron una ruptura con los sectores reformistas, pro gubernamentales y pro imperialistas que controlaban a la Confederación Regional Obrera Mexicana (CROM), asesorada por la floreciente burocracia sindical estadounidense. Algunos de los dirigentes sindicales que se opusieron a la CROM fueron encarcelados o asesinados por los esbirros del gobierno "carrancista". En respuesta, entre el 25 de agosto y el 5 de septiembre de 1919, se efectuó en Ciudad México el primer Congreso Socialista Nacional, con participación de todas las entidades revolucionarias identificadas, de una u otra forma, con las ideas "maximalistas" de la revolución bolchevique y con la recién fundada Internacional Comunista (6 de marzo de 1919). Por mayoría de votos, el Congreso fundó el Partido Socialista Mexicano, el cual, en noviembre del propio año, pasó a llamarse Partido Comunista de México (PCM). Aunque la máxima dirección de esa organización política fue penetrada por un agente de la inteligencia norteamericana, y aún no conocía las esencias del "marxismo-leninismo", según el investigador soviético B. Koval, sus fundadores "aspiraban instintivamente y con sinceridad a luchar contra el imperialismo al lado del proletariado internacional y de los Soviets".[27]

Todo lo antes dicho contribuye a explicar la rápida acogida que tuvo entre la mayor parte de la población mexicana el llamado "Plan de Agua Prieta", proclamado, en abril de 1920, por el general Álvaro Obregón, con el objetivo de derribar al gobierno de Venustiano Carranza. De hecho, tanto Pancho Villa (que seguía combatiendo en el norte del país), como el general zapatista Genovevo de la O (que continuaba peleando en el sur), así como la mayor parte del Ejército, le brindaron su apoyo a Obregón. A causa de ello, el 7 de mayo de 1920, Carranza tuvo que huir de la capital con el propósito de refugiarse en Veracruz; pero quince días después fue ultimado. Por ende, el Congreso eligió como presidente interino al general Adolfo de la Huerta; quien —luego de culminar las negociaciones que condujeron a la desmovilización de las fuerzas militares de Pancho Villa— convocó a nuevas elecciones presidenciales.[28] Como era de esperar, resultó electo

Obregón, a quien sus apologistas, "doctores desplumadores de indios (...) políticos de alquiler [y] brillantes oradores de banquetes" comenzaron a llamarlo inmerecidamente "el Lenin mexicano", debido a sus demagógicas promesas de profundizar la Revolución mexicana.[29]

Como quiera que, de inmediato, Obregón no se avino a satisfacer las exigencias estadounidenses —y a pesar del innegable origen constitucional de su mandato—, la administración Wilson nunca lo reconoció formalmente. Sólo lo hizo su sucesor, el presidente republicano Warren G. Harding (1921-1923), luego que, en 1923, el ya corrupto mandatario mexicano (le gustaba decir: "No hay general que resista un cañonazo de cincuenta mil pesos") firmó con los Estados Unidos los llamados "Acuerdos Ejecutivos de Bucareli". En estos aceptó las exigencias estadounidenses de anular el carácter retroactivo de algunos artículos de la Constitución de 1917 (en particular, aquellos vinculados a las propiedades de las empresas mineras y petroleras) y de las leyes complementarias dictadas al amparo de esta última. También aceptó otorgar garantías a las propiedades norteamericanas, y la formación de comisiones mixtas para evaluar las reclamaciones pendientes contra el Estado mexicano por parte de compañías y ciudadanos estadounidenses afectados por la Revolución.[30]

En correspondencia con los propósitos generales de esta obra, vale la pena recordar que, en los años previos a esas concesiones a los Estados Unidos, el gobierno de Álvaro Obregón había aplastado brutalmente la poderosa huelga de los trabajadores mineros de Sonora, las combativas ocupaciones de haciendas realizadas por los obreros textiles de Puebla que se encontraban desempleados como consecuencia de la crisis económica que sacudió país inmediatamente después de terminada la Primera Guerra Mundial, así como a todas las organizaciones obreras —entre ellas, las de Yucatán— que habían demandado la profundización de la Revolución mexicana. Igualmente que, el 20 de junio de 1923, en el contexto de la suscripción de los Acuerdos Ejecutivos de Bucareli, Obregón ordenó el asesinato de Pancho Villa; a pesar de que, desde hacía tres años, este se encontraba trabajando pacíficamente, junto a algunos de sus seguidores, en la comuna campesina conocida con el nombre de "El Canutillo".[31]

LOS ARTIFICIOS DE
"LA PROMOCIÓN DE LA DEMOCRACIA"

Sobre el impacto de todos esos hechos en el curso posterior de la vida política mexicana volveré después. Pero ahora es necesario indicar que, mucho antes de que la administración de Woodrow Wilson comenzara a lidiar con la presidencia de Álvaro Obregón, ya había coaccionado exitosamente al gobierno de Dinamarca para que finalmente le vendiera las Antillas Danesas (febrero de 1917) ambicionadas por los Estados Unidos desde el siglo XIX.[32] También había dado múltiples pasos para consolidar la dominación estadounidense sobre Puerto Rico, Cuba, la República Dominicana y Haití. En el caso de Puerto Rico, el gobernador estadounidense de esa isla, Arthur Yager, respaldó las decisiones de la cúpula del PUPR dirigidas a impedir que los legisladores de esa agrupación política realizaran propaganda independentista, tanto dentro como fuera del país. A su vez, en 1917, el ejecutivo y el Congreso estadounidenses aprobaron la Ley Jones, que imponía la ciudadanía norteamericana a los puertorriqueños con el propósito de incorporar a los más jóvenes de manera compulsiva a las fuerzas norteamericanas que combatían en la Primera Guerra Mundial.[33] Así, olvidándose de su retórica sobre "los derechos y las libertades de las naciones pequeñas" y siguiendo el camino de sus antecesores, Woodrow Wilson dio otro paso para avanzar en la anhelada anexión de esa nación caribeña.

En lo que se refiere a Cuba, Wilson comprometió su prestigio respaldando públicamente la fraudulenta reelección del corrupto presidente conservador Mario García Menocal, en las elecciones efectuadas en noviembre de 1916. Como consecuencia de ese acto y de la consiguiente violencia oficial que lo acompañó, se provocó la insurrección del Partido Liberal, que pasó a la historia cubana con el apelativo de "La Chambelona". Como ese partido contaba con el apoyo de la mayoría del Ejército, rápidamente logró el control de una buena parte de la isla. Sin embargo, de inmediato, la Casa Blanca adelantó que no reconocería al gobierno que pudiera surgir como resultado de ese alzamiento. Para respaldar esa decisión, varios destacamentos de la infantería de marina salieron de la mal

llamada "Base Naval de Guantánamo" con el socorrido pretexto de "salva-
guardar las propiedades norteamericanas". Con tal apoyo, las minoritarias
fuerzas leales al gobierno conservador obtuvieron, sin combatir, la rendición
del también corrupto caudillo liberal y ex presidente José Miguel Gómez. De
esa manera, quedó "demostrado que los futuros cuartelazos (en Cuba)
debían llevar la aprobación de los Estados Unidos".[34]

Entre 1918 y 1922, en recompensa por ese y otros "favores", Menocal
permitió que, con el pretexto de la Primera Guerra Mundial, 2 600 soldados
norteamericanos "acamparan" en la provincia de Camagüey. Por otra parte,
ofreció el envío de tropas cubanas para luchar junto a las de los Estados
Unidos en el teatro de operaciones europeo; le otorgó nuevas concesiones a
las compañías azucareras norteamericanas; y, a lo largo de la guerra, le
vendió azúcar a bajos precios a los Estados Unidos. También respaldó totalmente las posiciones del Departamento de Estado en todos los asuntos internacionales o hemisféricos; y, con el empleo de la afamada Guardia Rural,
reprimió de manera brutal las demandas salariales de los trabajadores
cubanos. En especial, las huelgas de los trabajadores portuarios de La
Habana, de los trabajadores ferroviarios de Camagüey, así como de las
plantaciones azucareras, de las industrias de artes gráficas, de la construcción, ferroviarios y portuarios, al igual que las huelgas generales que llevaron a cabo los obreros de La Habana y de otras ciudades de la isla a lo largo
de 1918 y 1919.[35] Para sofocarlas —bajo la mirada cómplice del enviado
especial del Presidente estadounidense, el procónsul Enoch H. Crowder—,
Menocal suspendió las garantías constitucionales, circunstancia que
aprovechó para procesar judicialmente o llevar a la cárcel a más de 5 000
opositores a su política pro oligárquica y pro imperialista. Dentro de ellos, a
los que protestaron contra la participación de las fuerzas militares norteamericanas, junto a las de otra potencias imperialistas, en la cruenta guerra
contrarrevolucionaria desatada contra el naciente Estado soviético.[36]

Sin embargo, donde se demostraron palpablemente los artificios de las
prédicas "morales" y "democráticas" de "la diplomacia misionera" de
Woodrow Wilson fue en la primera república negra del mundo. Allí, luego
del referido asesinato, el 2 de mayo de 1913, del fugaz presidente Tancréde
Auguste, se apoderó del gobierno el representante de los comerciantes y

terratenientes mulatos del sur del país, Michel Orestes, quien, a su vez, el 6 de febrero de 1914, fue depuesto mediante un golpe de Estado encabezado por el general Oreste Zamor. A pesar de que ese espurio Presidente no contaba "con el consentimiento de los gobernados" (de hecho, en el norte del país existía otro gobierno encabezado por el nuevo líder de *les cacos*, Davilmar Théodore), el 14 de julio de 1914, el Departamento de Estado le propuso su ayuda a Zamor a cambio de la suscripción de un tratado que le otorgara a los Estados Unidos el control de las aduanas y de todos los gastos del Estado, al igual que el derecho a intervenir en los asuntos internos y externos de ese país.[37]

De inmediato, el nuevo dictador rechazó esa propuesta; pero como, en septiembre del propio año, el Banco Nacional de Haití (controlado desde años atrás en forma paritaria por los acreedores privados franceses y norte-americanos) le canceló los créditos, no le quedó más remedio que pedir ayuda a la Casa Blanca. Esta —siguiendo la lógica del Corolario Roosevelt y de la diplomacia del dólar— envió a Puerto Príncipe 800 *marines* y dos buques de guerra. Como estos llegaron tarde, Zamor se vio obligado a dimitir y la voluble Asamblea Nacional nombró como Presidente al líder de *les cacos*, Davilmar Théodore.[38] Ante esa situación, el Departamento de Estado condicionó el reconocimiento del nuevo gobierno al arreglo de todas las cuestiones litigiosas con los monopolios estadounidenses, así como a la firma de un acuerdo especial que le otorgara el control de la estratégica bahía Molé de Saint Nicholas. Para presionar una respuesta favorable, el 15 de diciembre de 1914, los *marines* desembarcaron en la capital haitiana y, en un acto de piratería, se apropiaron de los 500 000 dólares (en oro) que constituían las únicas reservas monetarias del país.[39] De modo que, en enero 1915, sobre el edificio del Banco Nacional de Haití se arrió la bandera francesa y se izó la estadounidense como símbolo de que esa empobrecida nación caribeña había quedado "bajo [la] protección de [los] Estados Unidos".[40]

En esas difíciles circunstancias, Théodore fue rápidamente derrocado por su antiguo partidario, el general Vilbrum Guillaume Sam. A pesar de que este había llegado al poder mediante un acto de fuerza, la Casa Blanca le extendió su reconocimiento y le reiteró las proposiciones que le había formulado a Zamor. Ante la inminencia de un acuerdo, en junio de 1915, nuevamente se levantó en armas el movimiento de *les cacos*, encabezado — después de la muerte de Théodore— por su ex Ministro de Asuntos Interiores, Rosalvo Bobo, quien se pronunció enérgicamente contra la entrega del país a los Estados Unidos. Fue tal la acogida a su llamado que, el 27 de julio de 1915, sus partidarios asaltaron el palacio presidencial. Ante ese hecho, Sam abandonó la presidencia y se refugió en la Embajada francesa, luego de dar la orden de asesinar a sangre fría a 173 presos políticos:[41] crimen que provocó que un grupo de enardecidos sacara por la fuerza a Sam de la legación gala y lo ajusticiara en la vía pública. Ese acontecimiento fue utilizado por Woodrow Wilson como uno de los pretextos —junto a las nunca demostradas pretensiones del Káiser de invadir ese país— para iniciar, a partir del 28 de julio del propio año, una prolongada ocupación militar de esa nación caribeña.

Inicialmente, esta fue encabezada por el contralmirante estadounidense W. Caperton, quien el 12 de agosto de 1915 —luego de varias maniobras políticas y con el consentimiento del secretario de Estado, Robert Lansing— impuso al pusilánime Presidente del Senado, Philippe S. Dartiguenave, como mandatario de Haití.[42] Acto seguido, la Embajada estadounidense en Puerto Príncipe le entregó un nuevo convenio entre ambos países que —a decir de Lansing— le confería a los Estados Unidos un control sobre el país "mucho mayor" que el que pretendían antes de la intervención.[43] Tanto así era, que el gobierno títere se negó a firmar dicho documento. A su vez, fue necesaria la ocupación militar de las aduanas, la imposición del estado de sitio, la formación de tribunales militares y la censura de prensa para intentar contener las reacciones adversas que se produjeron en todo el país. Mucho más luego que —bajo la coacción de las fuerzas militares estadounidenses y de haber recibido el respaldo de la Casa Blanca y del "ilustre" Senado de los Estados Unidos—, el 11 de noviembre de 1915, ese tratado fue ratificado por la cada vez más debilitada Asamblea Nacional haitiana.

Según los términos de ese viciado "acuerdo", el gobierno norteamericano designó un consejero financiero y un recaudador de aduanas, encargados de la administración de las finanzas del país. Además, expertos estadounidenses en salud y en administración de los servicios públicos se incorporaron al gobierno "haitiano". Este, para recibir nuevos créditos de la banca privada norteamericana, se comprometió a no tomar otros empréstitos, ni a cambiar las tarifas aduaneras sin el consentimiento de la Casa Blanca. También a no vender, ni alquilar, ningún espacio de su territorio a ningún gobierno o potencia extranjera (con excepción de los Estados Unidos), ni a entrar en ningún trato con ellas que pudieran menoscabar "la independencia de Haití". Igualmente, aceptó formar un cuerpo de gendarmería bajo la dirección de los oficiales norteamericanos y que, "en caso de necesidad", esa potencia imperial tomara medidas efectivas para "la preservación de la independencia de Haití y el mantenimiento de un gobierno adecuado para la protección de la vida, la propiedad y las libertades individuales". Como indicó el historiador estadounidense Samuel Flagg Bemis, luego de tal acuerdo, basado en los principios de la Enmienda Platt, Haití se "transformó en un protectorado", adscrito a la Secretaría de la Marina de los Estados Unidos.[44]

En tal carácter, en 1916, el entonces subsecretario de esa arma y posterior Presidente de los Estados Unidos, Franklin Delano Roosevelt, elaboró una amplia reforma a la Constitución haitiana en la que se legitimaron "jurídicamente" todas las disposiciones anteriores y se introdujo un artículo en el que — a diferencia de todas las constituciones que había tenido Haití desde la proclamación en 1804 de su independencia frente al colonialismo francés— se autorizó a los ciudadanos y a las compañías extranjeras a poseer tierras y otros inmuebles en Haití, *ukase* que abrió el camino "legal" para la masiva penetración de los capitales norteamericanos. Además, se incluyó un artículo especial donde se legitimaban *a priori* todas las disposiciones que dictaran las autoridades de ocupación. Como todos los intentos del presidente Dartiguenave (1916-1922) y del mando militar estadounidense dirigidos a lograr que dicha Constitución fuera aprobada por la Asamblea Nacional haitiana fracasaron, a principios de 1917, bajo el control de la infantería de marina, se realizaron elecciones para "renovar" ese órgano legislativo. Pero los nuevos integrantes de la Asamblea bicameral tampoco ratificaron el proyecto constitucional *made in Washington*. Más aún, comenzaron a preparar un proyecto propio que no contenía las exigencias de la Casa Blanca.

Ante esa realidad, las autoridades de ocupación y su títere haitiano disolvieron la Asamblea Nacional. Y el Departamento de Estado autorizó la celebración, el 12 de agosto de 1918, de un "plebiscito popular". Cual consignó el investigador soviético N. Lutskov: "El plebiscito realizado por las autoridades de ocupación en condiciones de estado de guerra era una pura formalidad. Los 'altos principios' de la democracia y la legalidad predicados por el presidente (…) Wilson, tomaron en Haití la forma de una grosera violación de las normas democráticas más elementales".[45] De todas formas, bajo esa grotesca mascarada jurídica, funcionó durante casi veinte años la virtual dictadura militar impuesta por las fuerzas armadas estadounidenses en esa nación caribeña. En esos años, desempeñaron un papel represivo de primer orden las fuerzas pretorianas (denominadas la *gendarmerie*) formadas, entrenadas, armadas y dirigidas por los oficiales de la infantería de marina de los Estados Unidos. Estos, para aumentar la movilidad de sus fuerzas y ampliar la infraestructura del país en beneficio de los monopolios norteamericanos, le impusieron a los ciudadanos haitianos de menores ingresos (en particular a los campesinos) un férreo régimen de trabajo forzado ya en desuso en el país: la *corvée*.

Al decir de algunos historiadores, la imposición de esa medida fue el detonante de la denominada "segunda guerra de *les cacos*" (1918-1920), dirigida por Charlemagne Peralte y por su lugarteniente, Benoit Batraville.[46] En mayor medida que durante la "primera guerra de *les cacos*" contra la intervención estadounidense (fines de 1915 y comienzos de 1916), esa nueva sublevación movilizó a miles de campesinos y concitó el apoyo de los grupos de la pequeña burguesía urbana; entre ellos, los integrantes de la Union Patriotique. Según los datos disponibles, Peralte —que era el jefe del Estado Mayor de los insurrectos— logró organizar unos 3 000 efectivos; mientras que Batraville tenía bajo su mando otros 2 500; sin contar con las 15 000 personas que "hacían labores de espionaje y avituallaban a los que combatían".[47] Con esas fuerzas, ambos extendieron la guerra de guerrillas a una cuarta parte del territorio haitiano; llegando incluso a emprender dos audaces, aunque frustrados asaltos contra las fuerzas militares norteamericanas y de la *gendarmerie* que controlaban la capital de la república.

En respuesta a la creciente resistencia popular, las fuerzas de ocupación estadounidense y sus lacayos —aprovechando la indiscutible superioridad de sus medios militares (incluidas la artillería y la aviación)— desplegaron una estrategia de tierra arrasada en las zonas insurrectas. Se incendiaron las casas y las cosechas de los campesinos sospechosos de dar protección a *les cacos*, se mató al ganado, se torturó a los prisioneros, se crearon virtuales campos de concentración y miles de campesinos fueron asesinados. Según las amañadas estadísticas del alto mando militar estadounidense, en esos años, las víctimas de la represión en Haití llegaron a unas 3 000 personas;[48] pero a estas habría que sumar otras miles "que murieron en las prisiones y en los campos de concentración".[49] Pese a ello, la resistencia armada se prolongó durante más de dos años. Para contenerla, fue imprescindible que la infantería de marina organizara sendos planes para asesinar, a sangre fría y mediante la traición, a Peralte y a Batraville: caídos en noviembre de 1919 y en mayo de 1920, respectivamente. El cadáver del primero fue ultrajado y luego desaparecido; mientras que el del segundo "fue llevado en un asno a (la ciudad de) Mirebalais y expuesto al público" para demostrar la supuesta derrota del movimiento popular.[50]

Vale la pena recordar que —no obstante las diferencias existentes en las formas de organización que adoptó la resistencia popular y campesina entre uno y otro país— métodos contrainsurgentes similares a los utilizados en Haití también fueron aplicados por el gobierno militar estadounidense impuesto a la República Dominicana (rebautizada con el nombre de Santo Domingo) desde el 29 de noviembre de 1916. O sea, inmediatamente después que la administración de Woodrow Wilson desconociera al Presidente constitucional Juan Isidro Jiménez (1914-1916), así como la decisión del Congreso dominicano de sustituirlo, luego de su renuncia, por el destacado médico Francisco Henríquez Carvajal (31 de julio de 1916). Ambos se habían opuesto a las onerosas condiciones que pretendía imponerle el Departamento de Estado a cambio de su apoyo económico y militar. De ahí, la amplitud que alcanzó la resistencia del pueblo dominicano —en particular de diversos grupos campesinos que de manera dispersa emprendieron la lucha guerrillera rural (los llamados "gavilleros")— a la ocupación militar norteamericana.

Como se ha documentado, contra los "gavilleros" y sus colaboradores, la infantería de marina estadounidense aplicó "modalidades nuevas a las viejas tareas de explotar y oprimir: represión, terror, extorsión, tortura".[51] En efecto, en las regiones donde operaban esos destacamentos, "comerciantes medianos y pequeños, maestros de escuelas y pequeños propietarios campesinos fueron arrastrados amarrados a [las] colas de caballos hasta que morían despedazados por las piedras; otros sufrieron el tormento del agua; a otros se les estacaba, es decir, se les clavaba al suelo con estacas puntiagudas de madera" o se les aplicaban "hierros candentes en el vientre". Al final −según Juan Bosch−, "el Gobierno militar de ocupación acabó disponiendo que los campesinos de la región del Este (donde la resistencia alcanzó mayor magnitud) fueran reconcentrados en las ciudades y los pueblos, una medida similar a la que había tomado [entre 1896 y 1897, el general español Valeriano] Weyler en Cuba…" y que había sido utilizada en los Estados Unidos como uno de los pretextos "humanitarios" para declararle la guerra a España.[52]

Todos esos sádicos métodos y, en primer lugar, la criminal "reconcentración de la población campesina", fueron complementarios a las diversas medidas adoptadas, entre 1916 y 1922, por los sucesivos gobernadores militares norteamericanos con vistas a favorecer −al igual que en Haití− la constante penetración de los monopolios estadounidenses en República Dominicana. Entre ellas, las leyes de impuesto a la propiedad territorial, de registro de tierras y de creación del Tribunal de Tierras decretadas en 1920 con el propósito de despojar de ese recurso a los campesinos, y a "los terratenientes tradicionales" dominicanos. También la contratación de onerosos créditos con la banca privada estadounidense. Esto último, a su vez, sirvió como mecanismo para legitimar la indefinida prolongación de la "intervención financiera" que, desde comienzos del siglo XX, habían emprendido las administraciones republicanas de Theodore Roosevelt y de William Howard Taft.[53] Además, al igual que en Haití, el Ejército estadounidense organizó, financió, entrenó, dirigió y armó una Guardia Constibularia (policía militarizada) en la que obtuvo sus primeros "honorarios" el futuro dictador Rafael Leonidas Trujillo (1930-1961).

Todo lo antes dicho demostró la continuidad esencial que existía entre la "diplomacia misionera" de Woodrow Wilson y la política de sus antecesores. Pero ese aserto también se confirmó en Centroamérica. En primer lugar, en Nicaragua. Como indicamos, en 1912, el dúo Taft-Knox decidió intervenir militarmente en ese país y apuntalar como Presidente "constitucional" a su títere Adolfo Díaz; quien firmó un tratado con los Estados Unidos (el llamado "Tratado Weitzel-Chamorro"), donde le hacía amplias concesiones a esa potencia imperialista. Sin embargo, ese tratado nunca fue ratificado por el Senado estadounidense. De manera que, al llegar el gobierno demócrata a la Casa Blanca, el asunto aún estaba pendiente. Desconociendo su promesa de que los Estados Unidos "no se apoderarían de un pie más de territorio latinoamericano", y para resolver esa situación, el secretario de Estado, William Bryan, retomó su presentación en el Senado; ahora con el nombre de Tratado Bryan-Chamorro, en "honor" —al igual que el anterior— al representante de Nicaragua en Washington y posterior presidente Emiliano Chamorro (1917-1921).

Por medio de este, los Estados Unidos adquirieron a perpetuidad las islas Great y Little Corn (maíz), los derechos exclusivos para la construcción de un canal interoceánico a través del territorio de Nicaragua, facilidades para la instalación de una base militar en el Golfo de Fonseca así como la adición de una cláusula —similar a la Enmienda Platt— que autorizaba la intervención permanente de los Estados Unidos en esa nación centroamericana. Sin embargo, como esa cláusula despertó preocupaciones en el "ilustre" Senado estadounidense fue retirada de la versión final de ese tratado. Este fue refrendado por ese organismo el 18 de febrero de 1916.[54]

Esa ratificación despertó una ola de indignación en Centroamérica. De tal magnitud, que los gobiernos oligárquicos y pro imperialistas de Costa Rica, Honduras y El Salvador presentaron sendas reclamaciones al Tribunal de Justicia Centroamericano. Este falló a favor de Costa Rica el 30 de septiembre de 1916; aduciendo las razones que asistían a ese país para participar en cualquier acuerdo para la construcción de un canal interoceánico que comprometiera las aguas del río San Juan, fronterizo con Nicaragua. Semanas después, el 2 de febrero de 1917, el propio tribunal aceptó la demanda de El Salvador y Honduras contra la eventual instalación de una base militar norteamericana en el Golfo de Fonseca, en atención a la soberanía compartida sobre las aguas jurisdiccionales de este y al peligro que implicaba para esos países la actitud que, de manera unilateral, adoptara los Estados Unidos en relación con los bandos contendientes en la Primera Guerra Mundial.

En respuesta, tanto el gobierno títere de Nicaragua, como la Casa Blanca se negaron a cumplir dichas sentencias. El primero adujo que los jueces de la mencionada corte no tenían mandato para sancionar los acuerdos de Nicaragua con otros gobiernos de fuera de la región, y la segunda insistió en que los Estados Unidos no eran parte del Tratado Centroamericano de Paz y Amistad que en 1907 había dado origen — bajo la égida del Departamento de Estado — al Tribunal de Justicia Centroamericano. En consecuencia, dicha judicatura entró en un progresivo proceso de destrucción que culminó en 1921. Huelga decir que — a pesar de las promesas de Wilson de construir "un sistema de seguridad y paz hemisférica" fundado en "la cooperación" y la "confianza mutua" — todos los esfuerzos realizados por los gobiernos centroamericanos con vistas a retomar la senda de la edificación de un proyecto de unidad centroamericana fueron boicoteados. Igualmente que, con independencia de su origen más o menos "constitucional", la Casa Blanca desconoció y agredió a todos los gobiernos de esa región que impulsaron, por cualquier razón, políticas alejadas de los dictados oficiales estadounidenses.

Pese a las diferencias existentes entre uno y otro, así ocurrió con todos los gobiernos costarricenses que mantuvieron su firme rechazo al tratado Bryan-Chamorro, como fueron los casos del contradictorio gobierno que — hasta la sublevación popular que lo derrocó el 10 de agosto de 1919 — se instauró en Costa Rica, luego del golpe de Estado comandado por los generales Federico y Joaquín Tinoco (27 de enero de 1917), así como de sus sucesores: Juan Bautista Quirós (agosto-septiembre de 1919) y Francisco Aguilar Barquero (septiembre de 1919-mayo de 1920).[55] Igualmente, con el gobierno del rico hacendado azucarero Carlos Herrera, instaurado en Guatemala como resultado de la sublevación popular que — luego de una semana de manifestaciones y de cruentos combates callejeros — logró derrotar, el 9 de abril de 1920, a la pro imperialista satrapía del general Manuel Estrada Cabrera (1898-1920).

La animosidad del dúo Wilson-Lansing contra Herrera fue mayor porque este decretó la nulidad de los contratos que había firmado su antecesor con la International Railway of Central America (como vimos, controlada por la UFCO) y el traspaso de una antigua empresa eléctrica alemana a un monopolio estadounidense. También, porque mientras se mantuvo en el cargo (hasta el 5 de diciembre de 1921 en que fue derrocado por un golpe de Estado encabezado por el general José María Orellana), Herrera fue copartícipe del pacto que dio origen, el 19 de enero de 1921, a la fugaz República Federal Tripartita integrada por Honduras, El Salvador y Guatemala. Esta surgió contra la voluntad oficial estadounidense y con la expresa oposición del gobierno "nicaragüense" presidido por Emiliano Chamorro. Este último condicionó la incorporación de Nicaragua a la frustrada república, nada más y nada menos, a que sus autoridades aceptaran el Tratado Bryan-Chamorro de 1916.[56]

Pero hay más. Dándole continuidad a la llamada "política panameña", elaborada por Roosevelt y Taft, la administración demócrata presionó al débil gobierno colombiano de José Vicente Concha (1914-1918) y a su sucesor Marco Fidel Suárez (1918-1921) para que firmaran un tratado dirigido al total reconocimiento del territorio, la "soberanía y la autodeterminación" de la República de Panamá. A pesar de la anuencia de ambos gobiernos y de sus ventajas para los Estados Unidos, la firma de ese tratado se pospuso hasta años más tarde (1922), porque el Senado norteamericano no estuvo dispuesto "a disculparse" por el brutal desmembramiento de la República de Colombia. En el ínterin, la Casa Blanca emprendió una nueva intervención militar en Panamá. En efecto, en 1918, luego de la muerte del mandatario "constitucional" Ramón M. Valdés (1916-1918) y ante la "solicitud" del presidente provisional, Ciro Luis Urriola, las tropas estadounidenses acantonadas en la zona del Canal ocuparon las ciudades de Panamá y Colón, así como otros puntos del país, con el propósito de contener el descontento popular que se había desatado contra los afanes de Urriola de prolongar su autoritario interinato. También para proteger los intereses del latifundista estadounidense William G. Chase y de la Chiriquí Land Company, filial de la UFCO.

Una vez realizadas las elecciones presidenciales (en las que, como era de esperar, resultó electo por segunda vez el liberal pro imperialista Belisario

Porras), la infantería de marina se retiró de las ciudades de Panamá y Colón, pero se mantuvo en Chiriquí, apoyando los abusos y atropellos de ambas empresas imperialistas. En consecuencia, "Chiriquí pasó a vivir una época de terror" que contribuyó a la formación de una actitud "francamente antinorteamericana" en el pueblo panameño. Esta se manifestó abiertamente cuando, en 1920, las autoridades de la zona del Canal informaron al gobierno de Panamá que iban a someter a su jurisdicción la isla de Taboga, ubicada en el Golfo de Panamá. Igualmente, cuando visitó ese país el general Pershing, reconocido en todo el continente por los crímenes que había cometido cuando comandó la "expedición punitiva" contra el popular líder revolucionario mexicano Pancho Villa.[57]

Paralelamente, y con independencia de su origen más o menos constitucional y de la mayor o menor aceptación con que contaran entre "sus gobernados", la administración Wilson respaldó a todos los gobiernos suramericanos obsecuentes con su estrategia global y en particular con su política hemisférica. Así, apoyó sin reservas a la cruenta dictadura venezolana de Juan Vicente Gómez. Este, para agradar al Presidente estadounidense —además de hacerle nuevas concesiones a las compañías petroleras y a los intereses financieros norteamericanos— favoreció la "elección constitucional" de su marioneta: Victoriano Márquez Bustillos (1915-1922), quien continuó su política represiva. Muestra de ello fue la brutal represión que perpetró contra los participantes en la denominada "Guerra de los Llanos", de 1917. Esta fue encabezada por el general Emiliano Arévalo Cedeño, quien contó con el apoyo de la combativa población de esa zona del país.[58]

Por otra parte, el Departamento de Estado dio nuevos pasos para consolidar las posiciones norteamericanas en Ecuador. Gracias a las concesiones que les realizó el presidente "liberal" Alfredo Baquerizo Moreno (1916-1920), a partir de 1917, los Estados Unidos pasaron a controlar un 70% del comercio exterior ecuatoriano, las minas de oro de Zaruma y el importante Banco Comercial y Agrícola de Guayaquil.[59] A su vez, en Perú, la Casa Blanca reconoció a todos los gobiernos surgidos bajo la sombra del golpe de Estado que, en 1914, derrocó al presidente constitucional Guillermo Enrique Billinghurst. Entre ellos, a los represivos y pro imperialistas gobiernos de

José Pardo Barreda (1916-1919) y del afamado dictador, Augusto B. Leguía (1919-1930). El primero de ellos, autorizó el traspaso de las propiedades de la compañía inglesa London and Pacific Petroleum Limited a la International Petroleum Company, subsidiaria de la Standard Oil Company. También le arrendó a los Estados Unidos los buques alemanes que había decomisado después de declararle la guerra a ese país en 1917. El segundo, contrajo varios empréstitos con la banca privada norteamericana, recursos que empleó en la construcción de la infraestructura necesaria para ampliar la explotación del país por parte de los monopolios estadounidenses, en especial los interesados en el control de las grandes reservas de cobre existente en esa nación andina.

Un proceso parecido se dio en Bolivia. En ese país, el Departamento de Estado respaldó el golpe militar que, en 1920, derrocó al presidente liberal José Gutiérrez Guerra (1917-1920) y reconoció a su sucesor, Bautista Saavedra (1920-1926). Al decir del historiador boliviano Raúl Ruiz González, de esa manera se dio un paso más hacia la entrega "de la economía y las finanzas nacionales al imperialismo yanqui".[60] Para afianzar esa situación, al igual que su antecesor, el gobierno de Saavedra —apoyado por el Ejército— perpetró la famosa masacre de campesinos en Jesús de Machaca, reprimió las huelgas de trabajadores ferroviarios, tranviarios y taxistas que se realizaron en La Paz, así como la llamada "masacre de Uncía". Esta última como respuesta a la combativa conmemoración del 1ro de mayo convocada por la Federación Central de Trabajadores Mineros de Uncía y de sus filiales en los terribles socavones de Cativí y Siglo XX, propiedad de los llamados "Barones del estaño": Simón Patiño, Mauricio Hotcschild y Félix Aramaño.

IMPLICACIONES DE LA PRIMERA GUERRA MUNDIAL PARA AMÉRICA LATINA Y EL CARIBE

Estos últimos acontecimientos me colocan en el ámbito de las profundas y contradictorias repercusiones que tuvo en América Latina y el Caribe el desarrollo y desenlace de la Primera Guerra Mundial (1914-1918).[61] Como ya está dicho, hasta abril de 1917, los círculos de poder estadounidenses mantuvieron una postura "neutral" frente a esa cruenta contienda interimperialista. En consecuencia, la Casa Blanca no emprendió ninguna acción directa contra los gobiernos latinoamericanos (Ecuador, Uruguay, Guatemala, Honduras) que mantenían importantes relaciones comerciales y financieras con las Potencias Centrales y, en particular, con Alemania. Acorde con los antojadizos enunciados de la Doctrina Monroe, en esa etapa la administración demócrata se limitó a evitar que esa u otras potencias europeas o asiáticas (como Japón) adquirieran posiciones en México o en otros naciones bañadas por el Mar Caribe. También aprovechó la guerra para consolidar su "esfera de influencias" en la Cuenca del Caribe y en algunos países andinos; en particular los ubicados en el norte de América del Sur (Venezuela, Colombia y Ecuador).

Sin embargo, esa actitud cambió radicalmente a partir de la incorporación de los Estados Unidos a esa "guerra de rapiña". Entonces, sobre la base de sus propios intereses y sin tomar en cuenta las necesidades específicas de las demás naciones del hemisferio, el Departamento de Estado comenzó a presionar, con todos los medios a su alcance, a los gobiernos latinoamericanos que aún no estaban bajo su control, para que le declararan la guerra o rompieran sus vínculos con las Potencias Centrales, y en particular con Alemania. A causa de esas presiones, ocho gobiernos latinoamericanos (Brasil, Costa Rica, Cuba, Guatemala, Haití, Honduras, Nicaragua y Panamá) le declararon la guerra a esa nación, "si bien sólo Brasil y Cuba enviaron militares (principalmente aviadores y personal médico) al frente europeo". Y, otros cuatro gobiernos (Perú, Bolivia, República Dominicana y Ecuador), rompieron sus relaciones diplomáticas con esa potencia imperialista europea.[62]

Para ello la Casa Blanca utilizó de manera oportunista la llamada "guerra total submarina" desatada el 1ro de febrero de 1917 por Alemania contra los barcos preponderantemente norteamericanos que comerciaban con la Entente. También la difusión, a comienzos de 1917, del llamado "Plan Zimmermann" (en referencia al canciller del Káiser), supuestamente dirigido a lograr un pacto entre Alemania, Japón y México para recuperar los territorios que su vecino del Norte le había arrebatado este último país. Igualmente, a organizar varios complots en los países centroamericanos con el fin de crear, bajo la égida alemana, los Estados Unidos de Centroamérica y, luego, declararle la guerra a los Estados Unidos.[63] A pesar de lo descabellado de esas ideas, los círculos de poder estadounidenses las emplearon en su cambiante arsenal de presiones y agresiones contra la Revolución mexicana; pero, sobre todo, para lograr que diversos gobiernos latinoamericanos expropiaran los buques y otras propiedades alemanas y, en la medida de lo posible, las transfirieran a los Estados Unidos.

Así lo lograron, antes o inmediatamente después de la derrota del Káiser, al menos, en Guatemala, Colombia, Ecuador, Perú, Chile, Uruguay y, en menor medida, en Brasil. En este último país, las naves y las propiedades alemanas expropiadas quedaron bajo el control del gobierno brasileño. No obstante, en ese y en otros países latinoamericanos que permanecieron neutrales ante el conflicto (Argentina, Chile, Paraguay, El Salvador, Venezuela y México), los monopolios estadounidenses —aprovechándose de la debilidad relativa de sus competidores o "aliados"— también hicieron todo lo que estuvo a su alcance para utilizar la guerra y los infortunios de Alemania, Inglaterra y Francia con vistas a desplazar a los grupos financieros de esas potencias de sus bastiones suramericanos en Argentina, Brasil, Chile, Perú, Paraguay y Uruguay. Al mismo tiempo, la Casa Blanca maniobró exitosamente para lograr que las treinta naciones participantes en la Conferencia de Paz de París (en particular las restantes potencias imperialistas euroasiáticas) reconocieran *de jure* lo que algunos de sus exegetas denominan las "afirmaciones positivas" y las "afirmaciones negativas" de la Doctrina Monroe.[64]

Cualquiera que sea la validez de ese enfoque, lo cierto fue que gracias a una mañosa enmienda propuesta por el presidente Woodrow Wilson —y pese a la resistencia de algunos de los pocos gobiernos latinoamericanos participantes en la conferencia (Brasil, Costa Rica, Cuba, Guatemala, Haití, Honduras, Nicaragua y Panamá), así como al rechazo más o menos público de algunos de los ausentes (como el de México, Argentina y Uruguay)—, en el artículo 21 de los Estatutos de la naciente Sociedad de Naciones quedó establecido que ese instrumento jurídico no afectaba "la validez de compromisos internacionales, tales como tratados de arbitraje o entendi-mientos regionales como la Doctrina Monroe, cuyo fin sea el mantenimiento de la paz".[65]

Todo lo antes dicho —junto a la violenta y exitosa ofensiva política y militar desatada por los Estados Unidos para controlar a las principales naciones de Centroamérica y el Caribe— contribuye a explicar los ostensibles avances que, en la segunda mitad de la década de 1910 y a lo largo del decenio de 1920, obtuvieron los círculos de poder norteamericanos en su secular afán de ejercer su dominación sobre América Latina y el Caribe. Tal como habían previsto, entre otros, los ex secretarios de Estado Henry Clay (1825-1829) y James Blaine (1881 y 1889-1892), fue útil a ese propósito la descomunal expansión de la oligarquía financiera norteamericana sobre las naciones ubicadas al sur del Río Bravo y de la península de la Florida.

Así, según cifras seguramente parciales del Departamento del Comercio de los Estados Unidos, entre 1914 y 1927, los préstamos ofrecidos por la banca privada norteamericana a los gobiernos de esa región saltaron de menos de 15 000 000 a más de 1 400 millones de dólares.[66] Por otra parte, las inversiones directas de los Estados Unidos en todo el Continente ascendieron de 1 200 millones en 1913 a 5 600 millones de dólares en 1929, "casi igualándose con las británicas, que durante el mismo período se elevaron de 4 900 a 5 900 millones de dólares".[67] Como consecuencia, el comercio exterior entre los Estados Unidos y América Latina y el Caribe se incrementó de un promedio anual de 737 millones de dólares entre 1910 y 1914 a más de 1 900 millones de dólares en 1926.[68]

Huelga decir que —a pesar de las contradicciones subsistentes— en todos esos procesos político-económicos, la oligarquía financiera estado-unidense contó con el respaldo de los sectores hegemónicos de las clases dominantes latinoamericanas y caribeñas. En particular, de aquellos (los productores y exportadores de productos primarios, tanto mineros como agropecuarios más o menos elaborados) que se habían beneficiado de la apertura del Canal de Panamá y de las excepcionales condiciones creadas en el mercado mundial y hemisférico durante la Primera Guerra Mundial. Mucho más porque al amparo de esta, los sectores más poderosos y concentrados de la burguesía mexicana y suramericana (en menor medida, la centroamericana y caribeña) comenzaron a impulsar un inacabado proceso de sustitución de importaciones de productos industriales previamente provenientes de las principales potencias imperialistas. Debido a ello, algunos países de la región (Argentina, Brasil y México) arribaron a lo que algunos autores han denominado "un nivel medio de desarrollo de las relaciones capitalistas de producción".[69] O, lo que es lo mismo, a un peldaño superior de la expansión desigual y distorsionada del capitalismo dependiente y subdesarrollado que históricamente ha caracterizado y todavía caracteriza a las sociedades latinoamericanas y caribeñas.

De todas formas, tal proceso tuvo un profundo impacto sociológico en diversos países de la región. En algunos de ellos (los de mayor desarrollo relativo), se estructuró una "burguesía nacional e industrial" con intereses más o menos diferenciados, según el caso, del bloque oligárquico (minero-terrateniente) que —unido a los capitales extranjeros— controlaba la vida económica y política de esas naciones. También emergió una numerosa clase media urbana con aspiraciones de ascenso social y representación política que no siempre eran satisfechas por las estratificadas estructuras de dominación existentes. Asimismo, se estructuró un amplio contingente de trabajadores asalariados, que incluía la naciente clase obrera industrial.

Estos últimos sectores —junto a la extensa población campesina, a los peones de las grandes haciendas y plantaciones, así como a los artesanos urbanos o rurales— fueron, otra vez, las principales víctimas de todos los desajustes económicos y sociales generados durante la posguerra. En particular, del creciente deterioro de los salarios reales y de las condiciones de vida de amplias capas de la población que se provocó a causa de los procesos inflacionarios que afectaron a la mayor parte de las economías y las sociedades latinoamericanas y caribeñas. Igualmente, de la caída de los precios de las exportaciones de la mayor parte de los productos primarios que se produjo inmediatamente después de culminada esa contienda.

Ello —junto a la referida agresividad de los Estados Unidos y las formas violentas de dominación preponderantes en el continente— explican las intensas movilizaciones reivindicativas y políticas de importantes sectores populares que se produjeron en diferentes países de América Latina y el Caribe, sobre todo inmediatamente después de la Primera Guerra Mundial.

En párrafos anteriores ya nos referimos a las multiformes luchas populares que acompañaron o sucedieron a la Revolución mexicana de 1910 a 1917. También vimos las resistencias que protagonizaron los campesinos y otros sectores sociales (incluida la naciente clase obrera y algunos segmentos de las clases dominantes) contra el orden colonial o neocolonial instaurado o que pretendía instaurar los Estados Unidos —solo o en alianza con los representantes políticos o las fuerzas pretorianas de las clases dominantes— en Centroamérica y el Caribe. Asimismo, referimos el derrocamiento, mediante combativas insurrecciones populares, de la breve dictadura de Federico Tinoco en Costa Rica y de la prolongada satrapía de Estrada Cabrera en Guatemala.

Sin dudas, en todos esos procesos tuvieron una escasa o tardía influencia (como ocurrió en el caso de México) las ideas propaladas por la Revolución de Octubre de 1917. En todo caso, las mayores ascendencias provenían de la Revolución mexicana y de las prédicas "unionistas", anticlericales, antioligárquicas y antimperialistas propaladas por ciertos sectores liberales centroamericanos y, en particular, por los más destacados intelectuales de esos países. Algo parecido ocurrió en el resto de las naciones caribeñas. Con excepción de Cuba (donde el legado popular y antimperialista de José Martí y Antonio Maceo rápidamente se entroncó —a través de la figura de Carlos Baliño— con las ideas socialistas y con la prédica marxista-leninista), así como de las colonias francesas de Martinica y Guadalupe (en las que el legado leninista llegó a través de Francia), las luchas antimperialistas (como las libradas en Haití y República Dominicana) o anticoloniales (como las que se desarrollaban en Puerto Rico) muy poco tuvieron que ver con la experiencia soviética.

Por el contrario, las primeras luchas por democratizar el orden y el sistema político colonial que se produjeron antes, durante e inmediatamente después de la Primera Guerra Mundial en las colonias británicas (en particular en Jamaica, Barbados, Belice y Trinidad Tobago) estuvieron influidas, sobre todo, por las ideas del jamaicano Robert Love (el llamado *"loveismo"*) y de su más insigne discípulo Marcos Garvey. Este articuló el *loveismo* con las luchas contra la discriminación racial impulsadas por la

Universal Negro Improvement Association de los Estados Unidos y con las ideas "laboristas" de factura británica.[70]

De esa peculiar conjunción ideológica, de las movilizaciones reivindicativas de los combatientes que sobrevivieron a la Primera Guerra Mundial y de los familiares de las decenas de miles de jóvenes antillanos que sucumbieron en esa contienda interimperialista (sólo de Martinica y Guadalupe murieron 20 000 soldados), así como de las primeras luchas por los derechos políticos, sociales y económicos de la población nativa (predominantemente negra), fue que surgieron las primeras organizaciones populares y sindicales de esas colonias. En particular: la Jamaica Federation Labour; la Trinidad Workmen's Association y la British Guyana Labour Union (fundadas en 1919); el Reform Club de Jamaica (fundado en 1923); el Progresive Party de Belice; la Democratic League de Barbados (fundados en 1924); y la British Guyana and West Indies Labour Conference, fundada en 1926.

De una u otra manera, el origen y desarrollo de estas organizaciones estuvieron vinculados con los grandes movimientos de protestas que se produjeron en Jamaica en 1918; con la reprendida huelga general de obreros portuarios que se produjo en Trinidad y Tobago en 1919; con la huelga de trabajadores ferroviarios de Jamaica en 1922; con los motines populares y la huelga de trabajadores azucareros que se repitieron en ese país en 1924; y con las manifestaciones populares que se produjeron en Guyana en el propio año. Al igual que las luchas populares antes referidas, estas última fueron brutalmente reprimidas por las autoridades coloniales británicas, responsables del asesinato de 13 trabajadores y de 24 heridos.[71]

Sin embargo, una situación distinta se vivió en la mayor parte de los países meridionales de América del Sur; en particular en Argentina, Brasil, Chile y Uruguay. A causa del peso demográfico que habían adquirido en la mayoría de ellos los sucesivos *aluds inmigratorios europeos*" de la segunda mitad del siglo XIX y de las primeras décadas del siglo XX,[72] así como del significativo incremento de la clase obrera industrial que se produjo en el decenio de 1910,[73] las ideas anarquistas, anarcosindicalistas y socialistas de diferente signo encontraron una mayor difusión, al igual que un mayor arraigo dentro de ciertos sectores populares. Por consiguiente, los agudos debates político-ideológicos que —como resultado de la Primera Guerra Mundial— se produjeron en el seno del movimiento obrero europeo y, en particular, dentro de la Segunda Internacional, tuvieron un impacto significativo dentro de los sectores políticamente activos de la clase obrera de esas naciones. De ahí, la creciente influencia que fueron adquiriendo las aún mal aprendidas ideas y experiencias del Partido bolchevique (conocido como "los maximalistas") y, sobre todo, las resonancias prácticas, anticapitalistas y antimperialistas de la Revolución de Octubre de 1917 y de la Tercera Internacional (comunista) fundada por iniciativa de Vladimir Ilich Lenin el 2 de marzo de 1919.

En efecto, según señaló el historiador soviético B. Koval, en respuesta al empeoramiento de la situación material de los trabajadores, a partir de 1916, el movimiento obrero suramericano adquirió una magnitud sin precedentes.[74] También fue grande la represión oficial contra las demandas de los trabajadores. En ese año, en Perú, la policía anegó en sangre una manifestación de los trabajadores de Lima. Al siguiente año, en Argentina, se realizaron 136 huelgas con más de 136 000 participantes. A mediados de 1917, el Consejo de la Federación Obrera Regional de Uruguay (FORU), inspirada por los anarquistas, convocó a una huelga general en solidaridad con el combativo paro de los trabajadores de los frigoríficos de Montevideo y en protesta contra la endurecida represión que había desencadenado contra estos el gobierno pro norteamericano de Feliciano A. Viera (1916-1920).

Además, entre 1917 y 1918, se llevaron a cabo más de 360 huelgas, algunas de carácter nacional en Chile. Varias veces el gobierno oligárquico y pro imperialista de Juan Luis Sanfuentes (1915-1920) empleó al Ejército y a la policía para reprimir a los trabajadores. En 1917, también se produjo una combativa y prolongada huelga general de los trabajadores de São Paulo, Brasil. A causa de la represión desatada por el presidente Wenceslau Pereira Gomes (1914-1918), se incorporan al movimiento más de 50 000 trabajadores. Algunos efectivos militares se solidarizaron con estos. Asimismo, el movimiento se extendió hacia otras importantes ciudades brasileñas. Ello obligó a las autoridades a realizarles algunas concesiones a las demandas de los trabajadores. Entre ellas, la jornada laboral de ocho horas y la reglamentación del trabajo femenino e infantil. Concesiones parecidas obtuvieron los trabajadores en Chile, Uruguay y Argentina. No obstante, ello no detuvo las vindicaciones proletarias. Por el contrario, estas encontraron un mayor eco en las masas, y, progresivamente, las principales organizaciones obreras fueron radicalizando sus consignas, bajo el influjo de la Revolución de Octubre. Por ejemplo, a fines de 1918, antecedida por disímiles movimientos huelguísticos y bajo inspiración anarquista, se produjo una impresionante insurrección proletaria en Río de Janeiro, entonces capital de Brasil. Dado su carácter espontáneo —y debido a la infiltración policial en las filas de sus organizadores—, esta fue anegada en sangre. Asimismo, fue seguida por diferentes medidas represivas, entre ellas la disolución de la Federación General de Trabajadores y de los sindicatos que habían tenido una mayor participación en la intentona.[75] Sin embargo, ello no impidió que, entre 1918 y 1922, cerca de 500 000 trabajadores se incorporaran a diferentes tipos de paros y huelgas reivindicativas y políticas en Brasil. Estas, de una forma u otra, se articularon con la fundación del Partido Comunista Brasileño (marzo de 1922) y con las sucesivas sublevaciones militares, antioligárquicas y antimperialistas — influidas por el movimiento democrático-revolucionario de los *tenentistas*, encabezado por Luis Carlos Prestes— que, entre 1922 y 1924, se enfrentaron al gobierno reaccionario, presidido por el "oligarca del café con leche" (en alusión a los terratenientes cafetaleros y ganaderos), Artur de Silva Bernardes (1922-1926).[76]

Por su parte, en 1919, más de 100 000 personas protagonizaron una masiva manifestación contra el hambre y la miseria en Chile. Luego, la combativa Federación Obrera de Chile (FOCh), liderada por Luis Emilio Recabarren, llamó a conquistar la "efectiva libertad económica, moral y política de la clase trabajadora". En respuesta, los obreros de Puerto Natales se adueñaron del poder y lo mantuvieron en sus manos durante varios días. Al igual que había ocurrido en 1907, en la famosa matanza de Santa María de Iquique, contra ellos fue lanzado el Ejército. Centenares de personas cayeron víctimas de la feroz represión y más de 50 dirigentes obreros fueron encarcelados o puestos a disposición de los tribunales. Fue tal la marea reaccionaria, que llegó a organizarse una insurrección militar para apropiarse del poder, incrementar la represión contra el movimiento obrero e impedir la celebración de las elecciones presidenciales y la casi segura victoria del candidato "reformista y antioligárquico" Arturo Alessandri Palma, respaldado por la llamada "Alianza Liberal".[77]

Pese a ello, a fines de 1920, Alessandri fue electo Presidente de Chile y, ante el continuo auge de las luchas de los trabajadores, en particular de los obreros de las minas de carbón y de salitre, nuevamente ordenó una brutal represión contra las demandas obreras. En ese ambiente, en diciembre de 1921, inspirado por las consignas de la Tercera Internacional, el Partido Obrero Socialista se transformó —casi que de manera "natural"— en el Partido Comunista de Chile (PCCh). Este continuó dirigiendo las luchas populares y antimperialistas en ese país e incrementando su prestigio político dentro de la sociedad chilena, aun durante y después del derrocamiento, en 1924 —mediante un golpe de Estado—, del gobierno de Alessandri. De ese cuartelazo emergió la fatídica influencia en la vida política chilena del reaccionario coronel Carlos Ibáñez.

Previamente, en 1919, se produjo una nueva huelga general en Uruguay. Contra esta se movilizaron, además de las fuerzas represivas oficiales, bandas armadas integradas por jóvenes de la "alta sociedad" y elementos del hampa que sembraron el terror en los barrios obreros. Varios trabajadores perdieron la vida. A consecuencia de esos hechos, y de las agudas contradicciones existentes entre los sectores conservadores y progresistas del Partido Colorado, el presidente Feliciano Viera —representante de los intereses de los comerciantes mayoristas y de la alta burguesía—, fue sustituido por el prestigioso dirigente "colorado" Baltasar Brum (1919-1923), mucho más cercano a las ideas nacionalistas y reformistas del líder de esa colectividad política, José Batlle y Ordóñez.[78]

A pesar de la influencia de sus ideas en importantes sectores del movimiento obrero, en septiembre de 1920 la mayor parte de los antiguos militantes del Partido Socialista de Uruguay (PSU) apoyaron el ingreso de esa organización a la Internacional Comunista. Meses después, un congreso extraordinario del PSU, efectuado en abril de 1921, aprobó cambiar el nombre de la organización por el de Partido Comunista de Uruguay (PCU). Este —en medio de una intensa lucha ideológica interna—

progresivamente fue incorporando a su programa las tesis leninistas vinculadas a la lucha por el poder político, a la instauración de la llamada "dictadura democrática y revolucionaria del proletariado" y a la consiguiente construcción del socialismo.[79]

Un proceso parecido se había dado en Argentina. Durante la Primera Guerra Mundial los "socialistas de izquierda rechazaron terminantemente la línea oportunista de la Segunda Internacional, rompieron todos los contactos con la cúspide del Partido Socialista" y, en enero de 1918, fundaron el Partido Socialista Internacional (PSI): el mismo que, en 1919, ingresó a la Internacional Comunista y, en 1920, pasó a denominarse Partido Comunista de Argentina (PCA).[80] En el ínterin, y pese a su lógica inmadurez orgánica, ese partido —además de expresar su constante solidaridad e identificación con las ideas "maximalistas" de la Revolución bolchevique— respaldó las continuas acciones reivindicativas de los trabajadores contra la política "reformista" del primer gobierno (1916-1922) del ya veterano caudillo del Partido Radical, Hipólito Yrigoyen (1852-1933). Aunque con menos entusiasmo, dado el sectarismo "obrerista" que imperaba en sus filas, el PSI también expresó sus simpatías hacia el vigoroso movimiento estudiantil que concluyó —en junio de 1918— con la proclamación de la afamada Reforma Universitaria de Córdoba, cuyos postulados sobre la autonomía universitaria tuvieron una enorme repercusión en toda América Latina. Ante la extensión del movimiento a toda la nación, el presidente Yrigoyen (cuyo partido tenía sus principales bases de sustentación en la pequeña burguesía urbana) respaldó las demandas estudiantiles.[81]

Sin embargo, ello no fue obstáculo para que, de manera simultánea, autorizara la formación de bandas paramilitares (entre ellas, la Liga Patriótica Argentina) integradas por jóvenes de las clases medias altas, por lumpen proletarios y esquiroles. Esas bandas, apoyadas por los patrones, actuaban contra las principales demandas de los trabajadores industriales urbanos y de los peones de las grandes haciendas cerealeras o ganaderas que caracterizaban la estructura de propiedad agraria en Argentina. Esta última, íntimamente vinculada —desde sus orígenes— con las necesidades del mercado capitalista mundial y, en particular, como ya vimos, con las de la oligarquía financiera británica. Esos esquiroles tuvieron una enorme responsabilidad en el desarrollo de los acontecimientos que pasarían a la historia argentina con el apelativo de la "semana trágica" de enero de 1919. Así, en los primeros días de ese mes, se produjeron varios choques sangrientos entre los esquiroles y los huelguistas. La situación se agravó el 7 de enero, cuando la policía arremetió contra estos, dejando un saldo de 6 obreros muertos y de más de 30 heridos. Esa acción represiva provocó un estallido de indignación y el inicio espontáneo de una huelga general de protesta. A causa de ella, la vida en la capital quedó paralizada. En respuesta, el gobierno de Yrigoyen autorizó el traslado a Buenos Aires de 10 000 soldados provistos de piezas de artillería y ametralladoras. Los soldados hicieron fuego contra los participantes en las exequias de los trabajadores caídos, lo que desencadenó una espontánea insurrección popular mal dirigida, no obstante sus esfuerzos, por la dirección del PSI. Se inició así una secuencia de enfrentamientos entre los trabajadores y las fuerzas militares que —según los datos oficiales—, en apenas siete días, cobró la vida de más de 1 500 trabajadores. Sin embargo, otros cálculos indican que "el número de muertos superó los 2 000", y ascendió "a más de 4 000 [el de] los heridos".[82]

Merece la pena consignar que —como ocurriría más de una vez a lo largo del siglo XX— esos crímenes se cometieron bajo la mirada cómplice de las Embajadas de los Estados Unidos y del Reino Unido en Buenos Aires. Igualmente que, a pesar de la represión contra el movimiento obrero (con marcados rasgos xenofóbicos, en particular contra los inmigrantes judíos), las luchas sociales y políticas de los trabajadores argentinos continuó en los años siguientes. Se estima que, sólo entre 1918 y 1920, los trabajadores en huelga ascendieron a cerca de 600 000. Ello sin incluir los miles de peones de la Patagonia que paralizaron sus labores en 1921. Otra vez las fuerzas militares fueron encargadas de la represión. Estas recorrieron los latifundios fusilando a cientos de peones que se habían sumado a la huelga.[83] Como consignó Eduardo Galeano, acompañaron a esas fuerzas militares los "fervorosos partidarios de la Liga Patriótica Argentina. A nadie se ejecuta sin juicio previo. Cada juicio demora menos que fumar un cigarrillo. Estancieros y oficiales hacen de jueces. De a montones entierran a los condenados, en fosas comunes cavadas por ellos (…) Al presidente Yrigoyen no le gustan nada estas maneras de acabar a los anarquistas y los rojos en general, pero no mueve un dedo contra los asesinos".[84]

Pero la cruenta represión a las demandas de los trabajadores no se limitó a Argentina. En 1922, en respuesta a la huelga general convocada por la Confederación Obrera de Guayas, Ecuador, el gobierno pro imperialista de José Luis Tamayo (1920-1924) autorizó la brutal matanza de más de 1 500 trabajadores. Muchos de ellos, "con los vientres abiertos a bayoneta" fueron lanzados por las fuerzas represivas a las aguas del río Guayas.[85] Un año después, el dictador peruano Augusto B. Leguía —rompiendo con sus iniciales promesas "reformistas"— emprendió una dura represión contra todas las fuerzas opositoras a su mandato (incluido el combativo movimiento estudiantil influido por la Reforma Universitaria de Córdoba), así como contra las numerosas huelgas obreras y las simultáneas suble-vaciones indígenas de Huancané y La Mar que estremecieron al país a lo largo del año 1923.[86] Sobre la sangre derramada en esos días y a partir de la reforma constitucional que él mismo había prohijado dos años atrás, en 1924, con el apoyo de la oligarquía peruana y de los Estados Unidos, Leguía obtuvo su "reelección" para otro período de gobierno.

Influido por todos esos acontecimientos, por sus antojadizas interpreta-ciones de las enseñanzas de las revoluciones mexicana y bolchevique, en el propio año, el entonces líder estudiantil peruano, Víctor Raúl Haya de la Torre, fundó, durante su obligado exilio en México, la Alianza Popular Revolucionaria Americana (APRA). Según el historiador Donald C. Hodges, su programa internacional —difundido dos años más tarde— incluía los siguientes puntos: "1) la formación de un frente unido de los países de Latinoamérica en contra del imperialismo yanqui; 2) la unifica-ción política de Latinoamérica; 3) la nacionalización de la tierra y de la industria; 4) la internacionalización del Canal de Panamá; y 5) la solidaridad de todos los pueblos y clases oprimidas del mundo".[87]

Con independencia de las objetivas limitaciones de ese programa, de las agudas contradicciones que en los años posteriores se desarrollaron dentro de la propia sección peruana del APRA (cuyos principales antagonistas fueron el propio Haya de la Torre y el joven líder estudiantil y posterior fundador del Partido Comunista Peruano, José Carlos Mariátegui), de la drástica ruptura ideológica y orgánica del llamado "apromarxismo" con el Movimiento Comunista Internacional y Latinoamericano, así como de la posterior traición a sus postulados fundacionales, en lo inmediato, las consignas levantadas por el APRA —en especial sus posturas "indigenistas", totalmente ausentes de la prédica de los partidos comunistas de la región— encontraron cierta acogida en algunas naciones suramericanas (en particular en Perú y Bolivia), en México, en la Union Patriotique de Haití, que seguía luchando contra la ocupación militar norteamericana de su país, y en Centroamérica. Sobre todo, dentro del Partido Unionista de Centroamérica, enfrascado en diversas luchas contra los gobiernos oligárquicos, pro imperialistas y represivos instaurados en esos países a partir de 1921.[88]

Como han indicado los historiadores cubanos Sergio Guerra Vilaboy y Alberto Prieto, la prédica de los "unionistas", de alguna manera, influyó en la fundación, en 1922, de la Confederación Obrera Centroamericana (COCA) y de algunas secciones nacionales del Partido Comunista de Centroamérica, el mismo, que en 1924, se afilió a la Internacional Comunista.[89] A pesar de su debilidad y de la represión contra sus escasos efectivos (la mayor parte de ellos concentrados en Guatemala), bajo la influencia de los fundadores de esa organización, paulatinamente se formaron nuevos sindicatos (como la combativa Federación Regional de Trabajadores de El Salvador) y los Partidos Comunistas de Honduras (1924), El Salvador (1930) y de Costa Rica (1931).[90] Algunos de sus militantes y dirigentes (como fue el caso del salvadoreño Farabundo Martí) afilaron sus armas en las luchas contra la ocupación militar norteamericana de Nicaragua que, entre 1926 y 1933, encabezó el General de Hombres Libres, Augusto César Sandino.[91]

A la trascendencia de ese acontecimiento para las luchas populares y antimperialistas en América Latina y el Caribe nos referiremos después; pero antes es necesario dejar indicado que —gracias a las acrecentadas luchas de los trabajadores cubanos contra los corruptos y pro imperialistas gobiernos del conservador Mario García Menocal y del "liberal" Alfredo Zayas (1921-1925)— en el último de esos años también se fundó clandestinamente el primer Partido Comunista de Cuba (PCC) como sección de la Internacional Comunista. Y que, previo a su fundación, sus organizadores —entre ellos el prominente líder estudiantil Julio Antonio Mella— habían desplegado una intensa labor de solidaridad con la Unión Soviética (oficialmente fundada el 30 de diciembre de 1922), así como de denuncia a las constantes injerencias de los Estados Unidos en los asuntos internos cubanos. En particular, contra la labor del ya mencionado "procónsul" Enoch Crowder. El 6 de enero de 1921 (o sea, poco menos de dos meses antes de la salida de Woodrow Wilson de la Casa Blanca) este llegó nuevamente a La Habana para santificar la disputada y fraudulenta elección de Alfredo Zayas, así como para asesorarlo acerca de cómo resol-ver, con la "ayuda" estadounidense, la profunda crisis económica y social que vivía la mayor de las Antillas. Como quiera que el presidente cubano aceptó sus condiciones, en 1922, la Casa Morgan le otorgó un crédito de 48 millones de dólares, los que se unieron a las inversiones norteamericanas ya realizadas en ese archipiélago. Estas habían saltado de 205 millones de dólares en 1911, a 1 200 millones de dólares en 1923. La mayoría concen-tradas en la industria azucarera, cuyas dos terceras partes ya estaban en mano de los monopolios estadounidenses.[92]

La generalización de acciones de este tipo en las relaciones de los Estados Unidos con América Latina y el Caribe —junto a los demás crímenes y estropicios mencionados en las páginas anteriores y a la presión generada por las luchas populares más o menos estimuladas, según el caso, por la Internacional Comunista— contribuyen a explicar el auge que, inmediatamente después de la Primera Guerra Mundial, experimentaron las gestiones de diversos gobiernos latinoamericanos dirigidas a reformar de manera radical las instituciones "panamericanas" y, en particular, a cuestionar el presunto derecho de los Estados Unidos a intervenir en los asuntos internos y externos de sus correspondientes países. Como en otras ocasiones históricas, los principales voceros de esas posiciones fueron los gobiernos de Argentina y Uruguay.

En efecto, en 1920, inmediatamente después de la fundación de la Liga de las Naciones, el Presidente uruguayo, Baltasar Brum, circuló un proyecto de resolución que incluía el principio de la "igualdad absoluta" de los Estados americanos y la proscripción de la injerencia de todos los gobiernos del hemisferio en los asuntos internos de las naciones vecinas. También preveía que los países que habían sido privados de territorios, recibieran su restitución sobre bases legales, en una poco disimulada referencia a los casos de México y Panamá. Según el investigador soviético Marat Antiásov, el proyecto de Brum pretendía proteger "a los países de América contra cualquier tipo de tendencia imperialista en su propio seno".[93] En particular, contra el imperialismo norteamericano.

Sea cual sea la validez de ese juicio, lo cierto fue que la discusión de esos asuntos atravesó las dos Conferencias Internacionales de Estados Americanos que — luego de un receso de trece años— se desarrollaron en Santiago de Chile, entre el 25 de marzo y el 3 de mayo de 1923, así como en La Habana, entre el 16 de enero y el 20 de febrero de 1928. Como indicó Connell-Smith, el hecho de que el programa de la primera de esas conferencias contuviera buen número de "cuestiones políticas" indicó que "ya la América Latina no estaba conforme con limitar el temario a temas inicuos sobre los que seguramente habría consenso". En esto también influyó la creciente adhesión de los países latinoamericanos a la Liga de las Naciones, en la que — en virtud del rechazo del Senado norteamericano a las propuestas de Woodrow Wilson— no participaba el gobierno de los Estados Unidos. En esa organización "los latinoamericanos se sentían menos inferiores que en las conferencias interamericanas".[94] Incluso, algunos gobiernos de la región "abrigaron esperanzas de que [esa] Sociedad fuera el instrumento que les hacía falta en sus relaciones con los Estados Unidos";[95] pero esas esperanzas fueron defraudadas. Los pueblos y unos pocos gobiernos progresistas de América Latina y el Caribe tuvieron que lidiar, con sus propias fuerzas y con la lejana solidaridad de la URSS, con lo que Samuel Flagg Bemis denominó "la restauración republicana" (1921-1933).[96] A narrar lo que ocurrió en esos años va dirigido el próximo capítulo.

NOTAS

1. Allan Nevins, Henry Steele Commager y Jeffrey Morris: ob. cit., p. 384.

2. Samuel F. Bemis: ob. cit., p. 175.

3. Ibídem.

4. Jorge Rodríguez Beruff: "Democracia y política exterior de los Estados Unidos en perspectiva histórica", en Haroldo Dilla (compilador): *La democracia en Cuba y el diferendo con los Estados Unidos*, Editorial de Ciencias Sociales, La Habana, 1996, pp. 39-49.

5. Gordon Connell-Smith: ob. cit., p. 148.

6. M. S. Alperóvich y B. T. Rudenko: ob. cit., pp. 116-174.

7. Eduardo Galeano: *Memoria del fuego...*, ed. cit., t. 3, p. 47.

8. Allan Nevins, Henry Steele Commager y Jeffrey Morris: ob. cit., p. 388.

9. M. S. Aperóvich y B. T. Rudenko: ob. cit., p. 200.

10. Gordon Connell-Smith: ob. cit., p. 165.

11. Samuel F. Bemis: ob. cit., pp. 180-181.

12. Gordon Connell-Smith: ob. cit., p. 171.

13. Samuel F. Bemis: ob. cit., p. 197.

14. M. S. Alperóvich y B. T. Rudenko: ob. cit., p. 258.

15. Ibídem, p. 248.

16. Eduardo Galeano: *Memoria del fuego...*, ed. cit., t. 3, p. 52

17. Allan Nevins, Henry Steele Commager y Jeffrey Morris: ob. cit., p. 392.

18. William Foster: *Outline Political History of the Americas*, New York, 1951.

19. Demetrio Boersner: ob. cit. p. 157.

20. Manfred Kossok: ob. cit., p. 153.

21. B. Koval: *La Gran Revolución de Octubre y América Latina*, Editorial Progreso, Moscú, 1978, pp. 62 y 95.

22. Ibídem, p. 295.

23. Ibídem, p. 297.

24. M. S. Alperóvich y B. T. Rudenko: ob. cit., p. 301.

25. Eduardo Galeano: *Memoria del fuego...*, ed. cit., t .3, pp. 56 y 57.

26. Iósif Griguliévich: *Luchadores por la libertad de América Latina*, Editorial Progreso, Moscú, 1968, pp. 116-117.

27. B. Koval: ob. cit., p. 115.

28. América Díaz Acosta, Sergio Guerra V., y otros: ob. cit., t. 1, p. 261.

29. Eduardo Galeano: *Memoria del fuego...*, ed. cit., t. 3, p. 70.

30. Samuel F. Bemis: ob. cit., p. 216.

31. Iósif Griguliévich: ob. cit., pp. 226-227.

32. Samuel F. Bemis: ob. cit., p. 193.

33. América Díaz Acosta, Sergio Guerra V., y otros: ob. cit., t. 1, p. 227.

34. Dirección Política de las FAR: ob. cit., p. 568.

35. B. Koval: ob. cit., p. 95.

36. A. A. Guber (compilador): *Historia Universal*, Editorial Progreso, Moscú, 1976, t. 2, pp. 19-31.

37. *Papers Relating to the Foreign Relations of the United States*, 1915, Washington, t. 1, p. 538.

38. N. Lutsov: "Veinte años de la ocupación de Haití", en Anatoli Glinkin (compilador): *Sobre la historia de las intervenciones armadas norteamericanas*, Editorial Progreso, Moscú, 1984, p. 100.

39. América Díaz Acosta, Sergio Guerra V., y otros: ob. cit., t. 1, p. 187.

40. N. Lutsov: ob. cit., p. 101.

41. Ibídem.

42. *The Lansing Papers 1914-1920*, Washington, 1940, t. 2, p. 534.

43. Ibídem.

44. Samuel F. Bemis: ob. cit., pp. 192-193.

45. N. Lutsov: ob. cit., p. 101.

46. América Díaz Acosta, Sergio Guerra V., y otros: ob. cit., t. 1, pp. 237 y 249.

47. Juan Bosch: ob. cit., p. 322.

48. *Inquiry into the Occupation and Administration of Haiti and Santo Domingo*, United States Senate, First and Second Session of the Hearing before a Select Committee on Haiti and Santo Domingo, U.S. Government Printing Office, Washington, 1922, p. 1 232.

49. Juan Bosch: ob. cit., p. 323.

50. Ibídem.

51. Luis Gómez: *Los derechos humanos en República Dominicana (1492-1984)*, Editorial Universitaria, Universidad Nacional Autónoma de Santo Domingo, 1995, pp. 135-137.

52. Juan Bosch: ob. cit., p. 322.

53. Roberto Cassá: ob. cit., t. 2, pp. 223-229.

54. Ramiro Guerra: ob. cit., p. 449.

55 América Díaz Acosta, Sergio Guerra V., y otros: ob. cit., t. 1, pp. 246 y 257.

56. Ibídem, pp. 237 y 249.

57. Juan Bosch: ob. cit., p. 321.

58. América Díaz Acosta, Sergio Guerra V., y otros: ob. cit., t. 1, p. 229.

59. Ibídem, pp. 223, 235 y 247.

60. Raúl Ruiz González: ob. cit., p. 85.

61. Sergio Guerra Vilaboy: *Etapas y procesos* ..., ed. cit.

62. B. Koval: ob. cit., p. 14.

63. M. S. Alperóvich y B. T. Rudenko: ob. cit., pp. 271-281.

64. Raúl de Cárdenas: ob. cit., p. 106.

65. Gordon Connell-Smith: ob. cit., p. 172.

66. Charles Evans Hughes: ob. cit., p. 56.

67. B. Koval: ob. cit., p. 14.

68. Charles Evans Hughes: ob. cit., pp. 12 y 13.

69. B. Koval: ob. cit., p. 15.

70. Julio Ángel Carreras: *Historia de Jamaica*, Editorial de Ciencias Sociales, La Habana, 1984, pp. 138-139.

71. América Díaz Acosta, Sergio Guerra V., y otros: ob. cit., t. 1, p. 307.

72. Darcy Ribeiro: ob. cit., pp. 386-389.

73. B. Koval: ob. cit., p. 19.

74. Ibídem, pp. 37 y 57-60.

75. Ibídem, pp. 99-104.

76. Y. Koroliov y M. Kidachkin: *América Latina: las revoluciones en el siglo XX*, Editorial Progreso, Moscú, 1987, p. 44.

77. América Díaz Acosta, Sergio Guerra V., y otros: ob. cit., t. 1, p. 247.

78. Ibídem, p. 265.

79. B. Koval: ob. cit., pp. 114-119.

80. Ibídem.

81. América Díaz Acosta, Sergio Guerra V., y otros: ob. cit., t. 1, p. 231.

82. B. Koval: ob. cit., p. 98.

83. Sergio Guerra Vilaboy y Alberto Prieto: *Cronología del movimiento obrero y de las luchas por la Revolución Socialista en América Latina y el Caribe (1917-1939)*, Casa de las Américas, La Habana, 1980, p. 59.

84. Eduardo Galeano: *Memoria del fuego...*, ed. cit., t. 3, pp. 63-64.

85. Ibídem, p. 65.

86. Ibídem, p. 267.

87. Donald C. Hodges: *La revolución latinoamericana: Política y estrategia desde el apro-marxismo hasta el guevarismo*, Editorial V Siglos, México, 1976, p. 34.

88. Ibídem, p. 30.

89. Sergio Guerra Vilaboy y Alberto Prieto: *Cronología del movimiento obrero...*, ed. cit. p. 32.

90. R. Koval: *Movimiento obrero en América Latina*, Editorial Progreso, Moscú, 1985, pp. 19-21.

91. Volker Wünderich: *Sandino, una biografía política*, Editorial Nueva, Managua, 1995.

92. Dirección Política de las FAR: ob. cit., p. 583.

93. Marat Antiósov: *Panamericanismo: Doctrina y hechos*, Editorial Progreso, Moscú, 1986, p. 42.

94. Gordon Connell-Smith: ob. cit., p. 176.

95. Ibídem, p. 171.

96. Samuel F. Bemis: ob. cit, pp. 202-225.

3. LAS TROPELÍAS DE LA "RESTAURACIÓN REPUBLICANA"

Al decir de los historiadores estadounidenses A. Nevins, H. Steele Commager y J. Morris, el Partido Demócrata perdió las elecciones legislativas de 1918 y los comicios presidenciales de noviembre de 1920 a causa, entre otras, del hastío del electorado norteamericano frente a la Primera Guerra Mundial. Igualmente, como consecuencia de la fatiga que sentían respecto a las inconsecuentes "prédicas moralistas" del presidente Woodrow Wilson, de las discrepancias de diferentes signos que tenían los ciudadanos estadounidenses en relación con los acuerdos de la Conferencia de Paz de Versalles de 1919 y de sus temores a ser arrastrados a una nueva guerra si el Senado aprobaba (cosa que no sucedió) y la Casa Blanca cumplía con los Estatutos de la naciente Liga de las Naciones.[1] Estos establecían la posibilidad de que sus miembros emprendieran acciones militares contra cualquiera de sus signatarios que violaran sus disposiciones.

A la anterior relación, otros autores agregan el rechazo que provocó en la opinión pública del país las pérdidas de vidas estadounidenses en la antes mencionada conflagración; el contradictorio impacto que tuvo en la sociedad norteamericana la crisis económica, social y política que, entre 1918 y 1924, afectó al sistema capitalista mundial; los grandes movimientos huelguísticos que sacudieron a los Estados Unidos entre 1919 y 1922 (implicaron a más de 4 000 000 de trabajadores); y las masivas movilizaciones de la clase obrera y de otros sectores sociales (entre ellos, numerosos intelectuales) contra la participación, entre 1918 y 1920, de las tropas norteamericanas en la agresión imperialista a la naciente Unión Soviética. Manifestaciones de estos últimos fenómenos —y de las infructuosas luchas para que la Casa Blanca reconociera de inmediato al gobierno de Vladimir Ilich Lenin— fueron la organización, a partir de 1919, de la Sociedad de Amigos de la Rusia Soviética, y la fundación, en 1921, luego de dos años de agitados preparativos, del Partido Comunista de los Estados Unidos: el mismo que, enseguida, comenzó a desempeñar un papel dinámico en la Internacional Comunista.[2]

Cualquiera que haya sido el peso específico o combinado de los factores antes mencionados en la derrota electoral demócrata, lo cierto fue que, entre el 4 de marzo 1921 y el 4 de marzo de 1933, el Partido Republicano recuperó la hegemonía sobre el sistema político estadounidense que había disfrutado desde 1861.[3] Por consiguiente, a lo largo de la tercera década del siglo XX, ocuparon sucesivamente la Casa Blanca los mandatarios de esa colectividad política Warren Harding (desde el 4 de marzo de 1921 hasta su muerte por causas naturales el 2 de agosto de 1923), Calvin Coolidge (desde esa última fecha hasta el 4 de marzo de 1929) y Herbert Hoover. Este último, hasta su aplastante derrota en las elecciones presidenciales de noviembre de 1932. En ellas —rodeado de las nefastas consecuencias económicas, sociales y políticas del mal llamado "*crash* bancario" iniciado a fines de 1929— obtuvo una rotunda victoria el candidato demócrata Franklin Delano Roosevelt; quien —rompiendo las tradiciones políticas existentes en los Estados Unidos— fue reelecto de manera sucesiva en los comicios presidenciales de 1936, 1940 y 1944.[4]

A la exposición de la política internacional, latinoamericana y caribeña desarrollada por este último mandatario dedicaré el próximo capítulo; pero antes es necesario precisar que durante la llamada "restauración republicana" (1921-1933), el sistema político de los Estados Unidos se caracterizó por la corrupción política y administrativa; por el libre juego de las fuerzas del mercado (el llamado *laissez faire*); por la reducción, a favor de las grandes empresas, de los impuestos internos; por la brutal represión, el desconocimiento o la neutralización, según el caso, de las legítimas demandas de los trabajadores y de otros sectores populares (como los campesinos y la población afronorteamericana); por la descontrolada especulación financiera; y por el fortalecido control sobre las principales decisiones vinculadas a la política interna, económica y externa ejercido por los monopolios y *trusts* que continuaban floreciendo en los Estados Unidos. Símbolos de ese nuevo salto en la consolidación del capitalismo monopolista de Estado fue el nombramiento como Secretario del Tesoro —durante 12 años consecutivos (1921-1932)— del multimillonario Andrew W. Mellon, propietario, entre otras empresas, de la Gulf Oil Company, de la Bethelhem Steel Corporation y de la poderosa ALCOA, especializada en la producción de aluminio. Igualmente, la transformación de los Departamentos de Comercio y de Estado en virtuales agencias de la expansión en todo el mundo de los intereses de la oligarquía financiera estadounidense.

Expresiones de esa realidad fueron, al unísono, el abandono de todas las regulaciones estatales previamente existentes sobre el funcionamiento de los grandes monopolios; el continuo incremento entre 1921 y 1929 de las exportaciones y las inversiones directas norteamericanas en diversos países del mundo; el acendrado proteccionismo frente a las importaciones provenientes de otros países (incluidos los de América Latina y el Caribe) que siguió la política arancelaria, industrial y agrícola de los Estados Unidos; los despiadados esfuerzos realizados por los círculos gubernamentales de esa nación con vistas a cobrar los abultados créditos que había concedido la banca privada estadounidense durante e inmediatamente después de la Primera Guerra Mundial; el total aislamiento del gobierno norteamericano respecto a las labores de la Liga de las Naciones;[5] y los nuevos planes diseñados por la Casa Blanca —como el llamado "Plan Dawes" de 1923— para "ordenar" los pagos de las reparaciones de guerra acordadas en la Conferencia de Paz de Versalles de 1919. Asimismo, con el propósito de incrementar las inversiones estadounidenses en la reconstrucción de Alemania y de otros países capitalistas europeos destrozados por la Primera Guerra Mundial.

A pesar de la subsistencia de sus contradicciones con las principales potencias imperialistas del mundo (entre ellas, Inglaterra, Francia, Alemania, Italia y Japón), así como de sus reverdecidos afanes por penetrar en las economías de sus competidores, con esas "ayudas" a la reconstrucción europea, el *establishment* de la política exterior y de seguridad de los

Estados Unidos también perseguía consolidar las posiciones de las clases dominantes en los países del viejo continente frente a los desafíos que les planteó al sistema capitalista mundial la Revolución de Octubre de 1917 y la progresiva consolidación de la Unión Soviética. Asimismo, ante la ola revolucionaria que, durante la década de 1920, sacudió a Europa y a sus principales posiciones coloniales en el cercano, medio y extremo Oriente, al igual que en el norte de África.

Manifestaciones de esas multiformes luchas por la liberación nacional y social fueron, entre otras, las frustradas revoluciones obreras de Alemania, Hungría, Finlandia, Lituania, Letonia y Estonia. Igualmente, el impresionante desarrollo del movimiento obrero en diferentes países de Europa occidental (Italia, Francia y Alemania). También las revoluciones democrático-burguesas y las grandes movilizaciones antimperialistas que se sucedieron, con mayor o menor éxito, en Mongolia, Afganistán, Turquía, Irán, Egipto, Marruecos, Siria, el Líbano, la India, Corea y China. En este último caso, estimuladas por la fundación del Partido Comunista de China (1920) y por los continuos esfuerzos desplegados hasta su muerte (1925) por el fundador de la República China, Sun Yat-sen, con vistas a derrotar —con el apoyo de la Unión Soviética— a las fuerzas invasoras del imperialismo nipón y a las diversas camarillas militaristas respaldadas por las principales potencias imperialistas del mundo (incluida los Estados Unidos) que pugnaban entre sí por controlar el extenso territorio de su país.[6]

Como vimos en el capítulo anterior, esas cruentas contiendas anticapitalistas, anticolonialistas y antimperialistas también se reflejaron en América Latina y el Caribe. A pesar de la falta de madurez de las fuerzas sociales implicadas (entre ellas, la clase obrera, el movimiento campesino, la pequeña burguesía urbana y la naciente burguesía nacional e industrial), así como de las diversas corrientes ideológicas que gravitaban sobre el movimiento popular, esas luchas —objetivamente— influyeron en la política contrarrevolucionaria emprendida por las clases dominantes en el hemisferio occidental y, por consiguiente, en el diseño de la estrategia latinoamericana y caribeña desplegada por las tres administraciones republicanas antes mencionadas.

Sin negar las lógicas discontinuidades entre una y otra, todas ellas continuaron los esfuerzos desplegados por las administraciones demócratas y republicanas precedentes. Estos estaban dirigidos a derrotar las múltiples resistencias al orden neocolonial instaurado desde fines del siglo XIX, así como a consolidar su dominación económica, política y militar sobre las naciones ubicadas al sur del Río Bravo y de la península de la Florida. También, a desplazar del hemisferio occidental a sus competidores económicos europeos: británicos, franceses y alemanes. Ofrece una idea sintética de los éxitos obtenidos en ese sentido por las clases dominantes en los Estados Unidos el Cuadro siguiente:

CUADRO 2
Inversiones extranjeras en América Latina y el Caribe
(en millones de dólares)

País	1897	1930
Gran Bretaña	2 060	4 500
Francia	628	454
Alemania	—	700
Estados Unidos	308	5 429

FUENTE: Demetrio Boersner: *Relaciones internacionales de América Latina: breve historia,* ed. cit., p. 318.

Como habían demostrado la absoluta mayoría de los mandatarios republicanos que ocuparon la Casa Blanca entre 1881 y 1913,[7] sirvieron a esos propósitos las gestiones desplegadas por el Departamento de Estado con vistas a reactivar el "sistema panamericano" luego del letargo en que se sumió durante e inmediatamente después de concluida la Primera Guerra Mundial. También, el empleo a favor de los principales monopolios estadounidenses de las diferentes guerras fratricidas y los diversos conflictos civiles que se sucedieron en algunos países de América Latina y el Caribe. Igualmente, el respaldo que les ofrecieron los grupos gobernantes en los Estados Unidos a todas las sangrientas dictaduras militares o a los gobiernos civiles autoritarios (las llamadas "dictaduras civiles") que se instauraron en la región durante la década de 1920.

Sin embargo, fueron tales los esfuerzos que realizaron, en su turno, Harding, Coolidge y Hoover por racionalizar, sin eliminar, los brutales métodos de sus antecesores, que algunos autores consideran que, durante la tercera década del siglo XX, los círculos gubernamentales en Washington abandonaron "el impulso expansionista e imperialista" que históricamente habían caracterizado a las sucesivas administraciones del Partido Republicano.[8] Igualmente que, en ese período, se desechó el llamado "imperialismo protector" sobre América Latina y el Caribe que —a decir de Samuel Flagg Bemis— había tipificado a las presidencias de William McKinley, Theodore Roosevelt, Howard Taft y Woodrow Wilson.[9] Asimismo, que fue el presidente republicano Herbert Hoover quien realmente inició el paulatino abandono del "derecho de los Estados Unidos a intervenir en los asuntos internos de las naciones latinoamericanas y caribeñas" que presuntamente caracterizó a la Política del Buen Vecino desarrollada, entre 1933 y 1945, por el mandatario demócrata Franklin Delano Roosevelt.[10]

En cualquier caso, y sin negar los cambios que introdujo Hoover en la proyección latinoamericana y caribeña de los Estados Unidos, ni los precedentes que en ese orden le entregó a su sucesor demócrata, lo cierto fue que —siguiendo los conceptos y las prácticas de todos sus antecesores— ese mandatario republicano hizo todo lo que estuvo a su alcance por descargar sobre América Latina y el Caribe todo el peso de la profunda crisis estructural que afectó a la economía estadounidense en los tres últimos años de su mandato. Igualmente, respaldó a las brutales dictaduras militares o civiles que en los primeros años de la década de 1930 se instauraron en la región para contener y derrotar las crecientes demandas populares. Sobre todo, las que explotaron inmediatamente antes o durante la profunda crisis económica que sacudió al hemisferio occidental entre 1929 y 1934.

Incluso —como indicó en 1935 el general Smedley D. Butler ante un Comité del Senado de los Estados Unidos—, en los casos necesarios, las fuerzas armadas norteamericanas (en primer lugar, la tristemente célebre infantería de marina) siguieron actuando como "bandidos al servicio de los grandes negocios de Wall Street" y aplicando brutales métodos contra-insurgentes en diferentes países de la región.[11] En particular, contra las constantes resistencias a la ocupación militar de Haití (1917-1935) y Nicaragua (1912-1933). En este último caso, durante la "cruzada aniquiladora" desplegada por las fuerzas militares norteamericanas y sus testaferros "nicaragüenses" contra el "pequeño ejército loco" (así lo nombró la insigne poetisa chilena Gabriela Mistral) capitaneado, entre 1927 y 1932, por el General de Hombres Libres, Augusto César Sandino.[12]

EL CONTRADICTORIO RESURGIMIENTO DEL "SISTEMA PANAMERICANO"

Pero, antes de llegar al relato de esos últimos acontecimientos, conviene recordar que uno de los primeros actos del gobierno de Warren Harding y de su recién nombrado secretario de Estado, Charles Evans Hughes (1921-1925), fue autorizar, otra vez, la violenta participación de las tropas norteamericanas acantonadas en la zona del Canal de Panamá en la represión de las manifestaciones populares contra el segundo gobierno del presidente "liberal" Belisario Porras (1918-1924). Esas manifestaciones adquirieron gran magnitud debido a la actitud entreguista adoptada por ese mandatario durante e inmediatamente después de la guerra fratricida que, a partir febrero de 1921, enfrentó a Costa Rica (respaldada por la UFCO) y a Panamá (instigada por la American Banana Company) en torno a sus correspondientes soberanías sobre el fértil valle del Coto.[13] A pesar de que, por voluntad de los Estados Unidos, Panamá carecía de fuerzas militares, la Casa Blanca inicialmente no intercedió en el conflicto. Y, cuando lo hizo, fue para respaldar las aspiraciones territoriales de Costa Rica y, por ende, el dominio que ejercía sobre ese país la Mamita Yunay.[14] En consecuencia, el territorio de la joven "semirrepública de Panamá" fue nuevamente mutilado.

Paralelamente, el dúo Harding-Hughes apoyó la sangrienta represión contra diversas manifestaciones populares perpetrada, a partir de diciembre de 1921, por la llamada "dictadura civil" del presidente "constitucional" Jorge Meléndez: hermano del ex presidente Carlos Meléndez (1913-1918) e integrante de la llamada "dinastía Meléndez-Quiñones" (en referencia al terrateniente y también presidente Alfonso Quiñones Molina) que usufructuó el gobierno de El Salvador desde 1913 hasta 1927. Más aún, retomando las prácticas de la "diplomacia del dólar", en 1922, la UFCO —con la anuencia de la Casa Blanca— le impuso a ese país un empréstito dirigido a cancelar sus deudas con Inglaterra. Como garantía de pago —cual venían haciendo en Haití, Santo Domingo, Honduras y Nicaragua— los representantes de los Estados Unidos se apoderaron de las aduanas y observaron con mirada cómplice el régimen de terror (incluida la institucionalización de la tortura, las deportaciones y los asesinatos políticos) que se impuso en El Salvador para frenar las protestas populares. Como consignaron los investigadores soviéticos A. Petrujin y E. Chirílov: "En la cuenta del régimen Meléndez-Quiñones hay mucha sangre. Pero quizás lo que causa más indignación es la represión de las pacíficas manifestaciones femeninas que tuvieron lugar en febrero de 1921 y diciembre de 1922. Contra las mujeres fueron lanzados los guardias nacionales, quienes, por orden del Presidente, las ametrallaron y remataron a las heridas a bayonetazos y culatazos".[15]

Una actitud parecida adoptó la Casa Blanca frente a las dictaduras militares —capitaneadas por los generales y luego presidentes "constitucionales" José María Orellana y Lázaro Chacón— que se instauraron en Guatemala entre diciembre de 1921 y diciembre de 1930. El primero de ellos, en medio de un fortalecido clima represivo, derogó todas las disposiciones democráticas, nacionalistas y "unionistas" de su antecesor, Carlos Herrera. Igualmente, le realizó nuevas concesiones a los monopolios norte-americanos. Entre ellas, la suscripción de un nuevo contrato con la International Railway of Central American, controlada por la UFCO. Por medio de este, se restablecieron las concesiones que previamente le había entregado a esa compañía la derrocada dictadura de Estrada Cabrera (1898-1920). También la exoneró del pago de impuestos y le entregó 1 500 000 dólares adicionales a cambio de las futuras ganancias que obtuviera la antes mencionada empresa imperialista.[16]

En correspondencia con esa actitud entreguista, el gobierno de Orellana fue uno de los artífices de los trece tratados firmados —bajo la tutela del Departamento de Estado norteamericano— por los cinco gobiernos centro-americanos participantes en la Conferencia de Washington efectuada entre diciembre de 1922 y enero de 1923. En esta —a tono con las exigencias que había realizado la administración del demócrata Woodrow Wilson— se revisó y actualizó el ya inoperante Tratado de Paz y Amistad que, en 1907, habían firmado (también en Washington) las cinco naciones centro-americanas. Por otra parte, gracias al entreguismo del gobierno costarri-cense presidido por Julio Acosta García (1920-1924), en ese cónclave quedó refrendado el Tratado Bryan-Chamorro que, como vimos, en 1916 había sido ratificado por el Senado estadounidense, a pesar de las protestas de diversos gobiernos centroamericanos. A cambio de la eliminación de las reclamaciones costarricenses contra ese leonino tratado, la administración Harding le ofreció esperanzas al gobierno de Acosta García en cuanto a que se tomarían en cuenta los derechos de Costa Rica sobre el río San Juan cuando fuera "deseable y necesario" para la construcción de un canal interoceánico a través del territorio nicaragüense.

Debido a esto, los cinco gobiernos centroamericanos participantes en la cita de Washington convinieron en restablecer el funcionamiento del Tribunal de Justicia Centroamericano; pero —a cambio del respaldo estado-unidense y a diferencia de la corte de igual carácter que funcionó entre 1908 y 1916— limitaron sus funciones a la investigación, prevención, arbitraje y "enfriamiento" de "los conflictos interestatales" que pudieran surgir entre las naciones centroamericanas, y de estas con los Estados Unidos. En este último caso, siempre que no estuviesen implicados litigios que —en opinión de las partes— afectaran su soberanía e independencia, al igual que su "honor nacional" y sus "intereses vitales":[17] cláusula que fue correctamente interpretada como una concesión al presunto derecho de los Estados Unidos a intervenir en los asuntos internos de los países del istmo centro-americano con el pretexto de defender "sus intereses vitales", incluidos el Canal de Panamá y sus inmediaciones. Mucho más porque todos los Estados de la región (e implícitamente la Casa Blanca) quedaron otra vez comprometidos a no reconocer a ningún gobierno que ascendiera al poder por medio de "un golpe de Estado o una revolución contra un gobierno establecido".[18] Se afirmaron así todas las dictaduras militares y las "democracias represivas" (como era el caso de la costarricense) existentes en la región.

En consecuencia, apoyada por todos esos gobiernos, la Casa Blanca retomó el propósito de reverdecer el "sistema panamericano". El primer intento al respecto lo realizó, previo a su muerte, el presidente Warren Harding. Para crear las condiciones al respecto, en septiembre de 1922, viajó a Brasil el secretario de Estado Charles Evans Hughes, con el propósito de participar en el primer centenario de la independencia de ese país. Allí —además de concertar posiciones con sus tradicionales aliados brasileños— pronunció un discurso en el que —según Samuel Flagg Bemis— expuso, por primera vez, las líneas centrales de la política latinoamericana y caribeña que seguirían los diferentes mandatarios y Secretarios de Estado de la llamada "restauración republicana". En esa alocución, Hughes reiteró —como habían hecho otros Presidentes y otros Secretarios de Estados anteriores— "el sincero deseo (de los Estados Unidos) en la independencia, la incólume soberanía, la integridad territorial y la prosperidad de los pueblos latinoamericanos". Igualmente, rechazó que en los Estados Unidos existiesen "sentimientos imperialistas" hacia sus vecinos del sur. Remató sus demagógicas promesas señalando que la Casa Blanca "sinceramente" deseaba ver "a través del hemisferio una paz permanente, [fundada en] el reino de la justicia y [en] la difusión del favor divino derivado de una benéfica cooperación" entre todos los gobiernos del continente.[19]

Con esa retórica acudió la representación oficial norteamericana a la Quinta Conferencia Internacional de Estados Americanos que se celebró en Santiago de Chile entre el 25 de marzo y el 3 de mayo de 1923. Pero en ella, reflejando los nuevos tiempos que corrían en el mundo y en el hemisferio occidental (particularmente en México y en algunas naciones suramericanas), la diplomacia estadounidense encontró redobladas dificultades. En primer lugar, el gobierno presidido por Álvaro Obregón se negó a acudir a la cita con el argumento de que todavía no había sido formalmente reconocido por la Casa Blanca, pese a que ya estaban bastante adelantadas las negociaciones entre ambas partes. Estas, en agosto de 1923, concluyeron con la suscripción de los mencionados Acuerdos Ejecutivos de Bucareli. Sin embargo, previamente los Estados Unidos, de forma unilateral, había privado a la Cancillería mexicana del derecho a participar en las labores del Consejo Directivo de la Unión Panamericana que elaboró el programa de la susodicha conferencia.

En segundo lugar, el Departamento de Estado no pudo evitar que en el temario de esta última se incorporaran diversos asuntos litigiosos que pervivían en las relaciones interamericanas. Entre ellos, el carácter unilateral de la Doctrina Monroe y de sus diferentes corolarios. De ahí, el enconado ataque contra esa doctrina que lanzó el representante del gobierno colombiano entonces presidido por el dirigente del Partido Conservador Pedro Nel Ospina (1922-1926). A pesar de las claras tendencias pro norteamericanas de ese mandatario, detrás de ese ataque subyacía el aún irresuelto litigio con los Estados Unidos en torno a la indemnización de Colombia por la brutal secesión de Panamá: asunto que sólo quedó totalmente resuelto en 1924. En ese año, el parlamento colombiano ratificó el Tratado de Washington de 1922, mediante el cual —a cambio de 25 000 000 de dólares— el gobierno de Colombia "reconoció" las fronteras mutuas y restableció sus relaciones diplomáticas con Panamá.[20]

Los planteamientos del delegado colombiano fueron aprovechados por otros representantes suramericanos para exigir una definición categórica de los alcances de la Doctrina Monroe. Sin embargo, debido al poderoso veto norteamericano, poco se pudo avanzar en esa dirección. Para disgusto de los delegados latinoamericanos, Hughes defendió a ultranza el carácter unilateral de la interpretación y la aplicación de esa cacareada doctrina. También rechazó las demandas latinoamericanas —encabezadas por el delegado uruguayo— de que su alcance fuera delimitado en los foros interamericanos. A causa de ello, los gobiernos latinoamericanos más exigentes sólo lograron que la conferencia aprobara algunas modificaciones institucionales en el funcionamiento de la Unión Panamericana. En lo adelante, y cualquiera que fuera la situación de sus relaciones oficiales con los Estados Unidos, todos los gobiernos de la región gozarían del derecho absoluto a tener un embajador ante los órganos de la Unión Panamericana, así como de asistir a las conferencias internacionales que se convocaran al amparo de esa organización. Además, la presidencia de su Consejo Directivo tendría un carácter electivo, lo que supuestamente permitiría eliminar (cosa que no ocurrió) el control ejercido sobre ese órgano, desde su fundación, por sucesivos Secretarios de Estado norteamericanos.[21]

Los gobiernos de América Latina también obtuvieron la aprobación de la llamada "Convención Gondra" (en honor al jefe de la delegación paraguaya Manuel Gondra) o Tratado para Evitar y Prevenir Conflictos entre los Estados Americanos. Según ese instrumento jurídico, toda controversia o litigio entre los países del hemisferio, "fuera cual fuese su causa" y que no hubiese podido resolverse por los canales diplomáticos, debería ser sometido a indagación por parte de una Comisión Investigadora integrada por tres agentes diplomáticos americanos (excluidos los países involucrados) de las Comisiones Permanentes que, con tal fin, funcionarían en Washington y Montevideo, Uruguay. La presidencia y la integración de esas comisiones no estaban preestablecidas. Además, todos los Estados partes del susodicho tratado estaban teóricamente impedidos de movilizar o concentrar tropas en las fronteras de otros Estados. Tampoco podrían realizar "ningún acto hostil", ni hacer preparativos para iniciar hostilidades hasta que se formaran las comisiones de indagación correspondientes y estas rindieran su informe final en un plazo no mayor de un año.[22]

Obviamente, con la Convención Gondra, los gobiernos latinoamericanos pretendían — además de "enfriar" los constantes conflictos fronterizos existentes en la región— limitar los actos unilaterales y la intromisión militar estadounidense en los asuntos de las naciones de la región. Aunque según Charles Evans Hughes, la Casa Blanca ratificó la antes mencionada convención,[23] como en otras ocasiones, ello no fue obstáculo para que sus fuerzas militares intervinieran unilateralmente en los conflictos "internos" que, por entonces, se desarrollaron en Centroamérica. Así, en 1923 y 1924, la infantería de marina volvió a desembarcar en Honduras con el propósito declarado de "interponerse" entre los bandos de la llamada "guerra triangular" que enfrentó a las huestes de los candidatos presidenciales Tiburcio Carías Andino (conservador, respaldado por la UFCO), Policarpo Bonilla (liberal, apoyado por la Cuyamel Fruit Company) y del independiente Juan Arias.

Luego de varios meses de sangrienta contienda, el asunto finalmente se resolvió, en octubre de 1924, durante la Conferencia de Amapala, Honduras, presidida por Benjamín Summer Welles, en su carácter de representante personal del entonces presidente de los Estados Unidos, Calvin Coolidge. En contradicción con los acuerdos del Tratado de Washington de 1923, en esa conferencia el general conservador Vicente Tosta fue "democráticamente" nombrado Presidente provisional de Honduras, hasta que, un año más tarde, se realizaran nuevas elecciones presidenciales. En estas —bajo la tutela oficial norteamericana y con el apoyo de la UFCO— fue elegido el conservador Miguel Paz Barahona (1925-1929). Por consiguiente, uno de sus primeros actos fue reprimir de manera sangrienta una huelga de trabajadores bananeros. También ofrecerles nuevas facilidades a las inversiones privadas norteamericanas. Entre ellas, las vinculadas a la producción y exportación de bananas y a los ricos yacimientos de oro y plata que, desde 1880, venía explotando la New York and Honduras Rosario Mining Company, conocida como "La Rosario".[24]

Merece la pena recordar que, previamente, la administración Harding, con el chantaje de prolongar su ocupación militar, le había impuesto a la República Dominicana el Tratado Hughes-Peynado, en referencia al Secretario de Estado norteamericano y a Francisco J. Peynado, Presidente de la llamada Coalición Patriótica de Ciudadanos de ese país caribeño. Sobre la base de ese acuerdo, se nombró un gobierno provisional encabezado por el poderoso terrateniente y comerciante Juan Bautista Vicini Burgos, quien convalidó las principales disposiciones jurídicas decretadas por las autoridades militares estadounidenses que habían gobernado el país desde 1916. Igualmente, bajo el control de las fuerzas militares norteamericanas y de sus testaferros de Guardia Constibularia (Policía militarizada), Vicini "dirigió" las elecciones presidenciales de 1924. En estas —ahora con la anuencia del presidente Coolidge— resultó electo el pro norteamericano general Horacio Vásquez (1924-1930): uno de cuyos primeros actos fue ratificar la denominada Convención de 1924.

Esta prolongó, durante cerca de veinte años adicionales, la "intervención financiera" sobre ese país caribeño que, desde fines del siglo XIX, habían desplegado sucesivas administraciones estadounidenses. En consecuencia, funcionarios de los Estados Unidos controlaron las aduanas dominicanas hasta que los gobiernos de dicho país lograron cancelar las deudas con la banca privada estadounidense que habían sido asumidas durante la ocupación militar. A su vez, siguiendo las "sugerencias" de la Embajada norteamericana, Horacio Vásquez colocó en la jefatura del Estado Mayor de la Guardia Constibularia al entonces teniente coronel y posterior dictador Rafael Leonidas Trujillo. Igualmente, comenzó a conspirar con vistas a debilitar, aún más, a las fuerzas patrióticas dominicanas que —durante la ocupación militar estadounidense— se habían agrupado en la Unión Nacional Dominicana.[25]

Sin embargo, donde las falacias de Charles Evans Hughes acerca del "sincero deseo [de los Estados Unidos] en la independencia [y] la incólume soberanía" de las naciones de América Latina y el Caribe quedaron claramente al descubierto fue, nuevamente, en Nicaragua. El 3 de octubre de 1925 —luego de vigilar las elecciones generales efectuadas durante el año anterior y ante la solicitud formal del nuevo Presidente de ese país, Carlos Solórzano (1925-1926)— la infantería de marina evacuó las últimas unidades que permanecían en Managua desde la intervención militar de 1912. Veintidós días después, el testaferro de los Estados Unidos Emiliano Chamorro protagonizó un golpe de Estado. Para tratar de resolver la situación, Solórzano admitió que un grupo de partidarios del Partido Conservador se incorporara a su gabinete y nombró a Chamorro como jefe de la Guardia Nacional. Acto seguido, y violando los acuerdos existentes entre ambas colectividades políticas, se depuró el Parlamento de los representantes del Partido Liberal que habían sido electos en los comicios parlamentarios de 1924. Luego, contando con la mayoría conservadora en el Congreso, en 1926, Chamorro logró deponer y desterrar al vicepresidente constitucional Juan Bautista Sacasa, perteneciente al Partido Liberal.

Ante tal hecho, Solórzano renunció a la presidencia y colocó en su lugar a Emiliano Chamorro: maniobra que desencadenó sucesivas sublevaciones populares, encabezadas por prominentes dirigentes liberales nicaragüenses. En esa situación —y dada la reticencia de la Casa Blanca a reconocer su mandato—, Chamorro le entregó la presidencia al célebre títere de los Estados Unidos, Adolfo Díaz, quien, de inmediato, y siguiendo el espíritu "plattista" del Tratado Bryan-Chamorro de 1916, solicitó una nueva intervención militar en su país. Para ello recurrió a un pretexto que, años después, haría carrera en las relaciones interamericanas: la debilidad de Nicaragua para resistir a los presuntos "invasores y agentes del bolchevismo mexicano".[26] Esa argucia fue refrendada por el entonces secretario de Estado, Frank B. Kellogg (1925-1929), en un documento apócrifo que, a fines de 1926, le entregó al presidente Coolidge. Igualmente, en un memorando presentado, en enero de 1927, a la Comisión de Relaciones Exteriores del Senado norteamericano bajo el sugestivo título "Metas y Políticas Bolcheviques en México y en América Latina".[27]

En ambos *papers* se acusaba directamente al entonces Presidente mexicano, Plutarco Elías Calles (1924-1928), de "complicidad con el bolchevismo en Nicaragua y en el propio México".[28] A pesar del rechazo de la Cancillería mexicana a esos infundios, la Casa Blanca —además de amenazar al gobierno de Calles con emprender una eventual acción militar contra su país si seguía ayudando a las huestes del Partido Liberal nicaragüense— decidió ocupar nuevamente Nicaragua. A partir del 24 de diciembre de 1926, 5 000 infantes de marina, apoyados por 16 buques de guerra, progresivamente procedieron a desarmar, sin combatir, a las fuerzas contendientes. El acto final de esa "interposición" fue el llamado "Acuerdo de Tipitapa", del 4 de mayo de 1927, sancionado con la presencia del entonces Coronel del Ejército norteamericano y posterior secretario de Estado, Henry Stimson (1929-1933). Sobre la base de dicho acuerdo, la infantería de marina asumió el control de la Guardia Nacional (fundada en 1923) y Adolfo Díaz permaneció en la presidencia hasta que, en 1928, se efectuaron nuevas elecciones presidenciales.

Entretanto, los caudillos liberales fueron "indemnizados con puestos políticos y con dinero".[29] En primer lugar, el corrupto general José María Moncada, jefe de la sublevación contra Emiliano Chamorro, y posterior Presidente "constitucional" de ese país entre 1928 y 1932. Fue precisamente, en ese contexto de claudicación ante los Estados Unidos de los principales dirigentes del Partido Liberal, que el general Augusto César Sandino transformó la guerra civil entre liberales y conservadores que se desarrollaba en ese país desde el derrocamiento del presidente Santos

Zelaya, en una guerra irregular contra las fuerzas imperialistas, por "el decoro nacional" y por la "redención de los oprimidos", incluida la naciente clase obrera.[30] Así lo expresó en su Manifiesto de San Albino (1ro de julio de 1927) dirigido a "los nicaragüenses, a los centroamericanos, a la raza Indohispana", al igual que en su posterior mensaje "a mis compatriotas nicaragüense", luego de rechazar las ofertas pecuniarias y las amenazas de los mandos de las fuerzas estadounidenses.

A pesar de (o quizás por) sus heterogéneas resonancias ideológicas, ese llamado de Sandino, sus cada vez más audaces acciones guerrilleras contra la infantería de marina estadounidense, así como la posterior proclamación pública de su dilema: "Patria Libre o Morir", estremeció, poco a poco, la conciencia de los sectores nacionalistas de la sociedad nicaragüense, en particular a los sectores populares. Entre ellos, los campesinos y las expoliadas comunidades indígenas (en especial los Misquitos) de la Costa Atlántica. Estos se convirtieron en uno de los baluartes del denominado Ejército de Defensa de la Soberanía de Nicaragua (EDSN) que, de manera victoriosa, enfrentó a los Estados Unidos y sus testaferros hasta enero de 1933. Pero el mensaje sandinista también trascendió a México y a otras naciones latinoamericanas y caribeñas; en primer lugar a los países centroamericanos. Asimismo, a diferentes capitales europeas y a las organizaciones creadas por la Internacional Comunista (la también llamada "KOMINTERN"); entre ellas, la Liga Antimperialista y el llamado "Socorro Rojo".

Desde esos ámbitos, al igual que a través de los partidos comunistas y otras organizaciones populares integrantes de esas dos últimas organizaciones, surgió una fuerte corriente de solidaridad con la lucha antimperialista del pueblo nicaragüense. No obstante sus limitaciones, esa solidaridad se refrendó en la Primera Conferencia Comunista Latinoamericana efectuada en Buenos Aires, en 1929. En esta participaron 38 delegados de 15 países del continente (Argentina, Brasil, Chile, Cuba, Ecuador, El Salvador, Guatemala, México, Panamá, Paraguay, Perú, Uruguay y Venezuela), así como representantes de los Partidos Comunistas de los Estados Unidos y Francia, delegados de la KOMINTERN (que llevaron la voz cantante) y de la Internacional Juvenil Comunista.[31] Aunque, dadas las circunstancias de la época, la solidaridad con las luchas del pueblo nicaragüense sufrió las tensiones motivadas por el sectarismo del naciente movimiento comunista latinoamericano y de la excluyente consigna "clase contra clase" proclamada por la Internacional Comunista, la postura de esas organizaciones posibilitó que combatientes revolucionarios de diversos países latinoamericanos (entre ellos, el insigne salvadoreño Farabundo Martí) se incorporaran al "pequeño ejército loco". Igualmente, que en diversos sectores del movimiento popular, comunista y obrero de todo el mundo —incluido el de Estados Unidos— comenzara a arraigar la consigna antimperialista: "¡Manos fuera de Nicaragua!"

Merece la pena recordar que un año antes de la conferencia de los partidos comunistas latinoamericanos ya mencionada, y teniendo como trasfondo las contradicciones existentes entre los Estados Unidos y México (entre ellas, las derivadas de la decisión mexicana de reconocer y establecer relaciones con la Unión Soviética), al igual que la ola represiva desatada en Cuba por el gobierno pro imperialista del general-presidente Gerardo Machado (1925-1933), entre el 16 de enero y el 20 de febrero 1928, se había efectuado en La Habana, la Sexta Conferencia Internacional de Estados Americanos. Respondiendo a una invitación de su homólogo cubano (quien había visitado la Casa Blanca en 1927) viajó especialmente a esa cita el presidente Calvin Coolidge; quien, dando una nueva demostración de fuerza, llegó a La Habana en un buque de guerra, acompañado por su secretario de Estado Frank B. Kellogg y por el influyente ex secretario de Estado y "vocero de la política exterior de la restauración republicana": Charles Evans Hughes.[32] Como había hecho en la mencionada conferencia de Santiago de Chile, este último presidió la delegación norteamericana: la misma que trató de impedir, a toda costa, que la cita abordara los temas más espinosos de las relaciones interamericanas.

Sin embargo, Hughes no pudo evitar que se produjera un agrio debate acerca de las intervenciones de los Estados Unidos en los asuntos internos y externos de las naciones del hemisferio occidental. Sobre todo, cuando se analizaron los 12 proyectos de tratados interamericanos que —por mandato de la conferencia — presentó la Comisión de Juristas de Río de Janeiro (formada en 1909), y, en especial, todos los aspectos vinculados a la denominada "doctrina de la no-intervención".[33] Ante esa realidad, como luego haría en un extenso ensayo titulado *Las relaciones de los Estados Unidos con otras naciones del hemisferio occidental*, el presidente de la delegación norteamericana trató infructuosamente de demostrar las diferencias existentes entre el concepto de intervención y la "interposición temporal" de fuerzas militares norteamericanas en los casos en que así lo exigieran las situaciones de algunos países del hemisferio.[34] También vindicó la vigencia de la Doctrina Monroe y proclamó, por primera vez en la historia de las relaciones interamericanas, el deseo de la Casa Blanca de que otros Estados latinoamericanos la asumieran como propia. Igualmente, diferenció la Doctrina Monroe de la llamada "política panameña de los Estados Unidos" (según la cual "el dominio del canal" era "parte indispensable de la seguridad nacional" y, por tanto, no podía ser compartido con ninguna potencia europea ni latinoamericana) y reiteró el supuesto derecho de esa nación "a proteger a sus ciudadanos" empleando todos los medios que considerase necesarios.[35]

A pesar de la justificada polémica que desataron esos y otros argumentos de la delegación estadounidense,y al igual que había ocurrido en otras ocasiones, el debate sobre ese trascendente asunto no se pudo llevar hasta sus últimas consecuencias, debido a las divisiones entre las delegaciones latinoamericanas y caribeñas asistentes a la conferencia antes mencionada.[36] Objetivamente, en ello influyó la correlación de fuerzas favorable a sus intereses que, durante el primer cuarto del siglo XX, había logrado imponer los Estados Unidos en todo el continente. En efecto, además del ya referido incremento de la penetración económica norteamericana en toda la región, de los veinte gobiernos latinoamericanos participantes en la cita, los nueve centroamericanos y caribeños (Guatemala, El Salvador, Honduras, Nicaragua, Costa Rica, Panamá, Haití, República Dominicana y Cuba) estaban subordinados, de una forma u otra, a los dictados de los grupos dominantes en los Estados Unidos.

Una situación parecida existía con las naciones andinas. Venezuela seguía sojuzgada por la férrea dictadura militar y pro imperialista de Juan Vicente Gómez (1908-1935) o de sus testaferros. En Colombia, gobernaba el presidente conservador Miguel Abadía Méndez (1926-1930), cuyos primeros actos de gobierno habían estado dirigidos a obtener un nuevo empréstito de los Estados Unidos y a organizar la sangrienta represión contra la huelga que, en 1927, habían decretado los trabajadores de Barrancabermeja en protesta, entre otras cosas, contra el poderío que estaban adquiriendo en la vida económica y política del país los monopolios norteamericanos.[37] Entre ellos, la UFCO, la Standard y la Gulf Oil Company. A su vez, en Ecuador, luego de la neutralización de los objetivos del golpe militar nacionalista de 1925 (la llamada "Revolución Juliana"),[38] ocupaba la presidencia el pro imperialista Isidro Ayora (1926-1931), asesorado, desde 1926, al igual que el gobierno de Colombia, por el especialista financiero estadounidense Edwin Kemmerer.[39] Y, en Perú, permanecía la pro imperialista dictadura civil de Augusto Leguía (1919-1930), entonces pendiente de un fallo arbitral del Presidente norteamericano en relación con la soberanía de las provincias de Tacna y Arica, en poder de Chile desde la Segunda Guerra del Pacífico (1879-1883).

Semejante situación gravitaba sobre el gobierno chileno, encabezado, entre 1927 y 1931, por el presidente *de facto*, coronel Carlos Ibáñez. Él, antes de ocupar esa posición, había traicionado los objetivos nacionalista y anti-oligárquicos del pronunciamiento militar de 1924 (obligó al Congreso a aprobar una Constitución democrática). Asimismo, desde su cargo como Ministro de Guerra de los sucesivos gobiernos del general Luis Altamirano (1924), del "reformista" Arturo Alessandri Palma (1925) y de Emiliano Figueroa Larraín (1925-1927), continuó la política represiva de sus antecesores y protegió las crecientes concesiones que le habían realizado todos los gobiernos precedentes a los monopolios ingleses y norte-americanos. A tal grado que, en 1927, se estimó que de los 873 000 000 de dólares invertidos en Chile, el 50% pertenecía a empresas estadounidenses. Ello sin contar los 250 000 000 de dólares que adeudaba el gobierno chileno a los bancos privados de esa potencia imperialista.[40]

Por su parte, en Brasil, gobernaba el terrateniente cafetero Washington Luis Pereira de Souza (1926-1930), continuador de la política oligárquica, pro imperialista y pro monroista de todos sus antecesores y, en particular, de su correligionario Artur da Silva Bernardes (1922-1926). Mientras que Paraguay —en medio de su proverbial inestabilidad política y bajo la influencia de los intereses petroleros británicos— estaba implicado en un agudo conflicto fronterizo, a causa de la llamada "Zona del Chaco", con el gobierno boliviano presidido por Hernando Siles Reyes (1926-1930). Para su enfrentamiento con Paraguay, este último había recibido importantes créditos estadounidenses y contaba con el respaldo de la Standard Oil Company: empresa interesada en los supuestos yacimientos de hidrocarburos existentes en la zona en disputa. Era de tal magnitud el litigio "paraguayo-boliviano" que, en 1927, ambos países habían estado a punto de iniciar una guerra fratricida. Esta se evitó momentáneamente gracias a una mediación del gobierno argentino, amparado por la Liga de las Naciones, en la cual, como ya indicamos, no participaba el gobierno de los Estados Unidos.

En esas condiciones, la defensa del principio de la no-intervención y de la igualdad jurídica de los Estados del hemisferio occidental en la Sexta Conferencia Internacional de Estados Americanos recayó, otra vez, sobre el gobierno uruguayo, ahora capitaneado por el presidente Juan Campisteguy (1927-1931), continuador de la obra reformista y nacionalista del líder del Partido Colorado, José Batlle. Al igual que en la conferencia anterior, la delegación uruguaya fue nuevamente apoyada por el ahora debilitado gobierno de Argentina, cuyo Presidente, Marcelo de Alvear (1924-1928), se encontraba inmerso en una aguda pugna política con su correligionario y candidato presidencial del llamado "sector personalista" del Partido Radical: el septuagenario líder de esa agrupación política Hipólito Yrigoyen. También fue respaldada por la representación de México, cuyo presidente, Plutarco Elías Calles —aguijoneado por las sublevaciones de los generales Arnulfo Gómez y Francisco Serrano—, estaba sometido a una intensa presión diplomática y económica por parte de los Estados Unidos.

Ante las ya referidas acusaciones de la Casa Blanca acerca de las presuntas implicaciones del gobierno mexicano en los "planes bolcheviques" para México y América Latina, Calles había adoptado una actitud vacilante frente a las luchas del pueblo nicaragüense. Además, en 1926, había tenido que depender de la mediación del gobierno de Washington para resolver sus disputas con el Vaticano y con los sectores más reaccionarios de la Iglesia católica mexicana que habían dado origen a la llamada

"Guerra de los Cristeros".[41] Asimismo, en 1927, con el apoyo del poder legislativo, había reconocido de manera definitiva "la legalidad" de las concesiones obtenidas por los extranjeros (en primer lugar por los estadounidenses) antes de la promulgación de la Constitución de mayo de 1917; tema que —como vimos— formó parte de los Acuerdos Ejecutivos de Bucareli firmados, en 1923, por el ahora candidato a la reelección presidencial, Álvaro Obregón.[42]

Por todo lo antes dicho, la antes referida conferencia panamericana, aunque aprobó 52 resoluciones sobre diferentes asuntos, no llegó a ningún acuerdo sustantivo en relación con los problemas de las relaciones inter-americanas que más preocupaban a las naciones y a los pueblos latino-americanos y caribeños. De hecho, a propuesta de la delegación estado-unidense, la discusión de los asuntos más candentes fue transferida para la Séptima Conferencia Internacional de Estados Americanos pautada para celebrarse en Montevideo, Uruguay, a fines de 1933.[43] Pero cuando esta se efectuó, ya los republicanos habían perdido el control de la Casa Blanca y —como veremos en el próximo acápite— todo el hemisferio occidental se encontraba padeciendo los profundos y contradictorios efectos económicos, sociales y políticos de la prolongada crisis estructural y de "onda larga" que afectó al sistema capitalista mundial (incluido a los Estados Unidos) entre 1929 y 1939.[44]

Contradictorios preludios de esos acontecimientos históricos fueron, entre otros: la ya mencionada visita que realizó a diez países latino-americanos, un mes después de su elección como Presidente de los Estados Unidos (noviembre de 1928), el presunto "inventor" de la Política del Buen Vecino, Herbert Hoover; el fuerte impacto social que tuvo en algunos países latinoamericanos (Brasil, Colombia, Ecuador, Guatemala, El Salvador, Honduras) y caribeños (Cuba, República Dominicana, Haití y Puerto Rico) el continuo descenso de los precios internacionales del café, del cacao y del azúcar; así como el asesinato en 1929, luego de su reelección, del ex presidente mexicano Álvaro Obregón y la consiguiente instauración del llamado "maximato" (1929-1934), en referencia a los métodos autoritarios empleados por el denominado Jefe Máximo del recién fundado Partido Nacional Revolucionario y otra vez Presidente, Plutarco Elías Calles.

Igualmente, la elección como Presidente de Honduras, con el apoyo de la Cayumel Fruit Company, del "liberal" Vicente Mejía Colindres (1928-1930); el nombramiento —bajo la tutela de la infantería de marina norteamericana— del general liberal José María Moncada como "Presidente" de Nicaragua; y el rechazo armado de Augusto César Sandino al resultado de esas amañadas elecciones. Asimismo, el incremento de la resistencia popular contra la ocupación militar norteamericana de Haití. Para sofocarla, el presidente títere, Joseph Borno, implantó la Ley Marcial y la soldadesca estadounidense —junto a sus testaferros de la *gendarmerie*—, masacraron una impresionante, pero pacífica manifestación campesina que se movía desde la zona de Marchaterre hacia Aux Cayes el 6 de noviembre de 1929.[45]

Paralelamente, bajo la mirada cómplice de Herbert Hoover y de su flamante secretario de Estado, Henry Stimson, la dictadura de Juan Vicente Gómez aplicó procedimientos parecidos contra las potentes sublevaciones armadas —respaldadas por diversas manifestaciones populares, obreras y estudiantiles— que sacudieron a Venezuela durante el año 1928 y, en menor medida, durante 1929. También acudió a la represión la "dictadura civil" del mandatario cubano Gerardo Machado. Este último la emprendió contra la masiva y heterogénea oposición que se levantó frente a su antipopular y pro imperialista política económica y social, al igual que frente a la decisión "constitucional" —ostensiblemente apoyada por la Casa Blanca— de prolongar su gobierno, al menos hasta las elecciones presidenciales de noviembre de 1934.

Asimismo, el presidente conservador colombiano Miguel Abadía Méndez utilizó estos procedimientos represivos contra las manifestaciones populares y las huelgas obreras (entre ellas, las de los trabajadores ferroviarios) que sacudieron al país en 1929. En esa ocasión, impulsado por sus asesores fascistas italianos, el Ejército colombiano reeditó la masacre que, a fines de diciembre de 1928, había perpetrado en la plaza de Ciénaga, Colombia, contra una concentración pacífica de los trabajadores de la UFCO (la también llamada "Mamá Grande") y sus familias. En ella —como dejó consignado Eduardo Galeano, siguiendo el relato del Premio Nobel de Literatura, Gabriel García Márquez—, supuestamente se iba a informar sobre el acuerdo que pondría fin a la prolongada huelga convocada por la Unión Sindical de Trabajadores de Magdalena.[46]

LA GRAN DEPRESIÓN: SU IMPACTO ECONÓMICO, SOCIAL Y POLÍTICO EN AMÉRICA LATINA

Barbaridades como las antes relatadas —típicas de la violencia estructural que siempre ha acompañado la reproducción del capitalismo subdesarrollado, periférico y dependiente— contribuyen a explicar la virulencia que tuvo la dinámica entre la revolución, la reforma, la contrarreforma y la contrarrevolución que caracterizó la vida política de América Latina y el Caribe a lo largo de la llamada "década de las revoluciones frustradas" (1929-1939).[47] Aunque resulta difícil definir cuándo, cómo y dónde comenzó y terminó ese turbulento proceso económico, social, político e ideológico-cultural —algunas de sus consecuencias se entrelazaron con la crisis de igual carácter que provocó el inicio, en septiembre de 1939, de la Segunda Guerra Mundial—, no hay dudas que sus detonantes estuvieron directamente asociados a los multifacéticos y contradictorios efectos provocados en la mayor parte de las naciones del hemisferio occidental por la llamada "Gran Depresión". Y, en particular, el profundo impacto de todo tipo que tuvo en el "poder global" y hemisférico de los Estados Unidos el mal llamado "*crash* bancario" que afectó a la potente economía norteamericana durante los tres últimos años de la administración de Herbert Hoover.

Basta decir que, entre el 24 de octubre de 1929 —fecha en que más de 12 000 000 de acciones de las principales empresas norteamericanas se desvalorizaron y cambiaron de propietarios en la ferozmente especulativa Bolsa de Valores de *Wall Street*— y fines de 1932, el ingreso nacional de los Estados Unidos descendió desde más de 80 000 a 40 000 millones de dólares. En el mismo período, el número de desempleados rebasó la cifra de 12 000 000, más de 5 000 bancos cerraron sus puertas y quebraron 32 000 empresas de diferentes tipo y tamaño. Por otra parte, millones de ciudadanos perdieron sus ahorros y sus modestas inversiones en la bolsa de valores, del mismo modo que los precios de los productos agrícolas alcanzaron el nivel más bajo de toda la historia de ese país. Por consiguiente, toda "la economía de la nación parecía estarse desintegrando".[48] Y, con ella, la supuesta superioridad frente a todos sus antagonistas (comunistas, socialistas, fascistas y nacional socialistas) del sistema político republicano y del modo de vida norteamericano.

Sin embargo, dado el peso que durante y después de la Primera Guerra Mundial había adquirido la economía estadounidense en todas las transacciones económicas internacionales,[49] esa crisis se irradió rápidamente hacia todas las demás potencias imperialistas, incluidas Italia y Alemania. O sea, los centros ideológicos del entonces naciente nazi-fascismo. Mucho más, porque —como consecuencia de la extensión de la pobreza y de la consiguiente crisis de superproducción que afectó al sistema capitalista— se produjo una caída abrupta de la demanda solvente de los consumidores de los países capitalistas centrales y, por tanto, de su producción agrícola e industrial. También de sus exportaciones e importaciones. Por ende, se provocó un acentuado deterioro de los términos de intercambio del comercio internacional, disminuyeron sensiblemente las inversiones extranjeras directas y los créditos bancarios, tanto privados como oficiales que, en las etapas previas, habían permitido "resolver" los agudos déficits fiscales y comerciales, así como la brecha negativa de la cuenta corriente de la balanza de pagos que caracterizaba (y todavía caracteriza) a las naciones subdesarrolladas, dependientes o "semi-independientes".

Los países de América y el Caribe no pudieron escapar de esa situación. Sobre todo aquellos (la absoluta mayoría) que —dadas las profundas deformaciones estructurales de sus economías— prácticamente dependían de la exportación de unos pocos productos primarios (agrícolas y mineros), de la importación de artículos manufacturados y de bienes de capital, así como de la creciente recepción de inversiones directas o de créditos provenientes, en su mayor parte, de Inglaterra y de los Estados Unidos. Mucho más porque, entre 1929 y 1933 —amparados en la Ley Smoot-Hawley promulgada por la administración de Herbert Hoover— este último país elevó a límites nunca vistos sus tarifas aduaneras y, por tanto, redujo en más de un 75% las importaciones provenientes de los países situados al sur de sus fronteras. A su vez, las exportaciones norteamericanas hacia esa región descendieron a 212 millones de dólares. De modo que el comercio exterior entre ambas partes del hemisferio occidental disminuyó "más de cuatro veces".[50] Una suerte parecida corrieron las inversiones privadas y los leoninos créditos que −con el respaldo de la Casa Blanca− les ofrecían a buena parte de las naciones del continente los magnates de Wall Street o sus competidores ingleses y franceses.

De ahí que −pese a que no se disponen de cifras globales− puede afirmarse que, en esos años, también se produjo una abrupta disminución del ingreso nacional, de las exportaciones y de las importaciones de América Latina y el Caribe hacia otras regiones del mundo, en particular hacia sus mercados tradicionales de los Estados Unidos y de Europa occidental. Fue de tal magnitud la caída de los ingresos internos y externos, que los principales países deudores del continente tuvieron que declarar la moratoria del pago de sus obligaciones externas o hacer inmensos sacrificios para honrarlas. Por ello, todos los gobiernos de la región tuvieron que reducir drásticamente sus presupuestos, sus precarios gastos sociales y, donde existían, sus escasas inversiones estatales. A su vez, las clases dominantes (todavía bajo la hegemonía de los agroexportadores y de los comerciantes directamente asociados con la oligarquía financiera anglosajona) hicieron todo lo posible −incluido el indiscriminado empleo de violencia estatal− para descargar el peso de la crisis sobre los sectores populares, tanto del campo como de la ciudad.

A causa de todo ello, el desempleo, la inflación, la indigencia y la ahora llamada "pobreza crítica y crónica", urbana y rural, se expandieron dramáticamente en todo el continente; afectando, incluso, a amplios sectores de las llamadas "clases medias" (entre ellas, los militares y los empleados públicos) y de la clase obrera industrial. Estos vieron reducidos sus precarios ingresos y deterioradas sus condiciones de vida y de trabajo. Salvando las lógicas diferencias de ingresos, lo mismo ocurrió con la incipiente burguesía nacional e industrial surgida durante e inmediatamente después de la Primera Guerra Mundial, al amparo de la política de sustitución de importaciones desplegada por los Estados de mayor desarrollo relativo. Por consiguiente, salvo muy contadas excepciones (como la de Venezuela) y a pesar de sus diferentes desenlaces, se agudizaron todos los conflictos socioclasistas, nacionales, internacionales, interimperialistas e interburgueses preexistentes en las naciones situadas entre el sur del Río Bravo y el norte del Estrecho de Magallanes. A tal grado que puede afirmarse que en esos años, se inició una profunda e irreversible crisis estructural del "orden neocolonial" instaurado por los Estados Unidos desde comienzos del siglo XX y, en particular, después de la Primera Guerra Mundial.

Así, en Chile, imponentes manifestaciones populares obligaron a renunciar al gobierno *de facto* del coronel Carlos Ibáñez. Todas las maniobras para garantizar la sustitución ordenada de este (incluida la realización de las elecciones donde resultó electo el candidato de la oligarquía Juan Esteban Montero) fracasaron estrepitosamente. De hecho, no pudieron impedir la amenazadora —aunque desorganizada— insurrección de la marinería de la armada chilena, que se produjo entre el 1ro y el 8 de septiembre de 1931, ni las constantes huelgas, manifestaciones populares, conspiraciones y sublevaciones militares que desembocaron en la proclamación, el 4 de julio de 1932, bajo la consigna de "pan, techo y trabajo", de la fugaz República Socialista de Chile encabezada por el coronel de aviación Marmaduke Grove. Esta fue acompañada por la instalación de *soviets* en algunos puntos del territorio nacional controlado por el ya prestigioso PCCh. Fue necesario un nuevo golpe de Estado reaccionario, encabezado por el general Carlos Dávila, la convocatoria a nuevas elecciones presidenciales (en las que nuevamente resultó electo el "reformista" Arturo Alessandri Palma) y el subsiguiente desarrollo de una intensa estrategia represiva contra sus opositores y contra el movimiento popular, para tratar de estabilizar la situación política de ese país. En el despliegue de tal estrategia represiva, hasta 1938, Alessandri contó con el apoyo de los sectores más reaccionarios de las fuerzas armadas y de las huestes nazifascistas —de alguna manera vinculadas con la nueva candidatura presidencial del coronel Carlos Ibáñez— agrupadas en el Movimiento Nacional Socialista de Chile.

Un curso parecido siguió la situación argentina. Allí, debido a sus timoratas reformas a favor de la burguesía industrial y de las clases medias urbanas, en 1930, un golpe de Estado reaccionario derrotó al segundo gobierno del Presidente radical Hipólito Yrigoyen (1928-1930). Fue sustituido por una dictadura militar encabezada por el general José Uriburu; quien gobernó dicho país entre 1930 y 1932. Aunque ese mandatario fracasó en sus intentos por imponer a la sociedad argentina una organización corporativista de raigambre fascista y tuvo que entregarle la presidencia al también general Agustín Justo (1932-1938), su mandato inició lo que diversos autores han denominado "la década infame" (1932-1942). Esta se caracterizó por las humillantes concesiones que se le hicieron al Reino Unido (en la Conferencia de Ottawa de 1934, prácticamente Argentina pasó a tener un *status* económico parecido al de los dominios coloniales británicos) con vistas a garantizar el acceso de las exportaciones argentinas al mercado de esa potencia imperial. Igualmente, por la creciente penetración de la oligarquía financiera alemana, italiana y, en menor medida, norteamericana en la economía del país. También, por la proscripción de los partidos políticos, por la corrupción y por descarados fraudes electorales dirigidos a garantizar la continuidad de los diversos gobiernos oligárquico-conservadores que se instauraron en esa nación entre 1932 y 1943.

Al igual que las tres administraciones del Partido Radical que le antecedieron entre 1916 y 1930, todos esos gobiernos endurecieron la represión contra la clase obrera —urbana y rural— y contra sus principales organizaciones política y sindicales; entre ellas, el PCA y los sectores más beligerantes y progresistas del Partido Radical. Tal represión incluyó el empleo de la tortura (incluida "la picana eléctrica") contra sus opositores y el restablecimiento del fusilamiento (legal o extralegal) como forma de punición política.[51] De ahí y del enorme peso demográfico de los inmigrantes italianos y alemanes, la influencia que adquirieron en ciertos medios de ese país las ideas nacionalsocialistas. Incluso, en sectores de las clases dominadas y en los mandos medios de las fuerzas armadas que protagonizaron, como veremos en el próximo capítulo, la contradictoria Revolución Militar de 1943.[52]

Paralelamente, en Brasil —luego de cuatro semanas de intensos combates—, con el apoyo de importantes sectores del Ejército (el movimiento *tenentista*) y del movimiento popular, triunfó —el 4 de noviembre de 1930— una peculiar revolución democrático-burguesa (que algunos autores definen como "populista") encabezada, entre esa fecha y octubre de 1945, por Getulio Vargas. [53] Con independencia de las diferentes etapas por las que atravesó ese complejo proceso económico, social, político e ideológico (en ciertas etapas notablemente influido por el nacional-socialismo y por un acendrado anticomunismo), al igual que de los constantes zigzags de su política interna y externa, esa revolución derrotó al Estado oligárquico y pro imperialista que había imperado en Brasil desde la proclamación, en 1889, de la llamada *Velha República*.[54]

En consecuencia, se impuso una política nacionalista en el orden económico, favorable a la burguesía industrial, a la pequeña burguesía urbana y a ciertos sectores de la clase obrera que —aunque no resolvió el agudo problema agrario, ni la dependencia estructural de dicho país— de manera transitoria sacó a Brasil del coro de las naciones latinoamericanas y caribeñas totalmente dependientes de las oligarquías financieras británica o estadounidense.[55] En ese contexto, se incrementó notablemente la influencia del PCB y de otras organizaciones populares. Ello facilitó la posterior formación de un frente antifascista decidido a disputarle el poder político a las clases dominantes. Ese frente fue encabezado por la llamada Alianza Nacional Liberadora (ANL), liderada por el afamado dirigente político-militar Luis Carlos Prestes, quien, como vimos, había obtenido sus primeros honores encabezando una célebre columna militar que combatió heroicamente contra los gobiernos de la oligarquía brasileña.

A ese tema volveremos en el próximo capítulo; pero antes, es necesario señalar que, simultáneamente, Paraguay y Bolivia entraron en una convulsa situación política interna muy vinculada a los preparativos, al desarrollo y al desenlace (adverso para este último país) de la fratricida Guerra del Chaco, oficialmente declarada en 1932 y concluida unos días después del armisticio del 12 junio de 1935. Gracias a ese conflicto y al Tratado de Paz y Límites con Bolivia (firmado en Buenos Aires en 1938), Paraguay logró dos tercios del territorio en disputa, y Bolivia tuvo que conformarse con que le concedieran acceso a las márgenes del río Paraguay: su única vía de salida hacia el Océano Atlántico. Como se ha documentado, detrás de ese sangriento conflicto (murieron 90 000 combatientes de ambos bandos) estuvieron los intereses encontrados de la Standard Oil de New Jersey (que impulsó a Bolivia) y de la empresa anglo-holandesa Royal Dutch Shell. Esta respaldó a Paraguay, ya que existía la suposición (nunca confirmada) de que en el territorio que se disputaban ambos países había inmensas riquezas petroleras.[56]

En todos esos años, la desocupación, el hambre y la miseria reinó en los campos y, sobre todo, en las ciudades bolivianas. Como resultado, creció el descontento popular y se activaron todas las luchas sociales y políticas, guiadas, en muchos casos, por ambiguas consignas socialistas o fascistas. Para tratar de contenerlo, así como de revertir los avances que en los años previos había obtenido la naciente clase obrera, el estudiantado y ciertos sectores de las capas medias urbanas, los llamados "Barones del estaño" impulsaron un nuevo golpe militar contra el gobierno de Hernando Siles (1928-1932). Este fue sustituido por una Junta Militar, encabezada por el doctor Daniel Salamanca: "Hombre símbolo" de la oligarquía terrateniente del país e históricamente responsable de haber iniciado la Guerra del Chaco.[57] No obstante, a causa de las primeras derrotas, Salamanca fue derrocado por otro cuartelazo (pasó a la historia boliviana con el apelativo del "corralito de Villamontes") y sustituido por su vicepresidente, el doctor José Luis Tejada Sorzano (1934-1935);[58] quien —como veremos después— fue el encargado de tratar de desarmar a las derrotadas fuerzas militares bolivianas que habían participado en el conflicto bélico antes mencionado.

Paralelamente, en Perú, en agosto de 1930, luego de un golpe militar contra la "dictadura civil" de Augusto Leguía, ocupó la presidencia *de facto* el coronel Luis Sánchez Cerro; quien de inmediato impuso un régimen represivo en todo el país, en particular, luego de las sublevaciones populares que —bajo inspiración del APRA— se produjeron en 1931 en las ciudades de Trujillo y Huarás. Buscando la legitimidad "constitucional" de su mandato, Sánchez Cerro convocó a elecciones presidenciales en 1932, en la que se presentó como su oponente el líder del APRA, Víctor Raúl Haya de la Torre. Ante el descarado fraude electoral y en respuesta a la represión contra sus principales dirigentes, las huestes de ese partido político emprendieron una insurrección popular. Esta comenzó el 7 de julio de 1932. Tuvo su epicentro en la ciudad de Trujillo; donde, luego de ocupar la poderosa guarnición de la ciudad, comenzaron a distribuirse armas al pueblo. Sin embargo, la ciudad fue recuperada por las fuerzas militares leales al gobierno al costo de cientos de vidas. Pese a ello, el Ejército no pudo evitar que los líderes de la insurrección —desmeritando su causa— asesinaran a sangre fría "a más o menos setenta oficiales e individuos de tropas que estaban detenidos como rehenes".[59] Unos meses después, el 30 de abril de 1933, Sánchez Cerro fue ajusticiado por un comando aprista. Lo sustituyó el entonces jefe del Ejército, general Oscar R. Benavides, quien —con el apoyo de asesores militares y policiales fascistas, así como de la oligarquía nacional y la Casa Blanca— gobernó, con mano de hierro, hasta diciembre de 1939.

Por su parte, en Ecuador, el 24 de agosto de 1931, en medio de intensas manifestaciones y huelgas populares, una sublevación militar derrocó al gobierno oligárquico y pro imperialista de Isidro Ayora. Con el apoyo de la llamada "Vanguardia Socialista Democrática", lo sustituyó el coronel Luis A. Larrea Alba; quien, a su vez, en octubre del propio año, entregó el gobierno al presidente del Senado, Alfredo Baquerizo Moreno. Este convocó a nuevas elecciones presidenciales en las que resultó fraudulentamente electo el terrateniente Neptalí Bonifaz. En los pocos meses que se mantuvo en la presidencia, este desarrolló una política represiva contra todas las organizaciones de izquierda participantes en la sublevación del 24 de agosto, así como contra el movimiento obrero organizado, incluido el Partido Comunista de Ecuador, fundado en 1926 bajo las banderas de la Internacional Comunista. En consecuencia, se produjeron nuevas sublevaciones militares de diferentes signos ideológicos, hasta que —luego de la derrota de la cruenta insurrección militar conservadora de 1932 (la "revuelta de los cuatro días")— las fuerzas populares respaldaron la elección del candidato liberal Juan de Dios Martínez Mera. Pero él tampoco pudo resolver la aguda crisis socioeconómica y política del país. De manera que, en 1933, le entregó la presidencia al ministro de gobierno Abelardo Montalvo; quien, en 1934, convocó a nuevas elecciones presidenciales en las que resultó electo, por primera vez en la historia, el caudillo populista José María Velasco Ibarra. Este, a su vez, fue derrocado por otro golpe militar reaccionario y deportado del país en 1935. Tal cuartelazo le entregó el poder al conservador Federico Páez; quien, hasta 1937, instauró una represiva y reaccionaria "dictadura civil" inspirada por el fascismo.

Para disgusto de la Casa Blanca, un curso diferente tuvo la vida política colombiana. En ese país —luego de más de treinta años de exclusión del poder ejecutivo— llegó a la presidencia el candidato del Partido Liberal, Enrique Olaya Herrera (1930-1934), quien había incluido en su programa electoral algunas demandas populares y nacionales. En ese contexto, se fundó el Partido Comunista de Colombia (julio de 1930). Para capear la aguda crisis económica y social que vivía el país a causa de la abrupta caída de los precios internacionales del café, luego de derrotar una insurrección del Partido Conservador en 1931, Olaya emprendió un grupo de acciones proteccionistas de la industria nacional. Como veremos después, estas se profundizaron durante el primer gobierno de su correligionario Alfonso López Pumarejo (1934-1938).

A su vez, en Panamá, el 1ro de enero de 1931, una victoriosa sublevación popular, bajo la dirección de la llamada "Acción Comunal" —encabezada por el líder populista Harmodio Arias— derrocó al gobierno oligárquico y pro imperialista presidido por Florencio Arosemena (1928-1931). Luego del breve gobierno provisional del vicepresidente Ricardo Alfaro —bajo la mirada atenta del *establishment* de la política exterior y de seguridad de los Estados Unidos y de sus fuerzas militares acantonadas en la Zona del Canal—, en 1932, se convocaron a nuevas elecciones presidenciales, en las que finalmente resultó electo Harmodio Arias. No obstante sus inconsecuencias y debilidades, en los cuatro años de su mandato, brotaron nuevas demandas nacionales y populares; entre ellas, las dirigidas a revisar el Tratado Hay-Bunau Varilla y la Constitución de 1904 que, como indicamos, habían dado origen, bajo la ocupación militar norteamericana, a la "semirrepública de Panamá".

Paralelamente, en Costa Rica, durante los segundos gobiernos de Cleto González Víquez (1928-1932) y de Ricardo Jiménez Oreamuno (1932-1936), se produjo un importante ascenso del movimiento popular y sindical. A tal grado, que algunos dirigentes comunistas llegaron por primera vez al Parlamento de esa nación. Bajo la influencia de esa organización política se produjo lo que hasta ese momento fue considerado "el más importante combate que registra la historia del movimiento obrero costarricense": la huelga bananera de 1934. En ella participaron miles de trabajadores y pequeños campesinos de la costa Atlántica, totalmente controlada por la Mamita Yunay.[60] Fue encabezada por el célebre dirigente comunista Carlos Luis Fallas y contó con el respaldo de los pequeños cultivadores de banano, convocados por el prestigioso dirigente campesino Herminio Alfaro.

Por su parte, en Nicaragua, el General de Hombres Libres reinició la lucha armada contra los Estados Unidos, sus lacayos de la Guardia Nacional y las criminales "fuerzas voluntarias" organizadas, al margen de esta, por el presidente José María Moncada (1929-1933). A pesar de las contradicciones que subsistían entre esas fuerzas, con todo ese apoyo, la infantería de marina de los Estados Unidos intentó resolver a su favor el "empate estratégico" que se había creado entre las huestes del "pequeño ejército loco", las tropas de ocupación y sus sicarios locales. Sin embargo, favorecidas por el profundo impacto económico y social que tuvo en ese país la crisis capitalista de 1929 a 1934, las fuerzas de Sandino engrosaron considerablemente sus efectivos y pudieron extender la guerra hacia diferentes puntos del territorio nacional, incluída la Costa Atlántica. Todos los esfuerzos realizados por el mando militar norteamericano y por la Guardia Nacional para aislar y destruir las principales fuerzas político-militares sandinistas resultaron infructuosos; incluidos los indiscriminados bombardeos contra la población civil, la concentración de esta en las ahora llamadas "aldeas estratégicas", los sucesivos ataques contra el estado mayor del EDSN ubicado en las serranías de Las Segovias, al igual que el asesinato de sus principales jefes y colaboradores capturados por las fuerzas represivas.

La desmoralización que comenzó a cundir en los mandos medios de las fuerzas militares estadounidenses y de las fuerzas represivas locales, la creciente solidaridad internacional, latinoamericana y del pueblo estadounidense con la lucha por la liberación nacional de Nicaragua (así como su impacto en la opinión pública norteamericana) fueron de tal magnitud, que a la administración de Herbert Hoover no le quedó más remedió que diseñar un nuevo plan para retirar a sus fuerzas militares de ese país. Este giró en torno a la organización de las elecciones presidenciales de 1932. En ellas, bajo el control de la infantería de marina y de las fortalecidas unidades de la Guardia Nacional (ahora dirigidas por Anastasio *Tacho* Somoza García), resultó electo el ex vicepresidente "liberal" y embajador de Nicaragua en Washington, Juan Bautista Sacasa; quien —con el apoyo norteamericano— derrotó los propósitos reeleccionistas de Moncada y del ex presidente conservador Adolfo Díaz. Acto seguido, en enero de 1933, abandonaron Nicaragua todas las fuerzas de ocupación norteamericanas. Y Sandino (ya denominado el Héroe de la Segovia) llegó a un acuerdo político con el nuevo mandatario en febrero de 1933. Sobre su base, se desmovilizaron y desarmaron las victoriosas fuerzas del EDSN. A algunos de sus destaca-mentos se le entregaron tierras en el Río Coco para la fundación de la célebre cooperativa agrícola de Wililí, encabezada por Sandino y sus principales lugartenientes.

Previamente, en Honduras, en 1929 había llegado a la presidencia, con el respaldo de la Cuyamel Fruit Company, el liberal Vicente Mejía Colindres (1929-1932). En consecuencia, un año después, la UFCO (estrechamente vinculada al Partido Conservador) comenzó a instigar un conflicto fronterizo entre ese país y Guatemala, gobernada, desde 1931, por el célebre dictador militar Jorge Ubico. Este contaba con el apoyo decidido de la Mamita Yunay y, por ende, del embajador norteamericano, Sheldon Whitehouse.[61] Sin embargo, ese conflicto fratricida no se desencadenó, debido a la decisión de los dueños de la Cuyamel (agobiados por el descenso de los precios del banano en el mercado mundial) de venderle sus propie-dades a la UFCO. Por ende, con su apoyo, en 1932, fue "constitucio-nalmente" electo para la presidencia de Honduras el general conservador Tiburcio Carías Andino, afecto —al igual que Ubico— a las ideas fascistas. Esto provocó el estallido inmediato de nuevas sublevaciones liberales. A pesar de la rápida derrota de estas, el nuevo mandatario —con el apoyo de la Casa Blanca y de su Embajada en Tegucigalpa— instauró una férrea dictadura militar que se prolongó hasta 1946.

Algo parecido ocurrió en Guatemala. En ese país, en 1932, Ubico asesinó a sangre fría al fundador del Partido Comunista Centroamericano y destacado dirigente obrero: el hondureño Juan Pablo Wainwright. Acto seguido encarceló a varios dirigentes de la izquierda guatemalteca, desalojó a innumerables familias campesinas asentadas en tierras que ambicionaba la UFCO y reprimió a todos los que se opusieron a su mandato. Entre ellos, los participantes civiles y militares en la frustrada insurrección de 1934. Luego del fracaso de esta última, Ubico introdujo una reforma constitucional que le permitió prolongar su mandato hasta que fue derrocado por una insurrección popular en 1944.

Ese oscuro panorama centroamericano se completó con la instauración, en 1931, de la dictadura de Maximiliano Hernández Martínez en El Salvador. Este, luego de derrocar al gobierno "reformista" encabezado por Arturo Araujo (1929-1931), y al igual que sus congéneres de Honduras y Guatemala —bajo la mirada cómplice de la Casa Blanca— introdujo todos los cambios constitucionales que fueron necesarios para garantizar sus sucesivas "reelecciones" hasta 1944. De más está decir que, durante el largo mandato de Hernández Martínez, se fortaleció el control que ejercían sobre la vida económica, social y política del país las catorce familias integrantes de la oligarquía cafetera, aliada, según las circunstancias, con los mercaderes de la Alemania nazi o con los monopolios norteamericanos. A causa de ello se reprimió brutalmente o se mantuvo el "control social" sobre las más mínimas manifestaciones de oposición política y sobre las más elementales vindicaciones del movimiento popular. Mucho más, porque ese sanguinario "orden" oligárquico se originó a partir del asesinato de más de 30 000 salvadoreños (el 2% de la población de ese pequeño país), inmediatamente después del fracaso de la combativa insurrección popular de 1932, capitaneada por el líder del Partido Comunista de El Salvador, Farabundo Martí. Como se ha documentado, esa matanza se produjo bajo la mirada cómplice del presidente Herbert Hoover, de su secretario de Estado, el coronel Henry Stimson, y de varios navíos de guerra de los imperialismos anglosajones anclados en el puerto salvadoreño de Acajatla.[62]

Esa violenta confrontación entre la revolución y la contrarrevolución también tuvo expresiones a lo largo y ancho de todo el mar Caribe. Así, como solución de continuidad a los brotes independentistas que se habían producido en los primeros años de la década de 1910, se fundó, en 1922, en Puerto Rico, el Partido Nacionalista. Dos años después, se disolvió la alianza que existía entre el Partido Unión de Puerto Rico (de tendencias autonomistas) y el Partido Republicano de Puerto Rico (con soterradas tendencias anexionistas) que había permitido darle cierta estabilidad y legitimidad a las instituciones instauradas por los Estados Unidos desde la Ley Foraker de 1900. A ello se agregó el creciente control del territorio y de la economía del país que venían obteniendo los monopolios estadounidenses. En consecuencia, y jalonados por la estrategia represiva desarrollada por el gobernador norteamericano Theodore Roosevelt Jr. (1929-1933), así como por el profundo impacto económico y social que tuvo en la isla la crisis capitalista de 1929 al 1934, se revivieron y alimentaron los tradicionales sentimientos independentistas de la población puertorriqueña.

En 1932, en respuesta a la sistemática represión que se ejercía contra sus militantes y dirigentes, el Partido Nacionalista proclamó la necesidad de emprender la lucha armada revolucionaria como la única forma de obtener la independencia del país. También vindicó la importancia de articular sus aspiraciones con las luchas por la liberación nacional y social que se desarrollaban en otros países de América Latina y el Caribe. Además, bajo su influencia se fundó la Asociación Nacional de Trabajadores de Puerto Rico y la Federación de Estudiantes Puertorriqueños que tanta importancia adquirirían en los años posteriores. En todo ese proceso desempeñó un papel determinante la personalidad de Pedro Albizu Campos; quien —a decir del dirigente independentista Juan Mari Bras— fue "el más fiel continuador de las luchas por la independencia puertorriqueña iniciada, en 1868, por el Padre de la Patria, Ramón Emeterio Betances".[63]

Paralelamente, en República Dominicana se profundizó la crisis del gobierno pro imperialista del general Horacio Vásquez (1924-1930). Debido a ello, en el bloque dominante se planteó una intensa pugna en torno a su sucesión presidencial. Para intentar resolverla, el Presidente anunció sus aspiraciones de postularse nuevamente para el cargo. Tal anuncio desencadenó el descontento popular. Este fue encabezado por el líder liberal nacionalista Rafael Estrella Ureña; quien previamente se había destacado por su oposición a la ocupación militar norteamericana y, sobre todo, por sus críticas a la política antinacional y antipopular desarrollada por Vásquez. En ese contexto, el entonces jefe del Ejército Rafael Leonidas Trujillo, luego de llegar a un acuerdo secreto con Estrella Ureña, consumó un golpe de Estado, el cual fue santificado por la poderosa Embajada norteamericana en Santo Domingo y por la Casa Blanca. [64] Para legitimar su poder, en mayo de 1930, se convocaron las elecciones presidenciales en las que Trujillo (sin oposición permitida) obtuvo la presidencia "constitucional" de la república. Enseguida —y luego de traicionar los compromisos asumidos con la llamada "Coalición Patriótica de Ciudadanos", encabezada por Estrella Ureña— instaló un régimen de terror en todo el país. Este incluyó el asesinato a mansalva de todos sus opositores, incluidos los de la llamada "oposición burguesa", y la violación de los más elementales derechos humanos.[65] De modo que, con el respaldo de un "Congreso de bolsillo", el sátrapa fue declarado, sucesivamente, Benefactor de la Patria (1931) y Generalísimo de los Ejércitos Nacionales (1933).

A su vez, en Haití, las constantes movilizaciones contra la ocupación militar norteamericana y contra los estropicios de sus gobiernos títeres obligaron al *establishment* de la política exterior y de seguridad de los Estados Unidos a buscar una salida que le permitiera mantener su control sobre los destinos de dicho país. En efecto, en 1930, la Casa Blanca impulsó la instauración del gobierno provisional presidido por Eugéne Roy; quien, bajo el control de la infantería de marina estadounidense, convocó a nuevas elecciones parlamentarias. Pese a la represión, en ellas consiguieron una aplastante mayoría los sectores opuestos al régimen instaurado por los Estados Unidos. En consecuencia, la Asamblea Nacional nombró como presidente a Sténio Vincent: líder de la Liga de Acción Nacional Constitucionalista fundada, un año antes, contra la reelección del títere de los Estados Unidos, Joseph Borno.

No obstante, tan pronto fue electo, el Departamento de Estado conminó a Vincent a negociar, de manera secreta, un tratado que permitiera la "salida paulatina y ordenada" de las tropas norteamericanas. Ante la anuencia del nuevo mandatario, ambas partes acordaron el plan que finalmente condujo a la progresiva "haitianización" de la administración pública y de la *gendarmerie,* a la ratificación de todas las decisiones adoptadas durante la ocupación militar (incluidas las que le entregaron las principales riquezas del país a los monopolios norteamericanos) y, sobre todo, a prolongar la "intervención financiera" de los Estados Unidos en ese país hasta que no se saldaran las deudas asumidas en los años precedentes. Sin embargo, en septiembre de 1932, la Asamblea Nacional haitiana rechazó dicho tratado. De manera que, en marzo de 1933, Herbert Hoover tuvo que retirarse de la Casa Blanca sin haberle encontrado —como era su propósito— una solución adecuada al "problema haitiano".

Algo parecido ocurrió en Cuba. A pesar del alevoso asesinato de diversos dirigentes populares —entre ellos, el destacado líder estudiantil y comunista Julio Antonio Mella (10 de enero de 1929)—, en mayo de 1930, estalló una huelga general de trabajadores contra la tiranía pro imperialista del general-presidente Gerardo Machado. No obstante la dura represión desatada contra sus organizadores (incluyó el asesinato y la desaparición de los cadáveres de algunos de ellos), la misma fue seguida por una huelga estudiantil convocada por el Directorio Estudiantil Universitario. Todos esos acontecimientos alimentaron la movilización de diversos destacamentos populares (algunos de ellos partidarios de la llamada "acción directa" contra los esbirros de la dictadura y de aniquilar la vida del propio dictador), al igual que los conflictos existentes en y entre los partidos tradicionales del país. A tal grado, que algunas escisiones del Partido Liberal (agrupadas en la llamada "Unión Nacionalista") intentaron una frustrada sublevación militar en agosto de 1931. Pese a la falta de preparación de esta y a la traición de algunos complotados, para sofocarla fueron brutalmente asesinados sus protagonistas y participantes más radicales; entre ellos, los seguidores del ex general del Ejército Libertador Francisco Peraza. Sin embargo, la heterogénea oposición social, política y militar a la dictadura no cesó y, poco a poco, fue configurándose en la mayor de las Antillas una situación nítidamente revolucionaria contra el "orden" semicolonial instaurado por los Estados Unidos y las clases dominantes locales inmediatamente después del fatídico 20 de mayo de 1902.

Como ha documentado Gordon Connell-Smith, dadas sus tradicionales implicaciones para la política latinoamericana y caribeña de los Estados Unidos, la antes referida evolución de la situación cubana —junto a la solución de la prolongada ocupación militar de Haití y al "nacionalismo económico" que floreció en diferentes países de América Latina (Brasil, Colombia, Bolivia y México) a lo largo de la década de 1930— se transformó en uno de los primeros *test case* de la llamada "Política del Buen Vecino" y de sus enunciados acerca de la no intervención en los asuntos internos y externos de América Latina y el Caribe desarrollada, entre 1933 y 1945, por la administración del demócrata Franklin Delano Roosevelt. Mucho más, porque a lo largo de esos años y, en particular inmediatamente antes y durante la Segunda Guerra Mundial (1939-1945), se explayó una renovada dinámica entre la revolución, la reforma, la contrarreforma y la contra-revolución (siempre impulsadas por los Estados Unidos), así como entre la dictadura y la democracia que han caracterizado la historia de Nuestra América. A la exposición de ese complejo, violento y también doloroso proceso económico, político y social va dirigido el próximo capítulo.

NOTAS

1. Allan Nevins, Henry Steele Commager y Jeffrey Morris: ob. cit., pp. 399-400.

2. A. A. Guber (compilador): ob. cit., t. 2, pp. 111-112.

3. Los lectores deben recordar que, entre noviembre de 1860 y 1921, sólo llegaron a la Casa Blanca tres mandatarios demócratas: Andrew Johnson (1865-1869); Grover Cleveland (1885-1889 y 1893-1897); y Woodrow Wilson (1913-1921).

4. Hasta la llegada de F. D. Roosevelt a la presidencia de los Estados Unidos, ninguno de sus antecesores se había decidido a violar la norma no escrita que le impedía aspirar al cargo por más de dos períodos presidenciales continuos o discontinuos. Ese principio del llamado "derecho consuetudinario" fue llevado al "derecho positivo" después de la muerte de F. D. Roosevelt.

5. A pesar del destacado papel personal que desempeñó el mandatario demócrata Woodrow Wilson en la fundación, en 1919, de la Liga de las Naciones, a lo largo de 1920, no pudo lograr que el Senado

norteamericano ratificara los Estatutos de la misma. Por consiguiente, el tema se incorporó a la campaña de las elecciones parlamentarias y presidenciales de noviembre de 1920. En estas —como indicamos en el texto— el Partido Demócrata sufrió una aplastante derrota. Esta fue interpretada por el presidente Harding y por sus sucesores republicanos como un "claro mandato popular" a mantener el aislamiento de los Estados Unidos de esa organización internacional.

6.   A. A. Guber (compilador): ob. cit., pp. 101-120 y 140-190.

7   Los lectores deben recordar que —siguiendo un acuerdo del Congreso estadounidense— las primeras gestiones para convocar una Conferencia Internacional de Estados Americanos las emprendió, en 1881, el fugaz secretario de Estado de la administración Garfield, James G. Blaine. El asesinato de ese mandatario, la destitución de Blaine por el presidente Chester Arthur (1881-1885) y la llegada a la Casa Blanca del demócrata Grover Cleveland (1885-1889) "congeló" las acciones dirigidas a convocar ese cónclave. Estas se retomaron durante la administración del republicano Benjamín Harrison (1889-1893) y con el retorno a la secretaría de Estado de James Blaine. Los magros resultados de la Primera Conferencia de Estados Americanos (referidos en el capítulo anterior), la derrota electoral de Harrison y el segundo de ascenso de Grover Cleveland (1893-1897) a la presidencia determinaron la escasa dinámica que, en la década de 1890, tuvo el ahora llamado Sistema Interamericano. Como vimos en los capítulos anteriores, a comienzos del siglo XX, las gestiones dirigidas a revivir la instituciones "panamericanas" fueron retomadas por los mandatarios republicanos William McKinley, Theodore Roosevelt y Howard Taft.

8.   Allan Nevins, Henry Steele Commager y Jeffrey Morris: ob. cit., pp. 399.

9.   Samuel F. Bemis: ob. cit., pp. 202-225.

10. Jorge Núñez: "Estados Unidos contra América Latina: La política del buen vecino", en revista *Nueva* (Separata), Quito, Ecuador, s/f, pp. 48-51.

11. Jorge Núñez: "Estados Unidos contra América Latina: época de los desembarcos", ed. cit. p. 56.

12. Juan Bosch: ob. cit., p. 326.

13. América Díaz Acosta, Sergio Guerra V., y otros: ob. cit., t. 1, p. 271.

14. Carlos Luis Fallas: *Mamita Yunai: el infierno de las bananeras*, Editorial de Arte y Literatura, La Habana, 1975.

15. A. Petrujin y E. Chirílov: *Farabundo Martí*, Editorial Progreso, Moscú, 1985, p. 25.

16. América Díaz Acosta, Sergio Guerra V., y otros: ob. cit., t. 1, p. 293.

17. Samuel F. Bemis: ob. cit., pp. 205-206.

18. Charles Evans Hughes: ob. cit., p. 47.

19. Samuel F. Bemis: ob. cit., pp. 202.

20. América Díaz Acosta, Sergio Guerra V., y otros: ob. cit., t. 1, p. 303.

21. Gordon Connell-Smith: ob. cit., pp. 176-177.

22. Charles Evans Hughes: ob. cit., pp. 88-90.

23. Ibídem.

24. Elisabeth Fonseca: *Centroamérica: su historia*, Facultad Latinoamericana de Ciencias Sociales-EDUCA, San José de Costa Rica, 1998, pp. 179-181.

25. Roberto Cassá: ob. cit., t. 2, pp. 236-239.

26. Juan Bosch: ob. cit., p. 324.

27. Gordon Connell-Smith: ob. cit., p. 179.

28. Y. Koroliov y M. Kudachkin: ob. cit., p. 80.

29. Volker Wünderich: ob. cit., p. 72.

30. Ibídem, p. 79.

31. B. Koval: *Movimiento obrero en América Latina*, ed. cit., pp. 27-35.

32. Samuel F. Bemis: ob. cit., p. 203.

33. Ibídem, pp. 248-253.

34. Charles Evans Hughes: ob. cit., pp. 69-77.

35. Gordon Connell-Smith: ob. cit., p. 183.

36. Ibídem, p. 182.

37. Sergio Guerra V., y Alberto Prieto: ob. cit., p. 74.

38. Jorge Núñez: "Estados Unidos contra América Latina: El nacionalismo revolucionario: Ecuador y Bolivia", ed. cit. pp. 48-49.

39. América Díaz Acosta, Sergio Guerra V., y otros: ob. cit., t. 1, p. 335.

40. Ibídem, p. 350.

41. Tulio Halperin Donghi: *Historia contemporánea de América Latina*, Alianza Editorial S.A., Madrid, decimocuarta edición, 1998, p. 324.

42. M. S. Alperóvich y B. T. Rudenko: ob. cit., p. 313.

43. Samuel F. Bemis: ob. cit., pp. 252-253.

44. Sergio Guerra Vilaboy: *Etapas y procesos...*, ed. cit.

45. América Díaz Acosta, Sergio Guerra V., y otros: ob. cit., t. 1, p. 383.

46. Eduardo Galeano: *Memoria del fuego...*, ed. cit., t. 3, pp. 88-91.

47. Sergio Guerra Vilaboy: *Etapas y procesos ...*, ed. cit., p. 40.

48. Allan Nevins, Henry Steele Commager y Jeffrey Morris: ob. cit., p. 412.

49. Luis Fernando Ayerbe: *Los Estados Unidos y la América Latina: La construcción de la hegemonía*, Casa de las Américas/Ministerio de Cultura, La Habana, 2001, p. 67.

50. Marat Antiásov: ob. cit., p. 45.

51. Roberto Cirilo Perdía: *La otra historia: testimonio de un jefe Montonero*, Grupo Agora, Buenos Aires, 1997, p. 27.

52. Demetrio Boersner: ob. cit., p. 178.

53. Alberto Prieto Rozos: *La burguesía contemporánea en América Latina*, Editorial de Ciencias Sociales, La Habana, 1983, pp. 108-109.

54. Parlamento Latinoamericano/Instituto de Relaciones Europeo-Latinoamericanas: ob. cit., p. 90.

55. A. Karaváev: *Brasil: pasado y presente del "capitalismo periférico"*, Editorial Progreso, Moscú, 1989, pp. 98-115.

56. Eduardo Galeano: *Las venas abiertas de América Latina*, ed. cit., p. 253.

57. Raúl González Ruiz: ob. cit., p. 206.

58. Ibídem, p. 95.

59. Donald C. Hodges: ob. cit., p. 39.

60. Elizabeth Fonseca: ob. cit., pp. 206-207.

61. América Díaz Acosta, Sergio Guerra V., y otros: ob. cit., t. 1, p. 399.

62. Eduardo Galeano: *Memoria del fuego...*, ed. cit., t. 3, p. 110.

63. Juan Mari Bras: "Albizu Campos y el Nacionalismo", en *El Caribe Contemporáneo*, UNAM, México, diciembre de 1995, no. 11, pp. 93-107.

64. Roberto Cassá: ob. cit., t. 2, pp. 247-251.

65. Luis Gómez: ob. cit., pp. 269-283.

4. LAS FALACIAS DE LA "POLÍTICA DEL BUEN VECINO"

El nefasto impacto que tuvo la Gran Depresión en todo el hemisferio occidental, la virulencia que adquirió la dinámica entre la reforma, la contrarreforma, la revolución y la contrarrevolución en los primeros años de la década de 1930, al igual que el papel esencialmente reaccionario de la política hemisférica desplegada por Herbert Hoover, contribuyen a explicar las simpatías con que algunos gobiernos —así como ciertas fuerzas progresistas de América Latina y el Caribe; en particular, las de la posteriormente denominada "izquierda democrática y anticomunista" — recibieron la llegada a la Casa Blanca, el 4 de marzo de 1933, del demócrata Franklin Delano Roosevelt y el nombramiento de Cordell Hull como secretario de Estado.

Ese agrado fue mayor porque este último se había pronunciado públicamente contra la superproteccionista política arancelaria aplicada por sus antecesores republicanos y porque —en el contexto de la campaña electoral de 1928— el nuevo mandatario —a pesar de su destacada participación en la ocupación militar de Haití— había publicado un análisis crítico acerca de las consecuencias negativas que venían produciendo en el "orden del continente" y en "la popularidad" de los Estados Unidos sus constantes "intervenciones unilaterales" en los asuntos internos de las naciones ubicadas al sur de sus fronteras.[1]

De ahí, las esperanzas que surgieron en relación con que F.D. Roosevelt —luego de las frustraciones de las tres décadas precedentes y, en particular, de las provocadas por las tropelías de su correligionario Woodrow

Wilson— finalmente introdujera importantes cambios en la política internacional, latinoamericana y caribeña de sus antecesores. Esas esperanzas se incrementaron cuando, el 13 de abril de 1933, durante las ceremonias de celebración del llamado "Día Panamericano", y en correspondencia con los progresistas postulados domésticos del New Deal (Nuevo Trato), el nuevo flamante mandatario anunció su decisión de conducir sus relaciones con América Latina y el Caribe sobre la base de las "cualidades esenciales (...) que distinguen a un buen vecino": "el mutuo entendimiento", "la confianza, la amistad y la buena voluntad".[2] Pero, sobre todo, cuando ese mismo año, la nueva administración demócrata reconoció a la Unión Soviética y —durante la Séptima Conferencia Internacional de Estados Americanos, efectuada en Montevideo, Uruguay, entre el 3 y el 16 de diciembre de 1933— se comprometió solemnemente a resolver por "medios pacíficos y procedimientos multilaterales" las diferencias que pudieran surgir entre los gobiernos del hemisferio occidental, así como a abandonar la política intervencionista en América Latina y el Caribe que había caracterizado la gestión de todos sus antecesores demócratas y republicanos. Y también proclamó que, en el futuro, los Estados Unidos no emprendería, "de manera unilateral", ninguna nueva "intervención militar" en el continente.

Aunque —como bien se ha señalado— esa sibilina acotación del principio de la no intervención dejaba fuera las otras formas de injerencia directa o indirecta en los asuntos internos y externos de América Latina y el Caribe históricamente empleadas por los círculos de poder estadounidenses (incluidos los grandes monopolios con intereses en la región), y tampoco incluía las "intervenciones colectivas" propugnadas por Roosevelt en 1928,[3] tales compromisos (y algunas de sus prácticas posteriores) objetivamente contribuyeron, de manera progresiva, a eliminar uno de los aspectos más irritantes de la proyección de los Estados Unidos hacia el sur del hemisferio occidental y, por ende —en palabras del conocido historiador latinoamericano Tulio Halperin Donghi—, "el obstáculo más vistoso" que hasta entonces había tenido "la aceptación del panamericanismo en Latinoamérica".[4]

Mucho más porque, abandonando las posturas adoptadas al respecto por los diferentes mandatarios de la "restauración republicana", en la mencionada conferencia de Estados americanos, Cordel Hull —luego de obtener ciertas enmiendas favorables a los intereses estadounidenses y bajo la abrumadora presión de la mayor parte de los gobiernos latinoamericanos y caribeños (incluso de algunas dictaduras militares)— finalmente suscribió la Convención de Derechos y Deberes de los Estados integrantes de la Unión Panamericana que, desde la década anterior, venían impulsando algunos gobiernos suramericanos, en consuno con la Cancillería mexicana. A su vez, con vistas a evitar una "condena masiva del proteccionismo aduanero" que venía aplicando su país en los años precedentes, el Secretario de Estado también prometió emprender "acuerdos bilaterales de liberalización aduanera recíproca" con los gobiernos de la región que así lo desearan.[5]

Esos compromisos fueron personalmente ratificados por el presidente Roosevelt durante su asistencia a la Conferencia Interamericana de Consolidación de la Paz realizada en Buenos Aires —a iniciativa de la Casa Blanca—entre el 1ro y el 23 de septiembre de 1936. En ella se aprobó la Convención sobre Mantenimiento, Afianzamiento y Restablecimiento de la Paz en el hemisferio occidental, reflejándose así las preocupaciones que ya existían en relación con el progresivo deterioro de la paz en Europa, así como al acelerado fortalecimiento de la maquinaria bélica del nazifascismo.

Tal pacto dejó establecido que —si la paz de las repúblicas americanas "llegara a verse amenazada por cualquier motivo"— todos los Estados de la región desarrollarían las consultas necesarias para "procurar y aceptar fórmulas de cooperación pacífica". También para determinar "la oportunidad y la medida" en que los países signatarios de esa convención eventualmente cooperarían entre sí para desarrollar acciones tendentes "al mantenimiento de la paz continental".[6] Con tal fin, se ratificaron, además, algunos acuerdos "panamericanos" precedentes. Entre ellos, el Tratado Gondra, para evitar y prevenir conflictos (1923); el Pacto Kellog de renuncia a la guerra (1928); la Convención General de Conciliación y el Tratado General de Arbitraje firmados en Washington en 1929, al igual que el Tratado de No Agresión y Conciliación (también conocido como Pacto Saavedra Lamas) firmado en 1933 en Río de Janeiro.[7]

A su vez, a propuesta del gobierno de México (presidido por el progresista general Lázaro Cárdenas), todos esos instrumentos jurídicos fueron complementados con el llamado Protocolo Adicional Relativo a la No Intervención. En este, por primera vez en la historia de las relaciones interamericanas, quedó expresado que: "Las Altas Partes Contratantes declaran inadmisible la intervención de cualquiera de ellas, directa o indirectamente, y sea cual fuere el motivo, en los asuntos internos o exteriores de cualquier otra de las Partes".[8] Sin dudas, con esa redacción, los gobiernos latinoamericanos y caribeños pretendían cerrar las brechas que —como indicaremos después— había utilizado el "buen vecino", en sus primeros tres años de gobierno, para mantener su injerencia en las demás naciones del continente. Esa proyección anti intervencionista se fortaleció gracias al simultáneo rechazo a una propuesta de la delegación estadounidense dirigida a crear un Comité Consultivo Interamericano Permanente que pudiera servir para legitimar las "intervenciones colectivas" propugnadas por el presidente Roosevelt.

LOS PRIMEROS CRÍMENES DE LA "BUENA VECINDAD"

Sin embargo, pese a ello y a la constante profundización de sus prácticas reformistas en el orden interno —signadas por el imponente desarrollo del movimiento popular y sindical, al igual que por el constante incremento de la influencia del Partido Comunista de los Estados Unidos (llegó a tener 100 000 militantes)—, poco a poco, comenzaron a evidenciarse algunas de las falacias del discurso del dúo Roosevelt-Hull. En primer lugar, el carácter limitado de los cambios que ambos estaban dispuestos a permitir en las sociedades latinoamericanas y caribeñas, al igual que en la injusta y asimétrica estructura de las relaciones interamericanas. Y, en segundo, las esencias geopolíticas y geoeconómicas, antidemocráticas y contrarevolucionarias que —a pesar de la retórica de la "buena vecindad"— unían la *realpolitik* de esa administración demócrata con la tradicional estrategia de dominación de los Estados Unidos sobre el hemisferio occidental y, en especial, sobre las naciones ubicadas al norte del río Amazonas.

Como en otras ocasiones históricas, las primeras señales al respecto se recibieron desde la Cuenca del Caribe. Así, en Cuba, en 1933, tratando de controlar el creciente fermento revolucionario que existía en la isla y de neutralizar a la excitada oposición proveniente de ciertos sectores de los partidos tradicionales, Roosevelt y Hull —apoyados en las prerrogativas que le confería la Enmienda Platt y siguiendo los pasos de su antecesor republicano— impulsaron una "mediación" con la oposición burguesa que permitiera prolongar la sanguinaria dictadura del general-presidente Gerardo Machado hasta las elecciones pautadas para el año 1934. Con ese propósito, Roosevelt nombró a su subsecretario de Estado para asuntos interamericanos, el experimentado "diplomático" Benjamín Summer Wells, como su embajador en La Habana.

En los primeros momentos este obtuvo algunos éxitos en sus negociaciones. Pero era tal la profundidad de la crisis del sistema de dominación instaurado por los Estados Unidos y por las clases dominantes locales en la mayor de las Antillas que —a pesar del exacerbado clima represivo— una potente huelga general (en agosto de 1933) obligó a Summer Wells a exigir la renuncia inmediata y la salida del país del antes mencionado dictador. Para sustituirlo, en consulta con algunas fuerzas políticas internas y con el Departamento de Estado, instaló en la presidencia al ex embajador de Cuba en Washington, Carlos Manuel de Céspedes. Pero esa maniobra no pudo evitar la continuidad de la sublevación popular. En medio de una huelga nacional insurreccional y de espontáneos actos justicieros contra algunos de los sicarios de la dictadura, el 4 de septiembre se produjo un golpe militar, encabezado por los sargentos Pablo Rodríguez y Fulgencio Batista.

Ambos contaron con el apoyo de los sectores reformistas y moderados del Directorio Estudiantil Universitario (DEU), quienes impulsaron la constitución de una efímera pentarquía en la que paulatinamente ocupó un lugar central el entonces prestigioso profesor universitario Ramón Grau San Martín. Este integró un gabinete en el cual ocupó la cartera de Gobernación, Guerra y Marina, Antonio Guiteras Holmes; quien, previamente, se había destacado en los combates que se habían desarrollado en los alrededores de Santiago de Cuba contra la depuesta dictadura. Con su influencia — y con el acicate del enardecido movimiento popular encabezado por el Partido Comunista (este formó *soviets* en diversos centrales azucareras del país), por la Central Nacional Obrera de Cuba (CNOC) y por el ala izquierda del DEU—, el nuevo gobierno derogó la constitución impuesta *manu militari* por los Estados Unidos en 1901. También repudió la deuda contraída por el gobierno cubano con el Chase Manhatan Bank; disolvió los partidos políticos vinculados a la dictadura, decretó la autonomía universitaria y la jornada laboral de ocho horas, e intervino la mal denominada Compañía Cubana de Electricidad, propiedad de una empresa estadounidense. Igualmente, emprendió una fuerte crítica hacia la política norteamericana en toda la región. Esta se desplegó en toda su intensidad en la mencionada conferencia panamericana efectuada en Montevideo.

En respuesta, la Casa Blanca se negó a reconocer al gobierno de Grau San Martín y utilizó todos los recursos a su alcance para lograr su derrocamiento. Entre ellos, las llamadas "anómalas relaciones" entre Summer Wells — y su sustituto, Jefferson Caffery— con el flamante jefe del Ejército, el oportunista ex sargento y ya coronel Fulgencio Batista, y las demostraciones de fuerza realizadas por treinta navíos de guerra estadounidenses frente a las costas cubanas. Alentado por esa descarada injerencia, el 15 de enero de 1934, apenas un mes después de haberse firmado la Carta de Derechos y Deberes de los Estados integrantes de la Unión Panamericana, Grau San Martín fue derrocado por un nuevo golpe de Estado urdido por Batista y por la Embajada norteamericana en La Habana.

Gracias a ese cuartelazo y al automático reconocimiento oficial estadounidense, fue impuesto en el gobierno el coronel Carlos Mendieta. Este — hasta su sustitución electoral en 1936 por el efímero gobierno de Miguel Mariano Gómez, y con el respaldo de Fulgencio Batista, de la organización pro fascista denominada ABC y del procónsul Jefferson Caffery— desencadenó una feroz represión contra el movimiento popular, contra la CNOC, el PCC y las demás organizaciones de izquierda del país. Una de las cúspides de esa política fue la sangrienta derrota de la huelga general de marzo de 1935 y el posterior asesinato — el 8 de mayo del propio año— del prestigioso ex ministro y entonces líder de la organización revolucionaria Joven Cuba, Antonio Guiteras, así como de su compañero de luchas: el venezolano Carlos Aponte, quien antes de incorporarse a la contienda revolucionaria en Cuba, había sido coronel del "pequeño ejército loco" capitaneado por Augusto César Sandino.[9]

Merece la pena significar que, antes de tales crímenes, el llamado "gobierno Caffery-Batista-Mendieta-ABC" promulgó una ley constitucional que derogó todas las normas jurídicas aprobadas durante el breve gobierno de Grau San Martín. Además, restableció la vigencia de la pro imperialista y oligárquica Constitución de 1901, sólo ligeramente modificada por los acuerdos con el gobierno de los Estados Unidos que anularon la famosa Enmienda Platt. A cambio de ello y de un insignificante incremento de su alquiler (alrededor de 4 000 dólares), en 1934, ese espurio gobierno cubano aceptó la permanencia y ampliación "a perpetuidad" del territorio de la Guantánamo Naval Base. Además, firmó un mal llamado Tratado de Reciprocidad Comercial con los Estados Unidos que —como bien se ha dicho— contribuyó a profundizar la dependencia económica y política de la mayor de las Antillas hacia su poderoso vecino del norte,[10] y sirvió de "modelo" para otros países de América Latina y el Caribe.

Un resultado parecido obtuvo la administración demócrata en Haití. Allí, continuando los pasos del presidente Herbert Hoover y urgido por las crecientes demandas de las autoridades y de la población haitiana, el presidente Franklin Delano Roosevelt comprometió su prestigio para lograr un acuerdo con su "homólogo" Sténio Vincent que le posibilitara concluir de manera inmediata la ocupación militar norteamericana sobre ese país. Tal acuerdo se concretó el 24 de julio de 1934. En consecuencia, el 15 de agosto, luego de la "haitianización" de las fuerzas represivas y de la administración pública, los últimos contingentes de la infantería de marina abandonaron el territorio de esa maltrecha república. Sin embargo, la "intervención financiera" de los Estados Unidos se prolongó hasta 1941, año en que fue electo su lacayo: el representante de la oligarquía mulata, Elie Lescot.[11] Mientras tanto, con el apoyo de la *gendarmerie* (formada, entrenada y armada por la fuerzas armadas norteamericanas), Vincent garantizó todos los "intereses especiales" adquiridos por los círculos de poder norteamericanos durante los lustros precedentes.

A tal fin instauró una férrea "dictadura civil". Sobre todo, después que, en 1935, con la connivencia de la Casa Blanca, introdujo cambios constitucionales favorables a su reelección, encarceló a los principales dirigentes opositores e ilegalizó a las más destacadas organizaciones populares; entre ellas, al recién fundado Partido Comunista de Haití (1934), dirigido por el afamado intelectual Jacques Roumain.[12] Esto —y la posterior derrota, en 1937, de un complot organizado por el entonces jefe de la *gendarmerie*, Demosthenes Calixte— le permitió a Vincent contribuir de manera destacada a los planes estratégicos elaborados por los Estados Unidos para garantizar su absoluto control sobre la totalidad de la isla originalmente denominada La Española.

Así, el mandatario haitiano —siguiendo las directrices de Washington— estableció estrechas relaciones con su vecino: el sátrapa dominicano Rafael Leonidas Trujillo. Este, en 1934, con el decidido apoyo de la Embajada norteamericana en Santo Domingo y de la reaccionaria jerarquía de la Iglesia católica, había sido reelecto como Presidente "constitucional" de ese país.[13] Para lograrlo —en medio del desarrollo de una política económica y social demagógica, antipopular y pro imperialista— el ya nombrado Generalísimo de todos los Ejércitos implementó un sanguinario régimen represivo. Sin distingo de clases, ideologías, pertenencias políticas, ni lugares de asilo, en aquellos años fueron víctimas de la política de terror instaurada por los órganos represivos estatales o paraestatales de la dictadura (como la llamada "Banda de los 42"), todos los que se opusieron a los megalómanos afanes de Trujillo de apropiarse de las principales riquezas e instituciones de ese país.

Como se ha documentado, la llamada "Era de Trujillo" (1930-1961) está manchada de sangre por todas partes. Sin embargo, pocos episodios demuestran el carácter racista y fascista de la ideología y la práctica del sátrapa —al igual que los propósitos esencialmente geopolíticos de la "buena vecindad"— como la sádica matanza de, al menos, 18 000 haitianos que se produjo, en 1937, en República Dominicana. Frente a ese horrendo genocidio (causante, según otras fuente, de 25 000 víctimas), la pareja Roosevelt-Hull prácticamente no movió un dedo, salvo para evitar que ese crimen produjera un conflicto insalvable entre sus lacayos haitianos y dominicanos que pusiera en peligro "la seguridad continental".[14]

Con vistas a asegurar esa sacrosanta "seguridad", un año antes de esa matanza, la administración demócrata también emprendió nuevas acciones, con el propósito de contener las crecientes resistencias del pueblo panameño a todos los tratados que habían dado origen a la "semirrepública de Panamá". Con ese objetivo, en 1936, Roosevelt y el entonces presidente Harmodio Arias (1932-1936) firmaron un nuevo tratado que formalmente anuló el derecho de los Estados Unidos a intervenir en los asuntos internos y externos de esa nación latinoamericana. En contrapartida, las fuerzas armadas estadounidenses conservaron múltiples bases militares en la Zona del Canal de Panamá. Además —siguiendo las experiencias acumuladas en otros países de la Cuenca del Caribe—, organizaron una Guardia Nacional que, en lo adelante, cual fuerza pretoriana, quedó encargada de mantener el "orden público" y la "seguridad interna" del territorio ubicado al norte y al sur de las "fronteras" del canal interoceánico. Merece consignar que tal tratado sólo fue ratificado por el Senado norteamericano tres años más tarde, con la salvedad de que los Estados Unidos "podían tomar medidas militares de emergencia sin consultar previamente al gobierno de Panamá".[15] A pesar de las negativas implicaciones que esa enmienda tenía para la soberanía del país, esa decisión unilateral fue aceptada sin chistar por el segundo gobierno del títere panameño Florencio Arosemena (1936-1940).

Previamente, en 1933, la Casa Blanca —atendiendo "la solicitud" de los dictadores centroamericanos y con el consentimiento del gobierno de Costa Rica— derogó el ya mencionado Tratado de Washington de 1923; en particular aquellas cláusulas que impedían el reconocimiento de los gobiernos de esa región que hubieran llegado al poder por "vías anticonstitucionales". Por ende, siguiendo el legado de sus antecesores republicanos, el Departamento de Estado estrechó sus relaciones con los cruentos dictadores militares que, en los años previos, se habían instaurado en Guatemala (Jorge Ubico), El Salvador (Maximiliano Hernández) y Honduras (Carías Andino). También fortaleció sus vínculos con el segundo gobierno de Ricardo Jiménez Oreamuno (1932-1936) y con la primera administración del reaccionario, corrupto y pro fascista León Cortés Castro (1936-1940): ambos pertenecientes a la plutocracia bipartidista que —asociada con la Mamita Yunay y salvo el período de la llamada "dictadura de los hermanos Tinoco" (1917-1918)— venía controlando la vida política de Costa Rica desde 1889, año en que se produjo en ese país "la primera transferencia pacífica de un gobierno a un candidato de la oposición".[16]

Por consiguiente, el dúo Roosevelt-Hull apoyó la sangrienta embestida del dictador guatemalteco, Jorge Ubico, contra los martirizados dirigentes (Efraín Aguilar Fuentes, Humberto Molina y Jacobo Sánchez) y los más connotados participantes en la sublevación cívico-militar que se produjo en 1934. Asimismo, cohonestó el asesinato, por parte de los testaferros de la UFCO, del prestigioso líder campesino costarricense Herminio Alfaro, quien —como vimos— se había destacado durante la poderosa huelga de los trabajadores bananeros que se produjo en su país en 1934. Además, la Casa Blanca también adoptó una actitud anuente frente al golpe de Estado contra el inerme y pusilánime gobierno "liberal" de Juan Bautista Sacasa (1933-1936) que, en mayo de 1936, perpetró en Nicaragua su lacayo: el sanguinario general y entonces jefe de la Guardia Nacional, Anastasio *Tacho* Somoza García. Tal anuencia se transformó en un inmediato reconocimiento oficial tan pronto Somoza fue electo como Presidente "constitucional" en los amañados comicios que organizó el 8 de diciembre del propio año.[17]

Esa rápida "bendición", las excelentes relaciones desarrolladas por los círculos gubernamentales y militares de los Estados Unidos con el pro fascista fundador de esa odiosa "dictadura dinástica", así como la frase de Franklin Delano Roosevelt supuestamente pronunciada en los días previos a la visita oficial que, en 1939, realizó ese dictador nicaragüense a los Estados Unidos —"Somoza es un hijo de puta; pero es nuestro hijo de puta"—,[18] confirmaron, más allá de cualquier duda razonable, la responsabilidad que, según algunos testigos, tuvo el primer Embajador de la "buena vecindad" en Managua, Arthur Bliss Lane, en el asesinato, el 21 de febrero de 1934, de Augusto César Sandino, de sus principales lugartenientes y —por consiguiente— en la masacre de las trescientas personas (en lo fundamental mujeres y niños) que, siguiendo órdenes de ese "hijo de puta", permanecieron rodeadas por la Guardia Nacional en la inerme cooperativa agrícola sandinista ubicada en Wililí.[19]

Todo lo antes dicho ratificó la fidelidad que mantenía la administración demócrata respecto a los decimonónicos postulados geopolíticos de Alfred Mahan y, en particular, respecto a la estrategia hacia el Mar Caribe, el istmo centroamericano y el golfo de México elaborada —a partir del legado de Thomas Jefferson— por los múltiples artífices y seguidores de la Doctrina Monroe, del Destino Manifiesto, de los *Paramount Interests* y, en particular, del "gran garrote" y de la "diplomacia del dólar y las cañoneras". Sin embargo, a ello hay que agregar la dura represión a que fueron sometidos todos los luchadores por la independencia de Puerto Rico; particularmente después de las grandes movilizaciones populares e independentistas de la primera mitad de la década de 1930, de la poderosa huelga de trabajadores azucareros de 1934, de la matanza de Río Piedra (1935), de la arbitraria condena a 15 años de prisión del prominente líder independentista Pedro Albizu Campos (1936) y de la masacre de Ponce (1937).

En esta última, perdieron la vida 22 personas y doscientas resultaron heridas a causa del vil ametrallamiento de una manifestación pacífica de las fuerzas independentistas ordenada por el segundo gobernador colonial nombrado por Roosevelt: Blanton Winship (1937-1939). Al perder el control de la situación, este fue sustituido por el almirante William Leahy, quien —siguiendo instrucciones de la Casa Blanca y de los Departamentos de Estado y Marina—[20] emprendió diversas acciones dirigidas a la militarización de la Isla, así como a dividir a las organizaciones políticas y sociales impulsoras de la autodeterminación de Puerto Rico. Entre estas acciones se puede señalar el fortalecimiento del Partido Democrático Nacional, fundado por Luis Muñoz Marín en 1938. Como veremos más adelante, años más tarde, ese partido se convirtió en uno de los principales bastiones de la continuidad de la dominación colonial norteamericana sobre esa nación caribeña.

En correspondencia con esas prácticas, y respetando la distribución de esferas de influencia entre los imperialismos anglosajones que había santificado el Tratado Hay-Pauncefot de 1901, Roosevelt mantuvo un silencio cómplice frente a la estrategia represiva desplegada por la experimentada y cruenta monarquía constitucional británica para controlar la cadena de huelgas obreras y las combativas manifestaciones populares que, entre 1935 y 1939, sacudieron a las posiciones coloniales inglesas bañadas por el mar Caribe. Y, en particular, a Barbados, Jamaica, Guyana, San Vicente, Santa Lucía, Saint Kitts y Trinidad y Tobago.[21] En este último caso, las autoridades coloniales británicas tuvieron que desembarcar sus fuerzas militares para sofocar la insurrección popular que se extendió por todo el país en junio de 1937. Esa represalia dejó un saldo de 14 muertos, 59 heridos y centenares de detenidos. Entre ellos, el líder del movimiento: el dirigente socialista Uriah Butler.[22]

En el mismo año (a un costo de 60 muertos) las fuerzas británicas reprimieron las impresionantes huelgas obreras que se produjeron en Barbados. Un año después, en Jamaica, ocho personas murieron, más de 170 resultaron heridas y unas 700 detenidas a causa de la represión contra la nueva huelga de trabajadores organizada por el líder sindical, y posterior fundador del Popular Labour Party (PLP), Alexander Bustamante. Pese al encarcelamiento de este último, un año después estalló otra huelga en esa isla, en la que participaron más de 50 000 trabajadores. En esta ocasión, en su convocatoria —además del PLP— participó el People's National Party (PNP) fundado, un año antes, por el destacado luchador por la independencia de su país, Norman Manley.[23] Para controlarla, el entonces gobernador británico de la isla, Sir Arthur Richards (1938-1943), declaró el estado de sitio y, nuevamente, emprendió una brutal represión contra los participantes en ese movimiento político-sindical.

En ese contexto, en 1938, se realizó en Guyana un nuevo congreso de organizaciones sindicales del Caribe angloparlante, las que, a sus consignas puramente laborales, agregaron significativas demandas políticas a la corona inglesa. Entre ellas, el derecho al sufragio universal, la elección de los parlamentos locales, la nacionalización de la industria azucarera y la propiedad estatal sobre los servicios de utilidad pública. Como indicó el destacado intelectual y político haitiano Gérard Pierre Charles, a partir de ese momento, las consignas del Congreso de 1938 fueron la base para las futuras movilizaciones políticas en las colonias británicas del Caribe. Sobre todo, la reivindicación del sufragio universal; ya que "más del 95% de la población [de esos territorios] se encontraba alejada de las urnas por disposición del Censo Electoral, que limitaba el sufragio a los ciudadanos blancos registrados en Inglaterra". Por ende, sólo un 5,5% de los jamaiquinos, un 6,5% de los trinitarios y un 3,4% de los barbadenses tenían derecho al voto.[24]

Ante esa explosiva situación social y política, a comienzos de 1939, la Corona británica envió una comisión de su experimentada Oficina de Colonias para estudiar las concesiones que tendría que realizarle a sus "súbditos antillanos"; pero —como veremos después— el inicio de la Segunda Guerra Mundial (1939-1945) determinó que prevalecieran los instrumentos represivos contra todas las demandas populares. Sobre todo después que —por primera vez en la historia y sobre la base del denominado "acuerdo de bases por destructores de 1940" firmado entre Roosevelt y el reaccionario Primer Ministro británico Neville Chamberlain— los Estados Unidos lograron ampliar su control militar directo sobre las más importantes posesiones británicas en el Mar Caribe.

Pero antes de llegar al relato de esos acontecimientos, es imprescindible recordar que, entre 1933 y 1940, el dúo Roosevelt-Hull fortaleció sus vínculos con la larga e impopular dictadura "constitucional" del venezolano Juan Vicente Gómez y —luego de su muerte en 1935— con su delfín: el también reaccionario general Eleazar López Contreras (1935-1941). Este creó el tristemente célebre Servicio Nacional de Seguridad (conocido como SN) para contener la creciente presión popular encabezada por los movimientos obrero y estudiantil, con la participación de la pequeña burguesía urbana. A la usanza fascista, López Contreras formó campos de concentración en diversos puntos del territorio nacional; mantuvo en la ilegalidad a los partidos políticos y deportó a sus principales dirigentes. Entre ellos, los vinculados al Partido Comunista de Venezuela (fundado en 1930 bajo el influjo de la Internacional Comunista), a la posteriormente denominada Unión Revolucionaria Democrática (dirigida por Jóvito Villalba) y a la Agrupación Revolucionaria de Izquierda (antecedente del Partido Acción Democrática), creada —bajo el estímulo del APRA— por los "demócratas anticomunistas" Rómulo Betancourt y Raúl Leoni. Esa estrategia represiva de la dictadura venezolana —respaldada por los

monopolios petroleros y por los círculos gubernamentales norteamericanos— se mantuvo inalterable hasta 1941.

Algo parecido ocurrió en relación con Perú, Ecuador, Argentina y Chile.
En el primero de dichos países, la Casa Blanca respaldó por todos los
medios a su alcance al brutal gobierno militar pro norteamericano y pro
fascista del ya general Oscar Benavides (1933-1939). En el segundo,
reconoció *ipso facto* a la represiva y facistoide "dictadura civil" de Federico
Páez (1935-1937), surgida —como ya vimos— de un golpe de Estado contra
el presidente constitucional Velasco Ibarra. En el tercero, no obstante su
creciente dependencia de Gran Bretaña y sus resistencias frente a la política
"panamericana" de los Estados Unidos, estrechó sus vínculos con el
corrupto y coercitivo gobierno del general Agustín Justo (1932-1938). Y, en
el último, guardó un absoluto mutismo frente a la masacre que, en 1934, con
un saldo de miles de muertos, perpetró el gobierno "reformista" de Arturo
Alessandri Palma para arrasar el poderoso levantamiento campesino e
indígena que se produjo en las provincias chilenas de Ranquil, Bío Bío y
Lonquimaly, así como para tratar de contener la creciente influencia del
Partido Comunista de Chile, del movimiento obrero y estudiantil y de los
sectores más progresistas del Partido Radical.[25] Como parte de esa política
reaccionaria, hasta 1938, Alessandri toleró el funcionamiento y las acciones
del Partido Nacional Socialista de Chile (de inspiración nazista),
políticamente aliado con el ex dictador y entonces candidato a la presidencia, Carlos Ibáñez.

A su vez, en Uruguay, la administración Roosevelt apoyó la represiva
"dictadura civil" del presidente "colorado" Gabriel Terra (1930-1938). Este,
para beneplácito de los imperialismos anglosajones —y sentando un
precedente en la llamada "Suiza de Suramérica"—, el 31 de marzo de 1933
encabezó un autogolpe de Estado dirigido a prolongar "constitucionalmente" su mandato. También a revertir las políticas nacionalistas y las
progresivas reformas económicas, sociales y políticas impulsadas, desde
1903 hasta su muerte en 1929, por el ex presidente José Batlle y por sus
seguidores dentro del Partido Colorado.[26] Con tal fin, Terra elaboró una
alianza con importantes sectores del tradicionalmente opositor, pro
oligárquico y pro imperialista Partido Blanco; reprimió en forma violenta a

los sectores más progresistas del Partido Colorado (llevó al suicidio al destacado ex presidente Baltazar Brum), al igual que al Partido Comunista de Uruguay y a los movimientos obrero y estudiantil. Sobre todo, luego de una imponente huelga de trabajadores gráficos y del subsiguiente paro antidictatorial encabezado, en 1934, por las tres centrales sindicales existentes en el país y por la Federación de Estudiantes Universitarios.[27] Para sofocarlo, el gobierno dictatorial declaró el toque de queda y, al igual que durante el resto de su mandato, toleró el funcionamiento y las acciones contra las vindicaciones populares perpetradas —junto a los órganos represivos del Estado— por las bandas paramilitares de derecha organizadas en el llamado "Frente Patriótico", de inspiración nazi-fascista.[28]

Paralelamente, no obstante sus contradicciones con el "nacionalismo económico" desarrollado por el gobierno del Getulio Vargas, la Casa Blanca tampoco se inmutó frente a la brutal represión contra las fuerzas de izquierda, las organizaciones sindicales y democráticas, así como algunos destacamentos de las fuerzas armadas que se produjo antes, durante y después de la frustrada insurrección popular de las ciudades de Río Grande del Norte, Pernambuco, Natal, Recife y Río de Janeiro (noviembre de 1935). Ese potente levantamiento fue encabezado por la recién fundada Alianza Nacional Libertadora, liderada por Luis Carlos Prestes, en conjunto con el Partido Comunista de Brasil. Tal acontecimiento significó un giro hacia la derecha en la política antioligárquica, popular y nacionalista que Vargas había desarrollado desde 1930. Ese giro antidemocrático, represivo y anticomunista se extendió, al menos, hasta la proclamación, en 1937, del llamado *Estado Novo* (de inspiración fascista) y la posterior derrota, en 1938, del levantamiento armado organizado —con el apoyo del Tercer Reich— por el Partido Integrista de Brasil.[29] Luego de ello, aunque sin abandonar su "nacionalismo económico", ni las pretensiones de desarrollar "un capitalismo independiente", el antes mencionado mandatario brasileño retomó el respaldo que —desde 1890— le habían brindado a la política "panamericana" de la Casa Blanca todos sus antecesores. Esa proyección estuvo vinculada a la persistencia de las contradicciones argentino-brasileñas, así como a la pretensión de ambos países de fortalecer su hegemonía sobre las demás naciones del Cono Sur y de la Cuenca del Plata. A todo lo antes dicho también hay que agregar la innegable responsabilidad que tuvieron los círculos de poder estadounidenses (en particular los poderosos intereses petroleros) y la administración de Franklin Delano Roosevelt, en la criminal prolongación de los constantes enfrentamientos fronterizos que se produjeron en el período 1933-1941 entre Perú (apoyado por la Standard Oil) y Ecuador (impulsado por la empresa angloholandesa Shell); pero, sobre todo, en el terrible conflicto fratricida que, entre 1932 y 1935, enfrentó a Bolivia y Paraguay por el control de la zona del Chaco. Como ya está dicho, en él perdieron la vida 90 000 combatientes paraguayos y bolivianos. A su vez, dejó una estela de miseria e inestabilidad política en esos depauperados países que, en el mediano plazo, favoreció la penetración de la oligarquía financiera estadounidense en el corazón de América del Sur. Sobre todo, en Paraguay, coto del imperio británico desde la malhadada Guerra de la Triple Alianza (1862-1870) contra el gobierno popular y nacionalista presidido por Francisco Solano López.[30]

Merece la pena significar que, sobre la sangre derramada en los campos de batalla por decenas de miles de paraguayos, y tras la fachada del presidente "liberal" Eusebio Ayala (1932-1936), se encaramó en el poder el "victorioso" jefe del Ejército, general José Félix Estigarribia. Pero, debido al descontento generado por la profunda crisis económica y social del país, así como por la precaria desmovilización de las tropas que habían "triunfado" en la guerra del Chaco, explotó la Revolución del 17 de Febrero de 1936: fecha en que —luego de una exitosa sublevación militar y de la derrota de las fuerzas leales a Estigarribia— se instaló un gobierno provisional presidido por el coronel Rafael Franco. Este derogó la constitución liberal de 1870 (había favorecido la constante penetración de los capitales británicos en el país), facilitó la fundación de la Confederación de Trabajadores de Paraguay (en la que participaron activamente los líderes sindicales comunistas) y dictó un grupo de medidas de carácter social. Entre ellas, una reforma agraria dirigida a dotar de ese preciado recurso a la amplia y depauperada población campesina e indígena del país.

En respuesta —y para satisfacción de los imperialismos anglosajones— el 13 de agosto de 1937 un motín militar derechista impuso en la presidencia al abogado pro oligárquico y pro imperialista Félix Paiva, quien restableció la constitución de 1870, derogó las medidas progresistas de los llamados "febreristas" e inició una feroz represión contra los partidarios civiles y militares del coronel Franco. Sobre todo, después que estos fracasaron, en 1938, en la organización de una nueva sublevación. Para tratar de estabilizar la situación, en 1939, se convocaron a nuevas elecciones presidenciales, en las que se impuso el general Estigarribia. Este, previo a su muerte en un accidente de aviación el 7 de septiembre de 1940, retomó algunas ideas de la Revolución de Febrero de 1936; pero estas fueron totalmente abandonadas por su sustituto, el general Higinio Morinigo (1940-1948), quien de inmediato se subordinó a la política global y hemisférica de los Estados Unidos.[31]

Algo parecido ocurrió en Bolivia. Como ya indiqué, en medio de la profunda crisis generada por sus constantes derrotas en la guerra del Chaco, en 1934, un golpe militar sustituyó al reaccionario presidente Daniel Salamanca (1932-1934) por su vicepresidente José Luis Tejada, al que le tocó la responsabilidad de firmar el armisticio con Paraguay (12 de julio de 1935) y desmovilizar de manera compulsiva a las engrosadas y desmoralizadas fuerzas militares que habían sido derrotadas en la contienda. Sin embargo, tal estratagema no pudo impedir que dentro del Ejército se organizaran diversas logias, integradas por jóvenes oficiales que, en sus contactos con las tropas, desplegaron una profunda crítica hacia las deformadas instituciones del país, al igual que hacia sus permanentes mentores: la oligarquía minero-terrateniente (la llamada "rosca"), estrechamente asociada con los Estados Unidos y con Inglaterra. Acorde con las tendencias ideológicas de la época, en algunos de esos jóvenes oficiales "la defensa y exaltación de los valores nacionales" y la crítica al "pacto neo-colonial" impuesto por los imperialismos anglosajones se unió al apoyo de importantes vindicaciones populares; pero otros estaban profundamente influidos por doctrinas y prácticas antipopulares y anticomunistas "de clara matriz fascista".[32]

En esas condiciones, luego de la inusitada ola de huelgas obreras, manifestaciones y mítines estudiantiles, así como de las simultáneas sublevaciones campesinas que culminaron con la huelga general del 10 de mayo de

1936, se produjo un nuevo golpe de Estado, dirigido, en esta ocasión, por el coronel David Toro. Este, en sus dos años de gobierno (1936-1937), desarrolló una política antioligárquica y antimperialista, incluida la organización de la Asamblea Nacional Permanente de Organizaciones Sindicales (ANPOS) y la expropiación de las concesiones petroleras que poseía en Bolivia la Standard Oil.[33] Sin embargo, no estuvo en condiciones de abordar la solución de los problemas más apremiantes de los sectores populares. En consecuencia, las principales organizaciones sindicales lo acusaron de claudicar frente a la oligarquía y frente a las crecientes "presiones diplomáticas" de los Estados Unidos. Por ende, protagonizaron una huelga general que culminó con otro golpe militar, encabezado por el jefe del Estado Mayor del Ejército, el joven coronel Germán Busch Herrera.

Este último inició su administración con un decreto que obligaba a la oligarquía minera a entregar al Estado el 100% de las divisas provenientes de las exportaciones mineras. También estableció las garantías sindicales (el llamado "Código Busch"), una moderna legislación social y promulgó una nueva Constitución (1938). En esta institucionalizó algunas de las vindicaciones democráticas demandadas por el movimiento obrero y popular. En ese contexto, de manera sorpresiva, el joven coronel "murió, víctima de asesinato o suicidio" el 23 de agosto de 1939.[34] Aunque la historia nunca ha esclarecido esa disyuntiva, lo cierto fue que, a partir de ahí, la "rosca", asociada con los sectores derechistas del Ejército y apoyada por la influyente Embajada norteamericana en La Paz, impuso el régimen reaccionario de los generales Carlos Quintanilla (1939-1940) y Enrique Peñaranda (1940-1943); uno de cuyos primeros actos oficiales fue "indemnizar" a la Standard Oil por los bienes que el gobierno de Toro le había expropiado.

LA CONFRONTACIÓN ENTRE LA DICTADURA Y LA DEMOCRACIA ENTRE 1933 Y 1940

Sin embargo, ni esos "éxitos" de la "buena vecindad", ni las derrotas del movimiento popular previamente referidas, pudieron impedir que continuaran desarrollándose las luchas antimperialistas, antioligárquicas, populares y democráticas en América Latina y el Caribe. En algunos países esas luchas fueron estimuladas por el llamado a formar "frentes amplios antifascistas", aprobado —luego de la celebración en Montevideo de la Segunda Conferencia de Partidos Comunistas de América Latina (1934)— por el VII Congreso de la Internacional Comunista (1935). También, fueron favorecidas por las positivas experiencias derivadas de la instauración, en 1936, de la República española. Y, en otros países, como respuesta a las cruentas estrategias antipopulares de los imperialismos anglosajones, de las dictaduras militares (Guatemala, Honduras, El Salvador, Nicaragua, República Dominicana, Venezuela, Perú, Argentina, Paraguay) o "las democracias represivas" (Costa Rica, Panamá, Cuba, Haití, Uruguay, Brasil, Bolivia) que imperaban en la mayor parte de los 20 países "independientes" de la región.

Además, la Casa Blanca tampoco pudo evitar que se expresaran nuevas resistencias gubernamentales al "panamericanismo", ni que el "nacionalismo económico" impregnara la acción interna e internacional de algunos gobiernos del hemisferio occidental. Mucho menos porque, en algunos casos, esas estrategias nacionalistas se inspiraban en los propios enunciados y realizaciones que el *New Deal* estaba teniendo en la economía y la sociedad estadounidenses. Por ejemplo, en 1934, y continuando la labor del presidente liberal Enrique Olaya Herrera (1930-1934), llegó por primera vez a la presidencia de Colombia su correligionario, Alfonso López Pumarejo (1934-1938). Este, enarbolando la consigna de "la revolución en marcha", además de emprender una progresiva reforma tributaria interna, estableció relaciones con la Unión Soviética.

Inspirado en la política reformista de Roosevelt, también fortaleció el papel del Estado en la economía y elaboró una amplia reforma constitucional en la que se reconocían importantes derechos sociales de los trabajadores. Igualmente, impulsó una ley de reforma agraria que encontró fuertes resistencias de los sectores más reaccionarios del Partido Liberal. Por consiguiente, en esos empeños, López Pumarejo contó con el respaldo del carismático líder popular Jorge Eliécer Gaitán, fundador, en 1933, de un desprendimiento del Partido Liberal conocido como la Unión Nacional de

Izquierda Revolucionaria (UNIR). En respuesta, los sectores pro fascistas y pro falangistas (relativo a la Falange española) del Partido Conservador, encabezados por Laureano Gómez y organizados en la llamada "Acción Intrépida", emprendieron una ola de atentados dirigidos a desestabilizar al gobierno liberal; pero ello no pudo impedir el fortalecimiento de la Central de Trabajadores, ni del Partido Comunista de Colombia. Esa tendencia se mantuvo durante el gobierno de Eduardo Santos (1938-1942), representante de la derecha del Partido Liberal y propietario, hasta su muerte, del (todavía) influyente diario *El Tiempo* de Bogotá.

Paralelamente, en Ecuador —en 1937— un golpe militar nacionalista y reformista derrocó a la reaccionaria "dictadura civil" de Federico Páez. Este fue sustituido por el joven general Alberto Enríquez Gallo: continuador de la política reformista, nacionalista y latinoamericanista del paladín del liberalismo ecuatoriano, Eloy Alfaro (murió asesinado en 1912) y, sobre todo, de la frustrada Revolución Juliana de 1925. En consecuencia, e influido por las ideas del Partido Socialista, el general Enríquez auspició la libre organización sindical y la expedición de un nuevo Código de Trabajo, considerado como uno de los más progresistas de América Latina. Complementariamente, expidió una amplia legislación reformista, que incluía leyes sobre Desocupación y Desahucio, una Ley de Cooperativas y un Estatuto Jurídico de las Comunidades Campesinas. Sin embargo, el aspecto más trascendental de la breve acción de ese gobierno cívico-militar "fue su política antimperialista, expresada en el enfrentamiento que sostuvo con la compañía minera yanqui South American Development Co. (SADC), subsidiaria del *trust* monopolista South American Mines Co., que desde 1896 había establecido un verdadero 'enclave' en la zona aurífera de Portovelo".[35]

Ante la oposición de la SADC a negociar nuevos términos contractuales, el gobierno ecuatoriano —respaldado por los partidos de izquierda y por la movilización popular— dispuso la ocupación militar del enclave minero y envió técnicos nacionales para que prepararan el traspaso de la empresa al poder del Estado; pero ese hecho no se consumó gracias a las múltiples presiones de la Casa Blanca y de los agentes locales del capital extranjero. No obstante, el gobierno de Enríquez dictó una serie de decretos que incrementaron sustancialmente los ingresos del país, dejaron claramente establecida la soberanía nacional sobre los recursos naturales y reglamentaron minuciosamente la futura labor de la compañía minera estadounidense. A partir de ahí, enfiló su gestión hacia la revisión de las concesiones que previamente habían obtenido las demás compañías extranjeras, especialmente la Anglo Ecuadorian Oilfields, subsidiaria de la Royal Dutch Shell y la All American Cables and Radio, filial de la célebre International Telephone and Telegraph (ITT) de los Estados Unidos.

Sin embargo, fueron tales las presiones de la oligarquía y de los imperialismos anglosajones, que el general Enríquez declinó voluntariamente su mandato ante la Asamblea Nacional Constituyente de 1938. La misma estuvo integrada de manera paritaria por representantes de los partidos liberal, conservador y socialista. Según el historiador ecuatoriano Jorge Núñez: "Eliminada del poder la pequeña burguesía nacionalista y vuelta la disputa política al campo del cabildeo parlamentario, a la cazurra de la oligarquía ecuatoriana no le fue difícil retomar el control del país".[36] En efecto, en 1939, asumió la presidencia el jefe del Partido Liberal, Aurelio Mosquera Narváez, quien poco tiempo después se declaró dictador. Luego, ilegalizó a los partidos socialista y comunista. También persiguió al movimiento sindical y clausuró las universidades del país. A la muerte de Mosquera, se convocaron nuevas elecciones presidenciales, en las que resultó electo, en 1940, el conspicuo abogado de las empresas mineras norteamericanas, Carlos Alberto Arroyo del Río. Este se mantuvo en el gobierno hasta que, en 1944, fue derrocado por una sublevación popular, conocida en la historia de ese país como "La Gloriosa".[37]

A su vez, en Chile, no obstante la política represiva desarrollada por el gobierno de Arturo Alessandri Palma, el Partido Comunista —siguiendo las consignas del VII Congreso de la Internacional Comunista— fue consolidando paulatinamente un Frente Popular antifascista, integrado por los partidos Comunista, Socialista (fundado en 1933) y Radical, así como por importantes organizaciones sindicales. Entre 1938 y 1942, esa coalición llevó electoralmente a la presidencia a Pedro Aguirre Serna, vinculado a los sectores más progresistas del Partido Radical, en cuyo gabinete desempeñó un papel destacado el ahora afamado mártir de la democracia latinoamericana, Salvador Allende. Como consignó el investigador soviético B. Koval: "Dicho éxito, combinado con las grandes manifestaciones huelguísticas de los obreros, propinó un serio golpe a las posiciones de la reacción chilena y al imperialismo extranjero. Los propósitos reaccionarios de implantar una dictadura militar fascista fueron desbaratados por las masas".[38] Sobre todo, después del sangriento fracaso, en 1938, de la insurrección de las huestes fascistas agrupadas en el Movimiento Nacional Socialista de Chile. Como consecuencia de su vinculación política con ese movimiento, el ex dictador Carlos Ibáñez tuvo que declinar, en lo inmediato, sus aspiraciones presidenciales.

Las positivas experiencias acumuladas en ese orden por el Partido Comunista de Chile y, del otro lado del Atlántico, por el Partido Comunista de España, sin dudas influyeron en Cuba. A pesar de la referida frustración de la llamada "Revolución del 33", la persistencia de las luchas populares obligó al gobierno "constitucional" de Federico Laredo Bru (1937-1940), y a su mentor, el ya general Fulgencio Batista, a promulgar una ley de amnistía que —pese a que puso en libertad o autorizó el retorno al país de los testaferros de la dictadura machadista— tuvo significados positivos para el movimiento popular. Entre ellos, la legalización del PCC y de la CNOC (a partir de entonces comenzó a denominarse Central de Trabajadores de Cuba). Esas y otras fuerzas políticas y sociales comenzaron a pugnar por la convocatoria de una Asamblea Constituyente que reformara radicalmente la Constitución de 1901.

Luego de muchas pugnas, finalmente la Asamblea se eligió en 1939 y —en medio de grandes presiones populares— promulgó, un año más tarde, una de las constituciones burguesas (la Constitución del 40) más avanzadas de todo el continente (prohibió el latifundio e incorporó múltiples derechos sociales previamente conculcados a los trabajadores) y, sin dudas, el más progresista de los ordenamientos jurídicos que rigió la vida política del archipiélago cubano desde el 20 de mayo de 1902, hasta la revolución popular del 1ro de enero de 1959.[39] En todo ese proceso, desempeñaron un papel destacado los más importantes dirigentes de la Unión Revolucionaria Comunista (URC), fundada, en 1939, bajo el aliento unitario de la estrategia antifascista impulsada por el VII Congreso de la Internacional Comunista.

En ese ambiente, en un acto políticamente audaz (y todavía polémico), la URC respaldó la victoriosa candidatura presidencial del nefasto general Fulgencio Batista.

Merece la pena destacar que, un sexenio antes del desarrollo de esos acontecimientos (o sea, en 1934), había llegado a la presidencia de México el general Lázaro Cárdenas. Como se ha documentado, rompiendo con la tradición antipopular y autoritaria del llamado "maximato" (en referencia al jefe máximo del partido oficial y presidente Plutarco Elías Calles), durante los seis años de su gobierno recibieron un indiscutible impulso los principales postulados nacionalistas y populares de la Revolución mexicana de 1910 a 1917. Entre ellos, la reforma agraria, el reconocimiento legal y la materialización de algunas de las principales demandas económicas y sociales del movimiento obrero y sindical, así como la defensa de los principales recursos naturales del país. En primer lugar, sus estratégicas reservas de hidrocarburos, hasta entonces controladas, en lo fundamental y gracias a las políticas pro imperialistas seguidas por sus antecesores, por la compañía angloholandesa Royal Dutch Shell y por la célebre empresa estadounidense Standard Oil Company.

Esa política —y sobre todo la decisión de Cárdenas de nacionalizar, en 1938, luego de un agudo conflicto sindical, las propiedades que tenían en México las empresas imperialistas antes mencionadas— colocó nuevamente en una seria disyuntiva a la "gran estrategia" hacia América Latina y el Caribe diseñada por el dúo Roosevelt-Hull. Mucho más, cuando el gobierno mexicano —con el decidido respaldo del movimiento popular— se negó a entregar las desproporcionadas indemnizaciones por las instalaciones que el Estado mexicano había expropiado y que reclamaban tales "pulpos petroleros". Estos, en respuesta, emprendieron una vigorosa campaña contra el gobierno de Cárdenas, que encontró un rápido respaldo en el gobierno conservador británico. Componente central de esa campaña fue un férreo boicot a las exportaciones petroleras mexicanas (con la consigna de "no compre petróleo robado") y la negativa a venderle a México las refacciones que necesitaban las instalaciones petroleras de ese país. En respuesta, y para disgusto de la Casa Blanca, el gobierno mexicano rompió sus relaciones diplomáticas con el Reino Unido, estrechó sus relaciones con la Unión Soviética y –cual venían haciendo los propios monopolios norteamericanos– amplió sus exportaciones petroleras a Alemania e Italia. Según el historiador británico Gordon Connell-Smith, al principio y siguiendo las presiones de la Standard Oil, el gobierno estadounidense adoptó "una línea dura" (la suspensión de las compras de plata que realizaban a México y de los créditos que le otorgaban a dicho país) frente a la actitud del gobierno mexicano; pero posteriormente el presidente Roosevelt, hablando extraoficialmente, "manifestó que estaba muy lejos de ver con buenos ojos las reclamaciones infladas de las compañías petroleras". Aun así, las posiciones de los dos gobiernos resultaban diametralmente opuestas: "Los Estados Unidos subrayaban la violación de los derechos de sus ciudadanos según el derecho internacional, y México insistía en que los objetivos económicos y sociales de su gobierno tenían precedentes sobre los derechos legales de las compañías petroleras. De esta manera, mientras los Estados Unidos exigían que la cuestión se remitiera a arbitraje, el gobierno mexicano se negaba a acceder, sosteniendo que se trataba de un asunto interno".[40]

De modo que –a pesar de las serias preocupaciones de la administración Roosevelt acerca del precedente negativo que pudiera generar la actitud mexicana en sus relaciones con América Latina y el Caribe, así como acerca de los retos que presuntamente planteaba a la seguridad nacional norteamericana las relaciones de México con la URSS y con las potencias imperialistas ya referidas– la disputa entre ambas partes se estancó durante el resto del período presidencial de Cárdenas. O sea, hasta que en diciembre de 1940 ocupó la presidencia de México (con el apoyo del recién renombrado Partido de la Revolución Mexicana) el conservador y conciliador ex ministro de gobierno de Cárdenas, Miguel Ávila Camacho.[41] Este, luego de llegar a un acuerdo con los Estados Unidos, indemnizó a las empresas petroleras estadounidenses con un monto mucho menor a lo que estas inicialmente habían reclamado (450 millones de dólares); pero muy cercano (24 millones de dólares) a la evaluación que tenía el Departamento de Estado sobre el precio de los activos que México había expropiado. Lo anterior facilitó que "se lograran acuerdos entre ambos países sobre las reclamaciones agrarias y [acerca] de la compra de plata mexicana por la

Tesorería de los Estados Unidos, el otorgamiento de créditos a México por parte del Banco de Exportación e Importación y la estabilización de la moneda mexicana".[42]

Como han indicado algunos analistas, en la actitud conciliadora asumida por la Casa Blanca frente a la política democrática, popular y nacionalista de Lázaro Cárdenas influyeron diversos factores. En primer lugar, el enorme respaldo que tenía Cárdenas dentro de la sociedad, el sistema político y las fuerzas armadas mexicanas, al igual que en buena parte de los países del mundo y de América Latina y el Caribe. En segundo, el hecho objetivo de que el gobierno de Cárdenas —no obstante su cercanía al ideario socialista— nunca se planteó modificar las relaciones capitalistas de producción. De manera que la confrontación entre México y las empresas petroleras antes aludidas, no afectaron, más allá de ciertos límites, otros intereses norteamericanos; tales como los vinculados a la producción y exportación de plata, en su mayoría controlada por empresas norte-americanas.

Pero, sin dudas, en la antes referida actitud del dúo Roosevelt-Hull tuvo una enorme influencia la compleja coyuntura internacional en que se desarrolló ese conflicto entre México, los Estados Unidos e Inglaterra. Esta estuvo signada por la agresión italiana a Etiopía (1935), por la continuación de la belicosidad japonesa en China, por la creciente institucionalización del "triángulo Berlín-Roma-Tokio" (1937) y, sobre todo, por la ocupación de Austria por parte de Alemania (marzo de 1938). También, por los fatídicos acuerdos anglo-italo-alemanes de Munich que desguarnecieron y desmembraron a Checoslovaquia (septiembre de 1938), por la virtual derrota de la República española y por las declaraciones angloalemanas y anglo-francesas de no agresión de septiembre y diciembre de 1938, respectivamente. En esas condiciones se acentuaron las preocupaciones que existían en los círculos de poder estadounidenses en relación con el deterioro de la situación europea y, en particular, respecto al desafío que le planteó a su preponderancia en el continente, la ostensible expansión de la influencia alemana en el hemisferio occidental.

En efecto, como ha planteado Sergio Guerra Vilaboy, además de impulsar el funcionamiento de diversos grupos de orientación fascista en

Brasil, Chile y México, en 1938 esa potencia europea ocupaba el segundo lugar en el mercado latinoamericano, solo detrás de Estados Unidos. En ese año Alemania exportó el 16,9% de todas las mercancías consumidas en América Latina e importó el 17,9% de las materias primas y productos agropecuarios de este continente. En algunos países del Cono Sur este intercambio comercial fue mucho mayor, pues Brasil llegó a consumir el 37% de mercancías alemanas y Chile un 26%, mientras que Guatemala —donde existía desde principios de siglo una activa colonia de alemanes dedicados a la exportación de café— registró el 32,4%, cifras alcanzadas en gran medida gracias al comercio de trueque (*marcos aski*). Incluso, el capital alemán llegó a controlar todo el transporte aéreo en la América del Sur.[43]

De ahí —y de sus acrecentados conflictos con Japón en la Cuenca del Pacífico— la ansiedad de la Casa Blanca y del Departamento de Estado en obtener la solidaridad hemisférica con su vergonzosa posición frente a la guerra mundial que se aproximaba a pasos de gigante. En particular, respecto a las timoratas y oportunistas "leyes de neutralidad" frente a los agresores y a los agredidos que habían sido refrendadas por el Congreso y por el presidente Roosevelt entre 1935 y 1937.[44] Como se ha documentado, con esa política "aislacionista" los círculos de poder en los Estados Unidos —al igual que de otras potencias imperialistas europeas— pretendían facilitar una nueva agresión de Japón, de Alemania y de sus aliados contra la Unión Soviética.[45]

Todos esos factores —junto a las discrepancias frente a esa posición estadounidense expresada por algunos gobiernos latinoamericanos (como los de México y Argentina)— determinaron los escasos resultados de la Octava Conferencia Internacional de Estados Americanos. Esta se efectuó en Lima, Perú, entre el 9 y el 27 de diciembre de 1938. A pesar del acelerado agravamiento de la situación internacional y de las presiones norteamericanas, en la práctica esa conferencia se limitó a ratificar de manera indirecta algunos de los acuerdos (como el reconocimiento de la igualdad jurídica y la soberanía de los Estados americanos) de la ya referida Conferencia Interamericana de Consolidación de la Paz efectuada en Buenos Aires. Además, los gobiernos latinoamericanos y caribeños aceptaron que, en caso necesario, las consultas para el mantenimiento de la paz y la seguridad en el hemisferio occidental se realizaran mediante reuniones *ad hoc* de los Ministros de Relaciones Exteriores de los países integrantes de la Unión Panamericana.

IMPACTO DE LA SEGUNDA GUERRA MUNDIAL EN AMÉRICA LATINA Y EL CARIBE

Aduciendo esos acuerdos, se efectuó en Panamá, entre el 23 de septiembre y el 3 de octubre de 1939, la Primera Reunión de Consulta de Ministros de Relaciones Exteriores de la Unión Panamericana. O sea, apenas unos días después de iniciarse la Segunda Guerra Mundial como consecuencia de la ocupación alemana de Polonia (1ro de septiembre de 1939) y de la decisión anglofrancesa de iniciar sus hostilidades contra las potencias integrantes del Eje Berlín-Roma-Tokio. Dando un nuevo paso en la aceptación de la rentable política "aislacionista" sostenida por los Estados Unidos, los Cancilleres participantes en esa reunión analizaron las medidas que adoptarían los gobiernos del hemisferio para hacer frente "a la dislocación económica que inevitablemente vendría después de la guerra".

A tal fin se creó un inoperante Comité Consultivo Interamericano Financiero y Económico para estudiar "la forma de mitigar las consecuencias económicas de la guerra con respecto a los Estados americanos y para acrecentar la cooperación interamericana" en esas materias. También se recomendó tomar medidas "para combatir las ideas subversivas en el hemisferio occidental" y se ratificó la "neutralidad" de los gobiernos del hemisferio frente a esa conflagración internacional. En función de ello, y siguiendo la rima de la Casa Blanca, también estableció que las aguas hasta aproximadamente una distancia de 300 millas de sus litorales estarían libres "de la comisión de todo acto hostil por parte de cualquier nación beligerante no americana, sin importar que dicho acto hostil se intentara o realizara por tierra, mar o aire".[46]

Comoquiera que Alemania no aceptó esa resolución "panamericana" (de hecho, la región fue escenario de un combate entre las fuerzas navales inglesa y alemana en el Río de la Plata, así como de los ataques de los submarinos alemanes contra embarcaciones comerciales) y que Alemania e Italia ya habían ocupado Albania, Checoslovaquia, Polonia, Dinamarca, Noruega, Bélgica, Luxemburgo, Holanda y buena parte de Francia, del 21 al 30 de julio de 1940, impulsada por los Estados Unidos, se celebró en La Habana la Segunda Reunión de Consulta de Ministros de Relaciones Exteriores de la Unión Panamericana. A pesar de la oposición de algunos gobiernos latinoamericanos (en particular el de Argentina, que recordó su conflicto con el Reino Unido en torno a las Islas Malvinas), en esa reunión la Casa Blanca obtuvo la aprobación de la Resolución Conjunta del Congreso norteamericano del 17 y 18 de junio de 1940.

En ella, aduciendo explícitamente la Resolución de No Transferencia de 1811 e, implícitamente, las referidas "afirmaciones positivas" y "afirmaciones negativas" de la Doctrina Monroe,[47] ese órgano proclamó que "los Estados Unidos no reconocerían ninguna transferencia, ni aceptarían ningún intento de transferencia de ningún territorio de este hemisferio de una potencia no americana a otra potencia no americana...".[48] Se santificaron así —desconociendo los legítimos intereses de algunos países latinoamericanos y sus acertadas preocupaciones acerca de que tal acto era una violación a la posición neutral frente al conflicto bélico asumida por la Octava Conferencia Internacional de Estados Americanos— las acciones unilaterales que ya había emprendido los Estados Unidos para ocupar militarmente las posesiones coloniales holandesas y francesas bañadas por el mar Caribe. Por otra parte, la reunión de consulta de La Habana —también bajo la presión de los representantes del dúo Roosevelt-Hull— aceptó que "todo intento de parte de un Estado no americano contra la integridad o inviolabilidad del territorio, soberanía o independencia política de un Estado americano será considerado como un acto de agresión contra los Estados que firman la declaración...".[49]

Aunque como bien se ha planteado, los signatarios latinoamericanos de esa declaración no aceptaron ningún compromiso de actuar junto a los Estados Unidos en el caso de una agresión a cualquier país del hemisferio occidental por parte de un "Estado no americano", lo cierto fue que, por primera vez en la historia de las relaciones interamericanas, adquirieron un alcance "panamericano" algunos de los principales postulados de la Doctrina Monroe. Mucho más porque, ninguna de las resoluciones arriba mencionadas hicieron referencias a los peligros que podrían plantearse para la pretendida "seguridad colectiva del hemisferio" las acciones individuales o "colectivas" de un Estado americano (en particular de los Estados Unidos) contra el territorio, la soberanía o la independencia política de otro(s) Estado(s) del continente. Ello facilitó las múltiples presiones y agresiones "indirectas" de la Casa Blanca y de sus principales aliados contra todos los gobiernos del continente (en particular contra Argentina) que, de manera soberana, adoptaron posturas más o menos independientes frente a las cambiantes posiciones oficiales estadounidenses durante el desarrollo de la Segunda Guerra Mundial.

Así, a pesar de los ya mencionados acuerdos panamericanos acerca de la no intervención en los asuntos internos y externos de los países del continente, las presiones del "buen vecino" fueron incrementándose progresivamente. En particular, después del golpe de Estado organizado por los Estados Unidos contra el gobierno pro fascista de Arnulfo Arias en Panamá (octubre de 1941) y luego que, en diciembre del propio año, antecedido por el ataque japonés a las base militar estadounidense de Pearl Harbor (7 de diciembre), la Casa Blanca — de manera unilateral y sin que mediara la más mínima consulta con los demás gobiernos de la región—, decidiera declararle la guerra a las potencias imperialistas integrantes del Eje. En consecuencia, entre el 15 y el 28 de enero de 1942, se efectuó en Río de Janeiro la Tercera Reunión de Consulta de Ministros de Relaciones Exteriores de la Unión Panamericana. En ella, gracias a las exigencias estadounidenses, todos los países del hemisferio (con excepción de Chile y Argentina) rompieron sus relaciones con Alemania, Italia y Japón.

Aunque, para disgusto del dúo Roosevelt-Hull, la representación estadounidense no logró (como era su propósito) que todos los gobiernos latinoamericanos y caribeños de inmediato le declararan la guerra a esas potencias del Eje (sólo lo hicieron Costa Rica, Cuba, El Salvador, Guatemala, Haití, Honduras, Nicaragua, Panamá y la República Dominicana), en dicha reunión también se estableció —como venía demandando el gobierno de los Estados Unidos desde 1936— un Comité Consultivo de Emergencia para la Defensa Política (o sea, para combatir la política subversiva de los agentes del Eje) y la mal llamada Junta Interamericana de Defensa (integrada por todos los Ejércitos de la región) que tan nefasto papel desempeñó en la historia posterior de América Latina y el Caribe.

Como por diferentes razones —incluido su innato desprecio hacia las capacidades de los ciudadanos de los países latinoamericanos y caribeños—, el *establishment* de la política exterior y de seguridad de los Estados Unidos no estaba interesado en compartir con los militares de la región la carga de la "defensa colectiva", a partir de ahí buena parte de las gestiones de la Casa Blanca se orientaron a la suscripción de acuerdos bilaterales (fundados en la Ley de Préstamos y Arriendos de 1941) con los gobiernos continente dirigidos a obtener facilidades para instalar nuevas bases militares norteamericanas como fueron los casos de Brasil, Cuba, Ecuador y República Dominicana.

Merece la pena recordar que igual objetivo había tenido la creciente militarización de Puerto Rico y el llamado "acuerdo bases por destructores" que, en 1940, firmó la Casa Blanca con el gobierno británico, encabezado por el Primer Ministro conservador, Neville Chamberlain. Ese último acuerdo fue ratificado en la Carta del Atlántico, signada entre Franklin Delano Roosevelt y Winston Churchill, en agosto de 1941. Gracias a esos compromisos entre los imperialismos anglosajones, se instalaron más de una decena de bases aéreas y navales estadounidenses en algunas colonias inglesas en el Caribe, como fueron los casos de Antigua, Bahamas, Bermudas, la llamada Guayana Británica, Jamaica, Santa Lucía y Trinidad y Tobago.[50]

Por consiguiente, aunque no sin resistencias (en lo fundamental motivadas por las preocupaciones de algunos gobiernos latinoamericanos y caribeños respecto al tiempo de permanencia de esas bases y a las implicaciones que ellas tendrían para su soberanía nacional), sobre la base de los conceptos de la llamada "seguridad hemisférica", se consolidó el sistema de bases militares norteamericanas en el continente; en particular, en el perímetro de la Cuenca del Caribe y del Atlántico Sur. Asimismo, se amplió la influencia de los Estados Unidos sobre las fuerzas armadas de los demás países del hemisferio. Basta recordar que en los años de la Segunda

Guerra Mundial, más de cien mil soldados estadounidenses estuvieron en servicios en América Latina.[51] También que, en esos años —sobre la base de la mencionada Ley de Prestamos y Arrendamientos y de sus disposiciones especiales sobre la defensa de la Zona del Canal de Panamá—, el gobierno norteamericano otorgó, como mínimo, 475 000 000 de dólares de ayuda militar a 19 naciones de América Latina y el Caribe (se exceptúa Argentina) con el propósito de fortalecer a los gobiernos que cooperaban con su esfuerzo bélico y de "ganarse la buena voluntad de los militares" de la región.[52]

Según los datos disponibles, el 75% de dicha ayuda se concentró en Brasil. Este último y México fueron los únicos países latinoamericanos que enviaron fuerzas de combate —subordinadas a los mandos estadounidenses— al teatro de operaciones europeos, cuando, en junio de 1944, luego de muchas dilaciones, las fuerzas anglonorteamericanas desembarcaron en Sicilia, Italia, para contribuir tardíamente a los decisivos golpes que ya venía dándole la Unión Soviética y el Ejército Rojo —junto a los destacamentos guerrilleros y a las fuerzas de la resistencia antifascistas— a la poderosa maquinaria militar de las potencias del Eje y, en particular, a las del Tercer Reich. Acorde con los objetivos generales de esta obra, merece la pena indicar que algunos de los oficiales brasileños que participaron en la Segunda Guerra Mundial subordinados a sus homólogos norteamericanos, desempeñaron un papel preponderante en la cruenta "dictadura de seguridad nacional" que se instauró en Brasil en 1964. También en las mal llamadas Fuerzas Interamericanas de Paz, que —bajo la dirección de los Estados Unidos— ocuparon la República Dominicana para sofocar la Revolución de abril de 1965.

Sin embargo, sería un despropósito suponer que las únicas ganancias que obtuvieron los círculos de poder estadounidenses en América Latina y el Caribe durante la prolongada administración de Franklin Delano Roosevelt —y en particular durante los años de la Segunda Guerra Mundial— estuvieron vinculadas a las esferas político-diplomáticas, a la consolidación del "panamericanismo", o a la ampliación de su influencia sobre las fuerzas militares del continente. Como se ha documentado, durante "la Época del Buen Vecino", los Estados Unidos también profundizó su penetración económica en toda la región.

En párrafos anteriores me referí de manera general al papel subordinado que desempeñaron los mercados latinoamericanos y caribeños en la solución de la profunda crisis que afectó a la economía estadounidense durante la Gran Depresión (1929-1934). También a los mal llamados "tratados de reciprocidad comercial" que, a partir de ese último año, comenzó a firmar la Casa Blanca con algunos gobiernos latinoamericanos y caribeños. Esos asimétricos tratados objetivamente beneficiaron la expansión de las exportaciones, los préstamos privados u oficiales (estos últimos otorgados a través del Banco de Exportaciones e Importaciones) y las inversiones privadas norteamericanas en el continente. En particular, las vinculadas a la extracción de combustibles y minerales, así como a la producción de algunos productos primarios como el azúcar, el cacao y el café, que tenían una alta demanda en el mercado estadounidense. De hecho, la ahora llamada "ayuda oficial para el desarrollo de América Latina y el Caribe" que en aquellos años les ofreció la Casa Blanca a los gobiernos latinoamericanos y caribeños adictos a su política, estuvo condicionada a que estos adoptaran medidas tales como la reducción de tarifas aduaneras, así como una liberalización del control de cambios favorables a las exportaciones de bienes de capital y a las inversiones estadounidenses.

Sin embargo, el "nacionalismo económico" que durante la década de 1930 caracterizó la política de diversos gobiernos de la región (entre ellos, México, Bolivia, Brasil y Colombia), junto a los ingentes capitales que —a partir de 1935— demandó la reestructuración y reactivación de la entonces deprimida economía estadounidense, sin dudas, limitó la penetración económica de los Estados Unidos en las naciones ubicadas al sur de sus fronteras. Como había ocurrido durante la Primera Guerra Mundial, ese espacio comenzó a ser cubierto por la acción mancomunada de ciertos sectores de la burguesía nacional (en particular los que se vincularon a la industrialización dirigida a la sustitución de importaciones, así como a la satisfacción de las demandas de los mercados internos) y por algunas naciones imperialistas europeas interesadas en aprovechar la situación para afincar sus reales en América Latina; particularmente, en los países de mayor desarrollo relativo: Argentina, Brasil, Colombia, Chile, México, Perú y Venezuela. Ello explica el importante papel que — como vimos — comenzó a desempeñar Alemania (y, en algunos países, Italia) en las transacciones económicas de varios países suramericanos y centroamericanos.

Ese desafío al mencionado Corolario Taft de la Doctrina Monroe también contribuye a explicar las intensas y precoces preocupaciones que — desde 1936 — comenzó a expresar la administración Roosevelt en relación con la posteriormente denominada "acción subversiva de las potencias del Eje". Y, por supuesto, la manera en que "el buen vecino" (siguiendo la práctica empleada por la administración del demócrata Woodrow Wilson) utilizó el segundo conflicto bélico mundial para desplazar del continente a sus competidores, incluidos sus aliados británicos y franceses. Sirvió a ese propósito la fundación, en 1940, de la Oficina para la Coordinación de las Relaciones Comerciales y Culturales entre las Repúblicas Americanas (posteriormente denominada Oficina del Coordinador de Asuntos Interamericanos), capitaneada, nada más y nada menos, que por el multimillonario Nelson A. Rockefeller. También las presiones políticas y diplomáticas que — amparados en los acuerdos de las Reuniones de Consulta de Ministros de Relaciones Exteriores ya referidas— emprendió la Casa Blanca, en consuno con algunos gobiernos, con vistas a desplazar y, en la medida de lo posible, sustituir las principales inversiones italianas y alemanas en América Latina.

Ejemplos de esa práctica fueron la manera brutal en que — a instancia de los Estados Unidos— algunos gobiernos de esa región expropiaron los bienes, encarcelaron y, en algunos casos, extraditaron hacia el territorio norteamericano a inocentes ciudadanos alemanes o italianos residentes en el continente. Asimismo, la forma en que las compañías aéreas estadounidenses (apoyadas por las fuerzas armadas de ese país) lograron apropiarse y luego sustituir todas las facilidades que tenía en Suramérica la aviación comercial alemana so pretexto de que estas amenazaban la seguridad del Canal de Panamá.[53] También las enormes presiones a las que, hasta 1945, fueron sometidos diversos gobiernos argentinos por su persistente negativa a romper las relaciones diplomáticas y comerciales, así como a declararle la guerra a las potencias del Eje. Como veremos después, a pesar de la proclamada neutralidad argentina frente a todas las potencias participantes en la contienda, en enero de 1944, tales presiones llegaron hasta el bloqueo del puerto de Buenos Aires por parte de unidades de la armada estadounidense.[54]

A todo lo anterior se unieron los leoninos acuerdos de estabilización (topes) de los precios de los productos de exportación de América Latina y el Caribe hacia el mercado norteamericano que — amparados por la "solidaridad hemisférica" durante la guerra—, poco o poco, fue imponiendo la Casa Blanca. Según algunas estimaciones, tales acuerdos le ahorraron a la poderosa economía estadounidense cerca de 4 000 millones de dólares a cambio de "vagas promesas de ayudar al desarrollo industrial latinoamericano una vez terminado el conflicto".[55] Independientemente de la validez de esa cifra, lo cierto fue que la subordinación de América Latina y el Caribe a las necesidades de la "economía de guerra" estadounidense, contribuyó a acrecentar el poderío global de los Estados Unidos. Mucho más porque, a diferencia de todas las demás potencias imperialistas euroasiáticas, su territorio no fue tocado por la guerra, y porque, aprovechándose de su "neutralidad" inicial y de su tardía incorporación al conflicto, a partir de 1939 la industria estadounidense se transformó en "el arsenal" de las fuerzas militares anglofrancesas. Pese a ello, algunos monopolios petroleros norteamericanos también obtuvieron jugosas ganancias con sus ventas a Alemania e Italia.

En consecuencia, entre 1939 y 1945, el comercio exterior estadounidense registró un superávit de 35 000 millones de dólares, y sus exportaciones (en primer lugar las de armamentos y combustibles) se triplicaron. A causa de lo anterior (y de la destrucción de la base productiva de sus aliados y competidores), en 1945, a los Estados Unidos le correspondió el 60% de la producción del mundo capitalista (43% antes de la guerra). Por otra parte, gracias a la guerra, el ingreso *per cápita* de los estadounidenses se incrementó de 695 dólares en 1939 a 1 526 dólares en 1945.[56] Como es lógico, ese acelerado incremento de las riquezas de la potencia hegemónica en el hemisferio occidental (y a partir de 1945 en el mundo capitalista) se reflejó en una mayor subordinación económica de las naciones ubicadas al sur de sus fronteras. De modo que, en 1946, los capitales privados estadounidenses ya controlaban el 100% de la extracción de mineral de hierro de América

Latina y el Caribe; las 9/10 partes de la extracción de cobre; 7/10 partes de la extracción de plata; 2/3 de la extracción de zinc; cerca de 3/5 de la extracción de petróleo; casi la mitad de la producción de manganeso y de platino; más de 1/3 de la de plomo; así como el 10% de la extracción y refinación de estaño.[57]

Esa creciente desnacionalización de las principales riquezas del continente contribuye a explicar algunas de las resistencias que comenzaron a desarrollarse en América Latina y el Caribe contra la cacareada Política del Buen Vecino, aún antes de que terminara la Segunda Guerra Mundial. Obviamente, en ello también influyó el auge relativo que, a partir de 1939, había experimentado las principales naciones de América Latina y el Caribe a causa del mejoramiento coyuntural de los precios de sus principales productos de exportación. En ese contexto, algunos gobiernos de la región emprendieron diversas acciones dirigidas a consolidar el proceso de industrialización —fundado en la sustitución de importaciones— que, de manera intermitente, se había venido desarrollando desde comienzos del siglo XX. Como parte de esos esfuerzos, y acorde con los complejos cambios ideológicos de la época (en especial, el auge de las ideas democráticas provenientes del acelerado declive de los autoritarios postulados del nazifascismo), esos gobiernos también adoptaron diversas medidas dirigidas a ampliar la participación política, y a mejorar los niveles de vida de la población. En particular, de los nuevos sectores socioclasistas (como la clase obrera y las extendidas clases medias urbanas) que habían surgido a causa de los cambios económicos, sociológicos y políticos antes referidos.

Ya hemos mencionado la política nacionalista, antimperialista, popular y democrática seguida entre 1934 y 1940 por el general Lázaro Cárdenas, así como sus inconclusos esfuerzos por alejar del control del Estado a aquellos sectores de las clases dominantes mexicanas que —según indicó Eduardo Galeano— habían "convertido la revolución [de 1910 a 1917] en un negocio".[58] A pesar de sus inconsecuencias (en particular, las referidas a sus acuerdos con la Casa Blanca), esa política tuvo cierta continuidad durante el Gobierno de Unidad Nacional, presidido por Miguel Ávila Camacho (1941-1946). Este —bajo el persistente estímulo de Cárdenas, quien retuvo la Secretaría de Defensa— continuó impulsando una política exterior antifascista que, en ciertos ángulos, se alejó de los intereses de los Estados Unidos y de otras potencias imperialistas europeas. En particular, en el decidido apoyo que le ofreció Cárdenas a la República española y a todos los refugiados que —luego de la derrota de esta en 1939— se trasladaron hacia algunos países de América Latina y el Caribe.

También hemos referido las contradictorias acciones nacionalistas emprendidas por el largo gobierno "nacional-burgués-populista" de Getulio Vargas en Brasil (1930-1945); sobre todo después que, en 1938, rompió las nefastas influencias que habían gozado en la instauración del llamado *Estado Novo* (1937) las fuerzas nazifascistas y radicalmente anticomunistas agrupadas en el Partido Integralista de Brasil.[59] Como han indicado algunos autores, a partir de ese momento, moderando su anti-comunismo, Vargas utilizó las condiciones creadas por la Segunda Guerra Mundial para acelerar, desde el Estado, la introducción de diversos cambios sociales y económicos favorables a la burguesía industrial y a ciertos sectores populares; entre ellos, la llamada "nueva clase obrera", surgida de las crecientes migraciones entre el campo y la ciudad que se produjeron en la década de 1930. También para defender los precios de los productos primarios (caucho, café, cacao) que exportaba Brasil, intentar desarrollar su inmenso potencial económico (acero e hidrocarburos) y diversificar sus múltiples dependencias frente a los monopolios de las principales poten-cias imperialistas, en particular frente a los Estados Unidos e Inglaterra.[60]

Aunque con éxitos variados, procesos similares se desarrollaron en otros países suramericanos, centroamericanos y caribeños. Así, mediante vías electorales, llegaron al gobierno de algunos países de la región frentes populares antifascistas en los que adquirieron variada relevancia, según el caso, los partidos comunistas y otras fuerzas progresistas o de izquierda. Así ocurrió en Chile. Allí, luego de la muerte del presidente Pedro Aguirre Cerda (1938-1942), se formó la llamada "Alianza Democrática" (radicales y socialistas) que llevó al gobierno al presidente "socialdemócrata" Juan Antonio Ríos (1942 y 1946). Transitoriamente favorecidos por la alianza anglo-soviético-norteamericana en la lucha contra el nazifascismo y el militarismo japonés, ese gobierno —al igual que el de su antecesor—

impulsó diversas políticas de corte nacionalista que posibilitaron que los partidos socialista y comunista acumularan importantes fuerzas dentro del movimiento popular y, en particular, en el movimiento obrero organizado. Símbolo de esa realidad fue la elección, en 1945, como Senadores de la República de Chile, del entonces Secretario General del Partido Socialista, Salvador Allende, y del renombrado escritor comunista Pablo Neruda.[61]

Algo parecido ocurrió en Costa Rica y Cuba. En el primero de dichos países, el Partido Vanguardia Popular (comunista), estructuró una estrecha alianza con los sucesivos gobiernos de Ángel Calderón Guardia (1940-1944) y de Teodoro Picado (1944-1948); mientras que, en circunstancias distintas, la Unión Revolucionaria Comunista de Cuba pasó a ocupar algunos ministerios durante su transitoria y conflictiva participación en el único gobierno constitucional del pro imperialista general Fulgencio Batista (1940-1944). Paralelamente, en 1941, luego de derrotar "electoralmente" al gobierno del general Eleazar López Contreras (1935-1941), llegó al gobierno de Venezuela el general Isaías Medina Angarita, quien hasta su derrocamiento, el 18 de octubre de 1945, adoptó diversas medidas favorables al movimiento obrero y popular. Asimismo, otras dirigidas a ampliar el control nacional y estatal sobre la explotación de las inmensas riquezas petroleras de su país. Entre ellas, una ley de hidrocarburos que elevó los impuestos que tenían que pagar al Estado venezolano los monopolios norteamericanos a los que obligó a refinar en Venezuela no menos del 10% del crudo extraído.[62]

A su vez, en 1942, asumió nuevamente la presidencia de Colombia el liberal progresista Alfonso López Pumarejo. Al igual que en su primer mandato (1934-1938), impulsó importantes reformas sociales, económicas, políticas y jurídicas favorables a los intereses nacionales y populares; a saber: el desarrollo de relaciones diplomáticas con la Unión Soviética, la legalización del Partido Comunista de Colombia y el fortalecimiento de la Central de Trabajadores de Colombia. Ellas contribuyeron a la amplia movilización popular que determinó el fracaso —el 10 de julio de 1944— de una asonada militar auspiciada por diversos sectores derechistas; y, en particular, por el declarado líder pro fascista del Partido Conservador, Laureano Gómez.[63]

Por su parte, en Argentina, el 4 de junio de 1943, un golpe de Estado organizado por el ideológicamente heterogéneo Grupo de Oficiales Unidos (donde militaban militares de inspiración nazi-fascitas, junto a elementos nacionalistas-reformistas) lanzó a la palestra política, desde el Departamento del Trabajo y Previsión, al entonces coronel Juan Domingo Perón. Este, en 1945, luego de la renuncia a la presidencia del general Pedro Ramírez (causada por las violentas presiones norteamericanas ya referidas), pasó a ocupar el Ministerio de Guerra y la vicepresidencia del gobierno del también general Edelmiro J. Farrel. A pesar de los mencionados acuerdos de la Tercera Reunión de Consulta de los Ministros de Relaciones Exteriores de la Unión Panamericana, y de las presiones internas y externas de diversas fuerzas antifascistas, hasta los primeros meses de 1945, ese gobierno militar mantuvo su neutralidad en el conflicto bélico y comenzó a tomar diversas medidas dirigidas a favorecer los intereses populares (como varios programas sociales que beneficiaron a la nueva clase obrera: "los descamisados") y nacionales.[64] Igualmente, a romper la enorme dependencia de ese país hacia el Reino Unido y hacia los Estados Unidos.[65] Esas políticas, se fortalecieron a partir de 1946, luego que Perón ocupó en forma constitucional la presidencia de la república. Ello, a pesar de las descaradas injerencias en los asuntos internos argentinos del Embajador estadounidense en Buenos Aires, Spruille Braden.[66]

De modo paralelo, en Bolivia, en 1943, luego de una ola de huelgas y motines populares, fue derrocado el gobierno pro imperialista y sanguinario del general Enrique Peñaranda (1939-1943), quien, entre otras cosas, había sido el autor intelectual de la célebre matanza de Catavi de 1942, en la que perdieron la vida cientos de trabajadores mineros, incluidos decenas de mujeres y niños.[67] Lo sustituyó —con el apoyo de algunas de las llamadas "logias militares"— el mayor Gualberto Villarroel (1943-1946). Este, a pesar de sus inconsecuencias, contó con el respaldo del Movimiento Nacional Revolucionario (MNR), al igual que de algunas organizaciones sindicales mineras entre las que tenía una cierta influencia el Grupo Obrero Marxista (GOM) —antecesor del Partido Obrero Revolucionario— de filiación trotskista.[68] Con esas alianzas —fortalecidas con la incorporación del MNR al gabinete— el nuevo mandatario emprendió diversas medidas contra la llamada "rosca": los "Barones del estaño" y la reaccionaria oligarquía terrateniente que, durante más de un siglo, había expoliado y discriminado, de manera brutal, a la amplia población indígena y "chola" del país.

También reconoció a la Unión Soviética, adoptó algunas medidas dirigidas a proteger los precios del estaño en el mercado mundial, promovió la organización de la combativa Federación Sindical de Trabajadores Mineros (FSTMB), auspició la celebración del Primer Congreso Nacional de Mineros, al igual que del Primer Congreso Indígena Boliviano.[69]

Un año más tarde, el 4 de julio de 1944, luego de intensas y combativas movilizaciones populares, en Guatemala fue derrocada la larga dictadura del títere de la UFCO: el general Jorge Ubico (1931-1944). Este último fue transitoriamente sustituido por un represivo triunvirato militar y —luego de la llamada "Revolución de octubre de 1944"— por los sucesivos gobiernos progresistas, nacionalistas y antimperialistas de Juan José Arévalo (1945-1950) y del coronel Jacobo Árbenz (1951-1954). Previamente, antecedida por grandes represiones contra el movimiento popular y por el asesinato de importantes dirigentes opositores, también fue derrocada en El Salvador la prolongada y criminal satrapía del general Maximiliano Hernández Martínez (1931-1944). Paralelamente, el 28 de mayo de 1944, en Ecuador, una sublevación popular (conocida como "La Gloriosa") impuso el retorno al país y proclamó Jefe Supremo de la Nación al caudillo populista José María Velasco Ibarra; el que, como vimos, cuatro años antes, había sido desterrado por el fraudulento y represivo gobierno "constitucional" de Carlos Alberto Arroyo (1940-1944).

Un año después, en Perú, ganó las elecciones presidenciales José Luis Bustamante y Rivero con el respaldo del Frente Democrático Nacional, donde tenía una enorme influencia la Alianza Popular Revolucionaria Americana (APRA) dirigida —desde su fundación en 1924, hasta su muerte en 1979— por el "socialdemócrata" Víctor Raúl Haya de la Torre. Como indicamos, a pesar de sus posiciones nacional-reformistas y anti-comunistas, desde las sofocadas insurrecciones populares de 1931 y 1932, tanto sobre Haya de la Torre, como sobre su partido venía pesando un fuerte veto político por parte de los sectores oligárquicos de ese país andino. Esa oposición fue apoyada de manera sistemática por las fuerzas armadas y por sucesivos gobiernos de los Estados Unidos.

Por su parte, en Venezuela, a fines de 1945, un grupo de jóvenes oficiales del Ejército, encabezados por los coroneles Carlos Delgado Chalbaud y Marcos Pérez Jiménez, unidos a la dirección del entonces recién reorganizado Partido Acción Democrática (PAD), derrocó —mediante un golpe de Estado— al gobierno del general Medina Angarita y exigió la convocatoria de elecciones universales y directas. En lo inmediato, tal acontecimiento puso fin al siglo y medio de caudillismo militar, gobiernos oligárquicos y autocráticos, cruenta represión a sus opositores políticos e indolente entrega de las riquezas nacionales a los monopolios extranjeros, en particular norteamericanos, que —según Darcy Ribeiro— habían convertido a ese país suramericano "en un Estado-cuartel". Se instauró entonces una Junta de Gobierno presidida por el "socialdemócrata" y declarado anticomunista, Rómulo Betancourt; quien, hasta las elecciones presidenciales de 1948, bajo la tutela militar y la cuidadosa observación de los círculos oficiales norteamericanos, desplegó "un amplio programa de renovación nacional".[70]

A su vez, en Barbados, Belice, Guyana, Jamaica, Santa Lucía y Trinidad y Tobago —como consecuencia del proceso político desencadenado por el ya referido Congreso sindical que se desarrolló en 1938 en Guyana, así como del ambiente ideológico generado por las luchas por la liberación nacional en otras colonias británicas (entre ellas, la India)— comenzaron a emerger diversos movimientos sociales y políticos interesados en romper, de forma más o menos radical, el vetusto "orden colonial" instaurado por el Reino Unido. Algo parecido ocurrió en Puerto Rico. En ese archipiélago —a pesar de la poderosa militarización de que fue objeto durante la Segunda Guerra Mundial, de las constantes represiones contra el movimiento popular y de las fuertes discrepancias entre los partidos políticos "nacionalistas"— los sectores independentistas acumularon crecientes fuerzas contra la dominación colonial impuesta por los Estados Unidos. Como está dicho, pese a su prolongado encarcelamiento, en ese proceso desempeñó un decisivo papel el martirizado líder popular, antimperialista e independentista Pedro Albizu Campos (1891-1965), quien —retomando las enseñanzas del Padre de la lucha por la independencia de esa isla, Ramón Emeterio Betances (1830-1898)— unió las luchas anticoloniales de

Puerto Rico con las contiendas populares, democráticas y antimperialistas que entonces se desarrollaban en otras naciones de América Latina y el Caribe.[71]

Aunque carentes de esas proyecciones políticas, el desarrollo y desenlace de la Segunda Guerra Mundial también estimuló los diversos movimientos autonomistas que actuaban en las posesiones coloniales holandesas y francesas en el Caribe. Al calor de las radicales luchas antifascistas que se desarrollaban en Francia, y fruto de las políticas del gobierno popular que se instauró en París inmediatamente después de la derrota del Tercer Reich (mayo de 1945), en Martinica y Guadalupe las fuerzas de izquierda (en particular, los comunistas y los socialistas) adquirieron una redoblada presencia en la vida política de esas colonias. Todo esto favoreció que, en 1946, se les reconociera, por primera vez en su larga historia colonial, el "privilegiado" carácter de Departamentos Franceses de Ultramar (DOM).[72]

En tal contexto, en 1945, en Haití, animado por los jóvenes comunistas organizados a través del periódico clandestino *La Ruche* (La Colmena), se experimentó un ascenso de las luchas de las capas medias, reformistas y democráticas, con amplio apoyo obrero y campesino. Gracias al respaldo de esas fuerzas sociales, el 11 de enero de 1946, fue derrocada, mediante una sublevación popular, la férrea "dictadura civil" de Elie Lescot; apoyada por los sectores oligárquicos mulatos y por la Casa Blanca. Luego de un breve *interregno* bajo el precario control de una Junta Militar, llegó a la presidencia el representante del "ala negra de la oligarquía", Dumarsais Estimé; quien, con el apoyo norteamericano y de la *gendarmerie*, procedió a la disolución de las organizaciones democráticas, estudiantiles y obreras. También reprimió a los líderes que habían encabezado el movimiento democrático de 1946. Al mismo tiempo, amparándose tras la bandera del "nacionalismo cultural", mantuvo una posición entreguista hacia los Estados Unidos y, mediante la depredación de los recursos del Estado, procedió a la formación de la "burguesía negra" que, a partir de 1957, sustentaría la sanguinaria dictadura de la dinastía de François Duvalier.[73]

Ese proceso regresivo —al igual que otras situaciones antipopulares, dictatoriales y antidemocráticas que se produjeron en América Latina y el

Caribe entre 1945 y 1958— fue favorecido, luego de la muerte de Franklin
Delano Roosevelt, por las administraciones del demócrata Harry Truman
(1945-1953) y del republicano Dwight Eisenhower (1953-1961). Al primero
de ellos le correspondió el oprobio de haber lanzado las bombas atómicas
contra las indefensas ciudades japonesas de Hiroshima y Nagasaky: acto
con el que —según el reaccionario presidente republicano Richard Nixon—
se desencadenó "la tercera guerra mundial".[74] También el de haber iniciado
(bajo los presupuestos abiertamente reaccionarios, antisoviéticos y anticomunistas de la Doctrina Truman, así como de la denominada "política al
borde de la guerra") la etapa de la historia contemporánea conocida con el
apelativo de la "Guerra Fría" (1947-1989).

Mientras Eisenhower, además de otras tropelías en diferentes partes del
mundo, fue el responsable directo de la nueva ola de sanguinarias dictaduras militares y de agresiones mercenarias estadounidenses que —bajo el
slogan de la Política del Buen Socio— se produjeron en el continente. Estas
cumplían el objetivo de tratar de sofocar, a sangre y fuego, los avances
obtenidos por el movimiento popular latinoamericano y caribeño durante e
inmediatamente después de la culminación de la Segunda Guerra Mundial.
Precisamente, a narrar los pormenores de esa cruenta y dolorosa etapa de la
historia latinoamericana y caribeña, así como las responsabilidades que le
competen al llamado Sistema Interamericano, a los sectores más reaccionarios de las clases dominantes locales y a casi todos los gobiernos del
hemisferio occidental está dirigido el próximo capítulo.

NOTAS

1. James W. Gantenbein (ed.): *The Evolution of Our Latin American Policy:
    A Documentary Record*; Colombia University Press, New York, 1950,
    p. 187.
2. Gordon Connell-Smith: ob. cit, p. 187.
3. Ibídem, p. 194.
4. Tulio Halperin Donghi: ob cit., p. 375.
5. Ibídem, p. 377.

6. Gordon Connell-Smith: ob. cit., p. 196.

7. Demetrio Boersner: ob. cit., pp. 174-175.

8. Ibídem, pp. 195-196.

9. Dirección Política de las FAR: ob. cit., p. 610.

10. Ibídem, p. 608.

11. Gérard Pierre-Charles: El Caribe a la hora de Cuba, Casa de las Américas, La Habana, 1981, p. 40.

12. América Díaz Acosta, Sergio Guerra V., y otros: ob. cit., t. 1, pp. 460 y 474.

13. Roberto Cassá: ob. cit., t. 2, pp. 247-251.

14. Eduardo Galeano: Memoria del fuego..., ed. cit., t. 3, pp. 129-130.

15. Gordon Connell-Smith: ob. cit., p. 195.

16. Parlamento Latinoamericano e Instituto de Relaciones Europeo-Latinoamericanas: ob. cit., p. 152.

17. Elizabeth Fonseca: ob. cit., p. 210.

18. Clara Nieto: Los amos de la guerra y las guerras de los amos, Ediciones UNIANDES/CEREC, Santa Fe de Bogotá, 1999, p. 97.

19. Juan Bosch: ob. cit., pp. 327-328.

20. Debe retenerse que hasta la promulgación de la Ley de Seguridad Nacional de 1947, en que se fundó el Departamento de Defensa (conocido por el Pentágono, por la forma geométrica del edificio que ocupó y todavía ocupa) los Departamentos de Guerra y Marina funcionaron de manera separada. En ese año, también se unificaron las Fuerzas Armadas en un Estado Mayor Conjunto subordinado al Departamento o a la Secretaría de Defensa y se creó el Consejo de Seguridad Nacional, integrado por el Presidente, el Vicepresidente y el Secretario de Defensa, asesorados por el Departamento de Estado, por el Director de la Agencia Central de Inteligencia (CIA), creada por la misma ley, y por el presidente del Estado Mayor Conjunto de las Fuerzas Armadas de los Estados Unidos.

21. Julio Ángel Carreras: ob. cit., p. 141.

22. América Díaz Acosta, Sergio Guerra V., y otros: ob. cit., t. 1, p. 506.

23. Julio Ángel Carreras: ob. cit., p. 141.

24. Gérard Pierre Charles: ob. cit., 1981, p. 30.

25. América Díaz Acosta, Sergio Guerra V., y otros: ob. cit., t. 1, p. 458.

26. Tulio Halperin Donghi: ob. cit., p. 390.

27. Sergio Guerra V., y Alberto Prieto: ob. cit., p. 92.

28. B. Koval: *Movimiento obrero en América Latina (1917-1959)*, Editorial Progreso, Moscú, 1985, pp. 53-57.

29. Sergio Guerra V., y Alberto Prieto: ob. cit., p. 92.

30. Eduardo Galeano: *Las venas abiertas...*, ed. cit., pp. 293-307.

31. América Díaz Acosta, Sergio Guerra V., y otros: ob. cit., t. 1, pp. 492, 504, 517, 531 y 543.

32. Sergio Guerra Vilaboy: *Etapas y procesos...*, p. 41.

33. Jorge Núñez: "El nacionalismo revolucionario: Ecuador y Bolivia", ed. cit, pp. 49-50.

34. Ibídem.

35. Ibídem, pp. 51-52.

36. Ibídem.

37. América Díaz Acosta, Sergio Guerra V., y otros: ob. cit., t. 2, pp. 594.

38. B. Koval: *Movimiento obrero en América Latina*, ed. cit., p. 86.

39. Juan Bosch: ob. cit., p. 311.

40. Gordon Connell-Smith: ob. cit., p. 202.

41. América Díaz Acosta, Sergio Guerra V., y otros: ob. cit., t. 1, p. 530.

42. Gordon Connell-Smith: ob. cit., pp. 203-204.

43. Sergio Guerra Vilaboy: *Etapas y procesos...* ed. cit., pp. 41-42.

44. Allan Nevins, Henry Steele Commager y Jeffrey Morris: ob. cit., pp. 421-424.

45. A. A. Guber (compilador): ob. cit., pp. 126-127.

46. Gordon Connell-Smith: ob. cit., pp. 204-205.

47. Según Samuel F. Bemis (ob. cit., p. 30), la Resolución de No Transferencia de 1811 fue "el primer hito significativo en la evolución de (...) la política latinoamericana de los Estados Unidos" y, por tanto, uno de los antecedentes de la Doctrina Monroe. Tal resolución facultó al entonces presidente James Madison (1809-1817) para ocupar la Florida

oriental (entonces en poder de España) en caso de que se presentara el peligro de ocupación de una potencia "extranjera"; entiéndase de una potencia diferente a los Estados Unidos.

48. Gordon Connell-Smith: ob. cit., p. 205.

49. Ibídem, p. 206.

50. Humberto García Muñiz y Gloria Vega Rodríguez: *¿Ayuda militar o negocio redondo? Tráfico de armas y adiestramiento militar de los Estados Unidos en el Caribe (1790-2001)*, mimeografiado, San Juan, Puerto Rico, 2001, pp. 65-76.

51. *Department of State: Bulletin*, xxviii / 718, Washington, 1953, p. 106.

52. Gordon Connell-Smith: ob. cit., p. 210.

53. Edwin Lieuwen: *Arms and Politics in Latin American*, (edición rústica, revisada), New York, 1961, p. 190 y siguientes.

54. Sergio Guerra Vilaboy: *Etapas y procesos...*, ed. cit., p. 42.

55. Humberto Vázquez García: *De Chapultepec a la OEA: apogeo y crisis del panamericanismo*, Editorial de Ciencias Sociales, La Habana, 2001, p. 25.

56. Ibídem, p. 21.

57. Avdakov, Polianski y otros: *Historia económica de los países capitalistas*, Instituto del Libro, La Habana, 1961, pp. 427-428.

58. Eduardo Galeano: *Memoria del fuego...*, t. 3, ed. cit., p. 134.

59. Alberto Prieto Rozos: ob. cit., pp. 108-109.

60. A. Karaváev: ob. cit., pp. 109-115.

61. América Díaz Acosta, Sergio Guerra V., y otros: ob. cit., t. 2, ed. cit., p. 587.

62. Ibídem, p. 611.

63. Ibídem, p. 592.

64. Demetrio Boersner: ob. cit., pp. 176-181.

65. Richard Gillespie: *Soldados de Perón: los Montoneros*, Editorial Grijalbo, Buenos Aires, 1997.

66. Ibídem.

67. Raúl Ruiz González: ob. cit., p. 99.

68. Donald Hodges: ob. cit., pp. 118-120.

69. Raúl Ruiz González: ob. cit., pp. 100-102.

70. Darcy Ribeiro: ob. cit., pp. 249-254.

71. Juan Mari Bras: ob. cit., pp. 93-107.

72. Digna Castañeda: "El movimiento descolonizador en Guadalupe y Martinica", en *El Caribe Contemporáneo*, México D.F., diciembre de 1985, no. 11, pp. 45-58.

73. Gérard Pierre-Charles: ob. cit., pp. 40-41 y 64-65.

74. Richard M. Nixon: *La verdadera guerra: la tercera guerra mundial ha comenzado...*, Planeta, Barcelona, 1980, pp. 26-29.

5. LAS PRIMERAS VÍCTIMAS DE LA "GUERRA FRÍA"

Cuando aún no se había secado la sangre derramada en las cruentas batallas de la Segunda Guerra Mundial y en momentos en que la humanidad apenas comenzaba a conocer los horrores que se habían cometido en los campos de concentración nazifascistas ubicados en diferentes países europeos,[1] al igual que el holocausto provocado por las criminales bombas atómicas lanzadas por los Estados Unidos contra las indefensas ciudades japonesas de Hiroshima y Nagasaky (agosto de 1945),[2] los círculos dominantes y el establishment de la política exterior y de seguridad estadounidenses —apoyados en su transitorio monopolio sobre las armas nucleares y en las inmensas riquezas amasadas a costa de ese conflicto bélico— comenzaron a desplegar diversas estratagemas dirigidas a continuar expandiendo —cual venían haciendo desde fines del siglo XIX— su poder económico, político, ideológico, cultural y militar hacia diversas regiones de todo el mundo.

Al igual que en ocasiones precedentes, uno de los pilares de esas estrategias fueron las diversas maniobras dirigidas a neutralizar, impedir o derrotar por diversas vías, incluida la violencia, las acciones de otros Estados nacionales, al igual que de todas aquellas fuerzas sociales, políticas e ideológico-culturales que —con independencia de sus heterogéneas proyecciones sociopolíticas— fueran percibidas como obstáculos para sus seculares afanes expansionistas. En primer lugar, las aliadas, simpatizantes o integrantes del llamado Movimiento Comunista, Obrero y de Liberación Nacional que —desde 1919— se había estructurado alrededor de las resoluciones y acuerdos de la ya disuelta Internacional Comunista y de los frentes amplios antifascistas formados en diferentes países del mundo.

Al margen de los diversos errores que se habían cometido en la construcción del socialismo en la URSS, de los múltiples reveses que habían sufrido diferentes destacamentos populares después del triunfo de la Revolución de Octubre de 1917 (entre ellos, la República española) y de las desviaciones oportunistas que, a causa de la colaboración anglo-soviética-norteamericana en la lucha contra el nazifascismo, aparecieron en el seno de algunos partidos comunistas (cual fue el caso del llamado "browde-rismo" originado en el Partido Comunista de los Estados Unidos),[3] el movimiento comunista fortaleció su influencia en varios países del orbe. En ello influyó el decisivo papel desempeñado por el Partido Comunista de la Unión Soviética (PCUS), al igual que otros partidos comunistas y obreros, tanto en la derrota del nazifascismo y del militarismo japonés, como en las multiformes contiendas contra el capitalismo, el colonialismo y el neo-colonialismo que, con creciente intensidad, se venían desarrollando en todos los continentes y, en especial, en diferentes países del ahora deno-minado "Tercer Mundo".

En consecuencia, a partir de la segunda mitad de la década de 1940, fueron particularmente intensas las luchas por la liberación nacional y social en diversos países europeos, asiáticos y africanos. En el primero de esos continentes, la derrota del nazifascismo propició la participación de los comunista y de otras fuerzas populares en los gobiernos de Francia, Italia, Bélgica, Dinamarca, Islandia, Austria y Luxemburgo. A su vez, en Asia (China, Vietnam, Corea, la India, Indonesia y Filipinas), el Medio Oriente (Irán, Egipto e Irak), África de Norte (Argelia) y en África al Sur del Sahara (Angola y Guinea) se fortalecieron los empeños de los partidos comunistas y de otros sectores nacionalistas y antimperialistas dirigidos a romper los profundos lazos de dependencia colonial o semicolonial que los unían, según el caso, con las entonces debilitadas metrópolis europeas (Inglaterra, Francia, Holanda y Bélgica), con las derrotadas potencias del Eje (integrado por Alemania, Italia y Japón) y con el cada vez más poderoso imperialismo norteamericano.

Como vimos en el capítulo anterior, a pesar de (o quizás por) la Política del Buen Vecino desarrollada por el presidente Franklin Delano Roosevelt y de las continuas represiones desatadas por las dictaduras militares o las "democracias represivas" que en aquellos años preponderaron en toda la región, esas luchas populares, democráticas, antioligárquicas, antimperialistas, anticapitalistas y anticolonialistas también se expresaron en América Latina y el Caribe. Sin dudas, en el fortalecimiento de tales luchas tuvo una destacada influencia la progresiva "bancarrota del nazifascismo" y el auge de las ideas democráticas y socialistas en todo el mundo. Esos fenómenos —unidos a la nueva crisis económica y social que afectó a la región— estimularon la rebeldía popular y provocaron la caída de algunos de los más aborrecidos "regímenes tiránicos avalados con largos años de represión y terror". A pesar de su carácter predominantemente espontáneo, en muchos lugares la magnitud del movimiento obligó "a la oligarquía y a los sectores de las clases dominantes aliados con el capital norteamericano, a hacer importantes concesiones a los trabajadores y al pueblo en general".[4]

De ahí que —tal como había ocurrido desde la proclamación de la Doctrina Monroe (1823), hasta el fin de la "Época del Buen Vecino" (1933-1945)—, el fortalecimiento de la estrategia expansionista norteamericana en todo el mundo comenzara a desplegarse en las naciones ubicadas al sur del Río Grande y de la península de Florida. Como ya indicamos, esa zona del planeta —en particular, la denominada Cuenca del Caribe (incluye a las islas del Caribe insular, a los Estados centroamericanos bañados por el mar del propio nombre, al igual que por el Golfo de México)— seguía siendo considerada por la geopolítica imperial como "su traspatio", "su tercera frontera", "el Mediterráneo americano", "el flanco sur" o "la blanda parte baja" de su pretendida "seguridad nacional".[5] Igualmente, como "el escudo y la espada de la expansión del poder global de los Estados Unidos" hacia todo el mundo.[6]

LA DOCTRINA TRUMAN

Por consiguiente, apenas unos meses antes de la ocupación de Berlín por parte de las fuerzas militares soviéticas, de la rendición de la Alemania nazi (mayo de 1945) y de la derrota del militarismo japonés (agosto de 1945), entre el 21 de febrero y el 9 de marzo de 1945, se efectuó en Chapultepec, México, la Conferencia Interamericana sobre Problemas de la Guerra y la Paz. A pesar de las resistencias que en ese cónclave se expresaron hacia algunas de las propuestas "librecambistas" propugnadas por los representantes estadounidenses, como fue el Plan Clayton (en referencia al subsecretario de Estado norteamericano, William Clayton), mediante el Acta de Chapultepec, y de la Carta Económica de las Américas, todos los gobiernos latinoamericanos y caribeños —con excepción del argentino, que fue excluido del cónclave por su tardía aceptación de las resoluciones de las Reuniones Extraordinarias de Consulta de los Ministros de Relaciones Exteriores de la Unión Panamericana previamente referidas— quedaron comprometidos a respaldar los esfuerzos estadounidenses por terminar la guerra, así como a reorganizar el "orden" y la institucionalidad política y económica internacional que emergería de las cenizas de la Segunda Guerra Mundial.

Con ese fin, siguiendo los contradictorios pasos de las ocho conferencias panamericanas realizadas entre 1891 y 1938 —y bajo la presión estadounidense—, en ese cónclave se adoptaron nuevas decisiones dirigidas a institucionalizar el Sistema Interamericano. En consecuencia, se le otorgaron nuevas facultades al Consejo Directivo de la Unión Panamericana (CDUP) y se estableció que —en lo adelante— las Conferencias Internacionales Americanas (consideradas la máxima instancia del sistema) se efectuarían cada cuatro años. En el ínterin y previa convocatoria del CDUP radicado en Washington, se realizarían anualmente las Reuniones de Consulta de los Ministros de Relaciones Exteriores del hemisferio, con el fin de "tomar decisiones concernientes a los problemas de mayor urgencia e importancia dentro del Sistema". También para resolver "las situaciones y disputas de todo género que pudieran turbar la paz del hemisferio". Mientras tanto, podrían convocarse reuniones extraordinarias de consulta "para tratar temas de emergencia", siempre que así lo decidiera la mayoría de los integrantes del CDUP.[7]

Por otra parte, los gobiernos latinoamericanos y caribeños quedaron responsabilizados con continuar suministrando a los Estados Unidos, y a su fortalecido complejo militar-industrial, los insumos y las materias primas estratégicas que este requería para terminar la guerra y para desplegar sus fortalecidas potencias expansivas inmediatamente después que culminara ese conflicto bélico.[8] En este orden, dejaron establecido que —cuando terminara la guerra— "las repúblicas americanas" desarrollarían una política de cooperación internacional que eliminaría "los excesos a que pueden conducir el nacionalismo económico, evitando la restricción exagerada a las importaciones y el *dumping* de excedentes de la producción nacional en los mercados internacionales". También se empeñarían "en prestar amplias facilidades para el libre tráfico e inversiones de capitales, dando igual tratamiento a los capitales nacionales y extranjeros, salvo cuando la inversión de estos últimos [contrariara los] principios fundamentales de interés público".[9]

Sobre la base de los acuerdos antes referidos y de otros excluidas en aras de la síntesis, se le exigió colectivamente al gobierno militar argentino (entonces presidido por el general Farrell) que aceptara los acuerdos de Chapultepec como condición inexcusable para formar parte de la Unión Panamericana.[10] Además, la administración de Harry Truman obtuvo el respaldo de los gobiernos de la región para que la entonces naciente Organización de Naciones Unidas (ONU), reconociera *de facto* la vigencia de la Doctrina Monroe y de "los acuerdos interamericanos" que se adoptaran al amparo de la misma. Como había ocurrido durante la fundación de la Liga de las Naciones en 1919, gracias a las gestiones de la poderosa delegación estadounidense que asistió a la Conferencia de San Francisco (abril de 1945), lo anterior quedó consignado de manera tácita en aquellos artículos de la Carta de la ONU que refrendaron la existencia de "acuerdos y organismos regionales que fueran compatibles con los propósitos y principios del organismo internacional". También en los que le entregaron facultades a esos organismos regionales para "aplicar medidas coercitivas bajo su autoridad" con el propósito de "lograr el arreglo pacífico de controversias de carácter local" antes de someterlas a la consideración del antidemocrático Consejo de Seguridad de la ONU.[11] En este, desde su origen, tenían poder de veto los cinco miembros permanentes de ese órgano: los Estados Unidos, la URSS, Francia, el Reino Unido y la República China. Al margen de algunas ambivalencias y de ciertos enunciados positivos (sobre todo, los presentes en la Carta de la ONU), sin dudas, todos los acuerdos hemisféricos e internacionales antes referidos fueron utilizados, de inmediato, de una u otra manera, por los círculos de poder norte-americanos, en estrecha alianza con las oligarquías locales y con algunos de sus aliados europeos (en particular, las monarquías constitucionales de Holanda y del Reino Unido) con vistas a legitimar su violenta y multiforme contraofensiva contra los pueblos y contra algunos gobiernos progresistas de América Latina y el Caribe.

En efecto, en Argentina, en 1945, un golpe de estado reaccionario, aupado por los Estados Unidos, derribó al gobierno del general Edelmiro Farell y encarceló a su vicepresidente y Ministro de Trabajo, Juan Domingo Perón. Fue necesaria una poderosa movilización popular (en la que desempeñó un destacado papel la clase obrera), apoyada por sectores del Ejército y de la policía, para hacer retroceder los afanes de los golpistas, reponer a Perón en sus cargos y sostener su anunciada candidatura presidencial para las elecciones pautadas para 1946. Enseguida, el Embajador norteamericano en Buenos Aires, Spruille Braden —violando las más elementales normas diplomáticas y olvidándose de la retórica de la "buena vecindad"— inició ingentes gestiones para formar "un frente único" contra Perón; pero, en lo inmediato, sus gestiones culminaron en un rotundo fracaso. En los indicados comicios, Perón —apoyado en el fugaz Partido Laborista y por un amplio movimiento de masas— obtuvo una aplastante victoria. En consecuencia, fue elegido para ocupar la presidencia del país entre 1946 y 1952.[12] Según se ha documentado, en todo ese proceso tuvo un papel destacado la inolvidable Eva Duarte, más conocida como Evita Perón.[13]

Paralelamente, en Colombia, la derecha del Partido Liberal y el reaccio-nario Partido Conservador, con el respaldo de las fuerzas armadas y de la Embajada estadounidense, obligó a renunciar al presidente Alfonso López

Pumarejo. Acto seguido se decretó una reforma constitucional que anuló todos los enunciados progresistas de la Constitución de 1936. De esa manera se abrió el camino que, entre 1946 y 1953 (fecha en que se produjo el golpe de Estado encabezado por el general Gustavo Rojas Pinilla), llevaría al gobierno al conservador Mariano Ospina Pérez, y a su mentor: el declarado pro imperialista, pro fascista y pro falangista Laureano Gómez.[14] En consecuencia, bajo el mandato de Ospina (1946-1950), de Laureano Gómez y de su títere Carlos Urdaneta (1950-1953) se desató una nueva ola de violencia contra los sectores progresistas del Partido Liberal, al igual que contra el Partido Comunista de Colombia y contra el movimiento obrero y campesino.

De manera simultanea, el 29 de octubre de 1945, y con el ostensible apoyo del Embajador norteamericano, Adolf Berle (un mes antes había declarado públicamente que "los Estados Unidos vería con agrado un cambio de gobierno en Brasil"), se produjo un "cuartelazo" contra el presidente Getulio Vargas.[15] Este fue sustituido —en medio de una aguda crisis económica, social y política— por Eurico Gaspar Dutra (1946-1951), quien luego de una efímera "apertura política", rompió relaciones con la URSS, ilegalizó, de nuevo, al prestigioso Partido Comunista de Brasil, así como a otras fuerzas populares y democráticas y le realizó "considerables concesiones al capital extranjero".[16] Entre ellas, una legislación que creó condiciones favorables para que las empresas foráneas (predominantemente, inglesas y estadounidenses) pudieran transferir sus ganancias al exterior, realizar masivas reinversiones de capitales, e invertir o reinvertir en los sectores claves de la economía (como el petróleo y la metalurgia) que les habían sido vedados por el gobierno precedente.[17]

Unos meses después, el 21 de julio de 1946, con el ostensible respaldo estadounidense, fue violentamente derrocado en Bolivia el gobierno de Gualberto Villarroel. Una sublevación organizada por el mal denominado Frente Democrático Antifascista, bajo la hegemonía de "la rosca", terminó con el sádico linchamiento del antes mencionado mandatario. Al decir del historiador ecuatoriano Jorge Núñez, luego de ese terrible acontecimiento, retornaron "al poder los viejos generales masacradores de mineros" y obsecuentes con los "Barones del estaño".[18] Todos ellos, de inmediato, formaron un heterogéneo Gabinete de Unidad Nacional que desató una cruenta represión contra los partidarios civiles y militares del martirizado presidente, incluidos los principales dirigentes del MNR y de los más importantes sindicatos obreros del país.

En ese ambiente, se convocaron nuevas elecciones presidenciales en las que resultaron electos los candidatos de la oligarquía y de los imperialismos anglosajones: el presidente Enrique Hertzog y el vicepresidente Mamerto Urriolagoytía; quienes rompieron sus relaciones con la URSS y autorizaron lo que en Bolivia se denomina "la masacre blanca". O sea, el despido masivo de trabajadores con el propósito de incrementar las ganancias del "superestado minero".[19] Las protestas frente a esas decisiones y ante la constante reducción de los salarios, fueron violentamente reprimidas, al igual que todos los intentos auspiciados por el MNR de retornar al poder; lo que profundizó la inestabilidad política que tradicionalmente había caracterizado a ese empobrecido país andino.

Por otra parte, en el propio año 1946, luego de la renuncia por razones de salud del presidente radical Juan Antonio Ríos (1942-1946), el fugaz gobierno de Alfredo Duhalde quebrantó la referida Alianza Democrática en la que participaba el Partido Socialista de Chile. Luego de un interludio represivo, se convocó nuevamente a elecciones. En ellas, con el apoyo del Partido Comunista de Chile (PCCh), resultó electo el candidato del Partido Radical, Gabriel González Videla. Este —para ponerse a tono con las directrices de la Casa Blanca—, a partir de agosto de 1947, y durante cinco años consecutivos, reprimió violentamente al movimiento obrero organizado y, pese a sus compromisos electorales, ilegalizó al PCCh. Los tres ministros de esa organización política fueron expulsados del gabinete y decenas de dirigentes comunistas, al igual que centenares de integrantes de otros movimientos populares, fueron confinados en los campos de concentración instalados en la norteña Isla de Pisagua o violentamente asesinados, cual ocurrió en la famosa masacre de las minas de Lota (octubre de 1947). A su vez, luego de ser destituidos en forma antidemocrática de sus posiciones en el Parlamento, varios dirigentes de los partidos comunista y socialista tuvieron que marcharse al exilio; como fue el caso del tenazmente perseguido poeta Pablo Neruda.[20]

En el propio año, en Paraguay, se produjo una guerra civil que enfrentó al general y presidente Higinio Morínigo Martínez (1940-1948) y al Partido Colorado con el resto de las fuerzas políticas del país. Con el apoyo anglo-norteamericano, obtuvo la victoria el sector más reaccionario del Partido Colorado, y Morínigo se consolidó transitoriamente en el poder. Lo hizo con el respaldo del entonces jefe de las fuerzas armadas paraguayas y declarado pro fascista, el sanguinario general Alfredo Stroessner. Enseguida, ambos desencadenaron una violenta represión contra todos los partidarios de los ideales de la Revolución del 17 de febrero de 1936. En ese contexto, se desató una cruenta persecución contra todas las organizaciones populares y progresistas; incluidos los oficiales del Ejército de la llamada "tendencia institucionalista" (por su oposición al golpe de Estado de Morínigo), los llamados "clubes febreristas" y el Partido Comunista. El líder de esta última organización, Alberto Candia, fue brutalmente asesinado.[21]

A su vez, en México, el gobierno de Miguel Alemán Valdés (1946-1952) —abandonando las políticas de corte nacional-popular seguidas, entre 1934 y 1946, por sus antecesores y los acuerdos adoptados en la lucha contra el nazifascismo— expulsó de la pro gubernamental Central de Trabajadores de México a los líderes obreros comunistas, al igual que a los seguidores del afamado dirigente obrero socialista Vicente Lombardo Toledano. A partir de ahí se instauró en la sociedad —y particularmente sobre el movimiento obrero organizado— un férreo y autoritario control gubernamental, conocido en la jerga política mexicana como "el charrismo".[22] Al amparo de esos métodos, comenzó a desarrollarse la intensa, aunque selectiva, represión contra los partidos y movimientos populares —en especial, sobre el movimiento indígena— que en los años sucesivos caracterizó, salvo excepciones que confirmar la regla, al "régimen de Partido-Estado" instaurado en ese país latinoamericano por el denominado Partido Revolucionario Institucional (PRI).[23]

Simultáneamente, en Ecuador, en 1947, un "cuartelazo" —encabezado por el coronel Carlos Mancheno— derrocó y expulsó nuevamente del país al presidente constitucional José María Velasco Ibarra. Como quiera que ese golpe no contó con el apoyo unánime del Ejército, luego del breve interinato de Carlos Arosemena y después de un nuevo proceso electoral, llegó a la presidencia el terrateniente Galo Plaza Lasso (1948-1952). Este, antes de asumir esa responsabilidad, había sido abogado de la UFCO, monopolio norteamericano que —como ya vimos— durante varias décadas conservó un poder casi omnímodo sobre el denominado "infierno de las bananeras",[24] así como sobre la vida económica, política y social de la mayor parte de los países centroamericanos (Guatemala, Honduras y Costa Rica) e importantes posesiones en algunos países suramericanos (Colombia y Ecuador) y caribeños.

En esta última subregión —además de la "solución" antidemocrática de la crisis del régimen dictatorial de Elie Lescot mencionada en el capítulo anterior— los ímpetus independentistas fueron neutralizados a través de diferentes maniobras "autonomistas" de los Estados Unidos o de las metrópolis europeas. Y, cuando estas fallaban, mediante una abierta represión militar y policial. Por ejemplo, en Guyana —después que en 1948 el Reino Unido admitió la ampliación del elitista censo electoral y una mayor autonomía de los gobiernos de sus posesiones caribeñas— las autoridades coloniales británicas reprimieron violentamente una manifestación popular. Ese acto dejó un saldo de cinco muertos y decenas de heridos.

Algo parecido ocurrió en Puerto Rico. Allí, en 1948, tras un breve interregno "aperturista" —en el que se autorizó el regreso a la Isla, luego de diez años de prisión en los Estados Unidos, del líder independentista Pedro Albizu Campos, al igual que la fundación del Partido Independentista de Puerto Rico (PIP)—, fue aplicada la llamada "Ley de la Mordaza". Esta fortaleció la represión contra los patriotas puertorriqueños y, en especial, contra el movimiento estudiantil. Sobre todo, después que un grupo de dirigentes juveniles —entre los que se encontraban los ahora afamados líderes políticos Juan Mari Bras y Rafael Cancel Miranda— cometieron "el crimen" de arriar la bandera norteamericana e izar la puertorriqueña en una de las universidades del país, así como de defender el idioma español y negarse a cumplir la Ley de Servicio Militar que los obligaba a integrarse a lo que ellos, con toda legitimidad, consideraban: "el Ejército invasor".[25]

Previamente, en República Dominicana, luego de la efímera "apertura democrática" que había emprendido el sátrapa Rafael Leonidas Trujillo en los años finales de la Segunda Guerra Mundial, este, a partir de su reelección en mayo de 1947, desató una encarnizada represión contra todos sus opositores. En primer lugar, contra el entonces naciente Partido Socialista Popular (comunista) fundado —bajo el estímulo de su homólogo cubano— en 1946, contra la Juventud Democrática (integrada por estudiantes de diversas corrientes políticas opuestas a la dictadura) y contra los sectores antitrujillistas del movimiento sindical. En consecuencia, fue liquidado el movimiento obrero organizado y los principales dirigentes opositores fueron "reducidos a prisión". Otros fueron impunemente asesinados. En correspondencia con su proverbial megalomanía, Trujillo —con el consentimiento de la Casa Blanca— se proclamó: "Campeón del Anticomunismo en América".[26] En consecuencia, como en etapas anteriores, la represión alcanzó a todos los exiliados dominicanos en diversos países del hemisferio occidental.

Algo parecido ocurrió en Nicaragua. En 1946 —presionado por la creciente oposición a su mandato y por el ambiente democrático de la época— Somoza convocó a nuevas elecciones presidenciales y anunció su decisión de no aspirar a la reelección. Como resultado, en febrero de 1947 se efectuaron los comicios en que resultó vencedor el candidato de la oposición, Leonardo Argüello. Este, una vez en la presidencia, destituyó de sus cargos a todas las familiares del sátrapa y lo emplazó a que abandonara el país. En respuesta, el 25 de mayo del propio año, Somoza destituyó al Presidente constitucional y designó como mandatario provisional a su subalterno, Benjamín Lacayo Sacasa. Este —siguiendo el mandato de Somoza— convocó inmediatamente a elecciones para una Asamblea Constituyente que, luego de constituida, nombró como Presidente al octogenario Víctor Román y Reyes (1948-1951). Este último —con el respaldo de la Guardia Nacional— emprendió una política represiva contra los partidarios de Argüello y contra todas las organizaciones políticas populares que se habían conformado durante la Segunda Guerra Mundial. Entre ellas, el Partido Socialista (comunista) y la Confederación de Trabajadores de Nicaragua.

Íntimamente relacionada con la contraofensiva oligárquico-imperialista someramente referida, siguiendo lo acordado en la Conferencia de

Chapultepec, y luego de algunas dilaciones motivadas por el irresuelto "problema argentino", entre el 15 de agosto y el 2 de septiembre de 1947, se inició en Río de Janeiro, Brasil, la Conferencia Interamericana para el Mantenimiento de la Paz y la Seguridad del Continente.[27] Esta fue antecedida —a instancia del Primer Ministro británico Winston Churchill— por la ruptura, en 1946, de la "gran alianza anglo-soviética-norteamericana" y por la proclamación, el 12 de marzo de 1947, de la afamada Doctrina Truman. Por medio de ella, ese mandatario estadounidense anunció su decisión de "contener el avance del comunismo en todo el mundo".[28] Con tal fin, y a propuesta de la delegación norteamericana, todos los participantes en la conferencia suscribieron, el 2 de septiembre de 1947, el Tratado Interamericano de Asistencia Recíproca (TIAR): el mismo que entró en vigor el 3 de diciembre de 1948, luego de recibir las catorce ratificaciones previamente establecidas.[29]

A pesar de las solitarias y débiles oposiciones del gobierno de Juan Domingo Perón (que ya se había reincorporado al Sistema Interamericano) y del segundo gobierno del presidente cubano Ramón Grau San Martín (1944-1948), así como de las ausencias de los gobiernos de facto de Nicaragua y Ecuador (cuyos mandatarios aún no habían sido reconocidos por los demás gobiernos de la región), gracias al TIAR, todos los Estados del hemisferio occidental —con excepción de Canadá— quedaron nuevamente comprometidos, entre otras cosas, a "defenderse mutuamente en caso de un ataque contra algunos de ellos o de sus territorios en otros lugares del mundo por parte de cualquier potencia extra continental". Como se ha documentado, el también llamado Pacto de Río de Janeiro fue "el modelo" para las restantes alianzas político-militares que, a partir de 1949, signaría los Estados Unidos con sus "aliados" y satélites de la región Asia-Pacífico, del Oriente Medio y Europa occidental.[30] En los primeros casos, la Organización del Tratado del Sudeste de Asia, la Organización del Tratado Central (por sus siglas en ingles, la SEATO y la CENTO, respectivamente), así como la ANZUS, integrada —como indica su acrónimo— por Australia, Nueva Zelanda y los Estados Unidos. Y, en el último, la Organización del Tratado Atlántico Norte (OTAN). A esta se incorporó con armas y bagajes el gobierno canadiense.[31]

El Sistema Interamericano se completó en la IX Conferencia Internacional de Estados Americanos efectuada en Bogotá, Colombia, entre el 30 de marzo y el 2 de mayo de 1948. Ésta concluyó con la aprobación de la Resolución sobre la Preservación y Defensa de la Democracia en América (de clara matriz anticomunista); con la fundación, a tal fin, del denominado "ministerio de colonias de los Estados Unidos": la Organización de Estados Americanos (OEA); y con la ratificación —luego de algunos escarceos diplomáticos— de su instrumento militar: la Junta Interamericana de Defensa (JID) fundada, como ya vimos, en 1942. Ambas se institucionalizaron después de derrotar, otra vez, la debilitada oposición de aquellos gobiernos latinoamericanos y caribeños (Argentina, Cuba, Venezuela, Guatemala) que pedían que la conferencia le dedicara mayor atención a los problemas del desarrollo económico y social de la región.[32] Asimismo, pese a la frustrada sublevación popular que se produjo en Colombia contra el gobierno reaccionario y pro imperialista de Mariano Ospina Pérez, inmediatamente después del asesinato del carismático líder popular Jorge Eliécer Gaitán (9 de abril de 1948).

Los más de 3 000 muertos que quedaron tendidos en las calles de Bogotá en apenas 24 horas de desorganizados combates y, sobre todo, como resultado de la draconiana represión desatada por parte del gobierno anfitrión, permiten afirmar que la OEA nació manchada con la sangre derramada por el pueblo colombiano. Cabe recordar que esa matanza se desarrolló bajo la mirada cómplice de la importante delegación norteamericana que acudió a esa cita y, en especial, del entonces secretario de Estado norteamericano: el afamado ex general George Marshall (1947-1949).[33] Para él, "el Bogotazo" había sido "obra de Moscú". En consecuencia, el gobierno colombiano —siguiendo los pasos de los gobiernos más reaccionarios de la región y las directrices de la Casa Blanca— rompió inmediatamente sus relaciones diplomáticas con la URSS e ilegalizó al Partido Comunista de Colombia.[34]

Por ello, no fue extraño que ese nuevo convite panamericano —a pesar de que destruyó las esperanzas de los gobiernos de América Latina y el Caribe de recibir, al igual que Europa occidental, un tratamiento económico preferencial por parte de los Estados Unidos (el multimillonario Plan

Marshall)— terminara respaldando, a pie juntilla, la necesidad de reprimir las "tácticas de hegemonía totalitaria, inconciliables con la tradición de los países de América" y cualquier actividad de los llamados "agentes al servicio del comunismo internacional" que pretendieran "desvirtuar la auténtica y libre voluntad de los pueblos de este Continente".[35] Tampoco fue raro que los participantes en esa cita se sumaran a la "Santa Alianza contra el comunismo" que, en correspondencia con la "cacería de brujas" y los brutales métodos inquisitoriales desatados por el macartismo (en referencia al senador Joseph McCarthy) en la propia sociedad norte-americana, venían urdiendo las fuerzas más retrógradas de los Estados Unidos.

Sin dudas, los propagadores de esos métodos sabían que los reaccio-narios propósitos internos y externos del presidente Harry Truman contaban, al menos, con el obsecuente respaldo de las represivas y pro imperialistas dictaduras militares o cívico-militares instauradas en la República Dominicana, El Salvador, Honduras, Nicaragua, Bolivia y Paraguay. También esperaban el apoyo de los gobiernos "democrático-representativos" que administraban su "semirrepública de Panamá", al igual que sus neocolonias de Brasil, Chile, Ecuador, Haití, Uruguay, Colombia, Perú, Haití y Cuba. Igualmente, contaba con "la neutralidad" del gobierno mexicano de Miguel Alemán Valdés (1946-1952), el cual —junto al ya mencionado autoritarismo interno— había adoptado diversas medidas en el campo de la política económica y exterior dirigidas a mejorar las relaciones con su poderoso vecino del norte; entre ellas, un sonado y criticado intercambio de visitas oficiales con su homólogo norteamericano.

El gobierno de los Estados Unidos también esperaba el apoyo del "socialdemócrata" José Figueres, quien en ese momento ejercía el liderazgo de la pomposamente denominada "Junta Fundadora de la Segunda República de Costa Rica". Ese órgano se había formado unos días antes de que se firmara la Carta de Bogotá (2 de mayo de 1948) y luego de la sangrienta sublevación —la cual dejó un saldo de más de 2 000 muertos— que había derrotado a las fuerzas populares y comunistas. Estas apoyaban al gobierno del socialcristiano Teodoro Picado (1945-1948). Tal derrota popular —al igual que la inmediata ilegalización del Partido Vanguardia

Popular de Costa Rica (comunista), de la Confederación de Trabajadores y de otras organizaciones populares— fue favorecida por una invasión militar realizada desde el exterior por los opositores a la reelección de Picado.

Tal invasión contó con el apoyo moral y material de la llamada "Legión del Caribe", donde tenían un indiscutible peso político los líderes de la mal llamada "izquierda democrática" de Venezuela y de Puerto Rico, Rómulo Betancourt y Luis Muñoz Marín, respectivamente. El primero tenía una notable influencia sobre el fugaz gobierno presidido por el prestigioso escritor Rómulo Gallegos; mientras que el último, en medio de un intenso clima represivo y luego de una tenue reforma a la legislación colonial promulgada desde 1900 por sucesivos gobiernos estadounidenses, recientemente había sido "electo" gobernador colonial de esa isla con el apoyo directo de los círculos de poder norteamericanos y del mal nombrado Partido Popular Democrático.[36]

Gracias a esos respaldos, el gobierno "demócrata-anticomunista" de José Figueres (quien también rompió relaciones con la URSS) pudo neutralizar las presiones que ejercieron en su contra los grandes intereses económicos de Centroamérica y de los Estados Unidos (entre ellos, la Mamita Yunay); en particular, la invasión militar organizada, en diciembre de 1948, por algunos grupos de exiliados costarricenses con el apoyo de la dictadura de Anastasio *Tacho* Somoza García.[37] Casi un año después —luego de aplastar de manera sangrienta una nueva sublevación oposicionista—, en noviembre de 1949, Figueres le entregó el gobierno a Otilio Ulate Blanco, quien en los comicios de 1948 se había presentado como el candidato opositor al derrocado gobierno del Teodoro Picado.

En los cuatro años siguientes, Ulate —mediante una política moderadamente reformista, pero comprometidamente anticomunista y pro imperialista— logró estabilizar la situación política del país, hasta que en 1953 —luego de unas elecciones restringidas—, retornó a la presidencia José Figueres con el apoyo del mal denominado Partido de Liberación Nacional, de orientación "socialdemócrata", y de la Casa Blanca. Merece destacar que en esos comicios se prohibió la participación de la oposición de izquierda y del Partido Vanguardia Popular de Costa Rica.[38]

CONSECUENCIAS INMEDIATAS
DE LA FUNDACIÓN DE LA OEA

Lo antes dicho me coloca en el análisis de las contradictorias y conflictivas consecuencias inmediatas que tuvo la fundación de la OEA en todo el continente. A lo dicho sobre Costa Rica, habría que agregar lo ocurrido en Perú. En ese país, en octubre de 1948 —tras la destrucción del Frente Democrático Nacional, en el que participaba el APRA—, se produjo la brutal derrota de la insurrección de la flota de guerra anclada en el puerto del Callao, con un saldo de cientos de muertos entre los marineros y los civiles implicados. Ese acontecimiento y sus prolegómenos, crearon las condiciones políticas y militares que posibilitaron el derrocamiento del presidente José Luis Bustamante y Rivero, al igual que la instauración de la represiva dictadura militar del coronel Manuel Odría (1948-1956). Durante su mandato, junto a otras concesiones económicas, se suscribió un Pacto de Ayuda y Defensa Mutua con el gobierno de los Estados Unidos. En este, a cambio de entrenamiento militar y armamento, el gobierno peruano se comprometió a ceder zonas del territorio nacional para el establecimiento de bases militares de la potencia hegemónica en el hemisferio occidental.

A su vez, en noviembre de 1948, en Venezuela, fue derrocado por un golpe militar el breve gobierno constitucional del prestigioso escritor Rómulo Gallegos. Éste fue sustituido por una Junta Militar presidida por el ministro de Defensa, Carlos Delgado Chalbaud, en la que reapareció el coronel Marcos Pérez Jiménez. Este último, tres años después, apoyado en la tristemente célebre policía política denominada "Seguridad Nacional", propició el asesinato de Delgado Chalbaud y fortaleció la indiscriminada represión contra diversos movimientos sociales y políticos; hasta que, finalmente, instauró su dictadura unipersonal entre diciembre de 1952 y enero de 1958. Como dejó consignado Darcy Ribeiro, tanto durante la antes mencionada Junta Militar como a lo largo del gobierno unipersonal de Pérez Jiménez —siempre con el apoyo norteamericano— "se restauró todo el estilo" del longevo dictador militar Juan Vicente Gómez: "censura a la prensa, persecución al movimiento estudiantil, terrorismo policial contra los obreros, contra las izquierdas y contra las manifestaciones de desesperación de los hambrientos y desocupados". Igualmente, el asesinato político, la tortura generalizada, el latrocinio, la constante entrega de los principales recursos minero-energéticos del país a los grandes monopolios estadounidenses, así como la corrupción administrativa. Esta última, en tal magnitud, que se estima que el dictador acumuló una fortuna personal de más de 250 millones de dólares.[39]

Simultáneamente, en mayo de 1950, y mientras esperaba los resultados de una mediación de la OEA en torno a un nuevo conflicto fronterizo con el gobierno tiránico de la República Dominicana, en Haití fue derribado por un golpe de Estado el ya débil e impopular gobierno de Dumarsais Estimé (1946-1950). Lo sustituyó el general Paul Magloire, quien después de dictar una nueva Constitución, resultó "electo" para la presidencia de ese empobrecido país caribeño. Acto seguido, se incorporó al "combate contra el comunismo internacional". Con tal fin, y al igual que sus antecesores, bajo tutela norteamericana, se reunió de inmediato con el sátrapa Rafael Leonidas Trujillo para resolver "las disputas fronterizas" existentes entre esos países. Adicionalmente, en 1952, firmó "un tratado de libre comercio y navegación con los Estados Unidos" y, tres años más tarde, un acuerdo de "ayuda mutua" en el terreno militar.[40]

Sin dudas, todos los acontecimientos antes mencionados —al igual que el fortalecimiento de la represión contra los mal denominados "agentes del comunismo internacional"— facilitaron el respaldo de casi todos los gobiernos latinoamericanos y caribeños a la Doctrina Truman. Tal obsecuencia se hizo ostensible antes y durante la guerra provocada por los Estados Unidos contra el pueblo de la ya dividida península de Corea (1950-1953). Ante el incremento de las luchas por la liberación nacional y social, así como por la unidad del pueblo coreano, el gobierno norteamericano logró que el antidemocrático Consejo de Seguridad de la ONU declarara a la flamante República Democrática de Corea (Corea del Norte) como "el país agresor". También obtuvo que, en junio y diciembre de 1950, la OEA aprobara unánimemente sendas resoluciones por medio de las cuales se reafirmaban "los compromisos de solidaridad que unen a los Estados Americanos".[41] Sobre la base de ellas, en marzo de 1951, se efectuó en Washington una Reunión de Consulta de los Ministros de Relaciones

Exteriores de todos los países integrantes del Sistema Interamericano. Según el presidente Harry Truman, la importancia y urgencia de ese cónclave venía dada porque, mediante el conflicto coreano, "el imperialismo comunista estaba amenazando la paz, la seguridad y la libertad de todos los países del mundo, incluido los Estados Unidos".[42]

La dócil aceptación por parte de la absoluta mayoría de los gobiernos latinoamericanos y caribeños de esos peregrinos conceptos propició que, al final de la cita, estos aprobaran la Resolución sobre el Fortalecimiento de la Seguridad Interior, de factura macartista, y que quedaran comprometidos a reforzar sus fuerzas armadas de "la mejor manera que convenga a la defensa colectiva". Igualmente, a mantener sus fuerzas militares "en estado de disponibilidad inmediata para la defensa del continente". Esa cooperación entre sus correspondientes Ejércitos también permitiría "desarrollar la potencia colectiva de las Américas para combatir cualquier agresión dirigida contra alguno de los países ubicados en ambas partes del hemisferio occidental".[43] Ello le posibilitó al complejo militar-industrial las ventas a la región del material de guerra que le había quedado excedente después de culminada la Segunda Guerra Mundial, así como un nuevo despliegue de centenares de asesores militares que ejercieron un nefasto papel en la conformación de los represivos Ejércitos de la mayoría de los países de la región. Así, entre 1952 y 1955, 12 gobiernos latinoamericanos (entre ellos, 8 de la Cuenca del Caribe) firmaron convenios de asistencia militar con los Estados Unidos en el ámbito del Programa de Seguridad Mutua que, desde 1945, venía impulsado la administración de Harry Truman.[44]

Además, al igual que había ocurrido a lo largo de la Segunda Guerra Mundial y después de la Conferencia de Chapultepec de 1945, los gobiernos latinoamericanos y caribeños también se comprometieron al aumento de la producción y la transformación de "las materias primas de base y de [los] materiales estratégicos necesarios para la defensa colectiva" del hemisferio occidental. Asimismo, a venderlas a los Estados Unidos a "precios razonables". A cambio, y en correspondencia con los demagógicos planes de "ayuda" a los países del Tercer Mundo que, enero de 1949, había anunciado la administración de Harry Truman (el llamado Punto IV), de manera intencionalmente ambigua, la Casa Blanca prometió a sus vecinos del sur "ayuda técnica y financiera especial cuando esta fuera necesaria y conveniente".[45]

Huelga decir que las resoluciones antes mencionadas y los diversos acuerdos militares o económicos bilaterales surgidos de estas fortalecieron aún más la dependencia política, económica, tecnológica, financiera y militar de América Latina y el Caribe hacia los Estados Unidos. A tal grado que contingentes militares de Colombia y Brasil participaron junto a las fuerzas armadas norteamericanas en el lejano conflicto coreano y que los monopolios estadounidenses pudieron adquirir y acumular inmensas reservas de materias primas estratégicas que — violando los acuerdos de la Conferencia de Chapultepec — pronto vendieron, directamente y a precios de *dumping*, a las naciones de Europa occidental beneficiadas por el multimillonario Plan Marshall. Esa situación profundizó los crónicos desequilibrios de la balanza comercial y de pagos de los países latino-americanos y caribeños. Como venía ocurriendo desde fines del siglo XIX y comienzos del siglo XX, esas "brechas", así como los continuos déficits fiscales, eran "cerrados" con fondos provenientes de los leoninos créditos otorgados por la banca comercial estadounidense y con las jugosas inversiones realizadas por otros monopolios norteamericanos. En conse-cuencia, las inversiones directas provenientes de los Estados Unidos, saltaron de 2 800 millones de dólares en 1940 a 4 400 millones de dólares en 1950.[46]

Sin embargo, las reacciones frente a los inmensos costos económicos y sociales que esas políticas imperialistas estaban produciendo en América Latina y el Caribe no se hicieron esperar. El 15 de agosto de 1950 ocupó "constitucionalmente" la presidencia de Paraguay el dirigente del Partido Colorado, Federico Chaves; quien, tras dictar una amplia amnistía para los presos políticos, promulgó diversas leyes sociales y, contra el criterio de los Estados Unidos, comenzó a elaborar una alianza con el vecino gobierno nacionalista de Juan Domingo Perón.

Este último, por su parte, luego de promulgar la Constitución de 1949 — la cual entregó por primera vez en la historia argentina derechos político-electorales a las mujeres y refrendó las principales vindicaciones de los trabajadores — aprovechó las favorables condiciones económica del país, para iniciar una acelerada política de reducción de la deuda externa, pasar al poder del Estado las principales empresas públicas (la mayor parte pertenecientes a capitales británicos) y emprender un acelerado plan de industrialización. También, para desarrollar una política de precios y salarios, así como de seguridad de social favorable a la gran mayoría de los trabajadores argentinos.[47] Igualmente, impulsó una política exterior independiente de los dictados políticos y militares de Casa Blanca y fortaleció las medidas proteccionistas frente a las pretensiones de los monopolios estadounidenses —en especial, de la Standard Oil de New Jersey— por controlar las reservas de hidrocarburos de ese país.

Paralelamente, en octubre de 1950, en respuesta a un nuevo *ukase* de la Casa Blanca dirigido a reformar la Constitución colonial de la isla (la Ley 600), el movimiento independentista de Puerto Rico —comandado por el líder del Partido Nacionalista, Pedro Albizu Campos— protagonizó una audaz sublevación popular que proclamó la República de Puerto Rico. En ese contexto, comandos independentistas atacaron la sede del gobierno colonial (La Fortaleza) y la residencia del presidente norteamericano Harry Truman. Fue necesaria una feroz represión por parte de la Guardia Nacional (formada y entrenada por las fuerzas armadas estadounidenses) para derrotar la resistencia y las aspiraciones a la autodeterminación de amplios sectores populares de ese archipiélago.[48]

Semanas después, en enero de 1951, con una aplastante victoria electoral, asumió nuevamente el gobierno de Brasil el nacional-burgués-populista Getulio Vargas, que —al igual que había hecho en los últimos años de su primer mandato— emprendió diversas acciones dirigidas a defender las riquezas nacionales. Además, diseñó un nuevo "pacto social" con importantes sectores de la burguesía industrial y de la clase obrera. Por otra parte, en el propio año, fue electo presidente de Guatemala el ex coronel Jacobo Árbenz. Este, con el respaldo de diversas fuerzas políticas y sociales del país —incluido el pequeño Partido Guatemalteco del Trabajo (comunista)— inició un amplio programa de transformaciones económicas y sociales profundas refractarias al ilimitado poder que hasta entonces habían mantenido sobre la economía y la sociedad guatemalteca algunos monopolios norteamericanos (como la UFCO) en estrecha alianza con los

sectores más reaccionarios y racistas de la oligarquía de ese país.
A su vez, en abril de 1952, después de un lustro de sangrientas represiones e inestabilidad política —acrecentada por el desconocimiento oficial de la victoria electoral del MNR y por la entrega del poder a una Junta Militar presidida por el general Ballivián—, estalló una potente revolución popular en Bolivia. Esta fue encabezada por el líder del MNR, Víctor Paz Estenssoro. A pesar de sus inconsistencias políticas y ante la presión popular, se nacionalizaron las riquezas mineras que estaban en manos de los "Barones del estaño", se atendieron diversas vindicaciones de los trabajadores mineros y se inició una reforma agraria que entregó importantes, aunque insuficientes, extensiones de tierra a la población campesina e indígena. El radicalismo de ese proceso —que algunos analistas han comparado con la Revolución mexicana de 1910 a 1917— también se expresó en la transitoria sustitución del Ejército profesional por una milicia popular, en la que tenían una fuerza decisiva los combativos trabajadores mineros.[49]

Por su parte, en Cuba —a pesar de la sangrienta represión contra el movimiento obrero desatada por los corruptos gobiernos democráticos representativos de Ramón Grau San Martín (1944-1948) y de Carlos Prío Socarrás (1948-1952)— fue necesario un nuevo golpe de Estado (10 de marzo de 1952) para anular la Constitución de 1940 y frustrar las inmensas posibilidades de que fuera electo el candidato presidencial del popular Partido del Pueblo Cubano (Ortodoxo), fundado, en 1948, bajo la consigna "Vergüenza contra dinero", por el malogrado líder popular Eduardo Chibás. Ese "cuartelazo" fue comandado, otra vez, por el general Fulgencio Batista; quien inmediatamente contó con el reconocimiento y con la ayuda económica y militar de sus tradicionales mentores: los círculos de poder de los Estados Unidos. Gracias a ese apoyo y a causa de la sangrienta represión desatada por la dictadura, entre esa fatídica fecha y el 31 de diciembre de 1958, perdieron la vida alrededor de 20 000 hijos del pueblo cubano.[50]

Paralelamente, en Puerto Rico, luego de la brutal derrota de la referida insurrección independentista del 30 de octubre de 1950, las fuerzas de ocupación estadounidenses tuvieron que acelerar el proceso que concluiría, el 25 de julio de 1952, con la institucionalización del mal denominado Estado Libre Asociado (ELA). Este, desde entonces, ha servido de fachada a la férrea dominación colonial de los Estados Unidos sobre esa isla. Vale la pena insistir en que, a lo largo de ese proceso, el gobierno norteamericano contó con el decidido apoyo del político puertorriqueño Luis Muñoz Marín; quien —apoyado por las fuerzas armadas norteamericanas, por la CIA y por el FBI— mantuvo una indiscriminada represión contra todas las fuerzas independentistas. Como parte de ella, fueron condenados a cumplir virtuales cadenas perpetuas en las cárceles estadounidenses el líder del Partido Nacionalista, Pedro Albizu Campos, y los militantes de esa agrupación política Oscar Collazo y Griselio Torresola.

Acciones "autonomistas" parecidas también tuvieron que ser emprendidas —bajo la tutela de la Casa Blanca— por Inglaterra, Holanda y Francia en sus diferentes posesiones en el Mar Caribe. Estas, dieron pábulo al despliegue de dilatados procesos de "independencia negociada" con los lideres políticos de sus diversas colonias caribeñas. Como norma, en esas negociaciones, las metrópolis europeas autorizaron la elección de las autoridades locales, mientras las potencias coloniales conservaban el dominio de la economía, de la política exterior y de los medios para la defensa. Como se verá en el Cuadro 3, a pesar de la intermitente movilización de las fuerzas políticas más radicales, esas negociaciones vinieron a culminar, en el caso de las principales colonias británicas, en la octava década del siglo XX; mientras que la monarquía constitucional de La Haya y la República francesa conservan aún su dominio "semicolonial" sobre Aruba, Bonaire, Curazao y Saba, en el primer caso, y sobre Martinica, Guadalupe y Guayana francesa (Cayena), en el segundo. Ambas tienen, además, un dominio compartido sobre Saint Marteen.

CUADRO 3

Cronología del largo e inconcluso proceso de descolonizacón del Caribe

Naciones o territorios	Metrópolis	Año en que obtuvo la independencia
Antigua/Barbuda	Reino Unido	1981
Bahamas	Reino Unido	1973
Barbados	Reino Unido	1966
Belice	Reino Unido	1981
Dominica	Reino Unido	1978
Granada	Reino Unido	1974
Guyana	Reino Unido	1966
Jamaica	Reino Unido	1962
San Kitts y Nevis	Reino Unido	1983
Santa Lucia	Reino Unido	1978
San Vicente/Granadinas	Reino Unido	1979
Trinidad y Tobago	Reino Unido	1962
Cuba	España/EE.UU	1902
República Dominicana	España	1844
Haití	Francia	1804
Surinam	Holanda	1975
Cayena	Francia	DOM
Martinica	Francia	DOM
Guadalupe	Francia	DOM
Aruba	Holanda	Territorio autónomo
Donaire	Holanda	Territorio autónomo
Curazao	Holanda	Territorio autónomo
Saba	Holanda	Territorio autónomo
Saint Marteen	Holanda y Francia	Colonia
Islas Vírgenes	Estados Unidos	Colonia
Puerto Rico	Estados Unidos	Colonia
Anguila	Reino Unido	Colonia
Bermudas	Reino Unido	Colonia

Islas Vírgenes británicas	Reino Unido	Colonia
Islas Caimán	Reino Unido	Colonia
Montserrat	Reino Unido	Colonia
Islas Turcas	Reino Unido	Colonia

FUENTE: Confeccionado por el autor de este volumen a partir de diversas fuentes.

Es importante significar que, en otros países de América Latina y el Caribe, las crecientes protestas populares sólo pudieron ser contenidas por el fortalecimiento de la represión desatada por los gobiernos de Laureano Gómez y Roberto Urdaneta en Colombia (1950-1953); de Paul Magloire (1950-1956) en Haití; de Rafael Leonidas Trujillo (1930-1961) en la República Dominicana; de Anastasio *Tacho* Somoza García (1937-1956) en Nicaragua; de Osmín Aguirre Salinas (1944-1950) y Oscar Osorio (1950-1956) en El Salvador; del dictador Tiburcio Carias Andino (1933-1949) y de sus delfines Juan Manuel Gálvez (1949-1954) y Julio Lozano Díaz (1954-1956) en Honduras; de Manuel Odría (1948-1956) en Perú; y de Marcos Pérez Jiménez (1952-1958) en Venezuela. A causa de esas draconianas represiones —respaldadas por las oligarquías locales, así como por los Estados Unidos y sus asesores militares y policiales— perdieron la vida, fueron torturados, mutilados, encarcelados, exiliados o desplazados por la fuerza de sus hogares cientos de miles de personas, incluidos importantes dirigentes y activistas populares.

Basta recordar que sólo en Colombia, como consecuencia de la brutal represión desatada por "los gobiernos minoritarios del Partido Conservador" contra los militantes del Partido Liberal y de otras fuerzas de izquierda y progresistas del país —en medio de una férrea restricción de las libertades políticas— murieron, sólo entre abril de 1948 y junio de 1953, "entre 200 000 y 300 000 personas"; incluidos ancianos, mujeres y niños. La mayor parte de ellos sádicamente asesinados por las fuerzas represivas oficiales o por las bandas paramilitares de derecha (los llamados "chulavitas" o "pájaros") que, con apoyo oficial, se expandieron a todo lo largo y ancho del país. Además, alrededor de 280 000 familias campesinas fueron despojadas de sus tierras y se "cometieron los más horrendos y crueles crímenes entre los combatientes de uno y otro bando, llegándose al desprecio total (...) de la vida y de la dignidad del hombre".[51]

Y todo lo antes dicho sin contar las víctimas de la profunda crisis socioeconómica que, a partir de los primeros años de la década de 1950, nuevamente comenzaron a sufrir las naciones latinoamericanas y caribeñas. Esto, debido al sensible deterioro de los precios de sus exportaciones, del incremento del valor de sus importaciones; "aparejado con la ruina de muchas empresas nacionales, desgastadas por la desigual competencia [con] los grandes monopolios foráneos y el cada vez mayor desangramiento de recursos hacia los países industrializados".[52] En primer lugar, hacia los Estados Unidos; nación que —como vimos— había utilizado la coyuntura de la Segunda Guerra Mundial y los primeros años de la posguerra, para desplazar de los mercados del continente a sus principales competidores europeos; en especial a Inglaterra, Alemania y Francia. Según consignó el historiador cubano Sergio Guerra Vilaboy: "Esta adversa coyuntura afectó sensiblemente los salarios y en general las condiciones de vida de los trabajadores (...), situación agravada por el hambre de superganancias de los monopolios transnacionales y los esfuerzos de las clases dominantes de transferir a los sectores populares los efectos del agudo deterioro económico. De esta manera, la desocupación, el hambre y la miseria se hicieron aún más visibles en la inmensa mayoría de los países latinoamericanos".[53]

LA "POLÍTICA DEL BUEN SOCIO"

En esas condiciones, en enero de 1953, apoyado por el Partido Republicano, llegó a la presidencia de los Estados Unidos el ex general Dwight Eisenhower; quien había ganado parte de su popularidad durante la conducción de las fuerzas anglo-norteamericanas que participaron en la Segunda Guerra Mundial. En correspondencia con sus críticas al New Deal y a la paternalista Política del Buen Vecino desarrolladas (con mayor o menor consistencia) por las administraciones demócratas precedentes, pronto se hizo evidente que el nuevo mandatario endurecería la estrategia de dominación estadounidense sobre América Latina y el Caribe. Entre otras cosas, porque como bien consignó la prensa norteamericana de la época, su gabinete ministerial parecía "un quién es quién en el mundo de los negocios de los Estados Unidos".[54]

Como ya había ocurrido durante la administración de William Howard Taft (1909-1913) y durante la "restauración republicana" (1921-1933), en la nómina de sus principales colaboradores se encontraban destacados representantes de los imperios financieros que florecían en Wall Street. Incluso, su reaccionario vicepresidente, Richard Nixon, antes de llegar al cargo, actuó como abogado de esos imperios y de ciertas familias mafiosas (por ejemplo, la del italonorteamericano Santos Traficante) que, aupados por la dictadura de Fulgencio Batista, continuaban ensanchando sus operaciones en La Habana. Además, desde el Senado, había respaldado la cacería de brujas desatada por su correligionario Joseph McCarthy. A su vez, la Secretaría de Defensa fue entregada a uno de los ejecutivos de la General Motors, Charles Wilson; mientras que la Secretaría de Estado y la jefatura de la CIA fueron asumidas por los hermanos John Foster y Allen Dulles, respectivamente. Estos, antes de ocupar esas responsabilidades, habían actuado como abogados de los principales monopolios norteamericanos con intereses en las naciones ubicadas al sur del Río Bravo y de la península de la Florida. A tal grado, que el Jefe de la CIA era propietario absentista de un ingenio azucarero y de un extenso latifundio —la Francisco Sugar Company— en la mayor de las Antillas.[55]

Seguramente por ello —desde su discurso de toma de posesión— Eisenhower proclamó "la Política del Buen Socio". Esta disminuyó de modo sensible los menguados fondos de la ahora llamada Ayuda Oficial para el Desarrollo (AOD) que, como parte de la "estrategia de contención al comunismo" y de su referido Punto IV, la administración de Harry Truman le había prometido a los gobiernos latinoamericanos y caribeños.[56] En su lugar, impulsó un sostenido y agresivo aumento de las inversiones de los monopolios norteamericanos y les demandó a los gobiernos de esa región la creación de "un clima amigable" para los capitales privados estadounidenses que se colocaran en sus correspondientes naciones.

Con vistas a impulsar esa política, el Presidente nombró a su hermano

Milton Eisenhower "Embajador especial" antes las naciones situadas al sur del Río Bravo. En tal carácter, este desarrolló un largo viaje por el continente con la finalidad de "ver qué cambios eran deseables en la política hacia América Latina para conseguir la unidad continental que todos deseamos". Después de tres meses de recorrido y cumpliendo la auto profecía presidencial, su informe concluyó indicando que la clave para eliminar el "terrible fermento" que existía en América Latina y el Caribe, así como para resolver los obstáculos sociales y económicos (pobreza, analfabetismo, falta de escuelas, carreteras, hospitales y otros servicios públicos) que frenan "el progreso de la región y el mejoramiento industrial y agrícola (...) son los capitales [privados] en gran cantidad".[57]

En correspondencia con la persistente estrategia de "contención al comunismo" y con el objetivo de crear "un clima amigable" para el "desarrollo de la libre empresa", la diplomacia norteamericana fortaleció sus vínculos con todas las dictaduras militares y con las "democracias represivas" que ya existían en la región. De igual forma, comenzó a presionar, a desestabilizar o a sustituir —según el caso— a los gobiernos refractarios a su estrategia hemisférica y mundial. Esta última estaba signada por el concepto —tenazmente defendido por el vicepresidente Richard Nixon— de que la Tercera Guerra Mundial había comenzado antes de que terminara la segunda, así como por el despliegue de la política "al borde de la guerra" y la consiguiente amenaza de emprender una "repre-salia nuclear masiva" contra URSS y el entonces llamado "campo socialista".[58]

Este último —con el respaldo de las tropas soviéticas— se había ensan-chado, al instituirse las denominadas "democracias populares" de Europa central y oriental: Polonia, Checoslovaquia, Yugoslavia, Bulgaria, Hungría, Rumania y Albania. Pero, sobre todo, por la victoria de la Revolución y la consiguiente fundación de la República Popular China (1949), así como por la posterior derrota, en 1953 y 1954, respectivamente, de las tropas de ocupación norteamericana en el norte de Corea y del Ejército francés en la fulminante batalla de Dien Bien Phu. Aunque no se logró la reunificación de esos países, la primera consolidó las posiciones de la República Democrática de Corea y, la segunda, las de la República Democrática de

Vietnam, fundada, en 1946, por el Partido Comunista de Indochina, bajo la dirección de su legendario líder, Ho Chi Minh.[59]

En ese contexto, uno de los primeros actos del dúo Eisenhower-Nixon fue respaldar una intervención militar británica contra el fugaz gobierno (duró 133 días) del destacado líder independentista y socialista del pueblo guyanés, Cheddi Jagan; quien —después de haber fundado, en 1950, el Partido Progresista del Pueblo (PPP)— obtuvo la mayoría de los votos en las elecciones parlamentarias de fines de 1952. En consecuencia, a partir de abril de 1953, el PPP fue ilegalizado y reprimido, se suspendió la vigencia de la Constitución colonial de 1948 y se implantó en ese territorio una "dictadura del Departamento de Colonias británico".[60]

Sin embargo, el caso más emblemático de la Política del Buen Socio hacia América Latina y el Caribe fue la invasión mercenaria organizada y ejecutada por el Pentágono y la CIA, en junio de 1954, contra el gobierno democrático, popular y nacionalista guatemalteco, presidido por Jacobo Árbenz. En respuesta a las ya mencionadas acciones emprendidas por ese mandatario para defender los intereses nacionales y, en particular, frente la reforma agraria que, en 1952, expropió las tierras incultas de la UFCO, la Casa Blanca comenzó a conspirar con las fuerzas reaccionarias (incluidos los sectores más derechistas de las fuerzas armadas y la alta jerarquía de la Iglesia católica), así como con los gobiernos dictatoriales centroamericanos (entre ellos, las dictaduras de Anastasio *Tacho* Somoza García y de Julio Lozano Díaz), para derrocar violentamente al gobierno popular guate-malteco.

Las vacilaciones de Jacobo Árbenz (quien nunca se decidió a entregar las armas al pueblo), la traición de amplios sectores de las fuerzas armadas (previamente comprometidos con la Embajada norteamericana), junto a los indiscriminados bombardeos efectuados por pilotos y aviones de guerra estadounidenses —provenientes de sus bases militares de la Zona del Canal de Panamá y reabastecidos en los aeropuertos de Nicaragua— contra la población civil y sobre algunas de las principales ciudades guate-maltecas, terminaron sangrientamente esa experiencia reformista y nacionalista. En consecuencia, según recreó literariamente el famoso escritor guatemalteco Miguel Ángel Asturias, miles de sus compatriotas fueron martirizados por la política de terror desatada por el régimen del teniente coronel (posteriormente auto ascendido a general) Carlos Castillo Armas (1954-1957), quien actuó como Jefe del mal denominado Ejército de Liberación Nacional.[61] Este, entre otros muchos dictadores militares latinoamericanos y caribeños, había sido previamente reclutado por la CIA cuando cursaba instrucción militar en la Escuela de Estado Mayor de Fort Leavenworth, Kansas, los Estados Unidos.

Aunque no dispongo de cifras acerca de las víctimas de esa brutal agresión imperialista, merece la pena recordar los múltiples testimonios de asesinatos a mansalva de trabajadores sindicalizados, de diversos dirigentes populares, así como de aquellas comunidades indígenas o cooperativas campesinas que había sido beneficiadas por la Ley de Reforma Agraria. También hay que resaltar que, inmediatamente después de la instalación del gobierno de Castillo Armas, regresó al país el tenebroso jefe de la policía secreta del dictador Jorge Ubico. Bajo su dirección —y con asesoría estadounidense— se creó el Comité Nacional de Defensa contra el Comunismo y se emitió la Ley Preventiva Penal contra el Comunismo. Sobre la base de ese instrumento jurídico, el antes mencionado comité tuvo facultades para ordenar la detención de cualquier ciudadano.

En efecto, en los primeros meses después de la caída de Árbenz "fueron arrestadas 12 000 personas y se exiliaron unos 2 000 dirigentes sindicales y políticos". Como el comité antes mencionado quedó encargado de establecer un registro de todas las personas que "en cualquier forma hubiesen participado en actividades comunistas", el sólo hecho de aparecer en sus listas constituía una grave presunción de peligrosidad política que impedía desempeñar cargos o funciones públicas. "El registro fue creciendo a todos los opositores y críticos al gobierno. Hacia el 21 de diciembre de 1954, el Comité había elaborado una lista de 72 000 personas".[62] Huelga decir que buena parte de ellas fueron asesinadas durante las sucesivas olas de violencia reaccionaria que afectaron a Guatemala, entre 1954 y 1996.

Por otra parte, es importante recordar que en la preparación de las condiciones político-diplomáticas que posibilitaron el "exitoso desenlace" de la Operación Guatemala —bautizada por la CIA con el seudónimo de Operación Éxito—, desempeñó un importante papel el Sistema Interamericano y en particular la OEA. En la Décima Conferencia Internacional de Estados Americanos efectuada en Caracas, Venezuela, en marzo de 1954, el secretario de Estado norteamericano, John Foster Dulles, propuso una resolución intitulada "Acerca de la Injerencia del Comunismo Internacional en los Asuntos de las Repúblicas Americanas". A pesar de las resistencias del entonces canciller guatemalteco, Guillermo Toriello, y de sus denuncias acerca de que esa resolución iba enfilada a propiciar la intervención estadounidense en los asuntos internos de su país, la confe-rencia aprobó por dieciocho votos favorables, un voto en contra (el de Guatemala) y dos abstenciones (Argentina y México) la Declaración de Caracas. Según esta, "la dominación o el control de un Estado por el comunismo ponía en peligro la paz y la seguridad de las Américas"; lo que podría justificar un acción coercitiva más o menos "colectiva" por parte de los Estados integrantes de la organización hemisférica.

Según planteó el diplomático inglés, R. Steel —independientemente de su empleo inmediato en el caso de Guatemala— la Declaración de Caracas "inscribió el anticomunismo en la definición del panamericanismo".[63] Se estableció así un precedente que, en lo adelante, sería empleado por los Estados Unidos y sus gobiernos satélites contra otros países latino-americanos y caribeños; ya que *de jure* y *de facto* el Sistema Interamericano se alejó de la letra y el espíritu de aquellos artículos de la Carta fundacional de la OEA que reconocían los principios de la soberanía y la autodeter-minación de los países de la región. También de los que habían proscrito la intervención en los asuntos internos de las naciones del continente y el empleo de la coerción o la fuerza para solucionar las discrepancias que surgieran entre los Estados miembros de esa organización. Igual que lo ocurrido en la Séptima Conferencia de Estados Americanos de Montevideo (1933), y con el Protocolo Adicional Relativo a la No Intervención aprobado por la Conferencia de Buenos Aires (1936), con esas cláusulas algunos de los gobiernos firmantes de la Carta de Bogotá, ingenuamente, habían pretendido contrarrestar la ya larga cadena de intervenciones militares norteamericanas en América Latina y el Caribe.

El baldón que cayó sobre los gobiernos que respaldaron la Declaración de Caracas fue mayor porque, tan pronto el Secretario de Estado

norteamericano consiguió su aprobación, se marchó de la capital venezolana sin atender los temas económicos que teóricamente también debía
resolver esa conferencia. Según fuentes documentales, días después,
convocó en Washington una reunión con sus embajadores en las naciones
centroamericanas para concretar los planes dirigidos a resolver "el
problema guatemalteco". Adicionalmente, a través de sus representantes
diplomáticos, también comenzó a insistir en la convocatoria de una
Reunión de Consulta de los Cancilleres de la región para "aprobar acciones
colectivas contra el gobierno de Jacobo Árbenz". Aunque esa reunión nunca
se efectuó, el presidente Eisenhower —asesorado por los hermanos
Dulles— aprobó de modo personal todos los planes que condujeron, el 27
de junio de 1954, a la "liberación de Guatemala de las manos del comunismo
internacional".[64] Por tanto, como observaremos después, no fue extraño que
ese "modelo intervencionista" fuera utilizado por el propio mandatario
estadounidense entre 1959 y 1960, contra la Revolución cubana del 1ro de
Enero de 1959.

En el ínterin, la Política del Buen Socio también se orientó a derrocar los
gobiernos de Getulio Vargas y de Juan Domingo Perón. Asimismo, a
fortalecer su dominación sobre Paraguay. En este último país, el 4 de mayo
de 1954, con el apoyo de los sectores más reaccionarios del Partido Colorado
y de las fuerzas armadas, un nuevo golpe de Estado derrocó al gobierno
"pro peronista" de Federico Chaves. A su vez, el 24 de agosto de 1954, y en
respuesta a las medidas nacionalistas y populares que había adoptado
entre 1951 y 1953 (entre ellas, la fundación de la entidad estatal Petróleo
Brasileño S.A.), un nuevo "cuartelazo" provocó la caída del gobierno de
Getulio Vargas. Ese movimiento militar culminó con el suicidio del antes
mencionado estadista. Un año después, el 19 de septiembre de 1955, una
violenta sublevación militar derrocó al gobierno de Juan Domingo Perón.
Esta fue antecedida por la sangrienta sublevación militar del 16 de junio de
1955. Demostrando la calaña de los complotados, así como de sus aliados
políticos internos (entre ellos, los sectores más reaccionarios del Partido
Radical) y externos (los Estados Unidos y el Reino Unido, cuyas flotas de
guerra pertrecharon a los sublevados en alta mar), como inicio y colofón de
esa sublevación se produjo el criminal y traicionero bombardeo contra la

Casa de gobierno (conocida como la Casa Rosada) y el Ministerio de Guerra, al igual que sobre la multitud que se congregó espontáneamente en la Plaza de Mayo para curiosear o para expresar su apoyo al gobierno peronista. Ese abominable hecho dejó un saldo de cerca de 2 000 muertos y miles de heridos.[65]

Como se ha documentado, todos esos brutales "cuartelazos" fueron apoyados por las oligarquías y las altas jerarquías de la Iglesia católica, así como propiciados por las Embajadas norteamericanas en Asunción, Río de Janeiro y Buenos Aires. De ahí que, luego de diferentes maniobras, la Casa Blanca, el Pentágono, la CIA y los monopolios estadounidenses apoyaran a los gobiernos "constitucionales" de João Café Filho (1954-1955) y de Juscelino Kubitschek (1956-1960) en Brasil. También a las dictaduras militares de Alfredo Stroessner en Paraguay (1954-1989) y del general Pedro Eugenio Aramburu (1955-1958) en Argentina. Este último disolvió de inmediato el Partido Justicialista (fundado por Perón en 1947), abolió la constitución "peronista" de 1949, reinstauró la constitución elitista y oligárquica de 1853, realizó concesiones al capital privado extranjero y dio consistentes pasos para normalizar las relaciones de Argentina con el Sistema Interamericano.

Merece la pena consignar que todos esos acontecimientos fueron antecedidos o sucedidos por una intensa ola de violencia reaccionaria que cobró la vida de cientos de argentinos. Ella incluyó el secuestro y desaparición del cadáver de Evita Perón (como habían hecho en Haití con los restos de Charlemagne Peralte y luego harían en Bolivia con el cuerpo del Che y de otros de sus compañeros de lucha), la destrucción de los locales del Partido Justicialista, la prohibición de todos los símbolos y de la literatura "peronista", la represión del ya poderoso movimiento sindical argentino y de su principal organización, la Central General de Trabajadores (CGT), al igual que el fusilamiento extralegal de los civiles y militares que protagonizaron el levantamiento armado pro peronista del 9 de junio de 1956. Entre ellos, el líder del movimiento, el general Juan José Valle, quien —luego de un acuerdo con el general Aramburu— se entregó voluntariamente a cambio de la suspensión de los fusilamientos de sus seguidores.[66]

Todos los procesos antes mencionados —junto al férreo bloqueo de las ventas de estaño al mercado mundial—, contribuyeron a estrechar el potente cerco político, diplomático, económico y militar tendido por los Estados Unidos contra la Revolución boliviana de 1952. Ese aislamiento, junto a las grandes inconsecuencias de sus principales líderes —en especial, de los presidentes Víctor Paz Estenssoro (1952-1956) y Hernán Siles Suazo (1956-1960)—, fue cercenando rápidamente el aliento antioligárquico y antimperialista de esa potente insurrección popular. También —al decir del intelectual boliviano Raúl Ruiz González— fue remachando "las cadenas de la dependencia" que, desde su advenimiento a la vida republicana, habían mantenido atadas al Prometeo de los Andes al mercado capitalista mundial y, específicamente, al mercado norteamericano.[67]

Una temprana expresión de esa subordinación fue la rápida reestructuración del Ejército. Así, a partir de 1953, "la mayoría de los nuevos egresados del Colegio Militar [pasó] a recibir entrenamiento en los programas del Pentágono en el Canal de Panamá".[68] Adicionalmente, el llamado "primer gobierno de la revolución nacional" (1952-1956) promulgó un Código de Minería que —con excepción del estaño— nuevamente entregó las inmensas riquezas minero-energéticas del país (en especial, el oro y el petróleo) a los principales monopolios estadounidenses. También aplicó un draconiano plan de estabilización económica "regido dictatorialmente por el Fondo Monetario Internacional": organismo financiero internacional que —junto al Banco Mundial y bajo la égida norteamericana y de otras potencias imperialistas europeas— había sido fundado en 1947, supuestamente como parte del sistema de la ONU.[69] En consecuencia, la desocupación, el hambre y la miseria se enseñorearon, otra vez, en la mayor parte de los hogares bolivianos; especialmente de los sobreexplotados trabajadores mineros, de las comunidades indígenas y de los improductivos minifundios que se crearon al calor de la reforma agraria.

Por otra parte, los sucesivos gobiernos de Paz Estenssoro y Siles Suazo continuaron realizándole diversas concesiones a los Estados Unidos, tanto en materia de política interna (cual fue el nombramiento de asesores norteamericanos en los principales comandos de la administración del país), así como en todos los dominios de la política internacional. A tal grado que —a pesar de la precaria subsistencia de las alianzas sociopolíticas que siguieron al estremecimiento de abril de 1952 — ya, en el año 1956, comenzó a evidenciarse la traición de buena parte de los postulados revolucionarios, la corrupción, así como el acelerado fortalecimiento de los contenidos pequeñoburgueses, "desarrollistas", racistas y reformistas presentes en la ideología de los principales dirigentes del MNR.[70]

Con el derrocamiento de los gobiernos nacionalistas de Argentina, Brasil, Guatemala y Paraguay, con la progresiva neutralización de los ímpetus iniciales de la Revolución boliviana y de los mandatarios mexicanos sucesores del "cardenismo", con el fortalecimiento de la cadena de dictaduras militares o de los gobiernos civiles autoritarios que prevalecían en todo el continente y con el apaciguamiento del radicalismo de los movimientos anticolonialistas en el Caribe —sobre todo después de la referida intervención militar inglesa contra la primera victoria electoral del PPP en Guyana y de la cruenta represión al movimiento independentista de Puerto Rico—, parecía que, finalmente, la administración de Dwight Eisenhower —apoyada por las plutocracias locales, por la OEA y por sus principales aliados de la OTAN— había logrado instaurar la *Pax Americana*.

Lo antes dicho posibilitó que, en 1956, por primera vez en la historia, un presidente estadounidense se reuniera con casi todos sus homólogos latinoamericanos y caribeños con el cínico pretexto de celebrar, en Panamá, el 130 aniversario del Congreso Anfictiónico convocado, entre el 22 de junio y el 5 de julio de 1826, por el Libertador Simón Bolívar para impulsar —como ya vimos— la unidad latinoamericana y contribuir a la independencia de Cuba y Puerto Rico del dominio colonial español. Como indicó el historiador británico Gordon Connell-Smith, con la convocatoria de ese evento, los círculos gubernamentales de los Estados Unidos seguían cultivando el fraudulento mito de que "Simón Bolívar fue el padre del panamericanismo".[71] Como se ha documentado, esa leyenda de factura imperial desconoce las reiteradas críticas que le hizo El Libertador al vicepresidente de la Gran Colombia, general Francisco de Paula Santander, por su unilateral decisión de invitar al gobierno de los Estados Unidos al antes mencionado Congreso Anfictiónico.[72]

Merece la pena consignar que los únicos mandatarios latinoamericanos y caribeños que no concurrieron a la irrespetuosa cita convocada por

Eisenhower fueron los entonces dictadores de Colombia y Honduras, Gustavo Rojas Pinilla (1953-1957) y Julio Lozano Díaz (1954-1956), respectivamente. Ambos vivían serias crisis políticas en sus correspondientes países. Eran de tal magnitud, que Rojas Pinilla, para mantenerse en el gobierno durante un año más, tuvo que acudir de nuevo al despliegue de violentas medidas represivas; y Lozano Díaz fue derrocado, el 21 de octubre de 1956, tras una violenta sublevación popular que solamente pudo ser aplacada por otros de los tantos golpes y contragolpes de Estado que han caracterizado la vida política de esa "república bananera".[73]

Sin embargo, era tal la magnitud de la agitación social y política que, desde 1954 (fecha en que se realizó una poderosa y emblemática huelga de trabajadores bananeros y de otras organizaciones populares), vivía ese país centroamericano, que ni la oligarquía, ni las fuerzas armadas, ni las poderosas empresas norteamericanas que controlaban los destinos de esa nación pudieron impedir una nueva victoria electoral del candidato liberal: Ramón Villeda Morales.[74] Este, finalmente asumió la presidencia en 1957 y, pese a sus inconsecuencias posteriores, de inmediato emprendió un intenso programa reformista (incluyó la promulgación de un nuevo Código de Trabajo y una drástica reforma del sistema educativo) que, paulatinamente, desató las iras de los sectores más reaccionarios de las clases dominantes y de sus aliados imperialistas. Para intentar contrarrestar la influencia de esos sectores en las fuerzas armadas, Villeda estructuró una Guardia Civil que pervivió hasta que fue literalmente aniquilada por el cruento y reaccionario golpe militar del 3 de octubre de 1963.[75]

Pero antes de llegar al relato de esos acontecimientos, conviene recordar que una suerte parecida a la de Lozano Díaz corrió uno de los asistentes a la cita "panamericana" de Panamá: el dictador peruano Manuel Odría. Días después de esa cumbre, grandes huelgas populares y una sublevación militar provocaron su derrocamiento. Entonces se instauró una Junta Militar que, luego de convocar a nuevas elecciones, dio paso al segundo gobierno oligárquico y proimperialista de Manuel Prado y Ugarteche (1956-1962). Este contó con el vergonzoso apoyo del APRA y del "revolucionario arrepentido" Víctor Raúl Haya de la Torre,[76] quien —renegando del ya mencionado programa original de su partido— respaldó la represión desatada contra la ola de huelgas, manifestaciones antigubernamentales y ocupaciones de tierras que sacudieron a ese país durante 1957 y 1958.

Por consiguiente, como se verá en el Cuadro 4, ninguno de los acontecimientos antes reseñados impidieron que, en lo inmediato, la oligarquía financiera norteamericana y el gobierno de los Estados Unidos mantuviera un férreo control sobre la vida económica y política de la absoluta mayoría de los Estados latinoamericanos y caribeños. Por el contrario, en Argentina, luego de haber cumplido su labor represiva, en 1957, el gobierno militar instaurado desde 1955 convocó a nuevas elecciones, en las que resultó electo —con la anuencia de los sectores de derecha del "peronismo"— el dirigente de la Unión Cívica Radical Intransigente, Arturo Frondizi. Este, de inmediato, entregó (en forma secreta) importantes yacimientos petrolíferos del país a las compañías norteamericanas. También —asesorado por el FMI— comenzó a implementar el llamado "Plan de Estabilidad y Desarrollo", cuyo principal propósito fue la eliminación de todos los controles estatales sobre la economía y la progresiva destrucción de la generosa política social heredada del derrocado gobierno de Juan Domingo Perón.

CUADRO 4

Inversiones norteamericanas (en miles de millones de doláres)
en América Latina y el Caribe (1951-1960)

Años	Inversiones de los Estados Unidos en América Latina*	Remesas de utilidades a los Estados Unidos	Saldo Neto
	(1)	(2)	(2-1)
1951-1955	1 751	3 961	2 210
1956-1960	3 332	4 539	1 207
Total	5 083	8 500	3 417

Incluye las reinversiones de utilidades.

FUENTE: Manuel Espinoza García: *La política económica de los Estados Unidos hacia América Latina entre 1945 y 1961*, ed. cit., p. 186.

Paralelamente, en Bolivia, el llamado "segundo gobierno de la revolución nacional", presidido por Hernán Siles Suazo (1956-1960), admitió que numerosos asesores norteamericanos emprendieran la reestructuración de los organismos y empresas estatales del país. A su vez, con apoyo del Pentágono, continuó fortaleciendo las fuerzas armadas. También le entregó importantes concesiones petroleras y auríferas a los monopolios estadounidenses. Por su parte, en 1957, el gobierno pro imperialista de Juscelino Kubitschek autorizó la instalación temporal de bases militares norteamericanas en el noroeste de Brasil. Mientras que, en Colombia, la irreversible crisis de la represiva dictadura del general Gustavo Rojas Pinilla (1953-1957) fue sofocada mediante otro golpe militar, encabezado por los generales Gabriel París y Diogracia Fonseca.[77]

Para hacerle frente al auge del movimiento guerrillero rural, así como para neutralizar las crecientes protestas de amplios sectores ciudadanos contra la continuación de la violencia y las aberrantes violaciones a las libertades ciudadanas, estos facilitaron el retorno al gobierno de las reaccionarias cúpulas de los partidos Liberal y Conservador, ahora organizados en el denominado Frente Nacional. Por medio de esa plutocrática alianza ambos partidos se distribuyeron simétricamente el "botín burocrático" y acordaron alternarse durante 16 años el ejercicio de la presidencia de la República. En la elaboración de esa antidemocrática componenda desempeñaron un papel central los furibundos anticomunistas Laureano Gómez y Alberto Lleras Camargo; quien, inmediatamente antes de firmar ese pacto político y de ser "electo" como Presidente (1958-1962), había sido, nada más y nada menos, que el Secretario General del "ministerio de colonias de los Estados Unidos": la OEA.[78] En consecuencia, este mantuvo la política represiva de sus antecesores. Sobre todo contra las denominadas "guerrillas del llano" y contra las comunidades agrarias (las mal denominadas "repúblicas independientes") que, a causa de la represión —y bajo la influencia del Partido Comunista de Colombia—, se habían formado en algunas intrincadas regiones agrarias del país, como fueron los casos de Marquetalia, Río Chiquito, el Pato y Guayaberos.

Algo parecido ocurrió en Guatemala. En ese país, la crisis en las alturas creada por el asesinato del dictador Carlos Castillo Armas (26 de julio de

1957) —ejecutado por "bandoleros de su propia camarilla"— fue resuelta mediante un nuevo golpe militar que, luego de convocar a nuevas elecciones presidenciales, llevó a la presidencia, entre mayo de 1958 y marzo de 1963, al candidato de la "oposición permitida", el títere de los Estados Unidos, general Miguel Ydígoras Fuentes. Este también había estado involucrado en la preparación de la invasión mercenaria que condujo al derrocamiento del gobierno de Árbenz. Aunque con ciertos matices diferentes a su antecesor, Ydígoras le realizó nuevas concesiones a la sucesora de la Mamita Yunai (la ahora llamada United Brands) y al célebre monopolio ferroviario estadounidense International Railway of Central America. También continuó la represión contra el movimiento popular. Sobre todo después de la anulación de los resultados de las elecciones para la alcaldía de Ciudad Guatemala en las que había triunfado el candidato del Partido Revolucionario, Luis Fernando Galich, y de la sangrienta derrota de la sublevación militar del 13 de noviembre de 1960 dirigida por los futuros comandantes guerrilleros John Sosa y Turcios Lima.

Lo mismo ocurrió en Nicaragua luego del ajusticiamiento del fundador de la dinastía somocista, Anastasio *Tacho* Somoza García, mediante el audaz atentado del 21 de septiembre de 1956. En las elecciones presidenciales del 3 de febrero de 1957, resultó electo, en medio de un agobiante clima represivo (incluyó el asesinato y la tortura de todos los sospechosos de participar en ese magnicidio), su hijo, Luis Somoza de Bayley (1957-1963). Este nombró a su hermano menor, Anastasio *Tachito* Somoza en la jefatura de la Guardia Nacional como "regalo de graduación" por sus "excelentes notas" en la Escuela Militar de West Point, Carolina del Norte, Estados Unidos. Así se garantizó —con el apoyo político, económico y militar norteamericano— la continuidad de la represiva y antipopular dinastía somocista.

Esa cadena de dictaduras militares o de gobiernos civiles obsecuentes con los Estados Unidos se fortaleció con la "reelección" del dictador venezolano Marcos Pérez Jiménez y del hermano del sátrapa dominicano Rafael Leonidas Trujillo: el opaco Héctor Bienvenido Trujillo (1952-1960). A su vez, en Haití, luego de una nueva etapa de inestabilidad política, resultó "electo" como presidente, en septiembre de 1957, el tristemente célebre

François Duvalier. Éste, antes de asumir tal cargo, había sofocado cruelmente una huelga general convocada por los partidarios del derrocado
presidente Daniel Fignolé; quien, a su vez, había llegado a ese cargo, en
diciembre de 1956, luego del derrocamiento de su antecesor Paul Magloire,
mediante una huelga general apoyada por algunos sectores del Ejército.[79]
Según dejó consignado el prestigioso intelectual y político haitiano Gérard
Pierre-Charles, en ese contexto comenzó a peligrar la "integridad del modelo
de dominación" instaurado desde 1934 por los Estados Unidos, en alianza
con los sectores hegemónicos de las oligarquías negra y mulata. Ello fue
"aprovechado por Duvalier, representante del ala de la oligarquía negra,
para ascender a la presidencia (…) con el apoyo de la fracción militar más
decidida. Asentó entonces su poder de tipo personal, a despecho de la
institución militar y [de los] demás grupos dominantes. Así empezó el
remoldeamiento [sic] del sistema político dejado por la ocupación, lo cual
iba a manifestarse con todas sus implicaciones durante los años sesenta".[80]

 En cualquier caso, la falta de legitimidad de origen de la dinastía de los
Duvalier (1957-1986), al igual que el carácter personalista, con rasgos
fascistas, de los "nuevos métodos de dominación política" instaurados para
enfrentar los graves problemas económicos, sociales, raciales y ambientales
que tradicionalmente han afectado a la población haitiana, explican la
brutalidad que alcanzó la represión en Haití durante casi 30 años. Esos
métodos abusivos, igualmente estaban dirigidos a sofocar la recurrente
resistencia popular (en particular la resistencia campesina) a sus sucesivos
gobiernos.[81]

 Esa violencia institucionalizada —fundada en el terrorismo de Estado,
en la corrupción y la criminalidad política— también fundamenta la manera reaccionaria en que el régimen duvalierista se enfrentó al espiral entre
la revolución, la reforma, la contrarreforma y la contrarrevolución que
marcó la situación latinoamericana y caribeña en la década de 1960.
Precisamente, al análisis de las principales expresiones de esa compleja y
recurrente dialéctica, así como a la forma en que ésta se articuló con los
"nuevos enfoques" de la política exterior y de seguridad de los Estados
Unidos hacia todo el mundo —en particular hacia América Latina y el
Caribe— está dirigido el próximo capítulo.

NOTAS

1. Museum Auschwitz: *Los rostros de Abel: Auschwitz*, Editorial Zambon, Frankfurt, 1995.

2. Gian Luigi Nespoli y Giuseppe Zambon: *Los rostros de Abel: Hiroshima/ Nagasaky*, Editorial Zambon, Frankfurt, 1997.

3. El "browderismo" debe su nombre al entonces Secretario General del Partido Comunista de los Estados Unidos, Earl Browder; quien a partir de los acuerdos anglo-soviéticos-norteamericanos en la lucha contra el nazifascismo, de la disgregación de la Internacional Comunista, así como de los "éxitos" que habían obtenido algunos de los frentes populares formados al abrigo de esos procesos, comenzó a propugnar una política de colaboración entre las clases y de liquidación de los partidos comunistas que se habían formado entre 1917 y 1945.

4. Sergio Guerra Vilaboy: *Etapas y procesos...*, ed. cit., p. 42.

5. Richard Nixon: ob. cit., pp. 44-48.

6. Comité de Santa Fe: "Las relaciones interamericanas: escudo de la seguridad del Nuevo Mundo y espada de la proyección del poder global de Estados Unidos", en *Documentos*, Centro de Estudios sobre América, La Habana, 1981. no. 9.

7. Humberto Vázquez García: ob. cit., pp. 34-70.

8. Ibídem, p. 55.

9. Conferencia Interamericana sobre Problemas de la Guerra y la Paz: Informe sobre los resultados de la Conferencia presentados al Consejo Directivo de la Unión Panamericana, Washington, 1945, p. 73.

10. Luis Fernando Ayerbe: ob. cit., p. 96

11. Humberto Vázquez García: ob. cit., pp. 34-70.

12. Luis Fernando Ayerbe: Ob. cit., ed. cit., p. 97.

13. Eduardo Galeano: *Memoria del fuego...*, ed. cit., t. 3, pp. 155-156.

14. Arturo Alape: *El Bogotazo: Memorias del olvido*, Fundación Universidad Central, Bogotá, 1983.

15. Gordon Connell-Smith: ob. cit., p. 224

16. América Díaz Acosta, Sergio Guerra V., y otros: ob. cit., t. 2, pp. 607 y 639.

17. A. Karaváev: ob. cit., pp. 126-130.

18. Jorge Nuñez: "Estados Unidos contra América Latina: el nacionalismo revolucionario: Ecuador y Bolivia", ed. cit., pp. 49-50.

19. Raúl Ruiz González: ob. cit., pp. 98 y 210.

20. América Díaz Acosta, Sergio Guerra V. y otros: ob. cit., t. 2, p. 650.

21. Ibídem, p. 166.

22. Sergio Guerra Vilaboy: *Etapas y procesos...*, ed. cit., p. 48.

23. Parlamento Latinoamericano / Instituto de Relaciones Europeo-Latinoamericanas: ob. cit., p. 250.

24. Carlos Luis Fallas: ob. cit.

25. Rafael Cancel Miranda: *Pólvora y Palomas*, Ciudad de Hostos, Puerto Rico, 1995, pp. 105-106.

26. Roberto Cassá: ob. cit., p. 273.

27. Luis Fernando Ayerbe: ob. cit., pp. 75-104.

28. Demetrio Boersner: ob. cit., pp. 183-184.

29. Gordon Connell-Smith: ob. cit., p. 227.

30. *Documents on Inter-American Cooperation*, 1881-1948, Philadelphia, 1955, t. 2, p. 178.

31. A. A. Guber (compilador): ob. cit., p. 344.

32. Humberto Vázquez García: ob. cit., pp. 105-142.

33. Arturo Alape: ob. cit.

34. Eduardo Galeano: *Memoria del fuego...*, ed. cit., t. 3, p. 164.

35. Citado a partir de los documentos originales, en Apolinar Díaz-Callejas y Roberto González Arana: *Colombia y Cuba: del distanciamiento a la cooperación*, Ediciones Uninorte, Santa Fe de Bogotá, 1998, pp. 50-52.

36. Demetrio Boersner: ob. cit., p. 188.

37. América Díaz Acosta, Sergio Guerra V., y otros: ob. cit., t. 2, p. 659.

38. Elizabeth Fonseca: ob. cit., pp. 244-245.

39. Darcy Ribeiro: ob. cit., pp. 254-255.

40. América Díaz Acosta, Sergio Guerra V., y otros: ob. cit., t. 2, pp. 699, 715 y 731.

41. Manuel Espinoza García: *La política económica de los Estados Unidos hacia América Latina entre 1945 y 1961*, Casa de las Américas, La Habana, 1971, p. 69.

42. Ibídem, p. 70.

43. Ibídem.

44. Gérard Pierre-Charles: ob. cit., p. 47.

45. Manuel Espinoza García: ob. cit., p. 72.

46. Luis Fernando Ayerbe: ob. cit., p. 83.

47. Ibídem, pp. 93-94.

48. América Díaz Acosta, Sergio Guerra V., y otros: ob. cit., t. 2, p. 703.

49. Raúl Ruiz González: ob. cit., pp. 105-106.

50. Tribunal Provincial Popular: "Demanda del pueblo de Cuba al gobierno de Estados Unidos por daños humanos", en *Granma*, Ciudad de La Habana, 1ro. de junio de 1999, p. 2.

51. Apolinar Díaz-Callejas y Roberto González Arana: ob. cit., p. 38.

52. Sergio Guerra Vilaboy: *Etapas y procesos...*, ed. cit., p. 50.

53. Ibídem, p. 51.

54. *The New York Times*, Estados Unidos, 22 de diciembre de 1952.

55. Eduardo Galeano: *Las venas abiertas de América Latina*, ed. cit., p. 112.

56. Manuel Espinoza García: ob. cit., pp. 86-93.

57. International Development Advisory Board: *Report of an Economic Program for the Americas*, Washington, septiembre de 1954, p. 1.

58. G. Trofimenko: *La doctrina militar de EE.UU.*, Editorial Progreso, Moscú, 1987, pp. 75-85.

59. Gian Luigi Nespoli y Giuseppe Zambon: *Los rostros de Abel: Vietnam*, ed. cit.

60. Gérard Pierre-Charles: ob. cit., p. 48-50.

61. Miguel Ángel Asturias: *Weekend en Guatemala*, Editorial Arte y Literatura, La Habana, 1979.

62. Oficina de Derechos Humanos del Arzobispado de Guatemala: *Guatemala: Nunca Más*: Informe del Proyecto Interdiocesano de Recuperación de la Memoria Histórica (REMHI), edición gratuita, Guatemala, 6 de junio de 1998, p. 46.

63. R. Steel: *Pax Americana*, Nueva York, 1967, p. 202.

64. Clara Nieto: ob. cit., pp. 106-107.

65. Roberto Cirilo Perdía: ob. cit., pp. 21-22.

66. Ibídem, p. 26.

67. Raúl González Ruiz: ob. cit.

68. Luis Fernando Ayerbe: ob. cit., p.109.

69. Raúl González Ruiz: ob. cit., pp. 237 y siguientes.

70. Darcy Ribeiro: ob. cit., pp. 142-148.

71. Gordon Connell-Smith: ob. cit., pp. 134-135.

72. Gregorio Selser: ob. cit., pp. 162 y 167.

73. Clara Nieto: ob. cit., p. 75

74. Ya en 1954, luego de la poderosa huelga popular referida en el texto, Villeda Morales había ganado las elecciones presidenciales; pero el Parlamento lo despojó de la victoria aduciendo el "estrecho margen" que había obtenido. Entonces, con el apoyo de las fuerzas armadas, fue impuesto en la presidencia Julio Lozano Díaz.

75. América Díaz Acosta, Sergio Guerra V., y otros: ob. cit., t. 2, p. 949.

76. Como una curiosidad histórica, merece recordar que ya en la segunda década del siglo XX, el posteriormente asesinado líder comunista cubano, Julio Antonio Mella, había calificado al APRA como una "Asociación Para Revolucionarios Arrepentidos".

77. América Díaz Acosta, Sergio Guerra V., y otros: ob. cit., t. 2, p. 818.

78. Apolinar Díaz-Callejas y Roberto González Arana: ob. cit., p. 52.

79. América Díaz Acosta, Sergio Guerra V., y otros: ob. cit., t. 2, pp. 824 y 843.

80. Gérard Pierre-Charles: ob. cit., pp. 64-67

81. Suzy Castor: "Dominación duvalierista y resistencia campesina en Haití", en *El Caribe Contemporáneo*, Facultad de Ciencias Políticas y Sociales, Universidad Nacional Autónoma de México/Centro de Estudios Latinoamericanos, México, octubre de 1983, no. 7, pp. 77-94.

6. REVOLUCIÓN, REFORMA Y CONTRARREVOLUCIÓN EN LA DÉCADA DE 1960

A pesar de los brutales métodos empleados por los Estados Unidos, sus aliados británicos y sus correspondientes lacayos para derrotar al movimiento popular y neutralizar la ola reformista que sacudió a buena parte de las sociedades latinoamericanas y caribeñas durante la primera década de la Guerra Fría (1947-1957), a fines de los años cincuenta comenzaron a aparecer nuevos síntomas de las dificultades que continuaba confrontando el dominio oligárquico-imperialista sobre los pueblos de Nuestra América.

Así, en Puerto Rico, pese a la sistemática represión ejercida por los sucesivos gobiernos coloniales de Luis Muñoz Marín, en 1957, la resistencia popular obligó a derogar la Ley de la Mordaza instaurada en 1948. Como resultado de lo anterior, surgió la Federación Universitaria pro Independencia (FUPI): destacamento que, siguiendo el legado del Partido Nacionalista y de Albizu Campos, en 1959, tuvo una destacada participación en la fundación del Movimiento pro Independencia de Puerto Rico (MPI), integrado por el Partido Obrero Liberador (comunista) y por algunos disidentes del Partido por la Independencia de Puerto Rico: el mismo que había sido fundado unos años atrás.[1]

Dos años antes, en Guyana, las autoridades coloniales británicas, aliadas con los círculos gobernantes estadounidense, se vieron obligadas a reprimir, otra vez, la nueva victoria electoral del líder independentista y socialista Cheddi Jagan, así como a posponer la independencia "negociada" de ese territorio suramericano, bañado por el Mar Caribe. Sin embargo, la fuerte reacción popular obligó al Reino Unido a excarcelar a Jagan y a otorgarle al PPP dos ministerios en el gobierno de esa colonia. Además, para tratar de neutralizar ese fermento popular e independentista, el creciente nacionalismo, así como el robustecimiento y la ascendente coordinación del movimiento obrero organizado en sus diferentes colonias antillanas, en 1958 el gobierno de Londres se vio obligado a formar la Federación de las Indias Occidentales (Federation of West Indies); pero esa maniobra para "mantener su dominación, sin rupturas ni fricciones", fracasó rápidamente.[2] Entre otras cosas, porque los principales partidos políticos y organizaciones sindicales de Jamaica y Trinidad Tobago se separaron de ese proyecto imperial y continuaron defendiendo con creciente éxito la total independencia política de sus correspondientes naciones. Y porque —como veremos después—, en 1961, el PPP logró una rotunda victoria electoral que impulsó la lucha del pueblo guyanés y de otras naciones caribeñas por obtener su genuina independencia.

Esa intranquilidad política también se expresó, en otros países latinoamericanos y caribeños. En Haití, por ejemplo, la única manera que tuvo Duvalier de consolidar y estabilizar su nefasto poder personal fue recurriendo a draconianas medidas represivas contra el movimiento popular y, en especial, contra la recién constituida Unión Intersindical de Haití. Para hacerlo tuvo que formar —con el silencio cómplice de los Estados Unidos— un cuerpo paramilitar que le permitiera controlar el creciente ambiente antiduvalierista que existía en la sociedad, al igual que en las fuerzas armadas y policiales. Surgieron así, en 1958, los tristemente célebres *tontons macoutes*, responsables directos de la mayor parte de los 40 000 crímenes y asesinatos políticos que se perpetraron en ese país entre 1958 y 1986. Ello sin contar las decenas de miles de haitianos que fueron desplazados de sus hogares y de sus tierras, sometidos a brutales torturas y a ilegales encarcelamientos o que tuvieron que acudir al exilio para preservar su vida.[3]

Paralelamente, en Chile, la presión popular obligó a la derogación de las medidas represivas (la Ley de Defensa de la Democracia) que, en 1948, había instaurado el gobierno de González Videla. Estas habían sido sostenidas por el gobierno constitucional del general y ex dictador pro fascista Carlos

Ibáñez (1952-1958). Como consecuencia de la eliminación de la ley antes mencionada y fruto de las intensas luchas populares y democráticas, surgió el Frente Revolucionario de Acción Popular (FRAP) encabezado por Salvador Allende e integrado por los partidos Comunista y Socialista. La fuerza política con que este contaba se evidenció en las elecciones de 1958. En ellas —pese al reconocido respaldo financiero y político norte-americanos— el candidato de la derecha y de los "momios", Jorge Alessandri, sólo obtuvo 35 000 votos más que Salvador Allende.[4] Fue, precisamente en ese momento, cuando los círculos gubernamentales de los Estados Unidos comenzaron a implementar sus primeros planes para impedir, a toda costa, el acceso de ese prestigioso dirigente socialista a la presidencia de Chile.[5]

Por otra parte, en Panamá, a pesar de la represión perpetrada por los diversos gobiernos "constitucionales" que se sucedieron en ese país desde el golpe de Estado de 1941 y, en particular, por el gobierno de Ernesto de la Guardia (1956-1960), miles de jóvenes y estudiantes, convocados por la llamada "Operación Soberanía" (iniciada en 1956), se movilizaron con redobladas fuerzas contra la ocupación militar norteamericana de la zona del Canal.

Esos y otros movimientos nacionalistas, democráticos y populares, fueron estimulados por el derrocamiento, el 23 de enero de 1958, mediante una huelga general, de la sanguinaria dictadura venezolana del general Marcos Pérez Jiménez. Como la mayoría de los dictadores latinoamericanos y caribeños, este buscó la impunidad de sus crímenes y latrocinios refugiándose en los Estados Unidos. Fue sustituido por una Junta de Gobierno encabezada por el prestigioso contralmirante Wolfgang Larrazábal.

En ese contexto, en medio de grandes protestas populares, el entonces vicepresidente estadounidense, Richard Nixon, visitó diversos países latinoamericanos; entre ellos, Bolivia, Perú y Venezuela. En este último, fue tal la repulsa que encontró, que el presidente Eisenhower —como en la época del "gran garrote" y de la "diplomacia del dólar y las cañoneras— amenazó con intervenir militarmente en ese país. A tal fin, movilizó la poderosa flota de guerra ubicada en su "colonia militar" de Puerto Rico;

pero la recién instaurada Junta de Gobierno rechazó esas amenazas y, gracias al apoyo popular, derrotó dos sucesivos golpes de Estado derechistas urdidos en su contra.

Todos los partidos políticos del país (incluido el Partido Comunista de Venezuela) fueron legalizados y —luego del llamado "Pacto de Punto Fijo"— los líderes del Partido Acción Democrática (AD), Rómulo Betancourt, de la Unión Republicana Democrática, Jóvito Villalba, y del socialcristiano Comité de Organización Política Electoral Independiente (COPEI), Rafael Caldera, se comprometieron a respetar el resultado de las elecciones presidenciales de enero de 1958.[6] En estas —con el apoyo de la derecha y de importantes círculos de poder norteamericanos y puertorriqueños— triunfó el candidato de la coalición entre AD y URD, el "socialdemócrata" y proverbial anticomunista: Rómulo Betancourt. Este, de manera casi inmediata, tuvo que aplicar diversas medidas represivas para contener las multiformes movilizaciones populares contra las primeras medidas pro oligárquicas y pro imperialistas de su gobierno. Mucho más porque el rechazo a su régimen abarcó a ciertos sectores nacionalistas y democráticos de las fuerzas armadas. Así se demostró en las frustradas sublevaciones militares de Carúpano, Puerto Cabello y Boca del Río, todas en 1962.[7]

LA REVOLUCIÓN CUBANA: SU IMPACTO EN LAS RELACIONES INTERAMERICANAS

Sin embargo, el hecho que estremeció los cimientos de la dominación oligárquica e imperialista sobre "la América mayúscula" fue el triunfo de la Revolución cubana. Toda la ayuda económica, política y militar que —desde 1952— le había prestado los Estados Unidos a la cruenta dictadura de Fulgencio Batista, y todos los esfuerzos desarrollados por la Embajada norteamericana en La Habana para neutralizar el radicalismo de ese proceso, de abortarlo a través de farsas electorales (las de noviembre de 1958) o mediante un nuevo golpe de Estado militar (el de fines de diciembre de 1958) fueron sucesivamente derrotados. El 1ro de Enero de 1959, convocada por Fidel Castro y el Movimiento 26 de Julio (M-26-7), así como apoyada por las demás organizaciones revolucionarias del país (el Partido Socialista Popular —comunista— y el Movimiento Revolucionario 13 de Marzo), una huelga general insurreccional selló la victoria de las armas rebeldes. Y, unos días después, se formó un Gobierno Revolucionario Provisional en el cual, al margen de su heterogénea composición ideológica y sociopolítica, preponderaron las fuerzas revolucionarias. Estas terminaron controlando totalmente la situación después de la renuncia a la presidencia de la república del timorato magistrado Manuel Urrutia (16 de julio de 1959); quien fue sustituido por el doctor Osvaldo Dorticós Torrado. Este, en medio del clamor popular y luego de un enardecido discurso del legendario comandante guerrillero Camilo Cienfuegos, ratificó como su Primer Ministro al Comandante en Jefe del victorioso Ejército Rebelde y líder del Movimiento 26 de Julio, Fidel Castro Ruz.

Previamente, los tribunales revolucionarios habían sancionado en forma ejemplar a todos aquellos sicarios del régimen de Batista que no lograron ponerse —junto al dictador— bajo la protección del sátrapa dominicano Rafael Leonidas Trujillo o del propio gobierno estadounidense.[8] Concluía así la impunidad de que habían gozado, desde la frustrada Revolución de 1933, los matarifes al servicio del imperio y de las clases dominantes cubanas. El solo ejercicio de ese acto de la justicia popular —junto a la indignada reacción de la Casa Blanca y de otros medios oligárquicos— evidenció la profundidad de los hechos revolucionarios cubanos. También contribuyó a proyectar rápidamente su alcance universal, latinoamericano y caribeño, así como su articulación con las luchas por la liberación nacional y social que entonces se desarrollaban en diferentes naciones del Tercer Mundo, en particular de África y Asia. Estas habían tenido un notable impulso luego de la Segunda Guerra Mundial. En particular, después de la celebración de la Conferencia de Bandung, Indonesia, convocada en 1955 por los líderes de las exitosas luchas por la independencia de la India, Indonesia, Egipto, Ghana y otros países afroasiáticos.

Por primera vez en la historia latinoamericana y caribeña, un pueblo unido y armado, bajo la dirección de una vanguardia político-militar, mediante el ascendente desarrollo de la lucha armada guerrillera rural como forma fundamental aunque no única de lucha, destruyó la columna vertebral del Estado burgués pro imperialista (el Ejército), realizó una revolución política y, en medio de su frontal enfrentamiento con el imperialismo norteamericano, solucionó en un proceso continuo y sin etapas las tareas agrarias, democráticas, nacionales y antimperialistas, y emprendió la construcción del socialismo. Como tempranamente indicó el comandante Ernesto Che Guevara, todo ello significó una ruptura total con las concepciones estratégicas y tácticas que hasta entonces, y con escaso éxito, habían aplicado las fuerzas revolucionarias y reformistas en América Latina y el Caribe; incluidos los diversos partidos comunistas que se habían formado bajo el estímulo del Movimiento Comunista, Obrero y de Liberación Nacional impulsado, por la URSS, por algunas de las "democracias populares" europeas y −hasta la ruptura chino-soviética de 1960− por la República Popular China (RPCh).[9]

Se abrió así una nueva etapa de la historia de las luchas populares en el hemisferio occidental y, por ende, de las relaciones interamericanas. De ahí que, estimuladas por la Revolución cubana, enseguida se incentivaran las luchas antimperialistas y antidictatoriales en la mayor parte de los países de América Latina y el Caribe; en primer lugar, contra las odiadas dictaduras de Somoza, Duvalier y Trujillo. En este último caso, siguiendo el ejemplo cubano, el 14 de junio de 1959, una expedición político-militar organizada por el Movimiento de Liberación Dominicana desembarcó en tres puntos diferentes del territorio nacional con el propósito de iniciar la lucha armada guerrillera contra el autoproclamado "Benefactor de la Patria y Primer Anticomunista de América".[10] Esta fue dirigida por Enrique Jimenes Moya y contó con la reconocida solidaridad del gobierno revolucionario cubano.[11] A pesar de su sangrienta derrota, de la caída en combate o del vil asesinato de casi todos sus integrantes (de 214 sólo sobre-vivieron cinco), su esfuerzo encontró continuidad en la llamada "conspi-ración de los sargentos" y en la posterior organización del Movimiento 14 de junio (1J4), cuyos principales dirigentes (entre ellos, las tres célebres hermanas Minerva, María Teresa y Patria Mirabal) fueron ultimados −luego de ser sometidos a brutales torturas− por los sicarios del jefe del

Ejército dominicano, Ranfis Trujillo.[12] Este había sido nombrado coronel del Ejército por su padre, el "generalísimo" Rafael Leonidas Trujillo, cuando apenas tenía "tres años de edad".[13]

Merece la pena consignar que esas y otras barbaridades no pudieron impedir que se acrecentaran las luchas contra la satrapía trujillista. Por el contrario, entre 1959 y 1960 —encabezadas por el 1J4— continuó el ascenso de las diversas luchas populares contra ese sanguinario régimen. Esas contiendas comenzaron a influir, incluso, en sectores de las clases dominantes que hasta entonces habían mantenido su apoyo al tirano. Este, en vez de emprender algunas reformas que, tal vez, "hubiesen neutralizado el auge opositor (…) utilizó meramente el arma de la represión. Se establecieron horrendos centro de tortura masiva [como los tristemente célebres Kilómetro 9 y La Cuarenta] y se ampliaron las actividades de control y vigilancia sobre la población por medio del tenebroso Servicio de Inteligencia Militar".[14] De más está decir, que esos bárbaros procedimientos fueron refrendados —al igual que ocurría en otros países de América Latina y el Caribe— por las Misiones Militares, Navales y Aéreas, así como por parte de las embajadas, los órganos contrainsurgentes y las agencias "especializadas" (la CIA y el FBI) del gobierno de los Estados Unidos.

Por ello —al margen de la bipolaridad entre los Estados Unidos y la URSS que caracterizó a la Guerra Fría, así como de la profundidad de las transformaciones internas e internacionales adoptadas por el mal llamado "gobierno de Fidel Castro" (entre ellas, la expulsión de la Misión Militar norteamericana y la inmediata denuncia de los acuerdos militares secretos firmados por Batista con los Estados Unidos)—, estaba en la lógica de los acontecimientos que la administración Eisenhower haría todo lo que estuviera a su alcance para revertir (*roll back*) el "mal ejemplo cubano". En efecto, tan tempranamente como en abril de 1959, aún antes de que se promulgara la primera Ley de Reforma Agraria (mayo de 1959) y en el contexto de un viaje de buena voluntad realizado por el líder de la Revolución cubana a los Estados Unidos, el entonces vicepresidente Richard Nixon, luego de reunirse con él, llegó a la conclusión de que era necesario "reemplazar al gobierno revolucionario cubano por otro más conveniente a los intereses norteamericanos".[15]

En consecuencia, siguiendo el modelo de la Operación Guatemala, la Casa Blanca —con el apoyo de los sectores más reaccionarios de la alta jerarquía de la Iglesia Católica "cubana", así como de las clases sociales y las agrupaciones políticas deplazadas del poder— inmediatamente emprendió diversas acciones contra el proceso revolucionario cubano. Entre ellas, la agresión económica, la guerra sicológica, los intentos de asesinar a los principales dirigentes de la revolución, el apoyo a bandas contrarrevolucionarias, el terrorismo, al igual que la promoción de la migración legal e ilegal de profesionales y niños cubanos hacia los Estados Unidos.[16] Colofón de todas esas agresiones fue la frustrada invasión mercenaria de Playa Girón (15 de abril de 1961), adecuadamente calificada como "la primera gran derrota imperialista en América Latina y el Caribe".[17] Como resultado de esa invasión y de otras acciones terroristas (como el cobarde atentado en puerto cubano contra el vapor francés *La Coubre*), sólo entre mayo de 1959 y abril de 1961, perdieron la vida cerca de 400 cubanos; incluidos mujeres y niños. Una cantidad similar fueron heridos, de los cuales más de 50 quedaron discapacitados.[18]

Es preciso recordar que esa invasión mercenaria contó, en todo momento, con el decidido respaldo de las dictaduras militares de Guatemala y Nicaragua. También con la complicidad de buena parte de los gobiernos "democrático-representativos" de América Latina; en particular, con los de Venezuela, Costa Rica y Colombia. Siguiendo el precedente de la ya mencionada Declaración de Caracas de 1954 y los planes elaborados por la Casa Blanca en marzo de 1960, estos contribuyeron activamente a que, en agosto del propio año, la Séptima Reunión de Consulta de Ministros de Relaciones Exteriores de los países integrantes de la OEA, aprobara la Declaración de San José de Costa Rica. Esta —además de imponer de manera oportunista sanciones económicas contra el régimen de Trujillo (entonces implicado en un frustrado atentado contra el presidente venezolano Rómulo Betancourt)— estableció que la solidaridad hacia la Revolución cubana que habían expresado la URSS y la RPCh "ponían en peligro la seguridad interamericana". También condenó a esos y otros países socialistas por su presunta injerencia "en los asuntos [internos] del hemisferio occidental".[19]

Como respuesta a esos desatinos, en la capital cubana, una multi-tudinaria manifestación popular proclamó, el 2 de septiembre de 1960, la Primera Declaración de La Habana. En ella, además de reiterar "su política de amistad con todos los pueblos del mundo", la Asamblea General del Pueblo de Cuba condenó la Declaración de San José de Costa Rica por "atentar contra la autodeterminación nacional, la soberanía y la dignidad de los pueblos hermanos del continente". También rechazó "la intervención abierta y criminal que durante más de un siglo ha ejercido el imperialismo norteamericano sobre todos los pueblos de América Latina". Y antepuso a la Doctrina Monroe y al "hipócrita panamericanismo", el "latinoameri-canismo liberador que late en José Martí y Benito Juárez".[20] Este patriota mexicano, antes de desaparecer físicamente en 1872, había dirigido las luchas de su pueblo contra las pretensiones de Napoleón III y del emperador Maximiliano de Habsburgo (1861-1867) de recolonizar a su patria. También logró contener la constante expansión territorial de los Estados Unidos sobre el territorio de México.[21]

A pesar de que todos los asuntos vinculados a la denominada "Operación Pluto" o al Plan Zapata (en referencia a la zona cenagosa de la isla de Cuba donde se produjo el desembarco mercenario) fueron elaborados por Dwight Eisenhower, la decisión final y el estruendoso fracaso de la invasión comprometió profundamente a la administración del joven mandatario demócrata John F. Kennedy, quien había tomado posesión el 20 de enero de 1961. A su zaga, ocuparon los principales comandos de la administración destacados representantes de una nueva generación de políticos, militares e intelectuales. Todos fueron convocados por el flamante Presidente a conquistar para los Estados Unidos "una Nueva Frontera" (¿un nuevo "Destino Manifiesto"?), más allá de la cual existían "problemas no resueltos de la Guerra y la Paz". Según Kennedy, la solución de esos y otros problemas de alcance nacional (la crisis económica, la lucha por los derechos civiles y contra la discriminación racial) y global (las terribles armas de destrucción masiva y el progresivo proceso de descolonización del mundo subdesarrollado) exigían "inventiva, innovación, imaginación y decisión". Igualmente, la definición de nuevos objetivos nacionales y, éstos, a su vez, de "hombres jóvenes que no estuvieran ligados a las tradiciones del pasado, ni cegados por los viejos temores, odios y rivalidades".[22]

De ahí que, con la notable excepción del conservador vicepresidente Lyndon B. Johnson, la mayoría de los funcionarios nombrados por el nuevo mandatario tuviesen una postura crítica respecto a los procesos más recientes de la vida económica, social y política de los Estados Unidos, incluido el macartismo. Asimismo, cuestionaban algunos aspectos centrales de la "gran estrategia" que desplegaron tanto Harry Truman, como Dwight Eisenhower en los 16 años posteriores a la Segunda Guerra Mundial. En algunos de esos altos funcionarios civiles y militares (por ejemplo, en George McGovern, Richard Goodwin, Arthur Schlesinger Jr. o el general Maxwell Taylor), esa crítica abarcaba las políticas desarrolladas por los Estados Unidos contra América Latina y el Caribe a lo largo del siglo XX; incluidas las vinculadas al Corolario Roosevelt (el "gran garrote" y la "diplomacia del dólar y las cañoneras"), al igual que las relacionadas con las Políticas del Buen Vecino y del Buen Socio.

Todas las derivaciones del Corolario Roosevelt (1904-1933) —entre ellas las aplicadas, entre 1913 y 1921, por el mandatario demócrata Woodrow Wilson— eran censuradas por el empleo de la fuerza militar, por sus constantes intervenciones punitivas en las naciones de América Latina y el Caribe, así como por haber provocado que "los Estados Unidos se ganaran el odio universal". A su vez, a las acciones relacionadas con la Política del Buen Vecino (1934-1953) se les censuraba su limitación a los aspectos "jurídicos y diplomáticos vinculados al principio absoluto de la no intervención" en los asuntos internos de los países del hemisferio, al igual que por carecer de "un claro programa económico" y de "un adecuado estímulo a las ideas democráticas". Y a las más recientes prácticas de la Política del Buen Socio (1953-1961), se le achacaba su "innata preferencia por los gobiernos de derecha o por las dictaduras militares" en su desenfrenada búsqueda de un "clima favorable" para las inversiones norteamericanas y para el desenvolvimiento de la llamada "libre empresa". También se les objetaba haber privilegiado la ayuda técnica y militar, y exigido a los gobiernos de la región "medidas de austeridad monetaria y fiscal" como condición imprescindible para ser beneficiados por los créditos del FMI, del BM y del Banco Interamericano de Desarrollo (BID), fundado en 1959.

Según algunos de los nuevos funcionarios de la Casa Blanca, como resultado de esas estrategias erróneas, a comienzo de la década de 1960, el gobierno de Washington aparecía excesivamente identificado con el "imperialismo económico" y con "detestados regímenes militares". Además, las profundas consecuencias sociales, económicas y políticas de esas acciones estaban "resquebrajando el viejo orden latinoamericano" y creando "una coyuntura en extremo arriesgada a todo lo largo del hemisferio". El "alzamiento de Fidel Castro había transformado una falla de la política en una amenaza a la seguridad norteamericana".[23] Así se había puesto de manifiesto en la multiplicación de las luchas populares en diferentes países de la región, al igual que en el rechazo que había encontrado el vicepresidente Richard Nixon en su ya mencionado viaje por América Latina. Igualmente, en la hostilidad que, a comienzos de 1960, acompañó las visitas realizadas por el presidente Eisenhower a Santiago de Chile, Montevideo, Río de Janeiro y Buenos Aires.[24]

Esas últimas manifestaciones de repudio se produjeron a pesar del tardío apoyo del mandatario republicano a la institucionalización, en 1960, de la Asociación Latinoamericana de Libre Comercio (ALALC) como complemento de las políticas "desarrollistas" y proteccionistas —basadas en la sustitución de importaciones— que, por aquellos años, impulsó la Comisión Económica para América Latina (CEPAL) de la ONU, fundada —con la oposición de los Estados Unidos— en 1945. También, pese a la promesa de la Casa Blanca (julio de 1960) de crear un fondo de 500 millones de dólares para el desarrollo social de los países situados al sur de las fronteras estadounidenses. Esa propuesta (previamente respaldada por el Congreso) se formalizó de manera apresurada en la Conferencia Económica y Social de la OEA efectuada en Bogotá, en septiembre de 1960, con el propósito supremo —como se ha documentado— de lograr el aislamiento hemisférico del gobierno revolucionario cubano.

VIDA, PASIÓN Y MUERTE DE LA "ALIANZA PARA EL PROGRESO"

Sin dudas, los diagnósticos críticos de la política interna y externa estadounidenses antes mencionados —al igual que el carisma personal de John F. Kennedy— generaron grandes esperanzas en amplios sectores de la sociedad norteamericana (incluidos los luchadores por los derechos civiles y políticos), en diversos actores internacionales y en importantes espacios de la opinión pública mundial. Pese a las redobladas resistencias de los sectores más reaccionarios de la sociedad y el sistema político estadounidense, parecía que la pesadilla generada por el macartismo, así como por la política "al borde de la guerra" y por la constante amenaza de una "represalia nuclear masiva" contra el denominado "campo socialista" sería definitivamente abandonada. Sobre todo, por las claras indicaciones de la nueva administración y del Estado Mayor Conjunto de las fuerzas armadas norteamericanas respecto a que esas doctrinas político-militares serían sustituidas por la llamada "reacción flexible" frente a los diversos conflictos internacionales (incluidas las "guerras locales" o "limitadas") que caracterizaron al mundo de la Guerra Fría.[25]

Las esperanzas antes citadas eran mayores en importantes círculos políticos y sociales de América Latina y el Caribe; en especial, entre los sectores liberales y "socialdemócratas" (la "izquierda democrática" y anticomunista) que habían sido amparados en su exilio por el mandatario costarricense José Figueres o por los políticos puertorriqueños vinculados al ELA. Estos habían acogido con enorme entusiasmo las promesas electorales de John F. Kennedy de desplegar una Alianza para el Progreso dirigida a "desarrollar los recursos del hemisferio entero, robustecer las fuerzas de la democracia, y ampliar las oportunidades vocacionales y educativas de toda persona en ambas Américas". Para ello —según el nuevo mandatario— era imprescindible "apoyar de manera inequívoca la democracia y oponerse a las dictaduras (ya fueran de derecha o de izquierda)"; facilitar "fondos a largo plazo, esenciales para una economía de crecimiento"; estabilizar los precios de los principales productos de exportación latinoamericanos y caribeños; ayudar a los "programas de reforma agraria"; estimular la inversión privada, "mezclando el capital importado con el capital local"; ampliar la ayuda técnica y "los programas de intercambio de información y de estudiantes"; "establecer un acuerdo sobre el control de armas en el hemisferio" y fortalecer a la OEA. Esa "alianza de las dos Américas", también debía impedir "que la influencia de Castro se extendiera por otros países de la región".[26]

Con tales fines, siguiendo la orientación expresa del presidente Kennedy, se estructuró un Grupo de Trabajo dirigido a presentarle propuestas "suficientemente espectaculares como para captar la imaginación de los habitantes" del continente y "crear una atmósfera de solidaridad" entre los Estados Unidos y América Latina.[27] En ese Grupo tenían un importante papel funcionarios norteamericanos que habían participado en el diseño del Plan Marshall y otros de origen puertorriqueño que, junto al pro imperialista Luis Muñoz Marín — de quien Kennedy era amigo personal—, habían contribuido en forma destacada a la fundación de las instituciones y al diseño del "modelo" de desarrollo económico y social (la llamada "industrialización por invitación") que habían acompañado el nacimiento del ELA en Puerto Rico. Además de su importancia interna, este pretendía demostrarle a las naciones latinoamericanas y a los pueblos caribeños "aún subyugados por los viejos colonialismos europeos (…) una forma de satisfacer sus aspiraciones a la libertad y al bienestar bajo la sombra generosa de los Estados Unidos".[28]

El antes mencionado grupo concluyó sus estudios a principios de 1961 y los presentó oficialmente en febrero del propio año. Según sus descarnados informes, el problema principal que tenía que encarar la Casa Blanca era "separar la inevitable y necesaria transformación social de América Latina de toda relación con la política de expansión comunista extracontinental". Asimismo, era necesario evitar que "la revolución social latinoamericana" se transformara "en un ataque marxista a los Estados Unidos". Por ende, una de las primeras tareas de la nueva administración tendría que ser la "formulación de una filosofía democrática positiva" que respaldara a "los amplios movimientos progresistas democráticos, empeñados en la conquista de un gobierno representativo". Además, que actuara como complemento de una reforma social y económica, incluida una reforma agraria que ayudara a conjurar "el peligro de rebelión armada y la guerra de guerrillas en el Caribe y [en los] países andinos".[29]

Pero, como "los buenos deseos no detienen las balas", el gobierno de los Estados Unidos debía estar dispuesto a ofrecer todo el apoyo militar necesario para la defensa de los "regímenes democráticos" de la región, ya que "la amenaza comunista" no requería únicamente una respuesta económica, como creían los latinoamericanos. Junto al empuje a los "planes de desarrollo" y a la "respuesta militar", tradicionalmente propugnada por el Pentágono, había que promover en forma activa y sistemática la formación de "partidos políticos democráticos". Todo lo antes dicho debía posibilitar que "la revolución que se estaba desarrollando en América Latina" tomara una dirección que evitara que "se hagan con sus riendas el bloque chino-soviético". Ese eventual escenario —en opinión del entonces asesor especial del presidente Kennedy, Arthur Schlesinger Jr.— "pondría en ridículo ante el mundo nuestro liderazgo y crearía una dura y persistente amenaza a nuestra seguridad nacional".[30]

Después de vencer las iniciales resistencias del Departamento de Estado, del Pentágono y de la CIA; en particular, de aquellos que —según Schlesinger Jr.— defendían "una línea contrarrevolucionaria" e "incestuosas relaciones con los militares latinoamericanos", el 13 de marzo de 1961, John F. Kennedy anunció oficialmente la Alianza para el Progreso. En consonancia con sus indicaciones de realizar "propuestas espectaculares", proclamó su intención de "completar la revolución de las Américas" y de crear "una civilización americana en la que, dentro de la rica diversidad de sus propias tradiciones, cada nación sea libre de seguir su propio camino hacia el progreso".[31] Apenas un mes después, esa perorata quedaría manchada con la sangre derramada por los cientos de cubanos —incluidos mujeres y niños— que perdieron la vida o quedaron mutilados a causa de la ya mencionada invasión mercenaria de Playa Girón. En honor a la verdad, si los costos humanos no fueron mayores para ambas partes se debió a la resistencia del mandatario estadounidense frente a las presiones del *establishment* político-militar (incluido el Pentágono y la CIA) dirigidas a que autorizara el empleo de tropas, o de las fuerzas aéreas y de la marina de guerra norteamericanas, para salvar de la derrota a aquella vergonzosa operación.[32]

Sin embargo, ello no evitó el desprestigio de la maquinaria de seguridad estadounidense, ni que quedaran en evidencia ante el mundo las constantes falacias de su política exterior. Esas mentiras —las llamadas "zonas negras y grises", típicas de la "propaganda política exterior norteamericana" inspirada en las prácticas propagandistas del nazifascismo— habían sido groseramente difundidas ante la Asamblea General de la ONU por el entonces respetado estadista Adlai Stevenson. Este había afirmado que el bombardeo a los aeropuertos cubanos, previo a la invasión mercenaria, había sido fruto de una disidencia interna en las fuerzas armadas de la mayor de las Antillas. De ahí que la rápida derrota de esa invasión contribuyera a disipar las esperanzas en la "nueva era de las relaciones interamericanas" proclamada por John F. Kennedy. Mucho más porque una ola de indignación estremeció los cimientos de diversas sociedades latinoamericanas y caribeñas. En ellas, se amplió la solidaridad hacia la Revolución cubana y comenzaron a expandirse las multiformes luchas populares contra el *statu quo* preponderante en América Latina, el Caribe y en otros países del mundo subdesarrollado.

Tratando de contrarrestar esas tendencias —y la posible reacción de la derecha y la ultraderecha norteamericanas— Kennedy de inmediato se responsabilizó con el fracaso de la invasión. Reiterando el discurso y las prácticas de la administración republicana precedente, también se comprometió en forma pública a desconocer el principio de la no-intervención en los asuntos internos y externos de los países latinoamericanos y caribeños en el caso de que "las naciones del hemisferio no cumpliesen con sus compromisos [de luchar] contra la penetración comunista". Del mismo modo, urgió a los departamentos de Estado y del Tesoro a que terminaran de presentar oficialmente ante la OEA los planes de su administración dirigidos a impulsar la Alianza para el Progreso.[33] Y a la CIA para que —en función de lo anterior— terminara de resolver el "problema dominicano". A tal fin, el 30 de mayo de 1961, un comando organizado y armado por la Estación de esa agencia en Santo Domingo, eliminó a uno de sus hijos putativos: el sátrapa Rafael Leonidas Trujillo.[34]

Acto seguido, y sin esperar los resultados que traería esa "operación encubierta", el Departamento de Estado presentó la Alianza para el

Progreso en la reunión del Consejo Económico y Social de la OEA efectuada en Punta del Este, Uruguay, en agosto de 1961. Mediante ese "pacto", todos los gobiernos de la región (con la sola excepción del cubano que fue expresamente excluido de sus "beneficios") quedaron formalmente comprometidos a impulsar importantes cambios económicos, sociales y políticos en sus correspondientes países. Por su parte, el gobierno norteamericano prometió la movilización de 20 000 millones de dólares en una década. El 50% de esos fondos se canalizaría a través de los diferentes programas oficiales estadounidenses de ayuda al exterior y, el resto, provendría de fuentes privadas o de los préstamos condicionados que le ofrecían a los gobiernos de la región el FMI, el BM y el BID. El carácter demagógico y contrainsurgente de esa "alianza de las dos Américas" fue inmediatamente develado por la delegación cubana. Ésta estuvo presidida por el comandante Ernesto Che Guevara, quien luego de denunciar las diversas agresiones norteamericanas contra la Revolución y de evaluar numerosas alternativas, pronosticó el fracaso de la Alianza para el Progreso, así como el consiguiente incremento de los conflictos sociales y políticos en América Latina y el Caribe, incluida la posibilidad de nuevas guerras civiles, de las cuales, adelantó, "Cuba no sería responsable".[35]

Las previsiones del Che fueron rápidamente confirmadas. Ante las propias debilidades estructurales del proyecto, ante las resistencias de las plutocracias latinoamericanas y caribeñas, así como de los sectores más reaccionarios y conservadores del *establishment* estadounidense, la Alianza para el Progreso fracasó. La llamada "revolución pacífica y democrática" prometida por John F. Kennedy y por sus principales aliados en la región (los gobiernos "socialdemócratas" de Venezuela y Costa Rica) terminó en un nuevo baño de sangre. A causa del despliegue de las multiformes luchas populares latinoamericanas y caribeñas (entre ellas, la aparición de diversas organizaciones político-militares que en Venezuela, Guatemala, Nicaragua, Colombia y Perú pretendían aplicar las experiencias de lucha de la Revolución cubana), se inició una escalada represiva y de nuevos golpes militares, al igual que una cadena de nuevas intervenciones directas o indirectas de los Estados Unidos en los asuntos internos y externos de los países de la región.[36]

Por ejemplo, en República Dominicana, pese a las crecientes protestas populares y de los sectores "antitrujillistas" de las clases dominantes —y gracias a las gestiones del gobierno norteamericano, de la OEA, así como a la demostración de fuerza realizada frente a las costas dominicanas por varias naves de guerra estadounidenses— transitoriamente se mantuvo en la presidencia el maquiavélico representante de la "burocracia trujillista", Joaquín Balaguer. Este, con el apoyo del entonces jefe de las fuerzas armadas, Ramfis Trujillo, desencadenó una brutal oleada represiva contra todos los que habían participado en la conspiración contra el tirano (incluido en jefe del Ejército, general Pupo Román), al igual que contra todos los sectores populares opuestos al entonces naciente "balaguerismo".

Sin embargo, ello no pudo evitar que, en noviembre de 1961, una huelga general lograra la renuncia de Ramfis y de Balaguer a sus correspondientes cargos, así como el exilio del resto de los integrantes del "clan Trujillo". Entonces, para neutralizar el creciente radicalismo del movimiento popular y la eclosión de "una nueva Cuba", la Embajada norteamericana apoyó la instalación de un Consejo de Estado presidido —luego de dos intentonas golpistas— por el representante de la "oposición burguesa" Rafael Bonelli; quien fue el encargado de convocar las elecciones presidenciales de diciembre de 1962. En esos comicios —contra el criterio de la Casa Blanca, de las fuerzas armadas dominicanas y de sus 54 "consejeros" del Military Assistance Advisory Group— resultó electo el ilustre intelectual y político dominicano Juan Bosch. Este, unos meses después de iniciado su mandato, fue derrocado por un golpe de Estado derechista.[37]

No obstante, donde esa política intervencionista de la administración demócrata en los asuntos internos y externos de América Latina y el Caribe tuvo sus puntos más altos fue en la mayoritaria decisión de la Octava Reunión de Consulta de Ministros de Relaciones Exteriores de la OEA (efectuada en Montevideo en enero de 1962) de expulsar a Cuba de esa organización y, meses más tarde, en la llamada "Crisis de los Misiles", de octubre del propio año. Como se recordará, esta se desató luego de la decisión de John F. Kennedy —respaldada en forma unánime por la OEA— de desplegar una "cuarentena" (bloqueo) naval alrededor de Cuba, con el pretexto de impedir que el pueblo cubano —haciendo uso de su soberanía nacional— adquiriera todas aquellas armas soviéticas que considerase necesarias para disuadir o defenderse de los planes de intervención militar directa contra la Revolución que —siguiendo los lineamientos de la denominada "Operación Mangosta" elaborada por el Consejo Nacional de los Estados Unidos, en marzo de 1962— continuaban preparando diversas agencias de la maquinaria política y militar de ese país.[38]

Esas decisiones de la Casa Blanca —junto a los evidentes errores cometidos por la diplomacia soviética, que en todo momento insistió en ocultar y negar los acuerdos militares soberanamente establecidos con Cuba— puso al mundo al borde de una aniquiladora guerra nuclear. Si esta no se produjo, fue por el alto costo político y humano que hubiera tenido para los Estados Unidos una intervención militar directa o un golpe aéreo "quirúrgico" contra Cuba. Igualmente, por la voluntad negociadora desplegada (sobre todo en la fase final de la también llamada "crisi de octubre de 1962"), tanto por el entonces Secretario General del PCUS, Nikita Jruschov, como por el Presidente norteamericano.[39] En consecuencia, a cambio de la retirada de los cohetes de alcance medio y de ciertos equipos aéreos de factura soviética que estaban desplegados en la mayor de las Antillas, el gobierno norteamericano se comprometió explícitamente a "garantizar nuestra disposición de no invadir a Cuba".[40]

Sin embargo, tal y como había previsto el Primer Ministro de Cuba, comandante Fidel Castro —quien inmediatamente expresó su enérgica protesta porque tal acuerdo se hubiera adoptado sin participación del gobierno cubano—,[41] esa decisión no impidió que continuaran los planes de los círculos de poder norteamericanos dirigidos a destruir a la Revolución cubana, tanto antes como después del asesinato de John F. Kennedy el 22 de noviembre de 1963. Entre los diferentes medios utilizados contra Cuba, ocuparon un lugar central: el estímulo y la decidida ayuda económica y militar a las criminales bandas contrarrevolucionarias que —hasta que fueron derrotadas en 1965— operaron en el territorio cubano; la "guerra económica" (el bloqueo); nuevas acciones terroristas y otros planes de atentados contra los dirigentes de la Revolución (en especial, contra Fidel Castro), organizados por la CÍA, así como la constante búsqueda del aislamiento político, ideológico y diplomático del gobierno cubano en todo el mundo, particularmente en el hemisferio occidental.[42]

Con ese fin de aislar a Cuba, la Novena Reunión de Consulta de Cancilleres de la OEA (efectuada en Washington, del 21 al 26 de julio de 1964) aprobó una nueva resolución que obligaba a todos los Estados miembros a romper sus relaciones diplomáticas, comerciales y consulares con la mayor de las Antillas. El único gobierno integrante de esa organización que no la acató fue el de México,[43] entonces encabezado por Adolfo López Mateo (1958-1964). Al igual que ya había hecho a través de la Segunda Declaración de La Habana (4 de febrero de 1962),[44] en respuesta a esa nueva resolución "interamericana", el pueblo cubano aprobó la Declaración de Santiago (26 de julio de 1964). Esta última proclamó el derecho del pueblo cubano "a ayudar con todos los recursos a su alcance a los movimientos revolucionarios" de todos los países que participaran en los planes de los Estados Unidos contra Cuba, así como en los llamamientos a la contrarrevolución que venía haciendo la OEA.[45]

LA "DOCTRINA JOHNSON" Y LAS "DICTADURAS DE SEGURIDAD NACIONAL"

Es imprescindible recordar que la decisión "colectiva" de la OEA antes mencionada fue antecedida —con la anuencia de la Casa Blanca (incluido el presidente John F. Kennedy)— por nuevos golpes de Estado derechistas en Argentina (marzo de 1962), en Perú (julio de 1962), en Guatemala (marzo de 1963), en Ecuador (septiembre de 1963), en la República Dominicana (septiembre de 1963), en Honduras (octubre de 1963) y en Brasil (marzo de 1964). En este último país, fue derrocado el gobierno democrático de João Goulart, quien fue sustituido —con el descarado apoyo del ya Presidente Lyndon Johnson y del Embajador norteamericano en Rio de Janeiro, Lincoln Gordon— por el mariscal Humberto Castelo Branco.[46] Este —guiado por las ideas geopolíticas del general Goldbery do Couto e Silva, por la Doctrina de las Fronteras Ideológicas elaboradas en la Escuela Superior de Guerra de Brasil, así como por la política de "alineamiento automático" con los

Estados Unidos—,[47] inauguró la serie de sangrientas "dictaduras de seguridad nacional" —o, más propiamente, de "seguridad imperial"— que se instalaron durante dos décadas en la vida política de ese país.

En consecuencia, el gobierno dictatorial brasileño rompió sus relaciones diplomáticas con Cuba, ratificó un repudiado acuerdo militar con los Estados Unidos, ilegalizó a todos los partidos políticos y suprimió las elecciones directas. Igualmente, eliminó las Ligas Campesinas, intervino los sindicatos y disolvió a todas las organizaciones estudiantiles. Ante las movilizaciones en contra de esas decisiones, clausuró diversas Universidades y reprimió violentamente el levantamiento armado antidictatorial que se produjo en el sur del país. Como resultado de todas esas acciones, fueron arrestadas más de 25 000 personas, cientos de las cuales fueron asesinadas o sucumbieron a causa de las torturas.[48] Paralelamente, la dictadura militar comenzó a aplicar el llamado Plan de Reconstrucción Nacional, que desnacionalizó la actividad económica y garantizó las inversiones de capital foráneo; en primer lugar, las provenientes de los Estados Unidos. Todo ese proceso concluyó con la imposición, en 1967, de "una nueva Constitución de carácter fascista".[49] Al amparo de esas políticas, desplegaron sus criminales acciones los escuadrones de la muerte que, años más tarde, se incorporarían de manera sistemática a las estrategias represivas de otros países de América Latina y el Caribe.

Sobre todo porque esa "dictadura de seguridad nacional" sirvió como modelo para los gobiernos militares que, en lo sucesivo, se entronizaron en diferentes países del continente. Estos, a diferencia de los golpes de Estado y de los típicos "cuartelazos" de las décadas precedentes, asumieron como su misión derrotar, a sangre y fuego, a "los enemigos internos de la seguridad interamericana"; garantizar "el orden interno" de sus correspondientes países; y fomentar "el desarrollo social y la democracia" como parte de la "inconclusa construcción de la nación". En la medida en que los políticos civiles eran percibidos como incapaces de enfrentar esas tareas, "le correspondía a los militares sustituirlos por el tiempo que fuera necesario". Apareció así la razón ideológica (en el peor sentido de la palabra) para el control pretoriano de buena parte de las sociedades y de los sistemas políticos latinoamericanos y, en menor medida, caribeños.[50]

Lo anterior impulsó, además, el masivo empleo de todos los métodos de la llamada "contrainsurgencia moderna" (incluida la tortura y la desaparición forzada de los detenidos) que — como parte de la "respuesta flexible" y de las "guerras preventivas" — se habían venido elaborando en los Estados Unidos. Tales doctrinas y prácticas fueron propaladas por la Escuela Superior de Guerra de Brasil, por la llamada Escuela de las Américas (desde 1961 venía funcionando en la Zona del Canal de Panamá), así como por el Pentágono y otros servicios especiales norteamericanos. Por ende, a través del United States Military Assitance Program (MAP) y del Public Safety Program (PSP) se fue construyendo, en diferentes países del hemisferio occidental, una compleja institucionalidad contrainsurgente nacional e interamericana. En lo que atañe a Centroamérica, esa institucionalidad incluyó la formación del Consejo de Defensa Centroamericano (CONDECA) y la instalación, en Guatemala, a partir de 1964, de un Centro Regional de Comunicaciones para enlazar a todos los Ejércitos centroamericanos con el Comando Sur de las fuerzas armadas norteamericanas, ubicado en la Zona del Canal de Panamá. A través de esa "temible dependencia (...) salieron durante un cuarto de siglo todas las informaciones de inteligencia y toda las órdenes de contraterror y contrainsurgencia" que diezmaron a los pueblos centroamericanos.[51]

Con esa sanguinaria maquinaria represiva también se articularon las fuerzas armadas de otros países latinoamericanos. Sobre todo después del derrocamiento, en Bolivia, el 9 de noviembre de 1964, del segundo gobierno constitucional de Víctor Paz Estenssoro (1960-1964) y, el 28 de junio de 1966, del gobierno de Arturo Illia en Argentina (1963-1966). Este último fue "institucionalmente" sustituido por el general Juan Carlos Onganía (1966-1970); mientras que el primero fue desplazado del poder y enviado al exilio por su vicepresidente y connotado agente de la CIA, el general René Barrientos Ortuño. Como era de esperarse, a pesar de la insalvable fractura que ya exhibía el bloque sociopolítico que había emprendido la Revolución boliviana de 1952,[52] la oposición popular a ese "cuartelazo" fue sangrientamente reprimida. Lo mismo ocurrió con las manifestaciones estudiantiles, campesinas y las grandes huelgas de trabajadores mineros que, como respuesta a la contrarreforma agraria y a la creciente privatización y desnacionalización de los recursos minero-energéticos del país, se produjeron entre 1965 y 1966. Para intentar contenerlas, el gobierno *de facto* —aupado por los Estados Unidos— decretó el estado de sitio, ilegalizó a todos los partidos políticos opositores, persiguió y encarceló a sus principales dirigentes y ocupó militarmente las minas de Cativí, Huanuni y Siglo XX. Conviene recordar que, junto al general René Barrientos, comenzó a desempeñar un papel relevante en Bolivia el criminal nazi y agente de la CIA Klaus Barbie —el *Carnicero de Lyon*—, quien, según se ha documentado, fue nombrado por el presidente boliviano como Asesor del Ejército en la especialidad de contrainteligencia".[53]

Algo parecido ocurrió en Argentina. En ese país, la dictadura del general Juan Carlos Onganía contó con el decidido respaldo de la logia masónica fascista italiana P2 (enigmático nombre que sólo significa Propaganda Política) instalada en Buenos Aires desde 1960.[54] En consecuencia, y acorde con los presupuestos de "la doctrina de seguridad nacional", el alto mando de las fuerzas armadas se planteó infructuosamente instalar una dictadura *sine dei*.[55] Así se puso de manifiesto rápidamente con la disolución del Congreso, de las legislaturas provinciales y de los partidos políticos argentinos. También en la clausura de diversos órganos opositores de la prensa escrita y en la prohibición de que circularan en ese país otras publicaciones latinoamericanas. Igualmente, en la intervención de las ocho universidades estatales, y en la anulación de la autonomía universitaria y de la libertad académica, con el expreso propósito de erradicar la llamada "subversión comunista" y de reformar la educación superior en interés de los grupos económicos dominantes.

En función de ello, se prohibió la actividad política de los estudiantes y se anuló su derecho a participar en la administración universitaria. Unos 3 000 académicos —entre ellos algunos de los estudiosos más eminentes de Argentina— fueron obligados a dimitir, y muchos tuvieron que abandonar apresuradamente el país. Las protestas estudiantiles frente a esos atropellos fueron reprimidas sin contemplaciones. En la llamada "Noche de los Bastones Largos" (29 de julio de 1966), "los Policías Montados Federales irrumpieron a caballo en la Universidad de Buenos Aires, ordenaron a los estudiantes y docentes que la desalojaran, usaron sus porras con indiscriminada ferocidad contra los desobedientes y, finalmente, hicieron centenares de detenciones. Sesenta estudiantes tuvieron que ser hospitalizados".[56] Dos meses después, la policía de Córdoba reprimió de forma violenta otra manifestación estudiantil. En esa ocasión, cayó mortalmente herido el joven estudiante Santiago Pampillón.

Pero el asunto no quedó ahí. A comienzos de 1967, el Ministro de Economía, Krieger Vacena, decretó la devaluación del peso argentino y dio a conocer un nuevo plan económico —de claros tintes "liberales"— dirigido a convertir al país en exportador de productos industriales. Dicho plan favoreció a los grandes monopolios argentinos asociados con el capital extranjero y produjo un rápido trasvase de la renta nacional del sector agrario al industrial, del pequeño al gran capital, y de los asalariados a los capitalistas. Ello produjo una ola inmediata de quiebras de empresas nacionales o la subordinación de estas a las empresas extranjeras. También, un acelerado incremento del desempleo y una caída vertical de los ingresos reales de los trabajadores. Las protestas sindicales fueron reprimidas de forma violenta y los sindicatos que las propugnaban intervenidos militarmente. Decenas de dirigentes sindicales fueron encarcelados, a la par que comenzó la terrible práctica de desaparecer a sus abogados defensores y a otros activistas políticos.

Todos los acontecimientos antes mencionados fueron convergentes con los empeños del mandatario demócrata, Lyndon B. Johnson (1963-1968), de derrotar, a través de todos los medios a su alcance (incluidas las llamadas "guerras preventivas"), el auge de las luchas populares, democráticas, antimperialistas y por el socialismo que entonces se desarrollaban en diversos escenarios del mundo subdesarrollado. La máxima expresión de esa política fue la masiva y brutal intervención militar norteamericana en la guerra de liberación del pueblo vietnamita;[57] pero esa escalada contrarrevolucionaria también se expresó en América Latina y el Caribe. Según la llamada "Doctrina Johnson", los Estados Unidos tenía todo el derecho a intervenir, en forma unilateral, en cualquier país de la región donde estuvieran amenazados los intereses estadounidenses.[58]

Sobre la base de esos conceptos y antecedida por la violenta represión —dejó un saldo de cerca de 30 muertos y de más de 500 heridos— desatada por las fuerzas armadas estadounidenses contra una manifestación de estudiantes que reclamaban la soberanía panameña sobre la Zona del Canal de Panamá (9 de enero de 1964), la Casa Blanca intervino de manera "descarada y casi obscena" para garantizar, por todos los medios a su alcance —incluida una "ayuda" de 20 000 000 de dólares—, la victoria electoral, en 1964, del socialcristiano Eduardo Frei Montalva contra la nueva candidatura presidencial de Salvador Allende.[59] Sin embargo, como veremos después, esa maniobra no pudo evitar la creciente acumulación de fuerzas de los partidos integrantes del FRAP, ni la aparición de otras organizaciones políticas populares —como fue el caso del Movimiento de Izquierda Revolucionaria (MIR)— interesadas en producir profundos cambios estructurales en la sociedad chilena.

Paralelamente, en Martinica, a pesar de sus contradicciones con el presidente Charles de Gaulle, la Casa Blanca admitió pasivamente la represión desatada por la llamada "Quinta República Francesa" contra el movimiento popular de ese Departamento de Ultramar, con vistas a neutralizar la victoria electoral de una coalición de partidos de izquierda que propugnaban la ampliación de la autonomía de dicha isla.[60] Asimismo, en estrecha coordinación con el Reino Unido, el gobierno norteamericano participó activamente en la mediatización de los procesos de descolonización que entonces se desarrollaban en el Caribe. Con ese propósito, en Jamaica, favoreció con todos los medios a su alcance (incluida la violencia política) la victoria electoral del derechista Partido Laborista de Jamaica (JLP). Y, en Guyana, siguiendo las recomendaciones de los asesores del finado John F. Kennedy,[61] conspiró de manera exitosa para garantizar la derrota del segundo gobierno del premier Cheddi Jagan (1961-1964). Con tal fin le impusieron un férreo bloqueo económico a ese país y, de forma descarada, estimularon los conflictos y la violencia "racial" entre los habitantes de origen hindú y los de ancestros africanos.

De igual modo, apoyaron económicamente a los candidatos de la llamada Fuerza Unificada, integrada por el Congreso Nacional del Pueblo (PNC) —escisión de derecha del PPP— y por el Partido Democrático Unificado: ambos representantes de "los sectores más reaccionarios de la burguesía y la pequeña burguesía" guyanesa.[62] Como se ha documentado, en el trasfondo de ese virtual golpe de Estado (ya que Jagan había obtenido la reelección en los comicios de 1964) desempeñó un papel decisivo la Aluminium Company of America (ALCOA), propietaria de las inmensas reservas de bauxita (cuarto productor mundial) y manganeso (tercer productor latinoamericano) que existen en ese país caribeño. Asimismo, la CIA financió a Arnold Zander, máximo dirigente de la huelga que sirvió de pretexto para que las autoridades coloniales británicas negaran la victoria electoral del PPP. En consecuencia, el nuevo régimen, presidido por el líder del PNC, Forbes Burnham, garantizó que no correrían peligro los intereses de la ALCOA en Guyana. Igualmente, condujo las negociaciones con el Reino Unido y, de manera secreta, con los Estados Unidos, que finalmente lograrían, en 1966, la independencia mediatizada de esa rica y a la vez empobrecida nación caribeña.[63]

El colofón de todos esos atropellos fue la nueva intervención militar estadounidense en la República Dominicana (abril de 1965), que costó la vida a 4 000 dominicanos.[64] En esta ocasión, para derrotar a sangre y fuego la Revolución Constitucionalista que, en abril de 1965, había estallado bajo la dirección del coronel Francisco Caamaño Deñó. Mediante esa suble-vación, el pueblo dominicano, junto a los sectores "constitucionalistas" de las fuerzas armadas, luchó heroicamente por evitar la restauración del "régimen trujillista", así como por lograr el retorno a la presidencia de la república del destacado intelectual Juan Bosch; quien, después de su elección en diciembre de 1962, y bajo la mirada cómplice de la adminis-tración de John F. Kennedy, el 25 de septiembre de 1963, había sido derrocado por un reaccionario golpe militar, encabezado, tras bambalinas, por el general Donald Reid Cabral.[65] Huelga decir que previo al desembarco norteamericano, todas las reacciones populares contra ese gobierno *de facto* —incluido el inicio de la lucha armada guerrillera organizada por el ya mencionado Movimiento 14 de Junio— habían sido brutalmente reprimidas por los usurpadores de la soberanía popular. Sin embargo, en esta ocasión, las huestes populares —encabezadas por Caamaño— luego de cruentos combates callejeros, ya habían logrado derrotar la resistencia del general "trujillista" Elías Wessin Wessin.[66]

No es ocioso recordar que —a pesar de algunas contradicciones— todos esos ajetreos golpistas, al igual que la sangrienta intervención militar norteamericana en la República Dominicana y la instauración —bajo la ocupación estadounidense— del segundo gobierno "constitucional" de Joaquín Balaguer (1966-1970), contaron con el explícito respaldo de la OEA y de la JID. De hecho, esas acciones "hemisféricas" volvieron a confirmar la recurrente pretensión de los círculos de poder estadounidenses de impedir a toda costa la expansión en la región del "mal ejemplo cubano". De ahí el régimen de terror que se instaló en la República Dominicana durante e inmediatamente después de la ocupación militar norteamericana, apoyada por un destacamento de las fuerzas armadas brasileñas. En particular, durante el gobierno provisional de Héctor García Godoy. Según el politólogo dominicano Pablo Maríñez, durante ese período, los actos de terrorismo de Estado —amparados por la infantería de marina, por las agencias contrainsurgentes norteamericanas y por las mal llamadas "Fuerzas Interamericanas de Paz"— se produjeron de una manera acelerada.[67]

Así, a pesar del "acta de reconciliación" impuesta por los Estados Unidos entre ese gobierno títere y las fuerzas constitucionalistas, en diciembre de 1965, una comitiva de ex militares de esa orientación, encabezada por el coronel Francisco Caamaño Deñó, fue víctima de un brutal ataque armado. Este salvó la vida milagrosamente. Tiempo después, una marcha de estudiantes que, en forma pacífica, reclamaba la restitución de fondos para la Universidad Autónoma de Santo Domingo fue objeto de una violenta represión, mientras que diversas figuras políticas y medios de comunicación masiva opuestos a la ocupación militar estadounidense fueron blanco de constantes atentados terroristas. La impunidad frente a esos crímenes era tal que, en septiembre de 1966, poco antes de la destrucción de sus instalaciones por una potente explosión, la revista anticomunista *¡Ahora!*, reconoció: "Los constitucionalistas siguen cayendo asesinados en campos y ciudades (...) ninguno de los victimarios de los constitucionalistas caídos, civiles o militares, ha sido capturado y mucho menos juzgado por las autoridades, eficientes, en cambio, para detener a cualquiera de los ciudadanos que defendían con dignidad la soberanía patria".[68] Y no podía ser de otra forma, ya que el propio gobierno de Joaquín

Balaguer fue responsable del asesinato, como mínimo, de 756 rivales políticos (ver Cuadro 5).[69] Otras fuentes calculan en 2 500 los muertos y desaparecidos en los primeros 12 años de gobierno del susodicho testaferro de los Estados Unidos.[70]

CUADRO 5
Relación de caídos en el gobierno de Balaguer (1966-1978)

Año	Caídos	%
1966	79	10,4
1967	68	8,9
1968	66	8,7
1969	192	25,3
1970	70	9,2
1971	79	10,4
1972	19	2,4
1973	09	1,1
1974	53	7,0
1975	47	6,2
1976	30	3,9
1977	33	4,3
1978	11	1,4
Total	756	100,0

FUENTE: Pablo Maríñez: "República Dominicana: veinte años después de la intervención militar norteamericana de 1965", en *El Caribe Contemporáneo*, ed. cit., no. 11, p. 70.

Pero esa estrategia contrarrevolucionaria no se redujo a los países latino-americanos y caribeños ya mencionados. Los conceptos y las prácticas vinculados a la doctrina de seguridad nacional —incluidos los asesinatos más o menos "selectivos" y el empleo indiscriminado de las desapariciones forzadas y las torturas— se extendieron inmediatamente a casi todas las fuerzas militares de América Latina y el Caribe. A ello contribuyeron en forma destacada los asesores "policiales" brasileños y norteamericanos —entre ellos, el célebre "funcionario" de la Agencia para el Desarrollo Internacional (AID) de los Estados Unidos, radicado en Uruguay, Dan Mitrione—; los famosos Boinas Verdes que asesoraron a buena parte de los Ejércitos de la región; la Escuela de las Américas, enclavada en la Zona del Canal de Panamá, y la Academia Internacional de Policías, radicada en Washington. Guiados de una u otra forma por los graduados en esas escuelas de dictadores y asesinos, los métodos terroristas de Estado tipificaron a las prolongadas dictaduras militares de Guatemala, Honduras, Nicaragua, Haití y Paraguay. Asimismo, a las políticamente fortalecidas fuerzas armadas "subordinadas" a los gobiernos democráticos representativos de Raúl Leoni en Venezuela (1963-67); de Fernando Belaúnde Terry en Perú (1963-1968); de León Valencia (1962-1966) y Carlos Lleras Restrepo (1966-1970) en Colombia; de los coroneles Julio Rivera (1962-1967) y Fidel Sánchez Hernández (1967-1972) en El Salvador; de Eduardo Frei Montalva en Chile (1965-1970); al igual que del dueto integrado por el general Oscar Egido (1966-1967) y por su vicepresidente Jorge Pacheco Areco (1968-1971), en Uruguay. Este último, luego de la muerte del primero, instauró las llamadas "medidas prontas de seguridad", prohibió las actividades de los partidos de izquierda, suspendió en diversas ocasiones las garantías constitucionales, y —con el abierto respaldo de los gobiernos norteamericano y brasileño— institucionalizó el crimen y la tortura. También expandió en forma creciente las atribuciones de la Policía y el Ejército en diversos ámbitos de la vida política del país.[71]

NUEVOS GRITOS DE GUERRA Y DE VICTORIA

Interrelacionado con todos estos procesos —así como con la profunda crisis económica y social que vivían las naciones de América Latina y el Caribe— se produjo un nuevo auge de las luchas populares, democráticas y antimperialistas en diferentes países de esa región. Dado el ambiente represivo entonces preponderante, esas luchas se radicalizaron con rapidez. A pesar de las derrotas sufridas por los movimientos guerrilleros rurales que, en la primera mitad de la década de 1960, actuaron en Perú, Nicaragua, República Dominicana, Venezuela, Guatemala y Argentina — fue el caso del efímero Ejército Guerrillero del Pueblo, encabezado por el *Comandante Segundo*, Jorge Ricardo Masetti — ,[72] en la segunda mitad de ese decenio aparecieron, reaparecieron o se fortalecieron, según el caso, nuevas organizaciones político-militares. Estas, mediante el desarrollo de la lucha armada urbana o rural, combinada con otras formas de lucha, pretendían asaltar el poder estatal y modificar profundamente todas las relaciones económicas, sociales y políticas derivadas del capitalismo periférico y dependiente que caracteriza a esta parte del mundo.

Esa confrontación histórica se simbolizó en la Segunda Conferencia de Presidentes Americanos efectuada — bajo la conducción de Lyndon B. Johnson— en Punta del Este, Uruguay (abril de 1967), y en la realización, en agosto del propio año, en La Habana, de la primera Conferencia de Solidaridad con los Pueblos de América Latina. Su convocatoria había sido acordada durante la celebración en la capital cubana, en enero de 1966, de la primera Conferencia Tricontinental. Aunque en ambos eventos se expresaron las contradicciones existentes entre los principales países del "campo socialista" (la RPCh y la URSS), así como entre las plurales organizaciones de izquierda (incluidos los partidos comunistas) acerca de la estrategia y la táctica de las luchas populares y revolucionarias en distintos países del mundo, esa última conferencia aprobó la fundación de la Organización de Solidaridad de los Pueblos de Asia, África y América Latina (OSPAAAL); mientras que la primera dio origen a la Organización Latinoamericana de Solidaridad (OLAS), inspirada en el unitario mensaje del Che a todos los pueblos del mundo, publicado , en abril de 1967, bajo el título "Crear dos, tres, muchos Vietnam".[73]

Merece la pena recordar que, durante su efímera existencia, la OLAS trató de articular la solidaridad mutua entre las multiformes luchas democráticas y antimperialistas del área; en especial, con aquellas organizaciones que desarrollaban las formas más radicales de lucha. Entre estas se encontraba el recién formado Ejército de Liberación Nacional (ELN) de Bolivia, nombre que adoptó, a partir de abril de 1967, el pequeño ejército internacionalista que, capitaneado por el comandante Ernesto Che Guevara, pretendía extender, desde Bolivia, la lucha armada revolucionaria hacia diferentes países del Cono Sur latinoamericano.[74] Después de meses de desigual combate, ese altruista empeño culminó, el 9 de octubre de 1967, con el asesinato a sangre fría del Che y de otros de sus compañeros de lucha. Según se ha documentado, ese alevoso crimen se cometió siguiendo instrucciones expresas del gobierno estadounidense.[75] Previamente, había asesorado a las fuerzas armadas bolivianas e inducido a la dictadura de René Barrientos a asesinar a otros integrantes de la guerrilla, así como a ejecutar la bárbara y alevosa matanza de la noche de San Juan (23 de junio de 1967). En esta fueron cobardemente asesinados cientos de trabajadores —incluidos mujeres y niños— de las minas Cativí, Huanuni y Siglo XX, cuyas direcciones sindicales —al igual que los estudiantes y otros sectores sociales y políticos del país— habían expresado su solidaridad con el ELN.[76]

Sin embargo, según previó el Che en mensaje antes aludido, su caída en el campo de batalla no detuvo el desarrollo de las luchas populares, democráticas y antimperialistas en América Latina y el Caribe. A partir de la realidad de sus correspondientes países e inspirados de una u otra forma en los acontecimientos europeos de mayo de 1968, al decir del Che: "nuevos gritos de guerra y de victoria"[77] estremecieron a diferentes países latinoamericanos y caribeños. Por ejemplo, en Argentina el movimiento popular realizó violentas manifestaciones contra el régimen del general Juan Carlos Onganía. Entre ellas, la más destacada fue la conocida como "el cordobazo".

Esas manifestaciones, fueron respaldadas posteriormente por las intrépidas acciones armadas desarrolladas, sobre todo a partir de 1969 y 1970, por diferentes organizaciones guerrilleras urbanas peronistas (Montoneros, las Fuerzas Armadas Peronistas, las Fuerzas Armadas Revolucionarias) y no peronistas (el Partido Revolucionario del Trabajo y el Ejército Revolucionario del Pueblo). La acción de todas esas fuerzas, junto a la exitosa huelga general obrera del 30 de mayo de 1969 y a otras formas de luchas populares, marcaron el principio del fin del "onganiato"; en particular después que, en 1971, nuevas movilizaciones populares y la ascendente continuidad de las luchas armadas, obligaron a la Junta Militar a destituir de su jefatura al general Ernesto Levignston, y a colocar en su lugar al fatídico general Alejandro Lanusse. Este, que comandaba una de las fracciones militares, había venido ejerciendo el "poder detrás del trono" desde los comienzos de la década de 1960.[78]

Por otra parte, en Bolivia, capitaneado por el sobreviviente de la guerrilla del Che, Inti Peredo, entre 1968 y 1970, se hicieron diversos (aunque finalmente frustrados) esfuerzos por reorganizar el ELN, por articular sus acciones con las protestas populares contra la sangrienta dictadura de René Barrientos y con las diversas contradicciones existentes en las Fuerzas Armadas.[79] Paralelamente, en Brasil, el gobierno militar —encabezado, desde diciembre de 1967, por el mariscal Arthur da Costa e Silva— tuvo que enfrentar grandes huelgas obreras y nuevas manifestaciones estudiantiles contra su estrategia de reestructuración "liberal" de la sociedad brasileña.

Tales luchas fueron respaldadas por las audaces acciones de diversas organizaciones guerrilleras urbanas: el Movimiento Revolucionario 8 de Octubre (MR-8), Vanguardia Popular Revolucionaria (VPR) y Acción Liberadora Nacional (ALN). Esta última capitaneada por su carismático líder Carlos Mariguela, posteriormente asesinado por las fuerzas represivas. Al decir de Donald C. Hodges, la acción combinada —aunque no coordinada— de las organizaciones antes mencionadas "contribuyó al brote de una situación revolucionaria" que sólo pudo ser contenida mediante "un golpe dentro del golpe" y con un nuevo endurecimiento de la represión. El instrumento utilizado fue el Acta Institucional Número Cinco, que disolvió el dócil Congreso creado por la Junta Militar de 1964, fortaleció la censura de prensa y dotó a las fuerzas armadas de nuevos instrumentos para desarrollar su política de terror.[80]

Paralelamente, en Colombia, pese a los diversos planes contrainsurgentes elaborados desde 1959 por los Estados Unidos y por las fuerzas armadas colombianas (incluida la denominada Latinamerican Security Operation de 1964) y de la brutal represión contra el movimiento popular, continuó la lucha guerrillera rural, unida a otras formas de lucha de los partidos y organizaciones populares (como el Partido Comunista), contra los antidemocráticos gobiernos del Frente Nacional. Esas contiendas fueron impulsadas por las Fuerzas Armadas Revolucionarias de Colombia (FARC), por el ELN y por el Ejército Popular de Liberación (EPL), surgido bajo la inspiración de las entonces llamadas "ideas maoistas", en referencia a la prédica del ya desaparecido líder de la República Popular China, Mao Tse-Tung (1893-1976).

A su vez, en Guatemala, continuó la resistencia armada contra las sucesivas dictaduras militares instauradas en dicho país y contra la difundida acción represiva de las múltiples organizaciones paramilitares y terroristas creadas al amparo de ellas. Y, en Nicaragua, pese a ciertos reveses y a la caída de su fundador Carlos Fonseca Amador, continuó la lucha del Frente Sandinista de Liberación Nacional (FSLN) contra la dinastía somocista. Asimismo, en Chile, a pesar de todos los esfuerzos norteamericanos, bajo la conducción del FRAP y de otras fuerzas de izquierda, se reanimaron las luchas populares contra el incumplimiento de las demagógicas promesas de realizar "una revolución sin sangre" del presidente democristiano Eduardo Frei Montalva (1964-1970). Sobre todo después de la violenta represión (con su trágico saldo de muertos, heridos y detenidos) de que fueron objeto, durante 1967 y 1968, las diferentes movilizaciones populares —por ejemplo, el paro general del 23 de noviembre de 1967— provocadas por la profunda crisis económica y social que venía padeciendo dicho país.[81]

Por otra parte, en Haití, se produjo una nueva invasión armada contra el régimen de François Duvalier. En Jamaica, estallaron poderosas movilizaciones estudiantiles y obreras contra el gobierno pro imperialista del líder del Partido Laborista de Jamaica, Hugh Schaerer. Y, en México, se extendieron diversos movimientos armados en algunas zonas rurales y urbanas (como el Movimiento de Acción Revolucionaria y el Frente Urbano Zapatista), fundados como consecuencia del incremento exponencial de la política represiva del gobierno pro imperialista de Gustavo Díaz Ordaz (1964-1970); pero, sobre todo, como respuesta a la llamada "matanza de Tlatelolco" (2 de octubre de 1968). En esa ocasión, "tropas de choque y tanques abrieron fuego sobre más o menos 15 000 manifestantes pacíficos, dejando más de 300 muertos, 2 000 heridos y cientos de detenidos."[82]

A su vez, en Puerto Rico, las organizaciones independentistas

— incluidos los Comandos Armados de Liberación (CAL) y el Movimiento Independentista Revolucionario (MIRA)— realizaron diversas acciones contra el gobierno colonial y contra los monopolios norteamericanos. En la República Dominicana, se desarrollaron extendidas protestas populares contra el gobierno represivo y pro imperialista de Joaquín Balaguer. En Venezuela, el movimiento popular acosó al gobierno oligárquico de Raúl Leoni (instaurado en 1963) hasta que, en 1968, fue sustituido por el socialcristiano Rafael Caldera (1968-1972), quien se vio obligado a buscar soluciones políticas y negociadas a la lucha guerrillera que se desarrollaba en ese país desde los primeros años de la década de 1960. Y, en Uruguay, en respuesta a la brutal represión desatada por el gobierno de Pacheco Areco, el Movimiento de Liberación Nacional Tupac Amaru (*los tupamaros*) emprendió diversas operaciones militares de gran importancia —como la audaz ocupación de la ciudad de Pando y el ajusticiamiento del "maestro de torturadores", Dan Mitrione—; a la par que el movimiento de masas — dirigido por el Partido Comunista— realizó impresionantes huelgas y manifestaciones que crearon las condiciones políticas para la posterior formación, en 1971, del Frente Amplio, encabezado por el ex general Liber Seregni.

A todo lo antes indicado, se agregó la consolidación de la Revolución cubana y los efectivos pronunciamientos militares nacionalistas que se produjeron el 3 y el 11 de octubre de 1968 en Perú y Panamá, respectivamente. El primero de ellos fue encabezado por el general Juan Velasco Alvarado y, el segundo, por el teniente coronel Omar Torrijos. De manera imprevista, importantes sectores de las fuerzas armadas peruanas —luego de analizar críticamente la doctrina de seguridad nacional impulsada por los Estados Unidos y por la dictadura brasileña— anunciaron un programa de transformaciones de la realidad social y económica de ese país, y de defensa de los recursos nacionales sometidos a la acción depredadora de las empresas transnacionales norteamericanas, como era el caso de la International Petroleum Company. Mientras que, en Panamá, significativos sectores de la entonces denominada Guardia Nacional proclamaron su intención de defender las principales riquezas del país, así como la soberanía nacional sobre el Canal de Panamá. En los dos procesos, quedó planteada la posibilidad de que las revoluciones populares y antimperialistas en América Latina y el Caribe pudieran desarrollarse "con el ejército" y no "al margen del ejército", ni "contra el ejército".[83]

Merece la pena consignar que los acontecimientos antes mencionados fueron antecedidos por un profundo proceso que adquiriría enorme importancia en los años posteriores: el paulatino desarrollo de la Teología de la Liberación y de los movimientos populares inspirados por la progresiva renovación que se produjo en las doctrinas de la Iglesia católica, con el estímulo del Concilio Vaticano II (1962-1965), de la encíclica *Populorum progressio* difundida el 26 de marzo de 1967 por el Papa Pablo VI (1963-1978) y, sobre todo, de la primera Conferencia Episcopal Latinoamericana efectuada en Medellín, Colombia, entre agosto y septiembre de 1968. Esta proclamó "su opción preferencial por los pobres", en respuesta a la profunda crisis que vivían las economías y las sociedades de la región, al rotundo fracaso de la Alianza para el Progreso y al agotamiento de los modelos desarrollistas, proteccionistas e integracionistas (por ejemplo, la ALALC y el Caribbean Free Trade Agrement, CARIFTA) propugnados por ciertos sectores de las burguesías latinoamericanas y caribeñas, así como por algunos organismos internacionales (entre otros, la CEPAL). Igualmente, ante la necesidad y la urgencia de trastocar de forma radical la profunda dependencia del continente de los círculos dominantes en los Estados Unidos.[84]

Dado el verticalismo que caracteriza a las estructuras de la Iglesia católica, todo lo antes citado legitimó el compromiso de incontables obispos y sacerdotes con las multiformes luchas populares. También propició que algunos integrantes de las jerarquías eclesiásticas se alejaran del papel contrarrevolucionario y legitimador del "orden" oligárquico, colonial y neocolonial que había desempeñado la Iglesia católica en la mayor parte de los países de la región desde el presunto "descubrimiento de América". Aunque no sin contradicciones, al calor de la conferencia de Medellín, en los años sucesivos se sistematizó un nuevo pensamiento teológico (la Teología de la Liberación), se fortalecieron las Comunidades Cristianas de Base y se concretó el compromiso de múltiples cristianos de diferentes denominaciones —sacerdotes y laicos, católicos y protestantes— con las luchas por la transformación social en América Latina y el Caribe. Algunos de ellos formaron, en 1968, en Argentina, el Movimiento de Cristianos por el Tercer Mundo (MCTM). Estos confluyeron con los que, tres años más tarde, fundaron en Santiago de Chile el Movimiento de Cristianos por el Socialismo (1971). Otros, aún sin militar de forma orgánica en esos movimientos, se incorporarían, posteriormente, al extendido martirologio latinoamericano y caribeño.

En la segunda mitad de la década de 1960, ese compromiso cristiano con la causa de los humildes fue simbolizado, en los Estados Unidos y en los países anglófonos del Caribe, por el martirizado reverendo protestante norteamericano Martin Luther King Jr. y, en América Latina, por el sacerdote católico Camilo Torres Restrepo. El primero fue asesinado, en Memphis, Estados Unidos, el 4 de abril de 1968, mientras pronunciaba uno de sus encendidos discursos contra la guerra de Vietnam, y las discriminaciones raciales y sociales persistentes en la sociedad norteamericana.[85] Mientras que el segundo, —luego de una vivaz denuncia contra los crímenes e iniquidades perpetrados por los gobiernos del Frente Nacional y por la oligarquía colombiana, así como de haber fundado la organización Frente Unido—, cayó en combate, en febrero de 1966, cuando integraba las filas del entonces recién fundado ELN de Colombia.[86]

A pesar del dogmatismo y el comprensible anticlericalismo que imperaba en importantes sectores de la izquierda latinoamericana —en especial, dentro de los partidos comunistas—, actitudes como las del pastor norteamericano y las del sacerdote guerrillero antes mencionados, fueron enaltecidas por la Revolución cubana; en particular, por el comandante Fidel Castro; quien, tras la consigna de lograr la "unidad estratégica entre los cristianos y los marxistas", relanzó, en los primeros años de la década de 1970, el llamado del Che en el cual preveía que cuando los cristianos se incorporaran a la revolución latinoamericana ésta sería invencible. Como han reconocido diversos dirigentes de la izquierda latinoamericana, ese llamado del Che —al igual que su imperecedero ejemplo— inspiró las múltiples luchas por la liberación nacional y social que —como analizaremos en el próximo capítulo— se desarrollaron en América latina y el Caribe en los últimos años de la década de 60 y a lo largo de la década del 70 del siglo pasado.

NOTAS

1. América Díaz Acosta, Sergio Guerra V., y otros: ob. cit, t. 2, p. 868.

2. Gérard Pierre-Charles: ob. cit., pp. 51-55.

3. Graciela Malgesini y otros: *Economía y ecología de América Central y el Caribe*, Centro de Investigaciones para la Paz, Madrid, 1997, p. 148.

4. Para un reconocimiento público del respaldo financiero y político norteamericano a todos los candidatos opositores al FRAP (Jorge Alessandri y Eduardo Frei Montalva), puede consultarse: Henry Kissinger, *Mis memorias*, Editorial Atlántida, S.A., Buenos Aires, 1979, pp. 455-466.

5. William Blum: *Killing Hope. U.S. Military and CIA Interventions since World War II*, Common Courage Press, 1995. Tomado de http://derechoschile.com/español/temas/tema10.htm.

6. Parlamento Latinoamericano/Instituto de Relaciones Europeo-Latinoamericanas: ob. cit., pp. 399-418.

7. América Díaz Acosta, Sergio Guerra V., y otros: ob. cit., t. 2, p. 937.

8. Clara Nieto: ob. cit., p. 37.

9. Ernesto Che Guevara: "Táctica y estrategia de la Revolución latinoamericana", en *Obras 1957-1967*, Casa de las Américas, La Habana, 1970, t. 2, pp. 493-506.

10. Eduardo Galeano: *Memoria del fuego...*, ed. cit., t. 3, p. 210.

11. Delio Gómez Ochoa: *La victoria de los caídos*, Editora Alfa & Omega, República Dominicana, 1998.

12. Luis Gómez: ob. cit., pp. 154.

13. Eduardo Galeano: *Memoria del fuego...*, ed. cit., t. 3, p. 127.

14. Roberto Cassá: ob. cit., t. 2, p. 295.

15. Tad Szulc: *Fidel: A Critical Portrait*, William Morrow and Company, Inc., New York, 1986, pp. 480-488.

16. Tribunal Provincial Popular: "Demanda del pueblo de Cuba...", ed. cit., p. 2.

17. Ramón Torreira Crespo y José Buajasán Marrawi: *Operación Peter Pan: un caso de guerra psicológica contra Cuba*, Editora Política, La Habana, 2000, pp. 1-71.

18. Tribunal Provincial Popular: "Demanda del pueblo de Cuba...", ed. cit., p. 4.

19. Un detallado relato sobre los antecedentes de la Declaración de San José de Costa Rica, puede encontrarse en Apolinar Díaz Callejas y Roberto González Arana: ob. cit., pp. 61-65.

20. "Primera Declaración de La Habana", en *Cinco Documentos*, Instituto Cubano del Libro, La Habana, 1971, pp. 115-124.

21. William Foster: ob. cit., p. 508.

22. Arthur Schlesinger Jr.: *Los mil días de Kennedy*, Editorial de Ciencias Sociales, La Habana, 1979, pp. 218-243.

23. Ibídem.

24. Clara Nieto: ob. cit., p. 55.

25. G. Trofimenko: ob. cit., pp. 85-99.

26. Arthur Schlesinger Jr.: ob. cit., pp. 154-169.

27. Ibídem, p. 132.

28. Gérard Pierre-Charles: ob. cit., p. 82.

29. Arthur Schlesinger Jr.: ob. cit., pp. 154-169.

30. Ibídem.

31. Ibídem, p. 165.

32. "Memorando elaborado por la CIA sobre la secuencia de los hechos de la Operación Bahía de Cochinos", en Tomás Diez Acosta: *La guerra encubierta contra Cuba*, Editora Política, La Habana, 1997.

33. "Propuesta de Política de la Fuerza de Tarea Inter-Agencias sobre Cuba", Washington, 4 de mayo de 1961, en Tomás Diez Acosta: ob. cit.

34. Robert Cassá: ob. cit., t. 2, p. 299.

35. Ernesto Che Guevara: "Discurso en la Conferencia del Consejo Interamericano Económico y Social (CIES) de la OEA, Punta del Este, Uruguay, 16 de agosto de1961", en *Obras (1957-1967)*, ed. cit., t. 2, pp. 466-488.

36. Régis Debray: *La crítica de las armas* y *Las pruebas de fuego*, Siglo XXI Editores, México, 1975.

37. Bernardo Vega: *Kennedy y Bosch: Aporte al estudio de las relaciones*

internacionales del gobierno constitucional de 1963, Fundación Cultural Dominicana, Santo Domingo, 1963, p. 19.

38. Tomás Diez Acosta: *In the Threshold of Nuclear War: The 1962 Missile crisis*, Editorial José Martí, La Habana, 2002.

39. Robert Kennedy: *Trece días: la historia de cómo el mundo casi sucumbió*, Centro de Documentación e Información de la Dirección General Técnica del Ministerio del Interior de la República de Cuba, La Habana, 1968. Sobre el mismo tema, también puede consultarse Arthur Schlesinger Jr.: ob. cit., pp. 649-686.

40. "Carta de John F. Kennedy a Nikita Jruschov (27 de octubre de 1962)", en Robert Kennedy: ob. cit., pp. 53-54.

41. Fidel Castro: *Posición de Cuba ante la Crisis del Caribe*, Comisión de Orientación Revolucionaria, La Habana, diciembre de 1962.

42. Jesús Arboleya: *La contrarrevolución cubana*, Editorial de Ciencias Sociales, La Habana, 1997, pp. 143-182.

43. Demetrio Boersner: ob. cit., p. 214.

44. "Segunda Declaración de La Habana", en *Cinco Documentos*, ed. cit., pp. 127-173.

45. "Declaración de Santiago", en *Cinco Documentos*, ed. cit., pp. 177-180.

46. Eduardo Galeano: *Memorias del fuego...*, ed. cit., t. 3, p. 225.

47. Tomás Vasconi: "Brasil: geopolítica y política exterior", en *Cuaderno de Nuestra América*, La Habana, julio-diciembre de 1969, no. 13, pp. 108-126.

48. Clara Nieto: ob. cit., p. 326.

49. América Díaz Acosta, Sergio Guerra V., y otros: ob. cit., t. 2, pp. 1 032.

50. Edelberto Torres Rivas y Gabriel Aguilera Peralta: *Del autoritarismo a la paz*, Facultad Latinoamericana de Ciencias Sociales, Guatemala, 1998, pp. 32-36.

51. Ibídem, p. 45.

52. Darcy Ribeiro: ob. cit., pp. 146-147.

53. Adys Cupull y Froilán González: *Che: gigante moral*, Editorial Capitán San Luis, La Habana, 1999, p. 18.

54. Asociación Madres de Plaza de Mayo: *Massera: el genocida*, Buenos Aires, s/f, p. 40.

55. Robert Cirilo Perdia: ob. cit., pp. 58-59.

56. Richard Gillespie: ob. cit., p. 91.

57. Gian Luigi Nespoli y Giuseppe Zambon: *Los rostros de Abel: Vietnam*, ed. cit.

58. A. Glinkin, B. Martinov y P. Yákovlev: *La evolución de la política de EE.UU. en América Latina*, Editorial Progreso, Moscú, 1983, p. 11.

59. William Blum: ob. cit.

60. América Díaz Acosta, Sergio Guerra V., y otros: ob. cit., t. 2, p. 975.

61. Arthur Schlesinger Jr.: ob. cit., pp. 632-637.

62. Cheddi Jagan: "Intervención del Secretario General del Partido Progresista del Pueblo de Guyana", en *La estructura de clases en América Latina* (Anexo), La Habana, 26 al 28 de marzo de 1980, pp. 9-19.

63. Eduardo Galeano: *Las venas abiertas de América Latina*, ed, cit., p. 120.

64. Eduardo Galeano: *Memorias del fuego...*, ed. cit., t. 3, pp. 230-231.

65. Arthur Schlesinger, Jr.: ob. cit.

66. América Díaz Acosta, Sergio Guerra V., y otros: ob. cit., t. 2, pp. 956, 982 y 1 004.

67. Pablo Maríñez: "República Dominicana: veinte años después de la intervención militar norteamericana de 1965", en *El Caribe Contemporáneo*, Facultad de Ciencias Políticas y Sociales de la Universidad Nacional Autónoma de México/Centro de Estudios Latinoamericanos, diciembre de 1985, no. 11, pp. 68-70.

68. Ibídem, p. 70.

69. Ibídem.

70. John Deverell y Latin American Working Group: *Anatomía de una corporación transnacional*, Editorial Siglo XXI, México, 1977, p. 192.

71. Parlamento Latinoamericano/Instituto de Relaciones Europeo-Latinoamericanas: ob. cit., pp. 386-387.

72. Luis Suárez Salazar (compilador): *Barbarroja, selección de testimonios y discursos del comandante Manuel Piñeiro Losada*, Ediciones Tricontinental-SIMAR S.A., La Habana, 1999.

73. Ernesto Che Guevara: *Obras 1957-1967*, ed. cit. t. 2, pp. 584-600.

74. Luis Suárez Salazar: *Barbarroja* ..., ed. cit.

75. Adys Cupull y Froilán González: ob. cit., pp. 76-80.

76. Ibídem, pp. 36-41.

77. Ernesto Che Guevara: ed. cit., t. 2, p. 598.

78. Richard Gillespie: ob. cit., p. 91.

79. Adys Cupull y Froilán González: ob. cit., pp. 134-145.

80. Donald Hodges: ob. cit., p. 318.

81. América Díaz Acosta, Sergio Guerra V., y otros: ob. cit., t. 2, pp. 1 036 y 1 058.

82. Donald Hodges: ob. cit., pp. 328-329.

83. José de Jesús Martínez: *Mi general Torrijos*, Casa de las Américas, La Habana. 1987, pp. 35-41.

84. Fernando Martínez Heredia: "Cristianismo y liberación: ¿revolución en el cristianismo?" en *Cuadernos de Nuestra América*, La Habana, julio-diciembre de 1986, no. 6, pp. 51-98.

85. Eduardo Galeano: *Memorias del fuego...*, ed. cit., t. 3, p. 241.

86. ELN: *Liberación o muerte: Ni un paso atrás*, folleto, Colombia, enero de 1966, pp. 3-5.

7. LOS CRÍMENES DEL TRÍO NIXON-FORD-KISSINGER

En el contexto de la dialéctica reforma, contrarreforma, revolución y contra-revolución que caracterizó la situación latinoamericana y caribeña en la segunda mitad de la década de 1960 —así como gracias el oscuro asesinato, en 1968, de su principal oponente, el joven candidato demócrata Robert Kennedy—, el 20 de enero de 1969 ocupó la Casa Blanca el célebre abogado de Wall Street y de algunos de los grupos de la mafia italonorteamericana, Senador republicano, "cazador de brujas" en la época del macartismo y ex vicepresidente de la reaccionaria administración de Dwight Eisenhower, Richard Nixon.

Este, días antes de inaugurar su mandato, nombró como su asesor de Seguridad Nacional al ahora afamado "académico", Henry Kissinger;[1] quien, en 1973, luego de la reelección de Nixon para un segundo período presidencial, fue trasladado a la Secretaría de Estado. En ese cargo se mantuvo durante los casi tres años (8 de agosto de 1974-20 de enero de 1977) que ocupó la presidencia el también republicano Gerald Ford. Este último llegó a esa posición luego de la renuncia del vicepresidente, Spirio Agnew (diciembre de 1973) y de la virtual destitución de Nixon, a causa del llamado "Caso Watergate"; considerado por algunos historiadores como "el escándalo político más grande de la historia de los Estados Unidos".[2]

Al impacto de esos acontecimientos en las relaciones interamericanas, volveré después; pero antes es imprescindible recordar que, no obstante su obsesión con otros problemas de las relaciones internacionales (el equilibrio estratégico con la URSS, la "guerra de Indochina", los conflictos en el Medio

Oriente), una de las primeras acciones de la política exterior del dúo Nixon-Kissinger — siguiendo los pasos de Eisenhower— fue enviar al entonces gobernador de Nueva York, el multimillonario y otrora coordinador de la Oficina de Asuntos Interamericanos durante la Segunda Guerra Mundial, Nelson Rockefeller, a realizar un recorrido por diversas naciones ubicadas al sur del Río Bravo y de la península de Florida.

Ese periplo, realizado entre mayo y junio de 1969, en medio de grandes protestas populares y del rechazo de algunos gobiernos latinoamericanos a su visita, concluyó con la redacción de un voluminoso informe demagógicamente titulado *Quality of Life in the Americas*.[3] En este —tras analizar los desafíos que planteaba a la estrategia latinoamericana de los Estados Unidos los progresivos cambios que se estaban produciendo en ciertos sectores de la Iglesia católica ("la cruz") y de las fuerzas armadas latinoamericanas ("la espada")—, propuso reforzar "el sistema de seguridad colectiva en el hemisferio occidental" y consolidar a la OEA como el centro encargado de resolver los agudos problemas que continuaban confrontando las relaciones interamericanas.

En correspondencia con la "doctrina de seguridad nacional" e inspirado en las experiencias del llamado "milagro brasileño", el propio informe también recomendó estrechar los vínculos norteamericanos con los círculos policíaco-militares de América Latina y el Caribe. Estos eran considerados "la fuerza principal en la realización de los cambios sociales constructivos [que requerían] las repúblicas americanas".[4] Además, para ayudar "desde arriba" a tales cambios y neutralizar las acrecentadas demandas de otras fuerzas sociales y políticas latinoamericanas y caribeñas, Rockefeller recomendó que el gobierno estadounidense le otorgara "un carácter multilateral" a los fondos de la AOD, que se continuaban transfiriendo hacia la región al calor de los postulados de la ya fenecida Alianza para el Progreso. Además, que instaurara un sistema de "preferencias comerciales" y, sobre todo, que estimulara al máximo posible el flujo de inversiones privadas de los Estados Unidos hacia las naciones situadas al sur de sus fronteras.

No obstante, el aspecto más llamativo de ese informe fue aquel en que —siguiendo la llamada "Doctrina Nixon"— recomendó fortalecer "los

esfuerzos propios" que estaban desarrollando algunos gobiernos latinoamericanos y caribeños para "conjurar la revolución social". Ello implicaba
"latinoamericanizar" la política de "contención al comunismo" y las
"guerras preventivas" desarrolladas por los círculos dominantes en los
Estados Unidos en los años precedentes, así como abandonar las intervenciones militares directas en los asuntos internos y externos de la región.
Recordemos que esas intervenciones encontraban redobladas resistencias
en la opinión pública doméstica e internacional debido a las crecientes
pérdidas (cerca de 50 000 hombres) que estaban sufriendo las fuerzas
armadas norteamericanas en "el conflicto indochino", así como a causa de
las sangrientas masacres contra la población civil vietnamita, laosiana y
camboyana (dejó un saldo de más de 4 000 000 de muertos) que estas y sus
lacayos habían perpetrado.[5]

Adicionalmente, según Henry Kissinger, ya estaba más o menos claro
para los principales estrategas norteamericanos —en primer lugar para el
propio presidente Richard Nixon— que, independientemente de sus deseos,
su país no estaba en condiciones políticas, ni económicas, ni morales de
continuar expandiendo sus compromisos estratégicos en todo el mundo.[6]
Entonces parecía que la estrepitosa derrota norteamericana en Vietnam,
junto al cambio de la correlación de fuerzas a favor del socialismo y de las
luchas por la liberación nacional y social a escala global, harían recapacitar
a los más conspicuos productores de la política exterior y de seguridad de
los Estados Unidos; en particular a los encargados de la política
latinoamericana y caribeña. Mucho más porque, en un discurso pronunciado el 31 de octubre de 1969, Nixon propuso —al igual que sus
antecesores— "una nueva política" hacia esa última región. Según él, esta
debía caracterizarse por el abandono de lo que calificó como los "obsoletos
y viciosos" métodos "paternalistas" empleados por las administraciones
demócratas precedentes. En consecuencia, le sugirió a los gobiernos de
América Latina y el Caribe "una colaboración más madura" que sustituyera
"la política de dominación" que históricamente habían desarrollado los
círculos de poder norteamericanos. Ello implicaba un "enfoque realista" de
las relaciones interamericanas y aceptar a los gobiernos de la región "tal y
como son".[7] Por lo anterior, al decir de Henry Kissinger, en el futuro, los

Estados Unidos adoptarían una política de "bajo perfil" (*low profile*) en las relaciones con sus vecinos del Sur. También propiciarían que los gobiernos de los países de mayor desarrollo relativo (Brasil, Argentina y México) asumieran mayores responsabilidades en la promoción de "la seguridad y el desarrollo del mundo libre".[8]

LA CRISIS DEL ORDEN NEOCOLONIAL INSTAURADO EN LA DÉCADA DE 1960

Sin embargo, cuando esta "nueva política" hacia América Latina y el Caribe aún no se había comenzado a desplegar, otros importantes acontecimientos demostrarían la profunda crisis que afectaba a las sociedades latino-americanas, así como al "orden colonial y neocolonial" instaurado en el Caribe, después del triunfo de la Revolución cubana, por los imperialismos anglosajones en consuno con la Quinta República francesa y con la monarquía constitucional holandesa.

En efecto, en mayo de 1969, la cruenta represión por parte de las autoridades coloniales de La Haya a una huelga reivindicativa de trabaja-dores petroleros, fue el detonante para que estallara en Curazao, por primera vez en su historia, una poderosa sublevación popular, encabezada por el recién constituido Frente Obrero y de Liberación. Para sofocarla fue nece-sario el desembarco de más de mil paracaidistas de la Royal Dutch Army (causaron varios muertos y más de 150 heridos) y el bloqueo de las costas de esa pequeña isla por parte de la marina de guerra norteamericana.[9] Ese acontecimiento impulsó la lucha por la autonomía o la independencia, según el caso, de ese "enclave petrolero", al igual que de las restantes colo-nias holandesas en esa parte del mundo.

A su vez, entre febrero y abril de 1970, inspirados en las consignas del *Black Power* (Poder Negro) difundidas en los Estados Unidos, en la década precedente, por la organización Black Panters y por luchadores de la talla de Malcom X, líder de la organización Black Muslims (Musulmanes Negros), se produjo en Trinidad y Tobago un violento estallido popular.

Bajo el liderazgo del National Joint Action Committee (NJAC) —encabezado por Geddis Granger— miles de personas se lanzaron a la calle contra "el poder blanco" y contra el gobierno local encabezado —luego del adveni-miento a la independencia formal en 1962— por el Primer Ministro Eric Williams.

Este —con el respaldo británico y estadounidense, así como bajo la "presión intervencionista" de las fuerzas militares de ese país entonces acantonadas en la base de Chaguaramas — declaró el estado de emergencia y recurrió a la represión para controlar ese levantamiento que, poco a poco, había comenzado a extenderse hacia importantes sectores de la clase obrera. A pesar de su derrota, la magnitud y persistencia de ese movimiento "estimularon entre ciertas fracciones de las elites gobernantes [del Caribe angloparlante] las tendencias del nacionalismo burgués y pequeño-burgués que empezaron a manifestarse a principios de los años setenta, con miras a aligerar el peso de la dominación económica y adquirir más atributos de soberanía".[10]

Unos meses después, en Bolivia, luego de la muerte "accidental" del dictador René Barrientos (27 de abril de 1969), el también general Alfredo Ovando Candia derrocó mediante un golpe de Estado al efímero gobierno cívico-militar encabezado por el vicepresidente Hernán Siles Salinas. Y, bajo la presión de los sectores nacionalistas de las fuerzas armadas y de otras fuerzas políticas revolucionarias y progresistas, nacionalizó las propiedades de la Gulf Oil Company. Se abrió así un complejo proceso político que, luego de varias peripecias, desencadenaría, a partir del 7 de octubre de 1970, un nuevo intento cívico-militar por actualizar y llevar a vías de hecho los principales postulados de la traicionada Revolución boliviana de 1952. Este —luego de la caída del gobierno de Ovando— fue encabezado por el entonces Jefe de las Fuerzas Armadas Bolivianas, general Juan José Torres.

A pesar de las recurrentes conspiraciones de la Embajada estado-unidense, con el decidido respaldo (y bajo el consistente empuje) de la Central Obrera y la Confederación Universitaria de Bolivia, el nuevo gobierno formó una Asamblea Popular, a la que se integraron los princi-pales dirigentes de los trabajadores, de los movimientos universitarios y de los partidos populares. Estos, con éxitos variables, presionaron al general Torres para que expulsara de Bolivia tanto a los grupos militares y civiles fascistas, como a las misiones y agencias del imperialismo norteamericano. De igual modo, lucharon para obtener la amnistía de todos los presos políticos de la dictadura de Barrientos; entre ellos, el intelectual francés Régis Debray que, en mayo de 1967, había sido encarcelado luego de su breve visita al destacamento guerrillero internacionalista dirigido por el comandante Ernesto Che Guevara. Igualmente, las organizaciones populares presionaron al flamante gobierno cívico-militar para instaurar el control obrero en las empresas privadas, restablecer las milicias populares que habían sido desintegradas durante los tres gobiernos de la llamada "revolución nacional", profundizar la reforma agraria, y restablecer las relaciones diplomáticas con los países socialistas que aún faltaban, como era el caso de Cuba.[11]

Simultáneamente, el 3 de noviembre de 1970, con el respaldo de todos los partidos de izquierda, revolucionarios y progresistas integrados al Comando Unificado de la Unidad Popular, asumió la presidencia de Chile el "compañero-presidente" Salvador Allende Gossens. Como cínicamente reconoció Henry Kissinger, todos los esfuerzos previos de la Casa Blanca, de la CIA y de las fuerzas más reaccionarias de la sociedad chilena — incluidas las gestiones para provocar un golpe de Estado y para que el Presidente Eduardo Frei Montalva creara artificialmente una crisis institucional, al igual que la fracasada sublevación militar del general derechista Roberto Viaux y el alevoso asesinato del entonces jefe del Ejército, general René Schneider — no pudieron impedir que el Congreso chileno ratificara la victoria electoral del líder de la Unidad Popular.[12]

En correspondencia con su radical programa de gobierno y con sus reiteradas intenciones de garantizar la llamada "construcción pacífica del socialismo en Chile", la primera acción de ese gobierno fue restablecer las relaciones diplomáticas con Cuba. Desconoció así la política de bloqueos y agresiones contra el pueblo cubano que — con el respaldo de la OEA — venían desarrollando, desde 1960, los círculos gubernamentales norteamericanos, en consuno con la mayoría de los gobiernos del hemisferio occidental.

Tal acción fue seguida por la nacionalización de la gran minería del cobre, el hierro y el carbón (entonces en propiedad de poderosos monopolios norteamericanos), por la nacionalización de la banca y el traspaso al área estatal de más de 50 grandes empresas privadas. Igualmente, por la redistribución de los ingresos a favor de los desposeídos y por la aplicación de un conjunto de leyes de beneficio popular; entre ellas, la profundización de la Ley de Reforma Agraria que — bajo la presión popular y siguiendo los ya desacreditados postulados de la Alianza para el Progreso— había sido promulgada por el gobierno precedente. Al calor de todas esas medidas se produjo una intensa (aunque no siempre eficaz) movilización política de la clase obrera, de los campesinos, de la discriminada población indígena (los mapuches), de los estudiantes y de los pobladores —los llamados "rotos" — de las paupérrimas zonas periféricas (callampas) a las grandes ciudades del país.

Obviamente, todo ello provocó las iras del dúo Nixon-Kissinger, quienes, en palabras de este último, no podían tolerar, bajo ningún concepto, "un segundo estado comunista en el hemisferio occidental". Mucho menos en "un país continental". De más está decir que esa soberbia reacción imperial no pudo impedir que, con el estímulo de la victoria de la Unidad Popular chilena —y de los gobiernos nacionalistas militares de Perú, Panamá y Bolivia—, se ampliaran las multiformes luchas populares contra los pro imperialistas y represivos gobiernos "cívico-militares" de Uruguay, El Salvador y República Dominicana, así como contra las dictaduras militares de Argentina, Brasil, Paraguay, Guatemala, Nicaragua y Haití. A ello se unió la profunda crisis política que se desató en Colombia a partir del 19 de abril de 1970. En esa oportunidad, el plutocrático Frente Nacional desconoció la victoria electoral del candidato presidencial de la Alianza Nacional Popular (ANAPO), ex general Gustavo Rojas Pinilla.

Lo anterior favoreció que, en agosto de 1970, ocupara la presidencia el candidato del Partido Conservador, Misael Pastrana Borrego (1970-1974). Las reacciones populares contra ese fraude electoral y la represión que le siguió, estimularon el desarrollo de diversas formas de lucha, incluidas las luchas guerrilleras urbanas y rurales frente al bipartidismo constitucionalmente institucionalizado en ese país. En consecuencia, en 1974, apareció en la vida política colombiana el denominado Movimiento 19 de Abril (M-19): organización político-militar que rápidamente captó las simpatías de importantes sectores de la población urbana.[13] Como veremos después, ese ambiente facilitó la victoria electoral, en 1974, del candidato de los sectores más progresistas del Partido Liberal: Alfonso López Michelsen, hijo del ya mencionado presidente liberal Alfonso López Pumarejo.

Previamente, a fines de 1970, había ocupado la presidencia de México el candidato del Partido Revolucionario Institucional (PRI), Luis Echeverría (1970-1976). No obstante las denuncias de la izquierda mexicana acerca de su implicación —en su carácter de Secretario de Gobernación— en la matanza de Tlatelolco, el nuevo presidente comenzó a desarrollar una política nacionalista, latinoamericanista y tercermundista claramente refractaria a la estrategia contra el denominado Tercer Mundo de los Estados Unidos y otras potencias occidentales. En lo inmediato, junto a los gobiernos de Chile, Panamá, Perú y Bolivia (hasta agosto de 1971) también impulsó una profunda revisión de los principios anticomunistas sobre los que se articulaba —desde 1948— el Sistema Interamericano. Ante el profundo desagrado de la Casa Blanca, esas demandas latinoamericanas recibieron un nuevo impulso durante la primera visita que realizó, a fines de 1971, el comandante Fidel Castro a Chile, Perú y Ecuador.[14] Como se ha documentado, en esa ocasión, la CIA —siguiendo las directrices del Consejo de Seguridad Nacional de los Estados Unidos— preparó un nuevo plan para asesinar al líder de la Revolución cubana, el cual, como tantos otros, resultó fallido.

Unos meses después de esos acontecimientos, en febrero de 1972, el quinto gobierno del septuagenario líder populista ecuatoriano José María Velasco Ibarra (1968-1972) fue derrocado por un pronunciamiento militar encabezado por el joven general Guillermo Rodríguez Lara. En los seis años que perduró ese gobierno, siguiendo las pautas de sus homólogos de Perú y Panamá, así como recuperando las mencionadas tradiciones nacionalistas de ciertos sectores de las fuerzas armadas ecuatorianas, Rodríguez Lara desplegó una política de reformas económicas y sociales internas, al igual que una política exterior independiente de los Estados Unidos. Esta se expresó en la activa defensa de los recursos petrolíferos e ictiológicos (por ejemplo, el atún) del país y en su adscripción a la defensa de las 200 millas de mar patrimonial que, por aquellos años y contra la voluntad de las principales potencias imperialistas, propugnaron exitosamente diversas naciones del mundo subdesarrollado.[15] Igualmente, en su apoyo a las gestiones que desarrollaron Chile, Perú, Bolivia, Colombia y, a partir de 1972, Venezuela, con vistas a profundizar el Acuerdo de Cartagena que, en 1969, había dado origen al esquema integracionista conocido como el Pacto Andino.

No obstante sus profundas debilidades estructurales y sus grandes carencias democráticas y sociales, al igual que otros acuerdos similares (el Acuerdo de la Cuenca del Plata — Argentina, Brasil, Uruguay, Paraguay — y el Mercado Común Centroamericano), el Pacto Andino se fundó sobre la base de la llamada "política de sustitución de importaciones" y del "desarrollo hacia dentro" impulsada por la CEPAL de la ONU. Pero, a diferencia de estos, los gobiernos de las naciones andinas se plantearon una estrategia conscientemente dirigida a proteger sus economías nacionales y el naciente espacio comunitario de la acción depredadora de las empresas transnacionales; en particular, las de origen norteamericano. Para disgusto del dúo Nixon-Kissinger, esa política se materializó en la denominada "Decisión 24" (aprobada a comienzos de 1973), la cual limitó las áreas de inversión y la remisión de utilidades al exterior de las empresas extranjeras.

Un año antes, como consecuencia de las intensas luchas anti-dictatoriales que venían desarrollándose desde fines de la década de 1960 en Argentina, y de los continuos éxitos de las organizaciones armadas ya mencionadas, sufrieron una contundente derrota las recurrentes estratagemas del entonces jefe de la Junta Militar, general Alejandro Lanusse, para evitar el retorno al país de Juan Domingo Perón. Rodeado por una intensa movilización popular (en la que desempeñó un papel destacado la Juventud Peronista y la Organización político-militar conocida como "los montoneros"), éste regresó fugazmente a Buenos Aires a fines de 1972.

A pesar del retorno de Perón a España, con el apoyo del potente Partido Justicialista, en mayo de 1973, fue electo como Presidente de la república su correligionario Héctor Campora. Este de inmediato estrechó sus relaciones con el gobierno de la Unidad Popular chilena y restableció relaciones diplomáticas con Cuba. Igualmente, indultó a todos los presos políticos y derogó las leyes y disposiciones represivas expedidas por la Junta Militar que había gobernado el país desde 1966. Entre ellas, las que prohibían el retorno de Perón a la Argentina y su postulación como candidato a la presidencia de la república. A causa de lo anterior, en septiembre de 1973, se realizaron nuevos comicios presidenciales en los que, luego de dieciocho años en el exilio —y para disgusto de la Casa Blanca y de los sectores más reaccionarios de la sociedad argentina—, nuevamente resultó electo, Juan Domingo Perón. En esta ocasión acompañado, en carácter de vice-presidenta, por su esposa Isabel Martínez quien infructuosamente trató de instrumentalizar a su favor la memoria de Evita Perón.[16]

Paralelamente, comenzaron a aparecer nuevos síntomas de la crisis del sistema de dominación instaurado por los Estados Unidos en Centro-américa. A pesar de la subsistencia de todas las dictaduras militares o de las "democracias represivas" instauradas desde los primeros años de la década de 1960, tal crisis se expresó en la activación de las multiformes luchas populares en Nicaragua, Guatemala y El Salvador. En el primero de dichos países, a fines de 1969, el Frente Sandinista de Liberación Nacional (FSLN) reinició la lucha armada guerrillera contra la dinastía somocista. A su vez, en el segundo, la cruenta violencia reaccionaria que había carac-terizado su vida política luego del derrocamiento del gobierno de Jacobo Árbenz, determinó la continuidad de la lucha guerrillera, tanto urbana como rural.

No obstante las múltiples masacres contra la población civil perpetradas por las fuerzas armadas y por los escuadrones de la muerte al amparo del gobierno "constitucional" del doctor Julio César Méndez Montenegro (1966-1970) y de los duros golpes que en los años previos habían recibido las Fuerzas Armadas Revolucionarias y el Movimiento Revolucionario 13 de Noviembre, el despliegue de lucha armada irregular fue estimulado por la fundación, en 1972, del Ejército Guatemalteco de los Pobres: organización que —a deferencia de sus antecesoras— concitó el apoyo de diversas comunidades campesinas e indígenas del país, así como de ciertos sectores de la población urbana.[17]

Previamente, en respuesta a los crímenes, fechorías y latrocinios perpetrados por el gobierno "constitucional" del coronel Fidel Sánchez Hernández (1967-1972), en 1970, una escisión del Partido Comunista de El Salvador fundó las Fuerzas Populares de Liberación (FPL), con el propósito de iniciar la lucha armada guerrillera en ese país. Al mismo tiempo, diversos partidos políticos "legales" o ilegales (como el Demócrata Cristiano, el Revolucionario Democrático, el Comunista y el Movimiento Nacional Revolucionario) comenzaron a dar los pasos que conducirían, dos años más tarde, a la institucionalización, de la Unión Nacional Opositora (UNO) al monopolio que tenían los militares y la oligarquía (estrechamente aliados con los Estados Unidos) sobre la vida económica, social y política de ese país centroamericano.

En todo ese proceso, tuvo un innegable impacto el desarrollo y desenlace (favorable a las fuerzas armadas salvadoreñas) de la llamada "guerra del fútbol" que, en julio de 1969, enfrentó a Honduras y El Salvador. A consecuencia de esta guerra, la dictadura militar del primero de dichos países —encabezada (salvo un breve interregno), entre 1963 y 1975, por el coronel Oswaldo López Arellano— se retiró del Mercado Común Centroamericano y del Consejo de Defensa Centroamericano (CONDECA). También — luego de derrocar al fugaz gobierno civil de Ramón Ernesto Cruz (1972) y contra los criterios de la Casa Blanca— López Arellano emprendió una tímida política "reformista" dirigida a tratar de neutralizar la explosiva situación social existente en su país.[18]

Fue precisamente en ese contexto, que se efectuó en Panamá, por primera vez en la historia de ese órgano, una reunión extraordinaria del Consejo de Seguridad de la ONU para analizar las reiteradas demandas del gobierno del general Omar Torrijos respecto a la devolución del Canal de Panamá a la soberanía de su país. Según Demetrio Boersner, en esa ocasión, los Estados Unidos fueron colocados "en el banquillo de los acusados". Y, ante los ojos del mundo, los "gobiernos latinoamericanos radicales o semi-radicales" exigieron "la descolonización de la zona del Canal y el cese de las presiones y agresiones económicas norteamericanas contra los países que adoptaran medidas nacionalistas".[19] Tales demandas se reiteraron en la III Asamblea General de la OEA efectuada a fines de 1975. A ello se agregó, las exitosas gestiones desarrolladas a partir de marzo de 1974 por el gobierno panameño para impulsar, junto a otros gobiernos centroamericanos la protección de los precios internacionales del banano: acción que —como era de esperar— encontró la inmediata resistencia de la United Brands, nuevo nombre de la tristemente célebre United Fruit Company.

Previamente, en Guyana, impulsado por la crisis de legitimidad que afectaba a su gobierno y por las crecientes tensiones sociales internas, el gobierno de Forbes Burnham emprendió un giro progresista en su política interna y exterior. Este se expresó en la proclamación en marzo de 1970 de la República Cooperativa de Guyana, cuya Constitución recogía algunos de los planteamientos económicos, sociales y nacionales históricamente defendidos por el PPP y por su líder, Cheddi Jagan. En consecuencia, a partir de 1971, el gobierno de Burnham emprendió la nacionalización compensada de diversas compañías extranjeras productoras de bauxita y la búsqueda de nuevos mercados en diversos países del campo socialista.

Un año después, en Jamaica, comenzó el primero de los dos sucesivos períodos de gobierno del líder del Partido Nacional Popular (PNP) y destacado dirigente de la Internacional Socialista, Michael Manley (1972-1980). Este emprendió una política interna de corte popular y una proyección externa alejada de los dictados de la Casa Blanca. Esa política incluyó la defensa de sus recursos naturales estratégicos (como la bauxita) y el establecimiento de relaciones diplomáticas con Cuba. A pesar de las diferencias que existían entre unos y otros dirigentes caribeños, en diciembre de 1972, a tal acción también se sumaron de manera colectiva los gobiernos de Guyana y Barbados, así como el de Trinidad y Tobago.

Además, para intentar contrarrestar su creciente dependencia económica de los Estados Unidos, todos esos gobiernos comenzaron a vindicar una política no alineada frente al denominado "conflicto Este-Oeste". Con vistas a tratar de resolver la aguda crisis económica y social que afectaba a la subregión, también impulsaron diversas acciones (como la formación de la Comunidad del Caribe, CARICOM) dirigidas a integrar las frágiles socioeconomías caribeñas. Adicionalmente, cuestionaron, en mayor o menor medida, el "modelo de desarrollo" (sustentado en la "industrialización por invitación" de factura estadounidense) y el "orden" social y político, colonial o poscolonial que todavía reinaba en los países anglófonos, francófonos y en las posesiones holandesas del Caribe.

Como ya vimos en los casos de Curazao y Trinidad Tobago, esas justas demandas propulsaron la aparición de una nueva hornada de organizaciones políticas populares en esa subregión. Entre estas luego se destacarían el Partido de los Trabajadores de Jamaica (JWP) —encabezado por Trevor Monroe— y, sobre todo, el Movimiento de la Nueva Joya (MNJ o New Jewel) de Granada conducido por Maurice Bishop. Este, dándole continuidad a las acciones de sus antecesores —Joint Endeavour For Welfare Education and Liberation (JEWEL) y el Movement for a People's Assembly (MAP)—, desde 1973, emprendió una intensa lucha por la independencia de esa pequeña isla frente al colonialismo británico, contra la penetración de los Estados Unidos y contra la prolongada dictadura del cipayo Eric Gairy. Fue tan grande la acogida popular del MNJ que, para tratar de neutralizarlo, el 18 de noviembre de 1973, Gairy perpetró una brutal represión contra una inerme manifestación popular: hecho que pasó a la historia de Granada como "el domingo sangriento". Sin embargo, cual veremos, ello no detuvo las luchas del MNJ por la liberación nacional y social, ni siquiera después que, en 1974, el Reino Unido le concedió "la independencia" a esa diminuta isla caribeña.[20]

En mayo del propio año, antecedida y seguida por una inusitada escalada de conflictos obreros en la mayor parte de las empresas de diversos sectores de la economía, en Guadalupe, la coalición de izquierda integrada por el Partido Comunista y por el Movimiento Socialista, recogió el 56,4% de los votos favorables a la elección presidencial del candidato de la izquierda francesa, François Mitterand. Ese triunfo electoral potenció las demandas que —desde 1971— venían realizando diversas fuerzas sociales y políticas de esa colonia (entre ellas, la Central General de Trabajadores de Guadalupe) para ampliar los márgenes de autonomía que —mediante el ya arcaico estatuto del Departamento de Ultramar (DOM)— le había concedido el gobierno de París. Nació así, el 15 de enero de 1975, el Comité Permanente de la Izquierda, integrado por el Partido Comunista, por el Movimiento Socialista y por el Movimiento Progresista. Este último se propuso elevar los niveles de la lucha popular contra el colonialismo francés.[21] Vindicaciones semejantes se planteó posteriormente el Frente Martiniqués para la Autonomía, integrado por el Partido Popular, el Partido Comunista, el Partido Socialista y la Confederación General del Trabajo de Martinica. [22]

Paralelamente, en Puerto Rico, espoleados por las sucesivas victorias electorales del mal llamado Partido Nacional Progresista (PNP), de tendencia anexionista, así como por la crisis que vivía la economía y la sociedad de ese archipiélago como consecuencia del negativo impacto que tuvo en la economía estadounidense la guerra de Vietnam, se reactivaron las multiformes luchas sociales. Así, entre 1973 y 1974, una ola de huelgas sacudió el país. Estas —y la brutal represión desatada por el gobernador colonial Rafael Hernández Colón (1972-1976)— favorecieron el auge del movimiento independentista y el desarrollo de algunas organizaciones armadas, como fueron los ya mencionados Comandos Armados de Liberación (CAL) y el Movimiento Independentista Revolucionario (MIRA). Igualmente, estimularon la unidad de acción entre las organizaciones independentistas previamente existentes (el PIP, el Partido Socialista, el MPI y el Partido Comunista) y fortalecieron las demandas internacionales dirigidas a eliminar el status colonial de Puerto Rico. Mucho más, después que, pese a la acérrima oposición de la Casa Blanca, en 1971, el Comité de Descolonización de la ONU incluyó "el caso de Puerto Rico" en la agenda de sus deliberaciones.

CONTRARREFORMA Y CONTRARREVOLUCIÓN EN LA DÉCADA DE 1970

Como en otras ocasiones históricas ya referidas, la reacción contra-revolucionaria y contrarreformista de los círculos de poder estado-unidenses no se hizo esperar. Tratando de revertir todos los avances de las luchas nacionalistas, antimperialistas, democráticas y populares antes mencionadas, el dúo Nixon-Kissinger abandonó, rápidamente, el presunto "bajo perfil" de su estrategia de dominación sobre América Latina y el Caribe. En efecto, con el estímulo de la Casa Blanca, así como con el respaldo de las dictaduras militares de Brasil y de Argentina, el 21 de agosto de 1971, los sectores más reaccionarios de las fuerzas armadas y de las clases dominantes bolivianas desencadenaron un sangriento golpe de Estado contra el gobierno del general Juan José Torres. Según cálculos conservadores, en las primeras horas de combate entre los golpistas y las huestes populares, sólo en La Paz, se reportaron más de 150 muertos y de 1 500 heridos. Fue tal la sangría, que al otro día, las partes contendientes acordaron una tregua "para retirar los muertos de las calles".

Posteriormente, los tanques rodearon la universidad e iniciaron un alevoso bombardeo contra sus ocupantes. Los campesinos, mineros y las unidades de las fuerzas armadas o la de la policía que resistieron la violencia reaccionaria, fueron masacrados; y los focos de resistencia que persistieron en diferentes puntos del país fueron aniquilados, incluso con el empleo de la fuerza aérea. Grupos represivos, formados y asesorados por los servicios especiales estadounidenses, perpetraron múltiples asesinatos; entre ellos, el del sacerdote católico canadiense Mauricio Lefébre; quien, en los años previos, se había destacado como abanderado de las vindicaciones populares. Una vez sometida a sangre y fuego la resistencia popular, así como la de los sectores nacionalistas de las fuerzas armadas, las huestes golpistas tomaron el palacio de gobierno y formaron un triunvirato militar presidido por el general Hugo Banzer.

A partir de ese momento y hasta 1978, se desarrolló en Bolivia una de las más feroces olas de violencia reaccionaria de todo el continente. Las universidades fueron clausuradas y los medios de comunicación masiva fueron ocupados militarmente. Las instituciones religiosas fueron violadas. Los dirigentes sindicales, profesionales y campesinos fueron recluidos en campos de concentración ubicados en las inhóspitas selvas bolivianas. Los miembros de las fuerzas armadas que expresaban posiciones nacionalistas o constitucionalistas fueron eliminados de sus cargos, confinados a las prisiones militares u obligados a salir al exilio. Algunos de ellos (como Juan José Torres) fueron asesinados en el exterior. Las torturas y las desapariciones se incorporaron al arsenal represivo. Aunque las cifras de las víctimas de esa ola de terror nunca se han podido determinar, si se sabe que —con apoyo de la CIA— "el criminal nazi Klaus Barbie volvió a ocupar la jerarquía que poseía durante el gobierno de René Barrientos".[23] También, que la tiranía de Banzer contó con el respaldo de los "capos de la droga" que ya habían sentado sus reales en ese país suramericano.

Simultáneamente, el *establishment* de la política exterior y de seguridad norteamericanas se implicó, de manera abierta, en la sangrienta derrota de la sublevación popular, respaldada por el Movimiento de Jóvenes Militares, que el 25 de marzo de 1972 estalló en El Salvador como reacción ante el descarado fraude electoral protagonizado por el testaferro de la oligarquía salvadoreña, el coronel Armando Molina, contra la candidatura presidencial de la UNO, encabezada por el demócrata cristiano Napoleón Duarte y por el prestigioso dirigente político Guillermo Ungo.[24] Ante la virtual derrota política y militar de las fuerzas reaccionarias, la Misión Militar estadounidense en El Salvador y el representante de ese país ante la Junta Interamericana de Defensa (radicada en Washington) movilizó a las guarniciones "leales" y favoreció el bombardeo de diversos puntos de San Salvador por parte de las fuerzas aéreas de Guatemala y Nicaragua. Luego de esos sangrientos acontecimientos, el coronel Armando Molina fue impuesto en la presidencia, y una nueva ola de "terror blanco" atravesó a El Salvador. En consecuencia, entre 1972 y 1979, los órganos represivos de esa tiranía dieron muerte a más de 2 000 salvadoreños.[25]

Por otra parte, el 16 de febrero de 1973, la Casa Blanca y su poderosa Misión Militar en República Dominicana también respaldaron la decisión del segundo gobierno "constitucional" de Joaquín Balaguer (1970-1974) —y del alto mando militar— de asesinar, a sangre fría, luego de haberlo capturado herido en combate, al líder revolucionario y antimperialista dominicano Francisco Caamaño Deñó.[26] Este, junto a un grupo de sus seguidores, había desembarcado unos días antes en tierra dominicana con el propósito de iniciar la lucha guerrillera contra el represivo gobierno instaurado en esa nación caribeña, gracias a la brutal intervención militar norteamericana de abril de 1965. Una suerte similar corrieron otros de sus compañeros de lucha; quienes —siguiendo las prácticas establecidas en la mayor parte de los países de América Latina y el Caribe— fueron sometidos a brutales torturas antes de ser cobardemente asesinados.

A su vez, la CIA, las grandes transnacionales norteamericanas (como la

Gulf Oil, la Braden Cupper Corporation, la United Brands, la ALCOA y la International Telephone and Telegraph, ITT), apoyadas por el Pentágono y por la Casa Blanca recrudecieron sus acciones desestabilizadoras contra los gobiernos militares nacionalistas de Ecuador, Panamá y Perú. También conspiraron contra los gobiernos de su antiguo aliado, Forbes Burnham, en Guyana, y del Primer Ministro de Jamaica, Michael Manley; pero, sobre todo, contra la administración de la Unidad Popular chilena. Esta, paulatinamente, venía incrementando su respaldo político-electoral en todo el país. Según se reconoció posteriormente por el propio Congreso norteamericano, tales acciones "encubiertas" —junto al férreo bloqueo económico de los Estados Unidos y de los organismos financieros internacionales (FMI, BM) e interamericanos (BID), a las maniobras de la ITT y de otros monopolios norteamericanos, así como a la persistente "ayuda" militar estadounidense—, poco a poco, fueron creando todas las condiciones políticas y castrenses que propiciaron el artero golpe militar fascista del 11 de septiembre de 1973 y la masacre en la Casa de la Moneda del "compañero-presidente" Salvador Allende Gossens, y otros de sus compañeros de lucha.[27]

Objetivamente, a ese cruento desenlace también contribuyeron las acciones contrarrevolucionarias de las cúpulas de los partidos derechistas del país —incluidas las del Partido Demócrata Cristiano, liderado por Eduardo Frei Montalva— y las contradicciones que se desarrollaron en el interior de la heterogénea izquierda chilena. También la incapacidad de los partidos y organizaciones en ella preponderantes —el Partido Comunista y el Partido Socialista de Chile— para resolver de manera adecuada los complejos problemas militares implícitos en la lucha por el poder político; entre otros, la organización y el armamento de las masas populares. Esa carencia fue mayor porque —como en forma oportuna había advertido el comandante Ernesto Che Guevara— en América Latina, era de esperar que, aún si las fuerzas de izquierda llegaban al gobierno, a "la captura formal de la superestructura burguesa del poder (...) el tránsito hacia el socialismo (...) deberá hacerse (...) en medio de una lucha violentísima contra todos los que traten, de una manera u otra de liquidar su avance hacia nuevas estructuras sociales".[28]

Cualesquiera que sean los juicios de valor que en la actualidad merez-can esas afirmaciones, lo cierto fue que, bajo el amparo, el estímulo y apoyo del trío Nixon-Kissinger-Ford, al igual que de los mandatarios norte-americanos que los sucedieron, entre septiembre de 1973 y marzo de 1990, se instauró y consolidó en Chile una de las más brutales, sádicas y prolon-gadas dictaduras militares de la historia de ese país.[29] A pesar de las dificultades que todavía subsisten para reconstruir la tragedia de esos años y de las legítimas dudas que existen en relación con la exactitud de los datos hasta ahora difundidos, las cifras del terror son elocuentes: más de un millón de exiliados —de ellos, entre 247 526 y 308 000 por motivos directa-mente políticos—, cientos de miles de ciudadanos expulsados de sus lugares de residencia, estudio y trabajo,[30] 112 094 torturados, 3 253 222 arbitrariamente detenidos, 1 213 725 allanamientos, 2 106 487 personas amedrentadas y —según la fuente que se consulte— entre 3 455 y 4 698 muertas y desaparecidas.[31] De ellas sólo, 2 905 han sido reconocidas por los desfachatados personeros del régimen militar (ver Cuadro 6).[32]

CUADRO 6

Las víctimas de la represión en Chile, segun el informe de la
Comisión Nacional de Verdad y Reconciliación (Informe Rettig)

Víctimas de agentes del Estado o de particulares actuando a su servicio	2 905
Muertos	1 720
Desaparecidos	1 185
Muertos por la violencia política sin haber podido identificar a los autores	139
Muertos por personas o grupos opositores al régimen militar	152
Total de muertos por responsabilidad directa del Estado	*3 044*

FUENTE: Elaborado por el autor sobre la base de los datos que aparecen en: Comisión Chilena de Derechos Humanos: *Nunca más en Chile,* ed. cit., p. 229.

Como adelanté en el capítulo anterior, muchos de esos crímenes de *lesa humanidad* ya se venían cometiendo en Argentina y en Uruguay desde la segunda mitad de la década de 1960. En esa última nación, al igual que en otros países de América Latina y el Caribe, los crímenes y los encarcelamientos políticos, las desapariciones forzadas y las torturas se incorporaron de manera sistemática a las prácticas represivas dirigidas a "aniquilar psicológicamente al individuo, convertirlo en un delator de sus compañeros, quebrar su autoimagen" y destruir "su identidad personal".[33]

Esos métodos típicos del terrorismo de Estado se generalizaron después del autogolpe de Estado del 27 de junio de 1973. En esta ocasión —siguiendo los pasos del ya referido golpe de igual carácter de 1930—, ese nuevo giro contrarrevolucionario fue encabezado por el Presidente "constitucional" Juan María Bordaberry (1971-1976). Este contó con el respaldo diplomático, económico y político-militar de la Casa Blanca, al igual que de la dictadura militar brasileña. Del mismo modo que en Brasil, en todo ese período, funcionaron en la otrora llamada "Suiza de Suramérica", los fatídicos escuadrones de la muerte, directamente coordinados por la maquinaria represiva del Estado.

Al amparo de esa "guerra interna" —durante más de una década— se perpetraron las más atroces violaciones a los derechos humanos y a las llamadas "libertades fundamentales". Lamentablemente, todavía en los albores del siglo XXI, la sociedad uruguaya no ha podido disfrutar del derecho a conocer la verdad de lo ocurrido en aquellos años; ni siquiera ha podido saber cuál fue el destino de decenas de detenidos-desaparecidos. Tampoco la situación de muchos niños que —al igual que ocurrió después en Argentina— les fueron ilegalmente arrebatados a sus padres. Y ello porque —como bien se ha dicho— los altos militares de ese país, con la complicidad de los Estados Unidos, de las clases dominantes uruguayas y de sus principales representantes políticos (los sectores más reaccionarios de los partidos Colorado y Blanco), continúan siendo "los dueños del silencio".[34]

Lo antes dicho no fue ni es casual. Obedece a la responsabilidad que le atañe a esa mancuerna en los crímenes cometidos. Hay que recordar que —como demostró oportunamente el movimiento *tupamaro*— esas prácticas fueron introducidas en las fuerzas armadas uruguayas por los asesores norteamericanos que actuaron bajo la fachada de la Agencia para el Desarrollo Internacional (AID) de los Estados Unidos, así como con la "ayuda" de la Junta Militar brasileña y del Servicio de Información del Estado argentino (SIDE).[35]

También hay que recordar que, previo a los golpes de Estado de Chile y Uruguay, el primer Secretario de Estado de la administración Nixon, William Rogers (1969-1973), había realizado una extensa gira que lo llevó a diferentes países latinoamericanos y caribeños. En sus cuestionadas visitas a Ciudad México, Managua, Bogotá, Caracas, Lima, Buenos Aires, Brasilia y Kingston, este propugnó un "enfoque selectivo" en las relaciones de los Estados Unidos con América Latina y el Caribe. Tal como había declarado dos años antes el presidente Richard Nixon, en ese "enfoque selectivo", los Estados Unidos favorecerían las relaciones con aquellos "aliados privilegiados en la defensa del mundo libre". Entre estos, desde el primer momento, ocuparon un importante lugar las dictaduras militares de Bolivia, Chile, Uruguay, Paraguay y, sobre todo, de Brasil. Siguiendo el criterio del mandatario republicano de que "hacia donde se incline Brasil, se inclinará el resto de Ibero América",[36] ese enorme y rico país pretendía ser convertido en lo que el prestigioso Secretario General del Partido Comunista de Brasil, Luis Carlos Prestes, denominó: "el subimperialismo brasileño".[37]

De acuerdo a lo documentado, a pesar de la existencia de diversas contradicciones con los Estados Unidos —sobre todo en los temas vinculados con el creciente desarrollo del complejo militar-industrial y atómico brasileño—, esa dictadura desempeñó un importante papel en la articulación de las cruentas estrategias de "orden, seguridad y desarrollo nacional" que, difundidas por la diplomacia político-militar norte-americana, fueron emprendiendo, a su turno, todas las dictaduras militares suramericanas; incluida —lo veremos después— la que nuevamente se instauró en Argentina entre 1976 y 1883. Todas ellas, además de pisotear los derechos civiles y políticos de los ciudadanos de sus correspondientes países —en primer lugar, según dijo Gabriel García Márquez, "el derecho de cada persona a elegir cómo morir"—,[38] también perpetraron masivas y flagrantes violaciones de los derechos económicos, sociales y culturales de esos pueblos. Sobre todo porque, en mayor o menor grado, se convirtieron en las primeras impulsoras en todo el mundo de las políticas neoliberales —elaboradas por la Escuela de Chicago, encabezada por el economista Milton Friedman— que ya venían pregonando ciertos sectores de las clases dominantes en los Estados Unidos y en Europa occidental con vistas a resolver a su favor la crisis de "onda larga" que afectaba (y todavía afecta) el sistema capitalista mundial.[39]

Con tales propósitos, la Casa Blanca y los órganos "especializados" de los Estados Unidos —apoyados en los sectores más reaccionarios del sistema político, de las clases dominantes y de las fuerzas armadas y policiales argentinas— también respaldaron diversas maniobras dirigidas a desestabilizar al mal denominado "gobierno Campora-Perón" (1973-1976). Entre ellas, la ola de asesinatos políticos conducidos por el tristemente célebre agente de la CIA, secretario personal de Juan Domingo Perón y posterior ministro de Bienestar Social, José López Rega.[40] Bajo su dirección, entre 1974 y los últimos meses de 1975, la Alianza Anticomunista Argentina (AAA), así como otras organizaciones paramilitares, asesinaron o "desaparecieron" a cerca de mil activistas y dirigentes populares. En primer lugar, aquellos identificados con la izquierda del movimiento peronista, con la organización política-militar Montoneros, con la Combativa Central de Trabajadores de los Argentinos (CTA) y con el Movimiento de Sacerdotes del Tercer Mundo; en especial, los más consecuentes promotores de la Teología de la Liberación, como fue el caso del conocido sacerdote Carlos Mugica.[41]

También fueron despedidos —o tuvieron que renunciar ante las amenazas de la AAA y de otras fuerzas militares o paramilitares— prominentes catedráticos y rectores universitarios. Asimismo, fueron "legal" o ilegalmente encarcelados, cientos de estudiantes, pobladores o trabajadores en conflicto con poderosas empresas privadas nacionales o transnacionales; como ocurrió durante la represión desatada contra la prolongada huelga de los trabajadores metalúrgicos y el brutal asalto contra Villa Constitución (25 de mayo de 1975).[42] A ello se unió la indiscriminada represión desatada por el Ejército en la provincia de Tucumán (el llamado "Operativo Independencia") con el pretexto de aniquilar las fuerzas guerrilleras del Ejército Revolucionario del Pueblo (ERP).

Como tuvo el cinismo de reconocer el jefe de dicha operación, general Acdel Vilas: "De todo lo actuado pude concluir que no tenía sentido combatir a la subversión con un Código de Procedimientos Criminal. Decidí prescindir de la justicia, no sin declarar una guerra a muerte a los abogados y jueces cómplices de la subversión (...) Fue entonces cuando di órdenes expresas de clasificar a los prisioneros del ERP según su importancia y peligrosidad, de forma tal que sólo llegaran al juez los inofensivos...".[43] Los demás fueron asesinados. Merece recordar que —también con la connivencia del dúo Nixon-Kissinger— así ya había ocurrido en los días finales de la dictadura instaurada en Argentina entre 1966 y 1973 (el llamado "onganiato"); en particular, durante la célebre matanza de Trelew (22 de agosto de 1972). En esta —siguiendo las órdenes del general Lanusse— fueron fusilados a mansalva 16 presos políticos que, siete días antes, habían intentado fugarse de la tétrica cárcel de Rawson.[44]

Todos esos desmanes adquirieron un despliegue mayor inmediatamente después de la muerte de Juan Domingo Perón (1ro de julio de 1974) y, en especial, durante el incapaz gobierno de su viuda, María Estela Martínez. En esa etapa, tanto la Presidenta, como su virtual "primer ministro", López Rega, desarrollaron estrechas relaciones con el alto mando militar y, particularmente, con el ambicioso y genocida jefe de la reaccionaria Marina de Guerra, almirante Emilio Massera; quien, con el contubernio de la Logia fascista italiana P-2, ya había comenzado a dar los primeros pasos para apoderarse del gobierno constitucional mediante un "golpe blanco" o para derrocarlo a través de un nuevo "pronunciamiento militar".[45] Como se ha podido documentar, todos esos pasos se desplegaron con el conocimiento del Embajador norteamericano en Buenos Aires, Robert Hill, y del secretario de Estado, Henry Kissinger.[46]

Lo antes dicho se confirma cuando se conoce que el contralmirante Emilio Massera, uno de los principales artífices del golpe de Estado, comenzó a entrenar en los Estados Unidos a efectivos de la Marina en "técnicas contrainsurgentes". Por su parte, el jefe del Ejército, Jorge Videla, viajó a West Point, los Estados Unidos, y participó en la reunión de Jefes de Ejércitos Americanos que —al amparo de la JID— se efectuó en Montevideo, con el propósito de construir las alianzas internacionales que facilitaran la coordinación de la actividad represiva con las restantes dictaduras militares de la subregión; en particular, con las de Bolivia, Brasil, Chile, Paraguay y Uruguay.[47]

Todos esos contactos, aconsejados por el Pentágono, estuvieron en el origen de lo que el propio Massera bautizó como: "el Estado invisible". Estas fueron las diversas instituciones y autoridades clandestinas y secretas, así como los efectivos militares y policiales sin identificación, que se encargaron de "secuestrar, torturar y asesinar" en los años posteriores a decenas de miles de argentinos, mientras el "gobierno visible" negaba tener noticias sobre su paradero.[48] Todas esas prácticas represivas se desplegaron después de la instauración —el 24 de marzo de 1976— del llamado "Proceso de Reorganización Nacional" bajo la conducción de una Junta Militar institucionalmente encabezada por el general Jorge Videla.

Esta Junta contó, en todo momento, con el respaldo de las clases dominantes argentinas, de las empresas transnacionales con intereses en el país, al igual que de la alta jerarquía de la Iglesia católica y del propio Nuncio Apostólico, Pío Laghi. Según se ha denunciado, el Nuncio tenía la "orden directa del Papa" de hacer "cualquier cosa" para "limpiar a Suramérica de comunistas".[49] Aunque no está documentada esa "orden directa del Papa", lo que sí está exhaustivamente demostrado, mediante declaraciones de testigos de sus visitas a algunos centros ilegales de reclusión y tortura, es que Pío Laghi y otros prominentes miembros del Episcopado argentino —al igual que habían hecho desde la conquista y la colonización española— "santificaron" todos los bárbaros métodos vinculados al terrorismo de Estado que se aplicaron en la Argentina, entre 1974 y 1983.[50]

Entre ellos, la desaparición de 30 000 personas, el asesinato de otras 15 000, y el encarcelamiento arbitrario de otras 8 500, incluidos "obispos rojos", sacerdotes y monjas, ancianos, minusválidos, mujeres y niños.[51] También, el desplazamiento de sus hogares y el exilio involuntario de más de un millón de argentinos, al igual que de miles de latinoamericanos residentes en ese país. Igualmente, la expropiación forzosa y la venta ilegal de muchas de las propiedades mobiliarias e inmobiliarias de esas víctimas.

Asimismo, las más despiadadas formas de tortura aplicadas en las decenas de campos de concentración o de sitios de reclusión ilegal en diferentes puntos y ciudades del país. A tales crímenes de *lesa humanidad*, hay que agregar la brutal violación por sus captores y carceleros de infinidad de mujeres, al igual que el sádico secuestro y la ilegítima "adopción" de cerca de 300 niños nacidos en cautiverio o inmediatamente antes del secuestro y asesinato de sus padres.[52]

EL "NUEVO DIÁLOGO"

Es válido consignar que, previo a esos terribles acontecimientos, los breves gobiernos de Héctor Cámpora y de Juan Domingo Perón (1973-1976) se habían sumado a los esfuerzos por modificar los fundamentos del Sistema Interamericano que venían realizando diversos Estados de la región. Entre ellos, Perú, Ecuador, Panamá, Chile —mientras perduró la Unidad Popular—, México, Jamaica, Guyana, Trinidad y Tobago, Barbados, Colombia y Venezuela. En el caso colombiano, luego de la toma de posesión, en agosto de 1974, del candidato presidencial de la "izquierda liberal", Alfonso López Michelsen. Y, en lo que corresponde a Venezuela, después de la primera victoria electoral, a fines de 1973, del candidato del Partido Acción Democrática, Carlos Andrés Pérez (1974-1979).

A pesar de las críticas de la izquierda respecto a la participación del nuevo mandatario venezolano en la represión desatada por los sucesivos gobiernos "adecos" de Rómulo Betancourt y Raúl Leoni (1959-1969), Carlos Andrés Pérez —apoyado por ciertos segmentos de la burguesía venezolana (los llamados "Doce Apóstoles") y por importantes sectores populare — emprendió la nacionalización de las inmensas riquezas de hierro y petróleo existentes en el país. Igualmente, una política tercermundista, latinoamericana y caribeña independiente de los dictados de la Casa Blanca; incluido el respaldo a las reiteradas reclamaciones del gobierno de Omar Torrijos sobre la descolonización del Canal de Panamá y a las gestiones que venían realizando diversos sectores sociales y políticos venezolanos para restablecer las relaciones diplomáticas con Cuba. Estas se formalizaron en 1975.

Acorde con las tendencias a la distensión (*la détente*) que entonces se desarrollaba entre los Estados Unidos, diferentes países de Europa occidental (entre ellos, la República Federal Alemana) y la URSS, así como siguiendo los acuerdos del llamado "Consenso de Viña del Mar" (Chile), de 1969,[53] todos los gobiernos latinoamericanos y caribeños arriba mencionados —e incluso algunas dictaduras militares— comenzaron a defender los fundamentos económicos y sociales que debía poseer la llamada "seguridad interamericana", así como la necesidad de abandonar el visceral anticomunismo que —desde 1948— había servido de sustento al funcionamiento del Sistema Interamericano. En consecuencia, demandaron que ese "subsistema" incorporara los principios del "pluralismo político e ideológico" característicos de todos los organismos internacionales. Por consiguiente, algunos de ellos propugnaron una revisión a fondo del TIAR y de la Carta de la OEA que se había reformado en 1970. Además, impulsaron la derogación de los acuerdos adoptados por ese organismo contra Cuba, en 1962 y 1964, respectivamente.

En función de lo antes dicho, la Asamblea General de la OEA acordó la formación de una Comisión Especial de Estudio del Sistema Interamericano (CEESI). Las bases de tal estudio habían sido aprobadas en la Octava Reunión del Consejo Económico y Social de la OEA, realizada en Bogotá, Colombia, entre el 30 de enero y el 8 de febrero de 1973. En la declaración de ese evento, se patentizó la insatisfacción existente en relación con el desenvolvimiento de las relaciones interamericanas. Pese a que los representantes de los Estados Unidos se negaron a respaldarla, en ella también se refrendaron los conceptos de la "seguridad económica colectiva" y del "pluralismo político ideológico" que debían servir de base al Sistema Interamericano. Asimismo, se reconoció la importancia que tenía para América Latina y el Caribe el desarrollo de relaciones mutuamente ventajosos con otras potencias de los llamados Primer y Segundo Mundo (los países capitalistas desarrollados y el campo socialista formado alrededor de la URSS, respectivamente), así como con otras naciones subdesarrolladas de Asia y África.

La presión latinoamericana y caribeña a favor de estos cambios tuvo tal magnitud que, a fines de 1973, el ya secretario de Estado norteamericano, Henry Kissinger, anunció la disposición oficial estadounidense a iniciar —al margen de la OEA— lo que denominó un "nuevo diálogo" entre los Estados Unidos, América Latina y el Caribe. Según Kissinger, esos intercambios deberían dirigirse a discutir las cuestiones de interés de ambas partes, reconociendo la "interdependencia" existente entre el norte y el sur del hemisferio occidental, y sobre la base de "una amistad asentada en la igualdad y el respeto a la dignidad de cada Estado".[54] El primer paso de ese "nuevo diálogo" se desarrolló en Ciudad México, entre el 18 y el 23 de febrero de 1974, y el segundo en Washington, dos meses después.[55]

Aunque no estaba en la agenda, en esa ocasión afloró con mucha fuerza el tema de la derogación de las sanciones anticubanas impuestas por la OEA. En consecuencia, quedó planteada la posibilidad de que el gobierno de la mayor de las Antillas fuera invitado a la tercera ronda de negociaciones que debía desarrollarse en Argentina unos meses después. Sin embargo, esas transacciones nunca se efectuaron, debido a las protestas latinoamericanas y caribeñas contra la Ley del Comercio dictada por los Estados Unidos a fines de 1974. En ella se excluían de sus beneficios a Venezuela y Ecuador, por ser integrantes de la Organización de Países Exportadores de Petróleo (OPEP). Asimismo, se amenazaba con represalias parecidas a los demás países del continente que, por aquellos años, se integraron a diversas organizaciones internacionales defensoras de los precios de sus principales productos de exportación, por ejemplo, el banano, el cobre, el estaño, el azúcar, el café y la bauxita.

La suspensión de la tercera ronda del "nuevo diálogo" no impidió que la mayor parte de los gobiernos latinoamericanos y caribeños continuaran impulsando una profunda reforma del Sistema Interamericano. Estas se retomaron en la Décimoquinta Reunión de Consulta de Ministros de Relaciones Exteriores de la OEA celebrada, en 1974, en Quito, Ecuador, y se institucionalizaron (luego de modificar las formas de votación establecidas en los acuerdos que dieron origen al TIAR) en la Quinta Asamblea General de la OEA efectuada en San José, Costa Rica, en julio de 1975. En ella se aprobó el Protocolo de Enmiendas al Tratado de Río de Janeiro de 1947 y una resolución complementaria que dejó a los países miembros del organismo regional en libertad para restablecer sus relaciones diplomáticas, comerciales y consulares con Cuba.

Aunque en el Protocolo de San José se consignaron las principales vindicaciones latinoamericanas y caribeñas, ni el gobierno ni el Congreso de Estados Unidos las ratificaron en forma inmediata. Tampoco lo hicieron las dictaduras latinoamericanas que —como vimos— se extendieron a la mayor parte de los países del sur del continente en aquellos años. En consecuencia, progresivamente comenzó a debilitarse el frente latinoamericano y caribeño que había propuesto tales iniciativas. Tal situación se profundizó por los cambios políticos que se produjeron en Perú a partir de agosto de 1975: fecha en que, después de sufrir una grave enfermedad, el presidente Juan Velasco Alvarado fue sustituido —mediante un "golpe blanco" contra los sectores nacionalistas de las fuerzas armadas— por el general Francisco Morales Bermúdez.[56]

Este último, de inmediato, procedió a firmar diversos acuerdos de estabilización económica de corte neoliberal con el FMI, que anularon el ímpetu antimperialista y el aliento popular que caracterizó la primera etapa (1968-1975) del gobierno militar "nacionalista-modernizador" iniciado el 3 de octubre de 1968.[57] En consecuencia, brotó por doquier el descontento social. Este se expresó en diversas huelgas y paros laborales, movilizaciones y marchas de protestas de campesinos, trabajadores y estudiantes, que fueron violentamente reprimidas por el nuevo gobierno militar. Fue tal la intensidad represiva que, en agosto de 1977, el Episcopado peruano (no obstante el papel reaccionario que siempre había desempeñado en la vida política de ese país) expresó públicamente su preocupación respecto a que el gobierno tratara de resolver "la gravísima crisis económica que atraviesa Perú con métodos represivos de odio y violencia".[58]

A pesar de la negativa evolución de la situación peruana, la frustración generada por el fracaso del "nuevo diálogo" y por la dilación en la aprobación de las reformas del Sistema Interamericano, agudizaron las contradicciones entre Estados Unidos y América Latina y el Caribe. Esos conflictos también se alimentaron por las resistencias de la administración Nixon, (y de su sucesor Gerald Ford), a concluir las negociaciones con el gobierno de Omar Torrijos sobre el Canal de Panamá, así como por el ostensible respaldo de los círculos de poder estadounidenses a las violentas y multitudinarias violaciones a todos los derechos humanos que —como indicamos— venían produciéndose en Argentina, Bolivia, Brasil, Chile, Haití, Uruguay, Paraguay, Nicaragua, El Salvador, Guatemala y la República Dominicana. Del mismo modo, fueron agudizados por la fortalecida acción depredadora de las corporaciones transnacionales de origen norteamericano. Además, por la profunda crisis económica y social que comenzó a extenderse en todo el mundo capitalista y, en especial, hacia la mayor parte de los países del Tercer Mundo, en la segunda mitad de la década de 1970.[59]

Para paliar esa crisis, sin resolver los factores estructurales que estaban determinándola, la mayor parte de los gobiernos latinoamericanos y caribeños —en primer lugar, las dictaduras militares— acudieron a los "generosos" empréstitos que les ofrecían los organismos financieros internacionales (FMI y BM), la AID de los Estados Unidos y los grandes bancos privados transnacionales, tanto de origen estadounidense como europeos. A causa de esos "préstamos fáciles" (en algunos casos con tasas de interés negativas) se expandió con rapidez la deuda externa de los países de América Latina y el Caribe; especialmente de los seis países de mayor desarrollo relativo: México, Brasil, Argentina, Perú, Venezuela y Colombia. En 1979, esas "obligaciones" ya ascendían a más de 1 000 millones de dólares y los pagos derivados de su servicio ascendían a decenas de millones de dólares anuales.[60]

Tratando de amortiguar todas esas contradicciones en las relaciones interamericanas, en febrero de 1976, el secretario de Estado, Henry Kissinger, realizó un recorrido por seis países latinoamericanos y caribeños. Con esas visitas, el mediocre gobierno de Gerald Ford y su prominente Secretario de Estado también pretendían neutralizar el terrible descrédito que para "las instituciones democráticas" de su país había producido la renuncia del presidente Richard Nixon a causa del mencionado "escándalo de Watergate". Igualmente, el dueto Ford-Kissinger buscaba disolver en el olvido las revelaciones que había hecho, en 1975, el Comité del Senado para el Estudio de las Operaciones del Gobierno con respecto a las Actividades de Inteligencia (el Comité Church) en torno a la activa participación del Consejo Nacional de Seguridad y de la CIA en diversos planes de asesinatos contra los dignatarios de diferentes países del mundo, incluido Fidel Castro. En ese contexto, otra vez, adquirieron redobladas fuerzas las denuncias acerca de todas las maniobras norteamericanas para derrocar al presidente Salvador Allende, en especial el ya mencionado asesinato del jefe del Ejército chileno, general René Schneider.[61]

Además, para crear mejores condiciones en su recorrido latino-americano, Kissinger se pronunció de manera favorable al informe que, por encargo de diferentes corporaciones transnacionales norteamericanas con intereses en América Latina y el Caribe, había difundido, a comienzos de 1975, el Centro de Relaciones Interamericanas radicado en Washington. Según el *Informe Linowitz* —en honor al diplomático norteamericano que presidió la comisión formada al efecto—, los Estados Unidos "debían modificar las bases" de sus relaciones con los países ubicados al sur de sus fronteras. En lo adelante, éstas debían fundarse en los aspectos económicos y comerciales, evitar las intervenciones directas o indirectas en los asuntos internos de los Estados de esa región y contribuir a la preservación de los derechos humanos y las llamadas "libertades fundamentales". También, debía normalizar sus relaciones diplomáticas con Cuba; ofrecer "una solución constructiva al problema del Canal de Panamá"; modificar la legis-lación comercial estadounidense que imponía sanciones a los gobiernos latinoamericanos que nacionalizaran sus recursos naturales (la llamada "Enmienda Hickenlooper"); así como impulsar la redacción de un Código de Conducta para las Corporaciones norteamericanas que actuaban en América Latina y el Caribe. Igualmente, debía reorganizarse el Sistema Interamericano sobre la base de las reiteradas y postergadas sugerencias de los gobiernos de esa área.[62]

Sin embargo, al igual que había hecho en un viaje realizado a Jamaica el año anterior, en su recorrido por América Latina, Kissinger, veladamente, amenazó a los gobiernos de los seis países visitados (Brasil, Colombia, Costa Rica, Guatemala, Perú y Venezuela), señalando las negativas conse-cuencias que podrían tener para sus relaciones con los Estados Unidos el apoyo latinoamericano a los postulados del Nuevo Orden Económico

Internacional (aprobado en 1974 por la ONU con el decidido impulso de México y Venezuela), así como las acciones conjuntas de los países de la región para defender sus intereses económico-comerciales. En aquellos años, una de las principales acciones de ese tipo fue la fundación, en 1975, del Sistema Económico de América Latina y el Caribe (SELA).

Además, para tratar de fragmentar el consenso latinoamericano y caribeño frente a las ya mencionadas reformas al Sistema Interamericano y al TIAR, el Secretario de Estado norteamericano prometió un mayor acceso a las tecnologías de su país e incrementar los menguados fondos de AOD a los países de menor desarrollo relativo del continente. A su vez, acentuó sus ataques contra el gobierno cubano. En esa ocasión tomó como pretexto la ayuda internacionalista (civil y militar) que, desde 1975, Cuba venía ofreciéndole a las recién liberadas colonias portuguesas (Angola, Mozambique y Guinea Bissau) y a las intensas luchas contra el *apartheid* que se desarrollaban en Sudáfrica y en otras naciones (Namibia y Zimbabwe) del Cono Sur del continente africano.

En ese contexto, y como parte de la política de "aliados privilegiados", la Casa Blanca firmó un Memorando de Comprensión Mutua sobre Cuestiones de Interés Recíproco con la dictadura militar brasileña. Aunque este denotó la existencia de importantes contradicciones —sobre todo las vinculadas al desarrollo de la energía atómica y con la política africana de Brasil—,[63] en tal documento se hacían explícitas referencias a la futura colaboración entre los dos países en materias vinculadas a la seguridad interamericana. Según algunos analistas, ellas patentizaron el interés del gobierno estadounidense en "vigorizar su alianza militar y ensanchar la colaboración de sus respectivos cuerpos de inteligencia, policía y otros servicios" en su enfrentamiento contra los movimientos antimperialistas, democráticos y por la liberación nacional y social que entonces se desarrollaban en el Cono Sur latinoamericano.[64]

Ese aserto se verificó cuando, más de una década después, fueron develados en Paraguay los "archivos del terror", donde se encuentran múltiples detalles de la llamada "Operación Cóndor".[65] También cuando se conocieron en Argentina los detalles del llamado "Operativo Murciélago", desarrollado por los servicios de inteligencia de ese último país.[66] Por medio de esas y otras operaciones "encubiertas" y con el ya demostrado conocimiento de los servicios especiales de los Estados Unidos, las dictaduras militares de Argentina, Brasil, Bolivia, Chile, Uruguay y Paraguay se coligaron para desarrollar una de las más sádicas "cacerías" de que han sido víctimas prominentes dirigentes populares y revolucionarios de América Latina y el Caribe.

Según se ha documentado, sólo en la Operación Cóndor —encabezada por Pinochet y Stroessner— participaron más de 110 altos oficiales de las fuerzas armadas del Cono Sur latinoamericano, unidos a seis oficiales de nacionalidad italiana. Todos ellos contaron con la colaboración de diversos agentes de la CIA y de la Policía Internacional (INTERPOL). Como fruto de esas operaciones fueron asesinados a sangre fría, en diversas ciudades del hemisferio occidental (incluida Washington), cerca de 120 prominentes líderes populares.[67] Entre ellos, el ex canciller del gobierno de la Unidad Popular, Orlando Letelier, el dirigente del MIR chileno, Edgardo Enríquez, los destacados políticos uruguayos Zelmar Michelini, Héctor Gutiérrez Ruiz y William Whitelaw, el ex presidente boliviano Juan José Torres y el ex jefe del Ejército chileno y ministro del gobierno de la Unidad Popular, ex general Carlos Prats. Estos últimos crímenes fueron ejecutados en Buenos Aires como retribución al apoyo recibido por los sicarios del régimen militar argentino para extender la represión de sus opositores allende a sus fronteras nacionales; en particular hacia Chile, Brasil, Bolivia, Uruguay y Paraguay y, más tarde, hacia Perú.[68]

Finalmente, hay que recordar que a esa "multinacional de la represión" también se vincularon la dictadura de Eric Gairy en Granada (este sostuvo estrechas relaciones con Pinochet), las principales dictaduras militares centroamericanas y algunas de las organizaciones contrarrevolucionarias de origen cubano fundadas —desde la década de 1960— con el apoyo de los servicios especiales y del gobierno estadounidenses. Estas, guiadas por la consigna de llevar la "guerra contra Cuba por todos los caminos del mundo", realizaron más de 279 acciones terroristas contra diversos objetivos civiles en América Latina, el Caribe, Europa occidental y en el propio territorio estadounidense.

Entre estos crímenes, el más abominable fue la voladura en pleno vuelo, el 6 de octubre de 1976 −luego de un fallido intento en Jamaica− de un avión civil de la compañía Cubana de Aviación que cumplía su ruta comercial entre diferentes islas del Caribe.[69] En ese atentado, planeado por el connotado contrarrevolucionario de origen cubano, estrechamente vinculado a la CIA, Orlando Bosch, y por el ahora célebre terrorista Luis Posadas Carrilles, perdieron la vida 73 personas; de "ellas cincuenta y siete cubanos, incluidos los veinticuatro integrantes del equipo juvenil de esgrima que acababa de obtener todas las medallas de oro en un campeonato centroamericano, once jóvenes guyaneses y cinco ciudadanos de la República Democrática de Corea, quienes sin excepción perecieron por la explosión de dos artefactos explosivos colocados en la nave durante el trayecto antes de realizarse la escala técnica en Trinidad y Tobago, por dos mercenarios pagados por la CIA..."[70]

Aunque entonces no se conocían públicamente los detalles de esas tenebrosas articulaciones, las acciones desplegadas por el Secretario de Estado norteamericano durante su recorrido por América Latina cayeron como un "cubo de agua fría" sobre buena parte de los gobiernos y otras fuerzas políticas y sociales del continente. Mucho más, porque esas posiciones demostraron que, −no obstante los cambios en la retórica, y en ciertas prácticas de la política latinoamericana y caribeña de las administraciones republicanas de Richard Nixon y Gerald Ford−, la estrategia estadounidense hacia la región continuaba guiada por un cínico pragmatismo y, sobre todo, por la clara intención de preservar, a toda costa, su dominación y su hegemonía en esta parte del mundo. Y ello incluía −tal y como siempre había proyectado el ex presidente Richard Nixon− el respaldo más o menos "encubierto" a las dictaduras militares, a los gobiernos civiles represivos y a otras fuerzas contrarrevolucionarias que actuaban en todo el mundo subdesarrollado; en especial, en el hemisferio occidental.

De todos los elementos revisados, se desprende que las posiciones asumidas por los sectores más reaccionarios de los círculos de poder norteamericanos −incluidos el trío Nixon-Ford-Kissinger− frente a los regímenes represivos o autoritarios, así como ante las flagrantes, masivas y sistemáticas violaciones de todos los derechos humanos −en primer lugar del derecho a la vida — que se cometieron en América Latina y el Caribe en la década de 1970, no fueron una casualidad, ni un "exceso" no deseado. Por el contrario, todos los crímenes de *lesa humanidad* que hasta ahora hemos mencionado (y otros que referiremos después), así como el sistemático empleo de los métodos del terrorismo de Estado fueron totalmente coherentes con la historia de la política latinoamericana y caribeña de los Estados Unidos y, por tanto, útiles a la intención de la Casa Blanca de derrotar, a toda costa, cualquier resistencia — por mínima que fuera — a su sistema de dominación sobre el hemisferio occidental.

Igualmente, fueron útiles al añejo proyecto de la oligarquía financiera transnacional — en particular, la de origen estadounidense —, y de sus más estrechos socios "criollos", de emprender una radical reestructuración "neoliberal" de la economía de los principales países de la región. Asimismo, fueron congruentes con el perenne deseo de los sectores fascistas de las clases dominantes latinoamericanas y caribeñas, así como de sus testaferros, de "refundar" un "orden social" del que quedaran definitivamente excluidos los grupos opositores a la llamada "civilización occidental y cristiana".

En la lógica de ese reaccionario bloque socioclasista, nacional e internacional, era obvio que tal proyecto de "modernización" del capitalismo dependiente en la región no podría avanzar sin anular la capacidad de resistencia de los gobiernos latinoamericanos y caribeños, civiles o militares, opuestos a la vetusta política norteamericana contra el continente. Tampoco sin aniquilar, previamente, a los más connotados dirigentes e ideólogos de las principales organizaciones políticas y sociales representativas del movimiento popular. En particular, de aquellos que, a lo largo de las décadas de 1960 y 1970, habían demostrado capacidades para impulsar un modelo socioeconómico y político alternativo al orden dominante — identificado con el socialismo o, si prefiere, con el comunismo —, así como para convocar (aun sin identificarse con esas metas) a nuevas batallas democráticas, antimperialistas y por la justicia social.

Ello explica el rápido carácter supranacional que adquirió la represión. Igualmente, la brutalidad de esta y el ataque inmediato contra el combativo movimiento juvenil-estudiantil, las universidades, los intelectuales orgánicos al movimiento popular, y las más experimentadas organizaciones de la izquierda del continente. Asimismo explica la cruenta política que siguieron las dictaduras militares contra los sacerdotes, monjas, pastores y laicos identificados con los postulados y prácticas de la Teología de la Liberación y contra las organizaciones sindicales más importantes del continente, como la Central General de Trabajadores de Argentina, la Central Única de Trabajadores de Chile o el poderoso movimiento sindical uruguayo.

De ahí, el congelamiento de sus fondos, la ilegalización de las huelgas y de las negociaciones colectivas, el encarcelamiento, el asesinato o la desaparición de numerosos dirigentes sindicales. También todas las medidas adoptadas en aquellos años por la Casa Blanca, el FMI, el BM y el BID dirigidas a favorecer —como venían propugnando, al menos, desde el mencionado Plan Clayton de 1945— las indiscriminadas aperturas de las economías de los principales países de la región. Entre otras, la privatización y desnacionalización de las empresas del Estado; el gradual desmantelamiento de los aranceles; la constante devaluación de las monedas nacionales; la desindustrialización; el incremento de las importaciones y de la deuda externa; y la "minimización" del papel social del Estado.

Como veremos en lo que queda de este volumen, ese proyecto "neoliberal" dirigido a la "modernización" de la dominación oligárquico-imperialista sobre América Latina y el Caribe sirvió de fundamento a las diversas estrategias y tácticas desarrolladas por sucesivas administraciones norteamericanas, demócratas y republicanas, en las últimas dos décadas del siglo XX. Pero antes de llegar al relato de esa etapa, es necesario analizar, en forma breve, las vacilaciones de la política del gobierno del demócrata James Carter (1977-1981) frente a las sangrientas dictaduras militares que preponderaron en el continente hasta la primera mitad de la década de 1980.

También los avatares de sus relaciones con los gobiernos latinoamericanos y caribeños, así como con otras fuerzas políticas o político-militares que —pese a las presiones estadounidenses— continuaron vindicando y emprendiendo proyectos socioeconómicos y políticos alternativos al capitalismo dependiente instaurado en la región. O, simplemente, tuvieron posiciones soberanas frente a los Estados Unidos. Al relato de esos hechos le dedicaré el próximo capítulo.

NOTAS

1. Henry Kissinger: *Mis memorias*, Editorial Atlántida, S.A., Buenos Aires, 1979.

2. Allan Nevins, Henry Steel Commager y Jeffrey Morris: ob. cit., pp. 581-585.

3. Gordon Connell-Smith: ob. cit., pp. 289-290.

4. *Latin America and the United States: The Changing Political Realities*, Standford, 1974.

5. Gian Luigi Nespoli y Giuseppe Zambon: *Los rostros de Abel: Vietnam*, ed. cit.

6. Henry Kissinger: ob. cit.

7. Richard Nixon: *Vital Speeches of the Day*, New York, 15 de noviembre de 1969, p. 73.

8. *United States Foreign Policy for the 1970's: A New Strategy for Peace*, New York, 1970, p. 42.

9. Gérard Pierre-Charles: ob. cit., pp. 496-497.

10. Ibídem, p. 371.

11. Adys Cupull y Froilán González: ob. cit., p. 166.

12. Henry Kissinger: ob. cit., pp. 469-470.

13. Darío Villamizar: *Sueños de Abril: imágenes en la historia del M-19*, Planeta, Santa Fe de Bogotá, 1997.

14. Comisión de Orientación Revolucionaria del Comité Central del Partido Comunista de Cuba: *Chile-Cuba*, Ediciones Políticas, La Habana, 1972.

15. Parlamento Latinoamericano/Instituto de Relaciones Europeo-Latinoamericanas: ob. cit., pp. 171-178.

16. Clara Nieto: ob. cit., pp. 280-292.

17. Régis Debray: *Las pruebas de fuego*, ed. cit., pp. 324 y siguientes.

18. Clara Nieto: ob. cit., pp. 78-79.

19. Demetrio Boernsner: ob. cit., p. 236.

20. Gérard Pierre-Charles: ob. cit., pp. 371-372.

21. Parti Comuniste Guadulupéen: *Raport et Interventions*, VI Congrés, Point á Pietre, Guadalupe, 1977.

22. Gérard Pierre-Charles: ob. cit., p. 478.

23. Addys Cupull y Froilán González: ob. cit., pp. 172-173.

24. Clara Nieto: ob. cit., p. 84.

25. S. Semionov: "El genocidio en El Salvador", en *Sobre la historia de las intervenciones armadas norteamericanas*, Editorial Progreso, Moscú, 1984, pp. 188-190.

26. Hamlet Hermann: *Caracoles: la guerrilla de Caamaño*, Editora Tele-3, Santo Domingo, 1993, pp. 139-142.

27. Jorge Timossi: *Grandes Alamedas, el combate del presidente Allende*, Editorial de Ciencias Sociales, La Habana, 1974.

28. Ernesto Che Guevara: "Táctica y Estrategia de la Revolución latinoamericana", en *Obras (1957-1967)*, ed. cit., t. 2, p. 495.

29. Jorge Vergara Estévez: "La cultura de la violencia en Chile", en *Nueva Sociedad*, Caracas, enero-febrero de 1990, no. 105, pp. 172-183.

30. Eduardo Tamayo: "El caso Pinochet no tiene vuelta atrás", en *América Latina en Movimiento*, Quito, 28 de octubre de 1999, no. 302, pp. 7-9.

31. Flavio Rossi: *El golpe del 11 de septiembre de 1973 y su impacto disgregador en el tejido social chileno*, [mimeografiado] Ponencia presentada a la XII Conferencia de la Asociación Americana de Juristas (AAJ), La Habana, 16 al 20 de octubre de 2000.

32. Salvador Millaleo: "El caso Pinochet: Chile en la encrucijada de la democracia incompleta", en *Nueva Sociedad*, Caracas, mayo-junio de 1999, no. 161, pp. 130-144.

33. Jorge Vergara Estévez: ob. cit., p. 179.

34. Andrés Capelán: "Uruguayos detenidos-desaparecidos: ¿Cómo se puede perdonar?", en *América Latina en Movimiento*, Quito, 15 de junio del 2000, no. 315, pp. 19-20.

35. Regis Debray: *Las pruebas de fuego*, ed. cit., pp. 148-158.

36. Tomás Vasconi: ob. cit.

37. Luis Carlos Prestes: "Las concepciones de la política y objetivos del subimperialismo brasileño", en *América Latina*, Moscú, 1976, no. 6.

38. Gabriel García Márquez: "La soledad de América Latina", en *La soledad de América Latina*, ed. cit.

39. Marta Harnecker: *La izquierda en el umbral del siglo XXI*, Editorial de Ciencias Sociales, La Habana, 1999, pp. 155-198.

40. Roberto Cirilo Perdía: ob. cit., pp. 216-223 y 246.

41. Richard Gillespie: ob. cit., p. 191-198.

42. Alipio Paoletti: *Como los nazis, como en Vietnam: Los campos de concentración en Argentina*. Asociación Madres de Plaza de Mayo, Buenos Aires, 1996, pp. 43-46.

43. Ibídem.

44. Claudio Uriarte: "Almirante Cero", en Asociación Madres de Plaza de Mayo: *Massera: el genocida*, ed. cit., p. 35.

45. Asociación Madres de Plaza de Mayo: *Massera: el genocida*, ed. cit.

46. Carlos E. Rodríguez: "Kissinger tuvo participación en el terrorismo de Estado", Asociación Madres de Plaza de Mayo, http://www.madres.org/periodico/castellano/enero-febrero de 1999/ el país/represi.htm.

47. Asociación Madres de Plaza de Mayo: *Massera: el genocida*, ed cit., p. 48.

48. Ibídem.

49. Ibídem, p. 62.

50. Ibídem, pp. 75, 105 y 204 .

51. Ibídem, p. 128.

52. Alipio Paoletti: *Como los nazis, como en Vietnam...*, ed. cit.

53. El llamado "Consenso de Viña del Mar" se adoptó en una reunión de la Comisión Especial para la Coordinación Latinoamericana (CECLA) surgida, en 1964, para elaborar las posiciones latinoamericanas en las

Conferencias de Naciones Unidos sobre Comercio y Desarrollo (UNCTAD, por sus siglas en inglés). Según registra Gordon Connell-Smith (ob. cit., pp. 279, 287 y 288) el CECLA se había reunido varias veces, pero fue en esa reunión de Viña del Mar (mayo de 1969) que los participantes decidieron elaborar una declaración conjunta donde expresaron su desencanto con la Alianza para el Progreso y su descontento con los términos en que se estaban desarrollando las relaciones económicas, financieras y comerciales con los Estados Unidos. Y agrega: "Lo anterior se destacó aún más en el discurso que pronunció el ministro de Relaciones Exteriores de Chile cuando entregó el Consenso [de Viña del Mar] al presidente Nixon, en presencia de los representantes diplomáticos de los otros signatarios [acreditados en Washington]".

54. *The New York Times*, Estados Unidos, 6 de octubre de 1973.

55. *Department of State Bulletin*, Estados Unidos, 18 de marzo de 1974, p. 263.

56. Parlamento Latinoamericano/Instituto de Relaciones Europeo-Latinoamericanas: ob. cit., pp. 326-330.

57. Darcy Ribeiro: ob. cit., pp. 152-157.

58. Ricardo Cicerchia y otros: "Cronología de América Latina y el Caribe (1972-1976)", en *Nueva Sociedad*, Caracas, julio-agosto de 1997, no. 150, p. 139.

59. Ernest Mandel: *El capitalismo tardío*, Ediciones ERA, México, 1979.

60. Fidel Castro: *La crisis económica y social del mundo*, Oficina de Publicaciones del Consejo de Estado, La Habana, 1983.

61. *The New York Times*, Estados Unidos, 8 de septiembre de 1974, pp. 1, 26.

62. *The Americas in the Changing World*, Estados Unidos, 1975.

63. Tomás Vasconi: ob. cit.

64. A. Glinkin, B. Martínov y P. Yákovlev. ob. cit.

65. Testimonio del doctor Martín Almada en "Los procesos contra la impunidad: resumen de la reunión de abogados celebrada en la sede de las Naciones Unidas en Ginebra el 8 de abril de 1999", en *Revista de la AJA*, Asociación Americana de Juristas, junio de 1999, p. 71.

66. Alipio Paoletti: ob. cit., pp. 425-426.

67. Marina Menéndez Quintero: "La transnacional del terror", en *Tricontinental*, no. 142, La Habana, 1999, pp. 21-23.

68. Alipio Paoletti: *Como los nazis, como en Vietnam...*, ed. cit., pp. 419-440.

69. Jesús Arboleya: ob. cit., pp. 143-167.

70. "Condenado el gobierno de Estados Unidos: Dicta sentencia el Tribunal Provincial de Ciudad de La Habana en el proceso por demanda del pueblo de Cuba contra el gobierno de Estados Unidos por daños humanos", en *Granma* (Suplemento Especial), Ciudad de La Habana, 3 de noviembre de 1999, p. 5.

8. LAS VACILACIONES DE JAMES CARTER

La clara connivencia del trío Nixon-Kissinger-Ford con las decenas de miles de crímenes de *lesa humanidad* y con las nefastas prácticas vinculadas al terrorismo de Estado perpetradas en América Latina y el Caribe entre 1969 y 1976 —al igual que sus marchas y contramarchas respecto al "nuevo diálogo" interamericano— contribuyen a explicar las ilusiones con que diversas fuerzas sociales y políticas del continente y del mundo (entre ellas, algunos destacamentos del llamado Movimiento Comunista, Obrero y de Liberación Nacional, así como de la Internacional Socialista) recibieron la victoria electoral y el arribo a la Casa Blanca, el 20 de enero de 1977, del candidato demócrata James Carter. Como ya había ocurrido durante los inicios de las administraciones demócratas de Woodrow Wilson, Franklin Delano Roosevelt y John F. Kennedy, esas ilusiones se incrementaron a causa de sus promesas de producir cambios en las relaciones inter-americanas.

En el caso de Carter, en su campaña electoral, se había hecho eco de las reiteradas recomendaciones de la Comisión Linowitz dirigidas a revisar las bases de la estrategia estadounidense contra las naciones latinoamericanas y caribeñas. También, de aquellos enunciados de la Comisión Trilateral (integrada por representantes de los Estados Unidos, Europa y Japón) que recomendaban continuar la política de distensión Este-Oeste *(la détente),* así como trabajar por eliminar las más agudas contradicciones que entonces existían entre las principales potencias capitalistas y los países subdesarrollados, a través del denominado Diálogo Norte-Sur. Este se venía desarrollando, desde 1975, en París, Francia, al igual que en diversos foros de la ONU. Ya observamos que en el impulso de tales negociaciones se habían destacado varios gobiernos de América Latina y el Caribe.

En los primeros meses de la nueva administración demócrata, esas expectativas se fortalecieron por la promesa del flamante Presidente estadounidense de continuar buscando "soluciones globales" a las demandas económicas de los Estados latinoamericanos y caribeños; por su retórica relativa a la llamada "promoción de los derechos humanos" y las "libertades democráticas"; por sus amenazas de suspender la ayuda económica y militar a las cruentas dictaduras que existían en diversos países centroamericanos (Guatemala, El Salvador, Honduras, Nicaragua), caribeños (Haití) y suramericanos (Chile, Argentina, Perú, Brasil, Uruguay, Bolivia y Paraguay); por su ambivalente disposición a continuar "las consultas informales" sobre la reforma de la OEA y del TIAR exigidas por diversos gobiernos de América Latina; y por sus diversas acciones dirigidas a normalizar las relaciones oficiales con Cuba.

Entre estas, la suscripción de un tratado con el gobierno de esa isla para delimitar las aguas jurisdiccionales y las áreas de pesca entre ambos países (abril de 1977); la apertura de Secciones de Intereses en las Embajadas de Checoslovaquia y Suiza en Washington y La Habana, respectivamente (septiembre de 1977); la suspensión de los vuelos espías estadounidenses sobre territorio cubano; la flexibilización de las condiciones para que los ciudadanos estadounidenses pudieran viajar a Cuba;[1] así como la reiteración de la autorización previamente concedida por el trío Nixon-Kissinger-Ford para que las empresas norteamericanas (y, en particular, sus filiales en terceros países) pudieran venderles alimentos y medicinas al pueblo cubano.[2]

El aliento hacia un cambio más profundo de la política latinoamericana y caribeña de los Estados Unidos también se acrecentó por la suscripción, en septiembre de 1977, de la primera versión de los Tratados Torrijos-Carter sobre el Canal de Panamá. Independientemente de las reaccionarias interpretaciones de esos tratados que se produjeron en el Congreso estadounidense —como la Enmienda Conchini y la llamada "Ley Murphy" de 1979, que vindicaban el supuesto derecho norteamericano a "proteger" *ad infinitum* ese canal interoceánico— y del descontento que esas enmiendas fueron creando en el propio general Omar Torrijos,[3] estos tuvieron un positivo valor simbólico para todos los pueblos latinoamericanos y caribeños.

Al fin, más de 70 años después de la brutal separación de Panamá de la República de Colombia (1903) y de la consiguiente institucionalización de esa "quinta frontera" entre los Estados Unidos y Nuestra América, se abría la posibilidad de que ese estratégico pedazo del territorio latinoamericano regresara, a partir del 1ro de enero del 2000, a la soberanía panameña. También de que en forma paulatina fueran saliendo del centro del continente las 14 bases navales y aéreas, así como las múltiples instituciones militares estadounidenses —en primer lugar el Comando Sur y la tristemente célebre Escuela de las Américas— bajo cuyas "enseñanzas" y prácticas "antisubversivas" se habían enlutado —en lo transcurrido del siglo XX y, en particular, después de la Segunda Guerra Mundial— a decenas de miles de familias latinoamericanas y caribeñas.

Todo lo antes dicho se complementó con las promesas de James Carter de modificar los fundamentos estratégicos que —desde el famoso Corolario Roosevelt hasta la política del "nuevo diálogo"— habían guiado las intervenciones, directas o indirectas, de los Estados Unidos en diferentes países de la Cuenca del Caribe y, en particular, en el otrora denominado archipiélago de la Antillas. En esta última zona —a partir de la culminación del denominado "Informe Habib" (en honor al Embajador norteamericano que presidió la comisión que lo elaboró)— la nueva administración demócrata comenzó a desplegar una intensa actividad política y diplomática; incluidas las visitas a algunos países de la región de varios funcionarios norteamericanos. Entre ellos, la Primera Dama, Rosalyn Carter, el flamante secretario de Estado, Cyrus Vance (1977-1980) y, posteriormente, del propio Presidente estadounidense.

Aunque el filo geopolítico de esas acciones siempre se puso en evidencia, no hay dudas que su retórica recordó los mejores momentos de la Alianza para el Progreso. Mucho más, porque, en consuno con el Primer Ministro de Trinidad y Tobago, Eric Williams, la Casa Blanca impulsó la formación del Grupo Económico para la Cooperación Caribeña, dirigido a movilizar 800 millones de dólares provenientes de fondos públicos de varios países y de diversos organismos internacionales (como el BM, la Comunidad Económica Europea y la OPEP) con el objetivo de promover soluciones a los graves problemas socioeconómicos que afectaban a la mayor parte de los países caribeños.

Luego de diversas gestiones del Departamento de Estado, tal grupo nació como una dependencia del Banco Mundial (BM), en una reunión internacional efectuada en Miami en diciembre de 1977.[4] En esa ocasión, con el pretexto de "llenar el vacío" que había dejado la virtual conclusión de la dominación colonial inglesa en esa zona del mundo (como se vio en el Cuadro 3, para ese entonces ya habían adquirido su independencia formal casi todos los territorios insulares del Caribe oriental), Carter anunció que tal paso era sólo el inicio de un "multifacético plan de desarrollo del Caribe". Este —según sus enunciados— se desarrollaría sobre la base de "la igualdad, la tolerancia y el respeto mutuo" entre los Estados Unidos y los gobiernos de esa subregión.[5]

LAS ILUSIONES PERDIDAS

Sin embargo, en forma acelerada, comenzaron a aparecer las inconsecuencias entre la retórica y la práctica de la nueva administración demócrata. Como en otras ocasiones históricas ya mencionadas en este volumen, las primeras señales al respecto se registraron en Centroamérica y el Caribe. Así, para el desencanto de los luchadores por la auto-determinación de Puerto Rico —y desconociendo las referidas resoluciones del Comité de Descolonización de la ONU—, en enero de 1977 (o sea, inmediatamente después de su entrada en el llamado "despacho oval de la Casa Blanca"), Carter respaldó una iniciativa de su antecesor republicano, Gerald Ford, y del anexionista gobernador de Puerto Rico, Carlos Romero Barceló (1976-1980), dirigida a "emprender (...) los pasos institucionales para convertir a [esa] isla en el estado No. 51 de [los Estados Unidos de América]".[6]

Aunque ese peregrino anuncio, finalmente, se quedó en el limbo, un mes después, los Departamentos de Estado y de Defensa de los Estados Unidos respaldaron otro sangriento golpe de Estado en El Salvador. En esa ocasión, luego de un nuevo fraude electoral, se despojó de la victoria al entonces candidato presidencial de la UNO: el coronel retirado Ernesto Claramount. Acto seguido —siguiendo las ordenes del todavía presidente Armado Molina y a un costo de 30 muertos, así como de centenares de heridos y desaparecidos—, las protestas populares fueron balaceadas por la policía y Claramount fue obligado a marcharse del país.[7]

Como resultado de esos acontecimientos, se apoderó de la presidencia el general Carlos Humberto Romero (1977-1979), quien contó con el ostensible apoyo de la oligarquía salvadoreña, del Estado Mayor de la Guardia Nacional (Ejército), de los escuadrones de la muerte y de uno de sus principales artífices: el Jefe del Servicio de Inteligencia Militar, mayor Roberto D'Aubuisson. Ese "asesino patológico" (así lo definió el ex Embajador norteamericano en El Salvador, Robert White) había cursado instrucción militar en la Academia Internacional de Policía de Washington y en la Escuela de las Américas. También recibió instrucción antiguerrillera en Carolina del Norte, los Estados Unidos, Taiwán y Uruguay.

En consecuencia, la represión desatada después de ese "cuartelazo" obligó a los principales dirigentes de la oposición a buscar asilo político y cobró la vida de cientos de salvadoreños, incluidos decenas de dirigentes e integrantes del Bloque Popular Revolucionario —para entonces la organización política de masas más importante del país— y de varios sacerdotes —entre ellos, el carismático Rutilio Grande— que habían sido acusados por el régimen militar precedente de "colaborar con los grupos guerrilleros de izquierda".[8] No obstante, la administración demócrata mantuvo sus relaciones con el gobierno del general Romero y comenzó a conspirar exitosamente para fracturar a la UNO.

Como resultado de tales componendas, la derecha de la Democracia Cristiana salvadoreña (encabezada por Napoleón Duarte, quien, desde 1972, estaba asilado en Venezuela) comenzó a negociar entre bastidores con el general Romero, con vistas a "liberalizar el régimen". A tal fin, también viajaron a San Salvador el subsecretario de Estado para asuntos interamericanos, Viron Vaky, y el Jefe de Planificación e Inteligencia del

Departamento de Estado, William Bowlder; al par que —como veremos después— la diplomacia política y militar estadounidense (incluidas sus "agencias especiales") comenzaron a preparar las condiciones para producir un nuevo golpe de Estado dirigido a minar el auge de las luchas populares y revolucionarias que se venía produciendo en El Salvador.[9]

Una lógica parecida siguió Carter respecto a Nicaragua. Ante el creciente avance de las luchas contra la sangrienta dictadura de *Tachito* Somoza (1967-1979), la Casa Blanca comenzó a maniobrar con los representantes políticos de la burguesía nicaragüense para establecer lo que llegó a conocerse como un "somocismo sin Somoza"; o sea, una salida política que mantuviera inalterable el esquema de dominación oligárquico-imperialista instaurado sobre ese país, desde 1936.[10] Tales maniobras se aceleraron después del asesinato de la principal figura de la llamada "oposición burguesa", el editor del diario *La Prensa,* Pedro Joaquín Chamorro (10 de enero de 1978); pero, sobre todo, luego de la fallida insurrección popular de septiembre de 1978 y de la exitosa ocupación del Palacio Nacional por parte de un comando del FSLN. A cambio de la desocupación del edificio y de la liberación de los rehenes, Somoza tuvo que poner en libertad a 58 dirigentes sandinistas.

A pesar de la transitoria derrota de la insurrección popular antes referida, para la Casa Blanca se hizo evidente la indiscutible hegemonía que había adquirido el FSLN en las multiformes luchas sociales y políticas contra la dinastía somocista. De ahí que el presidente Carter enviara a Managua a William Bowlder para negociar con Somoza y con el heterogéneo Frente Amplio de Oposición (del cual estaba excluido el FSLN) la renuncia del tirano y la formación de un gobierno provisional encabezado por una coalición integrada por "antisomocistas moderados", hombres de negocios, profesionales y dirigentes de los partidos tradicionales del país.[11] Ante el fracaso de esa maniobra, el mandatario estadounidense impulsó la formación de una "comisión mediadora" compuesta por representantes de los Estados Unidos y de sus gobiernos subalternos de Guatemala y República Dominicana. Y, como esas gestiones tampoco prosperaron, de manera sibilina —a través de su nuevo Embajador en Managua, Lawrence Pezullo— mantuvo su respaldo político y militar a los asesinos de 100 000 nicaragüenses.[12]

Sin embargo, tal respaldo no pudo contener las constantes victorias político-militares del FSLN; entre ellas, la formación, bajo su hegemonía política, de la denominada Junta de Reconstrucción Nacional (integrada por la mayor parte de los sectores opuestos a la dictadura), la consolidación de diversos frente de combate (incluido el llamado Frente Sur ubicado en la frontera entre Nicaragua y Costa Rica), así como su creciente reconocimiento por parte de diferentes gobiernos del mundo y, en particular, de América Latina y el Caribe. Entre ellos, los de México, Venezuela, Panamá y Costa Rica. Estos últimos —al igual que el gobierno cubano y otras fuerzas revolucionarias latinoamericanas— contribuyeron de diferentes maneras (incluso, mediante la ayuda diplomática y militar) a la consolidación del Frente Sur del FSLN y a la derrota, en julio de 1979, de la dinastía somocista.

Esa actitud contemporizadora de la administración Carter frente a los gobiernos genocidas de El Salvador y Nicaragua se extendió, poco a poco, a las brutales dictaduras militares que entonces existían en Argentina, Brasil, Bolivia, Chile, Uruguay, Paraguay, Guatemala, Honduras y Haití. Sobre todo después que, en mayo de 1977 —haciendo gala de un renacido "nacionalismo de derecha"—, la mayor parte de esas dictaduras decidieron romper sus correspondientes tratados militares con los Estados Unidos. Ante esa inesperada actitud, la Casa Blanca, junto al Departamento de Estado y a otras agencias del gobierno norteamericano, comenzaron a maniobrar con el propósito de evitar el deterioro de sus relaciones con tales gobiernos. También para lograr la concertación de los sectores más conservadores de la oposición civil, más o menos permitida, con los "segmentos democráticos" de las fuerzas armadas. Esa mancuerna tenía el propósito de instaurar en todo el continente las "democracias limitadas, tuteladas o restringidas" que fueron recomendadas por la Comisión Trilateral; tanto a modo de antídoto frente al radicalismo de las luchas populares, como frente a lo que el politólogo norteamericano, Samuel Huntington, denominó: "los peligros del exceso de democracia".[13]

Conforme a esa política, el Pentágono mantuvo sus "relaciones incestuosas" con las fuerzas armadas de la región; las transnacionales norteamericanas acrecentaron sus jugosas inversiones en la mayor parte de los países del Cono Sur; la banca transnacional —apoyada por el FMI y el

BM— continuó transfiriéndoles abultados créditos a esas dictaduras militares (algunos de ellos destinados a la compra de nuevos armamentos al *complejo militar-industrial* estadounidense o de otros países del Primer Mundo) y ciertos aliados norteamericanos (como Israel) comenzaron a suministrarles armamentos y asesores a las fuerzas armadas de algunos de dichos países. Asimismo, la Casa Blanca —siguiendo los pasos de todas las administraciones demócratas precedentes— mantuvo su tolerancia frente a esas dictaduras, al igual que frente a las "democracias represivas" instauradas en República Dominicana y en Colombia.

Como venía ocurriendo desde la "Época del Buen Vecino", tal conducta se argumentó sobre la base de la falacia relativa a que "la promoción de los derechos humanos" y de "las libertades democráticas" debía realizarse respetando la supuesta soberanía y la "autodeterminación" de los pueblos sometidos a esas brutales formas de dominación. A pesar de las demandas de algunos gobiernos latinoamericanos y caribeños, la administración Carter también dejó establecido que, en su concepto, la defensa de los derechos civiles y políticos, así como de las "libertades fundamentales" (los mal llamados "derechos humanos de primera generación") no incluían, necesariamente, la promoción y satisfacción de los derechos económicos, sociales y culturales, ni el derecho al desarrollo y a la genuina autodeterminación de los pueblos de América Latina y el Caribe.

A la inversa, en correspondencia con las recetas neoliberales de la llamada Escuela de Chicago, refrendó el criterio según el cual la satisfacción de esos derechos "colectivos" debía subordinarse, ante todo, a la solución de los "problemas macroeconómicos" (inflación, déficit fiscal, desequilibrio en la cuenta corriente de la balanza de pago, etc.) que, a fines de la década de 1970 y comienzos de la de 1980, ya comenzaban a adquirir expresiones críticas en buena parte de los países del continente.

Tales tendencias se pusieron claramente de manifiesto en la Conferencia Interamericana de Derechos Humanos que, convocada por la OEA, se efectuó, en junio de 1977, en Saint George, Granada. En ella, además de adoptar una actitud ambivalente respecto a la "dictadura constitucional" del anfitrión (Eric Gairy), el secretario de Estado, Cyrus Vance, aceptó las presiones de las dictaduras militares latinoamericanas para evitar que esa reunión produjera una fuerte condena a la violación de los derechos humanos en Chile y en Argentina. Asimismo, se negó a discutir los problemas vinculados con la reforma de la OEA y el TIAR (ya referidos). Además, amenazó con reducir la contribución norteamericana para el funcionamiento de la OEA; en especial, de aquellas comisiones vinculadas con los problemas económicos y sociales de la región.

Debido a lo anterior, los gobiernos más progresistas de América Latina y el Caribe sólo pudieron lograr que el representante de los Estados Unidos reiterara su compromiso de lograr la aprobación, por parte del Congreso norteamericano, de los Tratados Torrijos-Carter, y que se comprometiera a ratificar la Convención Interamericana de los Derechos Humanos, elaborada desde 1969.[14] No obstante sus limitaciones (sólo se refiere a las llamadas "libertades fundamentales"), para disgusto de las dictaduras militares, ese instrumento jurídico y, sobre todo, la acción posterior de la Corte Interamericana de Derechos Humanos (fundada en 1979) comenzaron a ser utilizadas como una instancia supranacional de denuncia a las masivas y flagrantes violaciones a tales derechos, que se cometían (y todavía se cometen) en diversos países latinoamericanos y caribeños.[15]

La ratificación de la convención antes mencionada finalmente se produjo previo a la Asamblea General de la OEA, efectuada en Washington en julio de 1978. Sin embargo, en ese cónclave se puso de manifiesto que la Casa Blanca estaba abandonando los principales asuntos económico-comerciales vinculados a la "seguridad económica colectiva" defendida —desde la elaboración del Consenso de Viña del Mar de 1969— por algunos gobiernos de América Latina y el Caribe. Mucho más porque los delegados estadounidenses se negaron a modificar los altos aranceles proteccionistas que, a fines de 1977, se habían impuesto a las importaciones azucareras de los Estados Unidos. Y porque ya para esa fecha —dadas las resistencias oficiales norteamericanas y de otras potencias imperialistas del mundo— comenzaba a ser ostensible el total fracaso de las negociaciones que se desarrollaban en el contexto del llamado "Diálogo Norte-Sur". Estas iniciaron su declive a fines de 1978.

Tales mutaciones en su estrategia también se expresaron en la ratificación, por parte de James Carter, de la política de "aliados privilegiados" desarrollada por las administraciones republicanas precedentes. Así, en marzo de 1978, el mandatario demócrata visitó Brasil y Venezuela. Al igual que ya venía haciendo con el entonces Presidente de México, Miguel de la Madrid (1976-1982), en este último país intentó infructuosamente convertir al gobierno venezolano en uno de los pivotes de la política centroamericana y caribeña de su administración. Para ello trató de limar las asperezas con el presidente Carlos Andrés Pérez y, sobre todo, de obtener garantías de que este ampliaría sus suministros de petróleo a los Estados Unidos Del mismo modo, lo instó a que desconociera los volúmenes de exportación y los precios del crudo acordados por la OPEP en los años precedentes.

Según la visión de los círculos de poder norteamericanos, tal demanda se hacía más necesaria por la inestabilidad política del Medio Oriente y por las dificultades que confrontaba su "control" sobre las inmensas reservas petrolíferas del Golfo Arábigo-Pérsico: zonas del mundo entonces sacudidas por la agudización del llamado "conflicto árabe-israelí", por las incesantes luchas del pueblo palestino contra el sionismo y por la crisis política que, un año más tarde, conduciría al derrocamiento de la pro imperialista y militarizada monarquía, reinstaurada en Irán, con el apoyo de los imperialismos anglosajones, desde 1953.

En el caso de Brasil, el objetivo del viaje del presidente Carter fue restablecer la armonía de las relaciones de los Estados Unidos con la dictadura militar que continuaba gobernando en ese país. Además de otros propósitos de la política exterior norteamericana, ello era percibido como imprescindible por la enorme importancia que tienen los inmensos recursos naturales del llamado "gigante de los trópicos" para la economía estadounidense. También, para llevar a término los recurrentes planes del Pentágono dirigidos a formalizar la Alianza del Atlántico Sur (OTAS). En la opinión de sus artífices, la formación de la OTAS —junto al fortalecimiento de la OTAN— le hubiera permitido a la potencia hegemónica en el hemisferio occidental el control total de esa importante vía marítima. También facilitaría el desarrollo de la estrategia africana de los Estados Unidos. Como se recordará, en el decenio de 1970, esa potencia perseguía garantizar sus intereses estratégicos en el Cono Sur del mal llamado "Continente negro". Esto, mediante el fortalecimiento de su alianza con el gobierno racista de Sudáfrica y a través de la desestabilización de los gobiernos progresistas y nacionalistas instaurados —desde 1974— en las antiguas colonias portuguesas (Angola, Mozambique, Guinea Bissau) en esa zona del mundo.

El distanciamiento de Brasil de esa estrategia, su rechazo a la formación de la OTAS, al igual que a las prédicas de la administración Carter en lo referido a la "promoción de los derechos humanos", llevaron a la Casa Blanca a "suavizar" progresivamente sus relaciones con las dictaduras militares de Uruguay, Chile y Argentina. La primera se había declarado partidaria de la fundación de la OTAS, mientras que las dos últimas —a pesar de sus conflictos limítrofes y de sus discrepancias coyunturales con los círculos gubernamentales de los Estados Unidos— continuaban colaborando con la marina de guerra norteamericana mediante el Comando de la Zona Marítima del Atlántico Sur (COMAS). Este, desde 1966, coordina las actividades de las marinas de guerra de Argentina, Brasil y Uruguay. Sobre la base del TIAR, ellas adquirieron responsabilidades en el control militar de los estrechos de Magallanes, Beagle y Drake por donde transitan entre los océanos Atlántico y Pacífico todos aquellos barcos de gran tonelaje —incluidos los militares— que no pueden hacerlo a través del Canal de Panamá. Como ya vimos, al menos desde fines del siglo XIX, el control de ambas vías interoceánicas siempre ha sido un interés geoestratégico del "poder naval" de los Estados Unidos.[16]

De ahí —y de su intento por sumar a la Argentina al bloqueo de ventas de cereales que en 1978 le impuso a la URSS, después de la intervención militar de esa potencia en los conflictos internos de Afganistán—, todos los esfuerzos realizados por la administración Carter para "descongelar" sus relaciones con la sanguinaria dictadura militar que gobernaba dicho país. Entre ellos, los viajes realizados a Buenos Aires por los enviados especiales de Carter: el subsecretario de Estado, Terence Todman, y el general Andrew Goospaster. El primero visitó la capital argentina en 1979 y el segundo a comienzos de 1980.

Según se denunció, con tales visitas Carter pretendía reiniciar "las sistemáticas consultas" entre los Estados Unidos y la Junta Militar instaurada en 1976; pero momentáneamente ello no se logró, debido al enorme interés de la oligarquía agroexportadora de ese país austral en mantener su comercio con la URSS, así como por el rechazo de las autoridades militares argentinas a emprender el gradual retorno a la "democracia restringida" que por entonces estaba impulsando la Casa Blanca. En ese contexto, es imprescindible recordar que —según se ha documentado— los más brutales crímenes de ese engendro militar se cometieron, precisamente, entre 1976 y 1980;[17] o sea, en los años en que gobernaba en los Estados Unidos, James Carter. En tal período, los asesinatos a sangre fría, las desapariciones, los más sádicos suplicios contra los detenidos-desaparecidos y el secuestro de niños nacidos en cautiverio tuvieron sus más aberrantes manifestaciones, bajo la mirada cómplice de la Embajada norteamericana en Buenos Aires, del Pentágono, de la Marina de guerra norteamericana y de la CIA.

Hay que significar que —al igual que habían venido haciendo desde los lustros precedentes los asesores militares y policiales norteamericanos y brasileños— tales métodos del "terror contrarrevolucionario" fueron "exportados" por la Junta Militar argentina hacia otros países latino-americanos. Esa política incluyó su ayuda "técnica" y financiera a las dictaduras militares de El Salvador, Nicaragua, Honduras y Guatemala, al igual que a los sectores más reaccionarios de las fuerzas armadas bolivianas. Estos —luego de un convulso e intermitente proceso político-electoral dirigido a sustituir a la antipopular y ya carcomida dictadura de Hugo Banzer, así como de tres sucesivos "pronunciamientos militares"— instauraron, entre 1980 y 1982, la cruenta dictadura del general Luis García Meza; justamente calificado como "un fascista apoyado por los traficantes de drogas".[18]

Pese a la oposición oficial norteamericana, esa "narcodictadura" contó con el asesoramiento, el financiamiento y el decidido respaldo de las fuerzas armadas argentinas y, en especial, del general-presidente Rafael Videla. De más está decir que nada de eso se hubiera podido realizar sin la connivencia o el silencio cómplice de los servicios "especiales" estadounidenses. Lo anterior —y la nueva presencia adquirida en Bolivia por Klaus Barbie (fundador del terrible grupo paramilitar "Las novias de la muerte")— explican los brutales métodos represivos utilizados inmediatamente después del golpe de Estado de García Meza. Estos se expresaron en nuevas masacres de trabajadores mineros (como fue la "matanza de Caracoles" con un saldo de más de 100 muertos) y en el asesinato a mansalva de los dirigentes y militantes de las fuerzas políticas opositoras. Entre ellos, varios dirigentes del Movimiento de Izquierda Revolucionaria, así como del prominente ex ministro del gobierno del general Juan José Torres y destacado líder antimperialista, Marcelo Quiroga Santa Cruz.[19] Fue tal la "cientificidad" de la represión que algunos analistas la consideraron impropia de "unas fuerzas armadas rudimentarias" como las de Bolivia.[20]

En cualquier caso, lo cierto fue que durante los dos años que perduró, esa dictadura mantuvo estrechos contactos con "la mafia internacional de la cocaína", a través del propio Presidente y de su tristemente célebre Ministro de Gobierno, coronel Luis Arce Gómez: primo del poderoso y afamado narcotraficante boliviano Roberto Suárez. Con los voluminosos recursos provenientes de ese criminal negocio (estimados en 1 600 millones de dólares al año) se lubricó toda la maquinaria destinada a la represión del pueblo boliviano. A tal grado que —según se ha podido establecer— altas figuras del gobierno de García Meza estuvieron involucradas directamente en el tráfico de la llamada "diosa blanca".[21] Del mismo modo que, sus mentores dentro del alto mando militar argentino —en particular, el sádico integrante de la Junta Militar y jefe de la Marina de Guerra, almirante Emilio Massera— se vincularon con el tráfico de armas hacia diversos países de América Latina (en particular hacia Argentina y Chile) a través de los directivos y representantes en Buenos Aires de la empresa transnacional alemana Thyssen Norewerkee GmB especializada, desde la época del nazifascismo, en la producción de diferentes naves de guerra .[22]

De más está decir que esas oscuras transacciones se desarrollaron bajo la indolente mirada del gobierno socialcristiano instaurado en la República Federal de Alemania y de la Casa Blanca. Aunque, en el caso de Bolivia, esta última aplicó diversas "sanciones económicas" a la "narcodictadura", no siempre ocurrió lo mismo con otros gobiernos militares latinoamericanos. Mucho menos, con los autoritarios y represivos gobiernos civiles que ya existían (como el de la República Dominicana) o con los que, nuevamente, comenzaron a proliferar en la región.

Así ocurrió en Colombia. En ese país, el gobierno del liberal derechista Julio Cesar Turbay Ayala (1978-1982) desató una violenta represión contra el extendido descontento popular que se había producido a causa de la profundización de la crisis económica y social que venía afectando a esa nación suramericana, del creciente descrédito de las corruptas instituciones surgidas al amparo de los sucesivos gobiernos de los dos partidos (Liberal y Conservador) integrantes hasta 1974 del antidemocrático Frente Nacional,[23] así como de la reactivación de las acciones armadas desarrolladas por las tradicionales organizaciones guerrilleras colombianas (FARC, ELN y EPL) y por el M-19. Expresión de esa efervescencia popular fue el paro cívico nacional que se realizó en el año 1977. En este desempeñaron un importante papel los sindicatos vinculados a la Central Única de Trabajadores colombianos, políticamente influida por el Partido Comunista.

Fue tal la resonancia de esa protesta que, en diciembre de 1977, la cúpula militar emitió una declaración de cuatro puntos en la que le exigió al gobierno de Alfonso López Michelsen (1974-1978) endurecer sus posiciones frente "a la subversión y a la inseguridad interna".[24] De ahí que, en cuanto llegó al gobierno, Turbay —respaldado por su reaccionario ministro de Defensa, el general Luis Carlos Camacho Leyva— emprendió uno de los tantos ciclos de violencia reaccionaria que —como hemos visto en los capítulos anteriores— han caracterizado la historia colombiana. Ese ciclo de violencia se expandió después que, en enero de 1979, un comando del M-19 sustrajo más de 5 000 armas de un almacén de las fuerzas armadas.

En respuesta, el dúo Turbay-Camacho Leyva fortaleció el recurrente Estado de Sitio con que se ha gobernado ese país y habilitó los contenidos del llamado Estatuto de Seguridad decretado en los primeros meses de su gobierno. Este —inspirado en las doctrinas de la "seguridad imperial" de factura norteamericana— había creado nuevas figuras delictivas y había extendido el concepto de "asociaciones para delinquir" con el objetivo de criminalizar las protestas social y política. También había prohibido las concentraciones públicas y establecido una férrea censura de información y de prensa.[25] Se generalizaron así, otra vez, en nombre de la "ley y el orden", nuevas violaciones de los derechos humanos.

A causa de lo anterior, se incrementó exponencialmente el número de presos políticos; se institucionalizó la tortura; y reapareció la sádica acción de diversos grupos paramilitares amamantados por la oligarquía terrateniente, así como por los mandos de las fuerzas militares y policiales. También comenzaron a producirse nuevas desapariciones forzadas de ciudadanos colombianos. Según el afamado jurista colombiano (posteriormente asesinado), Eduardo Umaña Luna, lo que diferenciaba (y todavía diferencia) la práctica "colombiana" de la que aplicaron las dictaduras militares latinoamericanas, fue que en Colombia las "detenciones ilegales o el secuestro" tenían (y tienen) una corta duración. En la mayor parte de los casos, "el cuerpo de la víctima [aparecía] pocas horas o días después, invariablemente torturado, a veces mutilado"; lo que "técnicamente", disminuye las cifras de los desaparecidos.[26] De modo que, los guarismos que se verán encubren los miles de asesinatos políticos que —como hemos visto y veremos después— constantemente se cometen en ese país suramericano.

CUADRO 7

Las desapariciones en Colombia (1978-1996)

Años	Desaparecidos
1978	23
1979	4
1980	101
1981	N/d
1982	130
1983	109
1984	122
1985	82
1986	191

1987	109
1988	210
1989	137
1990	217
1991	180
1992	181
1993	144
1994	147
1995	85
1996	134

FUENTE: Eduardo Umaña Luna: ob. cit., p. 7.

Como se observa en el Cuadro 7, en 1980, la espiral represiva fue de tal magnitud que —luego que un comando del M-19 ocupara la Embajada de la República Dominicana en Bogotá (febrero-abril de 1980)— la conocida institución Amnistía Internacional emitió un informe donde condenaba duramente al gobierno colombiano. Y, a comienzos de 1981, el ahora Premio Nobel de Literatura, Gabriel García Márquez, tuvo que abandonar su país, luego de realizar una resonante denuncia contra la antipopular y draconiana política desplegada por el antes mencionado "gobierno liberal". Pese a todo ello, las relaciones de la administración Carter con este mandatario colombiano fueron tan estrechas que, en 1981, en el contexto de la campaña electoral, un funcionario del Departamento de Estado declaró en forma impúdica que cualquiera que fuera el próximo Presidente de Colombia, las relaciones entre los Estados Unidos y ese país "sólo podían deteriorarse, ya que sería imposible mantener el grado de cooperación logrado durante el gobierno de Turbay".[27]

LA MILITARIZACIÓN DE LA CUENCA DEL CARIBE

En la afirmación del funcionario estadounidense antes del mencionado tuvo mucho que ver la actitud anticubana y antisandinista adoptada por ese mandatario colombiano, quien rompió las relaciones diplomáticas con Cuba. Esa postura confluyó con el giro hacia la derecha que, en forma progresiva, fue adoptando la política exterior del gobierno de James Carter. En lo que se refiere a América Latina y el Caribe, esa voltereta se volvió más evidente después de las sucesivas victorias de la Revolución granadina y de la Revolución sandinista del 13 de marzo y el 19 de julio de 1979, respectivamente. Estos hechos —al igual que la consolidación de las posiciones internacionales de la Revolución cubana— contribuyeron a develar la esencia contrainsurgente, geopolítica y geoestratégica de los tan cacareados "nuevos enfoques" del presidente Carter hacia la denominada Cuenca del Caribe.

En el caso de Nicaragua, además de los elementos ya revisados, ese viraje reaccionario se expresó en las maniobras del mandatario demócrata para que quedaran totalmente impunes las decenas de miles de crímenes cometidos por la Guardia Nacional y por la dinastía somocista.[28] Según denunció el ya desaparecido escritor panameño José de Jesús Martínez, mientras el general Omar Torrijos, por encargo del FSLN, negociaba en Washington la mejor manera de concluir la cruenta guerra civil que se desarrollaba en Nicaragua, desde el Comando Sur (radicado en Panamá) —y con conocimiento de la Casa Blanca— se le continuaron suministrando a Somoza todos los recursos militares necesarios para contener o derrotar la potente insurrección popular que había estallado nuevamente en junio de 1979. También el Comando Sur implicó sus fuerzas helitransportadas para tratar de impedir el apoyo militar que, a través de Costa Rica, estaba recibiendo el Frente Sur del FSLN. Sólo la movilización de las fuerzas populares y de la opinión pública costarricense lo obligó a retirar los medios militares que habían destinado a ese fin. De ahí que puede afirmarse que —a pesar de sus prédicas "moralistas"— James Carter tuvo una gran responsabilidad en los 40 000 muertos que le costó al pueblo nicaragüense una de las más recientes etapas de la lucha por conquistar su libertad.[29]

Merece la pena consignar que, a pesar de esas negociaciones indirectas con el FSLN, como había hecho en 1965 el Presidente demócrata Lyndon Johnson en República Dominicana, el Departamento de Estado —respaldado por las dictaduras de Guatemala, Honduras y El Salvador— propuso la formación de una Fuerza Interamericana de Paz para intervenir en Nicaragua. Tal propuesta fue presentada en la Reunión de Consulta de Ministros de Relaciones Exteriores de la OEA, convocada de manera urgente por el gobierno de Washington en junio de 1979. Sin embargo —a diferencia de 1965— la absoluta mayoría de los gobiernos latinoamericanos y caribeños se opusieron a esa iniciativa. Más aún, con la sola oposición de Nicaragua y Paraguay, así como con la abstención de las dictaduras de El Salvador, Guatemala, Honduras y Chile, aprobaron una resolución (a la cual finalmente se sumó el representante de los Estados Unidos) que condenaba al régimen somocista y demandaba la "instalación de un gobierno democrático que [incluyera] representantes de los mayores grupos de oposición y [reflejara] la libre voluntad del pueblo nicaragüense".[30] Incluso, para deslindar su posición respecto a la de los Estados Unidos, algunos gobiernos latinoamericanos y caribeños rompieron sus relaciones diplomáticas con el régimen de Somoza.[31]

Tales decisiones, pero sobre todo la continuidad de insurrección popular y los constantes éxitos militares de las diversas columnas del FSLN, precipitaron la renuncia de *Tachito* Somoza; quien, el 19 de julio de 1979, huyó de Nicaragua para refugiarse en Miami, antes de emprender el viaje que lo llevó a Paraguay, donde fue ajusticiado por un comando armado unos meses después. En consecuencia, luego de una breve e infructuosa maniobra dirigida a instalar un gobierno provisional pro somocista presidido por Francisco Urcuyo (sólo duró 43 horas), el 20 de julio, rodeado de un desbordante entusiasmo popular, se instaló en Managua la Junta de Reconstrucción Nacional. En esta, a pesar de su heterogénea composición sociopolítica, tenía una indiscutible influencia política y militar el FSLN.

En consecuencia, el Presidente provisional de esa Junta, Alfonso Robelo (1979-1980), anunció la nacionalización de la banca (controlada por Somoza); el respeto a la propiedad y a la iniciativa privada dentro de un sistema de economía mixta; el inicio de la reforma agraria con la

expropiación, en primera instancia, de los grandes latifundios pertenecientes a la familia Somoza; la renegociación de la deuda externa, con
excepción de la contraída por el régimen para comprarle material bélico a
Israel y Argentina; y el desarrollo (con ayuda internacional) de un
multimillonario plan de reconstrucción de las unidades de producción (y la
infraestructura) dañadas durante la guerra civil.[32]

Se dieron así los primeros pasos para edificar el sistema de pluralismo
político, economía mixta y no alineamiento en el conflicto Este-Oeste que
caracterizó la experiencia de la Revolución sandinista.[33] No obstante esos
amplios enunciados, los círculos de poder norteamericanos —incluida la
Casa Blanca—, y sus más estrechos aliados en el continente, pronto
comenzaron a conspirar contra los hechos revolucionarios nicaragüenses,
al igual que contra la naciente revolución que se desarrollaba en la pequeña
isla de Granada. Esto último, a pesar de que el Movimiento de la Nueva Joya
—y su líder Maurice Bishop— había marcado, al menos en el corto plazo,
los límites y las proyecciones de su proyecto de transformación interna y de
su política exterior al solicitar —junto al FSLN— su ingreso a la reformista
y escasamente antimperialista Internacional Socialista. Esta organización,
a partir de 1976, y bajo la presidencia del ex canciller alemán, Willy Brand,
había abierto sus puertas hacia el Tercer Mundo y, en especial, hacia "los
partidos populares, socialdemócratas o socialistas" de América Latina y el
Caribe.[34]

Sin embargo, fue tal la animosidad de la administración Carter frente a
los procesos populares antes referidos, que la Asamblea General de la OEA
(efectuada en La Paz, Bolivia, en octubre de 1979) se vio obligada a rechazar
las acciones estadounidenses dirigidas a incrementar su presencia militar
en la Cuenca del Caribe. A propuesta de seis países de esa región
—encabezados por el gobierno de Jamaica— se aprobó una resolución
demandando la transformación del Caribe en "una zona de paz". En
correspondencia con los principios del pluralismo político-ideológico que
esos gobiernos continuaban defendiendo, también demandaron el retorno
de Cuba a la organización regional. Como todavía ocurre, el veto de la
potencia hegemónica en el hemisferio occidental impidió, otra vez, que el
asunto fuera discutido en toda su profundidad.

Todas esas proposiciones de los Estados caribeños fueron dirigidas a neutralizar el despliegue de fuerzas militares realizado por los Estados Unidos, tomando como pretexto el supuesto refuerzo de la presencia militar soviética en la mayor de las Antillas. Ante esa "minicrisis" —y después de la exitosa celebración en La Habana de la Sexta Conferencia Cumbre del Movimiento de Países No Alineados (septiembre de 1979)— el Pentágono organizó diversas maniobras militares en la región. Las más provocativas se efectuaron, en octubre del propio año, en la Base Naval ilegalmente enclavada en una parte de la Bahía de Guantánamo. Hacia ese enclave se movilizaron 1 800 *marines* (adicionales a los habitualmente dislocados en esta) "para reforzar la presencia norteamericana en el Caribe".[35] Después le siguieron las maniobras Black-Fury-3 en las cercanías del Canal de Panamá, los ejercicios Readiness-80 efectuados en su "colonia militar" de Puerto Rico y las maniobras Solid Shiled-80 ejecutadas a los largo y ancho del Mar Caribe y del Golfo de México, entre enero y mayo de 1980.

Según el entonces secretario de Defensa de la administración de James Carter, Harold Brown, todos esos despliegues militares iban dirigidos a "demostrar que la zona del Mar Caribe es históricamente una esfera de preocupación de los Estados Unidos". Para ratificar esa afirmación, se activó The Caribbean Joint Task Force, que venía funcionando dentro del Consejo Nacional de Seguridad de los Estados Unidos desde 1977; y se creó en Key West, Florida, un Comando Militar permanente donde se dislocaron las entonces recién formadas Unidades de Despliegue Rápido del Ejército norteamericano. Esa decisión fue dirigida —al decir del propio presidente Carter— "a defender los intereses de los Estados Unidos en la región" y a "satisfacer las solicitudes de ayuda por parte de sus aliados y amigos".[36]

Siguiendo la lógica de la tradicional estrategia norteamericana hacia la región, entre esos "aliados y amigos", se incluyó, en primer lugar, a la sanguinaria dinastía de los Duvalier (dispuesta a instalar en Haití nuevas bases militares estadounidenses) y al también represivo gobierno del "socialdemócrata" Silvestre Antonio Fernández Guzmán (1978-1982) en la República Dominicana. Este último —con el apoyo del Partido Revolucionario Dominicano (PRD)— había logrado acceder al gobierno gracias a una nueva "intervención democrática" de los Estados Unidos frente a los intentos de los seguidores del presidente Joaquín Balaguer de apropiarse, mediante un golpe de Estado (mayo de 1978), de los resultados de los comicios presidenciales del propio año.[37]

Por ende, no resultó casual que, durante el mandato de Fernández Guzmán, visitaran ese país al menos seis altos oficiales de las fuerzas armadas norteamericanas; entre ellos, el mayor general Robert L. Schweitzer, director de Estrategia, Planes y Políticas del Ejército; el entonces Jefe del Comando Sur, teniente general Wallace Nutting, y el jefe de la Fuerza Aérea de ese comando, entonces radicado en Panamá, general James Walters.[38] Tampoco resultó casual que, tan pronto comenzaron a producirse las primeras manifestaciones de descontento popular frente al incumplimiento de sus promesas electorales (por ejemplo, la huelga del magisterio y de los obreros telefónicos), el mandatario dominicano —con el silencio cómplice de la Casa Blanca— acudiera a diversas medidas represivas; entre ellas, "no menos de 12 asesinatos políticos, con igual número de heridos de bala".[39] Y la práctica sistemática de las torturas de los detenidos por parte de los órganos represivos del Estado.[40]

A las gestiones político-militares que venía desarrollando la administración Carter en el Caribe, hay que agregar el respaldo del Pentágono a la iniciativa del derechista gobierno barbadense de Tom Adams (1976-1986). Esta estaba dirigida a conformar un Sistema de Servicios Conjuntos de las guardias costeras, las magistraturas y los cuerpos policiales de Antigua, Barbados, San Kitts y Nevis, Santa Lucía y San Vicente. Aunque esa propuesta rompía los consensos básicos que entonces existían entre las naciones integrantes de la CARICOM, fue inmediatamente aupada por el Estado Mayor del Ejército norteamericano, con el argumento de que esa fuerza podría contribuir a "enfrentar la agresión cubana y soviética en esa parte del hemisferio occidental".[41] Pese a que tal intento de convertir a Barbados en el "Irán del Caribe" (en referencia a la militarizada y pro imperialista monarquía instaurada en ese país hasta 1979) de inmediato no fructificó, sin dudas, sentó las bases para el agudo proceso de militarización y el consiguiente deterioro del disfrute de los derechos humanos y las libertades democráticas que sufrieron las pequeñas islas del Caribe a lo largo de la década de 1980 (ver Cuadro 8).[42]

CUADRO 8

Asistencia militar estadounidense en la cuenca del caribe (1980-1989)
(En miles de dólares)

Año	Caribe	Centroamérica	Total anual
1980	397	5 715	6 112
1981	608	40 868	41 476
1982	4 257	77 579	81 836
1983	8 220	98 808	107 028
1984	14 116	161 596	175 712
1985	21 178	254 592	275 770
1986	24 261	243 250	267 511
1987	15 027	222 022	237 049
1988	6 979	160 016	166 995
1989	17 300	129 035	146 335
Total	112 343	1 393 481	1 505 824

FUENTE: Confeccionada por el autor sobre la base de la información que aparece en ILSA: *Globalización, integración y derechos humanos en el Caribe*, Santa Fe de Bogotá, Colombia, 1995, p. 127.

En el ínterin, la administración demócrata —olvidándose de la retórica del "nuevo tipo de relaciones con la Cuenca del Caribe" y apoyado en las presiones del FMI y de otras instituciones financieras internacionales— emprendió distintas maniobras dirigidas a desestabilizar económica, política e incluso militarmente a los gobiernos revolucionarios, populares y nacionalistas, según el caso, de Granada, Guyana y Jamaica. En este último caso, la CIA —aliada con el líder del JLP y candidato presidencial, Edward Seaga, así como con otros sectores de las clases dominantes jamaicanas y con los sicarios de los magnates del juego— desplegó un cruento y exitoso plan dirigido a garantizar la derrota electoral de Michael Manley en las comicios parlamentarios de 1980. Las presiones económicas contra ese mandatario (conducidas por el FMI), así como la violencia desplegada inmediatamente antes y durante tales elecciones fue de tal magnitud (perdieron la vida más de 600 personas; entre ellos el viceministro de Seguridad Nacional, quien fue asesinado) que algunos analistas califican esos acontecimientos como un virtual "golpe de Estado".[43]

De manera convergente con esos acontecimientos, la Casa Blanca impulsó a los gobiernos conservadores de Trinidad y Tobago y Barbados, así como a los mini-Estados del Caribe Oriental a conformar un bloque político-militar contra la joven Revolución granadina; continuó desplegando una política crecientemente hostil contra la Revolución cubana; y comenzó a conspirar, junto a Holanda, contra el gobierno progresista del sargento Desy Bouterse (1980-1987). Este se había instalado en Surinam en enero de 1980 —o sea, casi cinco años después de su advenimiento a la independencia del colonialismo holandés (1975)— luego de derrotar, mediante una sublevación de militares de bajo rango, al corrupto y antipopular gobierno presidido por el cipayo de los gobiernos de La Haya y de Washington, Johan Ferrier.[44] Para demostrar su distanciamiento de la política estadounidense, Bouterse había establecido relaciones diplomáticas con Cuba.

Paralelamente, en el istmo centroamericano, la Casa Blanca defendió las interpretaciones de la derecha del Congreso norteamericano (las ya mencionadas Enmienda Conchini y la Ley Murphy) sobre los Tratados Torrijos-Carter; continuó hostilizando a la Revolución sandinista; convivió con la sanguinaria dictadura guatemalteca encabezada por el general Romero Lucas García (1978-1982); mantuvo su "respaldo-crítico" a la férrea "narcodictadura" instaurada en Honduras bajo la dirección del general Policarpo Paz García (1978-1981); y aupó la paulatina formación de la reaccionaria Junta Cívico-Militar que se instaló en El Salvador en diciembre de 1980. Esta, gracias a las presiones de los Estados Unidos, finalmente fue presidida por el líder de la derecha de la democracia cristiana salvadoreña, Napoleón Duarte; quien contó con el decidido apoyo del gobierno de Venezuela, encabezado por el también socialcristiano, Luis Herrera Campins. Este, luego de las elecciones presidenciales de 1979, había sustituido al socialdemócrata Carlos Andrés Pérez.[45]

Es importante recordar que a tal situación se llegó en El Salvador después que, en octubre de 1979, la llamada Organización de la Juventud Militar (OJM) sublevó una guarnición de la capital de ese país contra la represiva dictadura de Carlos Humberto Romero. Entonces —como siempre— intervino la Embajada estadounidense para "mediar" entre la guarnición sublevada y el dictador. En consecuencia, el principal responsable del asesinato de más de 2 000 salvadoreños pudo abandonar impunemente el país para refugiarse —como otros dictadores latino-americanos y caribeños— en los Estados Unidos. Se formó entonces una Junta Cívico-Militar integrada por los coroneles Arnoldo Majano y Jaime Abdul Gutiérrez, así como por el representante del Movimiento Revolucionario Popular, Guillermo Ungo, por el Rector de la filial de la Universidad Centroamericana (católica) de San Salvador, Román Mayorga, y por el Presidente de la Cámara de Comercio, Mario Andino, estrechamente vinculado a los intereses del monopolio norteamericano Phelps Dodge.[46]

Como quiera que —gracias a "la intervención diplomática" de los Estados Unidos y a las presiones de los sectores más reaccionarios del alto mando militar salvadoreño— el aparato represivo había quedado total-mente intacto, de inmediato, bajo la dirección del Jefe de la Guardia Nacional, general Eugenio Vides Casanova, se desató una nueva ola de violencia reaccionaria contra las principales organizaciones populares, el movimiento sindical y estudiantil y la población campesina. Al mismo tiempo, la CIA y la misión militar norteamericana en El Salvador comen-zaron a corromper, sobornar o eliminar, según el caso, a los integrantes de la OJM. Luego de varios cambios en su composición (en los que se fueron fortaleciendo los sectores derechistas) y tras la visita de una amplia delegación militar estadounidense al país, el testaferro de los monopolios estadounidenses, Mario Andino —con el apoyo del ministro de Defensa, general José Guillermo García— renunció a la Junta con el pretexto de que las medidas previstas por el gobierno (entre ellas, una tímida reforma agraria) minaban la economía del país.

Ante esa situación —y tomando en cuenta las fortalecidas presiones militares— los sectores más progresistas de la Junta se vieron obligados a renunciar. Y, con el apoyo de la Casa Blanca, en enero de 1980, se formó un nuevo gobierno al que se incorporó, por primera vez, Napoleón Duarte.[47]

Bajo ese gobierno —conducidas por el jefe del SIM, Roberto D'Aubuisson, y por otros sicarios— proliferaron las principales organizaciones para-militares que, en los años siguientes, perpetraron horrendas matanzas en ese pequeño país centroamericano. Sanguinario prólogo de esas masacres fue el alevoso asesinato, el 24 de marzo de 1980, del célebre arzobispo de San Salvador, Monseñor Oscar Arnulfo Romero (quien antes de caer le había solicitado infructuosamente a James Carter la suspensión de la ayuda militar a El Salvador) y el brutal balaceo de las multitudes que, dos días después, acudieron a su sepelio.[48]

Merece la pena recordar que —bajo la mirada cómplice de la Casa Blanca— dos meses después de tales crímenes, la Guardia Nacional ocupó la Universidad Católica de San Salvador y asesinó a 50 estudiantes. Este acto, fue seguido por la brutal represión (con un saldo de 200 muertos y centenares de heridos) de una huelga obrera y por una prolongada ofensiva militar contra la región de Morazán (donde operaba un frente guerrillero) en la que fueron masacrados 3 000 campesinos. Asimismo, por el asesinato del Fiscal general, Mario Zamora (líder de los sectores más progresistas del Partido Demócrata Cristiano) y de varios dirigentes del Frente Democrático Revolucionario, entre ellos su presidente Enrique Álvarez. También por el secuestro, la violación y el asesinato de tres monjas y una misionera norteamericana que venían de realizar un viaje a Nicaragua. Previo a esos hechos, olvidándose de sus conflictos fronterizos, los Ejércitos de Honduras y El Salvador se coaligaron con vistas a desarrollar las denominadas "Operaciones Sándwich". Mediante las mismas fueron asesinados miles de campesinos —entre ellos ancianos, mujeres y niños— que, bajo los ataques simultáneos de Guardia Nacional salvadoreña y de las fuerzas armadas hondureñas intentaban llegar al territorio de ese último país, cruzando los ríos Lempa y Sampul.[49]

Hay que significar que —a pesar de las protestas del Embajador estado-unidense en San Salvador, Robert White (quien le informó al Departamento de Estado los detalles de esos asesinatos, así como la participación en buena parte de estos de Roberto D'Aubuisson), la administración Carter mantuvo su respaldo a Napoleón Duarte. Más aún, después que éste asumió oficialmente la presidencia de la Junta Cívico-Militar. Además, tomando como pretexto la ofensiva militar desplegada por las fuerzas del recién fundado Frente Farabundo Martí para la Liberación Nacional (FMLN), se incrementó la ayuda económica y militar norteamericana a ese país. Esta incluyó el envió de nuevos asesores con la misión de formar otros batallones antiguerrilleros capaces de derrotar a las fuerzas del FMLN.

Como ya indicamos, esa conducta fue similar a la que asumió la Casa Blanca frente a la "narcodictadura" militar instaurada en Honduras. También fue coincidente con la posición adoptada por Carter frente a la política de terror desplegada en Guatemala por el gobierno del general Romero Lucas García (1978-1981). Aunque sería una exageración señalar que el mandatario demócrata respaldó a pie juntilla todos los desmanes que se cometieron en esos años, lo cierto fue que —atendiendo a las tradicionales motivaciones contrainsurgentes de los círculos de poder norteamericanos— Carter no desplegó frente a ese sanguinario gobierno las mismas presiones económicas, políticas, militares y diplomáticas que, a partir de 1979, ya estaba ejerciendo contra Cuba, Nicaragua y Granada, así como contra otros gobiernos progresistas del Caribe. Sobre todo si se tiene en cuenta que, sólo entre 1979 y 1980, el gobierno de Lucas García perpetró más de 3 600 asesinatos políticos.[50]

Al igual que en El Salvador, en ciertas ocasiones, esos crímenes afectaron a algunos sacerdotes de la Iglesia católica, así como a importantes personeros de la oposición "tolerada", cual fue el caso de 120 activistas del Partido Demócrata Cristiano y del líder del Partido Socialdemócrata y aspirante a la presidencia, Alberto Fuentes Morh. Sin embargo, el centro de la represión se dirigió a la destrucción del movimiento popular; en particular, hacia al aniquilamiento de los sindicatos, del movimiento de pobladores y de las organizaciones estudiantiles (entre 1979 y 1980 fueron ultimados 400 estudiantes y profesores universitarios). También, a neutralizar a los movimientos indígena y campesino que habían dado muestras de sus potencias en los últimos años del gobierno del general Kjell Laugerud (1974-1977) y en los dos primeros años de la dictadura de Lucas García. En especial, luego de las masivas protestas indígenas y populares (participaron más de 100 000 personas) contra la famosa masacre de Panzós, Alta Verapaz, donde, en 1978, el Ejército ametralló, a plena luz del día, a una comunidad indígena. Como consecuencia de ese hecho fueron heridos más de 300 campesinos quiché. Otros 100, incluidas 25 mujeres y cinco niños, murieron a causa de esa aberración de las fuerzas represivas.[51]

Siguiendo los objetivos generales de esta obra, hay que resaltar que, entre las causas de esa masacre, se encontraban el valor estratégico de esa zona para "los planes de desarrollo de los militares, de los burócratas y de las empresas petroleras y mineras de los Estados Unidos".[52] Esa mancuerna buscaba desplazar a esas comunidades de sus territorios ancestrales. Lo anterior ayuda a comprender la brutal respuesta que le ofreció la policía, el 31 de enero de 1980, a la ocupación pacífica de la Embajada española en Ciudad Guatemala por parte de un grupo de dirigentes indígenas, entre los que se encontraba el padre de la actual Premio Nobel por la Paz, Rigoberta Menchú.[53] A pesar de los reclamos del Embajador español, fruto del despiadado intento por desalojar esa sede diplomática, fueron literalmente quemadas vivas 38 personas; entre ellas, 21 indígenas del Quiché que pretendían llamar la atención de la opinión pública nacional e internacional contra el despojo de sus tierras por parte de los latifundistas locales y de las susodichas empresas norteamericanas.

Paralelamente, el gobierno de Lucas García, unido a las fuerzas armadas de Honduras y El Salvador, así como con el apoyo de la dictadura militar argentina, empezó a respaldar las bandas contrarrevolucionarias somocistas que comenzaron a organizarse en "los campamentos de refugiados" en el territorio hondureño. Recuperados del impacto de triunfo del FSLN, los ex miembros de la Guardia Nacional —oficiales y clases— que habían huido de la justicia popular integraron la llamada "Legión 15 de septiembre", el autoproclamado Ejército de Liberación Nacional y la denominada "Alianza Democrática Nicaragüense". A pesar de sus pomposos nombres, con el consentimiento del gobierno hondureño y con el descarado apoyo de la Casa Blanca, desde fines de 1980, esas bandas comenzaron a hostigar a las bisoñas fuerzas de guardafronteras de Nicaragua, pero sobre todo a agredir a la población y a diversos objetivos civiles. En el Cuadro 9 se muestra el carácter sistemático que, entre 1981 y 1985, adquirieron esas acciones terroristas, a pesar de las constantes reclamaciones diplomáticas realizadas por el gobierno sandinista a las autoridades hondureñas y estadounidenses.

CUADRO 9

Acciones de la fuerzas contrarrevolucionarias acantonada contra la
población y objetivos civiles nicaragüenses (1981-1985)

Año	Cantidad de acciones de secuestro de civiles	Cantidad de ataques a objetivos civiles
1981	2	5
1982	20	17
1983	40	78
1984	109	147
1985	67	98
(1er. Semestre)		
Totales	232	345

FUENTE: Raúl Vergara Meneses: ob. cit., p. 59.

Huelga decir que inicialmente la administración Carter mantuvo su silencio frente a esos desmanes. Pero, a fines de 1980, para demostrar cual era su posición en el mal llamado "conflicto entre Honduras y Nicaragua", la Casa Blanca le suspendió la ayuda económica al gobierno sandinista. También se hizo de la vista gorda frente a las reiteradas denuncias de las autoridades revolucionarias nicaragüenses con respecto a la implicación norte-americana en el entrenamiento de antiguos oficiales de la Guardia Nacional en la península de Florida. Incluso, a pesar de las pruebas existentes, el Departamento de Justicia de los Estados Unidos desechó la posibilidad de investigar los campos donde estaban recibiendo entrenamiento militar los "refugiados nicaragüenses". Al igual que había ocurrido en el caso de Cuba, esa conducta fue el preludio de la masiva agresión contra la Revolución sandinista que desplegaría en los años posteriores el gobierno de los Estados Unidos.

LA CONFRONTACIÓN REVOLUCIÓN-CONTRARREVOLUCIÓN EN LOS ALBORES DE LA DÉCADA DE 1980

Todos los acontecimientos antes mencionados formaron parte de la aguda confrontación entre la revolución, la reforma, la contrarreforma y la contra-revolución que, en la segunda mitad de la década de 1970 y a lo largo del decenio de 1980, experimentaron, nuevamente, diversas naciones de América Latina y el Caribe. Aunque con tácticas diferentes, y con indepen-dencia de sus avatares posteriores, las victorias populares de Nicaragua y Granada demostraron —tal como había previsto el comandante Ernesto Che Guevara— que la Revolución cubana no había sido una excepción histórica.[54] También demostraron —como indicó, en 1983, el destacado internacionalista cubano, comandante Manuel Piñeiro Losada— que la clave de los éxitos revolucionarios del futuro se encontraba en la adecuada y oportuna combinación de la tríada "la unidad, las masas y las armas en la lucha por el poder político".[55]

Cualquiera que sea el juicio que en las circunstancias actuales motiven esas afirmaciones, lo cierto fue que, bajo el aliento de las tres revoluciones antes mencionadas, y a lo largo del decenio de 1980, una nueva "ola revolu-cionaria" sacudió al continente latinoamericano.[56] Sin dudas, en ella influ-yeron diversos acontecimientos internacionales: el derrumbe de las dictaduras militares en Portugal, España y Grecia; las revoluciones iraní y etíope; el auge de las luchas del pueblo palestino y libanés contra el sionismo; las victorias de las luchas anticoloniales en África y el presunto o real fortalecimiento, según el caso, de la Unión Soviética y la República Popular China. Igualmente otros procesos que marcaron un cambio en la correlación internacional de fuerzas altamente favorable a las luchas por la liberación nacional y social en todo el mundo.

Sin embargo, los factores determinantes de esas asonadas revolucio-narias se encontraban en la más que demostrada incapacidad de las clases dominantes en el hemisferio occidental —incluidas las de los Estados Unidos y Canadá— para solucionar los agudos problemas econó-micos, sociales y políticos que afectaban (y todavía afectan) a las naciones del sur del continente. Además, en la generalizada violencia reaccionaria que, desde los lustros precedentes, venían padeciendo —como hemos visto en las páginas anteriores— buena parte de las sociedades latinoamericanas y caribeñas.

Así, en respuesta al referido "terror blanco" enseñoreado en El Salvador, las diversas organizaciones revolucionarias y populares de ese país decidieron fundar, en enero de 1980, el Frente Democrático Revolucionario (FDR) y la llamada Dirección Revolucionaria Unificada. Esta última, a la que ya se había incorporado el Partido Comunista Salvadoreño, en octubre del propio año, alumbró el Frente Farabundo Martí para la Liberación Nacional (FMLN) y la consiguiente unificación de los mandos y los recursos políticos-militares de todas las organizaciones insurreccionales previamente existentes: las Fuerzas Populares de Liberación, el Ejército Revolucionario del Pueblo, las Fuerzas Armadas de Resistencia Nacional, el Partido Revolucionario de Trabajadores de Centroamérica y las Fuerzas Armadas de Liberación. Tales decisiones elevaron cualitativamente el desarrollo de las multiformes luchas populares contra las cruentas dictaduras instauradas en esa nación centroamericana. A tal grado que, como vimos, en enero de 1981 e inspirado en las experiencias de Nicaragua, el FMLN intentó infructuosamente la primera insurrección popular contra la llamada "Junta Militar-Demócrata Cristiana" que masacraba a ese país desde enero de 1980.

Ese ejemplo también fue seguido en Guatemala. En medio de las intensas y sangrientas luchas populares contra la dictadura de Lucas García, las principales organizaciones políticas y militares de ese país —el Ejército Guatemalteco de los Pobres, la Organización Revolucionaria del Pueblo en Armas, las Fuerzas Armadas Revolucionarias y el Partido Guatemalteco del Trabajo— comenzaron a coordinar sus posiciones hasta que, en 1982, decidieron conformar la Unión Revolucionaria Nacional Guatemalteca (URNG). Esa organización logró preservar sus principales efectivos a pesar de la política de "tierra arrasada" y de las más de 600 masacres contra la población indígena y campesina que perpetraron, entre 1979 y 1985, los sucesivos gobiernos militares que diezmaron a los pueblos guatemaltecos.[57]

A su vez, en Honduras, se estructuraron o reverdecieron, según el caso, nuevas organizaciones políticas o político-militares, como las Fuerzas Armadas Revolucionarias (FAR) "Roberto Zelaya", el Movimiento Popular de Liberación (MPL) "Cinchoneros", el Partido Revolucionario de los Trabajadores de Centroamérica (PRTC) y el Partido Comunista de Honduras (PCH). En los años posteriores, todas esas organizaciones coordinaron sus acciones para enfrentar la virtual ocupación de su país por parte de las fuerzas militares norteamericanas y sus sicarios de la "contra" nicaragüense. Asimismo, para dar batalla a las políticas de corte "neo-liberal" dirigidas a profundizar el esquema de dominación oligárquico-imperialista sobre esa empobrecida nación que, a partir de enero de 1982, comenzó a desplegar el presidente liberal Roberto Suazo Córdova, y el llamado "hombre fuerte de Honduras": el entonces Ministro de Defensa, general Gustavo Álvarez.[58]

Las movilizaciones en oposición a la política norteamericana hacia la Revolución sandinista y a la creciente presencia de la "contra" nicaragüense en su territorio, así como para enfrentar la militarización de su país, también estimularon las luchas populares y por la unidad de la izquierda en Costa Rica. En consecuencia, el Partido Socialista Costar-ricense, el Movimiento Revolucionario del Pueblo y la experimentada Vanguardia Popular de Costa Rica (comunista) formaron la Coalición Pueblo Unido.[59] Esta aprovechó la política exterior progresistas desarro-llada por el presidente Rodrigo Carazo Odio (1978-1982) y por la llamada coalición "Unidad" (integrada por el Partido Unidad Social Cristiana y por otras fuerzas políticas) para rechazar las constantes imposiciones del FMI. Igualmente, para defender la soberanía y los recursos naturales del país de la acción depredadora de las empresas trans-nacionales de origen norteamericano.[60] Asimismo, para impulsar diversas movilizaciones populares contra las persistentes posturas anticomunistas y pro imperialistas de los representantes del Partido de Liberación Nacional que —liderado por José Figueres—, en forma continua, y con el indeclinable apoyo de los Estados Unidos, había gobernado esa nación entre 1948 y 1978.

Todo ello influyó en Panamá, cuyo gobierno y territorio —con el aliento popular y nacionalista del general Omar Torrijos—, además de mantener sus luchas por la recuperación de la soberanía sobre el Canal de Panamá y por la justicia social en su país, durante un buen tiempo, se convirtió en "la retaguardia" de las luchas populares, democráticas y revolucionarias de Centroamérica, al igual que de otros países del continente.[61] Asimismo, en un estrecho aliado de la Revolución sandinista y de las luchas de los gobiernos latinoamericanos y caribeños —incluido el de Cuba— por modificar radicalmente las bases del funcionamiento del Sistema Interamericano y por lograr una solución política y negociada al llamado "conflicto centroamericano".

Por su parte, en Colombia, a pesar de la represión desatada por el gobierno de Turbay Ayala y de los reveses militares que sufrió el M-19 (como fue el desmantelamiento de una columna militar que había desembarcado en el sur del país), continuaron las multiformes luchas democráticas, populares y antimperialistas. Una de las principales vindicaciones de esas contiendas fue el respeto a los derechos humanos, el cese de la tortura y de las continuas desapariciones y asesinatos, así como la amnistía de todos los presos políticos. Fue tal la presión nacional e internacional, que el gobierno de Turbay se vio obligado a decretar, en septiembre de 1980, una amnistía limitada. Aunque esta no resolvió el problema, legitimó interna e inter-nacionalmente las demandas de las principales organizaciones políticas y político-militares dirigidas a erradicar las nefastas herencias anti-democráticas del Frente Nacional. Esas luchas adquirieron una nueva dimensión durante la administración del presidente "conservador" Belisario Betancur (1982-1986) y como resultado de las acciones conjuntas desarrolladas por las diferentes organizaciones armadas (FARC, ELN, M-19) que, años después, conducirían a la fugaz formación de la Coordinadora Guerrillera "Simón Bolívar".[62]

Paralelamente, en Ecuador —fruto del llamado "proceso de transición hacia la democracia" iniciado con la reforma constitucional de enero de 1978—, el 10 de agosto de 1979, ocupó la presidencia Jaime Roldós Aguilera. A pesar de las discrepancias que existían entre el nuevo partido de gobierno —el populista Concertación de Fuerzas Populares (CFP)— y las fuerzas armadas, hasta el raro accidente aéreo en que perdió la vida (1981), el nuevo mandatario ecuatoriano —ese "hombre de corazón generoso", como lo definió Gabriel García Márquez[63] — logró darle cierta continuidad a la política reformista y nacionalista que había desarrollado, entre 1972 y 1979, el gobierno militar inicialmente encabezado por el general Guillermo Rodríguez Lara. Independientemente del rechazo de importantes círculos de poder en los Estados Unidos,[64] Roldós impulsó una ofensiva político-diplomática contra las masivas violaciones de los derechos humanos que se estaban produciendo en buena parte de los países latinoamericanos.

Adicionalmente, en Perú, en 1980, como respuesta a las políticas anti-populares y represivas llevadas a cabo por el general-presidente Francisco Morales Bermúdez en la última etapa del gobierno militar (1975-1980), se reactivó la lucha armada revolucionaria; ahora vindicada por el sector del Partido Comunista Marxista-Leninista (de inspiración "maoísta") que, en los tres lustros posteriores, bajo el apelativo de Sendero Luminoso, emprendió un serio desafío a las clases dominantes y a la penetración imperialista en ese país andino. Igualmente, en el contexto de la campaña electoral de 1980, se produjo una importante confluencia de las organiza-ciones legales de la izquierda —incluidas el Partido Comunista de Perú y los destacamentos procedentes de los sectores nacionalista-militares, como el Partido Socialista— que logró el apoyo del 30% del electorado y obtuvo la importante alcaldía de Lima. No obstante las serias debilidades de ese frente, la llamada Izquierda Unida fue la coalición electoral de mayor envergadura que había podido estructurar la izquierda peruana en toda su historia. Para destruir todas esas expresiones de la lucha popular, el gobierno pro oligárquico y pro imperialista de Fernando Belaúnde Terry (1980-1984) —al igual que en su primer mandato (1963-1968)— inició una nueva ola de violencia reaccionaria en ese país andino. Fue de tal su magnitud que, según informaciones preliminares (posteriormente ampliadas), entre 1980 y 1994, esta cobró la vida de mucho más de 35 000 peruanos, incluidos unos 5 000 desaparecidos.[65]

Más al sur, en Chile, debido a la profunda crisis que, a partir de 1981, comenzó a afectar el llamado "modelo de seguridad y desarrollo" instaurado por la brutal dictadura del general Augusto Pinochet, comen-zaron a acumularse grandes contradicciones internas. Estas posibilitaron que —una década después de la caída en combate de Salvador Allende— se produjera un importante "punto de inflexión" en la más reciente historia de las luchas populares y de clases de esa martirizada nación. De tal amplitud y profundidad, que no fueron pocos los analistas que vaticinaron "una pronta caída de ese detestado régimen dictatorial".[66] En respuesta, Pinochet desplegó diversas maniobras para dividir al amplio frente opositor, de las que no estuvo excluido un nuevo repunte de su proverbial ferocidad represiva.[67] Mucho más, después que, a partir de 1980, se conformaron ciertas organizaciones paramilitares para tratar de contener a la naciente oposición armada contra su gobierno. En el despliegue de esas acciones, objetivamente influyó el regreso clandestino a Chile de diversos dirigentes del MIR y la formación de nuevas organizaciones político-militares: el denominado Grupo Lautaro y el Frente Patriótico Manuel Rodríguez (FPMR). Este último acusado de ser "el brazo armado" del Partido Comunista de Chile.[68]

Lo antes dicho fue antecedido por la reactivación de las luchas populares, democráticas y antidictatoriales en Brasil. Ello se expresó, entre otras cosas, en la alta votación obtenida en las elecciones parlamentarias de 1979 por el único partido de la oposición "permitida", el Movimiento Democrático Brasileño (PMDB), así como en las impresionantes huelgas obreras convocadas por la Central Única de Trabajadores de Brasil. Para algunos analistas, ambos acontecimientos marcaron el inicio del fin del régimen de seguridad nacional instaurado desde 1964.[69] Mucho más porque obligaron al gobierno del general João Baptista de Oliveira Figueiredo (1979-1985) a introducir una nueva reforma electoral que, en un corto plazo, permitió la legalización de los partidos de oposición; entre ellos, el Partido Democrático del Trabajo —encabezado por el experimentado dirigente de la izquierda socialdemócrata Leonel Brizola— y del recién fundado Partido de los Trabajadores, liderado por el combativo dirigente sindical Luiz Inácio da Silva, *Lula*.[70] Ambos partidos se convirtieron en indiscutibles referentes para los sectores populares y revolucionarios del país, incluidas las ya extendidas Comunidades Cristianas de Base amparadas por los sectores más progresistas de la Conferencia Episcopal brasileña. Estos últimos encabezados por el Cardenal Paulo Evaristo Arns y por el Arzobispo de Olinda y Recife, Dom Helder Camara.[71]

Algo parecido ocurrió en Uruguay. En ese país, en 1980, un plebiscito le propinó una rotunda derrota al intento de la Junta Militar de legitimar la indefinida extensión de su "mandato" mediante la aprobación de una nueva Constitución.[72] A pesar del negativo impacto que había tenido la represión en las filas de *los tupamaros,* del Partido Comunista de Uruguay (PCU) y de otras fuerzas de izquierda, en ese resultado tuvo mucho que ver la vitalidad demostrada por el Frente Amplio (integrado por la mayoría de los partidos y organizaciones de la izquierda del país, incluido el PCU) y su capacidad para convocar a otras personalidades y fuerzas políticas antidictatoriales. Esto se expresó en la constitución de la Convergencia Democrática de Uruguay (CDU), en la que jugó un papel destacado el ya desaparecido Secretario General del PCU, Rodney Arismendi. También en la impresionante reactivación de las luchas populares conducidas por el Plenario Intersindical de Trabajadores (PIT), por la potente Central Nacional de Trabajadores (CNT) y por el movimiento juvenil-estudiantil. Estos, entre 1981 y 1982, protagonizaron sonadas manifestaciones populares bajo la consigna: "democracia ahora".[73]

Los procesos antes referidos se vincularon con el evidente agotamiento y la profunda desmoralización que ya comenzaba a experimentar la maquinaria represiva argentina. En la configuración de esa situación, influyeron diferentes factores, como la crisis de legitimidad interna e internacional que afectaba al régimen, los nefastos efectos económicos y sociales de las políticas "neoliberales" impulsadas por el tristemente célebre Ministro de Economía de la Junta Militar, Martínez de Hoz, la corrupción y el latrocinio de los mandos militares, etcétera. Sin embargo, entre ellos siempre habrá que incluir las crecientes luchas populares contra la política económica de la dictadura y contra las brutales violaciones a los derechos humanos que se venían produciendo en ese país. No obstante sus escasos efectivos iniciales y la dura represión de que habían sido víctimas, en tales luchas tuvo una importante influencia la decidida, persistente y trascendente prédica a favor de la aparición de sus hijos de las Madres de la Plaza de Mayo, ahora lideradas por Hebe de Bonafini.[74]

A todo lo antes dicho, habría que agregar la intensa polarización política que produjo en el Caribe la Revolución granadina; las constantes agresiones contra esta por parte de los Estados Unidos y de otros gobiernos derechistas del Caribe oriental, así como los reiterados intentos del reaccionario ex dictador Eric Gairy (1945-1979) de organizar, con apoyo oficial norte-americano, una intervención mercenaria contra ese país.[75] Esa polarización tuvo inéditas expresiones en Jamaica; donde, como ya vimos, en 1980, se produjo un virtual golpe de Estado contra el líder del PNP, Michael Manley.

Todos esos acontecimientos también influyeron en Guyana. En ese país —al decir del ex Primer Ministro y líder del PPP, Cheddi Jagan— las presiones del FMI contra las políticas reformistas y nacionalistas empren-didas en la década de 1970, junto a las debilidades intrínsecas de la "semidictadura" de Forbes Burnham, crearon una profunda crisis econó-mica, social y política que anunciaba en un corto plazo el estallido de "una situación revolucionaria".[76] Aunque ese análisis no se confirmó y, en 1981, Burnham fue reelecto para un nuevo período de gobierno, la afirmación anterior reflejó "el efecto demostración" que tuvo en los sectores más radicales de la izquierda caribeña la victoriosa insurrección popular de Granada.

Destruyendo las ideas del "fatalismo geográfico", por primera vez en la larga historia colonial y neocolonial del caribe anglófono, francófono y holandés, una organización político-militar, fundada en una minúscula isla, mediante la combinación de diferentes formas de lucha —incluida la insurrección armada— lograba derrotar el aparato burocrático-militar heredado de las autoridades coloniales. Asimismo, podía trascender el sistema bipartidista de tipo *westmisteriano* (en referencia a la monarquía constitucional británica) a través del cual, después de la Segunda Guerra Mundial, se había logrado legitimar el sistema de dominación colonial y neocolonial, así como la creciente penetración norteamericana en las economías y en las sociedades caribeñas.[77]

A su vez, para defender la revolución, el gobierno de Maurice Bishop creó un nuevo Ejército y una milicia popular. También un sistema de organi-zaciones de masas que promovió la participación popular en diversas esferas de la vida política del país, promovió la organización de la clase obrera, amplió los servicios de educación y de salud, así como promulgó y llevó a la práctica diversas leyes sociales dirigidas a beneficiar a los sectores populares. Como dejó consignado el prestigioso intelectual haitiano, Gérard Pierre-Charles, en correspondencia con su política interna, Bishop "adoptó una postura soberana y antimperialista. Estableció relaciones con Cuba. Le solicitó a ese país asesoría militar para enfrentarse a las amenazas de invasión de Gairy y a los contingentes mercenarios que se estaban reclutando en los Estados Unidos e ingresó en el Movimiento de Países No Alienados".[78]

Todo lo antes dicho tuvo una innegable influencia en otras pequeñas islas del Caribe. Así, en Dominica, un amplio movimiento popular derrocó al régimen dictatorial de Patrick John y, en Santa Lucia, el Partido Laborista, de izquierda, obtuvo, luego de largos años en la oposición, una rotunda victoria electoral. Ello explica la reacción contrarrevolucionaria de las clases dominantes caribeñas (en particular, las de las pequeñas islas del Caribe Oriental), así como su inmediata subordinación a la estrategia contrarrevolucionaria militarista de los círculos de poder estadounidenses. Cabe recordar que, a fines de 1970, tal estrategia motivó el ostensible incremento de las tensiones internacionales generada, entre otros hechos, por la decisión de la administración de James Carter de suspender las conversaciones con la URSS vinculadas al SALT-II (dirigidas al control de los armamentos estratégicos), así como por el simultáneo incrementó de la presencia militar norteamericana en diversas zonas del mundo sub-desarrollado.

Esos factores tuvieron un desfavorable impacto en la evolución de la situación política, social, económica y estratégico-militar de América Latina y el Caribe; en tanto alentaron la búsqueda de "soluciones" reaccionarias a la crisis que vivía el sistema de dominación oligárquico-imperialista instaurado en Nuestra América. Aunque en los albores de la década de 1980 la crisis de ese sistema de dominación tenía su epicentro en la Cuenca del Caribe, esa realidad también se expresó en la prolongación de las dictaduras militares de América del Sur. En consecuencia, en esa subregión, se produjo un progresivo deterioro del acuerdo integracionista entre los países integrantes del Pacto Andino que se había desarrollado a comienzos del decenio de 1970.

Además de la impronta reaccionaria de la política exterior de la dictadura chilena (abandonó el Pacto Andino en 1976) y de los sucesivos gobiernos militares de los generales Hugo Banzer y García Meza en Bolivia, a tal fenómeno también contribuyeron los afanes de la dictadura militar brasileña por extender su influencia geopolítica hacia la Cuenca del río Amazonas que baña extensos territorios de Brasil, Colombia, Ecuador, Perú y Venezuela. Igualmente, el ascenso a los gobiernos de estos tres últimos países de una hornada de fuerzas políticas conservadoras que compartían con los sectores más reacciones de los Estados Unidos su preocupación acerca de los peligros que planteaba a la "seguridad interamericana" la presunta "ofensiva soviético-cubana" sobre América Latina y el Caribe.[79]

Particular importancia tuvo en ese regresivo proceso la llegada a la presidencia de Venezuela del socialcristiano Luis Herrera Campins (1979-1983); quien, como ya vimos, abandonó la política tercermundista y latinoamericanista que había desarrollado su antecesor, el socialdemócrata Carlos Andrés Pérez. Igualmente respaldó —junto a la Casa Blanca— a la sanguinaria "Junta Militar-Demócrata Cristiana" instaurada en El Salvador. Según se ha documentado, los gobiernos derechistas de El Salvador y Venezuela contaron con el decidido respaldo de la Internacional Demócrata Cristiana (IDC), así como de los gobiernos europeos —como el de Alemania e Italia— adscritos a esa corriente político-ideológica. En una reunión efectuada en Estados Unidos en 1980, sus principales dirigentes elaboraron una virtual alianza con los círculos de poder norteamericanos. Según esta, la IDC participaría en la lucha contra los movimientos izquierdistas en el continente y, con el apoyo estadounidense, ejercería el poder en forma "democrática", como alternativa de centroderecha a la desacreditada fórmula de las tiranías militares derechistas.

Lo antes dicho —al igual que la reaccionaria política exterior de los gobiernos de Julio Cesar Turbay Ayala, en Colombia, de Belaúnde Terry, en Perú, y, a partir de 1980, de Edward Seaga, en Jamaica— debilitó todos los esfuerzos que, en el decenio de 1970, habían venido desarrollando diversos gobiernos latinoamericanos y caribeños por reformar el Sistema Inter-americano. Igualmente, propició la ofensiva lanzada por las instituciones financieras internacionales controladas por los Estados Unidos (FMI, BM, BID) con vistas a encontrar soluciones "neoliberales" a la profunda crisis económica y social que comenzaron a sufrir diferentes países de la región. Asimismo, impulsó las disímiles articulaciones ideológicas que comenzaron a producirse entre los sectores más reaccionarios y militaristas de las sociedades latinoamericanas y caribeñas con los sectores "neoconservadores" de la sociedad norteamericana; en especial, con los que conducían la campaña electoral de la candidatura republicana, integrada por Ronald Reagan y por George Bush. A tal grado que algunos sectores de las clases dominantes latinoamericanas —temerosos del impacto que podría tener en sus intereses y en sus brutales estrategias de dominación la reelección de James Carter— contribuyeron a financiar la campaña electoral del Partido Republicano.[80]

Aunque sería un despropósito afirmar que ese apoyo económico estuvo entre las causas determinantes de la victoria electoral del dúo Reagan-Bush, no hay dudas que, a diferencia de otros momentos históricos, por medio de tales aportes —y de otros mecanismos de coordinación— se generó "un nuevo tipo de alianza" entre los sectores más reaccionarios de ambas partes del hemisferio occidental. Como observaremos en el próximo capítulo, sin descartar la existencia de contradicciones mutuas, esa mancuerna fue la principal responsable de los nuevos crímenes de *lesa humanidad,* así como del espiral de violencia reaccionaria, terrorismo de Estado, guerras sucias e intervenciones directas de los Estados Unidos que, otra vez, sacudió a América Latina y el Caribe entre 1981 y 1992.

NOTAS

1. Clara Nieto: ob. cit., pp. 263-263.
2. Jesús Arboleya: ob. cit., pp. 168-176.
3. José de Jesús Martínez: ob. cit.
4. Gérard Pierre-Charles: ob. cit., pp. 509-510.
5. Citado por N. Poiárkova: *La política de los EE.UU. en la Cuenca del Caribe,* Editorial Progreso, Moscú, 1986, pp. 12-29.
6. Gérard Pierre-Charles: ob. cit., pp. 452-453.

7. Clara Nieto: ob. cit., p. 85.

8. Ricardo Cicerchia, Diane Marre y Eduardo Paladín: ob. cit. p. 137.

9. Clara Nieto: ob. cit., p. 97.

10. Raúl Vergara Meneses y otros: *Nicaragua: país sitiado*, Coordinadora Regional de Investigaciones Económicas y Sociales (CRIES) de Centroamérica y el Caribe, Managua, junio de 1986, p. 15.

11. Clara Nieto: ob. cit., p.103.

12. Holly Sklar: *Washington's War on Nicaragua*, South End Press, Boston, Mass, 1988, pp. 30-32.

13. Citado por Alan Wolfe: *Los límites de la legitimidad: contradicciones políticas del capitalismo contemporáneo*, Siglo XXI Editores, México, 1987, p. 353.

14. Programa de Naciones Unidas para el Desarrollo (PNUD): *Informe sobre desarrollo humano 2000* (Resumen), Ediciones Mundi-Prensa, 2000.

15. Defensoría del Pueblo, Comisión Colombiana de Juristas: *Contra viento y marea*, Tercer Mundo Editores, Colombia, 1997.

16. Richard M. Nixon: ob. cit., pp. 107 y 122.

17. Roberto Cirilo Perdía: ob. cit., p. 339.

18. Alipio Paoletti: ob. cit., p. 431.

19. Eduardo Galeano: *Memoria del fuego*: ed. cit., t. 3, p. 306.

20. Ricardo Cicerchia, Diane Marre y Eduardo Paladín: ob. cit., p. 151.

21. Ibídem, p. 153.

22. Asociación Madres de Plaza de Mayo: *Massera: el genocida*, ed. cit., pp. 140-141.

23. Patricia Lara: *Siembra vientos y recogerás tempestades*, Editorial Fontamara S.A., Barcelona, 1982.

24. Apolinar Díaz-Callejas y Roberto González Arana: ob. cit., pp.101-115.

25. Ibídem.

26. Eduardo Umaña Luna: "Crímenes de lesa humanidad", en *Avance Sindical* (Separata Especial no.3), Santa Fe de Bogotá, diciembre de 1998, p. 2.

27. Apolinar Díaz-Callejas y Roberto González Arana: ob. cit., pp. 105.

28. José de Jesús Martínez: ob. cit.

29. Fidel Castro: "Discurso pronunciado en la despedida del duelo a los cubanos caídos en Granada afrontando el ataque imperialista yanki", en *Granada: el mundo contra el crimen*, ed. cit. p. 253.

30. Clara Nieto: ob. cit., p. 104

31. Raúl Vergara Meneses y otros: ob. cit., p. 15.

32. Ricardo Cicerchia, Diane Marre y Eduardo Paladín: ob. cit., p. 147.

33. Luis Fernando Ayerbe: ob. cit., pp. 240-250

34. Demetrio Boersner: ob. cit., p. 250.

35. Gérard Pierre-Charles: ob. cit., p. 514.

36. Citado por N. Poiárkova: ob. cit., pp. 12-30.

37. Ricardo Cicerchia, Diane Marre y Eduardo Paladín: ob. cit., p. 142.

38. Pablo Mariñez: ob. cit., pp. 70 y 82.

39. Ibídem, p. 70.

40. José Rafael Sosa: "La tortura en el período 78-80", en Luis Gómez: ob. cit., pp. 312-323.

41. John Groshko y George Wilson George: "US Seeking Multinational Force for Seagoing Patrols", en *Washington Post*, 13 de octubre de 1979.

42. Carmen Diana Deere y otros: *In the Shadow of the Sun: Caribbean Development Alternatives and U.S. Policy*, Westview Press, San Francisco & Oxford, 1990.

43. Julio Ángel Carreras: ob. cit., pp. 156-159

44. Parlamento Latinoamericano/Instituto de Relaciones Europeo-Latinoamericanas: ob. cit., p. 363.

45. Ibídem., p. 90.

46. S. Semionov: "El genocidio en El Salvador", en A. Glinkin y otros: ob. cit., p. 190.

47. Ricardo Cicerchia, Diane Marre y Eduardo Paladín: ob. cit., p. 147.

48. Clara Nieto: ob. cit., pp. 92-93.

49. Clara Nieto: ob. cit., p. 93

50. Oficina de Derechos Humanos del Arzobispado de Guatemala: ob. cit., p. 52.

51. Ricardo Cicerchia, Diane Marre y Eduardo Paladín: ob. cit., p. 148.

52. Clara Nieto: ob. cit., p. 119.

53. Amnistía Internacional: "Guatemala represión a sindicalistas y campesinos", en *Nueva Sociedad*, no. 54, mayo-junio de 1981, p. 134.

54. Ernesto Che Guevara: "Cuba: ¿Excepción histórica o vanguardia en la lucha anticolonialista?", en *Obras (1957-1967)*, ed. cit., t. 2, pp. 403-419.

55. Luis Suárez Salazar (compilador): *Barbarroja...*, ed. cit., pp. 211-216.

56. James Petras: *Neoliberalismo en América Latina: la izquierda devuelve el golpe*, Homo Sapiens Ediciones, Rosario, Argentina, 1997.

57. Oficina de Derechos Humanos del Arzobispado de Guatemala: ob. cit., pp. 52-62.

58. Juan Pablo Rodríguez y otros: "La ocupación militar de Honduras y la agresión imperialista en Centroamérica", en *Las contradicciones entre Estados Unidos y América Latina* (Memorias de la Conferencia Teórica convocada por la Revista Internacional), La Habana, 18 al 21 de marzo de 1983, pp. 290-304.

59. Antonio Casas y otros: "Algunos problemas de la unidad antimperialista en Costa Rica", en *La estructura de clases en América Latina* (Memorias de la Conferencia Teórica convocada por la Revista Internacional), La Habana, 26 al 28 de marzo de 1980, pp. 351-364.

60. Vladimir de La Cruz: "Algunas consideraciones en torno a las contradicciones entre los Estados Unidos y Centroamérica: el caso de Costa Rica", en *Las contradicciones entre Estados Unidos y América Latina*, ed. cit., pp. 306-315.

61. José de Jesús Martínez: ob. cit.

62. Darío Villamizar: ob. cit.

63. Gabriel García Márquez: ob. cit., p. 506.

64. Comité de Santa Fe: ob. cit.

65. Carlos Basombrío Iglesia: "Cuatro razones para entender la 'impunidad' en Perú", en *Nueva Sociedad*, Caracas, marzo-junio de 1999, no. 181, p. 121.

66. Tomás Vasconi y Sergio Arancibia: *Chile: Economía y política (1983-1986)*, Centro de Estudios sobre América, La Habana, 1988, pp. 16-18.

67. Jorge Vergara Estévez: ob. cit., pp. 172-183.

68. Comisión Chilena de Derechos Humanos: ob. cit., pp. 84-85.

69. Ricardo Cicerchia, Diane Marre y Eduardo Paladín: ob. cit., pp. 145-146.

70. Parlamento Latinoamericano/Instituto de Relaciones Europeo-Latinoamericanas: ob. cit., p. 92.

71. Clara Nieto: ob. cit., pp. 200-201.

72. Parlamento Latinoamericano/Instituto de Relaciones Europeo-Latinoamericanas: ob. cit., pp. 151-152.

73. Schvarz Salomón: "Unidad y convergencia para derrotar la dictadura fascista de Uruguay: Dialéctica de la democracia y el antimperialismo en América Latina", en *Las contradicciones entre Estados Unidos y América Latina,* ed. cit., pp. 31-42.

74. Hebe de Bonafini: *Historia de las Madres de la Plaza de Mayo*, Asociación Madres de Plaza de Mayo, Buenos Aires, 1996.

75. W. Richard Jacobs: "Intervención del representante del Movimiento Nueva Joya de Granada", en *La estructura de clases en América Latina*, ed. cit., pp. 351-364.

76. Cheddi Jagan: "Intervención del Secretario General del Partido Progresista del Pueblo de Guyana", en *La estructura de clases en América Latina* (Anexo), ed. cit., pp. 9-19.

77. W. Richard Jacobs: ob. cit.

78. Gérard Pierre-Charles: ob. cit., p. 512.

79. Demetrio Boersner: ob. cit., pp. 245-254.

80. Oficina de Derechos Humanos del Arzobispado de Guatemala: ob. cit.

9. LOS CRÍMENES DEL DÚO REAGAN-BUSH

En medio de la aguda confrontación entre la revolución y la contra-revolución, así como entre la dictadura y la democracia que caracterizó la situación latinoamericana y caribeña en los primeros años de la década de 1980, el 20 de enero de 1981, llegó a la Casa Blanca el candidato republicano Ronald Reagan; acompañado — en carácter de vicepresidente— por uno de los ex jefes de la CIA, George Bush. Este, a su vez, luego de la reelección de ambos en los comicios de 1984, ocupó la presidencia entre el 20 de enero de 1989 y el 20 de enero de 1993. Por ende, durante doce años consecutivos, ese binomio logró aglutinar a su alrededor la amplia coalición neoconservadora que, en los lustros precedentes, se había venido estructurando en los Estados Unidos. Esta incluyó a importantes monopolios (en particular los vinculados al *complejo militar-industrial* y a los poderosos pulpos petroleros), al conservadurismo "tradicional", a la llamada "nueva derecha", a importantes segmentos de la denominada "iglesia fundamentalista" e, incluso, a diversos sectores "neofascistas".[1]

A pesar de sus evidentes proyecciones reaccionarias, ese heterogéneo bloque de fuerzas sociales, económicas, políticas e ideológicas canalizó electoralmente los diversos descontentos y frustraciones que se habían generado en la sociedad norteamericana a causa de los agudos trastornos (inflación, desempleo, déficit fiscal y comercial) generados en la economía estadounidense por la altamente costosa guerra de Vietnam, por los sucesivos incrementos de los precios internacionales del petróleo, por la profunda crisis estructural y de "onda larga" que —a partir de la segunda mitad de la década 1970— comenzó a afectar al sistema capitalista mundial,[2] así como por la reducción de la productividad del trabajo y la ostensible pérdida de competitividad de la economía estadounidense frente a Europa occidental (en especial, la República Federal Alemana) y Japón.[3]

A esos factores se agregaron los sentimientos y las actitudes revan-chistas de los grupos dominantes en los Estados Unidos —y de sus más estrechos aliados en otras partes del mundo— frente al "desastre de Indochina". Además, frente a otra serie de hechos como: el triunfo de las fuerzas progresistas en los procesos de descolonización que, a partir de 1974, se desarrollaron en el sur de África (Angola, Mozambique, Guinea y Cabo Verde); el creciente debilitamiento de las fuerzas del *apartheid* en Sudáfrica, Namibia y Zimbabwe; el derrocamiento de la monarquía pro imperialista de Haile Selassie en Etiopía y de la dictadura de Ferdinando Marcos en Filipinas. Igualmente, frente al triunfo de la Revolución iraní (1979); a los avances de las luchas del pueblo palestino contra el sionismo; a la creciente consolidación de la Revolución cubana y a las más recientes victorias de las revoluciones granadina y nicaragüense.

De manera objetiva, a comienzos del decenio de 1980, esos y otros procesos políticos domésticos (el llamado "síndrome de Vietnam") e inter-nacionales (el derrocamiento de las dictaduras militares de Portugal y Grecia, así como "la transición democrática" que se desarrollaba en España, luego de la muerte del longevo dictador Francisco Franco) habían determinado una creciente erosión del poder global de los Estados Unidos para gobernar a su antojo los agudos problemas que aquejaban el "orden" mundial de la Guerra Fría. Mucho más por el fortalecimiento y el carácter cada vez más radical de las posiciones del Movimiento de Países No Alineados (dirigido *pro tempore*, entre 1979 y 1983, por el Presidente cubano Fidel Castro); por la estabilización de la compleja situación interna que se había creado en la República Popular China luego de la muerte de Mao Tse-Tung; y por el mortífero equilibrio estratégico-nuclear (la llamada "destrucción mutua asegurada") que se había producido entre los Estados Unidos y la URSS.

Tratando de revertir todos esos fenómenos, y siguiendo los pasos de la premier británica Margaret Thatcher, la administración de Ronald Reagan desplegó una agresiva política económica interna e internacional (la llamada *"reaganomic"*) dirigida a incrementar las ganancias de las grandes corporaciones transnacionales y de las más poderosas instituciones financieras de origen norteamericano. Útil a esos propósitos fue el paulatino desmontaje del "Estado de bienestar social" (el New Deal) instaurado, desde 1933, por la administración del demócrata Franklin Delano Roosevelt y las diversas acciones (como fue el incremento de las tasas de interés) orientadas a atraer hacia los Estados Unidos crecientes volúmenes de capitales externos. Asimismo, la búsqueda de nuevas vías para acrecentar la explotación del mundo subdesarrollado; entre ellas, el pago de la galopante deuda externa contraída por los gobiernos y las clases dominantes de muchos de esos países en la década precedente.

En función de lo anterior y en correspondencia con los enunciados "neoliberales" de la Escuela de Chicago, el FMI y el BM comenzaron a exigirle a las naciones del Sur una estricta "disciplina fiscal", la privatización y desnacionalización de importantes activos estatales, así como que realizaran aperturas indiscriminadas de sus economías y sus mercados internos con el propósito de crear "un clima adecuado" para el funcionamiento de "la economía de mercado" y para la expansión de las inversiones privadas estadounidenses. Al igual que ya se había planteado durante el despliegue de la política del Buen Socio y durante las administraciones del trío Nixon-Kissinger-Ford, en el criterio del dúo Reagan-Bush, esas inversiones y la "liberalización del comercio" tenían que sustituir a la denominada AOD que ofrecía los Estados Unidos a diferentes países del Tercer Mundo. Tal "ayuda", a su vez, tenía que servir, en primer lugar, para consolidar el poder político-militar de los Estados Unidos y de sus aliados en disímiles lugares del orbe.

Por otra parte, para tratar de modificar el equilibrio de las armas nucleares existentes entre los Estados Unidos y la URSS, la Casa Blanca impulsó la experimentación y producción de una serie de nuevos armamentos, al menos, hasta los acuerdos que, en 1986, firmaron Ronald Reagan y el entonces flamante Secretario General del PCUS, Mijail Gorbachov, en la Cumbre de Reykiavik. Estas armas eran tanto "ofensivas" como "defensivas" y estaban vinculadas a la llamada "Iniciativa de Defensa Estratégica", también conocida con el nombre de la "Guerra de las

Galaxias". Adicionalmente, en concordancia con los conceptos de la *reacción flexible* y con la teoría de las *guerras preventivas*, el Pentágono realizó una profunda revisión de sus doctrinas militares con el propósito de enfrentar en mejores condiciones las multiformes luchas por la liberación nacional y social que entonces se desarrollaban en diversas regiones del mundo subdesarrollado. En el *argot* del *establishment* de la política exterior y de seguridad de los Estados Unidos, esas luchas fueron denominadas: "conflictos de baja intensidad".[4]

Según los artífices de esos conceptos, para garantizar su victoria en tales conflictos eran necesarias nuevas tácticas contrainsurgentes (incluidos el despliegue de la guerra sicológica y la realización de ciertas "reformas" a nivel microsocial), así como la reorganización de las fuerzas militares (y paramilitares) de los Estados Unidos y de sus lacayos en todo el mundo. Del mismo modo, era necesario utilizar los avances de la "tercera revolución científico-técnica" en la producción de nuevos tipos de armamentos "inteligentes". En la opinión de los ideólogos conservadores y neoconservadores (entre ellos, el ex presidente Richard Nixon, el mandatario Ronald Reagan y su vicepresidente George Bush), esa "reforma militar" resultaba imprescindible porque el Tercer Mundo era el escenario donde se estaba librando "la tercera guerra mundial" entre "el mundo libre" y el presunto "imperio del mal": la URSS y sus aliados "terroristas" de todo el mundo.[5]

Por ello, los Estados Unidos —además de modificar a su favor el equilibrio estratégico-nuclear existente con la URSS— tenían que luchar por prevalecer en todos los "conflictos regionales" que entonces se desarrollaban en el sur y el norte de África, en el Oriente Medio, en el Golfo Arábigo-Pérsico, en Afganistán, al igual que en Centroamérica. Como en la apreciación del nuevo equipo de gobierno "la contención al comunismo" y *la détente* habían fracasado, era imprescindible impulsar una "gran cruzada contra el comunismo internacional" dirigida a revertir (*roll back*) todos los avances del entonces llamado "campo socialista" y a recuperar las posiciones norteamericanas en diferentes regiones del Tercer mundo. Según expresaron los redactores del Documento de Santa Fe, que sirvió como una de las principales plataformas de la política exterior de la primera fase (1981-1985) de la administración Reagan-Bush: "(...) en las regiones vitales del poder de cualquier nación, la preservación del *statu quo* no [era] suficiente. Los Estados Unidos [debían] lograr el mejoramiento de su posición relativa en todas [sus] esferas de influencia" y, en primer lugar, en América Latina y el Caribe; ya que esa región es "vital"para "la proyección del poder mundial de los Estados Unidos".[6]

EL "COROLARIO REAGAN"

De ahí que los autores del documento antes mencionado —algunos de los cuales ocuparon prominentes posiciones en el aparato de la política exterior y de seguridad de la administración Reagan— impulsaran la reafirmación de la Doctrina Monroe, la revitalización del TIAR y de la OEA, y el estrechamiento de los nexos con los "paises claves"de esa región. Asimismo, una profunda reformulación de la estrategia latinoamericana y caribeña seguida por la administración de James Carter. La primera pieza de ese cambio fue el abandono casi total de la retórica sobre la promoción de "la democracia" y de "los derechos humanos". En forma poco consistente, esos últimos argumentos sólo se emplearon para hostilizar a los países socialistas —en primer lugar a la URSS y, luego, a la República Popular China— y, en la segunda etapa de la administración de Reagan-Bush (1985-1989), para desestabilizar a la Revolución sandinista, al gobierno panameño, al igual que para buscar, infructuosamente, el aislamiento internacional de la Revolución cubana.

Con tales fines y acorde con la llamada "guerra contra las drogas" impulsada por la administración republicana, la Casa Blanca también empleó el artificio de que esos dos últimos gobiernos —en particular el gobierno cubano— estaban vinculados con el "narcotráfico internacional", con "el terrorismo" y con la mal llamada "narcoguerrilla"; término acuñado por uno de los redactores del Documento de Santa Fe, el embajador Louis Tamps, para intentar desprestigiar a las Fuerzas Armadas Revolucionarias-Ejército del Pueblo (FARC-EP) y a otras organizaciones revolucionarias colombianas, por ejemplo, el M-19. Más tarde, el mismo argumento fue utilizado para justificar la voluminosa "ayuda" entregada por los Estados Unidos a las fuerzas represivas de Perú y Colombia, así como para estigmatizar a las organizaciones político-militares peruanas Sendero Luminoso y Movimiento Revolucionario Tupac Amaru (MRTA). Este último surgió, en 1983, como respuesta a la ola de violencia reaccionaria desatada durante la llamada "transición democrática peruana" (1978-80) y, en particular, durante el gobierno derechista y pro imperialista de Fernando Belaúnde Terry (1980-1984).[7]

Adicionalmente, en correspondencia con su estrategia contrarevolucionaria, el dúo Reagan-Bush desplegó una intensa ofensiva diplomática dirigida a estrechar sus relaciones con todas las dictaduras militares y con todos los gobiernos, autoritarios o conservadores, que a comienzos de la década de 1980 se habían instaurado en América Latina y el Caribe. Al decir de la entonces Embajadora norteamericana ante la ONU, Jeane Kirpatrik, el primer paso al respecto fue reanudar la ayuda económica y militar a todos esos "aliados leales" de los Estados Unidos en "su lucha por detener el avance del comunismo en América Central y del Sur".[8] Con ese objetivo, entre 1981 y abril de 1982, la mencionada diplomática visitó Chile, Argentina y Uruguay; el representante de los Estados Unidos ante el Consejo Permanente de la OEA viajó a Argentina, Uruguay, Chile y Paraguay; y el ex director adjunto de la CIA, general Vernon Walters, viajó a Guatemala, Santo Domingo y Brasil cumpliendo, según expresó, una directriz de Reagan de "consultar siempre con los amigos y aliados". Igualmente, el Jefe del Comando Sur del Ejército norteamericano fue a Honduras, la República Dominicana y Chile; mientras que el primer Secretario de Estado de la administración Reagan, Alexander Haig Jr. (1981-1982), recibió en Washington a los Cancilleres de las sanguinarias dictaduras militares instauradas en Chile y Paraguay.

También se efectuó en la propia capital de los Estados Unidos una reunión de los jefes de los Ejércitos latinoamericanos, y el Pentágono recibió oficialmente a delegaciones militares de Brasil y Chile. Por su parte, el presidente Ronald Reagan se entrevistó de manera privada con el nuevo Jefe de la Junta Militar argentina, general Roberto Viola (marzo de 1981-junio de 1982),[9] e invitó a la Casa Blanca a sus homólogos de Brasil, general

João Baptista Figuereido; de Venezuela, el socialcristiano Luis Herrera Camping, y de El Salvador, Napoleón Duarte.[10] Como vimos, este último, venía encabezando la "Junta Militar Demócrata-Cristiana" instaurada en ese país con el "apoyo crítico" de importantes sectores del alto mando militar salvadoreño; entre ellos, algunos de los autores intelectuales y materiales de la ola de matanzas que, entre 1980 y 1981, se habían producido en ese país contra el movimiento popular, incluidos diversos cristianos (sacerdotes y laicos) identificados con las luchas por la democracia y por la liberación nacional y social del pueblo salvadoreño. Esos sectores cristianos (sobre todo los identificados con la Teología de la Liberación) habían sido declarados por los sectores reaccionarios de América Latina y el Caribe —así como por los ideólogos neoconservadores de los Estados Unidos— como "enemigos" de la seguridad interamericana.

Además de todas las razones estratégicas, económicas y político-militares que hemos venido apuntando, esa ofensiva para mejorarar las relaciones con las dictaduras militares y los gobiernos derechistas de América Latina y el Caribe, perseguía movilizar el apoyo de estos hacia la estrategia contrarrevolucionaria desplegada por la nueva administración republicana en la Cuenca del Caribe. Esa subregión fue asumida por los círculos gobernantes en los Estados Unidos como el laboratorio y el *test case* de "la credibilidad" de su estrategia global. Según expresó Ronald Reagan: "Si no podemos defendernos aquí, no podemos esperar prevalecer en otras partes. Nuestra credibilidad colapsará, nuestras alianzas se debilitarán y la seguridad de nuestra patria estará en peligro".[11] Así lo indicó, poco después de su elección, en una reunión conjunta de ambas cámaras del Congreso estadounidense y, de manera más "diplomática", en el discurso que pronunció, a fines de febrero de 1982, ante el Consejo Permanente de la OEA. Igualmente, en sus diversas intervenciones y entrevistas en el viaje que realizó a Barbados y Jamaica en abril del propio año. En estos últimos países, sostuvo intensas conversaciones con los primeros ministros derechistas Tom Adams y Edward Seaga; ambos profundamente interesados en destruir a la Revolución granadina y en revertir las posiciones tercermundistas y latinoamericanistas impulsadas, en la década de 1970, por algunos de los gobiernos integrantes de la CARICOM.

En esas oportunidades el mandatario estadounidense anunció, con bombos y platillos, la denominada "Iniciativa para la Cuenca del Caribe" que —independientemente de sus derivaciones económico-comerciales posteriores— sirvió de fachada para el despliegue de lo que en un ensayo anterior denominé el "Corolario Reagan". Parafraseando al mencionado "Corolario Roosevelt" de 1904, y empleando las propias palabras de Reagan, sinteticé esa nueva inferencia de la secular estrategia de los Estados Unidos contra sus vecinos del sur de la manera siguiente: "En el hemisferio occidental, la adhesión a la Doctrina Monroe puede obligar a los Estados Unidos a ejercer, de buena gana, sólo o acompañado, un poder de policía internacional en los casos de los países 'colonizados' o en 'tránsito de colonización' por el comunismo".[12] Estos eran —en la opinión de la administración republicana— todos los países de la región donde se vieran amenazados, por cualquier razón, los "sacrosantos" intereses "vitales" de los círculos de poder norteamericanos.[13]

A partir de esos rancios conceptos geopolíticos y geoeconómicos, el aparato de la política exterior y de seguridad de los Estados Unidos movilizó, durante cerca de una década, ingentes recursos políticos, económicos y militares para tratar de derrotar, a toda costa, a la Revolución sandinista, así como para revertir las intensas luchas por la democracia y la justicia social impulsadas por el movimiento popular y revolucionario en El Salvador, Guatemala y, en menor medida, en Honduras. Esas inconclusas luchas y las brutales represiones que les antecedieron dejaron un saldo de más de 300 000 muertos, 100 000 huérfanos y 1 000 000 de refugiados.[14] Huelga expresar que en tales empeños los círculos gobernantes en los Estados Unidos contaron con el respaldo de las clases dominantes y de las fuerzas armadas locales, de diversas organizaciones contrarrevolucionarias "cubanas" y de algunas de las dictaduras militares latinoamericanas, en primer lugar, las de Argentina y Chile.

Como resultado de la "reunión privada" antes referida entre Reagan y el jefe de la Junta Militar argentina, Roberto Viola —así como de la ratificación de los acuerdos de esta reunión por el sustituto de Viola, el general Leopoldo Galtieri—, hasta 1983, los militares argentinos prepararon a los grupos contrarrevolucionarios "nicaragüenses" acantonados en Honduras.[15]

También ofrecieron "entrenamiento policial" y de inteligencia a las fuerzas militares de El Salvador, Honduras y Guatemala. Al par que el sicario salvadoreño Roberto D'Abuisson se vinculó estrechamente con la ya referida Operación Cóndor encabezada por Pinochet y, a través de él, con los autores intelectuales y materiales de los asesinatos de decenas de personalidades y líderes populares de toda la región.

Además, el "Corolario Reagan" sirvió de base, entre 1981 y 1989, para la desestabilización de los debilitados y contradictorios gobiernos cívico-militares panameños (Arístides Royo, Nicolás Ardito Barletta, Eric del Valle y Solís Palma) que —bajo la tutela del controvertido jefe de las Fuerzas de Defensa de Panamá, general Manuel Antonio Noriega (acusado por algunas fuentes de haber sido agente de la CIA)— [16] se sucedieron a continuación del extraño accidente aéreo en que perdió la vida, el 1ro de julio de 1981, el general Omar Torrijos.[17] Dicho "corolario" también fundamentó —como vimos en el Cuadro 8— el intenso proceso de militarización de las naciones ubicadas en Centroamérica y en el Caribe insular. Al igual que en otras ocasiones históricas reseñadas en este volumen, en ese proceso contó con la ayuda de los gobiernos del Reino Unido y de Holanda. Estos participaron, bajo la dirección del Pentágono, en diversas maniobras militares (por ejemplo, las Ocean Venture) realizadas por la OTAN en el Atlántico Sur, en el Caribe y en el Golfo de México.

Todos esos despliegues de fuerza —al igual que las sistemáticas maniobras militares que continuaron realizándose en la "colonia militar" de Puerto Rico y en la Base Naval de Guantánamo— iban dirigidas, en primer lugar, contra la Revolución granadina, la Revolución sandinista y la Revolución cubana. Esta última, junto a la URSS, fue calificada por el secretario de Estado, Alexander Haig Jr., como "la fuente" de las derrotas norteamericanas y de sus aliados en diferentes escenarios del Tercer Mundo. En consecuencia, algunos personeros de la Casa Blanca difundieron la supuesta caducidad de los ya referidos acuerdos soviético-norteamericanos sobre Cuba que dieron fin a la Crisis de los Misiles de octubre de 1962 y llamaron a emprender lo que denominaron: "una guerra de liberación nacional contra [el gobierno de] Castro".[18]

Aunque, dadas las fortalezas de la Revolución cubana, ese curso de acción fue finalmente desechado, la escalada contrarrevolucionaria del dúo Reagan-Bush en la Cuenca del Caribe no se detuvo. Por el contrario, el 25 de octubre de 1983, registró un nuevo hito en la brutal intervención norteamericana contra la pequeña isla de Granada (344 kilómetros cuadrados y 130 000 habitantes). Esta fue antecedida por el oscuro y sospechoso asesinato del máximo dirigente del Movimiento de la Nueva Joya, el Primer Ministro Maurice Bishop, y de más de veinte de sus compañeros de lucha.[19]

De modo oportuno, el Presidente cubano, Fidel Castro, denunció que, para justificar esa unilateral intervención, sus criminales actos contra la población granadina y contra un grupo de constructores civiles cubanos (según las cifras disponibles, murieron a causa de la metralla más de 70 personas), e inspirados en los conocidos métodos nazifascistas, los aparatos de la propaganda política exterior norteamericana repitieron hasta el cansancio 19 mentiras: 13 de las cuales fueron afirmadas personalmente por el presidente Ronald Reagan. Y concluyó el líder cubano: "... Hitler no actuó de otra forma cuando ocupó Austria y se anexó el territorio de los Sudetes en Checoslovaquia, en nombre también del orgullo alemán, la felicidad y la seguridad de los súbditos alemanes..."[20]

Al igual que en otras ocasiones referidas en esta obra, entre las mentiras difundidas por la Casa Blanca para justificar esa intervención militar —y los incontables crímenes cometidos al amparo de ella— estuvo el socorrido pretexto de "preservar la vida de decenas de estudiantes norteamericanos" que estudiaban en Granada. Igualmente, que esa invasión se había perpetrado sobre la base de los Acuerdos de Cooperación Regional en Asuntos de Seguridad que, siguiendo las recomendaciones del Pentágono, finalmente habían firmado, el 29 de octubre de 1982, los gobiernos conservadores que entonces integraban la Organización del Caribe Oriental (OECO). Cabe recordar que ningún estudiante norteamericano fue lesionado y que los Estados Unidos no era parte de tales tratados. También que, por presiones norteamericanas e inglesas, el gobierno de Granada había sido excluido expresamente de esos acuerdos.[21] Asimismo, que en esa ocasión el gobierno norteamericano no acudió a la OEA para tratar de legitimar su intervención militar en esa isla del Caribe, a causa de las profundas contradicciones que existían en el seno de esa organización por la crisis de credibilidad que estaba viviendo el TIAR.

Esa crisis se profundizó como consecuencia de la decisión estado-unidense de respaldar al Reino Unido en su brutal respuesta a la ocupación, por parte de las fuerzas armadas argentinas, de las islas Malvinas (Farkland), ilegalmente usurpadas y colonizadas por el imperio británico, desde 1833. Dada la posición estratégica de ese archipiélago (ubicado en las proximidades de los estrechos de Beagle, Drake y Magallanes), el gobierno de Reagan intentó solucionar el conflicto mediante un acuerdo para la administración tripartita (anglo-norteamericano-argentina) de esos territorios y de sus aguas adyacentes; pero, ante el rechazo de la dictadura de Buenos Aires (esta quería utilizar esa acción "nacionalista" para tratar de consolidar sus debilitadas posiciones internas e internacionales), el Pentágono, los servicios de inteligencia norteamericanos y, uno de sus más estrechos aliados, el dictador Augusto Pinochet, optaron por apoyar con todos los medios políticos y militares a su alcance las posiciones de la *Dama de Hierro*: la Primer Ministro británica Margaret Thatcher.

En consecuencia, en los 74 días de combate que, a partir del 2 de abril de 1982, se produjeron en la llamada "Guerra de las Malvinas" hubo cerca de 3 000 muertos entre los contendientes; la mayor parte de ellos jóvenes argentinos recién incorporados al servicio militar obligatorio o marineros del buque de la armada argentina *General Belgrano*, cobardemente hundido por la marina británica fuera de la zona de exclusión que se había declarado a causa de la guerra.[22] Se demostró así, una vez más, la quintaesencia ideológica del Pacto de Río de Janeiro de 1947; ya que, en rigor, era la primera vez desde esa fecha que una potencia genuinamente "extra continental" (Inglaterra) agredía a un Estado "independiente" del hemisferio occidental. En ese período todas las demás intervenciones militares en la región habían sido perpetradas por los propios Estados Unidos.

De ahí que el desarrollo y desenlace de ese conflicto bélico y su desconocimiento del TIAR repercutiera negativamente en la política estadounidense hacia el hemisferio occidental. En efecto, además de profundizar la crisis del Sistema Interamericano, proyectó con toda fuerza, ante importantes sectores de la opinión pública, la legitimidad de las posiciones latinoamericanistas, solidarias y antimperialistas tradicionalmente defendidas por la Revolución cubana. Ello golpeó los intentos de la administración republicana de aislar a Cuba del seno de la comunidad latinoamericana y caribeña. Igualmente, debilitó las acciones contra esa isla de todos los gobiernos de esa región (Chile, Colombia y Trinidad y Tobago) que, de manera impúdica, respaldaron en el seno de la OEA las posiciones adoptadas por los Estados Unidos. Adicionalmente, la "Guerra de las Malvinas" se convirtió en el comienzo del fin de la reaccionaria dictadura militar argentina.

Así, el 14 de junio de 1982, antecedida por diversas movilizaciones sindicales reclamando "paz, pan y trabajo", una indignada manifestación popular se concentró en la Plaza de Mayo. Algunos grupos de manifestantes intentaron entrar por la fuerza a la Casa Rosada; mientras que otros repelieron a las fuerzas policiales que trataban de desalojarlos. Reacciones parecidas se produjeron en otras ciudades del país. En esos acontecimientos se evidenció que la otrora poderosa capacidad represiva de las fuerzas armadas argentinas estaba agotada y desprestigiada. Ello obligó a la renuncia del general Galtieri a la presidencia de la Junta Militar y su sustitución por el general retirado Reynaldo Bignone, quien comenzó a negociar con los partidos tradicionales del país (en especial, con el peronismo) la retirada ordenada de las fuerzas armadas del gobierno.

Su principal objetivo era garantizar la impunidad frente a los crímenes cometidos durante el llamado "proceso de reorganización nacional", a cambio de la convocatoria de nuevas elecciones generales y de garantías de que las diferentes facciones castrenses respetarían sus resultados. Pero la presión popular no cesó. El 16 de diciembre de 1982, unas 100 000 personas —en su mayoría jóvenes, y un importante bloque de la Central de Trabajadores Argentinos— se lanzó a las calles y trató, otra vez, de entrar por la fuerza a la Casa Rosada. Nuevamente la represión pudo impedirlo; pero la Junta Militar se vio obligada a situar la fecha de las elecciones. Estas se efectuaron el 30 de octubre de 1983. Contra las previsiones militares, resultó electo el candidato del Partido Radical, el socialdemócrata Raúl Alfonsín.[23]

Todo lo antes dicho estimuló las luchas antidictatoriales que se desarrollaban en diversos países suramericanos. También golpeó las gestiones que

—desde 1981— venía realizando la administración Reagan con vistas a conformar un bloque político-militar contrarrevolucionario dirigido a agredir a la Revolución cubana, así como a impedir el desarrollo de la Revolución sandinista y de las multiformes luchas por la democracia y la justicia social que se desplegaban en El Salvador y Guatemala. Como se ha documentado, uno de los primeros pasos en esa dirección fue la convocatoria de la administración republicana a institucionalizar la Comunidad Democrática Centroamericana (CDCA), integrada por los gobiernos de Costa Rica, Honduras, El Salvador y los Estados Unidos. En enero de 1982, a tal "comunidad" se habían unido de manera oportunista los gobiernos derechistas de Colombia y Venezuela, encabezados por Turbay Ayala y Luis Herrera Camping, respectivamente.[24]

Sin embargo, para no empañar sus credenciales "democráticas", deliberadamente se excluyó a la dictadura guatemalteca; entonces encabezada —luego de otro golpe de Estado— por el "anciano de la Iglesia del Verbo" y general José Efraín Ríos Montt (1982-1983), a quien Gabriel García Márquez certeramente calificó de: "un dictador luciferino que en nombre de Dios llevó a cabo el primer etnocidio de América Latina en nuestro tiempo".[25] Durante los doce primeros meses de su breve gobierno —con el apoyo político de la Democracia Cristiana y del llamado "Movimiento de Liberación Nacional", fundado como fruto de la intervención norteamericana de 1954— Ríos Montt desarrolló una "estrategia subversiva integral" que devastó a decenas de poblados del país y costó la vida a más de 15 000 personas. Otras 70 000 tuvieron que emigrar hacia México y medio millón fueron desplazados de sus lugares de residencia.[26] Entre ellos, amplios contingentes de indígenas de las diferentes etnias mayas que tuvieron que abandonar sus tierras como único medio de conservar la vida ante las grandes matanzas dirigidas a aislar de su base social a las organizaciones político-militares integrantes de la URNG. Tal estrategia represiva contó con el respaldo directo de los Estados Unidos y de las "iglesias fundamentalistas" (entre ellos, la Iglesia del Verbo) que habían apoyado la elección del dúo Reagan-Bush. Esto explica la manera en que —a pesar de las maniobras contemporizadoras del Vaticano— la dictadura de Ríos Montt atacó a diferentes activistas de la Iglesia católica, en particular a los más estrechamente vinculados al movimiento popular.[27]

Al margen de sus terribles implicaciones para el pueblo guatemalteco, la exclusión del gobierno de Ríos Montt (junto al fin del gobierno de Turbay Ayala, en agosto de 1982) terminó por enterrar las gestiones dirigidas a la formación de la CDCA. También influyeron en ese desenlace las rápidas visitas que, a fines de 1982, realizó Ronald Reagan a Brasil, Colombia, Honduras y Costa Rica. Estas estuvieron rodeadas de diversas manifestaciones de protestas populares y oficiales. A tal grado, que algunos gobiernos latinoamericanos —por ejemplo, los de Venezuela, Perú y Argentina—, aún heridos por el traicionero comportamiento estadounidense en la Guerra de las Malvinas, se negaron a recibirlo. Otros, como fueron los casos del gobierno militar brasileño y del recién electo presidente colombiano Belisario Betancur (1982-1986), aprovecharon la visita de Reagan para expresar su oposición a la política intervencionista de los Estados Unidos en el Cono Sur africano y en la Cuenca del Caribe.

Sin embargo, el mandatario estadounidense obtuvo importantes éxitos en sus visitas a Costa Rica y Honduras. Aunque el gobierno del primero de esos países —entonces encabezado por el "socialdemócrata" Luis Alberto Monge (1982-1986)— expresó su rechazo a cualquier intervención directa de los Estados Unidos contra Nicaragua, aceptó en forma sibilina la "generosa" ayuda económica y militar (más de 625 000 000 de dólares) que se le ofreció. Esta le permitió emprender un acelerado plan de militarización de la policía civil (desde 1948 ese país no tiene Ejército) y la formación de cuatro batallones de esa fuerza entrenados por asesores estadounidenses e israelitas en técnicas de contrainsurgencia. A cambio, Monge se comprometió a admitir la presencia de ciertos grupos antisandinistas en su territorio (uno de ellos, el dirigido por el traidor al FSLN, Edén Pastora) y le ofreció facilidades a la CIA para construir una base aérea dirigida a abastecer de manera clandestina a la llamada "contra nicaragüense".[28]

En Costa Rica, Reagan también se entrevistó con el nuevo mandatario salvadoreño, el general Álvaro Magaña; quien —luego de actuar como "intermediario" entre la CIA y el Estado Mayor del Ejército salvadoreño, así como de las intensas gestiones realizadas en San Salvador por el general Vernon Walters— había llegado a tal cargo con el apoyo de la democracia cristiana, como resultado de las elecciones para la formación de una Asamblea Constituyente realizadas el 28 de marzo de 1982. Como dada la falta de garantías y el clima represivo que las rodeó (se estima que, como promedio, se cometían 200 asesinatos políticos semanales) en ellas no participaron ni el FMLN, ni el FDR, obtuvieron la mayoría de los votos los representantes del Partido Demócrata Cristiano, del mal llamado Partido de Reconciliación Nacional —formado por los militares en 1961— y de la denominada Alianza Renovadora Nacional (ARENA), fundada en 1981 por los sectores más reaccionarios de la fuerzas armadas, encabezados por el sicario Roberto D'Abuisson. Este, siguiendo instrucciones de los Estados Unidos y para declinar sus aspiraciones presidenciales, aceptó su nombramiento como presidente de la susodicha Asamblea Constituyente. En consecuencia, el dúo Magaña-D'Abuisson se plegó, de manera inmediata, a la estrategia contrarrevolucionaria de los Estados Unidos hacia Centroamérica.

Lo mismo hizo el gobierno hondureño, presidido por Roberto Suazo Córdova (1982-1986). Este —con el decidido apoyo de la denominada Asamblea del Consejo Superior de las Fuerzas Armadas (COSUFA) y, en particular, de su ministro de Defensa, el entonces poderoso general Guillermo Álvarez Martínez—, en sus reuniones con Reagan, admitió transformar a Honduras en otra de las plataformas agresivas del Pentágono en América Latina, así como en la principal "plaza de armas" de la contrarrevolución "nicaragüense". A tal fin, se actualizó el convenio de ayuda militar que al amparo del TIAR tenía suscrito con los Estados Unidos desde el 20 de mayo de 1954 y se construyeron en territorio hondureño 11 bases militares operadas directamente por las fuerzas armadas norteamericanas.[29] En consecuencia, dicho país fue virtualmente ocupado por más de 15 000 efectivos del Ejército estadounidense.[30]

A su vez, para contener por vías violentas el creciente descontento interno, el Ejército "hondureño" desarrolló un nuevo programa de entrenamiento y equipamiento. Como parte de ese programa, el Ministro de Defensa formó —con apoyo de la poderosa Estación CIA y del siniestro Embajador norteamericano en Tegucigalpa, John Dimitri Negroponte— una unidad especial del Servicio de Inteligencia —el fatídico Batallón 316— encargado de realizar ejecuciones extrajudiciales, secuestros y desapariciones de sus adversarios políticos. Según algunas fuentes, sólo hasta 1984 (fecha en que el general Álvarez Martínez fue destituido de su cargo y expulsado del país), esa unidad había perpetrado, al menos, 247 crímenes políticos,[31] a los que habría que agregar las incontables víctimas de la sistemática represión de las fuerzas militares contra las postergadas demandas del pueblo hondureño.

Paralelamente, la CIA creó, a fines de 1982, el Consejo Político y las estructuras militares de la mal denominada Fuerza Democrática Nicaragüense. También creó el grupo ARDE encabezado por Edén Pastora y las organizaciones contrarrevolucionarias de origen misquito MISURATA y MISURASATA. Por otra parte, a fines de 1983, se restablecieron las criminales labores del Consejo de Defensa Centroamericano, ahora integrado por las fuerzas armadas de Honduras, El Salvador, Guatemala y los Estados Unidos. Todo lo anterior fue creando, aceleradamente, las bases para el desarrollo de lo que, en mayo de 1983, *The New York Times* definió: "la guerra no muy secreta" de los Estados Unidos contra Nicaragua. Y de lo que otros analistas, menos comprometidos con los círculos de poder estadounidenses, llamaron con más propiedad: "La guerra sucia de los Estados Unidos contra la Revolución sandinista". Tal cual muestra el Cuadro 10, sólo entre 1980 y julio de 1986, esa desfachatada agresión dejó un saldo de aproximadamente 300 000 víctimas directas; entre ellas más de 17 000 muertos y de 10 000 heridos y secuestrados.[32]

CUADRO 10

Costos humanos de la agresión norteamericanas
a Nicaragua *(1980-julio de 1986)*

	En las filas de la revolución	*Entre los efectivos de la contrarrevolución*	*Totales*
Muertos	4 238	12 850	17 088
Heridos	4 627	2 501	7 128
Secuestrados	3 669		3 669
Subtotal	12 534	15 351	27 865
De ellos,			
Niños:	912		
Jóvenes:	2 193		

Huérfanos a causa de la guerra: 6 329 niños censados por el FSLN
Desplazados por la guerra: Entre 250 000 y 300 000, según diversas fuentes.

FUENTE: Confeccionado por el autor sobre la base de los datos que aparecen en Raúl Vergara Meneses y otros: ob. cit., p. 53.

Todo ello, sin contar los inmensos daños humanos y sociales causados al pueblo nicaragüense por el bloqueo económico, el minado de los puertos, las agresiones aéreas, el espionaje, el terrorismo y otras acciones contra-revolucionarias directamente emprendidas por el gobierno norteamericano o realizadas a través de los sectores más reaccionarios de la sociedad nicaragüense; entre ellos, la alta jerarquía de la Iglesia católica y, en especial, el célebre arzobispo Miguel Ovando y Bravo.[33] Basta recordar que, gracias a la política del dúo Reagan-Bush y a los sádicos remanentes del somocismo, se formó en territorios hondureño y costarricense un ejército mercenario que, en 1985, a pesar de las más de 16 000 bajas que le habían causado las fuerzas sandinistas, aún contaba con un mínimo de 13 500 mercenarios, equipados, asesorados y entrenados por más de 300 "boinas verdes" y expertos en operaciones antiguerrilleras.[34]

A lo anterior hay que agregar los cientos de millones de dólares que invirtió el Pentágono en la realización de continuas maniobras militares en el territorio hondureño (las llamadas *Big-Pine*), así como en habilitar diversos aeropuertos con fines bélicos y en reconstruir la Base Militar de Puerto Castilla, que había sido ocupada por las fuerzas armadas estadounidenses durante la Segunda Guerra Mundial. Según reconoció el gobierno de los Estados Unidos, allí se instaló "una filial" de las escuelas militares norteamericanas de Fort Bragg y de Fort Benning con el fin de preparar, *in situ*, y cerca del teatro de operaciones, a las fuerzas militares de Honduras, El Salvador y, en menor medida de Guatemala; país considerado por los ideólogos de Santa Fe: "la porción estratégica de Centroamérica, en virtud de su colindancia con los vastos campos petroleros mexicanos".[35]

Fue tal el despliegue de fuerzas terrestres, aéreas y navales realizadas en Honduras y en ambas costas nicaragüenses (en ciertos momentos llegaron a estar desplegados en la región cerca de 30 000 efectivos norteamericanos y sofisticados medios militares, navales y aéreos) que, por instantes, parecía que los Estados Unidos iba a desencadenar una intervención militar directa contra Nicaragua. Para contener ese curso de acción, se activaron las gestiones latinoamericanas —y en algunos casos, europeas— dirigidas a buscar soluciones políticas y negociadas al llamado "conflicto centroamericano". Entre estas, las del denominado Grupo de Contadora, (integrado por los gobiernos de Venezuela, Colombia, México y Panamá) que —desde su fundación, en 1983— encontró un amplio respaldo internacional. Asimismo, constituyó un obstáculo a los planes norteamericanos dirigidos a intervenir directamente en Nicaragua y, eventualmente, en El Salvador.

También contribuyó a evitar ese curso de acción, la supervivencia en amplios sectores de la sociedad norteamericana del llamado "síndrome de Vietnam" y la consiguiente movilización del pueblo estadounidense —así como de ciertos segmentos del *establishment*— para impedir una matanza similar a la que sufrieron los pueblos indochinos y las llamadas "minorías étnicas" (por ejemplo, los afronorteamericanos y los latinos, en primer lugar puertorriqueños) radicadas en los Estados Unidos. Esas movilizaciones —fundadas en la tenaz resistencia del FSLN, del Ejército Popular Sandinista, del FMLN-FDR de El Salvador, de la URNG y, en menor medida, de las organizaciones político-militares hondureñas: *Cinchoneros*, FAR, PRTC y el PCH— resquebrajaron el consenso político en los Estados Unidos hacia la estrategia centroamericana de la administración Reagan-Bush. Mucho más porque eran cada vez más evidentes los crímenes perpetrados (incluso dentro de sus propias filas) por la "contra", así como las constantes violaciones de los derechos humanos — en primer lugar, el derecho a la vida — en El Salvador y Guatemala.

Ante las reiteradas declaraciones de la Cámara de Representantes prohibiendo el financiamiento de las actividades "secretas" de la CIA contra Nicaragua, y ante los constantes fracasos de su política contra-insurgente en El Salvador (atribuida por el Pentágono a la incapacidad del Ejército salvadoreño), a la Casa Blanca no le quedó más remedio que instituir una Comisión Nacional Bipartidista encargada de presentarle propuestas sobre la estrategia que debía seguirse hacia esa región. Fue nombrado Presidente de esa Comisión el ex secretario de Estado Henry Kissinger. Aunque en su informe final se hicieron algunas limitadas recomendaciones "reformistas" en el terreno económico, social y político, al final — igual a lo que estaba ocurriendo con la cacareada Iniciativa para la Cuenca del Caribe — terminaron preponderando sus enormes filos geo-políticos y contrainsurgentes.

Y ello fue así porque, acorde con la "filosofía" del ex secretario de Estado de "negociar desde posiciones de fuerza" y tratando de obtener concesiones unilaterales del adversario,[36] el llamado "Informe Kissinger" recomendó sostener o incrementar, según el caso, la ayuda militar a los gobiernos de la región, siguiendo el silogismo de que "Centroamérica necesitaba paz para que hubiera progreso; seguridad para que hubiera paz; y progreso para que la paz sea duradera". Además, ese "enfoque integral" (que de alguna manera hacía recordar algunos de los postulados de la referida "diplomacia del dólar") legitimó, otra vez, el supuesto derecho de los Estados Unidos a intervenir en los asuntos internos de los pueblos centroamericanos. Del mismo modo, cuestionó el carácter autóctono de los procesos revolu-cionarios que se desarrollaban en la región, al indicar que las crisis económicas y sociales que existían en esos países, estaban siendo aprove-chadas por "el expansionismo cubano-soviético" para amenazar "la segu-ridad nacional" norteamericana.[37]

Por ello, aunque el mencionado documento bipartidista nunca recomendó una intervención militar directa, tampoco descartó de forma absoluta la posibilidad de que ella ocurriera si la Revolución sandinista, el FMLN o la URGN no aceptaban las condiciones estadounidenses o si estas últimas organizaciones llegaban a destruir la columna vertebral (el Ejército) del sistema de dominación oligárquico-imperialista instaurado en esa región por los Estados Unidos y las clases dominantes locales desde comienzos del siglo XX. De ahí que sus recomendaciones —aunque impulsaron la modernización de los sistemas políticos y represivos de los países centroamericanos— también contribuyeron a extender, por seis años más, la agresión norteamericana contra Nicaragua; por nueve años más, los alevosos crímenes que se cometieron en El Salvador; y por trece años adicionales, el genocidio y el etnocidio que se venía perpetrando en Guatemala. Igualmente, influyeron en la prolongación de la virtual ocupación militar del territorio hondureño por parte de los Estados Unidos, y en los múltiples abusos y crímenes (lamentablemente todavía no cuantificados) ejecutados por el Ejército hondureño, por la "contra nicaragüense" y por la soldadesca norteamericana contra diversos líderes populares, así como contra la población civil de ese país centroamericano. Entre ellos, decenas de niños que —al igual que en otras partes del mundo— fueron sometidos a los abusos sexuales de las tropas estadounidenses.[38]

Merece la pena recordar que ninguno de esos crímenes se paralizaron después de la celebración, en 1984, de las primeras elecciones genuinamente democráticas que se realizaban en Nicaragua a todo lo largo del siglo XX, pues en contra del deseo de la Casa Blanca, en ellas, por un amplio margen (el 63% de la votación) fue electo como Presidente el dirigente sandinista, Daniel Ortega.[39] Tampoco se detuvieron luego de las farsas electorales realizadas (después de la promulgación de una nueva Constitución facturada por los sectores más reaccionarios del país) en El Salvador (1984) y en Honduras (1985), ni de los sucesivos golpes y contragolpes de Estado que se produjeron en Guatemala, desde agosto de 1983 (encabezado por el general Humberto Mejía Vítores), hasta la elección, en l986, del socialcristiano Vinicio Cerezo. Como en otros momentos históricos, con excepción del de Nicaragua, todos esos procesos electorales fueron tutelados por los Estados Unidos y los sectores más derechistas de las fuerzas armadas; quienes, en la nuevas circunstancias y sobre la base de los ya referidos acueros con la Casa Blanca, contaron con el apoyo de la Democracia Cristiana Internacional.

LA CRISIS DE LA DEUDA, LA "REDEMOCRATIZACIÓN" Y LA IMPUNIDAD EN AMÉRICA LATINA Y EL CARIBE

Lo anterior contribuye a explicar por qué —a pesar de las crisis que vivían esos Estados contrainsurgentes— no se detuvo la represión, ni la lucha popular, democrática y revolucionaria en Centroamérica. Tampoco se resolvieron ninguno de los agudos problemas económicos, sociales y políticos que —según reconoció el propio Informe Kissinger— estaban en la base del "conflicto centroamericano". Por el contrario, en los años posteriores, comenzó el progresivo estallido en toda la región de la "crisis de la deuda externa" y con ella la que con posterioridad se denominó: "la década pérdida en América Latina y el Caribe". Aunque esa crisis comenzó por México (en 1982 el gobierno de ese país decretó una moratoria de pagos de los compromisos contraídos con diversas instituciones financieras privadas y oficiales), rapidamente se extendió a casi todos los países de la Cuenca del Caribe y a la mayor parte de los países suramericanos.

En estos últimos, la crisis de la deuda y los nefastos efectos sociales que estaba produciendo se concatenó con las intensas movilizaciones populares que finalmente dieron al traste con las dictaduras militares instauradas en estas naciones. Así ocurrió en Bolivia. En ese país, en octubre de 1982, la profunda crisis económica y social en que lo había colocado la "narcodictadura" del general Luis García Meza, condujo a un nuevo golpe de Estado. Sus ejecutores le entregaron la presidencia a Hernán Siles Suazo y a su vicepresidente Jaime Paz Zamora. Ambos habían integrado la candidatura más votada en los comicios presidenciales que habían sido anulados por el golpe de Estado de 1980. Junto a ellos llegó al gobierno una inestable coalición de partidos de centroizquierda (entre los cuales se encontraba el Movimiento de Izquierda Revolucionaria y el Partido

Comunista de Bolivia) identificada con el nombre de Unión Democrática y Popular (UDP).[40] En los tres años posteriores, esa coalición tuvo que encarar los graves problemas que padecía la economía y la sociedad boliviana en una convivencia difícil con los "enclaves militaristas y autoritarios" que aún perduran en ese país. Igualmente, las intensas coacciones del dúo Reagan-Bush para que "erradicara" a través de mecanismos represivos —incluso con el empleo del Ejército— los tradicionales cultivos de la hoja de coca (no es lo mismo que cocaína) que existen en ese país.

Paralelamente, en 1984, tomó posesión de su cargo en Argentina el presidente constitucional Raúl Alfonsín; mientras que en, 1985, en Uruguay —luego de las intensas y combativas movilizaciones antidictatoriales ya mencionadas—, se realizaron nuevas elecciones generales. En ellas obtuvo la victoria el candidato presidencial del Partido Colorado, Julio María Sanguinetti. En el propio año, en Brasil, en medio de una poderosa movilización popular que reclamaba elecciones directas, la dictadura militar tuvo que entregarle el gobierno —después de realizar las últimas elecciones indirectas de la historia reciente de ese país— al dueto integrado por el presidente Tancredo Neves y el vicepresidente, José Sarney. Este último asumió la presidencia, entre 1986 y 1989, luego de la muerte del presidente electo. Merece la pena consignar que, después de una década de brutalidad represiva, el Frente Amplio de Uruguay obtuvo el 21,3% de los votos y elevó su representación parlamentaria en relación con 1971.[41] Igualmente, que en las elecciones parlamentarias que se realizaron en Brasil (1986), tanto el PT, como el PDT consolidaron su representación en diversos Estados y en la Cámara de Diputados.[42]

Por otra parte, en Chile, impulsadas por la crisis que vivía el "modelo de seguridad y desarrollo" instaurado en ese país, se intensificaron las luchas contra la dictadura de Pinochet. En mayo de 1983, un paro sindical convocado por la Confederación de Trabajadores del Cobre, se convirtió en una "explosiva, inesperada (...) y 'salvaje' manifestación de protesta popular. Marchas, barricadas y enfrentamientos con efectivos policiales se repitieron durante toda la jornada en diversas comunas de la capital, particularmente en aquellas habitadas por obreros 'marginales' y sectores de la pequeña burguesía empobrecida".[43] Esas jornadas de protesta se repitieron entre 1983 y 1985, extendiéndose progresivamente a las principales ciudades del país. En ellas confluyeron "las dos vertientes opositoras al régimen: la burguesa y la popular".[44] Lo anterior condujo a Pinochet a una creciente situación de ilegitimidad que sólo pudo resolver, en los años sucesivos, mediante el "diálogo" con la "oposición burguesa" y acudiendo a una nueva oleada terrorista contra el movimiento popular. Como parte de la misma, entre noviembre de 1984 y junio de 1985, el gobierno militar decretó, otra vez, el estado de sitio e impuso el toque de queda; lo que se tradujo en un aumento del número de detenciones arbitrarias, allanamientos en poblaciones, abusos y muertes. Según la Vicaría de la Solidaridad, "el 39% de las muertes ocurridas en este período sucedieron bajo el estado de sitio." [45]

Continuó así, lenta y en algunos casos sangrientamente, la llamada "redemocratización" de América del Sur. Como vimos, esta ya había tenido otros episodios en Ecuador (1979) y en Perú (1980). Sin embargo, hay que recordar que todos los gobiernos civiles surgidos al amparo de ese proceso —al igual que los del Caribe, Panamá y México— comenzaron a ser fuertemente presionados por el FMI, por el BM y por el llamado "Club de París" (integrado por los grandes bancos acreedores) para que asumieran los Programas de Ajuste Estructural (PAE) de corte "neoliberal" impulsados por los círculos dominantes en los Estados Unidos, como condición imprescindible para la renegociación de sus "obligaciones" externas.

Fue precisamente, en ese contexto, en que el Presidente cubano Fidel Castro inició lo que denominó "la batalla contra la deuda externa".[46] Las luchas contra esa deuda, la solución del intercambio desigual, la recuperación de los principales postulados del Nuevo Orden Económico Internacional (aprobados por la ONU, en 1974) y la integración latinoamericana y caribeña fueron presentadas por el líder cubano como condiciones necesarias para la consolidación de las recién resurgidas democracias políticas y para la liberación nacional de las naciones del continente.[47]

No obstante, su llamado fue desconocido por casi todos los gobiernos latinoamericanos y caribeños. En esta última subregión, ya desde 1984, los Estados integrantes de la CARICOM, debilitados por la ofensiva contrarevolucionaria norteamericana ya referida, y por la actitud pusilánime de los gobiernos derechistas instalados en los países de mayor desarrollo relativo (Barbados, Jamaica y Trinidad y Tobago,) aceptaron colectivamente las recetas de los organismos financieros internacionales controlados por los Estados Unidos.[48] Aunque entonces no eran parte de la CARICOM, la misma actitud adoptó la dictadura haitiana encabezada por el heredero de François Duvalier (el famoso *Baby Doc*) y el gobierno del "socialdemócrata" Salvador Jorge Blanco (1982-1986) en la República Dominicana. Este último, bajo la perenne tutela de los Estados Unidos, acudió a la represión para neutralizar las protestas populares. Así, a fines de abril de 1984, más de 100 personas fueron asesinadas por el Ejército o la policía.[49] Entre agosto y octubre del propio año, otras 23 personas resultaron muertas e igual número heridas. Hacia esa última fecha también se denunció la desaparición de 58 personas, "algunas por razones políticas".[50]

Sin negar algunos intentos de concertación latinoamericana para abordar de una manera distinta "el problema de la deuda externa" (como fue el frustrado Consenso de Cartagena de 1985), la mayor parte de las administraciones civiles y militares suramericanas asumieron una actitud parecida a la de los gobiernos caribeños. Sólo los nuevos gobiernos de Venezuela (encabezado, entre 1984 y 1989, por el "socialdemócrata" Jaime Lusinchi), Argentina, Brasil y del joven dirigente del APRA de Perú, Alan García (1985-1990), intentaron elaborar soluciones diferentes a las exigidas por el FMI y el BM. Pero esas soluciones "heterodoxas" y demagógicas también terminaron en estruendosos fracasos. Estos profundizaron las abultadas "brechas sociales" que históricamente han caracterizado a la mayor parte de los países latinoamericanos y caribeños.

En consecuencia, se produjo un sensible incremento de las legítimas protestas populares y de la represión desatada por las nuevas autoridades "democráticas". Por ejemplo, en Perú, todavía se recuerda la responsabilidad que tuvo "el Presidente socialdemócrata" Alan García en la profundización de la crisis económica y social, así como en la sostenida ola de violencia reaccionaria que sacudió a ese país entre 1985 y 1990. Al igual que en las peores experiencias dictatoriales centroamericanas, durante su mandato, las fuerzas armadas y policiales, unidas a las llamadas "rondas de defensa civil", perpetraron diversas matanzas de grupos campesinos e indígenas con el propósito de debilitar las bases de sustentación social de Sendero Luminoso y del MRTA. Las "fuerzas del orden" también perpetraron las emblemáticas masacres de las cárceles El Frontón y Lurigancho, así como del reclusorio de mujeres de Santa Bárbara (junio de 1986). En esta última ocasión, fueron asesinados más de 300 presos políticos —entre ellos, decenas de mujeres— que resistieron con armas rudimentarias el inhumano régimen penitenciario que querían imponerles. Incluso, El Frontón fue bombardeado por unidades de la marina de guerra. Para más contraste, el hecho ocurrió en momentos en que se efectuaba en Lima una importante reunión de la vacilante Internacional Socialista, entonces presidida por el afamado ex canciller de la República Federal Alemana: el socialdemócrata Willy Brand.[51]

Algo parecido ocurrió en Argentina. En ese país fueron sofocadas de manera violenta las espontáneas sublevaciones populares que se produjeron tras el fracaso de la política económica y social del gobierno de Raúl Alfonsín, formalizada en el Plan Austral. Así ocurrió con la infinidad de asaltos a supermercados en busca de comida, al igual que con otros fuertes conflictos sociales y sindicales que se produjeron en esos años. También cuando un comando del Movimiento Patria para Todos (MPPT) ocupó el regimiento militar de La Tablada en protesta frente a la situación existente, así como para denunciar los nuevos planes golpistas que estaban urdiendo importantes sectores de las fuerzas armadas. En esa ocasión (enero de 1989), la represión fue brutal. A tal grado, que los pocos sobrevivientes denunciaron que —como en los peores tiempos de la Junta Militar— "hubo fusilamientos de los jóvenes que se entregaban con bandera blanca y con los brazos en alto", al igual que algunos desaparecidos. Asimismo, reaparecieron las amenazas de muerte a diferentes dirigentes populares, incluidas las principales líderes de la Asociación Madres de Plaza de Mayo.[52]

Se acentuó así —en la segunda mitad de la década de 1980— el círculo vicioso que mantiene hipotecadas las posibilidades de un desarrollo integral e independiente de la absoluta mayoría de las naciones latinoamericanas y caribeñas. Mucho más porque esas circunstancias fueron aprovechadas por el gobierno de Ronald Reagan —y, posteriormente, por el de George Bush— para erosionar sensiblemente las capacidades de negociación colectiva de los proyectos integracionistas, de cooperación o de concertación política, con autonomía respecto a los Estados Unidos, que habían forjado los gobiernos de esa región en los lustros precedentes.

Aunque muy debilitados, en la práctica, sólo sobrevivieron la CARICOM, el Pacto Andino (sin la presencia de Chile), el SELA (fundado en 1975), y el Grupo de Contadora (México, Venezuela, Colombia y Panamá), especializado en la búsqueda de una solución política y negociada del "conflicto centroamericano". Este último esfuerzo recibió posteriormente el respaldo del denominado Grupo de Apoyo, integrado por los gobiernos de Raúl Alfonsín, (1984-1989) en Argentina, de José Sarney (1985-1989) en Brasil, de Julio María Sanguinetti (1986-1989) en Uruguay, y de Alan García (1985-1990) en Perú. A su vez, esas ocho naciones fundaron, en 1986, el denominado Grupo de Concertación y Cooperación de Río de Janeiro (el Grupo de Río), al que posteriormente se incorporaron otras democracias representativas de América del Sur.

Pese a que ni el Grupo de Contadora, ni el Grupo de Río lograron detener el genocidio que se desarrollaba en El Salvador y en Guatemala, ni la persistente agresividad norteamericana contra la Revolución sandinista, sin dudas contribuyeron a crear el ambiente internacional que propició que, a mediados de 1987, los cinco presidentes centroamericanos (Costa Rica, Nicaragua, Honduras, El Salvador y Guatemala) firmaron el acuerdo de Esquipulas. Aunque en este —bajo la presión de la Casa Blanca— quedó establecida "una inadecuada simetría" entre la contrarrevolución "nicaragüense", el FMLN de El Salvador y la URGN de Guatemala, los gobiernos centroamericanos (sin la anuencia de los Estados Unidos) se comprometieron mutuamente a retirar todas las fuerzas extranjeras de sus correspondientes naciones y a no inmiscuirse en los asuntos internos de sus países vecinos.[53] Merece la pena consignar que tales acuerdos fueron propiciados por el impacto que tuvo en el sistema político estadounidense y en la opinión pública internacional el llamado "escándalo Irán-contras", a través del cual, a partir de noviembre de 1986, progresivamente se fue develando la estrecha vinculación de altos funcionarios del gobierno de Ronald Reagan —entre ellos, el integrante del Consejo Nacional de

Seguridad, coronel Oliver North— con el tráfico de drogas y el contrabando de armas (provenientes de Irán) dirigido a financiar y desarrollar su "guerra sucia" contra la Revolución sandinista.

Lo antes dicho interactuó con "la progresiva descomposición del poder contrainsurgente en Guatemala" y la consiguiente gestión del social-cristiano Vinicio Cerezo (1986-1990);[54] con el "empate estratégico" que, en el contexto del segundo gobierno de Napoleón Duarte (1984-1989), se había producido entre el FMLN y las sanguinarias fuerzas armadas "salva-doreñas" amamantadas por los Estados Unidos; con las crecientes protestas contra la masiva presencia de los efectivos militares norte-americanos y de "la contra" en territorio hondureño; así como con la llegada al gobierno de ese país, en 1986, de un nuevo presidente (José Azcona Hoyos) menos comprometido que su antecesor con la política guerrerista que, desde 1981, venía desarrollando la Casa Blanca. Igualmente, con la ya referida destitución del sanguinario general hondureño Álvarez Martínez; y la sustitución, en 1985, de John Dimitri Negroponte como Embajador de Estados Unidos en Honduras. Asimismo, con la "vocación de paz" del recién electo presidente "socialdemócrata" costarricense Oscar Arias (1986-1990); con las crecientes reacciones internacionales y continentales contra la política de la administración Reagan-Bush; y, sobre todo, con la incapacidad que esta y sus correspondientes lacayos habían demostrado para derrotar por vías militares al gobierno sandinista y a las insurgencias populares salvadoreña y guatemalteca.

Todo ello —y la profunda crisis económica y social que vivía la subregión— planteó la necesidad de elaborar lo que algunos analistas definieron como "una nueva estrategia de dominación de los Estados Unidos en Centroamérica".[55] Esa necesidad fue mayor a causa de las suce-sivas crisis que, en la segunda mitad de la década de 1980, comenzaron a afectar a otros aliados de la política norteamericana en América Latina y el Caribe. Así, en 1988, fue derrotado electoralmente el gobierno derechista de Edward Seaga en Jamaica. Lo sustituyó nuevamente el ya veterano líder socialista Michael Manley. Ese hecho fue antecedido por la victoria electoral, en 1986, del Partido Laborista Democrático de Barbados, encabezado por el sexagenario líder progresista Errol Barrow (1986-1987) y, luego de su muerte, por Erskine Sandiford (1987-1994). Asimismo, por el derrocamiento, en el propio año, mediante una sublevación popular, de la prolongada dictadura de Jean Claude Duvalier (*Baby Doc*) en Haití. Este salió impune de Puerto Príncipe gracias a un acuerdo entre los gobiernos de Washington y París. Lo sustituyó el Consejo General de Gobierno presidido por el general Henri Namphy; quien, en medio de un intenso ambiente represivo, y tratando de reducir la presión del movimiento popular, colocó en el gobierno —luego de unas sangrientas y amañadas "elecciones" — al "socialcristiano" Leslie Manigat (febrero-junio de 1988). La incapacidad del Ejército para controlar la situación, generó un largo período de intensa inestabilidad política (incluyó un nuevo golpe de Estado de Namphy y el violento derrocamiento de este por el general Prosper Avril), en cuyo contexto fue emergiendo, poco a poco, el liderazgo del entonces carismático y popular sacerdote católico Jean Bertrand Arístide.[56]

Sin embargo, el hecho que mayor repercusión tuvo en el panorama político hemisférico fue la derrota, en octubre de 1988, de un nuevo intento del general Augusto Pinochet de prolongar su dictadura a través de un referéndum. Ese resultado posibilitó que la oposición democrática —agrupada en el Comando por el No— levantara, a través del dirigente demócrata cristiano Patricio Aylwin, una propuesta dirigida a negociar con las fuerzas armadas "los términos de un cambio político institucional". Ese cambio se expresó, posteriormente, en la reforma de la Constitución de 1980 (dictada por Pinochet) y en la convocatoria, en 1989, a elecciones generales. En estas obtuvo la victoria el propio Patricio Aylwin (1990-1994) con el respaldo del Partido Demócrata Cristiano y del Partido Popular por la Democracia (PPD), surgido de una división del Partido Socialista de Chile.

Cabe señalar que —en absoluta contradicción con las más elementales normas del Derecho— esa "transición pactada hacia la democracia" incluyó la aceptación de la Ley de (auto)amnistía que había promulgado el gobierno militar, la preservación de los privilegios de los altos mandos militares y el nombramiento de algunos de ellos —incluido Pinochet— como "Senadores vitalicios". De más está decir que todas esas acciones tuvieron por propósito garantizar la total impunidad de los usurpadores de la soberanía popular y de los alevosos crímenes que estos habían perpetrado durante más de 15 años.[57] Igualmente, la preservación de todas las "reformas" económicas de carácter neoliberal que, a lo largo de su mandato, había instrumentado la dictadura chilena.

Fórmulas parecidas se consolidaron en Argentina y Uruguay. En este último país, en abril de 1989, un disputado referéndum respaldó la Ley de Caducidad (dictada en 1986) frente a los crímenes cometidos por la dictadura militar; estropicio que ya había sido cometido por el gobierno de Buenos Aires luego de la llamada "Ley de Punto Final", promulgada por el gobierno de Raúl Alfonsín a fines de 1986. Según su letra, quedó extinguida cualquier acción penal "respecto de toda persona, por su presunta participación en cualquier grado", en los delitos vinculados "a la represión del terrorismo" que no hubiera sido "ordenada su citación a prestar declaración indagatoria por tribunal competente" antes del 31 de enero de 1987. Adicionalmente, cuando las causas en trámite implicaran la prisión preventiva de "personas en actividad de las FF.AA., de seguridad, policiales o penitenciarias" estas permanecerían arrestadas en sus propias unidades y bajo la responsabilidad de los jefes.[58] Dicho de otra forma: los causantes de los crímenes atroces cometidos contra el pueblo argentino quedaban bajo la custodia de los coautores o cómplices de sus fechorías.

Pero el asunto no quedó ahí. Meses después, el propio gobierno —en respuesta al "pronunciamiento militar" protagonizado por los llamados "carapintadas" (abril de 1987)— decretó la llamada Ley de Obediencia Debida. Según esa norma, se presumió "sin admitir prueba en contrario, que quienes a la fecha de comisión del hecho" actuaban "como oficiales jefes, oficiales subalternos, suboficiales y personal de tropa de las FF.AA., de seguridad, policiales y penitenciarias, no son punibles (...) por haber obrado en virtud de obediencia debida". La misma presunción fue aplicada a los oficiales superiores que no hubieran sido Comandantes en jefe, Jefes de zona, Jefes de subzona o Jefes de las fuerzas de seguridad, policial o penitenciaria si no se demostraba, en un plazo de 30 días, que ellos habían "tenido capacidad decisoria o participación en la elaboración de las órdenes" represivas.[59] Es decir, 30 días después de promulgado ese instrumento jurídico, y salvo que se demostrara lo contrario, virtualmente los únicos responsables de las masacres perpetradas en Argentina eran los cinco ex miembros de la Junta Militar que ya habían sido sancionados en 1985. Por pudor, sólo se excluyó de esa tácita ley de amnistía a los militares o civiles que hubieran cometido "delitos de violación, sustracción y ocultamiento de menores o sustitución de su estado civil y apropiación extorsiva de inmuebles".[60]

En contraste con lo anterior, los dirigentes y militantes de las organizaciones populares y revolucionarias que todavía se encontraban en la clandestinidad o en el exilio continuaban siendo perseguidos por los órganos represivos del Estado. En función de ello, el Ministerio de Relaciones Exteriores demandó su extradición a los gobiernos de los diferentes países latinoamericanos donde estos se encontraban exiliados. Algunos de ellos —como fue el caso del jefe del Movimiento Peronista Montonero (MPM), Mario Firmenich— fueron extraditados desde Brasil y juzgados y condenados en Argentina. Igualmente, continuaron detenidos los llamados "presos del Plan Austral"; o sea, los protagonistas de las protestas sociales contra la política económica y social del gobierno de Raúl Alfonsín. Entre ellos, los escasos sobrevivientes del MPPT que habían participado en el referido asalto al cuartel de La Tablada.

Esos engendros jurídicos se ampliaron después de la derrota electoral y del virtual "golpe financiero" que, en mayo de 1989, terminó apresuradamente con la presidencia de Alfonsín. Así, en enero de 1990, como parte de su demagógico llamado a que los argentinos se reconciliaran "con el pasado para salvar el futuro", el nuevo Presidente "peronista", Carlos Saúl Ménem (1989-1999), indultó a todos los ex jefes de la Junta Militar que habían sido sancionados a cadena perpetua en 1985, a los dirigentes del MPM que cumplían unos años de cárcel, así como a los que aún estaban en el exilio. Sin embargo, mantuvo sancionados a los integrantes del MPPT. Las masivas reacciones populares frente a esas decisiones fueron minimizadas, reprimidas e ignoradas. Además, durante los primeros meses de su mandato, se produjeron de manera impune sucesivos asaltos y allanamientos clandestinos contra el local de la Asociación Madres de Plaza de Mayo.[61]

De esa manera, se institucionalizó en esos y otros países latinoamericanos y caribeños una aberrante situación de impunidad frente a la violación de todos los derechos civiles y políticos —las llamadas "libertades fundamentales" — y frente al terrorismo de Estado que sigue siendo "una herida abierta y un irresuelto problema político que dificulta la consolidación de la democracia" en la mayor parte de los países de América Latina.[62] Como ya está señalado y como se profundizará en otro capítulo, a tales problemas se agregó la aplicación "fundamentalista" de los PAE, impulsados por los organismos financieros internacionales que controla los Estados Unidos (el FMI y el BM) y la consiguiente ampliación de la inmensa "deuda social" acumulada durante los últimos años en la región. Además, la extendida corrupción que infecta a todos los poderes del Estado, incluido el desprestigiado poder judicial.

LAS PRIMERAS VÍCTIMAS DE LA "POSGUERRA FRÍA"

Con esas situaciones (crisis económica y social, impunidad, represión a las acrecentadas demandas populares) se encontró el ex vicepresidente de la administración Reagan, George Bush, cuando, el 20 de enero de 1989, finalmente ocupó la "oficina oval" de la Casa Blanca. Aunque sería simplista afirmar que este continuó al pie de la letra todas las políticas de su antecesor, no parecen existir dudas acerca de que los elementos de continuidad superaron, en gran medida, los cambios que el nuevo mandatario introdujo en la política internacional, latinoamericana y caribeña de los Estados Unidos. Quizás la diferencia radicó en que, en cierta medida, Bush "cosechó" los resultados internos y externos de la mal llamada "revolución neoconservadora" que había iniciado, casi una década antes, su antecesor.

A pesar de que no todas las políticas específicas que Ronald Reagan implementó lograron un consentimiento total en el *establishment* y en la sociedad estadounidense, parece indiscutible que estas crearon un nuevo "consenso conservador" en el sistema político del país. Ese consenso impregnó, incluso, a los llamados "sectores liberales" del Partido Demócrata.[63] Sobre todo, después que se inició el estrepitoso derrumbe del llamado "socialismo real europeo". Antecedido por incontables desatinos y por diversas convulsiones políticas internas, el 9 de diciembre de 1989, fue derribado el Muro de Berlín. Así colapsó la República Democrática Alemana. En forma sucesiva, fueron claudicando o sangrientamente derrocados (ocurrió en Rumania) los diversos líderes "comunistas" de las "democracias populares" surgidas en Europa central y oriental después de la Segunda Guerra Mundial. Ese proceso se vinculó y a la vez profundizó la prolongada crisis política, económica, nacional e ideológica que al final condujeron, en 1991, a la desintegración de la URSS y del supuestamente "indestructible" PCUS. La progresiva debilidad de este país y las inconsistencias e inconsecuencias de la política exterior desarrollada por Mijail Gorbachov (1985-1991), de manera objetiva le liberaron las manos a los círculos de poder estadounidenses para tratar, otra vez, de ensanchar y consolidar su hegemonía y su dominación sobre el llamado "mundo de Posguerra Fría".

Con independencia de otros importantes acontecimientos internacionales o latinoamericanos que referiremos después, una de las primeras expresiones de esa redimida estrategia fue la brutal intervención militar norteamericana contra Panamá (20 de diciembre de 1989). Bajo la acusación de que el general Manuel Antonio Noriega, jefe de las Fuerzas de Defensa, estaba vinculado con el "narcotráfico internacional", y en el contexto del conflicto interno que generó el indefinido resultado de los comicios presidenciales de mayo del propio año, 20 000 soldados estadounidenses, apoyados por poderosos medios aéreos desplegados en la propia Zona del Canal, masacraron a diferentes barrios populares de la capital de Panamá (entre ellos, San Miguelito y el Chorrillo), ocuparon todo el territorio nacional e instauraron el gobierno títere del "civilista" Guillermo Endara.[64] Según algunas fuentes, "el gordo Endara" (quien, como en los tiempos del "gran garrote", juró su cargo ante el general Thurman, jefe del Comando Sur del Ejército de los Estados Unidos) se trepó en la presidencia de Panamá con la ayuda de las ensangrentadas bayonetas de la infantería de marina y sobre los cadáveres de más de 3 000 panameños, la mayoría de ellos, civiles.[65] Cabe destacar que —al igual que en otros momentos de la historia latinoamericana y caribeña— tan innecesaria matanza se produjo con el virtual silencio de la OEA. Esta —bajo la presión estadounidense— se limitó a "deplorar profundamente" esa brutal intervención y a "exhortar" a la retirada de "las tropas extranjeras" utilizadas en esa "operación militar".[66] Tal declaración tuvo lugar en un tono mucho menor al que había empleado, meses antes, la propia organización para exigirle al gobierno panameño la renuncia del general Noriega y la búsqueda (con la intervención de la OEA) de "una solución política y negociada" con los representantes de la oposición oligárquica (el llamado "movimiento civilista") a lo poco que quedaba del proceso nacionalista y popular, iniciado por Omar Torrijos, en octubre de 1968.[67]

Con independencia de las diversas intenciones de los artífices de esa "resolución interamericana" (entre los que se encontraban los representantes de algunas relucientes "democracias representativas" suramericanas, junto a los personeros de pro imperialistas gobiernos centroamericanos), sin dudas sus contenidos, y los escasos resultados de sucesivas "gestiones mediadoras" emprendidas por los representantes de la OEA, allanaron las dificultades político-diplomáticas a la unilateral invasión estadounidense contra Panamá; así como, a continuación de ella, a la total destrucción de las Fuerzas de Defensa de ese país. Estas fueron sustituidas por la Nueva Fuerza Pública "surgida [al igual que en 1936] bajo los auspicios del propio mando militar norteamericano".[68] Tal como pretendían, desde 1977, los poderosos opositores estadounidenses a los Tratados Torrijos-Carter, lo anterior dejó el camino expedito para futuras intervenciones norteamericanas en el istmo, con el recurrente pretexto (utilizado desde 1914) de preservar la presunta "neutralidad" y "la seguridad" de la vía interoceánica.

Ese desenlace de la situación panameña, tuvo una inmediata repercusión en el proceso electoral que se desarrollaba en Nicaragua. Movido por los temores a una intervención militar estadounidense, cansados de los duros efectos económicos y sociales de la prolongada "guerra sucia" desarrollada por el dúo Reagan-Bush (entre 1982 y 1989 esta provocó la muerte de 29 270 personas, 13 000 huérfanos y 29 392 heridos, mutilados y discapacitados),[69] y descontentos por las diversas pifias cometidas por el gobierno del FSLN, en las elecciones presidenciales de febrero de 1990, el candidato de esa agrupación política, Daniel Ortega, fue derrotado por una heterogénea coalición de fuerzas políticas organizada alrededor de la candidatura de Violeta Chamorro. Con el nombre de Unión Nacional de Oposición, en esa coalición participaron, incluso, importantes reductos del somocismo, así como otros representantes políticos de las clases dominantes nicaragüenses. Además, contó con el generoso apoyo financiero de la bipartidista National Endowment for Democracy (NED), fundada en 1981, a propuesta de la CIA, por el gobierno y el Congreso de los Estados Unidos.[70] Como se ha documentado, desde entonces, la NED se convirtió en un nuevo instrumento para las "intervenciones democráticas" de esa potencia en los asuntos internos de diferentes países del mundo; en especial, de América Latina y el Caribe.

La intervención norteamericana en Panamá, la derrota electoral del FSLN y las contradictorias repercusiones de la ofensiva militar desatada por el FMLN, en diciembre de 1989, aceleraron el desarrollo de los procesos de negociación que, al calor del Acuerdo de Esquipulas, venían desarrollándose en El Salvador y, a pasos muchos más lentos, en Guatemala. Según denunció el propio presidente Vinicio Cerezo, en el caso guatemalteco, las negociaciones eran constantemente entorpecidas por "el clima de terror existente en el país".[71] Basta señalar que Cerezo tuvo que enfrentar dos intentos de golpes de Estado y que, sólo en el último año de su administración (1990), el Comisionado de la ONU para los Derechos Humanos recibió más de 3 000 denuncias de violaciones graves a los derechos de los ciudadanos guatemaltecos. También que, sólo en los primeros nueve meses del gobierno de su sustituto, Jorge Serrano Elías (1991-1993), se registraron 1 760 violaciones flagrantes de tales derechos. Entre ellas, 650 ejecuciones extrajudiciales, 126 asesinatos y 13 secues-tros.[72] En algunas de esas fechorías participaron connotados agentes de la CIA.

Luego del frustrado intento golpista del mandatario guatemalteco antes mencionado (1993), ese espiral de violencia reaccionaria se mantuvo durante el gobierno interino de Ramiro de León Carpio (1993-1995). Según la Oficina de Derechos Humanos del Arzobispado Guatemalteco, en ese período se contabilizaron 336 ejecuciones extrajudiciales, 902 asesinatos, 227 atentados, 41 casos de desapariciones forzadas y 17 denuncias de torturas.[73] Ello explica las legítimas resistencias de la URNG a deponer las armas, tal y como le exigían los círculos dominantes guatemaltecos y algunos de sus aliados externos, incluida la Casa Blanca.

Por su parte, en el caso salvadoreño, las negociaciones se aceleraron cuando el gobierno derechista de Alfredo Cristiani (1989-1993) —representante de la Alianza Republicana Nacionalista (ARENA) encabezada por el criminal Roberto D'Aubuisson— aceptó, cual deman-daba el FMLN, la mediación del entonces Secretario General de la ONU, Javier Pérez de Cuéllar. A pesar de que la represión no se detuvo y de que la administración de George Bush mantuvo en todo momento su total respaldo económico y militar a las fuerzas armadas salvadoreñas, finalmente, el 16 de enero de 1992, se firmaron en Chapúltepec, México, los acuerdos de paz entre las partes contendientes.[74]

Con independencia de la necesidad o de la virtud de esos acuerdos, lo cierto fue que ellos dejaron totalmente impunes a los principales autores materiales o intelectuales de los más de 75 000 asesinatos que se habían cometido en El Salvador desde el fatídico golpe de Estado de 1972.[75] En particular —según las denuncias que se compilaron en 1993— a los victimarios y cómplices de las 22 000 denuncias de desapariciones forzadas, detenciones ilegales, torturas y ejecuciones extrajudiciales llevadas a cabo en su mayoría (95%) por las fuerzas armadas y demás fuerzas represoras del Estado, así como por los diversos escuadrones de la muerte que, al amparo de ambas, funcionaron entre 1980 y 1992.[76] Huelga decir que esos acuerdos tampoco pudieron encontrar respuestas duraderas a las incertidumbres generadas por la profunda crisis económica y social que ha venido padeciendo esa nación, ni a la violencia estructural que histórica-mente ha afectado a la sociedad salvadoreña.

De forma paralela a esas negociaciones, la administración de George Bush se orientó a tratar de contener y "controlar" la creciente inestabilidad que las políticas neoliberales estaban produciendo en diferentes países de América Latina y el Caribe. Por ejemplo, en febrero de 1989, en Paraguay, un cruento golpe de Estado (dejó un saldo de cerca de 250 muertos) dirigido por el general Andrés Rodríguez —y en el que tuvo un papel destacado el entonces coronel Lino Oviedo— acabó con la prolongada dictadura pro imperialista del general Alfredo Stroessner.[77] Como era de esperar, después de la convocatoria a unas apresuradas elecciones, fue electo "Presidente constitucional" el propio líder golpista; quien —al igual que su antecesor— había estado comprometido con la sistemática violación de todos los derechos humanos y con el terrorismo de Estado perpetrado en ese país. Por ende, con el apoyo de la Casa Blanca, garantizó que quedaran impunes todos los crímenes cometidos durante más de 40 años por los sicarios y testaferros del sátrapa Alfredo Stroessner. Este se marchó tranquilamente para su cómodo exilio en Brasil.

En el propio mes y año (febrero de 1989), de manera imprevista, masivas protestas populares sacudieron a Venezuela, en respuesta a los aumentos de los precios del combustible y de diversos productos de primera necesidad que había decretado el segundo gobierno (1989-1992) del presidente "socialdemócrata" Carlos Andrés Pérez como condición necesaria para recibir los 5 000 millones de dólares en préstamos *stand by* que le había prometido el FMI. Sólo la draconiana represión desatada por las fuerzas militares (dejó un saldo de cerca de 5 000 muertos) pudo detener la incontrolada furia popular que pasó a la historia política venezolana con el nombre de "el Caracazo".[78] Este acontecimiento tuvo inmensas repercusiones en la sociedad, en el sistema político y en las fuerzas armadas venezolanas. De hecho, profundizó la crisis del corrupto sistema bipartidista (el denominado "puntofijismo", en referencia al mencionado pacto de Punto Fijo entre AD, URD y COPEI) que se había instaurado en ese país desde 1958. También sentó las bases para el auge de diferentes movimientos de izquierda, incluido el Movimiento Revolucionario Bolivariano (MRB 200) que, en febrero y noviembre de 1992, bajo la dirección del entonces coronel Hugo Chávez Frías, intentó derrocar de manera infructuosa y mediante sendas insurrecciones cívico-militares, al gobierno de Carlos Andrés Pérez.[79]

Sobre este asunto volveremos después, pero antes es importante señalar que, en el propio año 1989, antecedida por intensas movilizaciones populares, una importante coalición de izquierda —encabezada por el Partido de los Trabajadores (PT) y por el combativo dirigente sindical Luiz Inácio da Silva, *Lula*— obtuvo importantes victorias locales, estaduales y parlamentarias en las primeras elecciones directas que se efectuaban en Brasil después del golpe militar de 1964. Como era de esperar, ello preocupó a las clases dominantes locales y a los círculos de poder norteamericanos. Pese al supuesto "fin de la historia", apenas un lustro después de la derrota política de una de las más férreas "dictaduras de seguridad nacional" del continente, en uno de los países de mayor desarrollo relativo de América Latina y el Caribe, resurgía un amplio bloque de fuerzas populares —bajo la hegemonía de la izquierda— capacitado para disputarle electoralmente el gobierno a los más conspicuos representantes de la "nueva" oligarquía financiera, dependiente y transnacionalizada que se había formado al calor del llamado "milagro brasileño". El estremecedor recuerdo de la victoria electoral de Salvador Allende y de la Unidad Popular chilena recorrió los pasillos de la Casa Blanca, así como los salones frecuentados por los ejecutivos y los accionistas de las principales corporaciones multi-nacionales (buena parte de origen norteamericano) que —según denunció Eduardo Galeano con palabras aún vigentes— continúan succionando de manera criminal las inmensas riquezas naturales del "gigante de los trópicos".[80]

Una situación parecida a la de Brasil se vivió en México. En mayo de 1989, por primera vez desde la fundación del denominado Partido Revolucionario Institucional (PRI), los descendientes de los que "convirtieron la Revolución mexicana en un negocio" tuvieron que enfrentar graves acusaciones de fraude electoral a causa de la "cerrada victoria" (50,4% de los votos emitidos) del candidato presidencial de esa agrupación política, Carlos Salinas de Gortari (1989-1994), sobre su opositor de izquierda, el líder del ahora llamado Partido de la Revolucion Democrática (PRD), Cuauhtémoc Cárdenas. La posibilidad de que reverdeciera el nacionalismo popular y antimperialista que caracterizó al gobierno de su padre, Lázaro Cárdenas, atormentó a los grupos dominantes en los Estados Unidos (que siempre han considerado el territorio de México parte de la seguridad nacional norteamericana), al igual que a las empresas transnacionales y a los sectores de la poderosa oligarquía nativa que —desde su poder sobre el Estado— han venido impulsando la "silenciosa" integración subordinada de México (incluidas sus inmensas reservas de hidrocarburos) al mercado estadounidense, cual punta de lanza de lo que el politólogo latinoamericano John Saxe-Fernández ha denominado "la regionalización *neomonroísta* del hemisferio occidental".[81]

La acérrima y poco convincente defensa de los turbios resultados electorales antes mencionados, al igual que la progresiva *neoliberalización* y desnacionalización de la economía mexicana, unidas a la extensión exponencial de las agudas diferencias sociales existentes en ese país, profundizó la crisis de legitimidad interna que ya estaba viviendo la peculiar "democracia representativa mexicana". Al igual que en otros países de América Latina y el Caribe, en esa situación influyó la impunidad reinante frente a las violaciones de todos los derechos humanos —en primer lugar los de la población indígena—, frente a la extendida corrupción administrativa que reina en México (la llamada "cleptocracia"), así como frente a los diversos asesinatos políticos que se han cometido en los últimos años; entre ellos, los de innumerables periodistas y dirigentes indígenas, así como los de un candidato presidencial del partido oficial y el de un Secretario General de la propia agrupación política.[82]

Paralelamente, en Colombia —seguido de los laboriosos acuerdos de paz firmados entre el M-19, algunos sectores del EPL y de la organización político-militar indígena Quintín Lame con el gobierno del Presidente liberal Virgilio Barco (1986-1990)— los partidos Liberal y Conservador tuvieron que enfrentar una seria crisis política que fue capitalizada por la Alianza Nacional-M-19. En pocos meses, esa coalición de izquierda se transformó en la tercera fuerza política del país y en la segunda mayoría en la Asamblea Constituyente dirigida a reformar la Constitución vigente desde 1886, incluidas las antidemocráticas enmiendas introducidas, a partir del año 1958, por el Frente Nacional. A tal resultado se llegó pese a los asesinatos de cientos de dirigentes y activistas populares, entre ellos, los correspondientes candidatos presidenciales del Nuevo Liberalismo (Luis Carlos Galán), de la Unión Patriótica (Bernardo Jaramillo) y del M-19: el popular comandante guerrillero Carlos Pizarro León-Gómez.[83]

Según la versión oficial, esos magnicidios habrían sido ejecutados por los sicarios del "narcotráfico"; pero —como se confirmó años más tarde— todos ellos fueron otros de los macabros frutos de los grupos paramilitares (los mal llamados "Grupos de Autodefensa") amamantados por las fuerzas militares, con el apoyo o el silencio cómplice de los sectores más reaccionarios de las clases dominantes colombianas (incluida la "narco-oligarquía") y de sus múltiples asesores militares estadounidenses.[84] Así lo confirman el asesinato, el secuestro o la "desaparición" —entre 1989 y 1994 (o sea, durante buena parte del gobierno del presidente liberal César Gaviria)— de miles de activistas populares, de promotores o defensores de los derechos humanos (como promedio 3 500 al año), al igual que de aproximadamente el 60% de los 5 300 guerrilleros que habían entregado las armas y se habían reinsertado en la sociedad a causa de los acuerdos de paz antes referidos.[85]

Por otra parte, en 1990, en las elecciones de Perú, debido a la pérdida de prestigio de los partidos políticos tradicionales (incluido el APRA y algunos de los partidos de la llamada "izquierda parlamentaria"), triunfó la candidatura presidencial del independiente Alberto Fujimori. Haciendo abstracción, por el momento, de la antipopular y represiva política aplicada a lo largo de diez años por el llamado "chinito de la suerte", este se alzó con la victoria frente al candidato de la derecha neoliberal, respaldado por los Estados Unidos, el escritor Mario Vargas Llosa. Sin embargo, dadas las carencias de un aparato político para sustentar su gestión gubernamental, Fujimori buscó de inmediato el apoyo de los sectores más reaccionarios de las fuerzas armadas. En la nómina de sus asesores apareció, entre otros, el ahora célebre Vladimiro Montesinos, acusado de ser agente de la CIA, de haber sido expulsado de las fuerzas armadas durante el gobierno del general Morales Bermúdez bajo el cargo de "traición a la patria" y de haber actuado como abogado de "los narcotraficantes".[86]

De forma simultánea, en diciembre de 1990, en las primeras elecciones genuinamente democráticas que se efectuaron en Haití a lo largo del siglo XX, resultó electo Presidente el carismático sacerdote católico Jean Bertrand Arístide. Para contener la avalancha popular (*lavalas*, en créole) que se produjo antes y después de su elección, en octubre de 1991, los sectores más reaccionarios de ese país —con el conocimiento de la Embajada norteamericana en Puerto Príncipe— acudieron de nuevo a un sangriento golpe de Estado, encabezado, esta vez, por el general Raoul Cèdras.[87] Según se ha documentado, sólo en los primeros días de ese golpe contrarevolucionario, fueron asesinados más de 3 000 haitianos. Asimismo, fueron encarcelados de manera arbitraria miles de personas y fuertemente hostigadas las organizaciones populares, las Comunidades Cristianas de Base y aquellos sectores de la Iglesia católica que habían respaldado al presidente Arístide. Muchos de sus integrantes se vieron obligados a pasar a la clandestinidad o a emprender el camino de emigrar ilegalmente hacia los Estados Unidos u otros países de la región.[88]

Buscando legitimar su gobierno, Cèdras nombró como Primer Ministro a Marc Bazan, quien había sido el candidato presidencial menos votado en las elecciones presidenciales antes referidas; pero que tenía el aval norteamericano por haber sido un destacado funcionario del BM. De ahí que, a pesar de los llamados internacionales, ni la Casa Blanca ni su tradicional aliado dominicano, el presidente Joaquín Balaguer (había retornado por quinta y sexta vez a esa posición en los fraudulentos comicios de 1986 y de 1990, respectivamente), nunca se sumaron al bloqueo económico contra la nueva dictadura haitiana acordado por la ONU. Tampoco aceptaron los llamados a una "intervención democrática colectiva" que formularon algunos gobiernos latinoamericanos y caribeños. Lo anterior reiteró la manera extremadamente selectiva con la que los círculos de poder en Washington utilizan el pretexto de "la democracia" y los "derechos humanos" en sus relaciones con América Latina y el Caribe.

LA INICIATIVA DE LAS AMÉRICAS

Merece la pena consignar que esa displicente conducta del gobierno de George Bush, y de sus aliados en la región, frente a las flagrantes violaciones de todos los derechos humanos en Haití, se produjo a pesar de los acuerdos de la Vigécima Primera Asamblea General de la OEA efectuada en Santiago de Chile (junio de 1991), en la cual los gobiernos integrantes de esa organización —incluidos los Estados Unidos y Canadá— ratificaron el Compromiso de Santiago de Chile con la Democracia y con la Renovación del Sistema Interamericano. Ese pacto, al igual que el Protocolo de

Washington de 1992, fue impulsado por la Casa Blanca en contubernio con importantes gobiernos de América Latina y el Caribe. Mediante ambos instrumentos jurídicos, la "democracia representativa", liberal y burguesa, fue canonizada como la única forma de gobierno aceptable en el hemisferio occidental. Se anuló así el principio del pluralismo político-ideológico que, como ya vimos, en la segunda mitad de la década de 1970 había sido defendido por divesos gobiernos latinoamericana y caribeños, como parte de las reformas que debían introducirse a la Carta de la OEA.

En consecuencia, la organización emitió la resolución número 1080. Esta instruyó a su Secretario General a convocar, de manera inmediata, al Consejo Permanente y, eventualmente, a un período extraordinario de sesiones de su Asamblea General, en caso de que se produjeran "hechos que ocasionen una interrupción abrupta o irregular del proceso político institucional democrático o del legítimo ejercicio del poder por un gobierno democráticamente electo en cualquiera de los Estados miembros de la organización".[89] Igualmente, mediante el antes mencionado Protocolo de Washington, se aprobó la suspensión de sus deliberaciones y acuerdos a cualquiera de sus Estados en el que se hubiera violado lo establecido en la resolución anterior. Eso le entregó a la OEA (y a su mentor, los Estados Unidos) atribuciones para juzgar, sancionar y actuar en asuntos que sólo incumben a la soberanía y la autodeterminación de las naciones latino-americanas y caribeñas.

Como veremos después, la ratificación de ese protocolo, en 1997, desdibujó nuevamente el principio de la no intervención en los asuntos internos de otros Estados históricamente reclamado por los gobiernos del área —desde las primeras décadas de siglo XX— como fundamento para el desarrollo de las relaciones interamericanas. Sobre todo, porque al amparo del protocolo mencionado, la OEA aceptó, otra vez, la fórmula de las llamadas "intervenciones colectivas" impulsadas, desde 1928, por el ex presidente demócrata Franklin Delano Roosevelt. Pero, antes de referirnos a ese asunto, es necesario recordar que, para facilitar la aprobación de esos instrumentos jurídicos, y tratando de practicar borrón y cuenta nueva con la larga historia de intervenciones norteamericanas en América Latina y el Caribe, así como con sus "incestuosas relaciones" con las dictaduras militares del continente, el subsecretario de Estado, Lawrence Eagleburger, reconoció "los errores" cometidos por su país en las relaciones con sus vecinos del sur. Según él, "la victoria de la libertad" en diferentes países del mundo y, en particular, en el hemisferio occidental fue "la redención" del "error" cometido por los gobiernos de Washington de observar todo lo que ocurría en América Latina y el Caribe a través del "distorsionado prisma de la Guerra Fría".[90]

A modo de compensación, y para atender los nuevos reclamos económicos formulados por los gobiernos de la región, el propio sub-secretario reiteró la propuesta del presidente George Bush de formar una "gran zona de libre comercio desde Alaska hasta la Tierra del Fuego". Esa cacareada Iniciativa para las Américas había sido anunciada en diciembre de 1990 por el mandatario republicano antes de emprender una gira a Brasil, Uruguay, Argentina, Chile y Venezuela. Bush también la invocó en sus múltiples y exitosas gestiones dirigidas a involucrar a México en la negociación del Tratado de Libre Comercio de América del Norte (TLCAN) — México, Canadá y los Estados Unidos —, así como en la Cumbre con sus homólogos andinos, con exclusión de Venezuela, efectuada meses más tarde. Esta última reunión presidencial estuvo dirigida a concertar un acuerdo sobre "la lucha contra las drogas". Según se ha denunciado, sobre la base de esta "estrategia andina", la Casa Blanca presionó a los gobiernos de Colombia, Perú y Bolivia para que emprendieran programas dirigidos a erradicar, a cualquier precio —incluidas la fumigación con herbicidas que producen daños a la salud y a la vida humana— los cultivos de coca y amapola. Estas sirven de materia prima para la producción de algunos de los estimulante y alucinógenos (cocaína y opio) que tienen una alta demanda en el mercado norteamericano. También les exigió que militari-zaran la lucha contra el "narcotráfico".

Con ese último objetivo, se revitalizó la ayuda militar y policial de los Estados Unidos a todos los países andinos y se incrementó la presencia de asesores militares y policiales, incluidos agentes de la Drug Enforcement Agency (DEA) y del Buró Federal de Investigaciones (FBI) en varios países de América Latina y el Caribe;[91] especialmente, en Bolivia, Perú y Colombia. En el primero de esos países, siguiendo los dictados de la Casa Blanca, un nuevo gobierno de Víctor Paz Estenssoro —apoyado por la Acción Democrática Nacionalista (ADN), encabezada por el ex dictador Hugo Bánzer Suárez— implantó durante cinco años (1985-1990) la renombrada Nueva Política Económica, dirigida a "resolver" —con postulados "neoliberales"— la profunda crisis económica y social que vivía esa nación. También emprendió un amplio plan de erradicación de los cultivos de hojas de coca. Aunque de manera demagógica, se prometió ayuda financiera para el llamado "desarrollo alternativo", al final, preponderaron los métodos punitivos contra los campesinos e indígenas productores de esa planta ancestral.

Para enfrentar el generalizado descontento popular que produjeron esas políticas, el gobierno de Paz Estenssoro acudió a lo que un analista denominó: "la violencia dentro de la democracia". Esta se expresó en la implantación del estado de sitio, en el confinamiento a campos de concentración de los dirigentes de la Central Obrera Boliviana (COB) y de los partidos políticos opositores, en la "descomposición del obrerismo organizado", en el cerco y el ataque por fuerzas militares de las manifestaciones populares, en el asesinato de decenas de personas —entre ellas algunos dirigentes de la izquierda—, en el empleo del terrorismo de Estado contra los medios de difusión masiva opuestos a la política oficial, así como en el despido de decenas de miles de trabajadores de la Corporación Minera Boliviana, del Banco Central y de los Yacimientos Petrolíferos Bolivianos. Asimismo, en el despliegue de un compulsivo proceso de "relocalización" de los trabajadores "excedentes" en las minas, en las fábricas y en diferentes dependencias estatales de las principales ciudades hacia diversas zonas agrarias del país. Para contribuir a esas sucias faenas y con el pretexto de "realizar tareas de acción cívica", en abril de 1989, un contingente de 300 militares del Comando Sur de los Estados Unidos ingresó a territorio boliviano.[92]

Algo parecido ocurrió en los casos de Colombia y Perú. Además de otros importantes intereses geoeconómicos y geopolíticos norteamericanos (Perú es uno de los principales abastecedores de cobre de los Estados Unidos; mientras Colombia es su quinto proveedor de petróleo),[93] la prioridad otorgada a estos dos países estuvo determinada, en el caso colombiano, por la creciente actividad de las FARC-EP y al ELN. Y, en el peruano, por el reto que le planteó a las clases dominantes y a la penetración imperialista en ese país la creciente actividad política y militar de Sendero Luminoso y del MRTA. Fue tal la magnitud de las acciones desplegadas por ambas organizaciones (en particular por la primera de ellas) que algunos analistas consideran que —después de El Salvador— esa insurgencia fue el desafío más grande que tuvo que enfrentar la política norteamericana hacia América Latina y el Caribe en los últimos años del decenio de 1980 y en los primeros de la década de 1990.[94]

Cualquiera que sea la validez de ese juicio, lo cierto fue que, con la ayuda del Pentágono y con el pretexto de la "lucha contra el narcotráfico" se instaló en la Base Militar de Santa Lucía, en el denominado Alto de Huallagua, considerado como la principal base de operaciones guerrilleras de Sendero Luminoso. Esta organización, como vimos, había sido acusada por la administración Reagan y por las clases dominantes locales de estar directamente vinculadas al tráfico ilícito de drogas. En consecuencia, la Casa Blanca toleró, aupó y apoyó las masivas violaciones a los derechos humanos y al llamado "derecho humanitario" (este prohíbe, entre otras cosas, las represalias contra la población civil en las zonas de operaciones bélicas) que constantemente cometían las fuerzas militares y policiales peruanas.

Así se expresó, en el parsimonioso ritmo que adoptó la diplomacia estadounidense frente al "autogolpe de Estado" protagonizado por el presidente peruano Alberto Fujimori, en abril de 1992. No obstante la flagrante violación que ese golpe palaciego implicó para el Compromiso de Santiago con la Democracia Representativa, la delegación de la OEA que acudió a resolver ese problema se conformó con la promesa de Fujimori de que convocaría a elecciones para una Asamblea Constituyente antes de que terminara el año. Como era de esperar, esos comicios culminaron con su reelección para un nuevo período de gobierno. Enseguida, Fujimori fortaleció la política represiva de sus antecesores y, al igual que estos, perpetró nuevas masacres contra la población civil y nuevos asesinatos de prisioneros políticos, como ocurrió en mayo de 1992 en la cárcel de alta seguridad de Canto Grande. En esa ocasión, el Ejército eliminó a 100

prisioneros de Sendero Luminoso después que estos entregaron las rudimentarias armas que habían utilizado en una sublevación dirigida a
protestar contra sus inhumanas condiciones carcelarias.[95]

Adicionalmente, según algunos estimados, entre 1990 y 1995 (año en
que fue capturado el líder de Sendero Luminoso, Abimail Guzmán, y otros
de sus compañeros de lucha) se cometieron, como promedio anual, cerca de
2 000 asesinatos por motivos políticos.[96] Asimismo, fueron encarceladas
más de 10 000 personas acusadas de pertenecer o apoyar a las organizaciones guerrilleras. Por tanto, las denuncias de desapariciones forzadas,
ejecuciones extrajudiciales, masacres, fosas comunes y cementerios
clandestinos atiborraron los archivos del inoperante y domesticado Poder
Judicial, al igual que las mesas de trabajo de los fiscales y los "jueces sin
rostros" supuestamente responsabilizados con la defensa de los derechos
ciudadanos. Para resolver esa situación y garantizar la impunidad de los
autores de esos crímenes, en 1995, el mandatario peruano amnistió a todos
los integrantes de las fuerzas militares y policiales que hubieran participado en tales fechorías.

Una situación similar se registró en Colombia; nación donde se estima
que, entre 1989 y 1999, murieron más de 35 000 personas (el 70% atribuidas
a asesinatos políticos) a causa de la violencia desplegada por los traficantes
de drogas, las fuerzas represivas y por la acción de las organizaciones
paramilitares contra las multiformes luchas del pueblo colombiano por una
vida más justa, digna y mejor.[97] Ello no incluye —como ya vimos en el
Cuadro 7— los cientos de "desaparecidos" que se produjeron en esos años,
ni las cerca de 800 000 personas que —sólo hasta 1996— había sido
desplazadas de sus hogares a causa de los asesinatos políticos y las
masacres, de los bombardeos y amenazas contra la población civil realizadas por el Ejército y de las "limpiezas de guerrilleros" perpetradas en
diversas zonas rurales del país por los grupos paramilitares asociados con
las fuerzas militares, con los "narcoterratenientes" y con la oligarquía
agraria.[98] Como ocurrió durante la mal llamada "violencia liberal-
conservadora" de la década de 1950, haciendo uso de la represión, ese
sector de las clases dominantes ha venido apropiándose de las mejores
tierras del país. Basta decir que un 3% de los propietarios usufructúan el

70% de la tierra cultivable, mientras que el 57% de los campesinos pobres sólo acceden al 3% de la misma.[99]

En contraste con la connivencia norteamericana frente a los crímenes y latrocinios antes referidos, la Casa Blanca —y los medios de la derecha norteamericana y cubano-americana (a los que en Cuba se denomina "la mafia de Miami")— continuaron hostigando por diferentes vías al gobierno cubano con los artificios de que las principales autoridades de la isla estaban vinculadas al "narcotráfico internacional" y eran responsables de las violaciones a los derechos humanos y a las llamadas "libertades fundamentales" que presuntamente se producen en forma sistemática en la mayor de las Antillas. Aunque esa campaña había comenzado en los últimos años de la administración Reagan, sin dudas, adquirió redobladas fuerzas después del estrepitoso derrumbe del "socialismo real europeo". Igualmente, después de la derrota que sufrieron las fuerzas militares de Irak, en el llamado "conflicto del Golfo Arábigo-Pérsico" (enero-febrero de 1991) y de la total desintegración de la URSS (diciembre de 1991). Embriagado por esos "éxitos", George Bush anunció su aspiración de convertirse en el primer Presidente norteamericano que visitaría "una Cuba libre e independiente".

En la base de esa baladronada estaba la percepción de los círculos gobernantes norteamericanos acerca de que el gobierno cubano no sobreviviría a la desintegración del "campo socialista" formado alrededor de la URSS, ni al aislamiento internacional en que esos y otros hechos (la invasión norteamericana a Panamá y la derrota electoral de la Revolución sandinista) supuestamente lo había colocado. De ahí que los medios de la derecha norteamericana y cubano-americana, sin descartar totalmente el costoso y riesgoso expediente de una agresión militar, orientaran sus pasos a fortalecer y universalizar el bloqueo de los Estados Unidos contra el pueblo cubano. En esa ocasión, el instrumento elegido fue la promulgación, a fines de 1992, de la Enmienda Torricelli. Mediante esta, entre otras cosas, se eliminaron las autorizaciones que se habían concedido, en 1973, a las sucursales de empresas norteamericanas radicadas en terceros países para vender alimentos y medicinas a las empresas e instituciones cubanas.

El carácter genocida y extraterritorial de esas disposiciones fue inmediatamente denunciado por el gobierno de la mayor de las Antillas. También fue reconocido por la Asamblea General de la ONU, la cual, en sucesivas votaciones anuales desde 1992, ha venido condenando esa medida de fuerza contra el pueblo cubano. Entre los elementos que ha conocido ese organismo internacional estuvo el informe preparado por la Asociación Americana para la Salud Mundial. Según este, el "embargo de los Estados Unidos contra Cuba ha dañado dramáticamente la salud y la nutrición de un gran número de ciudadanos cubanos". Además, "ha aumentado significativamente el sufrimiento en Cuba y hasta ocasionado muertes". De igual manera, ha dificultado el suministro de medicinas a la población, la "extensión del abastecimiento de agua y su tratamiento", así como ha "causado estragos en el generalizado sistema de atención primaria [a la salud] que continúa funcionando en la Isla".[100]

Testimonios como ese explican el rechazo que encontró en diferentes actores políticos y sociales del mundo la política anticubana desarrollada por el presidente George Bush. Esa tendencia también se expresó en América Latina y el Caribe. Por ejemplo, a pesar de todas sus presiones, la Casa Blanca no pudo impedir que el presidente cubano Fidel Castro participara, con todos los honores, en la primera Conferencia de Jefes de Estado y Gobierno de Iberoamérica, efectuada en Guadalajara, México, en septiembre de 1991. Independientemente de las capacidades de la diplomacia cubana y del carisma personal que acompaña al máximo líder de ese país, ese novedoso acontecimiento (al cual no fue invitado el gobierno de los Estados Unidos), al igual que su segunda edición en España (octubre de 1992), reflejó el enorme descontento que existía entre los gobiernos y otras fuerzas políticas y sociales latinoamericanas y caribeñas respecto a los resultados de la estrategia desarrollada hacia la región, tanto por Ronald Reagan, como por George Bush. De ahí — como veremos en el próximo capítulo— las esperanzas que despertó la elección, en noviembre de 1992, del demócrata William Clinton como Presidente de los Estados Unidos.

NOTAS

1. Juan Antonio Blanco: "La administración Reagan: ¿tiempo de transición?", en *Cuadernos de Nuestra América*, La Habana, julio-diciembre de 1986, no. 6, pp. 6-50.

2. Pedro Monreal: "Crisis económica y consenso conservador en los Estados Unidos: los años 90", en *Cuadernos de Nuestra América*, La Habana, enero-julio de 1989, no. 12, pp. 95-115.

3. Paul Kennedy: *Auge y caída de las grandes potencias*, Editorial Plazas & Yanes, Barcelona, 1994.

4. Isabel Jaramillo: *El conflicto de baja intensidad: modelo para armar*, Centro de Estudios sobre América, La Habana, 1987.

5. Richard M. Nixon: ob. cit.

6. Comité de Santa Fe: ob. cit., p. 6.

7. Carlos Iván Degregori: "Perú: más allá de la toma de rehenes", en *Nueva Sociedad*, Caracas, marzo-abril de 1997, no. 148, p. 7.

8. *La Nación*, Buenos Aires, 9 de agosto de 1981.

9. Clara Nieto: ob. cit., p. 300.

10. A. Glinkin y otros: ob. cit., p. 166.

11. Citado por Santiago Pérez Benítez, en "EE.UU.: fin de la Guerra Fría y política hacia el Tercer Mundo", en *Cuadernos de Nuestra América*, La Habana, julio-diciembre de 1991, no. 17, p. 105.

12. Luis Suárez Salazar y Alfonso Casanova Montero: "Acerca del 'corolario Reagan' y el Informe Kissinger", en *Cuba Socialista*, La Habana, junio-agosto de 1984, año IV, no. 2, pp. 41-76.

13. Ronald Reagan: "Discurso ante la Organización de Estados Americanos, Washington, 24 de febrero de 1982", en *Respuesta de Cuba. Reagan ante el Consejo de la OEA*, Editora Política, La Habana, 1982, p. 54.

14. Edelberto Torres Rivas: "Centroamérica: revoluciones sin cambio revolucionario", en *Nueva Sociedad*, Caracas, julio-agosto de 1997, no. 150, pp. 24-39.

15. Clara Nieto: ob. cit., pp. 301, 384 y siguientes.

16. John Dinges: *Our Man in Panama*, Times Books. New York, 1990,

pp. 82-84. Según ese autor, Noriega estuvo, en carácter de informante, en la nómina de la CIA durante cerca de treinta años; pero fue separado de la misma cuando, en 1976, se descubrió que el entonces jefe del G-2 (inteligencia y contrainteligencia) panameño había infiltrado a los servicios de inteligencia del Comando Sur de los Estados Unidos, entonces dislocado en la Zona del Canal de Panamá.

17. Darisnel Espino: *El ojo de la tormenta, Panamá: nación o colonia*, Ediciones de El Canal, Panamá, 1989.
18. Comité de Santa Fe: ob. cit.
19. "Granada: Nueva agresión en el Caribe" (nota editorial), en *El Caribe Contemporáneo,* México, octubre de 1983, no. 7, pp. 11-16. También puede consultarse: Clara Nieto: ob. cit., pp. 462-472.
20. Fidel Castro: "Discurso pronunciado en el acto de despedida de duelo a los héroes caídos en Granada, La Habana, 14 de noviembre de 1983", en *Granada: El mundo contra el crimen*, ed. cit., pp. 243 y 250.
21. Humberto García Muñiz: "La estrategia militar en el Caribe angloparlante", en *El Caribe Contemporáneo,* México, diciembre de 1995, no. 11, pp. 17-44.
22. Clara Nieto: ob. cit., pp. 307-308.
23. Asociación Madres de Plaza de Mayo: *Massera: el genocida*, ed. cit., p. 171.
24. Clara Nieto: ob. cit., p. 393.
25. Gabriel García Márquez: ob. cit.
26. Ricardo Cicerchia, Diane Marre y Eduardo Paladín: ob. cit., p. 157.
27. Oficina de Derechos Humanos del Arzobispado de Guatemala: ob. cit., p. 56.
28. Clara Nieto: ob. cit., pp. 375-376.
29. Leticia Salomón: "La Doctrina de Seguridad Nacional en Honduras", en *Lecturas sobre la realidad nacional,* Tegucigalpa, 1986, no. 2, pp. 138-139.
30. *Boletín Infopress Centroamericano,* 18 de abril de 1985, p. 12.
31. Clara Nieto: ob. cit., p. 380.
32. Raúl Vergara Meneses y otros: ob. cit., p. 53.

33. *Imperialismo: crímenes contra la humanidad*, Editorial Planeta, Moscú, y Editorial de Ciencias Sociales, La Habana, 1986, p. 255.

34. Raúl Vergara Meneses y otros: ob. cit., p. 33.

35. Comité de Santa Fe: ob. cit.

36. Henry Kissinger: *Mis memorias*, ed. cit.

37. *Informe de la Comisión Nacional Bipartidista sobre América Central (Informe Kissinger)*, Departamento de Orientación Revolucionaria del Comité Central del Partido Comunista de Cuba, La Habana, 1983.

38. Ricardo Cicerchia, Diane Marre y Eduardo Paladín: ob. cit.

39. Raúl Vergara Meneses y otros: ob. cit., p. 46.

40. Parlamento Latinoamericano/Instituto de Relaciones Europeo-Latinoamericanas: ob. cit., p. 71.

41. Ibídem, p. 393.

42. Ibídem, pp. 103-104.

43. Tomás Vasconi y Sergio Arancibia: ob. cit., p. 16.

44. Ibídem, p. 16.

45. "Las víctimas de la represión en Chile: desarrollo cronológico", en http//derechoschile.com//español/victimas2.htm., 15 de marzo de 1999.

46. Fidel Castro: *La cancelación de la deuda y el nuevo orden económico internacional*, Editora Política, La Habana, 1985.

47. Fidel Castro: *La deuda externa (selección temática febrero-septiembre de 1985)*, Oficina de Publicaciones del Consejo de Estado, La Habana, 1985.

48. Carmen Diana Deere: ob. cit.

49. Luis Gómez: ob. cit., pp. 324-326.

50. Pablo Mariñez: ob. cit., p. 70.

51. José Alberty Anesto: "Cinco décadas de violencia en América Latina y el Caribe (1948-1998)", Tesis de Maestría, Programa FLACSO/Cuba, Universidad de La Habana.

52. Hebe de Bonafini: ob. cit, pp. 44-45.

53. Gabriel Aguilera Peralta: "Esquipulas y el conflicto interno en

Centroamérica", en *El Salvador: límites y alcances de una pacificación negociada*, Centro de Investigación y Acción Social, El Salvador, enero de 1988, pp. 9-21.

54. Edelberto Torres Rivas y Gabriel Aguilera Peralta: ob. cit., pp. 69-77.

55. Juan Valdés Paz: "La nueva estrategia de dominación de los Estados Unidos", en *Cuadernos de Nuestra América*, La Habana, enero-junio de 1986, nos. 9-10, pp. 53-75.

56. Gérard Pierre Charles: "La post-guerra fría y la problemática del cambio social a la luz de la crisis haitiana", en *América Libre*, Buenos Aires, diciembre de 1992, no. 1, pp. 38-49.

57. Salvador Millaleo: "El caso Pinochet. Chile en la encrucijada de la democracia incompleta", en *Nueva Sociedad*, Caracas, mayo-junio de 1999, no. 161, pp. 130-145.

58. Roberto Cirilo Perdía: ob. cit., p. 202.

59. Asociación Madres de Plaza de Mayo: *Massera: el genocida*, ed. cit., pp. 200-201.

60. Ibídem.

61. Hebe de Bonafini: ob. cit.

62. Carlos Basombrío Iglesias: ob. cit., p. 119.

63. Pedro Monreal: "Crisis económica y consenso conservador en los Estados Unidos: los años 90", ed. cit., pp. 95-115.

64. Clara Nieto: ob. cit., pp. 521-534.

65. Raúl Leis: "Carta de Panamá a un amigo del Norte", en *Nueva Sociedad*, Caracas, 7 de agosto de 1992, no. 120, p. 93.

66. Clara Nieto: ob. cit., p. 530.

67. José de Jesús Martínez: ob. cit., pp. 95-104.

68. Nelson Notario Castro: *Desde Panamá reportamos*, Editorial José Martí, La Habana, 1990, p. 51.

69. Graciela Malgesini: ob. cit., p. 188.

70. William Robinson: "El rol de la democracia en la política exterior norteamericana: el caso Cuba", en Haroldo Dilla (compilador): *La democracia en Cuba y el diferendo con los Estados Unidos*, Centro de

Estudios sobre América, Editorial de Ciencias Sociales, La Habana, 1996.

71. Rodalinda Bran Pardo y Carmen Cigarroa: "Cuadro de triple entrada sobre los actores principales en el proceso de negociaciones (en Guatemala) y su contexto nacional e internacional", en Edelberto Torres Rivas y Gabriel Aguilera Peralta: ob. cit., pp. 167-241.

72. Graciela Malgesini: ob. cit., p. 136.

73. Ibídem, p. 137.

74. Roberto Turcios: "El Salvador. Una transición histórica y fundacional", en *Nueva Sociedad*, Caracas, julio-agosto de 1997, no. 150, pp. 113-118.

75. Parlamento Latinoamericano/Instituto de Relaciones Europeo-Latinoamericanas: ob. cit., p. 202.

76. Graciela Malgesini: ob. cit., p. 116.

77. Ricardo Cicerchia, Diane Marre y Eduardo Paladín: ob. cit., p. 183.

78. José María Vigil: *Latinoamerica '94*, Latino Editores CRIES, Managua, 1993, p. 51.

79. Elio Fidel López: "La revolución bolivariana. De los actores hegemónicos a las bases del cambio", en *Cuadernos de Nuestra América*, La Habana, julio-diciembre del 2001, no. 28, pp. 83-104.

80. Eduardo Galeano: *Las venas abiertas de América Latina*, ed. cit., pp. 387-394.

81. John Saxe-Fernández: "Mexamérica o la dialéctica entre la macro y la micro-regionalización", en *Nueva Sociedad*, Caracas, mayo-junio de 1996, no. 143.

82. Adolfo Gilly: "México. La crisis del poder", en *Nueva Sociedad*, Caracas, enero-febrero de 1995, no. 135, pp. 6-12.

83. Darío Villamizar: ob. cit., pp. 179-183.

84. Sally Burch: "Colombia: el vínculo entre militares y paramilitares", en *América Latina en Movimiento*, Quito, 28 de febrero del 2000, no. 308, p. 1.

85. Gabriel Marcella y Donald Schulz: "Las tres guerra de Colombia", en *Análisis Político*, Universidad Nacional de Colombia, Santa Fe de Bogotá, mayo-agosto de 1999, no. 37, p. 48.

86. Oscar Ugarteche. "Alberto Fujimori entre el Ying y el Yang", en *Nueva Sociedad*, Caracas, marzo-abril de 1992, no. 118, p. 125.

87. Gilles Danroc: "Haití: 500 años de violencia y de evangelización", en *América Libre*, no. 2, Buenos Aires, abril-mayo de 1993, pp. 23-31.

88. Ibídem, p. 25.

89. Ana Julia Faya: "La modernización de la OEA: hacia nuevos mecanismos de seguridad hemisférica", en *Cuadernos de Nuestra América*, La Habana, enero-junio de 1994, no. 21.

90. Ricardo Cicerchia, Diane Marre y Eduardo Paladín: ob. cit., p. 194.

91. Colleta Younger: "La única guerra que hemos conseguido: imposición de drogas en América Latina" en *Anuario Social y Político de América Latina y el Caribe*, FLACSO-Nueva Sociedad, Caracas, 1997, no. 1.

92. Erick Rolando Torrico: "Bolivia: El rediseño violento de la sociedad global", en *Nueva Sociedad*, Caracas, enero-febrero de 1990, no. 105, pp. 153-163.

93. Gabriel Marcella y Donald Schulz: ob. cit., p. 46.

94. Peruenrojo@comuna.com.

95. José Alberty Anesto: ob. cit.

96. Carlos Basombrío Iglesias: ob. cit.

97. Gabriel Marcella y Donald Schulz: ob. cit., p. 45.

98. Nora Segura Escobar y Donny Meertens: "Desarraigo, género y desplazamiento interno en Colombia", en *Nueva Sociedad*, marzo-abril de 1997, no. 148, p. 33.

99. Noam Chomsky: "La Cultura del miedo", en *Ko'eyú Latinoamericano*, Caracas, Venezuela, abril-junio del 2001, no. 82, p. 18.

100. American Association for World Health: "El impacto del embargo de EE.UU. en la nutrición y la salud en Cuba" (Resumen Ejecutivo), Washington, marzo de 1997.

10. HACIA UN NUEVO ORDEN PANAMERICANO

Interactuando con la criminal intervención militar norteamericana en Panamá (diciembre de 1989), con la derrota electoral del FSLN (febrero de 1990), con la "victoria" de "las fuerzas aliadas" (Estados Unidos e Inglaterra) en el conflicto del Golfo Arábigo-Pérsico (mayo de 1991), con la desintegración de la URSS (diciembre de 1991), con la "solución política y negociada del conflicto salvadoreño" (enero de 1992), y con la mal llamada "intervención humanitaria", bajo la bandera de la ONU, de las fuerzas armadas estadounidenses en Somalia (1992), el entonces presidente George Bush reiteró, una y otra vez, su decisión de construir un "nuevo orden mundial" bajo la absoluta hegemonía de los Estados Unidos.[1]

Debido a la llamada "propensión de la potencia hegemónica en el hemisferio occidental a inmiscuirse en los asuntos internos de sus vecinos del sur",[2] esos anuncios fortalecieron el justificado temor que existía en diversos sectores de la opinión pública internacional acerca de que, si se producía su reelección, Bush podría acudir —con renovados artificios (el "narcotráfico", el "terrorismo", las "migraciones incontroladas", la defensa de la "democracia representativa" y de ciertas nociones unilaterales sobre los derechos humanos)— al empleo del "gran garrote" o de la "zanahoria y el garrote" en sus relaciones con diversos países del orbe y, en especial, de América Latina y el Caribe. A tal grado, que algunos publicistas anunciaron la supuesta existencia de un nuevo paradigma para el desarrollo de la política exterior norteamericana: la denominada "Doctrina Bush". De acuerdo a esta, los Estados Unidos podría intervenir a su antojo en cualquier lugar de la Tierra donde sintiera amenazado sus "sacrosantos" intereses imperiales.[3]

De ahí el renovado optimismo con que —olvidando las lecciones de la historia— buena parte de los gobiernos y otros actores políticos del mundo y del hemisferio occidental recibieron la derrota electoral del Partido Republicano en las elecciones presidenciales de noviembre de 1992, así como la consiguiente entrada en la Casa Blanca, el 20 de enero de 1993, luego de doce años en "la oposición", del demócrata William Clinton y de su vicepresidente Albert Gore. Según la opinión preponderante en América Latina y el Caribe —así como entre los sectores "liberales" de la sociedad estadounidense— ese dueto facilitaba lo que el ex Embajador norteamericano en El Salvador, Robert White, definió como "una ventana de oportunidades" para replantear, sobre bases nuevas, los principales componentes de la agenda interamericana, al igual que para resolver los diferentes asuntos contenciosos que gravitaban en las relaciones hemisféricas. Entre ellos, el mal llamado "diferendo cubano-estado-unidense" y los serios problemas que a lo largo de la llamada "década perdida" (1982-1992) venían afectando el adecuado desenvolvimiento de las economías y las sociedades latinoamericanas y caribeñas.

Esas expectativas se acrecentaron cuando en el equipo de la política exterior y de seguridad de la primera parte de la administración de William Clinton (1993-1997) aparecieron renombrados académicos que, en los años anteriores, habían defendido cambios más o menos radicales en los fundamentos de la política externa de los Estados Unidos y, particularmente, en su proyección hacia las naciones situadas al sur de sus fronteras. En especial, los profesores Anthony Lake (quien fue designado presidente del Consejo Nacional de Seguridad de los Estados Unidos) y Richard Feinberg.

Este último, antes de que fuera nombrado Asistente Especial del Presidente para las relaciones con América Latina y el Caribe, había encabezado el prestigioso Diálogo Interamericano y participado, en forma destacada, en la redacción del informe titulado "Convergencia y Comunidad: Las Américas en 1993".[4] En él, entre otras cosas, se criticaba la política de la administración de George Bush por no haberle prestado suficiente atención a los agudos problemas socioeconómicos que padecía el continente (incluida la galopante deuda externa), por su unilateral y militarizado enfoque del tema del "narcotráfico", así como por desvalorizar los componentes sociolaborales y medioambientales del TLCAN que se venía negociando, desde hacía dos años, entre los gobiernos de los Estados Unidos, México y Canadá.

Según algunos analistas, ese documento fue adoptado a manera de guía conceptual de la "nueva política latinoamericana y caribeña" de William Clinton.[5] En consecuencia, y a tono con las prioridades de su política doméstica, este incluyó flamantes temas en las relaciones hemisféricas. Entre ellos: la protección del medio ambiente; la promoción de los derechos laborales; el "gobierno transparente y responsable"; la presunta participación de la "sociedad civil" —entiéndase los empresarios y algunas Organizaciones no Gubernamentales (ONG) cuidadosamente seleccionadas— en las decisiones oficiales, y la lucha contra la corrupción.[6] La capacidad de desestabilización política de ese último *issue* ya se había expresado, a fines de 1992 —luego de una intensa movilización popular capitaneada por la izquierda—, en la "renuncia" y sustitución por su vicepresidente Itamar Franco del Presidente de Brasil, Fernando Collor de Melo (1989-1992). Y, en mayo de 1993, en el complejo proceso político-constitucional que condujo a la destitución del ya desgastado mandatario "socialdemócrata" de Venezuela, Carlos Andrés Pérez.

Como vimos, ese último acontecimiento había sido antecedido por dos frustradas revueltas cívico-militares en las que había desempeñado un papel protagónico el MRB-200, liderado por el entonces coronel Hugo Chávez Frías. Tal movimiento, de una u otra forma, habían encontrado simpatías en amplios sectores de la población venezolana y proyectado la acción de otras organizaciones de izquierda opuestas al corrupto sistema bipartidista instaurado en ese país desde el mencionado Pacto de Punto Fijo. En consecuencia, en las elecciones generales de diciembre de 1993 (en las que resultó electo el otrora líder de COPEI, Rafael Caldera), tanto el Movimiento al Socialismo (MAS), como La Causa Radical (LCR) habían logrado consolidar su representación parlamentaria. A su vez, rompiendo precedentes, ese último movimiento había obtenido la importante alcaldía de Caracas. En opinión de algunos observadores, lo anterior —junto a la división del partido socialcristiano COPEI— reflejó "un fraccionamiento de las fuerzas políticas sin precedentes desde 1958".[7] Todo ello confirmó el ocaso de los plutocráticos acuerdos entre AD y el COPEI que habían permito mantener, sin grandes trastornos institucionales, el sistema de dominación burgués, oligárquico e imperialista instaurado sobre ese país suramericano.

A lo anterior se unía —como ya vimos— la continuidad del conflicto armado y del genocidio en Guatemala (entonces presidida por Jaime Serrano Elías), la fortaleza política demostrada por el FMLN de El Salvador (en las elecciones de 1994 se convirtió en la segunda fuerza parlamentaria del país), al igual que el creciente desarrollo de la lucha guerrillera en Perú y en Colombia. Asimismo, los avances electorales que en el mismo año habían alcanzado diversas fuerzas de izquierda en Brasil y Uruguay. En el primero de dichos países, a pesar de algunos reveses en los comicios parlamentarios de noviembre de 1990, el líder del PT, Luiz Inácio da Silva, *Lula,* se volvió a perfilar como uno de los principales contendientes para las elecciones presidenciales de octubre de 1994.[8]

Por su parte, en las elecciones generales efectuadas en Uruguay en noviembre de ese año, la heterogénea coalición de izquierda denominada Frente Amplio (FA) obtuvo el 30,6% de la votación, 9 escaños en el Senado y 31 en la Cámara de Representantes. También mantuvo la importante alcaldía de Montevideo. De esa manera —casi una década después de iniciada la "transición democrática" —, se fracturó de manera definitiva el esquema bipartidista (Blanco-Colorado) que —descontando los golpes de Estado cívico-militares o puramente militares ya referidos— había caracterizado a la emblemática "democracia representativa" uruguaya.[9]

De forma paralela, se reactivaron algunos proyectos de integración económica, cooperación y concertación política en América Latina y el Caribe que —al margen de sus grandes déficits económicos, sociales, institucionales y democráticos— no contaban (ni cuentan) con las simpatías de los círculos de poder estadounidenses. De ellos, los más importantes fueron la conformación del Mercado Común del Sur (MERCOSUR) —integrado por Brasil, Argentina, Uruguay y Paraguay e interesado en ampliar sus relaciones con la entonces naciente Unión Europea (UE) —,[10] y la Asociación de Estados del Caribe (AEC). Esta última fue impulsada por los países caribeños integrantes de la CARICOM y contó con un fuerte respaldo de México, Venezuela y Colombia (el Grupo de los Tres); cuyos gobiernos convocaron a sus homólogos de Centroamérica y de otros territorios del Caribe (incluidos los de las metrópolis europeas que conservan posesiones coloniales en esa zona) a conformar un mecanismo de cooperación y de concertación política que sentara las bases para superar los difíciles problemas económicos, políticos, sociales y ambientales que afectan a las naciones del Gran Caribe.[11] Entre ellos, el escaso interés demostrado por la Casa Blanca hacia esa subregión luego del "fin de la Guerra Fría".[12]

En consecuencia, pese a las presiones de los círculos gubernamentales estadounidenses, en todas las negociaciones que condujeron a la formación de la AEC desempeñaron un papel determinante los gobiernos más progresistas del Caribe, incluido el gobierno cubano.[13] Este, a pesar de los malos augurios sobre su destino inmediato, había logrado sobrepasar, poco a poco, los momentos más difíciles en que lo había colocado la desintegración de la llamada "comunidad socialista" formada alrededor de la URSS. También venía participando de manera destacada en las diversas Cumbres de Jefes de Estados y de Gobiernos de la Comunidad Iberoamericana que —sin la participación de representantes de la Casa Blanca— venían desarrollándose desde 1991.

Al margen de las contradicciones existentes entre sus miembros y de la ambigüedad de algunas de sus declaraciones, esas Cumbres —efectuadas en México (1991), España (1992) y Brasil (1993)— estaban impulsando novedosas formas de cooperación política y económica entre la Unión Europea (en particular España y Portugal) y las 19 naciones luso e hispano parlantes de América Latina y el Caribe. Igualmente, habían reflejado diversas posturas críticas hacia la política exterior y hemisférica de los Estados Unidos. Entre ellas, las vinculadas a la persistente política de bloqueo y agresiones contra Cuba; en particular contra la promulgación y aplicación, desde fines de 1992, de las estipulaciones de la mencionada "Enmienda Torricelli".[14]

LA RETÓRICA DE LA "RELACIÓN MADURA" ENTRE LOS ESTADOS UNIDOS, CANADÁ, AMÉRICA LATINA Y EL CARIBE

Por todo lo anterior, no fue extraño que —recordando la retórica "democrática" de Woodrow Wilson, de la "Era del Buen Vecino", de la frustrada Alianza para el Progreso y de la vacilante administración de James Carter— el "nuevo" discurso oficial estadounidense acentuara la necesidad de solucionar los diversos problemas socioeconómicos y socioambientales que caracterizan a las sociedades latinoamericanas y caribeñas. Entre ellos: la pobreza, el desempleo, la distribución regresiva y polarizada de la riqueza, las carencias en materia de educación y de salud, así como la desigualdad de género.

Acorde con el llamado "consenso pos-Washington",[15] la solución de esos problemas —en particular, del galopante incremento de la pobreza y la indigencia (ver Cuadro 11)— fue vinculada por el entonces subsecretario de Estado para asuntos interamericanos, Alexander Watson, a que los gobiernos del continente —además de mantener y mejorar los comportamientos macroeconómicos necesarios para atraer a los capitales privados— emprendieran las que denominó: "reformas económicas de segunda generación". Aunque sin abandonarlas, estas debían diferenciarse de las reformas neoliberales "de primera generación" en su preocupación por resolver los agudos problemas sociales y económicos que estaban produciendo los Programas de Ajuste Estructural (PAE) facturados por el FMI y el BM. También en sus capacidades para producir lo que el propio Watson denominó: "un crecimiento incluyente y duradero de las economías del hemisferio".[16]

CUADRO 11

América Latina: Magnitud de la pobreza y la indigencia
(en miles de personas)

Año	Pobreza	Indigencia
1980	135 900	62 400
1990	197 200	91 900
1994	209 300	98 300

FUENTE: CEPAL: *La brecha de la equidad: América Latina, el Caribe y la Cumbre Social*, São Paulo, Brasil, 1997, p. 31.

Sin embargo, el asunto que más llamó la atención fue la promesa del nuevo mandatario demócrata de eliminar "las unilateralidades" que habían caracterizado la política de los Estados Unidos hacia la región durante las administraciones del dúo Reagan-Bush. De manera sintomática, retomando algunas ideas de la administración de Richard Nixon, esos revividos enfoques "multilaterales" fueron inicialmente denominados: "la relación madura" entre los Estados Unidos, Canadá, América Latina y el Caribe. Al decir de los nuevos funcionarios del Departamento de Estado, tales interacciones no sólo serían valederas en el procesamiento de los asuntos económicos, políticos, diplomáticos, medioambientales y sociales, sino también en la imprescindible redefinición de las nociones sobre la seguridad hemisférica en las condiciones de "la posguerra Fría".

En ese último campo, el máximo exponente de "la relación madura" sería la retirada de las bases y las tropas norteamericanas acantonadas en Panamá y "la eliminación de la presencia de bases militares estadounidenses en toda la región".[17] Merece la pena significar que —acorde con la política desarrollada desde 1898— esa promesa nunca incluyó las diversas instalaciones de ese tipo que funcionan en su "colonia militar" de Puerto Rico, ni en una parte de la Bahía de Guantánamo, Cuba. Ello, a pesar de las constantes reclamaciones del gobierno y el pueblo cubanos dirigidas a recuperar su soberanía sobre ese espacio de la Isla, y de la continuidad de las luchas del pueblo puertorriqueño —en particular, de los sectores y organizaciones independentistas— contra la presencia de esas instalaciones en su territorio; en primer lugar, las ubicadas en la isla-municipio de Vieques, usurpada por la marina de guerra de los Estados Unidos desde 1937 .[18]

A pesar de lo antes dicho, en correspondencia con la "nueva geopolítica estadounidense", la Casa Blanca anunció que pondría en altos relieves los componentes geoeconómicos (por ejemplo, la libertad de comercio e inversiones), en vez de los tradicionales elementos geopolíticos que en lo transcurrido del siglo XX habían tipificado las violentas interacciones de los Estados Unidos con casi todos los países de América Latina y, sobre todo, del Gran Caribe. En función de ello, junto al hecho de "perfeccionar las democracias liberales", y de "promover los derechos humanos" —además de las llamadas "libertades fundamentales"— la diplomacia política y militar norteamericanas trabajarían, en unión de los gobiernos del área, para redefinir la magnitud, las funciones y las misiones de las fuerzas armadas latinoamericanas y caribeñas.[19]

Estas fuerzas, además de subordinarse a "los poderes civiles", tendrían que adecuarse "al nuevo escenario estratégico, internacional y hemisférico". De la misma manera, tendrían que concentrar sus esfuerzos en "la defensa militar del imperio de la ley" (vital para "la consolidación democrática y para enfrentar los vestigios de la insurgencia o del terrorismo"), en el desarrollo de acciones cívico-militares y en su eventual participación en las operaciones de mantenimiento (*peacekeeping*) o construcción de la paz (*peacemaking*) y la seguridad internacional que se venían realizando, en forma creciente, al amparo de las potencias con poder de veto en el antidemocrático Consejo de Seguridad de la ONU.[20] Estas son los Estados Unidos, Inglaterra, Francia, Rusia y la República Popular China.

Igualmente, las fuerzas militares de la región tendrían que empeñarse en contener y derrotar a los "nuevos enemigos de la seguridad y la estabilidad regionales". Demostrando el carácter bipartidista de ese enfoque, según la administración de William Clinton, estos serían: "el terrorismo"; las "migraciones incontroladas"; la producción, proliferación y venta de armamentos sofisticados; el contrabando de ciertos tipos de armas ligeras y de explosivos; los conflictos fronterizos existentes entre los países del continente (entre otros, el peruano-ecuatoriano) y "el narcotráfico". A su vez, para contrarrestar las resistencias latinoamericanas y caribeñas (al igual que las de ciertos sectores del Pentágono) a la creciente militarización de la lucha contra el tráfico ilícito de drogas que habían impulsado los dos últimos gobiernos republicanos, la Casa Blanca indicó que la labor de las fuerzas armadas (incluidas las de Estados Unidos) se reduciría a su participación en "operaciones de apoyo a las autoridades policiales" encargadas de esa tarea.[21]

Todo lo anterior se vinculó con la continuidad de las reformas que, desde fines de la administración de George Bush, se habían emprendido en algunos organismos del Sistema Interamericano; en particular, en el BID y en la OEA. Al primero, la administración demócrata le incrementó su capital en más de 40 000 millones de dólares y le ordenó —así como a la Agencia de los Estados Unidos para el Desarrollo Internacional (USAID)— que reorientara sus préstamos hacia la salud, la educación, las "micro-empresas", la protección del medio ambiente y la construcción de infraestructuras. Asimismo, le indicó una reorientación de sus créditos hacia las diversas iniciativas económicas del sector privado y al impulso de la labor de ciertas ONG del hemisferio.

Por su parte, a la OEA —siempre percibida por el gobierno estado-unidense como "brazo ejecutor" o "complemento" de su política hemis-férica— y a su flamante Secretario General, el ex presidente colombiano César Gaviria (electo con un fuerte apoyo de la Casa Blanca), además de continuar su modernización y de lograr un funcionamiento económico más eficiente, le anunciaron nuevas tareas en los campos socioeconómico, socioambiental, cultural y político-jurídico. Entre estos últimos, la aplica-ción práctica del ya mencionado Protocolo de Washington de 1992 y de la resolución 1080 del indicado organismo regional. Como ya vimos, la habilitación de esos instrumentos jurídicos permitiría suspender de la OEA a cualquiera de sus Estados miembros donde se hubiera fracturado "el orden constitucional". Asimismo, le confería ciertas capacidades a esa organización regional (como son las sanciones políticas y económicas) para emprender "intervenciones colectivas" con el pretexto de "restaurar la democracia" en cualquier país del continente donde esta fuera derrocada por cualquier motivo.

Al decir de William Clinton, todo lo anterior debía conducir a la conformación en el hemisferio occidental de una "comunidad de naciones libres, diversas en su cultura y su historia, pero unidas por una dedicación al gobierno libre y responsable, a sociedades civiles plenas de vida y a niveles de vida en aumento".[22] Según el primer secretario de Estado de la administración demócrata, Warren Chistopher (1993-1997), la necesidad y la posibilidad de ese "giro histórico" surgía de la progresiva solución de las principales crisis geopolíticas de los años precedentes (como la centro-americana), de la prioridad que adquirían los asuntos geoeconómicos en el contexto de "la globalización" y de "la posguerra fría", así como de la "convergencia sin precedentes de valores e intereses entre las naciones latinoamericanas, y entre ellas y los Estados Unidos".[23]

Esa idílica situación habría surgido —siempre según el discurso de altos funcionarios del Departamento de Estado— de la salida de los países de América Latina y del Caribe "de su condición de naciones tercermundistas para integrarse al Primer Mundo"[sic]. Igualmente, de "la proliferación de las democracias representativas" que se había producido en el sur del hemisferio a partir de la segunda mitad de la década de 1980 y de la "solución política y negociada de los conflictos en Nicaragua y El Salvador".[24]

Para concretar todos los empeños antes mencionados, a comienzos de 1994, la Casa Blanca convocó una Cumbre de las Américas llamada a "concertar intereses y políticas entre todos los gobiernos democráticamente electos en el hemisferio". Igualmente, a "fortalecer la defensa colectiva de la democracia, luchar contra el comercio de las drogas, liberalizar el comercio y la inversión y promover el desarrollo sostenible".[25] Merece la pena recordar que esa convocatoria se produjo inmediatamente después de la entrada en vigor del TLCAN, de los contiguos Acuerdos de Cooperación Medioambiental y Laboral entre sus miembros que habían sido exigidos por influyentes sectores del Partido Demócrata como condición para respaldar ese tratado dentro del Congreso estadounidense, y del simultáneo y sorpresivo levantamiento armado que, encabezado por el Ejército Zapatista de Liberación Nacional (EZLN), se produjo en Chiapas, México, el 1ro de enero de 1994.

Según denunció oportunamente el prestigioso intelectual mexicano Pablo González Casanova, en la base de ese levantamiento armado se encontraban las políticas "neoliberales" aplicadas por sucesivos gobiernos mexicanos, la legalización del latifundio y la contrarreforma agraria emprendida por estos desde 1991 y también la constante violación de los derechos humanos de la población indígena. Así, sólo en Chiapas, y sólo entre 1974 y 1987, habían sido asesinados 982 líderes populares. Otros 1 084 campesinos habían sido detenidos sin bases legales; 379 habían sido heridos de gravedad, 505 habían sido secuestrados o torturados y 334 habían sido desaparecidos. A su vez, miles de campesinos e indígenas habían sido expulsados de sus casas y de sus tierras y en 89 poblados se habían incendiado las viviendas y los cultivos de sus irredentos pobladores.[26]

Sobre este último asunto volveremos después; pero antes es necesario recordar que, previo a la celebración de la Primera Cumbre de las Américas, comenzaron a evidenciarse las verdaderas intenciones de la administración de William Clinton. Según indicó el entonces presidente del Consejo de Seguridad de los Estados Unidos, Anthony Lake, la "doctrina de la expansión de la democracia y el libre mercado" (nuevo apelativo de las nociones de la seguridad nacional norteamericana que sustituyó a la llamada "doctrina de contención del comunismo") podría obligar a las fuerzas armadas de su país a intervenir solas o en compañía de otras fuerzas militares en caso de un ataque directo contra los Estados Unidos, sus ciudadanos o a sus aliados en cualquier país del mundo. También para contener cualquier agresión que amenazara la preservación de la paz mundial, para defender los más importantes intereses económicos estadounidenses y para preservar, promover o defender "la democracia". Asimismo, para prevenir la proliferación de armamentos nucleares, de otras armas de destrucción masiva o actos de terrorismo. Igualmente, para mantener su credibilidad frente a compromisos internacionales con otras naciones y para garantizar "propósitos humanitarios", tales como el combate al hambre y otros desastres naturales o en caso de violaciones flagrantes a los "derechos humanos".[27]

Fue tal la vastedad de motivos aducidos para emplear las fuerzas armadas norteamericanas en intervenciones militares fuera de sus fronteras, que el afamado intelectual estadounidense, Noam Chomsky, señaló que lo que realmente estaba detrás de esa "nueva doctrina" era la añeja pretensión de los círculos de poder estadounidenses de hacer retroceder (*roll back*) todo lo que había avanzado la humanidad "en un siglo de luchas frecuentemente amargas en pro de la liberación nacional y social", así como del derecho de los pueblos a construir su régimen económico, social y político de manera soberana e independiente.[28] En efecto, esto se expresó en la ratificación y "enriquecimiento" por parte del presidente Clinton de todas las políticas implementadas por su antecesor republicano contra el pueblo cubano; entre ellas el bloqueo económico, la guerra bacteriológica y la mal llamada "subversión pacífica y democrática del modelo cubano".[29]

Además de lo anterior, esa pretención imperial también se pudo observar en el apoyo de la administración Clinton a las cruentas estrategias antisubversivas que venían desarrollando los gobiernos, las fuerzas militares y paramilitares de Colombia, Guatemala y Perú. Como consecuencia de ellas, anualmente seguían siendo impunemente asesinados, desaparecidos, torturados o encarcelados miles de activistas populares y desplazados de sus hogares decenas de miles de pobladores de esas naciones. En esa sanguinaria lógica, la Casa Blanca también se demoró en encontrar una adecuada solución a la grave situación que se había creado en Haití luego del golpe de Estado del 30 de septiembre, 1991 contra el presidente Jean Bertrand Arístide. Después de un corrosivo y prolongado proceso de negociaciones entre el régimen militar y el depuesto presidente —en el cual William Clinton, actuando como "mediador", trató de conservar al sanguinario general Roaul Cèdras como jefe del Ejército—, a fines de 1994, con el respaldo del antidemocrático Consejo de Seguridad de la ONU y pese a la oposición de varios gobiernos latinoamericanos y caribeños, las fuerzas armadas norteamericanas emprendieron una nueva "intervención humanitaria" en Haití.

No obstante el rechazo universal a la sanguinaria dictadura del general Cèdras —y a pesar del criterio favorable que tuvo tal acción "multilateral" en ciertos gobiernos de dentro y fuera de la región, así como en algunas fuerzas políticas haitianas— lo anterior generó una intensa discusión en

América Latina y el Caribe en torno a las posibilidades reales de "restaurar la democracia" y de "promover los derechos humanos" mediante las ensangrentadas bayonetas de la infantería de marina de los Estados Unidos. La legitimidad de ese debate se puso en evidencia cuando los sucesivos gobiernos del ya dividido movimiento *Lavalas,* encabezados con Arístede y por René Preval —bajo la presión norteamericana, de otras potencias occidentales (por ejemplo, Francia) y de los organismos financieros internacionales— impulsaron la reestructuración neoliberal de la empobrecida socioeconomía haitiana y, por acción u omisión, preservaron el ambiente de impunidad que rodeaba (y aún rodea) a los principales autores intelectuales y materiales, así como a los cómplices (incluidos diversos funcionarios de la CIA, del Pentágono, del Departamento de Estado y de la propia Casa Blanca) de los miles de crímenes cometidos por las sucesivas dictaduras militares que gobernaron a Haití y, en particular, las que se instauraron entre 1991 y 1994. Así lo denunciaron diversas organizaciones populares; entre ellas, la combativa y reprimida organización campesina "Tet kole ti Peyizan Axisyen". Según sus principales dirigentes, durante el "nuevo" gobierno de Arístede (1994-1996) y de René Preval (1996-2000) Haití se había convertido en el "reino de la demagogia"; ya que "las fuerzas de la sombra" (término utilizado para desiguar a los duvalieristas y sus aliados) todavía conservaban su hegemonía en el país.[30]

A lo ya dicho se agregó la ratificación, por parte de la Casa Blanca, de las políticas económicas de corte neoliberal impulsadas por el dúo Reagan-Bush. Contra todas las evidencias disponibles, según los más altos funcionarios de la administración Clinton, la preservación de esas políticas y las consiguientes aperturas unilaterales de las economías de los países latinoamericanos y caribeños, posibilitarían la acción presuntamente benéfica de las "fuerzas libres e invisibles del mercado", así como la estabilización y el crecimiento de la economía regional. Igualmente, crearían mejores condiciones para "la reinserción" de los países del continente en los "globalizados y competitivos mercados mundiales", en particular, en "el mercado financiero internacional". De igual forma, propenderían a la supuesta desaparición de las "asimetrías de poder y de propósitos que separaban a las naciones del sur de los Estados Unidos".[31]

Y, esto a su vez, plantearía la posibilidad de que esa potencia, Canadá, América Latina y el Caribe colaboraran entre sí para garantizar "su participación en común en la economía mundial".[32]

LAS CUMBRES DE LAS AMÉRICAS

No obstante las redobladas dudas que generaron todas las acciones y afirmaciones previamente mencionadas, por una u otra razón, con mayor o menor entusiasmo, todos los gobiernos del hemisferio occidental respaldaron la realización de la Primera Cumbre de las Américas. Esta se efectuó en Miami, Florida, el 9 y el 10 de diciembre de 1994. A ella acudieron 34 Jefes de Estados y Gobiernos. A diferencia de la última reunión de igual carácter realizada en Punta del Este, Uruguay, en abril de 1967, participaron —además del Primer Ministro de Canadá— los mandatarios de todos los países independientes del Caribe; con la sola excepción del de Cuba que, a todas luces, fue excluido como parte de las agresiones que, desde hace más de cuatro décadas, desarrollan contra ese país los círculos de poder norteamericanos.

Pese a ello, al igual que en 1961 había hecho el comandante Ernesto Che Guevara frente a la Alianza para el Progreso, el Presidente cubano Fidel Castro le ofreció un respaldo altamente crítico a esa cita; lo que, de hecho, lo convirtió en un "ausente-presente" en sus deliberaciones. Sobre todo porque en su discurso ante la Cuarta Cumbre Iberoamericana efectuada en Cartagena, Colombia, en junio de 1994, el mandatario cubano realizó un contundente análisis crítico de los diversos crímenes, falacias y frustraciones que —como hemos visto en los capítulos anteriores— han rodeado la historia de las relaciones interamericanas. Como en otras ocasiones, también levantó un proyecto alternativo frente a la retórica de la política latinoamericana y caribeña que estaba impulsando la administración de William Clinton.

Componentes de esa postura fueron, entre otros, sus demandas acerca de que los enfoques sobre los derechos humanos que aprobara la Primera

Cumbre de las Américas tomara "en cuenta como algo esencial y sagrado el derecho a la salud, a la educación, al trabajo dignamente remunerado y a la identidad cultural y étnica" de los pueblos latinoamericanos y caribeños. También, el respeto a los derechos de las decenas de millones "de niños abandonados en las calles y sin hogar, víctimas de toda clase de explotación, violencia y abusos sexuales".[33] A ello agregó su rechazo a que, con el pretexto de la "promoción de la democracia", los círculos dominantes en los Estados Unidos continuaran interviniendo en los asuntos internos de los países de la región y pretendieran convertirse en el "juez supremo de los ordenamientos políticos latinoamericanos".

Hay que añadir la demanda de Fidel Castro acerca de que la necesaria libertad de comercio e inversión que se estaba promoviendo, garantizara los legítimos intereses de "las naciones de menores ingresos" y evitara "el proceso de desnacionalización de importantes riquezas y recursos naturales de los países de la región que se [estaba] produciendo". Asimismo, la exigencia de que una parte de los injustificados gastos militares de los Estados Unidos (aproximadamente 300 000 millones de dólares anuales) se transformaran "en un fondo de ayuda al desarrollo de los países de América Latina y el Caribe". Como venía haciendo desde 1985, esto último lo vinculó con la imprescindible búsqueda de "una solución radical y definitiva del problema de la deuda externa de la región", así como al incremento de los fondos necesarios para la solución de los graves problemas sociales del continente.[34]

Además, el mandatario cubano calificó como legítimas "las preocupaciones de las fuerzas armadas del continente que se resisten a ser utilizadas como policías antidrogas" y las demandas latinoamericanas y caribeñas de que la solución del problema del "narcotráfico" tuviera como uno de sus componentes esenciales la reducción del consumo de drogas en los Estados Unidos. Del mismo modo, denunció la política migratoria de ese país, exigió la destrucción del "muro que se levanta en la frontera México-norteamericana", el cese del bloqueo contra Cuba, la retirada de la Base Naval de Guantánamo y que, en todos los ámbitos interamericanos, junto a los criterios de algunas ONG seleccionadas por los Estados Unidos, se escucharan "las demandas de los indígenas, las mujeres, las organizaciones campesinas, los sindicatos —sin injustas exclusiones— y los demás representantes de las sociedades civiles, que tienen mucho que decir respecto a los temas de esa cumbre".[35] Si todo lo anterior no se cumplía —concluyó Fidel Castro— quedaría demostrada la vigencia del llamado que había pronunciado José Martí —en ocasión de la Primera Conferencia Internacional de Estados Americanos de 1890— a continuar las luchas por la "segunda independencia de los pueblos de Nuestra América".[36]

Aunque sería una exageración decir que todos los criterios del líder cubano tuvieron un impacto similar en las resoluciones de la Primera Cumbre de las Américas, lo cierto fue que luego de un intenso proceso de negociaciones —no exento de fuertes discrepancias entre algunos gobiernos de América Latina y el Caribe con el de los Estados Unidos—,[37] así como de varios cuestionamientos sobre la utilidad del cónclave por parte de los sectores de la derecha republicana que en las elecciones parlamentarias de noviembre de 1994 habían logrado controlar la mayoría del Capitolio, ese evento aprobó una Declaración de Principios, al igual que un extenso y poco concentrado Plan de Acción pomposamente denominado "Pacto para el Desarrollo y la Prosperidad de las Américas".[38]

En esos textos se reflejaron los fundamentos que presuntamente regirían las relaciones interamericanas en los albores del siglo XXI. Entre ellos, el reconocimiento —a instancias latinoamericanas y caribeñas— de la heterogeneidad y diversidad de los recursos y culturas de las naciones firmantes de esos documentos, así como la necesidad de que "los vínculos de cooperación entre ambas partes del hemisferio" se desarrollaran sobre la base del respeto a "la igualdad soberana de los Estados, la no intervención en los asuntos internos, la autodeterminación de los pueblos y procurando la solución pacífica de todas las controversias".[39] Se reflejaron así, otra vez, las insatisfechas demandas latinoamericanas y caribeñas contra las injerencias estadounidenses en los asuntos internos y externos de los países de la región.

Sobre la base de estos principios, los signatarios del antes mencionado pacto quedaron comprometidos a realizar acciones individuales o conjuntas en campos tan vastos como "la preservación y el fortalecimiento de la democracia representativa"; la promoción de "la prosperidad económica mediante la integración y el libre comercio"; la erradicación "en el hemisferio de la pobreza y las discriminaciones"; al igual que la búsqueda de garantías para "el desarrollo sostenible y la conservación del medio ambiente". Esos cuatro grandes objetivos fueron desglosados, a su vez, en 23 iniciativas y en cerca de 160 acciones nacionales, hemisféricas o internacionales; cuya carga de contradicciones e indefiniciones parecían convertirlos en instrumentos de difícil concreción, al menos en el corto y mediano plazo.[40]

Mucho más, porque a pesar de las demandas latinoamericanas y caribeñas, a diferencia de la Alianza para el Progreso, ese Plan de Acción carecía de disposiciones con relación a los recursos financieros suplementarios que transferirían los Estados Unidos hacia los países del sur del hemisferio. Y porque buena parte de los objetivos acordados por la Primera Cumbre de las Américas —incluso el "deslumbrante" llamado a concretar antes del año 2005 el Acuerdo de Libre Comercio para las Américas (ALCA)— quedaban condicionados a las precisiones que se realizarían en futuras reuniones de menor nivel político o de carácter técnico. Con esos límites, defendidos como válidos y necesarios por algunos altos funcionarios de la administración demócrata y por el propio William Clinton, el cónclave de Miami, más que un fin en sí mismo, había que valorarlo como el inicio de "un largo proceso", cuya institucionalización y concreción aún tenía muchísimas interrogantes e indefiniciones.

Entre estas indefiniciones se encontraban la relativa a que el Congreso norteamericano le concediera al Presidente la autoridad imprescindible para negociar en forma expedita (el llamado *fast track*) nuevos acuerdos de libre comercio con los países de la región.[41] Y, especialmente, con el gobierno de la Concertación de Partidos por la Democracia (CPPD) —Democracia Cristiana y el denominado PPD—instaurado electoralmente en Chile después de la "sustitución pactada" del general Augusto Pinochet (1990). De manera sintomática, a pesar de la notoria impunidad y el poder de veto que gozaban (y gozan) los militares causantes de miles de crímenes de *lesa humanidad* entre 1973 y 1990, Chile fue unilateralmente seleccionado por la Casa Blanca como "el mejor candidato" para continuar el camino previamente emprendido por México. Se evidenció así el afán de la nueva administración demócrata de fortalecer, en primer lugar, las democracias restringidas, elitistas y tuteladas por los militares; es decir las "democracias de baja intensidad" (también llamadas "poliarquías") imperantes en el hemisferio occidental.[42]

Aunque William Clinton nunca pudo obtener la aprobación del Congreso para el *fast track* y sólo al final de su segundo mandato (1997-2001) obtuvo de ese órgano la autorización para que se realizaran algunas concesiones comerciales a las naciones centroamericanas y caribeñas beneficiadas por la Iniciativa del Caribe vigente desde 1983, lo cierto fue que — luego de haber abordado la "solución" de la grave crisis financiera mexicana de 1994 y 1995 (catalogada por el entonces presidente del FMI, Michael Camdessus, como "la primera crisis de la globalización") y de su reelección en noviembre de 1996 — , emprendió una nueva ofensiva político-diplomática dirigida a reverdecer lo que su primer secretario de Estado, Warren Chistopher, denominó "el espíritu de Miami".[43]

Esa ofensiva incluyó diversas interacciones de Clinton con varios Jefes de Estado y Gobierno del hemisferio —en primer lugar, con los Presidentes de México y de Chile, así como con el Primer Ministro de Canadá—, al igual que reuniones colectivas con sus homólogos centroamericanos y caribeños. Estas se efectuaron en mayo de 1997 en Costa Rica y Barbados, respectivamente. Asimismo, el mandatario norteamericano también emprendió sus primeras visitas a Brasil, Argentina y Venezuela, todas en octubre del propio año. A pesar de los estrechos límites de sus acuerdos, y de las diversas contradicciones que se expresaron en la preparación de esos encuentros, ellos desbrozaron el camino para la realización de la Segunda Cumbre de las Américas.[44] Esta se efectuó en Santiago de Chile, entre el 18 y 19 de abril de 1998. Además de ratificar todos los acuerdos de la cita anterior y de vencer algunas de las resistencias suramericanas (en especial, las de Brasil), esa Cumbre aprobó el inicio formal de las negociaciones que conducirían al ALCA, así como la institucionalización —por primera vez en la historia de las relaciones interamericanas— de las reuniones hemisféricas de Jefes de Estado y Gobierno de la mal llamada "comunidad panamericana".[45]

Como habían soñado los artífices y seguidores de la Doctrina Monroe

—entre ellos, los presidentes Thomas Jefferson (1801-1809) y John Quincy Adams (1825-1829), así como los ex secretarios de Estado Henry Clay (1825-1829) y James Blaine (1889-1892)— casi 110 años después de la realización de la Primera Conferencia Internacional de Estados Americanos, se dio un trascendente paso en la conformación de un "Gran Sistema Americano" diseñado para establecer la dominación y la hegemonía de los Estados Unidos sobre sus vecinos del sur. También —como habían demandado los ideólogos del Comité de Santa Fe y, en 1994, el ex secretario de Estado Henry Kissinger— para el fortalecimiento del "poder global" de la potencia hegemónica en el hemisferio occidental en sus relaciones de dominación, colaboración, competencia y conflicto con las otras potencias mundiales (la UE, Japón, Rusia y la República Popular China) o regionales (Brasil, Canadá, la India y Sudáfrica) que, según diversos pronósticos, intractuarán en el sistema mundial del siglo XXI.[46]

En correspondencia con esos objetivos, se acordó que la Tercera Cumbre de las Américas se realizara, a comienzos del año 2001, en Canadá; y que, entre la Cumbre de Santiago de Chile y esa cita funcionar una *troika* integrada por representantes de alto nivel de las Cancillerías anfitrionas de esas citas presidenciales (los Estados Unidos, Chile y Canadá). A su vez, esa *troika* presidiría el denominado Grupo de Revisión de la Implementación de las Cumbres (GRIC), integrado por los Coordinadores Nacionales designados a esos efectos. También por representantes de alto nivel de la Organización Panamericana de la Salud (OPS), de la OEA, del BID y de la CEPAL. Estos tres últimos organismos comenzaron a actuar como la Secretaría Técnica del proceso de negociación del ALCA, de la que fue excluido el Sistema Económico Latinoamericano y Caribeño (SELA), integrado por todos los gobiernos del sur del continente, incluido el de Cuba.

Adicionalmente, la Cumbre de Santiago de Chile emitió otra declaración y otro extenso, poco concentrado, reiterativo (respecto al de Miami) y no siempre preciso Plan de Acción. Este abordó, entre otras, las siguientes áreas: la educación (declarada el principal objetivo de la cita y "la clave para el progreso"); la integración económica y el libre comercio; la erradicación de la pobreza y la discriminación; la "preservación y el fortalecimiento de la democracia representativa"; la "modernización" de los sistemas judiciales latinoamericanos y caribeños; y, nuevamente, "la promoción de los derechos humanos y las libertadas fundamentales". Los imprescindibles cambios en estas últimas esferas —al igual que la promoción de la mal llamada "libertad de prensa" — fueron definidos por el presidente William Clinton como "reformas políticas de segunda generación".[47]

A pesar de que muchos de los objetivos y las acciones acordadas en la Cumbre de Miami aún no se habían (ni se han) cumplido, todas las esferas arriba mencionadas se subdividieron en otras 26 iniciativas y en otras 162 acciones nacionales, hemisféricas o internacionales. A estas se sumaron las 65 iniciativas y los 16 acuerdos sobre asuntos institucionales, financiamiento, tecnología y cooperación previamente refrendados en la descolorida Conferencia Cumbre sobre Desarrollo Sostenible realizada en Santa Cruz de la Sierra, Bolivia, el 7 y el 8 de diciembre de 1996. También las correspondientes Declaraciones y Planes de Acción aprobados por las más de 50 reuniones ministeriales (más del cuádruplo de carácter técnico) que, entre 1995 y el primer trimestre de 1998, se habían realizado en diferentes ciudades del hemisferio bajo la presidencia descentralizada de diversos gobiernos de la región. Entre ellas, las dirigidas a definir los temas que se incluirían en la negociación del ALCA y las 11 resoluciones de "aplicación voluntaria" incluidas en la Declaración de la Conferencia Regional sobre Medidas de Fomento de la Confianza y la Seguridad celebrada en Santiago de Chile, en noviembre de 1995.

Siguiendo los propósitos oficiales estadounidenses, esta última conferencia le encomendó al Consejo Permanente de la OEA el establecimiento de una Comisión sobre Seguridad Hemisférica dirigida a "crear un foro permanente para considerar el control y la no proliferación de armamentos, y otros asuntos de seguridad". Entre ellos, los conflictos fronterizos que continuaban afectando a algunos países latinoamericanos, como era entonces el caso peruano-ecuatoriano. Según el discurso del Departamento de Estado norteamericano, la aplicación de los acuerdos de esa cita, debía contribuir "a la creación de un ambiente propicio para la efectiva limitación de los armamentos convencionales, que permita dedicar más recursos al desarrollo económico y social de los Estados miembros de la OEA".[48] Tales propósitos fueron refrendados en las tres reuniones de Ministros de Defensa del hemisferio occidental efectuadas en Virginia, los Estados Unidos (1995); Bariloche, Argentina (1996); y Cartagena, Colombia. Esta última se realizó entre el 30 de noviembre y el 2 de diciembre de 1998.

Sin embargo, como había ocurrido en otras ocasiones, ninguna de esas resoluciones "panamericanas" impidió el estallido de un nuevo conflicto fratricida entre Perú y Ecuador (1998). Tampoco que Estados Unidos y los países latinoamericanos y caribeños continuaran expandiendo sus gastos armamentistas. Según la CEPAL, los gastos de defensa, orden y seguridad internas en América Latina y el Caribe han venido ascendiendo paulatinamente hasta alcanzar, en 1998, la respetable cifra de 45 000 millones de dólares. De ellos, 26 000 millones de dólares fueron destinados al fortalecimiento de las fuerzas armadas. Por consiguiente, en ese año, por cada dólar que los gobiernos gastaron en defensa, sólo se destinaron 1,10 dólares a la educación y 0,90 centavos de dólar a la salud pública.[49] Para aquilatar el negativo significado de esas cifras y aún sin hablar del abultado presupuesto de defensa y seguridad de los Estados Unidos, merece la pena recordar que —según el PNUD— con la asignación adicional de 40 000 millones de dólares anuales, se podría garantizar que, en el año 2005, toda la población del mundo (incluida la de América Latina y el Caribe) tuviera acceso a la salud, la enseñanza y la nutrición básicas, así como a la salud reproductiva y los servicios de suministro de agua y de saneamiento de bajo costo imprescindibles para garantizar la "seguridad humana".[50]

Como se ha documentado, en el mencionado incremento de los gastos militares, de seguridad y orden interior en América Latina y el Caribe tuvo un notable impacto la militarización de "la lucha contra las drogas" y contra el "narcoterrorismo" (sobre estos asuntos volveremos después); pero, sobre todo, las declaraciones realizadas, a fines de 1997, por la segunda secretaria de Estado de William Clinton, Madeleine Albright. Esta, sin consultar a los demás gobiernos de la región, proclamó a la Argentina como "aliada extrarregional de la OTAN", lo que produjo una inmediata reacción adversa por parte del gobierno y las fuerzas armadas brasileñas. Para algunos analistas de los asuntos de la región (entre los que me incluyo), esa actitud oficial norteamericana fue dirigida a debilitar el MERCOSUR, así como las conocidas gestiones del gobierno de Brasil para impulsar —junto a la Comunidad Andina de Naciones (CAN) y a Chile— la conformación de un Área de Libre Comercio de Sur América (ALCSA), alternativa al ALCA impulsado por prominentes sectores de los círculos de poder estadounidenses.[51]

Válida o no esa hipótesis, lo cierto fue que detrás del anuncio de Madeleine Albright y de la casi simultánea decisión de la administración de William Clinton de "descongelar" la venta de "armamentos sofisticados" (entre ellos, aviones de combate) a las fuerzas armadas de ciertos países latinoamericanos y caribeños, se encuentran los intereses económicos y comerciales de algunas corporaciones transnacionales estrechamente vinculadas al *complejo militar-industrial*. Entre ellas, las poderosísimas Lockheed y la McDonell Douglas. Además de fortalecer sus vínculos corporativos con ciertas empresas europeas productoras y exportadoras de material bélico (por ejemplo, la firma sueca SAAB exportadora del avión *Gripen*), estas megaempresas norteamericanas quieren competir con sus congéneres francesas productoras del avión *Mirage 2005* y con las empresas rusas que fabrican y abastecen los aviones *Migs 29*.[52] Estos dos últimos equipos han sido adquiridos, desde hace años, por algunos países de la región (tal es el caso de Perú) con el objetivo de diversificar sus suministros militares y obtener ciertos márgenes de autonomía frente a la "uni-polaridad" político-militar que caracteriza al hemisferio occidental.

LAS FALACIAS DEL "PROCESO DE MIAMI"

Lo antes dicho me coloca en una de las tantas falacias que han rodeado y rodean al "proceso de Miami". Sin dudas, en la retórica de los voluminosos documentos aprobados en todas las reuniones de nivel político o técnico antes referidas, al igual que en las decenas de reuniones de igual carácter que se efectuaron antes o después de la Segunda Cumbre de las Américas, los gobiernos latinoamericanos y caribeños lograron incorporar diversos asuntos de especial interés para la región. Por ejemplo, la lucha contra la extrema pobreza, la necesidad de financiamientos extraordinarios para resolver los problemas socioambientales y el "tratamiento multilateral y corresponsable del problema de las drogas". Asimismo, la protección de los derechos de los emigrantes y sus familias, la anhelada búsqueda de soluciones para los problemas de la deuda externa de los países de menor desarrollo relativo altamente endeudados (por ejemplo, Haití o Bolivia) y, a partir de noviembre de 1998, para los países centroamericanos afectados por el destructivo huracán Mitch.

Sin embargo, ya es evidente que la balanza de la materialización de los acuerdos adoptados al amparo de los cónclaves antes referidos —incluidas las negociaciones del ALCA— ha estado inclinada a favor de los intereses compartidos por las clases dominantes de ambas partes del hemisferio (en primer lugar, las de los Estados de mayor desarrollo relativo) en asuntos tales como la defensa más o menos colectiva de las "poliarquías", la lucha contra el mal llamado "narcotráfico" y el desarrollo perspectivo del denominado "libre comercio hemisférico". A su vez, en cada uno de esos temas, se han privilegiado las acciones vinculadas a las prioridades definidas —antes o inmediatamente después de la llegada de William Clinton a la Casa Blanca— por parte del *establishment* de la política esterior y de seguridad estadounidense. De hecho, puede afirmarse que, en correspondencia con sus seculares intereses geopolíticos y geoeconómicos, en la última década del siglo XX —en particular después de la intervención militar norteamericana a Panamá (1989)— se ha venido elaborando, paso a paso, un intrincado, superpuesto y recíprocamente fortalecido entramado institucional, jurídico y político-militar que —junto a los cada vez más asimétricos desarrollos de las relaciones económicas hemisféricas— propenden a la consolidación de lo que, desde 1994, denominé: un "nuevo orden panamericano bajo la hegemonía absoluta de los Estados Unidos".[53]

Entre otras evidencias, así lo demuestra el fortalecimiento, a instancias del Departamento de Estado, de varias dependencias de la OEA, como la Comisión Interamericana para el Control del Abuso de las Drogas (CICAD) y su Unidad para la Promoción de la Democracia. Esta última dependencia ha asesorado la preparación de legislaciones electorales en diversas naciones latinoamericanas. Igualmente, ha participado a manera de observadora o "garante" de "la pulcritud" de los diversos procesos electorales que se han realizado en los principales países de esa región. También ha actuado como presunta "mediadora" en algunos conflictos políticos; como fueron el ya referido "fujigolpe" de 1992 y las fraudulentas elecciones que se desarrollaron en Perú en 1993. Con independencia de su impacto en la cada vez más conflictiva situación peruana, sin dudas, con esas acciones, la OEA (y su mentor, los Estados Unidos) legitimó sus atribuciones y capacidades para intervenir "colectivamente" —como propugnó Franklin Delano Roosevelt desde 1928— en los asuntos internos y externos de sus Estados miembros.

Lo mismo ocurrió con las llamadas "acciones colectivas en defensa de la democracia" emprendidas —bajo el liderazgo estadounidense, y con la activa participación del Secretario General de la OEA, César Gaviria— en los casos de Guatemala, Haití y Paraguay. En el primero, cuando se produjo el "autogolpe" de Estado perpetrado por el entonces presidente Jorge Serrano Elías (junio de 1993). Dado el fracaso de su intentona y las gestiones del organismo regional, este fue sustituido por un Presidente provisional designado por el Congreso (Ramiro de León Carpio), hasta que —luego de una antidemocrática reforma constitucional (sólo acudió al plebiscito para aprobarla el 25,9% del electorado)—, en noviembre de 1995, se efectuaron nuevas elecciones parlamentarias y presidenciales.[54]

En estos comicios resultó electo Álvaro Arzú (1996-1999); quien —bajo la mirada anuente de la Casa Blanca, de la OEA y de la reaccionaria oligarquía guatemalteca—, preservó la impunidad que todavía rodea a los autores de las múltiples masacres y etnocidios que se habían cometido en Guatemala entre 1954 y 1996. Igualmente, a los del asesinato, en la noche del 26 de abril de 1998, del obispo Juan Gerardi Conedera. Este, dos días antes, había dado a conocer el informe titulado *Guatemala: Nunca Más*, en el que se documentó la ineludible responsabilidad de sucesivos gobiernos de los Estados Unidos, de la oligarquía, las fuerzas armadas y policiales guatemaltecas, así como, en ciertos momentos, de los sectores más reaccionarios de la Iglesia católica en la infinidad de crímenes de *lesa humanidad* que se perpetraron en ese país entre 1954-1984.[55] También

censuró la apatía de los sucesivos gobiernos "democráticos-represen-
tativos" instaurados a partir de 1985 para erradicar la impunidad que
continúan gozando —según la Comisión Para el Esclarecimiento Histórico
de la ONU— los victimarios de 200 000 guatemaltecos.[56]

En lo que tiene que ver con Haití, la injerencia de la OEA se hizo efectiva
durante los distintos conflictos políticos que —estimulados por diversas
instituciones estadounidenses, en especial el Instituto Republicano Internacional y el Instituto Democrático Internacional, vinculados respectivamente a los partidos Republicanos, y Demócrata así como a la NED— se
presentaron entre la oposición (incluido algunos de las organizaciones que
habían integrado el Movimiento *Lavalas*) y el gobierno del presidente René
Preval (1996-2000).[57] A ese gobierno la administración Clinton le impuso
diversas condiciones para recibir la ayuda internacional y los flujos financieros externos que tanto necesitaba. Entre ellas, las duras exigencias del
FMI y el BM para apoyar la reestructuración "neoliberal" de la depauperada economía haitiana; así como las "negociaciones con la oposición"
(en la que tienen un alto peso los remanentes del duvalierismo) y su
cooperación incondicional con la lucha contra el "narcotráfico" impulsada
por la Casa Blanca. Todas esas exigencias fueron refrendadas por la OEA.[58]

En lo que atañe a Paraguay, la intervención "panamericana" se exteriorizó a partir de la sublevación del entonces general Lino Oviedo (abril de
1996) contra el presidente "constitucional" Juan Carlos Wasmosy (1993-
1998). Este había sustituido a su correligionario, el corrupto y multimillonario general Andrés Rodríguez, luego de las elecciones de 1993.
Según se ha indicado, con esas y otras sangrientas intentonas golpistas
posteriores (como la del 23 de marzo de 1999), Oviedo pretendía resolver a
su favor las agudas contradicciones internas que —estimuladas desde su
cómodo exilio en Brasil por el sátrapa Alfredo Stroessner— se siguen expresando dentro del Partido Colorado, dentro de las fuerzas armadas y dentro
de los principales grupos económicos (incluidos los vinculados al contrabando y al "narcotráfico") paraguayos.

Para "la solución" de ese intrincado problema a favor del grupo
encabezado de Wasmosy, así como para garantizar la impunidad frente a
los crímenes atribuidos a Oviedo y sus seguidores, la OEA contó con el

respaldo personal de William Clinton y de su Embajador en Asunción, así como con el apoyo decidido de los gobiernos integrantes o asociados al MERCOSUR (Argentina, Brasil, Uruguay, Paraguay, Chile y Bolivia). Además, con el apoyo del denominado Grupo de Cooperación y Concertación de Río de Janeiro. En consecuencia, se mantuvo en el poder el pro oligárquico y pro imperialista Partido Colorado, responsable —como hemos visto en los capítulos anteriores— de los miles de crímenes de *lesa humanidad* que se han perpetrado en Paraguay desde 1870. [59]

Independientemente de las valoraciones que merezcan los diversos actores políticos implicados en los hechos antes mencionados y los efectos de las referidas "intervenciones colectivas" en la pretendida consolidación de la "democracia representativa en las Américas", lo innegable es que —en contradicción con los "altos principios" de las relaciones interamericanas aprobados por la Cumbre de Miami— esas injerencias externas han limitado de manera considerable la soberanía y la autodeterminación de los pueblo de eso países. Igualmente, han favorecido (y favorecen) el ambiente de impunidad que rodea a la mayor parte de las democracias restringidas instauradas en el hemisferio occidental. También han facilitado las aceleradas modificaciones que, a instancias de la Casa Blanca, se han venido produciendo en el orden jurídico panamericano. Además de lo indicado en párrafos precedentes y de los múltiples acuerdos en el campo económico y financiero (elaborados y signados de espaldas a la opinión pública), esa tendencia también se expresó en la aprobación de nuevos pactos en el campo de "seguridad hemisférica" que, paulatinamente, tendrán que incorporarse a los correspondientes ordenamientos jurídicos nacionales. Entre ellos, las interconectadas Estrategia Interamericana contra las Drogas y otros Delitos Conexos (1996), el ambicioso e integrado Plan de Acción contra esos "flagelos" elaborado por la CICAD de la OEA (1997), la Convención y el Programa Interamericano contra la Corrupción (1996 y 1997, respectivamente), al igual que la Convención Interamericana contra la Fabricación y el Tráfico Ilícito de Armas de Fuego, Municiones, Explosivos y otros Materiales Relacionados (1997).

Todas ellas fueron antecedidas o sucedidas, según el caso, por la Declaración de Lima de 1996, dirigida a prevenir, combatir y eliminar "el terrorismo" en el plano nacional e internacional. Acorde con la ambigua definición de este término que —desde la administración de Ronald Reagan— ha venido utilizando el Departamento de Estado y la propaganda política exterior norteamericana (esta ha popularizado los términos "narcoguerrilla" y "narcoterrorismo"), en esa declaración —al igual que en las reuniones de expertos realizadas en Buenos Aires (1995) y Washington (1997), así como en otros eventos posteriores— fueron calificados como "delitos comunes graves" todos "los actos terroristas, cualesquiera que sean los agentes, manifestaciones, métodos, motivos o lugares de perpetración".[60]

Con lo anterior —y con en el respaldo de los gobiernos integrantes de la OEA al alevoso asesinato de los 14 integrantes del comando del MRTA que, entre diciembre de 1996 y abril de 1997, ocupó la residencia del Embajador japonés en Lima, Perú— se desdibujaron las diferencias existentes, según el Derecho Internacional Público contemporáneo, entre los crímenes comunes y el derecho a la insurrección de los pueblos sometidos a diversas formas de opresión nacional o extranjera. Por otra parte, nada se dijo sobre el terrorismo de Estado que proliferó en los últimos lustros y que continúa proliferando en algunos países de América Latina y del Caribe. Tampoco se habló acerca de las demostradas prácticas de esos métodos históricamente empleados —como hemos visto a lo largo de este texto— por diversas agencias del propio gobierno de los Estados Unidos. Mucho menos, acerca de los grupos terroristas que continúan actuando con la complicidad de los servicios especiales norteamericano, así como con la anuencia de los gobiernos o los sectores más reaccionarios de las fuerzas militares de algunos países latinoamericanos, como son los casos de Colombia y El Salvador. Entre ellos, algunos de origen cubano (cual es la mal llamada Fundación Nacional Cubano-Americana) que, con la anuencia o la displicencia de las autoridades estadounidenses, entre 1994 y 1998, han intentado nuevos atentados contra objetivos civiles cubanos y contra la vida del comandante Fidel Castro y de algunos de sus compañeros más cercanos. Así ocurrió, por ejemplo, durante la cuarta y la séptima Cumbres Ibero-americanas, efectuadas en Colombia (1994) y Venezuela (1997), respectivamente.[61]

En consecuencia, los 34 gobiernos del hemisferio occidental (se excluye

Cuba) signatarios de la referida Declaración de Lima quedaron comprometidos a fomentar la ratificación de los convenios multilaterales contra "el
terrorismo" impulsados por la Casa Blanca, al igual que a concertar nuevos
acuerdos bilaterales o plurilaterales en la materia. En particular, los
destinados "a establecer una cooperación jurídica, policial y de inteligencia
para prevenir, enjuiciar y eliminar las actividades terroristas internacionales".[62] Según se ha denunciado, esas coordinaciones "antiterroristas" continúan desarrollándose al amparo de las diversas Conferencias de Ejércitos Americanos controladas por el Pentágono y convocadas
periódicamente por su "incestuoso" complemento: la tristemente célebre
Junta Interamericana de Defensa (JID).

Es tan estrecha y sistemática esa cooperación que algunos juristas, como
el afamado abogado paraguayo Martín Almada, la comparan con la
Operación Cóndor y con otras criminales operaciones "transfronterizas"
desplegadas, con la participación o bajo la mirada cómplice de diversos
gobiernos estadounidenses, por las dictaduras militares, o las "democracias represivas" o "democracias genocidas" instauradas en buena parte
de los países de la región (Argentina, Brasil, Chile, Uruguay, Perú, Bolivia,
Paraguay, República Dominicana, Colombia, Guatemala, Honduras y El
Salvador) entre 1964 y 1996. En esa fecha, luego de varios años de
negociaciones, fueron firmados los acuerdos de paz entre la URNG y el
govierno de Guatemala.

Aunque, dada la ya referida crueldad que acompañó a la Operación
Cóndor, a simple vista tal juicio podría parecer exagerado, lo cierto es que
—como venía haciéndose desde la segunda mitad de 1986: año en que la
administración Reagan definió la producción y el tráfico de drogas como
"un problema de la seguridad nacional estadounidense" — a lo largo del
mandato de William Clinton, con ese y otros pretextos, continuaron
firmándose diferentes acuerdos bilaterales o multilaterales entre los
gobiernos, las fuerzas represivas y los aparatos contrainsurgentes de
algunos países del continente y, sobre todo, de estos con las estructuras
político-militares y represivas de los Estados Unidos. En especial, con la
fortalecida Oficina Nacional para la Política de Control de Drogas (ONDPC)
—encabezada desde su fundación (con rango ministerial) por el ex general

Barry McCaffrey —, con el Departamento de Justicia y sus dependencias (el FBI y la DEA), al igual que con el Departamento de Defensa (el Pentágono) y el célebre Comando Sur (SOUTHCOM).

En correspondencia con el creciente "papel policial" que —con el pretexto del "fin de la Guerra Fría"— están desempeñando los militares al interior de los Estados Unidos y de Puerto Rico, así como con las definiciones acerca de los "nuevos enemigos de la seguridad nacional norteamericana" ya referidos, el SOUTHCOM incorporó entre sus misiones: el control de la proliferación de armas; los contactos y el entrenamiento de las fuerzas militares latinoamericanas y caribeñas; la realización de operaciones unilaterales o conjuntas "contra el terrorismo"; al igual que su participación en las "operaciones cooperativas contra las drogas" que realizan diversas agencias del gobierno de los Estados Unidos. También, en "los programas militares dirigidos a la intercepción de drogas" en las fronteras terrestres y el espacio aéreo o naval de diversos países de América Latina y el Caribe.

Tal y como se ha documentado, la incorporación de esas "misiones no tradicionales" se perfilaron entre 1996 y el año 1998. En esos años, el SOUTHCOM desplazó al Comando del Atlántico (LATCOM) de la dirección y el control de todas las operaciones en el hemisferio occidental; trasladó su Estado Mayor desde Panamá hacia la Florida; comenzó a dislocar sus principales efectivos y comandos contrainsurgentes (el Ejército Sur) en Puerto Rico; y —en absoluta contradicción con la retórica inicial de la "relación madura"— impulsó el fortalecimiento o la instalación, según el caso, de nuevas bases militares norteamericanas en Santa Lucía, Perú, Manta, Ecuador, Soto Cano (antiguamente conocida como Palmerola) en Honduras; al igual que en Aruba y Curazao: islas caribeñas todavía sometidas al control colonial de la Monarquía Constitucional holandesa. Igualmente, el Pentágono instaló en diversos países del continente (entre ellos, El Salvador) un potente sistema de "radares relocalizables más allá del horizonte" (ROHTR, por sus siglas en inglés) con la capacidad de controlar el espacio aéreo y naval de casi todas las naciones de América Latina y el Caribe. En particular, las colocadas al norte del río Amazonas.[63]

Por otra parte, la Casa Blanca emprendió algunas gestiones (hasta ahora infructuosas) dirigidas a prolongar su presencia militar en Panamá. A tal fin, hasta 1998, se desarrollaron negociaciones entre los gobiernos de ambos países, vinculadas con la formación de un Centro Multilateral Antidrogas (CMA) en áreas previamente ocupadas por las bases militares norteamericanas. Sobre la base de los acuerdos Torrijos-Carter de 1977, esas áreas tendrán que regresar a la soberanía panameña el 1ro de enero del 2000. Como quiera que el presidente panameño, Ernesto Pérez Valladares (1995-1999), condicionó el asunto a que el CMA fuera una entidad multilateral de tipo civil y regida por los civiles, su instalación fue rechazada por el Consejo Nacional de Seguridad de los Estados Unidos. Este último exigió que el gobierno de Panamá aceptara acantonar en el CMA a 2 500 militares norteamericanos. Asimismo, que esas fuerzas —subordinadas al SOUTHCOM— pudieran realizar "operaciones humanitarias" en otros países de América Latina y el Caribe.

Merece la pena destacar que la negativa del antes mencionado mandatario panameño frente a esas exigencias ha puesto en peligro el cumplimiento de aquellos aspectos de los Tratados Torrijos-Carter que comprometen a la Casa Blanca a descontaminar entre 7 000 y 17 000 hectáreas de tierras adyacentes al Canal de Panamá. Esas extensiones —al igual que lo que todavía ocurre en la isla de Vieques, Puerto Rico— fueron utilizadas por parte del Pentágono durante más de 60 años como polígonos de tiro y experimentación, incluso de armas químicas y radiactivas.[64]

Cualquiera que sea el futuro de ese último asunto, las exigencias de la Casa Blanca antes referidas, al igual que el despliegue de nuevas bases militares estadounidenses en el norte de América del Sur y en la Cuenca del Caribe, evidencian el persistente interés del *establishment* de la política exterior y de seguridad de los Estados Unidos de preservar su control estratégico sobre el Golfo de México, el Mar Caribe y el Canal de Panamá. Lo anterior también se expresó en las exitosas gestiones estadounidenses con el propósito de obtener facilidades para sus fuerzas aéreas en Guyana. Asimismo, como se verá en el Cuadro 12, en los diferentes tratados de Asistencia Legal Mutua y de lucha contra las drogas firmados durante 1995 y 1998 entre la administración demócrata y algunos gobiernos caribeños. Entre ellos, los llamados *Shipriders Agrements* signados, en 1996 y 1997, con

Jamaica, Barbados y Trinidad y Tobago. Aunque explícitamente condicionados, a instancias caribeñas, al desarrollo de las relaciones entre los Estados Unidos y los gobiernos integrantes del CARICOM, tales tratados formalizaron, por primera vez en la historia, las operaciones de guardacostas estadounidenses en las aguas territoriales de esas islas, con la única salvedad de que a bordo de esas naves viajen funcionarios de esos países.

CUADRO 12

Acuerdos de ejecución de la ley de lucha contra las drogas firmados entre los Estados Unidos y diversos gobiernos caribeños (1987-1998)

País	Tratado de Asistencia Legal Mutua	Tratado de Asuntos Marítimos contra las Drogas
Antigua y Barbuda	1998[1]	1995
Bahamas	1987	1996
Barbados	1998[1]	1997
Dominica	1998[1]	1995
República Dominicana		1995
Granada	1998[1]	1995
Jamaica	1989	1997
San Kitts y Nevis	1998[1]	1995
Santa Lucía	1998[1]	1995
San Vicente y Las Granadinas	1998[1]	1995
Trinidad y Tobago	1998[1]	1996

1. Estos tratados recibieron el consentimiento del Senado de los Estados Unidos el 21 de octubre de 1998; pero entraron en vigor en 1999.

FUENTE: Confeccionado por el autor sobre la base de la información que aparece en Humberto García Muñiz y Jorge Rodríguez Beruff: ob. cit., p. 29.

Pero hay más. Al amparo de los acuerdos militares o policiales interamericanos antes referidos, se ha venido produciendo un sibilino incremento de la presencia de asesores militares, policiales, de inteligencia o contrainteligencia estadounidenses (como los del DEA, la CIA y el FBI) en México, Centroamérica, así como en varios países suramericanos; especialmente, en Perú, Colombia y Bolivia. Estos han facilitado la creciente militarización de la lucha contra las drogas y otros delitos conexos, tanto en los "países productores", como en aquellos que actúan como "corredores de tránsito" de ciertas drogas de origen natural (marihuana, cocaína, opio), o semisintéticas (morfina, heroína) que se consumen, en forma preponderante, en los mercados de los Estados Unidos, Canadá y Europa occidental.[65]

También han venido desdibujando las fronteras existentes entre el complejo problema socioeconómico del consumo, la producción y el tráfico de drogas y las cruentas estrategias contrainsurgentes desplegadas —desde comienzos del siglo XX— por las fuerzas armadas estadounidenses, solas o en consuno con los sectores más reaccionarios de las clases dominantes locales y sus fuerzas pretorianas. Así lo confirman las masivas violaciones a todos los derechos humanos, y en primer lugar del "derecho a la vida" que —en contradicción con la retórica del "proceso de Miami" y al amparo de las "alianzas perversas" en la lucha contra "el narcotráfico"— se han cometido y se siguen cometiendo en diversos países latinoamericanos y caribeños.

En ese orden, incluso algunas instituciones de los Estados Unidos han cuestionado el impacto de la política antidrogas sobre los derechos humanos, así como la capacidad de la Casa Blanca para atender efectivamente el uso de su asistencia antidrogas. Así, entre 1991 y 1994, cuatro informes de la Contraloría General concluyeron que las autoridades estadounidenses no supervisaban adecuadamente la asistencia militar destinada a Colombia y Perú. Por su parte, Amnistía Internacional y Human Right Watch/Americas han documentado la entrega de asistencia antidrogas estadounidense a unidades contrainsurgentes de las fuerzas armadas colombianas responsables de gravísimas violaciones a los derechos humanos en años recientes. A su vez, en febrero de 1997, la Contraloría General informó que el gobierno mexicano utilizó helicópteros suministrados para la lucha antidrogas por los EE.UU. para movilizar tropas contra el levantamiento armado de Chiapas.[66]

A lo antes dicho hay que agregar el adiestramiento que continúan recibiendo oficiales, soldados y policías de América Latina y el Caribe en las célebres Escuela Internacional de Policías (radicada en Washington) y en la Escuela de las Américas (SOA), ubicada desde 1984, luego de su traslado de Panamá, en Fort Benning, Georgia, en los Estados Unidos. Basta recordar que, sólo entre 1961 y 1998, 60 267 militares latinoamericanos han pasado por las aulas y los campos de entrenamiento de la SOA. De ellos, al menos, 496 están acusados de diversos crímenes de guerra. De los militares acusados de atrocidades en Colombia, casi la mitad estudió en esa institución. También, ocho de los mencionados en el informe *Guatemala: Nunca Más*, al igual que dos tercios de los citados en el informe de la Comisión de la Verdad de la ONU referente al El Salvador. Entre ellos, dos de los tres oficiales acusados del asesinato del arzobispo Oscar Arnulfo Romero, y 19 de los 26 implicados en la matanza, el 16 de noviembre de 1989, de seis sacerdotes jesuitas, una mujer y una adolescente.[67]

En la SOA también adquirió sus conocimientos militares el influyente asesor del presidente peruano Alberto Fujimori: Vladimiro Montesinos, acusado de mantener estrechos vínculos con el "narcotráfico", y de controlar, con el apoyo financiero y logístico de la CIA y del Comando Conjunto de las Fuerzas Armadas peruanas, el tenebroso Servicio de Inteligencia Nacional (SIN). Asimismo, de haber fundado el grupo paramilitar "Comando Rodrigo Franco" y el llamado "Grupo Colina", integrado por oficiales y soldados en activo del Ejército. Entre otras tareas sucias, tales grupos fueron los autores de la matanza de 15 personas, incluido un niño, en Barrios Altos, Lima (1991), y de la desaparición y posterior asesinato de 9 estudiantes y un profesor de la Universidad Nacional La Cantuta, en 1992. A pesar de que los integrantes del Grupo Colina "fueron condenados por un tribunal militar", bajo la mirada cómplice de la Casa Blanca, todos fueron amnistiados, en 1995, por el gobierno de Fujimori.[68]

Adicionalmente, según el grupo norteamericano School of America Watch, aunque esa "escuela de asesinos" presuntamente ha abandonado "su estrategia de combate al comunismo y sus agentes" para concentrarse en la "guerra al narcotráfico", no ha dejado de impartir instrucción contrainsurgente. Por ejemplo, en 1998, 778 militares de Argentina, Bolivia,

Chile, Colombia, Costa Rica, Ecuador, El Salvador, los Estados Unidos, Guatemala, Honduras, México, Nicaragua, Paraguay, Perú, República Dominicana, Uruguay y Venezuela pasaron por sus aulas y campos de entrenamiento.[69] Previamente, entre 1996 y 1997, recibieron instrucción en la SOA 481 militares mexicanos; entre ellos, 167 en técnicas contrainsurgentes y 49 en operaciones antinarcóticos. Lo anterior se unió al entrenamiento en otras instituciones de los Estados Unidos (desde 1995 hasta 1999) de más de 3 000 soldados y el apoyo ofrecido por el Pentágono a la modernización de la estructura y el armamento del Ejército mexicano.[70] El Escuadrón Aéreo de Fuerzas Especiales fue reforzado con helicópteros estadounidenses UH-60 y MD-500. Igualmente, se creó una Brigada de Reacción Rápida, y el FBI ha impartido cursos de capacitación a policías federales y estaduales. Debido a ello, nuevas generaciones de soldados y policías "están siendo educadas en el contexto de la subordinación de México a la estrategia de seguridad de los Estados Unidos".[71]

LAS VÍCTIMAS DE LAS NUEVAS NOCIONES DE LA "SEGURIDAD HEMISFÉRICA"

Sobra decir que uno de los objetivos de esa estrategia represiva de "baja intensidad" —aplicada durante el mandato del entreguista presidente mexicano Ernesto Zedillo (1994-2000)— ha sido (y es) desarticular las bases de sustentación social y ocupar militarmente la zona donde se presume que está ubicada la comandancia del EZLN. En función de ello, las fuerzas represivas mexicanas acudieron a la tortura, a las ejecuciones extrajudiciales, a las desapariciones forzadas, así como a otros actos de violencia contra las comunidades indígenas, como fue la masacre de Acteal de 1997, en la que un grupo paramilitar, vinculado al partido de gobierno, asesinó a sangre fría a 45 indígenas indefensos.[72] Como consecuencia de esas y otras acciones, se ha reportado la existencia de 500 detenidos-desaparecidos en México.[73] Como se verá en el Cuadro 13, estos se agregan a las más de 70 000 víctimas de la represión estatal que aún siguen sin aparecer en diferentes países de América Latina.

CUADRO 13

Relación de desaparecidos en América Latina como fruto de la represión

País	*Estimado de desaparecidos*
Argentina	30 000
Chile	Entre 1 185 y 1 400
Colombia	2 300
El Salvador	10 000
Guatemala	Entre 20 000 y 40 000
Perú	5 000
México	500

FUENTE: Elaborado por el autor a partir de diversas fuentes citadas en el texto.

No tenemos espacio para referirnos a todos los detalles del candente y lacerante problema de los detenidos-desaparecidos y de sus sufridos familiares. Mucho menos a todas las luchas que continúan desplegándose en el continente para tratar de cicatrizar "esa herida abierta" por el terrorismo de Estado en las sociedades y los sistemas políticos de la región. Pero sí parece necesario insistir en que —como se ha demostrado en Argentina, Chile, Uruguay, El Salvador, Honduras, Paraguay, Bolivia y Guatemala— las acciones en el campo de la "seguridad hemisférica" descritas en los párrafos anteriores tienden a perpetuar el ambiente de impunidad frente a esos crímenes de *lesa humanidad*. Asimismo, tienden a fortalecer el papel represivo y policial de las fuerzas armadas, y a la militarización de la estructura y funcionamiento de las fuerzas policiales. Por ello, influyen de manera negativa en las relaciones cívico-militares, en la pretendida "gobernabilidad democrática" y en la "promoción de los derechos humanos" en las naciones del hemisferio occidental (incluidas los Estados Unidos y Canadá) proclamadas por las Cumbres de las Américas.

Adicionalmente, las acciones vinculadas a la "seguridad" del hemisferio debilitan las resistencias que, sobre la base de su soberanía y autodeterminación, habían venido ofreciéndole algunos gobiernos latino-americanos y caribeños —así como algunos sectores de las fuerzas armadas— a las pretensiones de las tres últimas administraciones estadounidenses de extender, más allá de sus fronteras, "la guerra contra las drogas", y de ampliar a todo el continente la jurisdicción de sus fuerzas represivas y de sus tribunales. Así se confirma en los acuerdos de extradición firmados entre diferentes gobiernos del continente con los Estados Unidos en la década de 1990, al amparo de la Convención Inter-americana sobre Asistencia Mutua Penal signada en 1992.[74] También en las condiciones para obtener ayuda económica estadounidense que ha impuesto el Congreso norteamericano (las llamadas "certificaciones") a los gobiernos de la región, sobre la base de su mayor o menor cooperación con la estrategia contra las drogas unilateralmente decidida por la Casa Blanca. Aunque por lo general el presidente William Clinton ha desautorizado esas resoluciones del Congreso aduciendo los intereses más generales de la seguridad nacional estadounidense, esa condición permanece como una Espada de Damocles contra la soberanía de las naciones ubicadas al sur del Río Bravo y de la península de Florida.

En consecuencia, diversos gobiernos de esa región han desarrollado y continúan desarrollando —de buena gana o bajo presión norteamericana— acciones represivas (en especial, contra los campesinos y la población indígena) dirigidas a la erradicación forzosa de cultivos de coca, amapola y marihuana, que contradicen los diversos acuerdos internacionales y pana-mericanos en materias vinculadas al "desarrollo alternativo" y sustentable de las regiones agrarias donde se cultivan esas plantas.

Ya vimos el alto costo en vidas humanas que, entre 1985 y 1995, tuvo la "guerra contra el narcoterrorismo" desplegada en Perú. Pero a esto habría que agregar lo ocurrido en Bolivia. En este último país, durante 1998, el ex dictador y entonces Presidente constitucional, ex general Hugo Bánzer, en medio de grandes protestas populares (dejaron un saldo de 9 muertos, decenas de heridos y cientos de detenidos), convirtió a la región del Chapare, Cochabamba, en una virtual "zona de guerra". Para cumplir sus compromisos con la Casa Blanca de erradicar 38 000 hectáreas de hojas de coca, 5 000 efectivos del Ejército, la marina y la policía ocuparon la región, impusieron el estado de sitio y el 21 de abril arremetieron contra "el cuartel general" de los campesinos cocaleros. Estos denunciaron la desaparición de 15 de sus compañeros, "quienes habrían sido amarrados y torturados en los campamentos militares".[75] Previo a esos hechos, el máximo dirigente de los campesinos cocaleros, el diputado Evo Morales, denunció que, como fruto de la violencia oficial y de las estrategias antidrogas desarrolladas por las administraciones de George Bush y William Clinton, sólo en el Trópico de Cochabamba habían sido ultimadas 63 personas en los últimos años.

Por otra parte, amparándose en los 42 puntos de la Estrategia contra las Drogas y otros Delitos Conexos en el Hemisferio Occidental, en el referido plan contra esa "amenaza a la seguridad hemisférica" elaborado por la CICAD de la OEA y, sobre todo, en la estrategia desplegada al respecto por la administración de William Clinton —en particular, por el "Zar de la lucha contra las drogas", ex general Barry McCaffrey, y por el SOUTH-COM—, en los últimos años, ha venido incrementándose progre-sivamente la ayuda estadounidense a las fuerzas militares colombianas. A tal grado que, en 1998, "se encontraban regularmente en Colombia entre 130 y 250 militares estadounidenses. De ellos, 80 estaban desplegados en dos instalaciones de radar y el resto participaba en funciones de entrenamiento de fuerzas militares y policiales".[76] Bajo la mirada anuente de esos asesores, sólo en 1999, se produjeron en ese país 257 masacres (con un total de 1 605 víctimas), al igual que 2 069 asesinatos selectivos, 431 desapariciones forzadas, 334 personas torturadas y 33 147 víctimas de amenazas de muerte por razones políticas. A su vez, más de 1 500 000 personas habían sido desplazadas de sus hogares a causa de la violencia oficial y de la guerra sucia desatada por los grupos paramilitares tolerados por el Estado, amamantados por el Ejército, por la oligarquía terrateniente y por los grandes "narcotraficantes".[77]

En la base de la creciente participación de los Estados Unidos en el conflicto interno colombiano, estuvo (y está) el concepto del Estado Mayor Conjunto de las fuerzas armadas estadounidenses acerca de la incapacidad de las fuerzas militares colombianas para controlar por sí solas una situación que —a decir del entonces Jefe del SOUTHCOM, general Charles Walhelm— "constituye la mayor amenaza para la seguridad nacional norteamericana" en el hemisferio occidental.[78] Esa apreciación y las prácticas represivas a ella asociadas, sin dudas, dificultaron (y finalmente frustraron) la exitosa conclusión de las vacilantes "negociaciones de paz dentro de la guerra" que, desde agosto de 1998, desarrollaron las FARC-EP y el ELN con el Presidente conservador Misael Pastrana Arango (1998-2002). También determinaron las diversas y no siempre fructíferas gestiones del Pentágono dirigidas a articular a las fuerzas armadas de otros países de la región (Ecuador, Venezuela, Perú y Brasil) a su estrategia contra-insurgente en la cordillera andina y en la Cuenca amazónica.

Aunque como vermos después, esas gestiones sólo dieron resultados en Ecuador — cuyo pro imperialista Presidente Jamil Mahuad aceptó ayuda militar norteamericana para incrementar su control en la zona fronteriza con Colombia, para la participación de las fuerzas armadas ecuatorianas en maniobras conjuntas con las de los Estados Unidos y para la instalación de una base militar norteamericana en territorio ecuatoriano—,[79] desde 19978 quedó planteada la posibilidad de que el gobierno peruano (luego de "resolver" su tradicional litigio fronterizo con Ecuador y de neutralizar las acciones de Sendero Luminoso y del MRTA) desplazara unidades militares hacia su frontera con Colombia.

También quedó pendiente la eventualidad de que la Casa Blanca pudiera presionar al gobierno de Panamá con vistas a "remilitarizar" ese país o a proceder, de manera más o menos unilateral, a la reocupación militar de algunas zonas del Canal, bajo el pretexto de que "el conflicto colombiano" afecta la seguridad de esa vía interoceánica. Igualmente, que la diplomacia político-militar estadounidense utilice el conflicto colom-biano contra la política nacionalista, latinoamericanista y popular (la "Revolución bolivariana") iniciada por el Presidente de Venezuela, Hugo Chávez, así como contra las aspiraciones de Brasil de impulsar —junto a otros gobiernos del MERCOSUR y de la Comunidad Andina— un proyecto de integración suramericana alternativo al ALCA propugnado por los Estados Unidos.

De más está decir que tales acciones del gobierno brasileño contaron con las simpatías del gobierno cubano. Mucho más porque, no obstante las inconsecuencias de sus políticas internas y externas, el presidente

Fernando Henrique Cardoso (1994-2002) se unió, de manera sistemática, a la condena a las agresiones contra Cuba desplegadas por la administración de William Clinton. Sobre todo, después que, en marzo de 1996, abandonando sus posiciones iniciales, el mandatario demócrata firmó la denominada Ley Helms-Burton y dictó otras resoluciones ejecutivas que potenciaron la pretensión imperial de lograr la rendición del pueblo cubano a través del hambre y de la proliferación de enfermedades. También, la de expandir hacia otros países del mundo la acción de las leyes y los tribunales estadounidenses. Y esto lo hizo desconociendo, no sólo los reiterados acuerdos adoptados desde 1992 contra esa política por la Asamblea General de la ONU, sino también el fallo contra ese instrumento jurídico emitido por la Corte Interamericana de Justicia. Pese a la acérrima oposición del Departamento de Estado, tal dictamen contó con el respaldo de la Asamblea General de la OEA y, posteriormente, de las Sexta, Séptima y Octava Cumbres Iberoamericanas efectuadas en Chile (1996), Venezuela (1997) y Portugal (1998), respectivamente.

En estos eventos, al igual que en otros foros internacionales, el gobierno cubano denunció las constantes agresiones desarrolladas contra la Revolución cubana por los nueve mandatarios norteamericanos, demócratas y republicanos, que han ocupado la Casa Blanca desde 1953.[80] Según documentó la Sala Primera de lo Civil y Administrativo del Tribunal Popular Provincial de Ciudad de La Habana, como consecuencia de esas agresiones, así como de los actos terroristas emprendidos por la ahora llamada "mafia de Miami" (en referencia a la Fundación Nacional Cubano-Americana y a otras organizaciones contrarrevolucionarias que actúan desde el territorio de la península de Florida), entre 1959 y 1999, perdieron la vida 3 478 ciudadanos cubanos. Otros 2 099 han visto quebrantada su integridad física.[81] Al par, la economía y la sociedad cubanas sufrieron daños y prejuicios estimados en 121 000 millones de dólares.[82] Entre ellos, los más de 60 000 millones causados por el mal llamado "embargo" estadounidense.[83]

A tales costos humanos, directos o indirectos, hay que incorporar las incontables víctimas que produce constantemente la llamada Ley de Ajuste Cubano de 1966. Esta, automáticamente, le concede "asilo" y "refugio" a

cualquier cubano que llegue a territorio norteamericano independientemente de los medios ilícitos o criminales que haya empleado a tal fin, lo que
—según ha demostrado el gobierno cubano— favorece el desarrollo en los
Estados Unidos de "grupos criminales que lucran con el tráfico ilegal de
personas" desde las costas cubanas hacia diversos puntos del territorio
estadounidense. De ahí que la pervivencia de tal instrumento jurídico
contraste con las draconianas medidas adoptadas por algunos Estados
norteamericanos —al igual que por las últimas administraciones
demócratas y republicanas— para sancionar de manera drástica a los
inmigrantes ilegales y a sus familias provenientes de otras partes de
América Latina y el Caribe. Entre ellas, las deportaciones masivas hacia sus
países de origen, el brutal encarcelamiento y retorno de los que intentan
ingresar al territorio estadounidense a través de las aguas del Mar Caribe,
de Puerto Rico, Bahamas y las Islas Vírgenes estadounidenses. Igualmente,
las decenas de crímenes y atropellos contra ciudadanos mexicanos y de
otros países latinoamericanos y caribeños perpetrados por las patrullas de
la Guardia Fronteriza de los Estados Unidos que —pese a las protestas del
gobierno mexicano— se han estado produciendo de manera creciente en las
inmediaciones de la muralla (comparada por algunos autores con el famoso
Muro de Berlín) que ha levantado los Estados Unidos a lo largo de su
extensa frontera con México. Según el Frente Amplio de Defensa del
Emigrante, sólo en 1997, habían sido asesinados 54 personas. Eso supone
un aumento de un 46% con respecto a 1996.[84]

Con esas y otras medidas represivas, violadoras de los más elementales
derechos humanos, los círculos de poder estadounidenses están crimi-
nalizando los naturales desplazamientos humanos que se producen a
causa, entre otras, de las abismales diferencias en los niveles de desarrollo
socioeconómico existentes entre diferentes países de la región y, en
particular, entre el norte y el sur del hemisferio occidental. Tal práctica viola
el espíritu y la letra de las convenciones internacionales en la materia.
También la del Pacto para la Prosperidad de las Américas y las del Plan de
Acción de la Cumbre de las Américas de Santiago de Chile en relación con el
adecuado tratamiento que los Estados partes deben ofrecerle a los emigrantes y a sus familiares. Sobre todo porque —como he venido indicando—

esa política xenofóbica se ha incorporado a la estrategia de seguridad nacional estadounidense y a las misiones de sus fuerzas militares; en particular, las del SOUTHCOM.

Lo anterior ha generado y seguramente generará nuevos conflictos con las naciones emisoras de emigrantes situadas al sur de sus fronteras; en particular, con México, Guatemala, Honduras, El Salvador, República Dominicana, Haití, Cuba, Colombia y Ecuador. Mucho más, porque según han demostrado diversos especialistas en asuntos demográficos de México y de otros países de la región, históricamente la migración ha constituido "una válvula de escape" ante los agudos problemas socioeconómicos, socioambientales, políticos o de seguridad (incluida la "seguridad humana") que afectan a todas las naciones ubicadas al sur del Río Bravo y de la península de Florida. Entre ellos, la profunda crisis de la agricultura causada por las nefastas estructuras de propiedad de la tierra y otros recursos naturales, por las políticas proteccionistas arancelarias y no arancelarias que aplica el sistema comercial estadounidense, por los generosos subsidios que reciben los agricultores estadounidenses, así como por la "competencia desleal" con los productores latinoamericanos y caribeños que despliegan las corporaciones transnacionales de origen norteamericano.

En los últimos años, esa asimétrica competencia se ha agudizado como consecuencia del TLCAN, de las aperturas unilaterales de las economías latinoamericanas y caribeñas, así como de la "victoria" obtenida por los Estados Unidos en la Organización Mundial del Comercio (OMC) contra las cuotas de importación de banano que históricamente les habían concedido los actuales integrantes de la Unión Europea (UE) a algunas de las naciones del Caribe insular. Esa resolución de la OMC favoreció a las empresas transnacionales estadounidenses sucesoras de la tristemente célebre United Fruit Company. Estas continúan monopolizando la producción y la exportación del banano en Centroamérica.

Por ello, independientemente de la retórica del "proceso de Miami", el denominado "conflicto del banano", junto a la reticencia del Congreso norteamericano a aprobar el Tratado de Paridad con TLCAN solicitado por diversos países de Centroamérica y el Caribe, acentuó las fundadas preocupaciones que tienen los Estados y gobiernos del Caribe insular ante las tendencias geoeconómicas y geopolíticas imperantes en los Estados Unidos. Estas subestiman los serios problemas socioeconómicos y socioambientales que está sufriendo esa subregión y privilegian los componentes de la denominada "agenda negativa"; o sea, los temas unilateralmente vinculados a la seguridad nacional norteamericana: las ya referidas migraciones incontroladas, el narcotráfico y otros delitos conexos; entre ellos, el lavado de dinero.

Lo paradójico es que el despliegue de todos esos fenómenos tiene su origen y determinaciones más profundas "en la sociedad y en la política del Coloso del Norte".[85] A lo ya dicho respecto al creciente consumo de drogas en los Estados Unidos, hay que agregar el importante papel que desempeña el sistema financiero estadounidense e internacional en el "blanqueo" de las fabulosas ganancias (estimadas en 500 000 millones de dólares anuales) derivadas del narcotráfico internacional. También la creciente participación de "los agricultores" y las organizaciones delictivas norteamericanas en la producción y tráfico de marihuana, así como de otras drogas sintéticas o semisintéticas que en la actualidad ya han comenzado a ser de la preferencia de los consumidores norteamericanos, desplazando a las drogas de origen natural que se producen en algunos países de América Latina y el Caribe.[86]

A lo anterior hay que añadir la abrupta caída que, después del fin de la Guerra Fría, han sufrido los fondos de Ayuda al Desarrollo (ADO) que otrora transfería la Casa Blanca hacia los países de esa región. Según el especialista para América Latina y el Caribe de la USAID, Mark Schneider, en el año fiscal de 1998 esos fondos fueron un tercio (553 000 000 de dólares) de los que se otorgaron en 1990 y 400 000 000 menos que los entregados en 1992.[87] Ello afecta con particular intensidad a algunos de los Estados del Caribe oriental, cuya sobrevivencia como naciones "independientes" virtualmente dependen de los flujos financieros externos y de los servicios financieros (los llamados *bancos off shore*) que les brindan al capital privado transnacional.

Todo lo antes mencionado, objetivamente, tiende a favorecer las intenciones de los círculos de poder estadounidenses de consolidar su hegemonía política, diplomática y militar sobre las naciones colocadas al sur de sus fronteras. Mucho más, por la exitosa ofensiva desarrollada por la Casa Blanca con vistas a utilizar las aperturas unilaterales de las economías y los mercados latinoamericanos y caribeños para expandir las exportaciones estadounidenses de bienes y servicios, así como los acrecentados flujos de Inversiones Extranjeras Directas (IED) o de capitales de corto plazo —los llamados "capitales en cartera"— que sus grandes corporaciones están colocando en los países del mundo subdesarrollado.[88] Como en otras ocasiones mencionadas en este texto, con esas inversiones o reinversiones la oligarquía financiera de origen estadounidense emplea a su favor el ambiente especulativo que reina en los "globalizados" mercados monetarios, financieros y bursátiles; especialmente, en algunas bolsas de valores de América Latina; entre ellas, de México, São Paulo y Buenos Aires.

Adicionalmente, las IED de origen estadounidense se han beneficiado (y se benefician) de la ola de privatizaciones y desnacionalizaciones que se han venido produciendo en la mayor parte de los países del continente. Según ha demostrado la CEPAL, todas esas inversiones se han incorporado a las estrategias que desarrolla el Departamento del Comercio de los Estados Unidos y las mega-corporaciones transnacionales o algunas "empresas norteamericanas en proceso de globalización" con vistas a enfrentar la acrecentada competencia europea y asiática, tanto por el control de los mercados latinoamericanos y caribeños, como del propio mercado estadounidense.

Lo anterior explica por qué la administración de William Clinton impulsó —además de las negociaciones del ALCA— un entramado de reuniones interamericanas entre los ministros y técnicos encargados de los diferentes sectores de la economía. En particular, en los sensibles temas del comercio, la energía, las telecomunicaciones, el turismo y la construcción de las infraestructuras que demanda el desarrollo económico de la región. Algunas de esas reuniones (como las de Ministros de Comercio) han contado con la destacada participación de cientos de representantes del sector privado en el Foro Empresarial de las Américas. Además, en ellas se han firmado múltiples declaraciones, acuerdos y planes de acción que se refuerzan mutuamente y que —según ha reconocido la Casa Blanca—

consolidan, amplían y tienden a tornar irreversibles "las reformas económicas de primera generación" que —bajo la presión del FMI y del BM— se han venido desplegando en la mayoría de los países de América Latina y el Caribe.[89]

Esas reformas neoliberales (en particular la liberación de los flujos comerciales y financieros) han permitido que las empresas transnacionales de origen norteamericano continúen aprovechándose de las reservas de materias primas, combustibles y mano de obra cada vez más barata que encuentran en la mayor parte de las naciones latinoamericanas y caribeñas (ver Cuadro 14). En especial, en México, Centroamérica y en algunas naciones del Caribe: Haití, Jamaica y la República Dominicana. En estos países se han venido instalando, en forma creciente, las llamadas Zonas Francas de Importación, Producción y Exportación (ZFIPE), también conocidas como "las maquilas"; donde cada vez más se violan los derechos laborales de sus trabajadores y, en especial, los de las mujeres.[90]

CUADRO 14
Costo de la hora de trabajo en diferentes países del mundo

Países	US dólares
México	1,51
Taiwán	5,82
Corea del Sur	7,40
Estados Unidos	17,20
Japón	23,66
Alemania	31,88

FUENTE: "El Fenómeno Maquilador en México y Honduras", en Eduardo Tamayo G: *Globalización y maquilas...*, ed. cit., p. 19.

Según se ha denunciado reiteradamente, debido al trabajo intensivo y a los "novedosos" procesos productivos vinculados a la industria textil o a la "microelectrónica", entre las féminas han aparecido "incurables enfermedades profesionales".[90] A lo anterior, se suman los estragos que causa en las mujeres de diversas edades las graves deficiencias existentes en el sistema de salud (en particular, en lo tocante a la salud reproductiva) y la impunidad reinante frente a la sangrienta violencia cotidiana (violaciones, mutilaciones, maltratos y asesinatos) que las afecta en diferentes países latinoamericanos y caribeños.[91] También los nocivos efectos que están causando sobre la población adulta e infantil de las comunidades donde están ubicadas esas plantas las sustancias tóxicas que éstas emplean en sus procesos productivos.

Como se ha documentado en México (donde la cuarta parte de la mano de obra industrial trabaja en las 4 079 plantas maquiladoras existentes), "lo terrible del problema de las maquiladoras son todos los tóxicos que dejan...". Además, como en ese país "no existe infraestructura ambiental, la mayoría de las empresas no reportan ni cumplen con su obligación de regresar todos los desechos tóxicos a su lugar de origen, y entonces los afectados no solamente son los trabajadores que están en la maquila, sino toda la comunidad, incluyendo los niños y los viejos". Así, "el norte de la República [o sea, en la frontera con los Estados Unidos] tiene los índices más altos en cuanto a niños que nacen sin cerebro, o con espina bífida o con cánceres en diferentes partes del cuerpo". Por otra parte, como en muchas maquiladoras no existen elementales sistemas de seguridad e higiene en el trabajo, "decenas de trabajadoras han sufrido intoxicaciones y lesiones producidas por la manipulación de productos tóxicos o por ausencia de medidas de seguridad en el trabajo".[92]

A esos y otros crímenes del neoliberalismo y del "libre comercio" impulsado por los Estados Unidos dedicaremos el próximo capítulo. Pero ahora es necesario adelantar que —a pesar de los ya referidos enunciados acerca de "la promoción de la democracia y los derechos humanos" reiterados por las cumbres de las Américas— la constante represión contra las demandas populares no ha desaparecido de la mayor parte de los países de América Latina y el Caribe.[93] Por el contrario, en estos años han sido asesinados cientos de dirigentes sindicales, activistas de los derechos humanos, dirigentes políticos populares e integrantes de los movimientos indígenas y campesinos, por el único delito de reclamar los recursos naturales que le han sido conculcados o —como es el caso del Movimiento de los Trabajadores Sin Tierra (MST) que, desde 1984, actúa en Brasil— por querer alcanzar una parcela de ese preciado recurso donde garantizar el sustento de sus correspondientes familias.

Todo lo anterior contribuye a explicar las múltiples resistencias al "orden panamericano" facturado por los Estados Unidos. A las que ha protagonizado en los últimos 45 años el pueblo cubano, hay que agregar las multiformes luchas populares políticas, económicas y sociales que, con variado éxito, se desarrollan en diversos países de la región. Como en otras ocasiones históricas, esas luchas populares confluyen con las vindicaciones de aquellos gobiernos defensores de la soberanía nacional de sus correspondientes países. Pero, sobre todo, con los que demuestran su interés en impulsar cambios más o menos radicales en las injustas y muchas veces corruptas democracias liberales representativas ahora imperantes en el continente.

Como vimos, tal es el caso de Venezuela, donde en diciembre de 1998, luego de vencer las enconadas resistencias de los partidos tradicionales, resultó electo como Presidente constitucional el ex coronel Hugo Chávez Frías. Este contó con el apoyo del Movimiento Quinta República (MVR) y de otras fuerzas de izquierda del país (como sectores del MAS y de la LCR), integradas en el denominado "Polo Patriótico", el mismo que —bajo las consignas de la revolución bolivariana— se ha planteado impulsar diversos cambios económicos, sociales y políticos en la sociedad venezolana. Con independencia de las implicaciones futuras que tenga ese proceso político en la inacabada dinámica entre la reforma, la contra-rreforma, la revolución y la contrarrevolución que ha caracterizado (y todavía caracteriza) la historia latinoamericano y caribeña, hasta el presente los enunciados generales de esa "revolución política" confluyen con los de todas aquellas fuerzas sociales y políticas latinoamericanas y caribeñas que continúan considerando que no habrá "gobernabilidad democrática" verdadera si no se resuelven los agudos problemas socioeconómicos y socioambientales que —a pesar de la retórica de las Cumbres de las Américas— siguen afectando a la mayor parte de los países del continente.

Entre esas fuerzas, sin dudas, las más destacadas son las organiza-ciones, partidos y movimientos sociales y políticos de la izquierda latinoamericana y caribeñas que se vinculan con el denominado Foro de São Paulo fundado a comienzos de la década de 1990. Aunque con diversas contradicciones entre sí, las heterogéneas fuerzas que lo integran han venido elaborando diversos programas de transformaciones económicas, sociales y políticas adversas al "orden panamericano" hegemonizado por los Estados Unidos y por las clases dominantes en el hemisferio occidental. De la misma manera, han venido impulsando múltiples acciones contra la llamada "globalización neoliberal" y contra el ALCA, así como de solidaridad recíproca que recrean, en las nuevas condiciones históricas, el imprescindible alcance continental y universal de las luchas populares y antimperialistas que se desarrollan en América Latina y el Caribe.

Según la Declaración Final de su Cuarto Encuentro, realizado en La Habana, del 21 al 24 de julio de 1993: "Urge, (...) formular e implementar proyectos de desarrollo que expresando los intereses y fuerzas organizadas de movimientos populares, apunten hacia un crecimiento económico sostenido e independiente, ambientalmente equilibrado, y con distribución equitativa de la riqueza, en un marco de profundización de la democracia en todos los terrenos". Además, hay que enfrentar los planes de los Estados Unidos dirigidos a convertir a América Latina y el Caribe en "simples apéndices sometidos a su economía (y) articulados a los intereses del gran capital"; lo que plantea, una vez más, "la necesidad de la integración continental de nuestros pueblos y nuestras naciones"; pero, a diferencia de la propuesta norteamericana, esa integración debe proyectarse como "bloque político"; ya que "solamente una comunidad latinoamericana y caribeña de naciones económica y políticamente integrada, tendrá fuerzas para reubicarse, con independencia, en un mundo hoy controlado por los grandes bloques económicos y por sus políticas adversas a los intereses de nuestro pueblo".[94]

Sin dudas, en la base de esas posturas se encuentra la creciente conciencia latinoamericana y caribeña acerca de los nefastos efectos económicos y sociales que han venido produciendo en el mundo y en todo el continente los PAE. Estos, como he indicado, han sido impulsados por las instituciones financieras controladas por los Estados Unidos y por los sectores hegemónicos de lo que he venido llamando "la oligarquía financiera y tecnotrónica triadica" que controla las principales palancas del poder económico, político e ideológico-culturales en la mayor parte de las naciones del mundo.[95] Como veremos en el capítulo que sigue, esos planes de ajuste y reestructuración neoliberales en lo económico y neoconservadores en lo político han agravado las penurias económicas y sociales, así como la violencia y las deformaciones estructurales que, a lo largo del siglo XX, han caracterizado al capitalismo subdesarrollado y dependiente instaurado, a sangre y fuego, sobre los pueblos de Nuestra América.

NOTAS

1. Mónica González: "El mito del nuevo orden mundial", en *Relaciones Internacionales*, Facultad de Ciencias Políticas y Sociales, Universidad Nacional Autónoma de México, octubre-diciembre de 1995, no. 68.

2. Alberto Van Kleveren: "El lugar de los Estados Unidos en la política exterior latinoamericana", en *Teoría y práctica de la política exterior latinoamericana*, Universidad de los Andes, Bogotá, 1983.

3. A. Shalnevz: "¿La Doctrina Bush?", en *Zvestia*, Moscú, 9 de enero de 1990. (La traducción al español de ese artículo apareció en *Granma*, La Habana, 12 de enero de 1990).

4. El Diálogo Interamericano viene funcionando en los Estados Unidos desde hace más de 20 años. Reúne a destacadas personalidades políticas e intelectuales de ambas partes del hemisferio. En la década de 1980, sus informes anuales desempeñaron un importante papel en la crítica a la política de la administración Reagan, respecto a la llamada "crisis centroamericana" y al displicente tratamiento del problema de la deuda externa del continente.

5. Pedro Monreal: "El libre comercio hemisférico, multilateralismo modular, bajas prioridades y pobres expectativas", en *Cuadernos de Nuestra América*, La Habana, julio-diciembre de 1995, no. 24.

6. Alexander Watson: "Discurso pronunciado ante la Asociación de Cámaras de Comercio de América Latina", Ciudad México, 15 de

noviembre de 1993. (Mimeografiado, distribuido por la United States Information Service —USIS— de la Sección de Intereses de los Estados Unidos en La Habana).

7. Parlamento Latinoamericano/Instituto de Relaciones Europeo-Latinoamericanas: ob. cit., pp. 401, 407 y 416.

8. Ibídem, p. 103.

9. Ibídem, pp. 381 y 388.

10. Demetrio Boersner: ob. cit., pp. 273-277.

11. Aunque el término Gran Caribe, aún no ha ganado suficiente aceptación, se ha venido empleando por parte de algunas Organizaciones No Gubernamentales (por ejemplo, la Coordinadora de Investigaciones Económicas y Sociales —CRIES— para Centroamérica y el Caribe), con el propósito de identificar a todas las naciones norteamericanas (con excepción de los Estados Unidos), caribeñas (incluso Puerto Rico), centroamericanas (incluido El Salvador y Belice) y suramericanas (Colombia, Venezuela, Guyana y Surinam) que tienen costas en el Oceáno Atlántico (como Bahamas), en el Golfo de México y en el Mar Caribe. Por ende, tal definición se distancia del concepto Cuenca del Caribe (sólo incluye a la naciones centroamericanas y caribeñas) usualmente empleado por la geopolítica estadounidense.

12. Andrés Serbin y Joseph Tulchin (compiladores): *El Caribe y Cuba en la Posguerra Fría*, Instituto Venezolano de Estudios Sociales y Políticos (INVESP)-Editorial Nueva Sociedad, Caracas, 1994.

13. Tania García Lorenzo: "Potencialidades y desafíos de la Asociación de Estados del Caribe", en *Cuadernos de Nuestra América*, La Habana, Cuba, julio-diciembre de 1994, no. 22.

14. Luis Suárez Salazar: *Cuba: ¿aislamiento o reinserción en un mundo cambiado?*, Editorial de Ciencias Sociales, La Habana, 1997, pp. 100-129.

15. Joseph Stiglitz: "Más instrumentos y metas más amplias para el desarrollo. Hacia el consenso pos-Washington", en *Desarrollo Económico*, Buenos Aires, octubre-diciembre de 1998, no. 151.

16. Alexander Watson: "Discurso pronunciado ante la Asociación de

Cámaras de Comercio de América Latina", ed. cit.

17. Michael Skol: "Discurso pronunciado en la Conferencia sobre Seguridad Hemisférica auspiciada por La Universidad de la Defensa Nacional de Washington, el Departamento de Defensa y el Comando Sur de los Estados Unidos", Miami, 23 de febrero de 1994 (mimeografiado, distribuido por la USIS de la Sección de Intereses de los Estados Unidos en La Habana).

18. Nelly Poyarkova: "Puerto Rico: una colonia norteamericana", en A. Glinkin y otros: ob. cit., pp. 77-78.

19. Hernán Yanes: "Las relaciones civiles-militares en los procesos políticos sudamericanos de los 90: algunos dilemas", en *Cuadernos de Nuestra América*, La Habana, enero-junio de 1995, no. 23. Y, del propio autor, *Gobernabilidad y militares en América Latina*, Editorial de Ciencias Sociales, La Habana, 1997.

20. Michael Skol: "Discurso pronunciado en la Conferencia sobre Seguridad Hemisférica auspiciada por La Universidad de la Defensa Nacional de Washington, el Departamento de Defensa y el Comando Sur de los Estados Unidos", ed. cit.

21. Ibídem.

22. Citado por Warren Christopher: "Discurso pronunciado ante la Comisión Binacional Estadounidense-Mexicana encargada de dar seguimiento al NAFTA", Ciudad México, 9 de abril de 1994. (Mimeografiado, distribuido por la USIS de la Sección de Intereses de los Estados Unidos en La Habana).

23. Ibídem.

24. Alexander Watson: "Discurso pronunciado ante la Asociación de Cámaras de Comercio de América Latina", ed. cit.

25. Warren Chistopher: "Discurso pronunciado ante la Comisión Binacional Estadounidense-Mexicana encargada de dar seguimiento al NAFTA" ed. cit.

26. Pablo González Casanova: "Causas de la rebelión de Chiapas", en *Debate Abierto*, Venezuela, marzo-mayo de 1997, año 1, no. 1, pp. 16-30.

27. Anthony Lake: "American Power and American Diplomacy". Conferencia pronunciada el 21 de octubre de 1994 en la Universidad de Harvard, los Estados Unidos. (Distribuida por la USIS de la Sección de Intereses de los Estados Unidos en La Habana).

28. Noam Chomsky: "La democracia y los mercados en el nuevo orden mundial", en *Temas*, Nueva Época, La Habana, octubre-diciembre de 1996, no. 4.

29. Luis Suárez Salazar: *Cuba: ¿aislamiento o reinserción en un mundo cambiado?*, ed. cit., pp. 132 y 145.

30. Gotson Pierre: "Haití: a prueba ante la impunidad", en *ALAI: Servicio Informativo*, Quito, 13 de enero de 1998, no. 265, pp. 8-9.

31. Alexander Watson: "Discurso pronunciado ante la Asociación de Cámaras de Comercio de América Latina", ed. cit.

32. Richard Feinberg: "El multilateralismo modular: las relaciones económicas Norte-Sur en los 90"; citado por Pedro Monreal en "El libre comercio hemisférico, multilateralismo modular, bajas prioridades y pobres expectativas", ed. cit.

33. Fidel Castro: *Discurso ante la Cuarta Cumbre Iberoamericana*, Cartagena de Indias, Colombia, 14 de junio de 1994.

34. Ibídem.

35. Ibídem.

36. Ibídem.

37. Según reconoció posteriormente el subsecretario de Estado norte-americano, Jeffrey Davidow (1998), cuando faltaban pocos días para la realización de la Cumbre de Miami aún existía una difícil discusión entre los funcionarios estadounidenses y los representantes del Grupo de Río acerca de la Declaración de Principio y el Plan de Acción que firmarían los Jefes de Estado y Gobierno participantes en el cónclave.

38. Todas las referencias que a continuación se realizarán a este documento, están tomadas de su versión oficial en español distribuida, el 11 de diciembre de 1994, por la USIS de la Sección de Intereses de los Estados Unidos en La Habana.

39. Cabe recordar que estos elementos no estaban presentes en el primer proyecto de Declaración y del Plan de Acción de la Cumbre de las Américas que, el 20 de septiembre de 1994, circuló el gobierno norteamericano entre las diferentes cancillerías de la región.

40. Luis Suárez Salazar: "La Cumbre de las Américas: texto y contexto", en *Cuadernos de Nuestra América*, julio-diciembre de 1995, no. 24, pp. 9-26.

41. Desde 1975 hasta 1994, todos los presidentes norteamericanos habían gozado de esa facultad. Según el *fast track*, el papel del Congreso se reduce a aprobar o desaprobar los acuerdos económicos internacionales negociados por el Ejecutivo; pero no puede introducir modificaciones en su contenido.

42. William Robinson: "El rol de la democracia en la política exterior norteamericana y el caso Cuba", en Haroldo Dilla (compilador): ob. cit.

43. Warren Christopher: "Discurso pronunciado en la Conferencia Anual del Consejo de las Américas", Washington, mayo de 1997. (Mimeografiado, distribuido por la USIS de la Sección de Intereses de los Estados Unidos en La Habana).

44. Manuel Araya: "Puente del Siglo XXI: la Cumbre de la cautela. La visita del presidente Clinton a Centroamérica", en *Anuario Social y Político de América Latina y el Caribe*, FLACSO-Nueva Sociedad, Caracas, 1997, año 1.

45. Todas las referencias que en lo adelante se realizarán a los acuerdos de la Cumbre de las Américas de Santiago de Chile están tomadas de la versión al español de la Declaración y Plan de Acción distribuida, en abril de 1998, por la USIS de la Sección de Intereses de los Estados Unidos en La Habana.

46. Henry Kissinger: *La diplomacia*, Fondo de Cultura Económica, México D.F., 1995.

47. William Clinton: Palabras en la apertura de la Cumbre de las Américas, Santiago de Chile, 18 de abril de 1998. (Mimeografiado, distribuido por la Sección de Intereses de los Estados Unidos en La Habana, Cuba).

48. Departamento de Estado: *De la palabra a los hechos*, Washington, abril de 1998.

49. ALAI: "Militares y derechos humanos", en *ALAI-Servicio Informativo*, Quito, 10 de diciembre de 1998, no. 285, p. 7.

50. PNUD: *Informe sobre el Desarrollo Humano 1997*, Ediciones Mundi-Prensa, 1997, p. 126.

51. José Augusto Guilhon Albuquerque: "A ALCA na política externa brasileira", en *Política Externa*, San Paulo, Brasil, octubre-noviembre del 2001, t. 10, no. 2, pp. 7-20.

52. IRELA: *¿Un nuevo debate estratégico en América del Sur?*, Madrid, 25 de agosto de 1997.

53. Luis Suárez Salazar: "Nuevo orden mundial, integración y derechos humanos en el Caribe: apuntes para una reconceptualización", en *Globalización, integración y derechos humanos en el Caribe*, ILSA, Santa Fe de Bogotá, Colombia, 1995.

54. Parlamento Latinoamericano/Instituto de Relaciones Europeo-Latinoamericanas: ob. cit., p. 222.

55. Oficina de Derechos Humanos del Arzobispado de Guatemala: ob. cit.

56. Edgar Gutiérrez: "La disputa sobre el pasado", en *Nueva Sociedad*, Caracas, no. 161, p. 172.

57. Gotson Pierre: "Haití: Sospechas y desconfianza", en *ALAI-Servicio Informativo*, Quito, 25 de noviembre de 1998, no. 284, pp. 9-10.

58. Robert Maguire: "Haití: El marasmo político", en *Nueva Sociedad*, Caracas, no. 175, pp. 4-12.

59. Serafín Ilvay: "Paraguay: Crisis política, económica y militar", en *América Latina en movimiento*, Quito, 30 de noviembre de 1999, no. 304, p. 17.

60. Departamento de Estado: *De la palabra a los hechos*, ed. cit.

61. José Ramón Fernández y José Pérez Fernández: *La guerra de Estados Unidos contra Cuba*, Ocean Press, Melbourne, Nueva York y La Habana, 2001, pp. 94-96.

62. Departamento de Estado: *De la palabra a los hechos*, ed. cit.

63. Humberto García Muñiz y Jorge Rodríguez Beruff: *Fronteras en conflicto: Guerra contra las drogas, militarización y democracia en el Caribe, Puerto Rico y Vieques*, Red Caribeña de Geopolítica, Seguridad Regional y

Relaciones Internacionales afiliada al Proyecto ATLANTEA, San Juan, Puerto Rico, 1999, pp. 64-96.

64. ALAI: "Panamá: presencia militar norteamericana después del 2000", en *ALAI-Servicio Informativo*, Quito, 3 de febrero de 1999, no. 287.

65. Oficina de las Naciones Unidas de Fiscalización de Drogas y de Prevención del Delito (OFDPD): *Tendencias mundiales de las drogas ilícitas*, Nueva York, 2001.

66. Peter Zirnite y Coletta Youngers: "Las fuerzas armadas de los EE.UU. y la guerra antidrogas: soldados indóciles", en *ALAI-Servicio Informativo*, Quito, 29 de octubre de 1997, no. 261, pp. 20-21.

67. Dario Klein: "Escuela de las Américas: La academia militar de la Guerra Fría", en *CNN en Español.com.*, 11 de octubre de 1999.

68. "Perú: Los derechos humanos con olor a pólvora" e "Intervención de los Estados Unidos de Norteamérica en el Perú para la lucha contrasubversiva", en *Peruenrojo.comuna*, junio y julio del 2000.

69. Dario Klein: ob. cit.

70. ALAI: "'Escuela de los Asesinos' no se cierra", en *ALAI-Servicio Informativo*, Quito, 10 de junio de 1998, no. 274, p. 2.

71. Gilberto López y Rivas. "La subordinación militar mexicana a Estados Unidos ", en *América Latina en movimiento*, Quito, 26 de mayo de 1999, no. 294, p. 2.

72. ALAI: "México: La estrategia federal en Chiapas", en *ALAI-Servicio Informativo*, Quito, 16 de noviembre de 1999, no. 303, p. 21.

73. Sergio Rodríguez Lascano: "México: 10 Tesis sobre la derrota del PRI", *América Latina en movimiento*, Quito, 25 de julio del 2000, no. 317, p. 7.

74. CICAD: *Evaluación del Progreso de Control de Drogas: Informe hemisférico 1999-2000*, Organización de Estados Americanos, Washington, 2000.

75. ALAI: "Bolivia: medidas de fuerza en zona cocalera", en *ALAI-Servicio Informativo*, Quito, 9 de abril de 1998, no. 320, pp. 2-3.

76. Humberto García Muñiz y Gloria Eva Rodríguez: ob. cit., p. 89.

77. *Voz de Colombia*, La Habana, septiembre-octubre del 2000, p. 2.

78. Citado en IRELA: *¿Un nuevo diálogo UE-América Latina sobre drogas?*, Madrid, octubre de 1998.

79. Kintto Lucas: "Ecuador, un trampolín para la guerra", en *Ko'eyú Latinoamericano*, Caracas, abril-junio del 2001, no. 82, pp. 11-13.

80. Eduardo Jiménez García: "En el agua asesinó en ella morirá", en *Bohemia*, La Habana, 14 de julio del 2000, año 92, no. 15, pp. 34-35.

81. Tribunal Provincial Popular: "Demanda del pueblo de Cuba al gobierno de Estados Unidos por daños humanos", ed. cit., p. 8.

82. "Sentencia: Culpable", en *Granma* (Suplemento Especial), La Habana, 6 de mayo del 2000, p. 12.

83. Osvaldo Martínez: "Embargo no, bloqueo", en *Tricontinental*, La Habana, junio del 2000, no. 144, pp. 14-19.

84. Eduardo Tamayo G.: "Estados Unidos: el drama de los inmigrantes", en *ALAI-Servicio Informativo*, Quito, 26 de noviembre de 1997, no. 263, pp. 18-21.

85. Isabel Jaramillo: "El Caribe y los Estados Unidos: la frontera marítima", en *Temas*, La Habana, abril-junio de 1996, no. 6.

86. National Institute on Drug Abuse (NIDA): Tendencias Nacionales del consumo de drogas en los Estados Unidos, http://www.drugabuse.gov/Intofax/TendenciasNac-Sp.html, 10 de diciembre del 2001.

87. IRELA: *Cooperación al desarrollo con América Latina: ¿hacia un menor protagonismo europeo?*, Madrid, 31 de marzo de 1999.

88. *La inversión extranjera en América Latina y el Caribe*, Santiago de Chile, 1998.

89. David Aaron: "Intervención en la Conferencia del Consejo de las Américas de Washington", Washington, 12 de mayo de 1998 (mimeografiada, distribuida por la USIS de la Sección de Intereses de los Estados Unidos en La Habana).

90. The Report of the West Indian Commission: *Time of Action*, Black Rock, Barbados, 1992.

91. Sonia del Valle: "El silencio frente a la misoginia", en *Cuadernos Feministas*, México D.F., julio-septiembre de 1998, año 1, no. 5.

92. Eduardo Tamayo G: "Globalización y maquilas: ¿La precariedad es la única opción?" en *América Latina en Movimiento*, Quito, Ecuador, 14 de noviembre del 2000, No. 323, pp. 18-20.

93. Luis Suárez Salazar: *América Latina y el Caribe: medio siglo de crimen e impunidad (1948-1998)*, Editorial Zambon y Editorial en Lenguas Extranjeras José Martí, Frankfurt, Alemania, y La Habana, Cuba, 2001, pp. 169-179.

94. Declaración Final del IV Encuentro del Foro de Sao Pablo, Ciudad de La Habana, 21 al 24 de julio de 1993, en *América Libre*, Buenos Aires, 1993, p. 120-121.

95. Luis Suárez Salazar: *El Siglo XXI...*, ed. cit.

11. LOS CRÍMENES DEL NEOLIBERALISMO

De todos los elementos revisados en el capítulo anterior, se infiere que, a pesar de la ideologización que acompaña a los rimbombantes enunciados del "proceso de Miami", hasta el presente estos no han resuelto ninguno de los problemas fundamentales que afectan a las relaciones interamericanas. Mucho menos, las graves deformaciones estructurales que padecen las economías y las sociedades latinoamericanas y caribeñas. Tampoco la precaria y cada vez más dependiente inserción de ese continente en el expoliador, polarizado y jerarquizado mercado capitalista mundial y hemisférico.

Así lo demuestran los abultados déficits que continúan afectando las balanzas comerciales de la mayor parte de los países de América Latina y el Caribe. También, la creciente concentración de los intercambios económicos del continente con el mercado estadounidense. Basta recordar que, en 1998, el balance del comercio de bienes y servicios de América Latina y el Caribe acumuló un déficit de más de 50 400 millones de dólares: 22 300 millones más que el año precedente.[1] La mayor parte de ese déficit se produjo en sus relaciones comerciales con los Estados Unidos; potencia que, en 1996, acaparó el 45% de todo el comercio regional: un 7% más que a comienzos del decenio de 1990.[2]

Asimismo, en 1997, las corporaciones transnacionales de origen norteamericano fueron las proveedoras del 41% de todas las Inversiones Extranjeras Directas (IED) —incluye la reinversión de utilidades— que llegaron al continente. En el propio año se constató que el 48,5% de las 250 filiales de las mayores empresas transnacionales que operaban en América Latina y el Caribe eran de nacionalidad estadounidense y que sólo el 38,4%

eran de origen europeo. También se evidenció que los 25 mayores bancos extranjeros que operaban en esa región tenían activos consolidados por un monto de 178 000 millones de dólares, de los cuales el 65,2% pertenecían a bancos europeos y el 29% a los más importantes bancos norteamericanos.[3]

En consecuencia, entre 1990 y 1997, el continente captó el 43% de las IED estadounidenses dirigidas al mundo subdesarrollado. Muchas de ellas se orientaron a participar en la "segunda ola de privatizaciones" que se ha venido desarrollando en América Latina y el Caribe. Esta —según la CEPAL— se caracterizó por la transferencia al sector privado de servicios antes provistos por el Estado; entre otros, la infraestructura vial, portuaria, las telecomunicaciones y los servicios de correos. También, por las compras cada vez mayores de empresas privadas. De ahí que, en la década de 1990, en las naciones latinoamericanas y caribeñas se ubicara el 20% del acervo de las IED estadounidense en todo el mundo.[4]

Adicionalmente, el crecimiento de la economía latinoamericana y caribeña, aunque superior en un 2,5% respecto al 1,0% registrado como promedio anual entre 1981 y 1990, continúa siendo inestable. Además, el promedio de la tasa de crecimiento anual entre 1991 y 1998 (3,5%), fue notablemente inferior al 5,5% que registró ese indicador entre 1945 y 1980.[5] Asimismo, muy inferior al sostenido crecimiento del 6% anual que la CEPAL considera imprescindible para superar los rezagos tecnológicos y sociales acumulados en las últimas dos décadas.[6]

Por otra parte, aunque el Producto Interno Bruto (PIB) por habitante de las naciones de América Latina y el Caribe tuvo una notable recuperación con respecto a la "década pérdida" (1,7%, entre 1991 y 1998, en contraste con el −1% que se registró, entre 1980 y 1990), ha mantenido una tasa promedio anual muy por debajo del sostenido 3% del PIB por habitante que el Programa de las Naciones Unidas para el Desarrollo (PNUD) considera imprescindible para reducir a la mitad lo que la CEPAL definió como "la brecha de la equidad". En consecuencia, como se verá en el Cuadro 15, la inversión bruta interna de los países del continente sigue siendo una de las más bajas del mundo. Asimismo, el consumo privado per cápita en los últimos 16 años solamente supera al de las cada vez más depauperadas naciones ubicadas en África al Sur del Sahara.[7]

CUADRO 15

Consumo privado per cápita e inversiones en diferentes regiones del mundo subdesarrollado y en los "países en transición" de Europa Central y Oriental (1980-1996)

Regiones	% de crecimiento del consumo privado per cápita	Inversión bruta interna (% del PIB) 1980	Inversión bruta interna (% del PIB) 1986
Asia oriental y el Pacífico	6,8	32	39
Europa y Asia central	–	25	23
Asia meridional	2,1	21	15
Cercano Oriente y norte de África	0,6	29	26
América Latina y el Caribe	0,1	24	20
África al Sur del Sahara	−1,8	23	18

FUENTE: PNUD: *Superar la pobreza humana,* Nueva York, 1998, p. 17.

LAS VÍCTIMAS DE LOS PROGRAMAS DE AJUSTE ESTRUCTURAL

A todo lo antes planteado hay que agregar el inmenso costo social de la crisis y los programas de ajustes aplicados en el decenio de 1980 y, sobre todo, de los PAE (de factura neoliberal) que —bajo la presión del gobierno de los Estados Unidos, del FMI y el BM— se generalizaron en la década de 1990. En ese año, la pobreza —que no es más que otra forma de violencia— invadió un universo estimado (según la metodología que se emplee) entre 197 000 000 y 270 000 000 de latinoamericanos y caribeños. Esto fue entre un 46% y un 61% de la población regional.[8] Si aceptáramos la discutible metodología de la CEPAL (sólo se refiere a lo que el PNUD denomina "la pobreza de ingresos"), en 1994, ese fenómeno afectó cuando menos a

223 millones de personas: 209 millones en las naciones latinoamericanas y el resto en el Caribe angloparlante.

Estimaciones más recientes indican que, a pesar del crecimiento de la economía latinoamericana y caribeña ya mencionado, en 1999, el número absoluto de menesterosos latinoamericanos (no incluye al Caribe anglófono) ascendió a 224 millones de personas. Según la base de cálculo de la CEPAL, casi 30 millones más que en el año 1990.[9] De ellos, alrededor de 100 000 000 se encontraban en situación de indigencia; o sea, los pobres que "no logran siquiera adquirir una cesta alimenticia suficiente para evitar la desnutrición".[10]

Nada hace pensar que esa situación variará en el futuro próximo. Por el contrario, es altamente probable que en los últimos años del siglo XX y los primeros del siglo XXI, "el ritmo de crecimiento económico de la región sea inferior al logrado entre 1990 y 1997, lo que dificultará la mitigación futura de la pobreza e incluso [amenazará con] su posible incremento en varios países".[11] En ese pronóstico ocupa un papel determinante "el deficiente desempeño" que, entre 1990 y 1998, han tenido los diversos factores que determinan la progresiva concentración de la riqueza y la regresiva distribución de los ingresos en América Latina y el Caribe.

Según diversas fuentes, en esos años el continente continuó conservando el raro privilegio de ser la zona de todo el planeta que peor distribuye sus ingresos. En el lenguaje del PNUD: "En todas las regiones [del mundo] el ingreso per cápita del 20% más rico [de la población] es naturalmente mucho mayor que el del 20% más pobre; pero en grados diferentes. En el mundo en desarrollo es ocho veces mayor, y en los países industrializados es siete veces mayor. [Pero] en América Latina y el Caribe es diecinueve veces mayor".[12] Una proporción bastante mayor que los indicadores de distribución del ingreso que, a comienzos de la década de 1990, la CEPAL consideraba como necesarios para definir los niveles de equidad existentes en los países de esa región.[13]

Sin embargo, esta situación no es nueva. En 1983, fue denunciada por el Presidente cubano Fidel Castro en su famoso libro *La crisis económica y social del mundo.*[14] Por aquellos años se estimó que el 20% más pobre de la población latinoamericana y caribeña sólo tenía acceso al 4% de la renta nacional. Esa persistente brecha se agravó a lo largo de la década de 1980. En efecto, en 1990, la participación en la riqueza del 20% más pobre había disminuido al 3,1%; mientras que el 20% de los sectores de más altos ingresos disfrutaba del 57,7% del Producto Nacional Bruto (PNB).[15] Otras estimaciones señalaron que, en 1994, el 30% de los habitantes de América Latina y el Caribe con mayores recursos disfrutaban del 53,8% de ese producto.[16]

En 1997, ello fue confirmado por la CEPAL cuando señaló: "El balance de los cambios distributivos entre mediados de la década pasada y la actual muestra aumentos de la desigualdad de ingresos en la mayoría de los países de la región. En este resultado ha influido la capacidad del 10% más rico para sostener o acrecentar su participación [en las riquezas], en tanto que la del 40% de hogares más pobres se ha mantenido o deteriorado".[17] Por su parte, en 1998, el PNUD afirmó: "(...) algunas de las situaciones de desigualdad más graves [de todo el mundo] se encuentran en América Latina y el Caribe, donde el 20% más pobre recibe sólo el 4,5% del ingreso nacional".[18]

Lo antes dicho explica por qué mientras, en 1996, en esa región existían 22 ultrarricos —con una riqueza media de 2 500 millones de dólares per cápita—, los ingresos promedios del 20% más pobre de la población apenas alcanzaron los 933 dólares anuales. En ese mismo año, se estimó que 36 millones de latinoamericanos y caribeños morirían antes de cumplir los 40 años de edad; que el 10% de los niños menores de cinco años tenían un peso insuficiente al nacer; que miles de ellos morían anualmente a causa de enfermedades prevenibles y curables; que el 26% de los menores no llegarían al quinto grado de enseñanza; que un 13% (42 millones) de su población adulta era analfabeta real y un número mayor analfabeta funcional; que un 31% de sus menores y jóvenes no asistían a ningún tipo de escuela y que otro tanto lo hacían a escuelas que no garantizaban adecuados rendimientos educativos para incorporarse a trabajar en el "sector moderno de la economía"; que 118 000 000 de niños vivían en la pobreza y que, dentro de ellos, varios millones se veían obligados a trabajar formal o informalmente antes de cumplir la edad requerida, dedicarse a la prostitución o deambular por las calles en busca de sustento.

Por otra parte, en 1997, se calculó que 6 millones de niños y adolescentes de América Latina y el Caribe sufrían agresiones de diversos tipos —incluidos los abusos sexuales— y que alrededor de 80 000 mueren anualmente como consecuencia de esas prácticas.[19] También se estimó que entre 40 millones y 50 millones de menores (sólo entre 6 y 14 años) estaban condenados "a intentar sobrevivir en el único hogar que poseen: las violentas calles del continente", exponiéndose a múltiples amenazas. Entre ellas, el hambre, la drogadicción, los abusos sexuales, las torturas y el asesinato a sangre fría por parte de aquellos sectores de la sociedad y de los aparatos represivos del Estado que simplemente los consideran como *desechables*. En efecto, en 1997, los cuatro países del mundo reconocidos por los graves asesinatos a sangre fría de sus "niños de la calle" eran latinoamericanos: Brasil, Colombia, Guatemala y Honduras. Esos crímenes no habían sido adecuadamente investigados por las autoridades. Así, en los siete años anteriores, la Casa Alianza había presentado más de 540 denuncias criminales en las que estaban involucrados centenares de policías locales, privados y militares. De esos casos, aproximadamente un 15% habían llegado a la etapa condenatoria, manteniéndose la impunidad de los "agentes del orden" acusados. Además, cuando esa ONG especializada en la protección de la niñez ha denunciado esos casos, la respuestas de las autoridades ha sido "la intimidación y las amenazas tanto por vía legal como por la extrajudicial."[20]

Todo parece indicar que esa situación se profundizará en los próximos años. Según se ha denunciado, la pobreza adulta e infantil se incrementó en Centroamérica y el Caribe, debido a los fenómenos naturales que afectaron a estas subregiones, en 1997 y 1998. En estos perdieron la vida o desaparecieron decena de miles de personas (ver Cuadro 16); la mayor parte de ellas colocadas —lógicamente— en los estratos más pobres.[21] Además, dichas tragedias tendrán un efecto de mediano y largo plazo sobre las economías de esas naciones centroamericanas y caribeñas; y, vinculado a ello, en los índices de desempleo y subempleo, así como sobre el nivel de vida de sus habitantes, lo mismo rurales que urbanos.[22]

CUADRO 16

Las cifras del desastre provocado por el Huracán Mitch

País	Muertos reportados	Desaparecidos	Damnificados
Guatemala	253	120	93 000
El Salvador	239	135	58 788
Honduras	6 420	10 072	1 932 480
Nicaragua	4 000	7 000	800 000
Costa Rica	7	4	5 000
Panamá	1	n.d.	7 051
Total	10 920	17 331	2 896 319

FUENTE: Oscar Jara: "La tragedia como posibilidad de construir lo nuevo", en *ALAI: Servicio Informativo*, ed. cit., no. 284, p. 4.

El incremento del desempleo y el subempleo en Centroamérica seguramente engrosará las sesgadas estadísticas que al respecto produce la CEPAL.[23] Según estas, en 1998, el desempleo urbano afectó al 8,1% de la población latinoamericana económicamente activa. Hasta entonces, ese había sido el registro más alto de la década de 1990. La mayor parte de los desempleados siguen siendo mujeres (20%) y jóvenes (50%). Esos guarismos fueron mayores en el Caribe angloparlante. Según la metodología que se aplica en esa subregión (mucho más abarcadora que la que emplea la CEPAL), en 1996, el desempleo urbano se movió entre un 16% y un 21% de la población económicamente activa en diferentes países del área; indicador que excluye a los subempleados.

Además, en el decenio de 1990, la mayor parte del empleo generado en América Latina y el Caribe correspondió al llamado "sector informal". De cada 100 nuevos empleos creados en esa década, 86 correspondieron a ese sector. Como resultado, a este último pertenecen más del 56% de los ocupados en ese continente, de lo que se desprende que el desempleo y el subempleo tienen un carácter cada vez más estructural en la mayor parte de los países de la región. En consecuencia, las remuneraciones medias y los salarios mínimos reales fueron inferiores a los de 1980, al menos en 13 de los 17 países de los que se disponen de cifras.[24] A lo anterior hay que agregar que la recuperación salarial que se registró en el primer lustro del decenio de 1990 se interrumpió en 1996, lo que provocó que, en ese año, los salarios reales siguieran siendo más bajos que 15 años atrás.

Ese deterioro de los salarios favoreció el brutal incremento de lo que algunos analistas han llamado: "los nuevos pobres".[25] Estos son antiguos integrantes de los denominados "sectores medios" cuyos ingresos han caído por debajo de la línea de pobreza (730 dólares anuales, según la CEPAL) a causa de la crisis, de los programas de ajuste y reestructuración neoliberales y de la reducción de los servicios sociales (salud, educación y seguridad social) antes subsidiados por el Estado. En consecuencia, se ha incrementado la jornada laboral (hasta 111 horas semanales en algunos países) y el nivel de sobreexplotación de los trabajadores; en primer lugar, de las mujeres incorporadas en número creciente al mercado laboral.[26] Dada la precariedad de sus empleos, estas integran buena parte del contingente de 218 millones de latinoamericanos y caribeños (el 46% de la población) que, en 1995, estaban excluidos totalmente de los magros beneficios de la Seguridad Social y, por tanto, de los servicios de salud pública y privada vinculados a esta.[27]

En la reproducción de esta situación se encuentra la extrema flexibilidad del mercado laboral y lo que se ha llamado "la desestructuración de las clases trabajadoras y del mundo del trabajo". Esta se expresa en un movimiento político-sindical con "niveles decrecientes de eficacia en la defensa de los intereses de sus cada vez menos afiliados".[28] Sin negar la influencia de otros factores históricos (como la dependencia hacia el Estado de las principales organizaciones sindicales de México y Argentina), en tal estado de cosas también influyó e influye la violenta represión de que fue (y es) objeto el movimiento obrero y popular, tanto por parte de las dictaduras militares entronizadas en las décadas de 1960, 1970 y 1980, como por parte de los gobiernos democrático-representativos (las "democracias represivas") que en la actualidad imperan en el continente.[29]

En efecto, según la mal llamada Confederación Internacional de Organizaciones Sindicales Libres (CIOSL) de los Estados Unidos, con sede en Bruselas, en 1999, América Latina y el Caribe siguió siendo "la región más peligrosa del mundo para los sindicalistas". En ese año, 90 sindicalistas fueron asesinados y "el 70% de las personas arrestadas en el mundo por desarrollar actividades sindicales fueron latinoamericanas". Como en otras ocasiones, Colombia encabezó la lista. Según la misma fuente, en la última década del siglo XX, fueron ultimados en ese país 1 336 sindicalistas: 69 de ellos en 1999. En ese año, otros 676 recibieron amenazas de muerte, 4 fueron desaparecidos, 22 secuestrados y 28 tuvieron que marcharse al exilio.[30]

A causa de esa sangrienta y sistemática represión, han sido diezmadas diversas organizaciones sindicales; en particular, las que han protagonizado la resistencia contra las políticas de ajuste neoliberal impulsadas por los organismos financieros internacionales controlados por los Estados Unidos. Un ejemplo de esto fue el caso de la combativa Central Única de Trabajadores de Colombia (CUT): organización que —según otras fuentes— en los últimos años ha perdido a cerca de 2 500 dirigentes y activistas sindicales como consecuencia de la represión contra las movilizaciones populares desatada por los sucesivos gobiernos de César Gaviria (1990-1994), Ernesto Samper (1994-1998) y Andrés Pastrana Arango (1998-2002).[31]

Por otra parte, a pesar de los ligeros incrementos en los gastos sociales que se han registrado en los dos últimos años, las necesidades de construcción de viviendas han disminuido sólo marginalmente, y en lo fundamental a causa de la tendencia a la reducción de la presión demográfica. Sin embargo, una estimación gruesa indica que en América Latina y el Caribe el déficit de viviendas es de 50 millones de unidades. Este crece todos los años en 2 700 000, lo cual explica —junto a la perduración de la llamada "pobreza de ingresos"— la extensión de los cordones de "villas miserias" ("callampas", "favelas",...) que tipifican a la mayor parte de las ciudades latinoamericanas y caribeñas. Como indicamos en el caso de Centroamérica, los habitantes de esos tugurios han sido las principales víctimas de los diversos fenómenos naturales (ciclones, inundaciones, terremotos) que en los últimos años han venido afectando a varios países de la región.

En esos precarios asentamientos se concentran más del 40% de los 109 millones de latinoamericanos y caribeños (el 23% de la población) que, en 1997, carecían de agua potable. Igualmente, los 136 millones de habitantes de esa región (aproximadamente el 29% de la población) que, en la actualidad, no tienen acceso a los servicios de saneamiento básico, ni a los de salud.[32] Tales situaciones se agravaron en los años posteriores. Un estudio de la Organización Panamericana de la Salud (OPS) y de la Organización Internacional de Trabajo (OIT), señaló que, a fines de 1999, 267 millones de latinoamericanos y caribeños sufrían exclusión de los servicios de salud relacionados con el déficit de camas en los hospitales; 152 millones no disponían de acceso al agua potable y/o al alcantarillado y más de 125 millones estaban en condiciones de "inaccesibilidad geográfica" a los servicios de salud. "Los principales excluidos son los pobres, los adultos mayores, las mujeres y los niños, los grupos étnicos, los desempleados, los subempleados y la población rural...".[33]

Además, se estima que, en los primeros años del siglo XXI, 1 400 000 personas morirán a causa del SIDA en América Latina y el Caribe.[34] Ello seguramente engrosará la "agenda negativa" de las relaciones entre las naciones del continente (en particular de las naciones insulares bañadas por el Mar Caribe) y los Estados Unidos; ya que su Consejo Nacional de Seguridad "ha designado formalmente a la pandemia mundial del SIDA como una amenaza a la seguridad nacional de su país". Es más, al decir del vicepresidente de la administración de William Clinton, Albert Gore, la Casa Blanca está considerando "incluir el combate a esta enfermedad [en] el mandato de sus fuerzas militares".[35] Ese peligro será mayor porque, según las estadísticas disponibles, luego de los habitantes de África al Sur del Sahara, los hombres y las mujeres latinoamericano(a)s y caribeño(a)s son lo(a)s más afectado(a)s por el VIH/SIDA en todo el mundo (ver Cuadro 17).[36]

CUADRO 17

Contagio por VIH/SIDA por regiones (1996)

Tasa por cada 100 000 habitantes	Regiones
Más de 5 500/100 000	África del sur del Sahara (mujeres y hombres)
Más de 2 000/100 000	Caribe (hombres)
Cerca de 1 500/100 000	Caribe (mujeres)
Cerca de 1 000/100 000	América Latina (hombres)
Cerca de 800/100 000	Asia sudoriental (hombres)
Cerca de 500/100 000	América del Norte, sin México (hombres)

FUENTE: Confeccionado por el autor a partir de datos aportados por el PNUD: *Informe sobre desarrollo humano*, 1998, ed. cit., p. 73.

Todos los fenómenos antes mencionados han creado (y constantemente crean) nuevas situaciones que afectan seriamente los niveles de integración social y la denominada "gobernabilidad democrática" de las naciones de ese continente. Lo mismo ocurre a causa de las frustraciones de las esperanzas de los jóvenes urbanos. Ellos poseen un capital educacional superior al de sus padres, pero sus tasas de desempleo son enormemente mayores. Fruto de la acrecentada propaganda comercial "globalizada", estos jóvenes se encuentran expuestos a la información y al estímulo para el consumo de nuevos y variados bienes y servicios "norteamericanizados" que se constituyen en símbolos de movilidad social, pero a los cuales no pueden, ni podrán acceder. Aunque no es la única causa, lo anterior constituye una de las explicaciones del constante incremento de la violencia, la criminalidad y la inseguridad en las ciudades, así como del explosivo ascenso de las tasas de homicidios que se ha registrado en América Latina y el Caribe, entre 1984 y 1994 (ver Cuadro 18).[37]

CUADRO 18

América Latina y el Caribe: tasas de homicidio
(por cada 100 000 habitantes)

Regiones	1984	1994
América Central y el Caribe de habla hispana	17,5	21,1
Caribe de habla inglesa		
Área andina	25,2	51,9
Cono Sur	5,4	6,2
Brasil	23,2	30,1
México	18,2	19,5

FUENTE: Confeccionado por el autor a partir de datos de la OPS citados por CEPAL, en *Equidad, desarrollo y ciudadanía*, ed. cit., p. 356.

Lo anterior también se vincula con lo que la CEPAL llama "la pobreza dura". Según ha consignado el propio organismo, ese tipo de pobreza, íntimamente relacionada al incremento del número de indigentes urbanos y rurales, se refuerza y consolida a causa de la segregación residencial y de la proliferación de sistemas privados de vigilancia urbana. Mediante estos, las clases dominantes se expropian constantemente de múltiples espacios públicos. Con todo ello interactúa la discriminación sexual, étnica, generacional y racial que padecen diversos conglomerados humanos en América Latina y el Caribe; en particular, los casi 50 millones de indígenas (entre un 8 y un 10% de la población regional) y los 150 millones de negros y mestizos (un 30% de la población regional) de origen afroamericano que, en su inmensa mayoría, no tienen acceso (al menos en las naciones iberoamericanas) a la vivienda, a la salud, al empleo, a la educación y a lugares supuestamente públicos. O sea, a lo que la CEPAL denomina: "una ciudadanía moderna".[38]

Todo lo indicado se tornará más crítico en los años venideros. Las estimaciones del Instituto de Relaciones Europeo-Latinoamericanas

(IRELA) indican que, en los albores del siglo XXI, la población latino-americana y caribeña en edad activa (de 15 a 64 años) aumentará a más de 390 millones de individuos, de los que, eventualmente, 189 millones pugnarán por mantenerse o integrarse en el mercado laboral. En algunos países, la fuerza de trabajo podría triplicarse sin que se observe ninguna posibilidad para que la agricultura y la industria absorban ese exceso de mano de obra. Asimismo, como la población latinoamericana y caribeña tendrá una edad media acentuadamente joven (alrededor de los 20 años) y predominarán los conglomerados urbanos, se generarán agudas demandas sobre todos los servicios sociales en momentos en que nada hace pensar que los Estados de la región superarán, de manera significativa, las serias limitaciones fiscales y financieras que vienen sufriendo desde la década de 1980.[39]

Por el contrario, según los estudios de la CEPAL, los sistemas tributarios en América Latina y el Caribe —y por ende la capacidad distributiva del Estado— están sometidos a grandes presiones a consecuencia de las reformas económicas neoliberales y de las aperturas externas, más o menos indiscriminadas, de las economías de la región que se han provocado en los últimos años. En consecuencia, se ha reducido "el grado de autonomía con que las autoridades nacionales pueden tomar y ejecutar decisiones de política económica interna, y de política fiscal, en particular". Igualmente, ha disminuido la presión tributaria sobre las ganancias de las grandes empresas y sobre el comercio exterior. También se ha hecho más regresiva la recaudación tributaria, dado el incremento de los impuestos indirectos y, en particular, de los vinculados al consumo.[40]

Como se sabe, la generalización del famoso Impuesto al Valor Agregado (IVA) sobre los artículos de primera necesidad, junto al incremento de los precios del transporte y de los artículos de primera necesidad han generado diversos conflictos sociopolíticos dirigidos a garantizar una mejor distribución del ingreso. En diversos casos, esas protestas sociales han sido sofocadas a sangre y fuego por los cuerpos represivos. Al menos, como ya vimos, así ocurrió en Venezuela durante y después del mencionado "Caracazo" de 1989; durante las decenas de protestas y estallidos sociales que se produjeron en Argentina en los momentos finales del gobierno de

Raúl Alfonsín, así como, entre 1993 y 1997, durante el "gobierno peronista" encabezado por Carlos Saúl Ménem;[41] y en la sistemática represión de que ha sido víctima el movimiento popular colombiano. Pero a esos ejemplos habría que agregar la violenta represión de que han sido objeto los trabajadores petroleros en Brasil. También "la criminalización" del descontento popular que se produjo durante y después del paro general realizado en Ecuador a fines de 1998 contra las políticas neoliberales aplicadas por el gobierno del socialcristiano y pro imperialista Jamil Mahuad. Durante esa movilización popular, la represión cobró la vida de, al menos, 3 personas. Además, cerca de un centenar fueron detenidas y "un número indeterminado fueron heridas de bala".[42]

Como también se demostró en otros países latinoamericanos y caribeños, protestas como las antes mencionadas han estado causadas por la tendencia al agotamiento de los impactos de corto plazo que ha tenido sobre el equilibrio fiscal de diversos gobiernos los recursos provenientes de las multimillonarias privatizaciones y desnacionalizaciones de sus principales riquezas que se produjeron en las décadas de 1980 y 1990. En esos años, la pignoración de los recursos estatales a favor de los capitales extranjeros (predominantemente, estadounidenses y europeos) ascendió a más de 151 000 millones de dólares.[43] Buena parte de esos recursos fueron destinados a resolver las brechas e inestabilidades que caracterizan al sector externo de la mayor parte de los países de América Latina y el Caribe. En tal situación tiene una influencia decisiva el servicio de la abultada deuda externa que constantemente tienen que sufragar los gobiernos de esa región. Así, a pesar de que entre 1982 y 1996 estos pagaron por los servicios de esa deuda aproximadamente 706 000 millones de dólares,[44] en 1998 la deuda desembolsada ascendía a 740 905 millones de dólares:[45] más del triple de su monto en 1980.[46]

Aunque como bien se ha indicado, la carga financiera que, por ese concepto, deben afrontar los gobiernos del área se ha aliviado en los últimos años, aún no se ha podido superar el inmenso lastre, la hipoteca, que tales compromisos significan para el crecimiento y el desarrollo de la mayor parte de las naciones latinoamericanas y caribeñas. Por el contrario, la deuda externa per cápita supera los 1 400 dólares: 400 dólares más que en el primer lustro de la "década perdida".[47] Por otra parte, según ha demostrado el economista peruano Oscar Ugarteche, en el futuro próximo los pueblos del continente tendrá que continuar erogando una enorme cantidad de recursos para satisfacer sus "compromisos" con la oligarquía financiera transnacional y con algunas instituciones financieras multilaterales controladas por los Estados Unidos; ya que, sólo entre 1997 y 1998, las naciones de América Latina y el Caribe tuvieron que erogar 290 000 millones de dólares adicionales para honrar la deuda externa (ver Cuadro 19). O sea, casi el 39% de su monto actual y casi cinco veces más de lo que tuvo que pagar en 1990.[48]

CUADRO 19

Servicio de la deuda de las regiones subdesarrolladas (1990-1997)
(en miles de millones de dólares)

Servicio de la deuda	1990	1997	1998	1999
América Latina	63	140	150	123
África	2	28	32	32
Asia	37	71	76	83

FUENTE: Oscar Ugarteche: "La deuda de América Latina y la crisis del milenio", ponencia presentada a la Primera Conferencia Latinoamericana de Cancelación de la Deuda-Jubileo 2000, Tegucigalpa, 25 al 27 de enero de 1999, p. 13.

Esa situación se mantendrá en los próximos años. Como se observa en el Cuadro 19, en 1999, América Latina y el Caribe tuvo que pagar 123 000 millones de dólares por concepto de su deuda externa. Estos fueron 73 000 millones de dólares más que lo que pagó en 1995.[49] Sin embargo, se estima que, al comienzo del siglo XXI, la deuda externa de la región ascenderá a cerca de 740 000 millones de dólares. Ese círculo vicioso —profunda y constantemente descapitalizador— ha sido denominado por el economista argentino Carlos Vila: "el síndrome del barril sin fondo".[50] Cuanto más pagan las naciones de América Latina y el Caribe, más endeudadas están y más tendrán que pagar en el futuro previsible. Una de las tantas paradojas del asunto es que, en 1995, el monto global de los depósitos de las clases dominantes latinoamericanas y caribeñas "fugados" hacia bancos de fuera de la región (en particular, a los de origen norteamericano) ascendió a 366 000 millones de dólares: cerca del 50% de la deuda externa desembolsada en 1998.[51]

En la lógica de las políticas "neoliberales", esos endémicos desbalances externos implicarán nuevos programas de ajustes estructurales, nuevas privatizaciones y desnacionalizaciones de las riquezas del continente hasta que, tal vez, un día ya no haya nada más que vender. Quizás para el pago de esa hipoteca sólo quede —según indicó, al referirse al caso mexicano, el politólogo latinoamericano John Saxe-Fernández— la realización de concesiones territoriales a los Estados Unidos o la intervención militar y la incautación de las aduanas de algunos países, tal y como hizo Teodoro Roosevelt a comienzos del siglo XX.[52] Sobre todo porque la mayor parte de las deudas de los gobiernos latinoamericanos y caribeños están contratadas con bancos privados, con los nuevos intermediarios financieros que han surgido en los últimos años o con instituciones oficiales estadounidenses, por ejemplo, la Agencia para el Desarrollo Internacional (AID).

En cualquier caso, la reproducción constante de ese ciclo de endeudamiento y descapitalización agrandará el foso que separa a los países del norte y del sur; y, en particular, el que separa a los Estados Unidos de América Latina y el Caribe. A ello también contribuirá —según indicó el Presidente cubano Fidel Castro en la segunda mitad de la década de 1980— el constante descenso que sufren los precios de las materias primas y de los productos manufacturados que exportan las naciones latinoamericanas y caribeñas, al igual que el progresivo incremento de los costos de los bienes y servicios que importan de los países capitalistas centrales (o sea, el llamado "intercambio desigual"); los recurrentes déficits en su balanza comercial; y el déficit crónico de la cuenta corriente de la balanza de pagos. Entre 1995 y 1998, ese último desbalance financiero promedió 54 000 millones de dólares anuales. Todos esos factores expresan la incapacidad latinoamericana y caribeña de autosustentar el crecimiento estable y duradero de sus economías, así como su creciente dependencia del ahorro externo. Según los datos disponibles, la contribución del financiamiento externo neto en las inversiones internas se elevó de un 0,8% en 1990 a un 21,4% en 1998.[53]

En consecuencia, la región continuará siendo compulsivamente "adicta" a las crecientes "dosis" de capitales de corto o mediano plazo, más o menos especulativos, a las IED, a las donaciones y a los empréstitos externos, ya sean privados, oficiales, bilaterales o multilaterales. Esa "adicción" produce y reproduce un círculo vicioso que, a todas luces, compromete los proyectos de desarrollo independientes, autosostenidos, socialmente sostenibles y genuinamente democráticos de la mayor parte de los países de la región. Mucho más porque, en el futuro previsible, se incrementarán las transferencias de riquezas hacia los países capitalistas centrales —en primer lugar hacia los Estados Unidos y Europa occidental— que tienen (y tendrán) que realizar los gobiernos del continente por concepto del pago de *royalties* y utilidades sobre las tecnologías y las IED que recibe. Igualmente, por las "inversiones en cartera" (o sea, los capitales especulativos) que lleguen al área. También a causa de los ya mencionados pagos que exigen los servicios de la deuda externa.

LOS COSTOS SOCIOAMBIENTALES DE LA "GLOBALIZACIÓN NEOLIBERAL"

Como explicamos en el capítulo anterior, todos los elementos antes mencionados se encuentran en la base de las crecientes migraciones de latinoamericanos y caribeños hacia los Estados Unidos y hacia algunos países europeos. Pero también están entre las causas de las constantes migraciones del campo hacia la ciudad que caracterizan los movimientos migratorios en la mayor parte de los países de América Latina y el Caribe. Por ello —de acuerdo a la CEPAL— contener "la pobreza rural es el gran desafío del fin de siglo". Sobre todo, por las desfavorables tendencias demográficas que se registran en las zonas rurales del continente. Aunque en su conjunto este ha venido reduciendo sensiblemente el ritmo de

crecimiento de su población, según las proyecciones del Centro Latinoamericano de Demografía, en el año 2000, la población rural seguirá
creciendo en 12 de los 20 países de los que se disponen de cifras. Y esto lo
hará a un ritmo muy superior al de la población urbana. Esto creará una
"trampa demográfica" que profundizará la reproducción intergeneracional
de la pobreza y la indigencia, tanto urbana como rural.[54]

Esta última continuará expresándose en el desempleo y el subempleo; en
la baja calidad de los puestos de trabajo que generan las parcelas campesinas (cada vez más pequeñas), las empresas agrícolas tradicionales y otros
empleos fuera de la agricultura; en grandes carencias de alimentos; en altas
tasas de analfabetismo real y funcional; en las bajas esperanzas de vida al
nacer; en la precariedad de las viviendas; en el aislamiento geográfico y en
el terreno de las telecomunicaciones; así como en la falta de servicios
sociales (públicos y privados). A lo anterior se sumará, la baja calidad o la
inexistencia de infraestructuras para la educación y la salud, con su consiguiente impacto en la mortalidad y la morbilidad adulta e infantil. Por ende,
se expandirán las llamadas "enfermedades de la pobreza" del siglo XIX (el
cólera, la tuberculosis, el parasitismo, el paludismo) y del siglo XX, como es
el caso del VIH/SIDA. Mucho más, por el alto costo de los medicamentos
necesarios para controlar los efectos de esa última pandemia. Por ejemplo,
en Ecuador (donde el salario mínimo es de 126 doláres mensuales), el
tratamiento de los enfermos de VIH/SIDA tiene un costo superior a los 1 500
doláres al mes.[55]

Ese ejemplo contribuye a explicar por qué —como indicamos— el VIH/
SIDA ha venido expandiéndose en América Latina y, sobre todo, entre las
empobrecidas mujeres caribeñas. Ya indicamos que la pobreza e indigencia
será más aguda dentro de las comunidades y pueblos indígenas, entre los
afrolatinoamericanos y los mestizos, así como entre los niños y las mujeres
rurales. Sobre estas últimas recae una doble discriminación: la familiar y la
económico-social. Por lo general, la distribución de los alimentos dentro de
las familias pobres e indigentes tienden a favorecer a los hombres y a los
niños varones. Pero a ello hay que agregar que las niñas y las mujeres
también son las más afectadas por la contaminación del aire que se produce
dentro de sus precarios hogares. En 1996 se calculó que, sólo por esa causa,

morían anualmente en América Latina y el Caribe más de 290 000 personas; el 62% de ellas en las zonas rurales (ver Cuadro 20).[56]

CUADRO 20

América Latina y el Caribe: muertes causadas por la contaminación del aire (1996)

Muertes derivadas de la contaminación al interior de los hogares:	En miles de personas
Rural	180
Urbana	113
Muertes derivadas de la contaminación exterior: zonas urbanas	113
Total	406

FUENTE: Confeccionado por el autor a partir de datos aportados por el PNUD: *Informe sobre desarrollo humano 1998*, ed. cit., p. 70.

Aunque hay diferencias entre unos y otros países, esas y otras expresiones de la pobreza y la indigencia rural están determinadas por la desigual distribución de la propiedad de la tierra y otros recursos naturales, como los cada vez más escasos bosques y las aguas. Según informó, en 1981, la Organización de las Naciones Unidas para la Agricultura y la Alimentación (FAO), en América Latina y el Caribe, el 66% de las explotaciones agrícolas con menos de 10 hectáreas sólo controlaban el 3,7% de toda la tierra cultivable. En contraste, las grandes explotaciones, con un promedio de 514 hectáreas, eran propietarias del 80,3% de ese precioso recurso. Pese a que ya no abundan los estudios sobre la estructura de la propiedad de la tierra, a decir del Fondo de las Naciones Unidas para la Infancia (UNICEF, por sus siglas en inglés) en los primeros años de la década de 1990, el 10% de los terratenientes poseían el 90% de toda la tierra cultivable en América Latina y el Caribe.[57] Así se explica la extensión que han venido adquiriendo en algunos países de la región (Brasil, Paraguay, Bolivia, Colombia, Honduras y México) las luchas vinculadas con la propiedad de la tierra, y la consiguiente represión de los movimientos sociales que expresan las reivindicaciones de los sin tierra.

En el caso de Brasil, la resonancia y radicalidad adquirida por el MST, hunde sus raíces en la abismal desigualdad en la distribución de la propiedad agraria heredada de la colonización portuguesa, del llamado "imperio fluminense" (1822−1889) y de todos los regímenes "republicanos", civiles o militares, instaurados en dicho país desde el advenimiento de la *Velha República* (1891) hasta la dictadura de "seguridad nacional" que gobernó entre 1964 y 1985.[58] Igualmente, en la brutal represión desatada contra los conflictos agrarios por los gobiernos democráticos representativos que se han sucedido desde esa fecha hasta el ocaso del siglo XX. Según un informe de la Pastoral de la Tierra de la Conferencia Nacional de Obispos de Brasil, entre 1985 y 1999, fueron abatidos impunemente por las fuerzas oficiales y por los sicarios de los terratenientes 1 169 personas; entre ellas, varios líderes agrarios, sindicalistas, religiosos, abogados y dos diputados estaduales.[59]

Ratificando esos datos, otras fuentes señalan que, sólo entre 1990 y 1996, se desplegaron en Brasil casi 2 500 conflictos por la posesión de la tierra. En estos fueron asesinados, de manera impune, por las fuerzas militares o policiales −o por las bandas armadas por los terratenientes− más de 260 personas, incluidas las caídas en la célebre masacre de El Dorado de los Carajás; donde la Policía Militar asesinó a 19 campesinos.[60] Como ha dicho el destacado teólogo de la liberación brasileño, Frei Betto, esa situación no se modificó durante las dos sucesivas administraciones del otrora prominente intelectual "de la izquierda socialdemócrata", Fernando Henríque Cardoso (1994-2002). Más bien todo lo contrario. Su gobierno se ha caracterizado por la dura represión a todas las demandas populares. Como parte de esa política −además de la ya mencionada represión a la huelga de trabajadores petroleros−, "el gobierno canceló proyectos de apoyo a los pequeños agricultores, para estrangular a los 1 500 asentamientos del MST". En consecuencia según Frei Betto: "Nunca se vio tanta represión contra los agricultores sin tierras, actualmente presos o sitiados por la policía, con sus barracas quemadas y su niñez aterrorizada.[61]

Al igual que en otros países de América Latina, la desigual distribución de la propiedad de la tierra en Brasil (y la consiguiente represión a los campesinos e indígenas) se profundizó a causa del aumento de las empresas agrícolas modernas de mediano y gran tamaño (ya sean controladas por empresarios nacionales o extranjeros) registrado en la década de 1990, y de la fragmentación de la tierra que permanece en manos de los campesinos pobres. Asimismo, a causa de las contrarreformas agrarias (las denominadas "reformas agrarias orientadas al mercado") impulsadas por "la globalización neoliberal". Según algunos especialistas: "Con su marcado énfasis en la exportación y su ideología que reclama la comercialización de todo, la globalización presiona contra la tierra de los pobres no solamente para fines agrícolas. La explotación maderera y minera también afectan las parcelas de los campesinos, y en especial los territorios de los indígenas".[62] Ello ha agravado sus precarias condiciones de existencia y ha conducido a la muerte y a la virtual extincón de muchos de esos grupos humanos.

Con mayor o menos intensidad y dramatismo, esas prácticas etnocidas se han presentado en Honduras, Guatemala, Costa Rica, Ecuador, Bolivia, Colombia, Brasil, Perú, México y Chile. En este último país, tanto la dictadura militar instaurada entre 1973 y 1990, como los dos sucesivos gobiernos de la Concertación de Partidos por la Democracia (los presididos por los demócrata-cristianos Patricio Aylwin y Eduardo Frei Ruiz-Tagle) continuaron despojando de sus tierras ancestrales y de sus lugares sagrados a diversas comunidades descendientes del pueblo mapuche. Tales despojos se aceleraron después que, en 1994, se dictó la llamada "ley de incentivos forestales", mediante la cual diversas empresas trans-nacionales (estadounidenses, suizas, suecas y japonesas) se apoderaron de más de 100 000 hectáreas de tierra pertenecientes a esas comunidades. En ellas, se han venido sustituyendo los bosques nativos por especies exóticas. También se han degradado las tierras y se han contaminado las aguas con diversos productos químicos, todo lo cual ha tenido un impacto destructivo sobre la flora y la fauna autóctonas, así como sobre las condiciones de vida de los conglomerados indígenas que habitaban en esas zonas.[63]

De ahí que, además de la represión, sobre la población indígena de todos los países latinoamericanos haya recaído el abrumador peso de las crisis y de los programas de ajuste y reestructuración neoliberales desarrollados en los últimos lustros. Aunque no existen mediciones totales, lo anterior se confirma cuando se observa la aguda diferencia que existe en los indicadores de pobreza entre la población no indígena y la perteneciente a los 400 grupos étnicos y lingüísticos que integran los grupos autóctonos de esa parte del mundo (ver Cuadro 21). A su vez, estos son sometidos a lo que se ha denominado el "racismo ambiental". Es decir: "empujarlos" por medio de la violencia estatal o privada, nacional o extranjera, hacia aquellos espacios más agrestes, ecológicamente frágiles, degradados o contaminados dentro de los Estados-nacionales en que esos grupos étnicos habitan en la actualidad.

CUADRO 21

La pobreza indígena en América Latina (1994)
(Porcentaje de la población por debajo de la línea de pobreza)

Países	Indígenas	No indígenas
Bolivia	63,3	48,1
Guatemala	86,6	53,9
México	80,6	17,9
Perú	79,0	49,7

FUENTE: CEPAL, *Equidad, desarrollo y ciudadanía*, ed. cit., p. 359.

En lo concerniente a México, la situación se ha agravado, debido a la desaparición de las formas comunales de propiedad de la tierra (los ejidos) institucionalizadas como resultado de las sublevaciones encabezadas —durante la Revolución mexicana de 1910 a 1917— por los martirizados líderes agrarios: Pancho Villa y Emiliano Zapata, al igual que, años más tarde, como fruto de la progresista reforma agraria desarrollada por el gobierno del general Lázaro Cárdenas (1934-1940). A ello se agrega la competencia desleal que le impone a la producción mexicana de maíz (la base de la alimentación popular) las importaciones de ese producto que realiza México desde los Estados Unidos al amparo del TLCAN. A causa de ellas, se estima que cerca de 800 000 campesinos e indígenas ven amenazadas sus condiciones de existencia.

Todo lo anterior −junto a la tradicional segregación de la población indígena y otros males del sistema político mexicano− contribuye a explicar las sublevaciones armadas de Chiapas, Guerrero y Oaxaca. Pero −como ya vimos− esas rebeliones también hunden sus raíces en la brutal represión a las que en forma sistemática han sido sometidas las legítimas demandas de las comunidades indígenas radicadas en esos Estados mexicanos.[64] A causa del incumplimiento de los acuerdos de paz signados entre el EZLN y el gobierno en 1996, tal estado de cosas se profundizó durante el pro imperialista gobierno de Ernesto Zedillo. Este y sus antecesores −Miguel de la Madrid (1982-1988) y Carlos Salinas de Gortari (1988-1994)−, en nombre del "neoliberalismo", pusieron fin a "los pilares" de la Revolución mexicana de 1910 a 1917, así como a las "claves de la estabilidad del sistema político mexicano" que se habían forjado durante el gobierno de Lázaro Cárdenas.[65]

De manera similar a la de otros países del llamado Tercer Mundo, todas las situaciones antes mencionadas interactúan con el deterioro ambiental y, a su vez, con la base productiva y con las condiciones de existencia de los pobres rurales. Según el PNUD, todos los años se talan en América Latina y el Caribe 7 000 000 de hectáreas de bosques, casi tanto como los que se derriban en todos los países de Asia y África al Sur del Sahara. Por consiguiente, entre 1990 y 1995, en América Latina se deforestaron 57 576 kilómetros cuadrados. En consecuencia, 243 000 000 de hectáreas de suelos sufrieron diversos procesos de degradación en lo transcurrido del decenio de 1990.[66] Algo parecido ocurrió con las tierras de secano, donde se estima que viven un 26% (120 000 000 de persona) de la población latinoamericana y caribeña. El 75% de esas tierras están en proceso de convertirse en nuevos desiertos.[67]

Según algunos especialistas, ello afectará particularmente a vastas regiones de Argentina, Bolivia, Chile, México, Perú y Brasil.[68] Sólo en el nordeste de este último país, en 1994, ya estaban afectadas por el fenómeno de la desertificación 666 083 kilómetros cuadrados: más del 55% de todo el empobrecido territorio nordestino. En esa fecha vivían en esa zona cerca de 16 millones de personas. En esa constante degradación socioambiental influyen —además de la injusta distribución de la propiedad de la tierra— la acción depredadora de las empresas madereras y otras empresas transnacionales; en particular, las de origen estadounidense. En 1996, estas habían comprado más de 1 500 000 hectáreas de bosques en el Estado de Amazonas y tenían planes para adquirir y talar otros 7 millones de hectáreas con todas las consecuencias que generará en la modificación del régimen de lluvias en todos los países suramericanos que comparten la Cuenca Amazónica. Además del deterioro de la biodiversidad, lo anterior agravará las condiciones de vida y de existencia de decenas de millones de personas.

Esta situación se reproduce en los bosques tropicales de otros países de Centroamérica y Suramérica. Según se denunció desde hace varios años, en algunos de estos países, el impulso para la deforestación (y para el criminal desalojo de las comunidades o grupos indígenas que viven en esas zonas) viene de la sobreexplotación del petróleo, del oro, del cobre y de otros minerales estratégicos imprescindibles para la economía y para el *complejo militar-industrial* estadounidense.[69] Para satisfacer esas demandas se destruye el hábitat local y se desplaza a decenas de miles de personas de sus hogares. Ellas son las que el PNUD denomina los "refugiados ambientales". A su vez, el empleo del mercurio y del cianuro envenena los ríos, el cauce de las aguas y los suelos de las zonas colindantes.

Esa contaminación de las aguas también reduce la disponibilidad de tierra agrícola por habitantes y la productividad del suelo, al igual que el pienso disponible para el ganado, con su consiguiente impacto en las migraciones del campo a la ciudad y en los movimientos de la población campesina, que quema y desmonta nuevos bosques en busca de tierras donde sustentarse. Como muchas veces lo hace en las laderas de las montañas, su acción contribuye a la erosión de esos suelos. Lo mismo ocurre con la acción de las grandes empresas mineras. Para acelerar la "maduración de sus inversiones", estas acuden a la quema de los bosques, provocando los grandes incendios forestales que se producen en todo el continente. Datos del PNUD indican que sólo en la Cuenca Amazónica los incendios forestales aumentaron en un 30% en 1997.[70]

Igual ocurre en Ecuador y Honduras. En este último país, los agricultores destruyen unas 65 000 hectáreas de bosques tropicales cada año y arrojan de esas tierras a muchas comunidades indígenas que no tienen otro sustento; mientras que en Ecuador las empresas transnacionales que se dedican a la exploración y explotación del petróleo, al igual que los productores camaroneros, presionan a la población indígena para que abandonen sus terrenos. Como se ha denunciado, situaciones parecidas se reproducen en la llamada "Suiza de Centroamérica" (Costa Rica).[71] Allí los agroexportadores, las empresas mineras extranjeras —en particular, las productoras de oro— y las empresas maquiladoras norteamericanas que se están instalando en el país "continúan el proceso de expropiación y expulsión de sus tierras de los campesinos, así como de destrucción del medio ambiente; incluidos los principales recursos acuíferos". En consecuencia: "Durante los primeros dos o tres años de los 90, Costa Rica tuvo el primer porcentaje de deforestación en el mundo a nivel porcentual: eran 60 mil hectáreas por año en un país de 51 mil 100 kilómetros cuadrados". A ello se agregan la pobreza, la alta concentración urbana (el 4% de la población vive en la capital), el inadecuado tratamiento a los desechos sólidos y la instalación de empresas estadounidenses especializadas en la producción de oro "a cielo abierto" y de microchips. Ambas producciones "son consideradas como una de las actividades industriales de mayor impacto social y ambiental". Sobre todo en las fuentes de agua.[72]

Todos los factores antes mencionados llevaron a la CEPAL a concluir que "a pesar de los importantes avances registrados en muchos países en materia de institucionalidad, política y administración fiscal, en general, estos siguen siendo insuficientes para que los Estados de la región puedan enfrentar sólidamente los desafíos del entorno nacional e internacional del cambio de siglo". Entre ellos, el envejecimiento relativo de la población que incrementará la ya abultada carga de la seguridad social. De ahí la demanda de ese mismo organismo de la ONU acerca de la necesidad de que los gobiernos latinoamericanos y, en menor medida, los caribeños continúen avanzando hacia lo que denominó "un nuevo pacto fiscal" llamado a paralizar los ingentes procesos de depauperación social, económica y socioambiental que se están produciendo en todo el continente.[73]

Como tal "pacto fiscal" es de dudosa realización (depende de la voluntad de clases dominantes), es de esperar que en el futuro previsible se agudicen todas las tensiones sociales, socioclasistas, sociopolíticas, socio-ambientales y sociodemográficas en América Latina y el Caribe. O sea, lo que el UNICEF denominó "el círculo vicioso Población, Pobreza y Medio Ambiente (PPA) que afecta al mundo subdesarrollado".[74] Además del drama que afecta a diversas zonas rurales, la situación será particularmente crítica en las ciudades y en las grandes urbes donde se ha venido concentrando y se concentrará buena parte (alrededor del 75%) de la población latinoamericana y caribeña. Ello ha incrementado e incrementará aún más todos los déficits de los servicios públicos y de los servicios sociales básicos que se padecen en la actualidad. También influirá en el deterioro socioambiental.

Según diversas fuentes, el incesante crecimiento urbano irá acompañado de un grave deterioro del medio ambiente. En particular, de la falta de sane-amiento y de viviendas adecuadas, así como de servicios básicos; entre ellos, los suministros de agua potable. De igual forma, los crecientes niveles de los residuos sólidos y de la contaminación atmosférica. Los primeros imponen enormes costos en los menguados presupuestos nacionales y municipales; mientras que los últimos fueron la causa principal de que sólo, en 1993, se presentaran más de 2 300 000 casos de enfermedades respiratorias crónicas en la población infantil. En ese mismo año, también se estimó que casi 15 000 000 de niños menores de dos años de edad —en su inmensa mayoría pertenecientes a los sectores populares— corrían el riesgo de perder cocientes de inteligencia a consecuencia de la inhalación de las emisiones elevadas del plomo que contienen algunos combustibles utili-zados en el transporte automotor.[75]

Aunque se han hecho pocos estudios sobre el particular, como ya observamos en el Cuadro 20, en 1996 se estimó que en América Latina y el Caribe mueren anualmente mas de 220 000 personas debido a la conta-minación del aire en las zonas urbanas.[76] La mitad de ellos mueren a causa de la contaminación en el interior de los hogares, que se produce en los tugurios y los barrios marginales de las principales ciudades de América

Latina y el Caribe (Ciudad México, São Paulo, Río de Janeiro, Buenos Aires, Caracas...). En estas ciudades —a decir de Eduardo Galeano— el capitalismo subdesarrollado y dependiente "esconde como basura bajo las alfombras" a los crecientes contingentes de pobres e indigentes víctimas de los constantes crímenes de la "globalización neoliberal", o lo que es lo mismo, del mercado y de los mercaderes.

Pero a ello no se reducen los problemas socioambientales que se generan y se generarán en las ciudades. Sus desechos sólidos y sus aguas albañales contaminan las fuentes de agua potable de consumo humano o, como ocurre en el Caribe insular, sus ecosistemas costeros; en particular, los estuarios y arrecifes de coral, los ecosistemas de marismas y los vinculados a los importantes bosques de manglares.[77] Ello tiene y tendrá una influencia negativa sobre la pesca artesanal, de la cual depende, en no pocas ocasiones, la alimentación y el consumo de proteínas de los sectores más pobres de la población caribeña. Y, por lo tanto, en la extensión del tenebroso mapa del hambre y los hambrientos que, como mancha de aceite, se extiende por las ciudades y los campos del continente. Y, según se ha dicho, el hambre es la dinamita del cuerpo humano.

La profundización en las últimas dos décadas de la mayor parte de las brechas sociales y socioambientales antes referidas (tanto en las ciudades, como en el campo) se ha incorporado a la estructura de las sociedades de la región. Ha sido el resultado lógico, virtualmente "natural", de todos los esfuerzos realizados y que siguen realizando las clases dominantes y los gobiernos locales, en consuno con los Estados Unidos y con la oligarquía financiera internacional, primero, como ya vimos, para honrar la deuda externa y, luego, para restablecer y conservar todas las condiciones necesarias para la reproducción ampliada del capitalismo dependiente, subdesarrollado y "globalizado" en América Latina y el Caribe.

Como el restablecimiento de tales condiciones ha quedado asociado al libre funcionamiento de la economía de mercado, a la minimización y redefinición del papel y las funciones del Estado, a la privatización y desnacionalización de las riquezas del continente, a la privatización de la mayoría de los servicios públicos y de buena parte de los servicios sociales, a la creación de un "clima de confianza" para el despliegue de la propiedad privada y al incremento de las tasas de rentabilidad (ganancia) para todos los capitales que se inviertan productiva o improductivamente en la región, la ampliación del mercado interno (al que se refieren las condiciones de vida y de existencia de decenas de millones de seres humanos) sólo es una variable absolutamente subordinada a un propósito mayor. Este consiste en crear nuevos ejes de acumulación capitalista acordes con las modificaciones ocurridas en la división internacional del trabajo, fortalecer la subordinación de América Latina y el Caribe a las necesidades de la reproducción capitalista a escala planetaria y, particularmente, a las exigencias de las megacorporaciones estadounidenses y europeas.

A MODO DE CONCLUSIÓN:
UNA MIRADA AL PASADO DESDE EL FUTURO

Todos los conceptos antes planteados son particularmente válidos para la comprensión y la transformación de la realidad latinoamericana y caribeña. Es verdad que en los albores del siglo XXI, el continente presenta más de una notable diferencia respecto a las circunstancias que vivió entre 1898 y el denominado "fin de la Guerra Fría". Sin embargo, las evidencias que hemos revisado en las páginas precedentes indican que, a pesar de todos los cambios acaecidos en las décadas de 1980 y de 1990, la mayor parte de las naciones de América Latina y el Caribe —aunque han "modernizado" sus economías y sus sociedades— esencialmente no han podido superar su subdesarrollo. O sea, su "desarrollo desigual, deformado y distorsionado".[78] Tampoco han podido evitar lo que el comandante Ernesto Che Guevara definió como "el hambre del pueblo".

En ello ha tenido una influencia decisiva la incapacidad histórica de las clases dominantes locales (en particular, de los sectores de la burguesía financiera transnacionalizada que hoy hegemoniza el bloque del poder) para impulsar y materializar proyectos nacionales, independientes, de transformación económica, social y política. Ni siquiera los intentos nacional-reformistas que, conducidos por los "sectores modernizantes" de las burguesías latinoamericanas y caribeñas —o por ciertos sectores militares nacionalistas y reformistas— se realizaron después del triunfo de la Revolución cubana lograron romper (por sus propias limitaciones clasistas y por su secular temor a las fuerzas populares) las deformadas estructuras endógenas heredadas, según el caso, de la dominación colonial o neocolonial. Tampoco lograron trascender las redobladas dependencias externas derivadas de la multiforme penetración imperialista.

De ahí que el continente no haya podido modificar su posición marginal en el sistema capitalista mundial, ni mucho menos trascender sus subordinaciones de todo tipo respecto al imperialismo norteamericano. Por el contrario, como ya vimos, la alta concentración del comercio exterior, del flujo de inversiones directas o especulativas, así como de la cada vez más impagable deuda externa han colocado a la banca privada transnacional, a las agencias norteamericanas (como la AID), al igual que al FMI y al BM en una posición altamente privilegiada en la definición de las políticas económicas y sociales de la mayor parte de los Estados y gobiernos de América Latina y el Caribe. Estos, han entregado crecientes cuotas de soberanía en la implementación de sus estrategias de desarrollo. Sobre todo, a partir de la bien llamada "contrarrevolución neoliberal, neoconservadora y monetarista" iniciada en la década de 1970 y generalizada en la década de 1990.

Lo anterior, junto a la criminal política desarrollada por los Estados Unidos a lo largo del siglo XX ha pospuesto, una y otra vez, el anhelado desarrollo regional y la realización de las utopías de unidad latino-americana y caribeña, sustentada en la independencia nacional y en la más amplia justicia social, presentes —desde el Libertador Simón Bolívar, hasta nuestros días, pasando por José Martí y por el Che Guevara— en la memoria histórica y en el imaginario colectivo de importantes sectores sociales de Nuestra América. Sin negar la existencia de importantes contradicciones entre las clases dominantes, los Estados y gobiernos de la región y la potencia hegemónica en el hemisferio occidental que no existían en los décadas de 1960, 1970 o 1980 (como las que se producen alrededor del endurecido bloqueo norteamericano contra Cuba o de las negociaciones del ALCA), lo cierto es que el reverdecido panamericanismo que ha surgido de las Cumbres de las Américas cuestiona y constriñe sistemáticamente las proyecciones de los diversos procesos de concertación política o cooperación (el SELA, el Grupo de Río, las Cumbres Iberoamericanas y la AEC) que desenvuelven los gobiernos del área.

Además, la tácita o expresa aceptación por parte de los gobiernos latinoamericanos y caribeños de los "nuevos enemigos de la seguridad interamericana" unilateralmente definidos por los círculos gubernamentales en los Estados Unidos (el "narcotráfico", "el terrorismo", las llamadas "migraciones incontroladas", etcétera), desdibujan los conceptos sobre "la seguridad económica colectiva" que fueron elaborados por los Estados del continente en la década de 1970. Del mismo modo, la emergencia de un consenso vertebral entre los gobiernos integrantes de la OEA alrededor de la "defensa colectiva" de las llamadas "democracias de libre mercado" erosiona la vigencia de los principios del pluralismo ideológico y político, la soberanía y la autodeterminación de los pueblos. Estos principios, inexcusablemente, tienen que servir de base a la edificación o consolidación, según el caso, de las instituciones que tendría que tener un renovado, fortalecido y autónomo subsistema latinoamericano y caribeño.

Por otra parte, los proyectos de integración "económica" que ahora se desenvuelven, más allá de su retórica, de sus conocidas desregulaciones arancelarias y de algunos modestos avances en los intercambios intra-regionales, están atravesados por una profunda contradicción: acoplarse de una manera subordinada al mercado norteamericano (a través del ALCA propugnado por las Cumbres de las Américas), o generar formas autónomas de integración y cooperación que, cuando menos, les posibiliten diversificar sus dependencias externas. Lamentablemente, esta última posibilidad es cada vez más difícil. Quizás a excepción del MERCOSUR (enormemente debilitado por la prolongada crisis que afecta a la economía y la sociedad argentina, así como a las crisis cíclicas que ha venido viviendo Brasil), la mayoría de los proyectos integracionistas en curso (la Comunidad Andina, la CARICOM y el Sistema de Integración Centroamericano) se orientan, en lo fundamental, a "integrarse" como exportadores o importadores de bienes, servicios, tecnologías y capitales estadounidenses. Lo anterior favorece las intenciones de las transnacionales y del gobierno de los Estados Unidos de garantizar el control de la región para dirimir, a su favor, su acrecentada competencia con otros capitales, otras transnacionales y otros polos de "la tríada" o "la pentarquía" del poder mundial. En particular, con la Unión Europea, con Japón y, tal vez, con la República Popular China.

Todo ello ha acentuado las múltiples dependencias que padecen la absoluta mayoría de las naciones del sur del continente y ha profundizado su desarrollo desigual y distorsionado. De ahí la explosiva expansión de la pobreza, la indigencia y la marginalidad social y política a ella asociada. También se han remarcado los rasgos de desintegración nacional y social que, de una u otra forma, han estado históricamente presentes en la morfología y la fisonomía de las sociedades latinoamericanas y caribeñas; lo que plantea serias dudas sobre la supervivencia futura de las "democracias representativas" que en la actualidad preponderan en el hemisferio occidental.

La reconocida crisis que viven los partidos tradicionales y "la clase política", las criticadas inoperancias del presidencialismo, las impotencias de los poderes legislativos y la corrupción que infecta todos los poderes del Estado burgués, incluido el poder judicial, así como la impunidad de que gozan los órganos militares y policiales convictos y confesos de incurrir en innumerables violaciones masivas y flagrantes de los derechos humanos, no son más que expresiones de la irresuelta "crisis dentro de la democracia" que —no obstante sus superioridades en relación con los ordenamientos dictatoriales preexistentes— continúa afectando la consolidación de los ordenamientos liberal-burgueses (las poliarquías) actualmente existentes en América Latina y en el Caribe.[79]

De no superarse las condiciones estructurales, internas y externas, que han determinado y continúan reproduciendo esas situaciones, estas tenderán a agravarse en los próximos años. Según indican algunas proyecciones demográficas, en el año 2025, la población latinoamericana y caribeña ascenderá a 691 millones de habitantes.[80] Aún en el dudoso escenario de que no se agravaran las proporciones que existían en 1997 (según la CEPAL, en ese año, el 44% de la población de 18 de los 32 países del área de que se disponían de cifras vivía en condiciones de pobreza o indigencia),[81] en las próximas dos décadas, habitarán en el continente un mínimo de 305 millones de pobres e indigentes.

Al menos, el 56% de ellos (171 millones de personas) vivirán en las zonas rurales y se verán obligados a cultivar pequeñísimas parcelas de tierras cada vez más subdivididas y degradadas. La tala de los bosques y la erosión de los suelos se acelerará, con la consiguiente escasez de alimentos y de madera combustible. Incluso, en algunos países, los sedimentos sólidos pudieran obstruir el cauce de ciertos ríos, los embalses y los sistemas de riego. Debido a esto y al previsible incremento del nivel del mar como consecuencia de los cambios climáticos y del llamado "efecto invernadero", una parte de las tierras ahora cultivables pudiera quedar convertida en desiertos, en tierras salobres o anegadas por el mar u otras inundaciones cada vez más frecuentes y desastrosas.

En consecuencia, es de esperar que millones de personas tengan que emigrar hacia los tugurios urbanos o hacia las periferias de las grandes ciudades o de las megalópolis en las que ya se han convertido conglomerados como Ciudad México, Buenos Aires, Río de Janeiro y São Paulo. En las ciudades, la pobreza, el hacinamiento y el saneamiento inadecuado crearán condiciones de vida casi insoportables para cerca de 135 000 000 de pobres e indigentes; entre ellos, decenas de millones de mujeres y ancianos, de niños y adolescentes. Por ende, es de esperar que se derrumben las estructuras comunitarias y los valores tradicionales. Asimismo, que una proporción significativa de esos desesperados —sobre todo los más jóvenes— sigan la vía de la criminalidad, la violencia o busquen alivios a sus males en el consumo de drogas "duras".

Esas predicciones —íntimamente vinculadas a la profundización y el ocaso de lo que se ha definido como el "ciclo neoliberal"— generan serias dudas sobre "la gobernabilidad democrática" de los procesos sociopolíticos de la mayoría de las naciones latinoamericanas y caribeñas. La constante disminución de las bases sociales de sustentación del proyecto de las clases dominantes, la pérdida de credibilidad y representatividad que viven los partidos y las fuerzas políticas tradicionales, la apatía y la marginación política que afectan a mayoritarios sectores ciudadanos sólo son algunas de las expresiones de la irresuelta crisis que continúa frenando la consolidación de las llamadas "democracias de libre mercado" ahora preponderantes en América Latina y el Caribe.[82] Nadie discute que más vale una "mala democracia" que "una buena dictadura". Pero ello no puede ocultar que, si no se superan las condiciones antes mencionadas, será muy complicado garantizar la supervivencia de los actuales "modelos" políticos.

Como se demostró en la década de 1990 en Guatemala, Haití, Paraguay y Perú, podría ocurrir, incluso, que en uno de los tantos movimientos pendulares que han afectado la historia política de la región, las "ingobernabilidades" generadas por los restringidos ordenamientos liberal-burgueses existentes abran paso a nuevas tentaciones autoritarias o dictatoriales de diferentes signos, incluidos algunos gobiernos militares o cívico-militares represivos y autoritarios como los que sufrió la región antes y después de la Segunda Guerra Mundial. Casi nadie los desea, pero las tendencias objetivas podrían propiciarlos. En ese caso, se incrementarán los problemas de los refugiados y los desplazados, las presiones migratorias internas e internacionales, al igual que nuevas violaciones a los derechos humanos y nuevos crímenes de *lesa humanidad,* y viejas o nuevas prácticas vinculadas a la "seguridad nacional" así como al terrorismo de Estado. Así se ha venido demostrando todos los días en la "democracia genocida" instalada en Colombia.

Si se cumpliera el pronóstico antes aludido, seguramente se acentuarán las divisiones y los conflictos clasistas (entre ellos, los interburgueses, los vinculados a la relación capital-trabajo y a la propiedad de la tierra), supraclasistas (los relacionados con la vilipendiada población negra, mestiza e indígena, con los desempleados, los pensionados, los "micro-empresarios", los trabajadores informales, los pobladores de los barrios marginales, las empobrecidas y marginadas mujeres...), así como los enfrentamientos cívico-militares. Como ha venido ocurriendo luego de la victoria electoral del ex coronel Hugo Chávez en Venezuela (diciembre de 1998), también podrían enconarse las contradicciones entre algunos Estados y gobiernos de América Latina y el Caribe con la potencia hegemónica en el hemisferio occidental alrededor de temas como la sobe-ranía, el "modelo" de desarrollo, el "narcotráfico", la deuda externa, el constante drenaje y desnacionalización de las riquezas, el deterioro ambiental, las migraciones, las nuevas y las viejas formas de proteccionismo, etcétera, que (aunque sin la fortaleza necesaria) ya se expresan en la actualidad. Mucho más porque, como indiqué, en sus enfoques sobre sus "enemigos" y su estrategia futura, los Estados Unidos continúan proclamando su pretendido derecho a intervenir unilateral o "colectivamente", directa o "indirectamente", en cualquier situación que, según su parecer, amenace sus laxos y cambiantes intereses de seguridad nacional.[83]

A causa de esas contradicciones, de su progresiva agudización, y de la perduración de las estructuras internas y externas que las determinan, también podría producirse una reorganización de las fuerzas de la heterogénea izquierda política, social e intelectual del continente, así como la emergencia de nuevos destacamentos populares insatisfechos con las estrategias y las tácticas de los actuales. Como ha sucedido en otras ocasiones históricas, esas flamantes organizaciones podrían expresar los cada vez más diferenciados intereses que existen en el sujeto popular y —como ya está ocurriendo en algunos países (por ejemplo, el EZLN de México, el MST de Brasil o el movimiento indígena en Ecuador)— ser portadores de nuevas vindicaciones, al igual que de nuevas formas de lucha política y social, incluida la lucha militar.[84] En fin, podría producirse un nuevo momento de auge o, si se prefiere, una potente "ola" de batallas populares, antimperialistas, anticapitalistas, democráticas y revolucionarias similares a las que vivió la región entre 1960 y 1990; ya que, en última instancia, como afirmó el comandante Ernesto Che Guevara, las revoluciones surgen y crecen "(...) de las contradicciones entre un régimen social que ha llegado al fin de su existencia, y el pueblo que ha llegado al fin de su paciencia".[85]

Pero aún en el escenario de una estabilidad relativa de la dominación oligárquico-burguesa-imperialista, se acentuarán las tendencias de los actuales sistemas políticos liberales —incluidos los de las naciones del Primer Mundo— a convertirse en *democracias de apartheid* en las que crecientes masas de la población estarán excluidas del pleno disfrute de su ciudadanía social y, por ende, de los derechos económicos, sociales, culturales, civiles y políticos consagrados en los diversos instrumentos y pactos internacionales firmados desde 1948 (año en que la ONU aprobó la Declaración Universal de los Derechos Humanos) hasta la actualidad.[86] Se confirmará así la aguda contradicción que existe entre "la globalización neoliberal" de la economía latinoamericana y caribeña, así como entre el "nuevo orden panamericano" que pretende imponer los Estados Unidos y las clases dominantes en el hemisferio occidental −incluidas las de Canadá−, con el anhelado desarrollo económico-social sostenible, ecológicamente sustentable, genuinamente democrático e independiente de la mayor parte de las naciones de América Latina y el Caribe.

Como en momentos anteriores, esa situación mantendrá planteada la necesidad y el espacio social para el despliegue de innovadores proyectos políticos impulsores de alternativas −reformadoras o revolucionarias− al capitalismo subdesarrollado y dependiente, a las poliarquías actualmente preponderantes en el continente, al igual que a los diferentes esquemas de regionalización-integración que hoy están en boga. En el futuro más o menos inmediato, en respuesta al neomonroísmo o al "neopanameri-canismo" −así como a las limitaciones institucionales, democráticas, económicas y sociales de los proyectos de integración latinoamericanas y caribeñas en curso− quizás reverdezca la utopía bolivariana y martiana de construir un Estado-región supranacional en América Latina y el Caribe. Este estaría fundado en la independencia y la justicia social o −en palabras de José Martí− en un "sistema opuesto a los intereses y hábitos de mando de los opresores".[87]

Que esos cambios se desarrollen, como en Cuba, mediante lo que el intelectual francés Régis Debray, cuando posaba como revolucionario, denominó "la crítica de las armas",[88] a través del avance de lo que el opor-tunista intelectual y político mexicano Jorge G. Castañeda ha llamado "la utopía desarmada",[89] de lo que el prominente político e intelectual dominicano Narciso Isa Conde denominó "un nuevo paradigma para el progreso de la sociedad humana" conducente al "socialismo mundial",[90] de lo que Fidel Castro ha llamado "la globalización socialista",[91] o mediante una complicada y flamante dialéctica entre la reforma, la contrarreforma, la contrarrevolución y la revolución que −como hemos visto− ha carac-terizado a la historia latinoamericana y caribeña, no dependerá solamente de la voluntad de los partidos y movimientos políticos y sociales que actualmente integran la heterogénea y plural izquierda regional.

También estará determinado por las respuestas más o menos violentas que ofrezca el imperialismo y las clases dominantes latinoamericanas y caribeñas a lo que —a partir del análisis de las luchas políticas, sociales, armadas y desarmadas que se desarrollan en diferentes países latino-americanos— el intelectual norteamericano James Petras definió como "el [previsible] ocaso del ciclo neoliberal" y la contigua emergencia de una "tercera ola revolucionaria" en América Latina y el Caribe. Esta, en su criterio, continuará y superará dialécticamente el camino abierto, en 1959, por la Revolución cubana y, en 1979, por las frustradas o inconclusas, según se entienda, revoluciones granadina y sandinista.[92]

Se compartan o no esos enfoques, lo que sí parece ser cierto es que la incapacidad de los Estados Unidos y de las clases dominantes latino-americanas y caribeñas para resolver las recurrentes crisis estructurales que, desde el comienzo del siglo XX, vienen padeciendo los países de la región, al igual que para superar las causas y secuelas de la "década perdida" y los evidentes costos sociales, ambientales y políticos del "modelo neoliberal", han abierto en todas partes espacios tanto para la crítica y la protesta, como para la creativa elaboración de nuevas propuestas crítico-transformadoras del actual *statu quo*. Aunque lentamente crece la conciencia de que este injusto e inmoral "orden" económico, político, cultural, social, local, nacional, panamericano y mundial tiene que ser subvertido. Y esto exigirá —como demandó el comandante Ernesto Che Guevara en la década de 1960— nuevas rebeliones contra el imperialismo, las oligarquías y los dogmas revolucionarios.

Mucho más porque —como hemos intentado demostrar a lo largo de las páginas anteriores—, en los últimos quinientos años y, en particular, en el siglo más reciente, los pueblos latinoamericanos y caribeños han sido víctimas de una eslabonada e interminable cadena de matanzas —incluidos decenas de miles de crímenes de *lesa humanidad*— en los que han tenido una indeclinable responsabilidad las principales potencias coloniales e imperiales del Viejo y del Nuevo Mundo; así como, de manera especial, los círculos de poder estadounidenses y las clases dominantes en

América Latina y el Caribe. Sin negar los errores que hayan cometido (o cometan) algunas organizaciones político-militares de origen popular en el irrespeto al "derecho humanitario", tanto las 18 administraciones demócratas y republicanas que han ocupado la Casa Blanca desde 1898 hasta 1998, como los cambiantes gobiernos de la mayoría de los países latinoamericanos y caribeños han sido, en primera y última instancia, los autores intelectuales y materiales de las constantes violaciones a todos los derechos humanos —en primer lugar, del derecho a la vida— jurídicamente consagrados por la comunidad internacional. También han sido los responsables de los millones de crímenes cometidos como consecuencia de la represión y de las prácticas del terrorismo de Estado que tanta importancia adquirieron en las últimas décadas.

Que esas violaciones de los derechos humanos y esos crímenes hayan sido cometidos de forma más o menos masivas, flagrantes, sibilinas o "selectivas"; que se hayan perpetrado por parte de dictaduras militares, por administraciones cívico-militares, por los gobiernos civiles surgidos, en uno u otro momento de la historia, de las entrañas de los imperfectos ordenamientos "democrático-burgués-representativos" que ahora preponderan en el hemisferio, o directamente por la infantería de marina norteamericana o por mercenarios a sueldo de la CIA y el Pentágono —más o menos amparados por la OEA—, sólo son datos que reafirman el carácter estructural y sistemático de la violencia reaccionaria que históricamente ha caracterizado el desenvolvimiento de casi todas las sociedades latinoamericanas y caribeñas. Asimismo, sus múltiples y perversas interacciones con la potencia que, desde 1829, El Libertador Simón Bolívar anunció que plagaría de miserias a la América meridional en nombre de "la Libertad".[93]

Ese carácter estructural y sistemático de la violencia reaccionaria que afecta a la absoluta mayoría de las naciones latinoamericanas y caribeñas, así como a las relaciones interamericanas, nuevamente se evidenció en la última década del siglo XX. En esta se demostró que, a pesar de que a mediados de la década de 1970 el neoliberalismo llegó al continente tras los tanques de guerra, las bayonetas y las botas de los militares —así como de sus "incestuosas relaciones" con las fuerzas armadas, policiales y con los aparatos contrainsurgentes norteamericanos—, a partir de la segunda mitad del decenio de 1980, se legitimó y extendió a todo el continente, mediante los dólares y los votos con los que se han venido eligiendo los más recientes gobiernos "democráticos" de toda la región.

Aunque existen diferencias entre uno u otro, al igual que sus antecesores militares, esos gobiernos constitucionales, junto a los "enclaves autoritarios" que aún subsisten y a los círculos de poder en los Estados Unidos, han sido y son los responsables del ambiente de impunidad reinante en relación con todos los crímenes políticos cometidos en las décadas precedentes. Del mismo modo, han sido y ahora son los máximos responsables de la impunidad con que de manera cotidiana se violan los derechos económicos, sociales, culturales, civiles y políticos, individuales y colectivos de la absoluta mayoría de los pueblos de la región. Y esto ha sido, es y seguramente será así en el futuro previsible porque —como hemos indicado en el texto— tanto el terror (incluidos los constantes ataques contra la población civil), como la impunidad han sido y son una necesidad para la constante reproducción del violento sistema de dominación y explotación oligárquico-imperialista instaurado, desde hace más de un siglo, en América Latina y el Caribe.

En definitiva, salvo contadas excepciones que confirman la regla, las clases dominantes y los círculos gubernamentales estadounidenses —con independencia de sus movimientos pendulares entre las dictaduras militares y las "dictaduras burguesas demoliberales"— no pueden sancionar a sus testaferros, sicarios y cancerberos; ya que nunca saben ni sabrán cuándo tendrán que acudir nuevamente a ellos o a sus "herederos" para garantizar las ganancias y privilegios derivados del usufructo del "orden" colonial y neocolonial instaurado en el continente desde comienzos del siglo XX. Mucho menos, porque a todas las violaciones a los derechos humanos que hemos aludido o a las que se cometan en el futuro no son, ni han sido, ni serán ajenas las sistemáticas acciones depredadoras de los monopolios y las grandes corporaciones transnacionales —en especial, de origen estadounidense— que han controlado, controlan y pretender controlar *sine dei* el desenvolvimiento de las economías, las sociedades y los sistemas políticos de la región.

En las últimas cinco décadas, tampoco han sido ajenas a las masivas y flagrantes violaciones de los derechos humanos mencionados en este volumen los organismos financieros internacionales controlados por los Estados Unidos. Como hemos indicado, desde su surgimiento, en 1947, hasta la actualidad, con diferentes pretextos, ellos les han exigido a los gobiernos de la región una "disciplina fiscal" dirigida, por sobre todas las cosas, a garantizar la libertad de movimiento y la maximización de las ganancias de los capitales privados invertidos en el área. Que esa "libertad" se haya solicitado en nombre de la "solidaridad panamericana" en la lucha contra el comunismo, de la "libre empresa" y de la Política del Buen Socio, de la Alianza para el Progreso o del "nuevo diálogo", de "la promoción de los derechos humanos" o de la Iniciativa de las Américas, de los PAE impulsados por el "consenso de Washington", de las "reformas económicas de segunda generación" pregonadas por el "proceso de Miami" o de los supuestos imperativos de "la globalización", no parecen ser más que modalidades de la bicentenaria lógica imperial.

Que los muertos, los desaparecidos, los torturados, los exiliados y encarcelados de ayer hayan sido las víctimas de los cuartelazos tradicionales, de las "dictaduras de seguridad nacional", de los autoritarios gobiernos cívico-militares o de las agresiones directas o indirectas de los Estados Unidos, y que los de hoy sean fruto del hambre, del desempleo, de la pobreza, de la indigencia, de la marginalidad, de la degradación socioambiental o de la sistemática e "invisible" represión de que son objeto las justas demandas populares, sólo parecen ser evidencias del carácter estructuralmente genocida que ha tenido y tiene el capitalismo deformado y dependiente reinante en América Latina y el Caribe. También, pruebas irrefutables del carácter violento de los "pendulares" métodos de dominación y "control social" ejercidos por las plutocracias "nacionales" y extranjeras que —salvo sublimes excepciones (como las de la Revolución cubana)— han gobernado y todavía gobiernan la región. De ahí la exactitud de lo planteado hace ya muchos años por Eduardo Galeano:

> Son secretas las matanzas de la miseria en América Latina; cada año estallan, silenciosamente, sin estrépito alguno, tres bombas [atómicas como las lanzadas contra la indefensa ciudad japonesa] de Hiroshima sobre estos pueblos que tienen la costumbre de sufrir con

los dientes apretados. Esta violencia sistemática, no aparente pero real, va en aumento: sus crímenes no se difunden en la crónica roja, sino en las estadísticas de la FAO [y de otros organismos internacionales] (...) la impunidad todavía es posible, porque los pobres no pueden desencadenar la [tercera] guerra mundial, pero el Imperio se preocupa: incapaz de multiplicar los panes, hace lo imposible por suprimir a los comensales... [94]

NOTAS

1.   CEPAL: *Balance preliminar de la economía de América Latina y el Caribe: 1998*, Santiago de Chile, 1998.

2.   IRELA: *Cooperación al desarrollo con América Latina: ¿hacia un menor protagonismo europeo?*, ed. cit.

3.   CEPAL: *La inversión extranjera en América Latina y el Caribe*, Santiago de Chile, 1998.

4.   Ibídem.

5.   José Ángel Pérez G: "América Latina 1950-2000. Algunas reflexiones críticas sobre el desempeño económico", en *Cuadernos de Nuestra América*, La Habana, julio-diciembre del 2001, no. 28, pp. 69-71. Según el propio autor, que cita datos estadísticos de la CEPAL, en la década de 1950 el PIB de las naciones independientes de América Latina y el Caribe registró un crecimiento promedio del 5,3%. A su vez, en el decenio de 1960 ese indicador ascendió a 5,66% y en el de 1970, a 5,94%.

6.   CEPAL: *La brecha de la equidad: América Latina, el Caribe y la Cumbre social*, São Paulo, 12 de marzo de 1997.

7.   PNUD: *Informe sobre desarrollo humano 1998*, Ediciones Mundi-Prensa, 1998.

8.   Como el lector conoce, existe más de una metodología para calcular la pobreza. El dato de 270 000 000 de personas (el 61,8% de la población regional) está tomado del PNUD: "Desarrollo sin pobreza", *Comercio Exterior*, abril de 1992, México D.F., t. 42, p. 380. El dato de 197 000 000

es el difundido por la CEPAL la que considera como pobres a los que tienen un ingreso inferior a dos dólares diarios; criterio que mantiene en sus estudios a pesar de las fundamentadas criticas que se han realizado a esa base de cálculo. En el criterio preponderante —incluso del PNUD— el análisis de la pobreza sólo a partir de indicadores de ingreso, subvalúa todas las dimensiones económicas, sociales culturales, e incluso políticas de esa pandemia.

9. ALAI: "Panorama social de América Latina", en *América Latina en Movimiento*, Quito, 12 de mayo de 1999, no. 293, pp. 17-18.

10. IRELA: *La pobreza en América Latina: causas y costos*, Madrid, 1993.

11. Ibídem.

12. PNUD: *Informe sobre desarrollo humano 1997*, ed., cit.

13. CEPAL: *Equidad y transformación productiva: un enfoque integrado*, Santiago de Chile, 1993.

14. Fidel Castro: *La crisis económica y social del mundo*, ed. cit.

15. Caro Isacc: "Seguridad ciudadana: ¿un nuevo tema o una nueva realidad?", en *Notas de Prensa de la Comisión Suramericana de Paz*, Santiago de Chile, enero-marzo de 1994.

16. IRELA: *Anuario de las relaciones europeo-latinoamericanas 1994*, Madrid, 1995.

17. CEPAL: *La brecha de la equidad: América Latina, el Caribe y la Cumbre social*, ed. cit.

18. PNUD: *Informe sobre desarrollo humano 1998*, ed. cit.

19. "8 de marzo: Las mujeres en marcha contra la violencia y la pobreza", en *Revista Mujer Salud*, Santiago de Chile, enero-marzo del 2000, no. 1, p. 25.

20. Bruce Harris: "Los niños y las niñas de las calles", en *ALAI-Servicio Informativo*, Quito, 17 de octubre de 1997, no. 260, pp. 19-20.

21. Oscar Jara: "La tragedia como posibilidad de construir lo nuevo", en *ALAI-Servicio Informativo*, Quito, 25 de noviembre de 1998, no. 284, pp. 3-4.

22. IRELA: *América Central después del huracán: costes, consecuencias y cooperación*, Madrid, 27 de enero de 1999.

23. Los estudios sobre el desempleo urbano que produce la CEPAL, en la mayor parte de los casos, están fundamentados en las cifras de los trabajadores que buscaron trabajo en un período de tiempo determinado en las principales áreas metropolitanas. La representatividad de esas cifras es, por tanto, de dudosa generalización al resto de los conglomerados urbanos de esos países. Algo parecido ocurre con los estudios que realiza esa organización en torno al desempleo rural. Estas se basan en encuestas que no toman en consideración la situación de los habitantes de intrincadas zonas rurales del continente donde aún no ha llegado la llamada "modernidad".

24. IRELA: *La pobreza en América Latina: causas y costos*, ed. cit.

25. Ibídem.

26. Tania Aillón Gómez: "Perspectiva de género y limitaciones estructurales", en *Nueva Sociedad*, no. 135 , Caracas, enero-febrero de 1995, pp. 66-77.

27. Eduardo Tamayo G.: "América Latina y el Caribe: 136 000 000 fuera de los servicios de salud", en *América Latina en Movimiento*, Quito, 24 de enero del 2000, no. 306, pp. 10-11.

28. Carlos Vila: "La izquierda latinoamericana: búsquedas y desafíos", en *Nueva Sociedad*, Caracas, septiembre-octubre de 1998, no. 157.

29. James Petras: *Neoliberalismo en América Latina: la izquierda devuelve el golpe*, Homo Sapiens Ediciones, Rosario, Argentina, 1997.

30. Eduardo Tamayo G: "América Latina: La región más peligrosa del mundo para los sindicalistas", en *América Latina en Movimiento*, Quito, 19 de septiembre del 2000, no. 320, pp. 19-21.

31. Eduardo Tamayo G.: "Colombia: tropiezos en el proceso de paz", en *América Latina en Movimiento*, Quito, 28 de octubre de 1998, no. 282, pp. 1-2.

32. Eduardo Tamayo G.: "América Latina y el Caribe: 136 000 000 fuera de los servicios de salud", ed. cit., pp. 10-11.

33. Ibídem.

34. Jourdy James: "Intervención en la mesa redonda 'El neoliberalismo está en crisis'", en *Juventud Rebelde* (Tabloide Especial), La Habana, mayo del 2000, p. 10.

35. Sally Burch: "EEUU., SIDA y seguridad nacional", en *América Latina en movimiento*, Quito, 9 de junio del 2000, no. 313, p. 18.

36. PNUD: *Informe sobre desarrollo humano 1998*, ed. cit.

37. CEPAL: *Equidad, desarrollo y ciudadanía*, Santiago de Chile, 2000, p. 356.

38. Ibídem, pp. 359-361.

39. IRELA: *La pobreza en América Latina: causas y costos*, ed. cit.

40. CEPAL: *El pacto fiscal: fortalezas y debilidades* (síntesis), Santiago de Chile, 1998.

41. Nicolás Iñigo Carrera y María Cecilia Cotarelo: "Elementos para un análisis de las relaciones de fuerza en la Argentina actual (de los '60 a los '90)", ponencia presentada al Seminario Internacional *Ernesto Che Guevara: 30 años*, Rosario, Argentina, octubre de 1997.

42. Eduardo Tamayo G.: "Ecuador: mano dura en paro general", en *ALAI-Servicio Informativo*, Quito, 14 de octubre de 1998, no. 281, pp. 3-4.

43. José Ángel Pérez: ob. cit., p.75.

44. ALAI: "Sí a la vida, no a la deuda", en *ALAI-Servicio Informativo*, Quito, 24 de febrero de 1999, no. 288.

45. CEPAL: *Estudio económico de América Latina y el Caribe 2000-2001*, Santiago de Chile, 2001, p. 43.

46. Luis Fernando Ayerbe: ob. cit., p. 237.

47. Oscar Ugarteche: "La deuda de América Latina y la crisis del milenio", ponencia presentada a la Primera Conferencia Latinoamericana de Cancelación de la Deuda-Jubileo 2000, Tegucigalpa, 25 al 27 de enero de 1999.

48. Ibídem.

49. CEPAL: *América Latina y el Caribe: 15 años de desempeño económico (1980-1995)*, Santiago de Chile, 1996.

50. Carlos Vila: "La crisis mexicana", en *Realidad Económica*, Buenos Aires, enero de 1995, no. 129.

51. Eric Toussaint: *Deuda externa en el Tercer Mundo: las finanzas contra los pueblos*, Nueva Sociedad, Caracas, 1998.

52. John Saxe-Fernández: "Mexamérica o la dialéctica entre la macro y la micro-regionalización", ed. cit.

53. José Ángel Pérez. ob. cit., p. 74.

54. CEPAL: *La brecha de la equidad: América Latina, el Caribe y la Cumbre social*, ed. cit.

55. Irene León: "Ecuador: VIH-SIDA, tratamiento y calidad de vida", en *América Latina en Movimiento*, Quito, 11 de diciembre del 2001, no. 345, p. 25.

56. PNUD: *Informe sobre desarrollo humano 1998*, ed. cit., p. 70.

57. UNICEF: *Estado mundial de la infancia 1995*, Nueva York, 1995.

58. Parlamento Latinoamericano/Instituto de Relaciones Europeo-Latinoamericanas: ob. cit., pp. 90-93.

59. Osvaldo León: "Brasil: Jornada de luchas por la tierra", en *América Latina en Movimiento*, Quito, 9 de mayo del 2000, no. 313, pp. 3-4.

60. Antonio Bica: "Los derechos humanos y la propiedad de la tierra en Brasil y en los otros Estados de América del Sur y Central", ponencia presentada a la XII Conferencia de la Asociación Americana de Juristas (AAJ), La Habana, 16 al 20 de octubre del 2000.

61. Frei Betto: "Brasil: café recalentado", en *América Latina en Movimiento*, Quito, 15 de junio de 1999, no. 295, pp. 1 y 6.

62. Roy May: "La tierra en tiempos de globalización", en *Ko'eyú Latinoamericano*, Caracas, noviembre de 1998, año 20, no. 80.

63. Antonio Martín Martín: "Discriminación racial y étnica del pueblo Mapuche en Chile", ponencia presentada al XII Congreso de la Asociación Americana de Juristas (AAJ), La Habana, 16 al 20 de octubre del 2000.

64. Pablo González Casanova: ob. cit., pp. 16-30.

65. Hugo Benítez: "México: El fin de una época", en *América Latina en Movimiento*, Quito, Ecuador, 28 de noviembre del 2000, no. 324, pp. 4-6.

66. PNUD: *Informe sobre desarrollo humano 1997*, ed. cit.

67. PNUD: *Informe sobre desarrollo humano 1998*, ed. cit.

68. Carlos Lopes y Mineiro Procopio: "Desiertos: su avance moviliza al mundo", en *Cuadernos del Tercer Mundo* (suplemento), Montevideo, Uruguay, junio de 1995, año XXI, no. 172.

69. Eduardo Galeano: *Las venas abiertas de América Latina*, ed. cit.

70. PNUD: *Informe sobre desarrollo humano 1998*, ed. cit.

71. Gustavo Oreamuno: "Asociación Ecológica Costarricense Amigos de la Tierra", en *ALAI-Servicio Informativo*, Quito, 12 de agosto de 1998, no. 278, pp. 21-22.

72. ALAI: "Caminata indígena por tierra y autonomía", en *ALAI-Servicio Informativo*, no. 281, p. 10.

73. CEPAL: *El pacto fiscal: fortalezas y debilidades* (síntesis), ed. cit.

74. UNICEF: ob. cit.

75. PNUD: *Informe sobre desarrollo humano 1998* y *Superar la pobreza humana*, ed. cit.

76. Ibídem.

77. Graciela Malgasini (coordinadora): ob. cit.

78. Eugenio Espinosa: "El pensamiento de Ernesto Che Guevara sobre la economía internacional", en *Pensar al Che*, Editorial José Martí/Centro de Estudios sobre América, La Habana, 1989, pp. 356-398.

79. Instituto Interamericano de Derechos Humanos/Centro de Asesoría y Promoción Electoral: *Partidos y clase política en América Latina en los 90*, IIDH, San José de Costa Rica, 1995.

80. BILAN DU MONDE: *23 anne*, París, edición de 1998.

81. CEPAL: *La situación social en América Latina y el Caribe*, Santiago de Chile, 1998.

82. Guillermo O'Donnell: "Ilusiones sobre la consolidación", *Nueva Sociedad*, Caracas, julio-agosto, 1996, no. 144.

83. Isabel Jaramillo Edwards: "Estados Unidos, el debate postguerra fría: seguridad y política exterior", en *Cuadernos de Nuestra América*, La Habana, julio-diciembre de 1994, no. 23.

84. James Petras: *Neoliberalismo en América Latina: la izquierda devuelve el golpe*, ed. cit., pp. 205-250.

85. Ernesto Che Guevara: "Conferencia de prensa en Montevideo, Uruguay, el 9 de abril de 1961", en *Escritos y discursos* (en 9 tomos), Editorial de Ciencias Sociales, La Habana, 1997, t. 4, p. 22.

86. PNUD: *Informe sobre desarrollo humano 2000* (Resumen), ed. cit.

87. Roberto Fernández Retamar: "Martí y la revelación de Nuestra América", en *Nuestra América*, ed. cit., p. 16.

88. Régis Debray: *La crítica de las armas*, Siglo XXI Editores, México, 1972.

89. Jorge Castañeda G.: *La utopía desarmada*, Joaquín Mortiz-Planeta, México, 1993.

90. Narciso Isa Conde: *Rearmando la utopía: Del neoliberalismo global al nuevo socialismo mundial*, Editorial Tropical, Santo Domingo, 2000.

91. Fidel Castro: *Globalización neoliberal y crisis económica global* (selección de discursos y declaraciones mayo 1998-enero 1999), Oficina de Publicaciones del Consejo de Estado, La Habana, 1999.

92. James Petras: *Neoliberalismo en América Latina: la izquierda devuelve el golpe*, ed. cit.

93. "Carta de Simón Bolívar al coronel Patricio Campbell, Encargado de Negocios de S.M.B., Guayaquil, 5 de agosto de 1829", en Simón Bolívar: *Obras completas*, ed. cit., t. 1, p. 736.

94. Eduardo Galeano: *Las venas abiertas de América Latina*, ed. cit., p. 9.

12. EPÍLOGO
NOTICIAS: ¿SIMPLES NOTICIAS?

América Latina y el Caribe no es una región pobre, sino violentamente injusta. Cada segundo que pasa, los 17 multimillonarios de ese continente que forman parte de la elite de los 200 potentados de todo el mundo, incrementan sus fortunas en 500 dólares; o sea, en 740 000 dólares al día.[1] Mientras, según las cuestionables estadísticas del BID, a mediados del 2001, 170 000 000 de latinoamericanos y caribeños tenían que sobrevivir con menos de 3 dólares diarios.[2] A causa de esa situación, cerca de 70 000 000 de personas pasan hambre.[3] A su vez, más 500 000 niños mueren anualmente antes de cumplir los cinco años de edad. La mayoría por enfermedades que podrían prevenirse, como las diarreas, las infecciones respiratorias u otras adquiridas durante el parto.[4] Además, a fines del 2000, cerca de 2 000 000 de centroamericanos y caribeños estaban infectados por el VIH/SIDA; la mayor parte de ellos vivían en condiciones de pobreza. Si los índices de mortalidad provocados por esa epidemia continúan progresando al ritmo actual, en los próximos 10 años, la población caribeña disminuirá en un 10%.[5]

"Cuando estábamos en la guerra teníamos 500 muertos cada mes. Hoy, por infecciones respiratorias agudas, tenemos mil, y por enfermedades gastrointestinales, otros mil. Sólo por estas dos causas, hay cuatro veces más muertos que en la guerra" —indicó, a fines de 1998, el director del Centro Salvadoreño de Tecnología Apropiada, doctor Ricardo Navarro. Agregó que, como en su país —llamado "el Pulgarcito de Centroamérica" por su escaso territorio— ya no alcanza la leña, muchos sectores de bajos ingresos han dejado de usarla y queman llantas de automóviles como combustible doméstico. En su combustión, esas llantas eliminan una serie de compuestos que producen "malformaciones congénitas y daños cerebrales irreversibles en la población infantil".[6] En lo anterior —según diversas denuncias— tuvo y tiene una influencia decisiva la política "neoliberal", antinacional y antipopular desplegada por los gobiernos de Armando Calderón Sol (1994-1998) y de Francisco Flores (1998-2002): ambos pertenecientes a la tristemente célebre Alianza Republicana Nacionalista (ARENA), fundada en 1981, bajo el liderazgo del "asesino patológico" Roberto D'Aubuisson.

No obstante las abismales diferencias que existen entre ambos países, situaciones sociales parecidas se producen en Brasil: "el Gigante de los Trópicos". Allí, todos los años son enterrados 120 000 niños antes de cumplir el primer año de vida y, de cada 1 000 niños nacidos vivos, 42 perecen antes de llegar a los cinco años de edad. Además, 24 000 000 de menores están afectados por la pobreza, 1 300 000 no asisten a la escuela y más de 5 700 000 se ven obligados a trabajar para su sustento y el de su familia. En los basureros de las ciudades brasileñas trabajan diariamente 50 000 niños.[7] Otros 500 000 menores ejercen la prostitución.[8] Según el economista Joao Pedro Stédile, miembro de la Dirección del MST, en esa situación ha influido la política desarrollada por los dos sucesivos gobiernos (1994-2002) del socialdemócrata Fernando Henrique Cardoso.[9]

Este gobierno —según Stédile— implementó un modelo económico que abrió la economía brasileña al capital transnacional; envió al exterior más de 150 000 millones de dólares e incrementó la deuda externa en 70 000 millones de dólares respecto a 1994. En el propio lapso, redujo el salario mínimo mensual a 130 dólares; incrementó el desempleo, el subempleo y la pobreza, tanto en el campo como en las ciudades. En consecuencia, Brasil siguió siendo "el país más desigual e injusto del planeta". A su vez, para contener las crecientes protestas de diversos sectores sociales, el gobierno brasileño reprimió al movimiento popular "en el mejor estilo de las dictaduras latinoamericanas".[10]

Así, el 20 de mayo de 1999, fue asesinado Euclides Francisco de Paula, presidente del Sindicato de Trabajadores del Campo. El 2 de diciembre del propio año, la Policía Antidisturbios mató al empleado público José Ferreira da Silva e hirió a otros veinte de sus compañeros de trabajo.[11] El 22 de abril del 2000 (en los actos de celebración del 500 aniversario del "descubrimiento" de Brasil), la Policía Militar arremetió contra una marcha pacífica organizada por los representantes de los vilipendiados pueblos indígenas. Varios participantes —incluso niños— fueron heridos y detenidos.[12] Y, el 2 de mayo del 2000, cerca de Curitiva, capital del Estado Paraná, la Policía Militar —siguiendo órdenes del Ministro de Justicia— reprimió violentamente una caravana del MST, con un saldo de 180 heridos y casi 500 detenidos, entre ellos mujeres embarazadas y niños.[13]

A pesar de los acuerdos de la Comisión de Concordia y Pacificación (COCOPA) de 1996, así como contando con el apoyo del gobierno de los Estados Unidos, en los dos últimos años de su mandato, el entonces Presidente mexicano Ernesto Zedillo (1994-2000) desencadenó una violenta ofensiva político-militar dirigida a desarticular las bases de sustentación social y ocupar militarmente la zona donde se presumía que estaba ubicada la comandancia del EZLN.[14] Según la Coordinadora Nacional de Mujeres Indígenas de México y la Red Todos los Derechos para Todos, como consecuencia de esa ofensiva y de la consiguiente militarización de Chiapas y Guerrero, continuaron produciéndose decenas de ejecuciones extrajudiciales, actos de violencia contra las comunidades indígenas, así como la desaparición o la tortura de algunos detenidos.[15]

Un ambiente represivo semejante también perduraba en varios países de la Cuenca del Caribe. Al decir del PNUD, en Honduras continúa torturándose a los detenidos.[16] Además, "las fuerzas del orden" siguen reprimiendo las demandas populares. Por ejemplo, a fines de 1999, la policía atacó —con su consiguiente saldo de heridos y lesionados— una marcha de 5 000 indígenas y negros que pretendían llegar al Palacio Presidencial para reclamar sus tierras tradicionales.[17] Simultáneamente, fueron asesinados en Guatemala los dirigentes sindicales Ángel Pineda, Baldomero de Jesús Ramírez y el Secretario Ejecutivo del Sindicato Municipal de Trabajadores de Zacapa.[18] Aunque todos los indicios acusan a elementos de las fuerzas armadas y policiales, sus autores (al igual que los del asesinato, en 1998, del obispo Juan Girardi Conedera: autor del valiente informe *Guatemala: Nunca Más*) permanecen impunes. En la actualidad parece altamente difícil la sanción de esos crímenes, dada la enorme influencia que tiene sobre el gobierno de Alfonso Portillo (1999-2002) su correligionario, el sanguinario ex dictador y actual Presidente del Congreso guatemalteco, Efraín Ríos Montt.[19]

El 18 de mayo de 1999, el mandatario dominicano Leonel Fernández (1996-2000) ordenó la represión de una huelga general contra la política económica "neoliberal" aplicada por su gobierno. En ese contexto, se produjeron fuertes enfrentamientos entre manifestantes y agentes de la policía. Según fuentes periodísticas, en lo transcurrido de ese año, la violencia oficial dejó un saldo de 15 muertos y decenas de heridos y detenidos.[20] A ellos se agregó el asesinato del dirigente del Sindicato de Docentes, José Porfirio Toribio, implicado en la preparación de la huelga nacional del 12 de octubre de 1999. Para neutralizarla, el gobierno arrestó a más de 1 000 personas en todo el país.[21]

Semanas después, el 3 de abril del 2000, fue asesinado Jean Dominique, Director de Radio Haití. Enseguida dos radios comunitarias fueron saqueadas. Las protestas frente a esos hechos fueron reprimidas por el gobierno de René Preval (1996-2000), lo que aumentó el ambiente violento que rodeó las elecciones parlamentarias, municipales y locales realizadas el 21 de mayo del propio año. Entre los sectores políticos más golpeados por la violencia oficial se encuentra la Organización del Pueblo en Lucha (OPL), escisión de izquierda del bloque sociopolítico que, en 1990, llevó a la presidencia a Jean-Bertrand Aristide. En consecuencia, la OPL cuestionó los resultados electorales. En estos resultó victoriosa la denominada Familia *Lavalas*, encabezada por Aristide.[22]

De esas prácticas represivas ni siquiera ha escapado Costa Rica. Allí, con el resultado de decenas de heridos y detenidos, en marzo del 2000, la Fuerza Pública atacó las potentes manifestaciones populares que se produjeron contra un proyecto-ley que autorizaba la privatización y la desnacionalización de las empresas estatales de telecomunicaciones y electricidad. Algunos analistas consideran que la autonomía frente a los partidos de Liberación Nacional y Unidad Social Cristiana demostrada en

esa ocasión por los movimientos sociales, podría significar el fin del bipartidismo y la "agonía de la Segunda República", fundada, en 1948, por el
socialdemócrata-anticomunista José Figueres, con el respaldo estadounidense y "puertorriqueño".[23]

El 31 de diciembre de 1999, tal y como estaba previsto, pasaron a la
soberanía panameña todas las instalaciones de la Zona del Canal de
Panamá Ese día, una enorme multitud —al grito de "se siente, se siente,
Omar [Torrijos.] está presente" y portando carteles de "gracias Omar" —
clavó cientos de banderas panameñas en la colina donde se encuentra
ubicada la Administración de esa vía interoceánica.[24] El acontecimiento
demostró los obstáculos que tendrá que enfrentar el gobierno panameño
(presidido, desde mediados de 1999, por la aristócrata y pro imperialista
Mireya Moscoso) y la Casa Blanca en su afán de modificar aquellos aspectos
de los Tratados Torrijos-Carter de 1977 que establecieron la total retirada de
las fuerzas militares estadounidenses del territorio panameño.[25]

Ante esa realidad, el Pentágono continuó trabajando para localizar sus
denominadas "Forward Operating Locations" (FOL) en otros lugares de
América Latina y el Caribe. Así, logró acuerdos con Holanda que le permiten dislocar en Aruba y Curazao algunas unidades y potentes radares
militares dirigidos al control del espacio aéreo y marítimo del Mar Caribe y
del norte de América del Sur. También logró un acuerdo con el gobierno de
Ecuador para localizar una base militar en el puerto de Manta. Igualmente,
ha venido negociando con el gobierno de Honduras la reapertura de la base
militar de Palmerola (Soto Cano), utilizada durante su "guerra sucia contra
la Revolución sandinista". Además, la Casa Blanca firmó un acuerdo con el
gobierno salvadoreño dirigido a instalar en el aeropuerto internacional de
Comalapa (a 45 kilómetros de San Salvador) un "centro antinarcóticos"
controlado y dirigido por la marina de guerra estadounidense.

El destacado dirigente del FMLN, Shafick Handal, indicó que ese centro
viola la Constitución, la soberanía nacional y los Acuerdos de Paz de 1992;
pero esa posición fue rechazada por el gobierno, por la Asamblea Nacional
(controlada por los partidos de derecha) y por la Corte Suprema de Justicia
salvadoreñas. En consecuencia, en septiembre del 2000, arribaron a El
Salvador los primeros aviones y pilotos estadounidenses. Según el *National*

544   UN SIGLO DE TERROR EN AMÉRICA LATINA

Catholic Reporter, lo anterior —junto a los acuerdos de lucha contra el "narcotráfico" que ha venido firmando el gobierno estadounidense con sus contrapartes de Honduras, El Salvador, Costa Rica, Guatemala y Nicaragua— progresivamente restablecerá la presencia militar norte-americana en Centroamérica.[26]

Paralelamente, otras unidades militares estadounidenses otrora ubicadas en Panamá fueron trasladadas hacia Puerto Rico.[27] A fines de 1999 trabajaban allí 25 000 empleados del Pentágono, dislocados en diversas instalaciones que cubrían más del 18% de la superficie del archipiélago, incluida la Isla-municipio de Vieques, donde la ocupación castrense alcanzaba las tres cuartas partes del lugar.[28] Además, el territorio puertorriqueño pasó a ser provisionalmente la sede del Ejército Sur de los Estados Unidos; y aloja, en la base naval Roosevelt Roads, un Comando de Operaciones Especiales que incluye "un equipo de reacción rápida hispanoparlante" encargado de emprender acciones antiterroristas en América Latina y el Caribe, así como de entrenar a las fuerzas militares de diferentes partes del mundo.[29]

En respuesta a ese despliegue agresivo y dándole continuidad a las movilizaciones de años anteriores, en febrero del 2000, más de 100 000 personas marcharon por la principal autopista de San Juan. El objetivo de esa marcha fue rechazar el "acuerdo" a que habían llegado el entonces gobernador colonial, Pedro Rosselló (1993-2001), y el Presidente estadounidense William Clinton. Según este, los bombardeos de entrenamiento que se realizan en Vieques continuarían hasta que los habitantes de esa isla decidieran, mediante un referéndum, la retirada de los efectivos militares de ese territorio, o que estos permanecieran allí a cambio de una "ayuda" de 90 000 000 de dólares.[30] Según el líder independentista, Juan Mari Brás, la situación creada alrededor de Vieques ha fortalecido la lucha contra la presencia de las bases militares estadounidenses en Puerto Rico y debilitado las posiciones de los sectores anexionistas agrupados en el Partido Nuevo Progresista.[31]

En otro ámbito, el 23 de marzo de 1999, sicarios al servicio del ex general Lino Oviedo (autor de un frustrado intento de golpe de Estado en abril de 1996) ejecutaron al vicepresidente paraguayo Luis María Egaña. El magnicidio provocó que más de 10 000 ciudadanos de diversos sectores sociales y políticos se congregaran en la Plaza del Congreso para exigir el enjuiciamiento político del presidente Raúl Cubas Grau (1998-1999), estrechamente vinculado con Oviedo. Según las versiones difundidas, con la complicidad de la policía y del Ejército, grupos paramilitares dirigidos por ese ex general atacaron la multitud. Murieron 7 personas y más de 100 resultaron heridas. Ante la continuidad de la resistencia popular, Cubas Grau "negoció su salida [del país] en la Embajada de los Estados Unidos" y —apoyado por esta— le entregó la dirección del gobierno al Presidente del Congreso, Luis González Macchi, también perteneciente al reaccionario Partido Colorado. Para eludir sus responsabilidades ante la justicia, Cubas Grau y Oviedo huyeron hacia Argentina;[32] desde donde —con la abulia de sus autoridades— presumiblemente se trasladaron a Brasil.[33]

A fines de febrero de 1999, en Ecuador, fueron ultimados el diputado Jaime Hurtado González, líder del Movimiento Popular Democrático, y sus acompañantes, Pablo Tapia y Wellington Borja. Tales fechorías —al igual que el asesinato del dirigente sindical Saúl Cañar— se vincularon con la creciente militarización que se ha venido operando en la vida política ecuatoriana desde la culminación "oficial" de su conflicto fronterizo con Perú (1998). Además, como consecuencia de las políticas "neoliberales" —incluida "la dolarización"— impulsadas por el depuesto presidente Jamil Majuad. Este —antes de ser derrocado por la llamada "sublevación indígena-militar del 21 de enero del 2000"— reprimió brutalmente las movilizaciones populares que se efectuaron entre marzo y julio de 1999. Estas dejaron un saldo de algunos muertos, 32 personas heridas y cientos de detenidos. Según se ha denunciado, todas las políticas antipopulares de Majuad han continuado durante la gestión del nuevo mandatario, Gustavo Noboa; quien, en un virtual golpe militar, previo a ser ratificado por el Congreso, recibió el cargo "de manos del Comando Conjunto de las FF.AA.".[34]

A partir del 7 de enero de 1999 comenzaron formalmente "los diálogos de paz dentro de la guerra" entre las FARC-EP, el ELN y el Presidente conservador colombiano, Andrés Pastrana Arango (1998-2002). Lo anterior no impidió que, entre 1998 y el 2000, fueran asesinadas en ese país 5 792 personas por motivos políticos. Asimismo, se denunciaron 614 desapariciones forzadas, 357 casos de torturas, 684 heridos y 1 037 detenciones arbitrarias. Sólo en el año 2000, como promedio, "se asesinó a un dirigente sindical cada 3 días, se registraron 10 asesinatos políticos cada día y una masacre (más de 5 víctimas en el hecho) cada dos días". Según el Centro de Investigaciones y Educación Popular (CINEP) y la Comisión Justicia y Paz, el 75,5% de los homicidios de los civiles protegidos por el Derecho Internacional Humanitario fueron cometidos por la fuerza pública y por los grupos paramilitares [de derecha], amparados por el Estado y agrupados en las Autodefensas Unidas de Colombia (AUC)".[35]

A pesar de esas matanzas, el 30 de agosto del 2000, visitó ese país el Presidente estadounidense William Clinton. En esa ocasión anunció la entrega al gobierno colombiano de los 1 274 millones de dólares (adicionales a los 330 000 000 de ayuda militar) correspondientes al Plan Colombia. Aunque su propósito declarado es combatir el "narcotráfico", el 80% de esos fondos se invertirán en el entrenamiento militar y policial (con la presencia *in situ* de más de 300 asesores estadounidenses y de un número similar de "contratistas-mercenarios"), así como en la adquisición de armamentos y equipos de comunicación de alta tecnología dirigidos a fortalecer a las fuerzas castrenses colombianas.[36] En consecuencia —según expertos radicados en Washington—, cuando la primera fase del Plan Colombia (denominada Golpe contra el Sur) esté en pleno apogeo provocará 50 000 muertos (la mayoría, civiles) y más de 1 000 000 de campesinos e indígenas desplazados de sus tierras.[37] Muchos de ellos huirán hacia los países vecinos; lo que —además de echarle "más gasolina al fuego" del conflicto colombiano— pudiera influir en la situación política y humanitaria de otros países andinos (Ecuador, Perú y Venezuela) y amazónicos (Brasil). También podría influir en la "remilitarización de Panamá" o en la reocupación por parte de los Estados Unidos de la Zona del Canal con el socorrido pretexto de defender "la seguridad de esa vía interoceánica".[38]

Como protesta por la fraudulenta reelección del Presidente peruano Alberto Fujimori, el 28 de julio del año 2000, se concentraron en Lima más de 100 000 personas. Al día siguiente se reportaron 172 heridos y 155 detenidos a causa de la represión.[39] En ese contexto, el corrupto mandatario peruano

—con la complicidad de la OEA y de la Casa Blanca— prometió convocar nuevas elecciones generales.[40] En respuesta, diferentes organizaciones sociales y políticas convocaron un paro cívico nacional.[41] Como consecuencia de tales movilizaciones, en noviembre del 2000, Fujimori presentó su renuncia desde Tokio y —en razón de su doble nacionalidad— obtuvo asilo político en Japón. Lo sustituyó como Presidente provisional Valentín Paniagua; quien —en medio de una profunda crisis económica, social, política y moral— convocó a nuevas elecciones generales para mayo del 2001.[42]

Dándole continuidad a las refriegas que se produjeron durante la llamada "guerra del agua" (abril del 2000), en septiembre de ese año, Bolivia vivió una intensa jornada de revueltas populares contra el "modelo neoliberal adoptado hace 15 años", contra los planes de erradicación forzosa de los cultivos de hojas de coca emprendidas por el gobierno boliviano con el apoyo de la administración de William Clinton, así como en demanda de la renuncia del entonces Presidente "constitucional", el ex general Hugo Bánzer. Este —como en los "mejores tiempos de su dictadura" (1971-1979)— replicó con la represión. Al menos, 12 personas resultaron muertas y centenares heridas.[43]

Contrastando con esa situación, en las elecciones generales que, acorde con la nueva Constitución (aprobada mediante un plebiscito a fines de 1999), se desarrollaron el 9 de julio del 2000 en la ahora denominada República Bolivariana de Venezuela (RBV), el Presidente de ese país y líder del denominado Movimiento Quinta República (MVR), Hugo Chávez Frías, obtuvo una arrolladora victoria.[44] Acto seguido, anunció que —habiendo culminado "la revolución política"— concentraría sus esfuerzos en lo que definió como "la revolución social y económica". Igualmente, reiteró que —acorde con el legado de Simón Bolívar— continuaría una política exterior independiente, dirigida a estrechar la cooperación Sur-Sur; en especial con los países de América Latina y el Caribe.[45]

Como parte de esa política, Chávez firmó acuerdos preferenciales de venta de petróleo con los países de Centroamérica y el Caribe e invitó al Presidente cubano Fidel Castro a realizar una nueva visita oficial a Venezuela en reciprocidad al viaje de igual carácter que, a fines de 1999, había realizado el mandatario venezolano a la mayor de las Antillas. En esos intercambios se explayaron los continuos avances que se han obtenido en las relaciones político-diplomáticas y de cooperación entre ambos gobiernos.[46] A pesar del mutismo de William Clinton frente a esos aconteci- mientos, el 2 de noviembre del 2000, en medio de la campaña electoral, un estridente editorial de *The Washington Post* acusó al gobierno de la RBV de impulsar "un tipo de política exterior antinorteamericana que hubiera complacido al [comandante Ernesto] Che Guevara". En consecuencia, le exigió al próximo Presidente de los Estados Unidos (cualquiera que fuera su filiación política) que "limite las oportunidades de Chávez de exportar su ideología".[47]

Unos días después, durante la Décima Cumbre Iberoamericana efectuada en Ciudad de Panamá entre el 17 y 18 de noviembre del 2000 y luego de una contundente denuncia *in situ* de Fidel Castro, fueron detenidos en la capital panameña los terroristas de origen cubano Luis Posadas Carrilles, Pedro Ramón Rodríguez, Guillermo Novo Sampoll y Gaspar Jiménez Escobedo, acusados —junto a un ciudadano panameño y a un cubano residente en ese país— de estar preparando un nuevo plan para asesinar al mandatario cubano. A causa de la confesa participación de Posadas Carrilles en varias acciones terroristas contra instalaciones civiles cubanas y de otros países del mundo, así como de su fuga de una cárcel venezolana, el gobierno de la mayor de las Antillas solicitó su extradición. Sin embargo, el gobierno panameño rechazo tal demanda. Tampoco respondió a la solicitud de extradición posteriormente presentada por la Cancillería venezolana. Según el gobierno cubano, en esa y otras actitudes pusilánimes de las autoridades panameñas frente a Posadas Carrilles y sus cómplices, influyen las presiones de la "mafia terrorista de Miami", estrechamente vinculada con los sectores más reaccionarios del *establishment* estadounidense.[48]

El 26 de noviembre del 2000 se realizaron en Haití los comicios presiden- ciales. En ellos (sin ningún oponente) resultó electo con un 90% de los votos el ex presidente Jean-Bertrand Aristide. En consecuencia, 15 organizaciones opositoras de diferentes orientaciones ideopolíticas (agrupadas en la denominada Convergencia Democrática) reclamaron la convocatoria a nuevas elecciones. Con el presunto propósito de resolver "esa crisis", William Clinton envió al ex director del Consejo de Seguridad Nacional de los Estados, Anthony Lake, a entrevistarse con el mandatario haitiano. A cambio de su reconocimiento y de la entrega de 500 millones de dólares de ayuda internacional, Aristide aceptó la continuidad de los leoninos acuerdos en materia de "narcotráfico" y migración firmados —desde 1997— entre la Casa Blanca y el gobierno de su país. También aceptó integrar "un gabinete de amplia base" y la radicación en Puerto Príncipe de "una comisión semipermanente de la OEA" dirigida a "fortalecer las instituciones democráticas, proteger [...] los derechos humanos" y facilitar el diálogo entre el gobierno y la oposición. Aunque los grupos oposiotores rechazaron tal "intervención democrática", esta última fue inmediatamente refrendada por esa organización hemisférica.[49]

El 1ro de diciembre del 2000, tomó posición de la presidencia mexicana el líder del Partido Acción Nacional (PAN), Vicente Fox Quezada. Debido a sus compromisos con la "incorporación subordinada de México a la globalización" (entiéndase a los Estados Unidos) y de las posiciones derechistas históricamente asumidas por el PAN, algunos observadores presagian una escalada de los conflictos sociales y políticos. En cualquier caso, Fox tendrá que encarar la pobreza que afecta a 66 millones de mexicanos (de ellos, 40 millones están en la indigencia), la violación de los derechos sindicales del millón y medio de trabajadores de "las maquilas", la corrupción y las sistemáticas violaciones de los derechos humanos que se cometen en México. También tendrá que enfrentar la búsqueda de una solución política a las reiteradas demandas que —estimuladas por la insurrección de Chiapas y por el EZLN— han venido realizando las diversas organizaciones indígenas del país con vistas a que se les reconoz-can su autonomía y los derechos que le han sido conculcados por sucesivas administraciones del PRI.[50]

A pesar de que había obtenido 216 427 votos populares menos que el aspirante demócrata, el 18 de diciembre del 2000, el Colegio Electoral de los Estados Unidos validó la fraudulenta elección del reaccionario candidato republicano, George W. Bush, y de su vicepresidente, Richard Cheney.[51] En consecuencia, por primera vez en los últimos cincuenta años, el Partido

Republicano controló la Casa Blanca, el Senado y la Cámara de Representantes.[52] Lo anterior —según expresó Bush en su discurso de inauguración del 20 de enero del 2001— le confería la oportunidad de elaborar "una estrategia clara" para defender los "intereses nacionales" y confrontar las "amenazas más generalizadas y menos precisas" (terrorismo, posesión de armas de destrucción masivas por parte de "naciones parias") que en el siglo XXI tendrá que enfrentar "la seguridad nacional" de su país.[53] Al decir del ex mayor general y flamante secretario de Estado, Colin Powell, en "las Américas", esa estrategia deberá expresarse en el fortalecimiento del Tratado de Libre Comercio de América del Norte (Canadá, los Estados Unidos y México) y en el enfrentamiento, junto a este último país, al "problema de la migración". Igualmente, en la aprobación por parte de los "gobiernos democráticos" integrantes del Sistema Interamericano de un Acuerdo de Libre Comercio para las Américas (ALCA). Asimismo, en el impulso de un Plan Andino dirigido a combatir el "abastecimiento de drogas" en el hemisferio occidental.[54]

En correspondencia con esas ideas, el 16 de febrero del 2001, se efectuó el primer encuentro oficial entre Bush y su homólogo mexicano, Vicente Fox. En esa ocasión, ambos acordaron "consolidar la comunidad económica de América del Norte"; avanzar en la solución del sensible tema de la migración mexicana hacia los Estados Unidos; revisar los acuerdos de cooperación dirigidos a reducir la oferta y demanda de drogas, así como a "eliminar las organizaciones de narco-traficantes". También acordaron respaldar las negociaciones hemisféricas dirigidas al "pronto establecimiento del ALCA".[55] Demostrando el "cordón umbilical" que los une, unos días después, Fox dio a conocer el Plan Puebla Panamá (PPP), presuntamente dirigido a garantizar el "desarrollo sustentable" de los Estados del sur y el sureste de México, así como de los siete países centroamericanos: Guatemala, Honduras, El Salvador, Belice, Nicaragua, Costa Rica y Panamá.

Sin embargo, —según sus críticos—, los verdaderos propósitos del PPP son la creación, con financiamiento del Banco Mundial, de la infraestructura necesaria para facilitar la explotación —por parte del capital "mexicano" y transnacional— de los inmensos recursos naturales y biogenéticos existentes en Centroamérica, al igual que en el sur y el sureste de México; la neutralización de las luchas indígenas-populares que se despliegan en esa zona (en primer lugar "la insurgencia zapatista"); el control político-militar de Centroamérica, así como del istmo de Tehuan-tepec y de la estratégica zona fronteriza entre México y Guatemala.[56] Con el silencio oficial mexicano, en esta región se han venido realizando diversas maniobras militares entre las fuerzas armadas estadounidenses y guate-maltecas con el supuesto propósito de detener el tráfico de drogas que se desarrolla a través de esa frontera.[57]

Con un pretexto similar, a comienzos de abril del 2001, el presidente George W. Bush envió al Congreso estadounidense la solicitud de fondos para desplegar la Iniciativa Andina Antidrogas, más conocida como Iniciativa Regional Andina (IRA).[58] Según el Departamento de Estado, esta va dirigida a desarticular las redes de producción y tráfico de drogas en el área andino-amazónica. Como se verá en el Cuadro 22, en el año 2002, se destinarán a tal fin 731 millones de dólares (adicionales a la ayuda militar que se le ofrece a los países beneficiarios): el 60% dirigidos al fortaleci-miento de las fuerzas armadas y policiales de varios países suramericanos. Por ello, según coinciden varios analistas, el propósito esencial de la IRA es asegurar la influencia geopolítica y geoeconómica estadounidense en la región andino-amazónica.[59] Según la lógica de la Casa Blanca, lo anterior implicaría —además de aniquilar las organizaciones insurgentes colombianas— "controlar" los sucesivos brotes de rebeldía popular que —como hemos visto— se han desarrollado en Bolivia y Ecuador. Asimismo, "desestabilizar" al gobierno de Hugo Chávez; restablecer la presencia militar estadounidense en Panamá y, eventualmente, enfrentar las implicaciones negativas que pudiera tener para la estrategia hemisférica de los Estados Unidos un triunfo electoral de la izquierda brasileña y de su candidato Luiz Inácio da Silva, *Lula*, en los comicios presidenciales de octubre del 2002.[60]

CUADRO 22

Iniciativa Andina Antidrogas (en millones de doláres)

País	Asistencia Militar y policial	Asistencia Social y económica	Total
Colombia	252,5	146,5	399,0
Perú	77,0	79,0	156,0
Bolivia	54,0	47,0	101,0
Ecuador	19,0	20,0	39,0
Brasil		—	
Venezuela	10,0	—	10,0
Panamá	11,0	—	11,0
Total	438,5	292,5	731,0

FUENTE: Elaborado por Ricardo Vargas Meza: ob. cit., p. 123.

Con la participación de representantes de decenas de organizaciones sindicales, campesinas, indígenas, femeninas, juveniles, estudiantiles y no gubernamentales del hemisferio occidental —y de manera paralela a la Tercera Cumbre de las Américas efectuada en Québec—, entre el 16 y el 20 de abril del año 2001, se efectuó en Canadá la Segunda Cumbre de los Pueblos de las Américas, convocada por la Alianza Social Continental (ASC). Esta última, fue fundada, en 1998, en Santiago de Chile. En la declaración final de ese evento, se denunció el incumplimiento de los objetivos sociales, ambientales y políticos acordados en las Cumbres de las Américas de Miami y Santiago de Chile. En consecuencia, la ASC convocó "a los pueblos [del continente] a intensificar su movilización [...] en contra del ALCA y a desarrollar otros modos de integración [hemisférica] basados en la democracia, la justicia social y la defensa del medio ambiente".[61] Esa convocatoria fue respaldada por una marcha de más de 50 000 personas en las inmediaciones del llamado "muro de la vergüenza", tendido alrededor de los locales donde se reunieron los Jefes de Estados y de Gobiernos "democráticos" del hemisferio occidental. En respuesta, la policía de Québec arremetió contra los manifestantes: 430 fueron detenidos y cerca de 500 resultaron heridos.[62]

En ese contexto, 33 de los 34 mandatarios participantes en la Tercera Cumbre de las Américas acordaron concluir las negociaciones para el establecimiento del ALCA antes de diciembre del año 2005. Además de reiterar la mayor parte de los demagógicos conceptos de los dos cónclaves anteriores, a instancia de Canadá, también aprobaron una "cláusula democrática"; según la cual "cualquier alteración o ruptura (...) del orden democrático en un [país] del hemisferio constituye un obstáculo insuperable para la participación del gobierno de dicho Estado en el proceso de las Cumbres de las Américas...".[63] En consecuencia, los mandatarios instruyeron a sus correspondientes Ministros de Relaciones Exteriores para que en la Asamblea General de la OEA —pautada para septiembre del 2001— aprueben "una Carta Democrática Interamericana que refuerce los instrumentos de la OEA en lo referido a la 'defensa activa' de la democracia representativa".[64] Siguiendo las reiteradas prácticas de las Cumbres precedentes, lo anterior se incluyó entre los 18 objetivos y las más de 240 acciones nacionales, hemisféricas e internacionales que deberán cumplir y emprender, según el caso, los gobiernos participantes en "el proceso de Miami" antes de la celebración de la Cuarta Cumbre de las Américas, fijada para celebrarse en Argentina en el transcurso del año 2005.[65]

"Cuba no está excluida, anda por allí", apuntó el 22 de abril del 2001 el presidente de la RBV, Hugo Chávez. "Estoy seguro —agregó— que si Fidel Castro estuviera aquí coincidiría [con] nuestra preocupación por la pobreza, la miseria, el hambre, la desigualdad, [así como] por la fecha de entrada en vigor del ALCA...". Chávez también señaló que había formulado dos reservas a la Declaración de la Tercera Cumbre de las Américas. En la primera, expresó su inconformidad con la "cláusula democrática", pues considera que esta debía referirse a "la democracia participativa y no [a la] democracia representativa". Su otra divergencia fue con la fecha de entrada en vigencia del ALCA porque, en el caso de su país, la ratificación de ese acuerdo dependerá de un referéndum popular.[66] Algunas de esas preocupaciones fueron respaldadas por el Presidente de Brasil, Fernando Henrique Cardoso; quien rechazó las pretensiones de imponer "un pensamiento único" a favor del ALCA. Además, se pronunció por la reincorporación de Cuba a la "comunidad interamericana"; posición que

—además de Chávez— fue secundada por el Primer Ministro de Barbados, Owen Seymour Arthur. Este reiteró que "el proyecto de integración del continente no debe despreciar a las economías más débiles de la región", como es el caso de la mayor parte de las naciones del Caribe insular.[67]

Paralelamente, entre el 19 y el 22 de abril del 2001, se efectuó en República Dominicana la Segunda Asamblea de los Pueblos del Caribe. En ella, los centenares de representantes de diversas organizaciones populares evaluaron la situación de esa subregión y elaboraron propuestas dirigidas a "promover un verdadero desarrollo sostenido e incluyente". Por ende, calificaron "como contrarias a los intereses de los pueblos de América Latina y el Caribe" las conclusiones de la Tercera Cumbre de las Américas; demandaron la independencia total de todos los territorios caribeños sometidos —como vimos en el Cuadro 3— a diversas formas de dominación colonial. También rechazaron la instalación de bases militares y la realización de ensayos bélicos en la subregión. Asimismo, las pretensiones de los Estados Unidos, Francia, Japón, Inglaterra y otras potencias capitalistas de "convertir al Caribe en un basurero de desechos tóxicos y nucleares".[68]

Por otra parte, expresaron su solidaridad con el pueblo colombiano en su lucha "por poner fin a la guerra sucia y obtener una paz digna"; recha-zaron el Plan Colombia; denunciaron "la doble moral de los EE.UU. en el tratamiento del problema del narcotráfico"; expresaron su solidaridad con las luchas del pueblo haitiano por la democracia; demandaron el "cese del criminal bloqueo mantenido por los Estados Unidos contra Cuba"; y llama-ron a todos los pueblos del Caribe, a sus movimientos sociales y políticos, a redoblar los esfuerzos orientados a cancelar la deuda externa y a derrotar "la globalización neoliberal". En consecuencia, convocaron a "globalizar la solidaridad y las luchas de los pueblos" dirigidas a demostrar que "otro Caribe es posible". Con tal fin, reafirmaron su voluntad de reforzar los lazos de los pueblos caribeños con los movimientos contra "la globalización neoliberal" que se desarrollan en diversos ámbitos del mundo. Entre ellos, con el Foro Social Mundial (FSM), cuyo primer encuentro, con una amplia participación de movimientos sociales de todo el mundo, se realizó en Porto Alegre, Brasil, en enero del 2001.[69]

Días después, el 26 de abril, luego de la exitosa marcha de dos meses por varios Estados mexicanos, incluido el Distrito Federal, el EZLN interrumpió los contactos que venía desarrollando con el presidente Vicente Fox. En uno de sus comunicados, el EZLN denunció "la política de simulación" desarrollada por ese mandatario para encontrar "una solución negociada de la guerra de Chiapas". También reveló que, en el año 2001, más de 1 363 militares mexicanos recibieron entrenamiento en técnicas de contra-insurgencia en los Estados Unidos, así como las múltiples violaciones de los derechos humanos que se están cometiendo en la militarizada frontera entre México y Guatemala. En consecuencia, el EZLN anunció que mantendrá su resistencia hasta que no se cumplan todos los acuerdos de paz y, en particular, la aprobación de la Ley de Derechos y Cultura Indígenas propuesta por la COCOPA en 1996.[70]

Antecedida por diversas protestas populares —y por varias denuncias contra la corrupción gubernamental— el 9 de mayo del 2001, Panamá fue escenario de una marcha promovida por el Movimiento Nacional de Defensa de la Soberanía (MONADESO). Esta fue apoyada por el Partido Revolucionario Democrático y por el Partido Demócrata Cristiano. No obstante, dicha marcha fue violentamente dispersada por la policía, con un saldo de, al menos, 13 heridos y 150 detenidos.[71] En opinión de algunos analistas, lo anterior "inaugura una coyuntura sumamente peligrosa" que crea condiciones para "justificar medidas más fuertes" contra el movi-miento popular, así como para que la mandataria Mireya Moscoso ceda a las presiones de la Casa Blanca "en relación con la situación colombiana" y con la presencia militar estadounidense en el territorio panameño.[72]

El 20 de mayo del 2001 (coincidiendo con el 99 aniversario de la instauración del "protectorado" estadounidense sobre Cuba), George W. Bush se reunió con representantes de la "mafia cubano-norteamericana". En esa ocasión, anunció que su gobierno se opondrá a cualquier intento por debilitar "el embargo" que ejerce los Estados Unidos contra el pueblo cubano. También respaldó el proyecto de ley presentado por los reaccionarios Senadores republicanos Jesse Helms y Joseph Lieberman. Según este proyecto, la Casa Blanca asignará 100 000 000 de dólares para financiar a los desacreditados y fragmentados "grupos disidentes" que funcionan en la mayor de la Antillas, así como a sus patrocinadores de Miami.[73]

Días después, el 30 de mayo, la Coordinadora de Organizaciones Populares, Sindicales y Choferiles de República Dominicana le solicitó infructuosamente al nuevo Presidente de ese país, Hipólito Mejía (2001-2004), así como a las Cámaras de Diputados y Senadores la democión del mayor general Pedro de Jesús Candelier, jefe de la Policía Nacional y responsable del asesinato de más de 500 personas en los últimos tres años. A pesar de la contundencia del alegato, Candelier fue ratificado en su cargo, desde el cual −según la propia coordinadora− elaboró "un terrible plan de muerte" contra cerca de 60 dirigentes sociales y políticos opuestos a la gestión de las tres agrupaciones políticas (Partido Reformista Social Cristiano, Partido de la Liberación Dominicana y Partido Revolucionario Dominicano) que se han turnado en el gobierno desde la intervención militar norteamericana de abril de 1965 hasta la actualidad.[74]

El 3 de junio del 2001 fue electo como Presidente de Perú el candidato preferido por la Casa Blanca: el ex economista del Banco Mundial, Alejandro *el Cholo* Toledo. Según algunos analistas, a este "le costará mucho [trabajo] superar" la profunda crisis económica, social, política y ética que vive el país, ya que el movimiento oficialista Perú Posible sólo cuenta con 45 de los 120 escaños del Congreso. Además, la máxima responsabilidad en materia financiera recaerá en el ex Ministro de Minería durante el segundo gobierno de Fernando Belaúnde Terry (1980-1984), Pedro Pablo Kuezynski, quien también fue economista-jefe para América Latina del Banco Mundial y ejecutivo de la empresa privada Latin America Entirprise Fund, con sede en Miami. A su vez, las instituciones militares y policiales están desprestigiadas, como consecuencia de su demostrada complicidad con el latrocinio y las prácticas criminales que −con el apoyo de los "servicios especiales" de los Estados Unidos− caracterizaron la larga "dictadura civil" de Alberto Fujimori y de su corrupto asesor: Vladimiro Montesinos.[75]

El 15 de junio del 2001 −luego de recibir la aprobación de George W. Bush durante una visita realizada a Washington el 7 de mayo del propio año− el Presidente mexicano, Vicente Fox, sostuvo en San Salvador una reunión con todos sus homólogos centroamericanos. En dicho conclave los mandatarios acordaron impulsar "las ocho iniciativas del Plan Puebla-Panamá (PPP)". Entre ellas, la búsqueda de financiamiento y de inversiones extranjeras dirigidas a la construcción de un corredor logístico (carreteras, ferrocarriles, transporte aéreo, marítimo y de cabotaje) que facilite la "conectividad de la región", nuevas rutas entre el Golfo de México y el Océano Pacífico y la instalación de una red de "maquilas" orientadas al mercado estadounidense. También acordaron buscar el financiamiento externo necesario para emprender un megaproyecto dirigido a la interconexión de todos los recursos energéticos (generación hidroeléctrica y termoeléctrica, explotación de hidrocarburos...) existentes en el sur y el sureste de México, así como en otros países de la subregión. Ante esa realidad, diversas organizaciones populares de México y Centroamérica reiteraron que el PPP "es la plataforma [...] para la expansión de los intereses económicos, geopolíticos y militares de Estados Unidos —y de las empresas transnacionales— en la región". En consecuencia, convocaron a organizar las resistencias populares contra "el peligro de nuevas formas de colonización y exclusión de los pueblos mesoamericanos".[76]

El 2 de julio del propio año, el Consejo sobre Asuntos Hemisféricos de los Estados Unidos advirtió que "la orientación de la administración Bush hacia la extrema derecha" presagia un deterioro de las relaciones entre su país y América Latina y el Caribe. Mucho más por la tendencia del Presidente "a designar extremistas de derecha" para ocupar altos cargos vinculados a los asuntos regionales. Entre ellos, el nombramiento como subsecretario de Estado para el hemisferio occidental del reaccionario cubano-americano, Otto Reich, y de Eliot Abrams como Director de Operaciones Internacionales, Democracia y Derechos Humanos del Consejo de Seguridad Nacional. Desde su cargo como subsecretario de Estado para el hemisferio occidental de la administración de Ronald Reagan, Abrams, al igual que Reich, estuvieron directamente vinculados con el "escándalo Irán-Contras".[77] Lo anterior fue antecedido por la designación del criminal ex "procónsul" de los Estados Unidos en Honduras, Dimitri Negroponte, como Embajador estadounidense ante la ONU.

El 9 de julio del 2001, la Corte de Apelaciones de Santiago de Chile determinó que, "por razones de demencia total", el sanguinario ex dictador chileno, Augusto Pinochet, sea sobreseído del proceso judicial que se le venía siguiendo desde agosto del 2000.[78] En contraste, el 10 julio, la policía reprimió las diversas manifestaciones que se produjeron en la capital chilena para repudiar ese fallo judicial.[79] Dándole continuidad a esa conducta, en agosto del propio año, el gobierno chileno también guardó silencio respecto a la decisión de las autoridades de inmigración estadounidenses de liberar —luego de tres años de reclusión— al terrorista de origen cubano, José Dionisio Suárez Esquivel, participe en el asesinato en Washington del ex Canciller del gobierno de la Unidad Popular, Orlando Letelier.

Siguiendo los acuerdos de la Tercera Cumbre de las Américas, el 10 de septiembre del 2001, la XXXI Asamblea General de la OEA, efectuada en Perú, aprobó la Carta Democrática Interamericana. En ese contradictorio instrumento jurídico (donde la delegación venezolana logró incluir algunas redacciones sobre la "democracia participativa"), se establecieron los procedimientos mediante los cuales la OEA intervendrá "colectivamente" en los casos en que en cualquier país integrante de esa organización se produzca "una alteración [...] constitucional que afecte gravemente el orden democrático". También aparecen las normas que regirán la suspensión de dicho Estado de las labores de la OEA. En tal caso: "el Estado Miembro que hubiera sido objeto de suspensión deberá continuar observando el cumplimiento de sus obligaciones como miembro de la Organización". Esta, a su vez, mantendrá "sus gestiones diplomáticas para el restablecimiento de la democracia [representativa] en el Estado miembro afectado".[80] Se consolidó así la capacidad de injerencia de la OEA (y de su mentor, los Estados Unidos) en los asuntos internos de los 32 Estados latinoamericanos y caribeños actualmente integrantes del Sistema Interamericano.

En la mañana del 11 de septiembre del 2001, tres aviones civiles fueron intencionalmente estrellados por sus secuestradores contra el edificio del Pentágono, ubicado en Washington, y contra las torres gemelas del Word Trade Center de Nueva York. Nueve días después el mandatario George W. Bush proclamó el inicio de una prolongada "guerra contra el terrorismo de alcance global". Al otro día, el 21 de septiembre, a pesar de las reservas expresadas por el canciller venezolano,[81] los 34 Cancilleres de los países integrantes de la OEA y los 20 gobiernos signatarios del TIAR respaldaron la unilateral estrategia estadounidense dirigida a enfrentar "colectiva-mente" los "nuevos enemigos" de la seguridad internacional y hemis-férica.[82] En correspondencia con ese acuerdo, la Casa Blanca comenzó a presionar a los gobiernos de Brasil, Uruguay y Paraguay para que actuaran contra "los grupos terroristas de origen islámico" que supuestamente operan en las ciudades ubicadas en la frontera común entre esos países.[83] También presionó al gobierno colombiano para que abandonara las "negociaciones de paz dentro de la guerra" que venía desarrollando con el ELN y con las FARC-EP. Sin mostrar prueba alguna, esta última organización fue calificada por el Coordinador para Asuntos de Terrorismo del Departamento de Estado, Francis Taylor, como "el grupo terrorista internacional más peligroso en este hemisferio".[84] Tales declaraciones fueron refrendadas, posteriormente, por el Presidente colombiano Misael Pastrana Arango.[85]

Según Jairo Ramírez, miembro de la Comisión de Derechos Humanos de Colombia, esa postura del gobierno estadounidense profundizará "la crisis humanitaria" que está viviendo ese país. Así, entre junio del 2000 y junio del 2001, como promedio, "20 personas fueron diariamente muertas o desaparecidas [a causa de] la violencia socio-política; 12 fueron ejecutadas extrajudicialmente; una fue muerta por pertenecer a sectores sociales considerados marginados y más de cinco murieron en combate". A su vez, en el 2001, se llegó a "la escandalosa cifra de 632 masacres": 89 más que en el año 2000 y 380 más que en el año 1999.[86] Igualmente, 148 sindicalistas fueron asesinados y 24 desaparecidos. En el propio año, 1 029 personas fueron desplazadas diariamente de sus hogares y zonas de residencia como consecuencia de las violaciones al Derecho Humanitario y de las fumi-gaciones indiscriminadas contra las zonas campesinas supuestamente implicadas en la producción de coca y amapola emprendidas por las fuerzas militares colombianas —asesoradas por los Estados Unidos— con los fondos provenientes del Plan Colombia y de la IRA.[87]

El 4 de noviembre del 2001, se efectuaron en Nicaragua nuevas elecciones generales. En ellas fue electo el candidato presidencial de la corrupta Alianza Liberal Constitucional (ALC) y ex vicepresidente de la República, Enrique Bolaños; quien derrotó al candidato del FSLN, Daniel Ortega. Adicionalmente, la ALC obtuvo 54 diputados en la Asamblea Nacional, mientras que el FSLN sólo obtuvo 36. Según algunos analistas, en ese resultado influyeron "la falta de propuestas políticas claras y serias por parte del Frente"; el "fraude electoral legislativo" que se produjo contra esa agrupación política; y la furibunda campaña contra el FSLN desplegada por "autoridades y voceros del gobierno estadounidense".[88] Estos utilizaron las relaciones políticas de esa organización con los gobiernos de Cuba y de Libia para acusarla, sin fundamento alguno, "de complicidad con el terrorismo" y para situarla dentro del campo de los "nuevos enemigos" de la seguridad nacional de los Estados Unidos.[89]

Siguiendo las masivas movilizaciones populares de apoyo a la Revolución que se han desarrollado en Cuba en los últimos dos años, el 27 de noviembre del 2001, más de 300 000 habaneros reunidos frente a la Sección de Intereses de los Estados Unidos en la capital cubana expresaron su repudió a la denominada Ley de Ajuste Cubano de 1966. Al igual que había ocurrido durante el secuestro, por parte de la "mafia de Miami", del niño cubano Elián González (noviembre de 1999-junio del 2000), el repudio a ese instrumento jurídico estadounidense se actualizó al conocerse, en los días previos, la muerte en el Estrecho de Florida de 30 cubanos —entre ellos 13 niños— que, estimulados por la susodicha ley, "intentaban llegar a Estados Unidos en una operación de tráfico ilegal de inmigrantes".[90] Luego de contrastar las diferencias existentes entre los "privilegios" que esa normativa le concede a los cubanos respecto al ingreso a los Estados Unidos de inmigrantes de otros países latinoamericanos y caribeños, el comandante Fidel Castro la calificó como "una ley terrorista (...) que mata conscientemente y sin el menor remordimiento a niños inocentes".[91]

El 19 y el 20 de diciembre del 2001, el pueblo argentino se lanzó a las calles para protestar contra la antipopular política económica y social "neoliberal" aplicada por el gobierno de Fernando de la Rúa (1999-2001). A pesar de la dura represión desatada por la policía (murieron más de 31 personas, cientos fueron heridas y más de 4 000 detenidas), de la Rúa se vio obligado a renunciar.[92] Luego de un período de inestabilidad política, con el apoyo del Congreso, fue sustituido por el ex vicepresidente "peronista" Eduardo Duhalde. Este —después de algunas declaraciones demagógicas— comenzó a realizarle nuevas concesiones a los grupos financieros argentinos y a sus socios extranjeros (entre ellos, múltiples empresas transnacionales estadounidenses y españolas), así como a los organismos financieros internacionales (FMI, BM) capitaneados por los Estados Unidos.[93]

Según el Secretario General del Partido Comunista Argentino, Patricio Echagaray, el mayoritario rechazo popular a esas medidas, junto a la reaparición de grupos paramilitares ("las patotas") impulsados desde la presidencia de la república, y las gestiones que están realizando las cúpulas de los partidos Radical y Justicialista para involucrar a las fuerzas armadas en la sostenida represión del movimiento popular, pudieran conducir a la instauración de "un régimen blindado"; o sea, de "una dictadura civil" que cuente con el apoyo de los Estados Unidos, de los gobiernos derechistas de la Unión Europea (en primer lugar, del gobierno español) y de los sectores más reaccionarios de la sociedad y de las fuerzas armadas argentinas. Para contrarrestar esa posibilidad —agregó— tanto el PCA, como otras organizaciones de izquierda han planteado la necesidad de impulsar las "formas innovadoras y plurales de poder popular" que han surgido en los últimos meses, con vistas a construir una alternativa que permita "sustituir al [actual] gobierno por otro capaz de aplicar [...] soluciones a la crisis que beneficien al pueblo".[94]

Al decir del periodista cubano Ernesto Vera, en el año 2001, fueron asesinados 100 periodistas en 38 países del mundo; 16 de ellos en siete naciones latinoamericanas y caribeñas. Estos se agregan a los más de 600 periodistas de esa región que han caído, mientras ejercían su profesión, en los últimos veinticinco años. Lo anterior determina que América Latina y el Caribe ocupe el primer lugar en el cuadro de periodistas asesinados en todo el mundo. También encabeza la nomina de "periodistas amenazados, golpeados y censurados en diferentes países del planeta". A decir de Hernán Uribe, Presidente de la Comisión de la Federación Latinoamericana de Periodistas encargada de investigar esas fechorías, todas tienen un denominador común: la impunidad de los victimarios.[95]

Como respuesta a la decisión del Presidente interino de Bolivia, Jorge Quiroga (sustituyó a Hugo Banzer en junio del 2001), de continuar implementado el denominado Plan Dignidad —dirigido a la erradicación forzosa de los cultivos de coca existentes en la región del Chapare—, en la tercera semana de enero del 2002, estalló una nueva ola de protesta de los campesinos cocaleros. Como fruto de la represión, murieron 7 personas; más de 80 resultaron heridas y se inició la persecución de 60 dirigentes campesinos. Unos días después, en el Congreso Tierra y Territorio, el Secretario Ejecutivo de la Confederación Única de Trabajadores Campesinos de Bolivia dio a conocer "medidas de presión en apoyo a los cocaleros". También informó que continuarán la lucha por obtener la modificación de la Ley del Instituto Nacional de Reforma Agraria, que no cumple los objetivos previstos respecto a la distribución de tierras.[96] La presión de los campesinos sin tierra en Bolivia se ha incrementado como consecuencia de la crisis económica y social de Argentina; donde viven y trabajan más de 1 millones de inmigrantes bolivianos.

Como "agresivo y arrogante" fue calificado por la periodista cubana Juana Carrasco el primer discurso sobre el Estado de la Unión pronunciado, a fines de enero del 2002, por George W. Bush. En esa alocución —vitoreada en diferentes momentos por los congresistas de ambas colectividades políticas— este anunció que presentará un presupuesto de defensa para el año fiscal 2002-2003 ascendente a 379 000 millones de dólares: un 15% superior al año anterior. Esos fondos se emplearán en nuevas inversiones vinculadas con la defensa y la seguridad nacional; entre ellas, el desarrollo y despliegue del criticado Sistema de Defensa Antimisiles y de nuevas armas convencionales. También, en la reposición de la aviación, así como en la preparación y el equipamiento de un Ejército que —a decir del mandatario— esté en condiciones de "colocar tropas en cualquier lugar del mundo".[97] Tales anuncios encontraron una inmediata repulsa internacional; en particular entre los más de 60 000 participantes de 150 países en el Segundo Foro Social Mundial realizado, entre el 30 de enero y el 5 de febrero del 2002, en Porto Alegre, Brasil. Los participantes en ese evento levantaron la consigna: "otro mundo —sin guerras— es posible", como expresión de su condena a la criminal "cruzada antiterrorista" desatada en Afganistán por el gobierno estadounidense.[98]

Luego de diversas maniobras políticas y publicitarias, el 20 de febrero del 2002, el Presidente colombiano Misael Pastrana Arango —con el apoyo de la oligarquía colombiana, de las cúpulas de los partidos Liberal y Conservador, así como de todos los candidatos de esas agrupaciones a la presidencia de la república— anunció la ruptura de las conversaciones de paz que se venían desarrollando con las FARC y el ELN. Enseguida, las fuerzas armadas emprendieron una brutal operación contra las zonas donde operan esas fuerzas insurgentes. Un mes después, la Casa Blanca le solicitó al Congreso la autorización para "usar toda la ayuda militar entregada o por entregar a Colombia en una campaña unificada contra el narcotráfico, las actividades terroristas y otras amenazas a la seguridad nacional".[99] Según diversos observadores, lo anterior apunta a una mayor intervención de los Estados Unidos en el conflicto interno colombiano.

El 22 de marzo del propio año, —en el noveno encuentro desde que ambos ocupan sus correspondientes cargos—, los mandatarios de México y los Estados Unidos acordaron crear "una frontera inteligente" entre las dos naciones. Lo anterior incluye diversas acciones político-militares dirigidas a identificar en México a "potenciales terroristas" antes de que ingresen a los Estados Unidos. También incluye nuevas acciones de cooperación con vistas a limitar el ingreso de inmigrantes ilegales a través de la frontera mexicana. Según algunas fuentes, entre 1997 y el año 2001, "el control fronterizo con derecho a la violencia" ha provocado la muerte o el asesinato de 1 800 emigrantes latinoamericanos (500 de ellos mexicanos) en las inmediaciones del "muro de la muerte" levantado entre México y los Estados Unidos.[100]

"La lucha contra el terrorismo y el narcotráfico a cambio de ventajas comerciales es la prioridad de los Estados Unidos en América Latina", según el análisis realizado por la agencia francesa de prensa AFP acerca de los contactos sostenidos —durante su gira a Latinoamérica (22 al 25 de marzo del 2002)— por el Presidente George W. Bush con sus 8 homólogos de México y Centroamérica, con los dignatarios de Bolivia, Colombia y Perú, así como con el vicepresidente de Ecuador. En esa primera visita del mandatario estadounidense a Lima y San Salvador también se evidenció que Perú y El Salvador son considerados por la Casa Blanca "como dos países claves para la seguridad regional".[101] En el primer caso, por la "posición confiable" de Toledo en la lucha contra el narcotráfico y el terrorismo; y, en el segundo, por la reiterada disposición del gobierno salvadoreño a mantener y eventualmente ampliar las facilidades que disfrutan las fuerzas armadas estadounidenses en el aeropuerto internacional de Comalapa.

Luego de una tregua de seis meses, el 1ro de abril de 2002, la marina de guerra estadounidense reinició sus maniobras militares en la isla de Vieques. Según se denunció, tales acciones se produjeron luego de la ola de arrestos (cerca de 1 000 personas) que siguieron a la amplia resistencia cívica protagonizada por el pueblo puertorriqueño a lo largo del 2001. Asimismo, después que el 70% de los habitantes de esa isla-municipio se pronunciaron en un referéndum contra tales maniobras, así como a pesar de la vacilante oposición a esos ejercicios militares de la actual gobernadora de Puerto Rico, Sira María Calderón (2001-2005). A decir del Presidente del Congreso Nacional Hostoniano, Néstor Colón, con esas maniobras "la Marina intenta poner a prueba la capacidad de resistencia de los hijos de Betances, en momentos en que prosiguen las presiones de la ultraderecha estadounidense por perpetuar a Vieques [como] polígono del Pentágono".[102] Como parte de esas presiones, la Fiscalía Federal de los Estados Unidos aseguró que las maniobras que se desarrollan en Vieques "son vitales para el éxito de la guerra contra el terrorismo".[103]

En contraste, el 10 de abril de 2002, Amnistía Internacional publicó un informe titulado *EE.UU.: Un lugar seguro para los torturadores*. Según este, en los últimos años, las autoridades migratorias admitieron el ingreso a territorio estadounidense de unos mil torturadores que han escapado de la justicia en sus correspondientes países. El informe también identificó por sus nombres a 13 personas que residen en los Estados Unidos, a pesar de estar acusados de torturar y cometer otras violaciones de los derechos humanos en Somalia, Guatemala, Etiopía, El Salvador, Bosnia-Herzegovina, Haití, Honduras y Chile.[104]

Según algunos observadores, lo anterior se vincula con las resistencias que han venido desplegando los círculos de poder estadounidenses a la institucionalización de la Corte Penal Internacional (CPI) surgida del Tratado de Roma de 1998. A partir del momento en que comience a funcionar (se presume que será en el 2003), sin carácter retroactivo y respetando la primacía de los tribunales nacionales, la CPI tendrá jurisdicción para juzgar a los autores de los crímenes de *lesa humanidad* (torturas, desapariciones forzadas,...), así como de los crímenes de guerra, genocidios, etnocidios y otros actos de agresión internacional (aún no totalmente definidos) que se cometan en cualquier lugar del mundo.[105]

El 11 de abril del 2002, luego de diversas maniobras desestabilizadoras, de un nuevo paro empresarial, así como del alevoso ataque a las inermes fuerzas populares que defendían el Palacio de gobierno, un golpe de Estado contrarrevolucionario derrocó transitoriamente al Presidente de la República Bolivariana de Venezuela, Hugo Chávez. Para sustituirlo, fue organizada una Junta de Gobierno encabezada por el presidente de la poderosa organización empresarial FEDECAMARAS, Pedro Carmona Estanga. Este, de inmediato, anunció la disolución de todos los poderes del Estado (incluida la Corte Suprema de Justicia y la Asamblea Nacional); la derogación de la Constitución aprobada por la absoluta mayoría del pueblo venezolano en 1999 y de los 49 decretos leyes de beneficio popular (entre ellos una reforma agraria y una nueva ley de pesca e hidrocarburos) promulgados por el gobierno venezolano a fines del año 2001.

Todas esas acciones contaron con el apoyo de los sectores monopólicos y transnacionalizados de la burguesía de ese país, de las elites de los corruptos partidos tradicionales (Acción Democrática y COPEI), de la cúpula de la Central de Trabajadores de Venezuela (controlada por los partidos de la oposición), de la alta jerarquía de la Iglesia católica, de algunos estamentos del alto mando militar, de los poderosos medios de comunicación masiva, así como de los gobiernos de España, Inglaterra y los Estados Unidos. De manera mentirosa, este último responsabilizó al "gobierno de Chávez" con "la sangre derramada el 11 de abril"; al par que su Embajador en Caracas, Charles Shapiro, calificó el golpe de Estado como "un día extraordinario en la historia venezolana". También saludó las cínicas promesas del Presidente *de facto* "de fortalecer las instituciones y los procesos democráticos, dentro de un marco de respeto a los Derechos Humanos y al Estado de Derecho".[106] Tales declaraciones —al igual que la actitud ambigua de la OEA— demostraron los demagógicos alcances de la llamada Carta Democrática Interamericana aprobada por esa organización el 10 de septiembre del 2001.

Sin embargo, pese a la represión desatada por las fuerzas golpistas (dejó un saldo de 46 muertos y más de 300 heridos) una poderosa "insurrección pacífica popular" —apoyada por los sectores constitucionalistas de las fuerzas armadas y de la Guardia Nacional venezolanas— derrocó y capturó a los principales líderes políticos y militares de esa intentona, exigió la liberación de Chávez y su retorno a la presidencia de la República. Tal acto se consumó cerca de las 4 de la madrugada del 14 de abril del 2002, momento en que el mandatario venezolano retornó al Palacio de gobierno.[107] Enseguida, pronunció un discurso en el que resaltó la unidad entre el pueblo y "el núcleo de las fuerzas armadas", prometió realizar una reflexión crítica de la obra del gobierno y convocó a un diálogo nacional entre todos los que respeten la Constitución de 1999. También reiteró su compromiso de continuar la obra iniciada por la Revolución bolivariana.

Esta, en opinión de diversos observadores, inicia una contradictoria fase que, para que sea fructífera, deberá conducir a la profundización de los objetivos nacionalistas, antiimperialistas, democráticos y populares que les dieron origen, a la sanción de todos los responsables de los crímenes cometidos entre el 11 y el 14 de abril, así como a la paulatina superación de las incoherencias y discrepancias que se han venido produciendo dentro de las fuerzas de izquierda integrantes del Polo Patriótico.[108] Mucho más porque —según se ha evidenciado— diversos factores internos (la Corte Suprema de Justicia y los medios de comunicación masiva) e internacionales (como los gobiernos de los Estados Unidos, Colombia y El Salvador) están presionando al gobierno venezolano para garantizar la impunidad de los autores intelectuales y materiales de la intentona contrarrevolucionaria del 11 de abril. También para crear paulatinamente las condiciones que posibiliten un nuevo "golpe de la sociedad civil" contra el gobierno de Hugo Chávez.[109]

"La Embajada estadounidense en Venezuela sabía de la asonada contra el presidente Hugo Chávez, al menos dos meses antes de que los golpistas secuestraran al mandatario", aseguró el 15 de abril del 2002 la revista *Newsweek*.[110] Por su parte, *The New York Times* reveló que altos funcionarios de la CIA, del Pentágono y del Departamento de Estado reconocieron que, en los últimos meses, se habían reunido varias veces con los organizadores del golpe de Estado. En tales reuniones —según la misma fuente— "los representantes de la administración de George W. Bush coincidieron con ellos en que el gobierno venezolano debía ser desalojado del poder".

A su vez, un informe de la agencia privada de inteligencia *Starfor*, integrada por ex oficiales de la CIA, afirmó: "Nuestras fuentes en Venezuela y Estados Unidos reportan que la CIA tenía conocimientos y posiblemente hasta haya dado apoyo a los civiles ultra conservadores y oficiales militares [que intentaron derrocar el presidente Hugo Chávez]". El golpe —agregó el informe— originalmente fue planeado para el 27 de febrero; pero fueron convencidos de "abortar el intento", dada la existencia de dos "proyectos paralelos": uno de la CIA y otro del Departamento de Estado.[111] Esas revelaciones arreciaron las críticas a la política latinoamericana y caribeña de la actual administración republicana: "Estados Unidos no puede elegir qué democracias apoya y cuáles no" y debe abandonar la práctica de sólo apoyar "la democracia cuando le conviene y encaja con sus intereses económicos, estratégicos e ideológicos", indicó Michael Shifter, integrante del Diálogo Interamericano.[112]

El 15 de abril del 2002 el diario *Trabajadores* de La Habana denunció que —según fuentes norteamericanas—, 11 días antes, el subsecretario de Estado Otto Reich, se había reunido con los integrantes de la JID. En dicha reunión, Reich indicó que —acorde con "el Buró de Inteligencia e Investigaciones del Departamento de Estado— la Cuba de Castro (...) lleva a cabo investigaciones de guerra biológica y suministra biotecnología que puede ser utilizada por el terrorismo y permite que terroristas residan en su territorio suministrándoles una base desde la cual pueden operar y un paraíso desde el cual esconderse". "No podemos ignorar el hecho —agregó Reich— de que Castro continúa patrocinando el espionaje contra Estados Unidos y considera al terrorismo como un medio legítimo para llevar adelante su llamada revolución".[113] Según el gobierno cubano, esas declaraciones —al igual que las de otros altos funcionarios de la administración republicana— persiguen fabricar nuevos pretextos para justificar el "recrudecimiento de las agresiones" del gobierno de los Estados Unidos contra Cuba.

Semejante propósito se explayó en la resolución anticubana aprobada el 19 de abril —bajo una fuerte presión estadounidense y con un estrecho margen de dos votos— en la Comisión de Derechos Humanos de la ONU. A pesar de su "texto edulcorado", en esta se evidenció la actitud servil hacia los Estados Unidos que —luego del inicio de la "guerra contra el terrorismo"— han venido adoptando diversos gobiernos de América Latina; entre ellos, los de México, Guatemala, Costa Rica, Nicaragua, Panamá, Chile, Perú y Uruguay. Este último, pese a la oposición del pueblo y de diversas fuerzas políticas, además de asumir a instancias de la Casa Blanca la presentación de la antes mencionada resolución, rompió sus relaciones diplomáticas con Cuba. Esto, *so pretexto* de las duras críticas contra la "conducta lacayuna" del Presidente Jorge Batlle formuladas —con el apoyo masivo del pueblo cubano— por las autoridades de La Habana.[114]

Lo anterior —junto a los diversos conflictos en las relaciones bilaterales provocados por el gobierno mexicano (como fueron las presiones de Vicente Fox para evitar que Fidel Castro participara en la Cumbre de la ONU sobre Financiamiento al Desarrollo efectuada en Monterrey, México, en marzo del 2002)—[115] objetivamente abre una nueva etapa en las relaciones de la Revolución cubana con América Latina y el Caribe. Tal como ocurrió en las décadas de 1960, 1970 y 1980, en esa etapa no se puede descartar la participación de algunos gobiernos latinoamericanos o caribeños en la multiforme política de bloqueos y agresiones contra Cuba desarrollada por los diez mandatarios demócratas y republicanos que han ocupado la Casa Blanca desde 1957 hasta la actualidad.[116]

¿Qué significan todas las noticias resumidas en las páginas precedentes? *Primero*: Reiteran la complicidad de los círculos oficiales de los Estados Unidos con los crímenes de guerra y de *lesa humanidad* que se han perpetrado en América Latina y el Caribe desde fines del siglo XIX hasta el inicio del tercer milenio. *Segundo*: A pesar de la cacareada "redemocratización" del continente, la violencia reaccionaria —con su correlato de muertos, heridos, detenidos, torturados y desaparecidos— continúa presente en la conflictiva dinámica económica, social y política de varios países de esa región. *Tercero*: Esa violencia forma parte intrínseca, estructural, de los mecanismos económicos y "extraeconómicos" que requiere la reproducción del capitalismo dependiente en América Latina y en el Caribe; en particular, del funcionamiento "cotidiano" del llamado "modelo neoliberal" instaurado en los últimos lustros. *Cuarto*: Con excepción de Cuba, así como de los inconclusos esfuerzos que —bajo la presión popular— se realizan en Chile, Argentina o, más recientemente, en Perú y Venezuela para sancionar a los más conspicuos artífices de esos crímenes, la impunidad frente a sus macabras fechorías sigue campeando en la mayor parte de los países del continente. *Quinto*: Ese régimen de impunidad es favorecido por el Sistema Interamericano y por los círculos dominantes en los Estados Unidos; quienes —como se ha demostrado en las negociaciones dirigidas a la institucionalización de la Corte Penal Internacional— pretenden obtener nuevas impunidades para las atrocidades que cometan sus funcionarios, secuaces y testaferros. *Sexto*: Todos los años continúan estallando silenciosamente nuevas "bombas atómicas" en América Latina y el Caribe. Sus principales víctimas son los pobres y los marginados, en primer lugar las mujeres, los indígenas, la población negra y mestiza, la infancia y la juventud. Y, *séptimo*: No obstante los pregoneros del "fin de la historia", la dinámica entre la revolución, la reforma, la contrarreforma y la contrarrevolución no ha desaparecido del curso de la situación latinoamericana y caribeña. Tampoco ha desaparecido la proyección contrarrevolucionaria del "poder global" y hemisférico de los Estados Unidos, en estrecha alianza con los sectores más reaccionarios de las clases dominantes, incluidas las altas jerarquías de la Iglesia católica, de las fuerzas militares y policiales y de las elites que controlan los principales medios de comunicación masiva del hemisferio occidental.

Esa proyección contrarrevolucionaria se mantendrá en los próximos años. Más aún, es de esperar que, con el pretexto de la "guerra contra el terrorismo" o contra el "narcotráfico", así como de sus antojadizas interpretaciones de la Carta Democrática Interamericana, la administración de

George W. Bush, con mayor o menor respaldo de la OEA, emprenda nuevas acciones intervensionistas —directas e indirectas, individuales o "colectivas"— contra diversas naciones de América Latina y el Caribe, en particular contra aquellas (como es el caso de Cuba y de la RBV) que desafíen sus pretensiones de imponer un "nuevo orden mundial" de factura imperial.

Como se demostró en Perú a lo largo de la década de 1990, en Ecuador a partir del año 2000 y, más recientemente, en el caso de la República Bolivariana de Venezuela, tampoco se puede descartar que los círculos de poder estadounidenses y las clases dominantes de algunos países del continente acudan nuevamente al expediente de los golpes militares o "cívico-militares" dirigidos a contener el avance de aquellas fuerzas sociales y políticas que, con creciente fuerza, cuestionan el sistema de dominación oligárquico-imperialista actualmente preponderante en todo el hemisferio occidental.

Lo antes dicho —junto a la profunda e irresuelta crisis económica, social y ambiental de la región, así como a la persistente pretensión de los círculos de poder norteamericanos y de la oligarquía financieras internacional de "recolonizar el continente" a través del ALCA u otros acuerdos bilaterales o plurilaterales parecidos, o de acciones como las incluidas en el Plan Puebla Panamá— seguramente generará nuevos escenarios de confrontación social y política (internos o interamericanos) en los próximos años. En tales escenarios, no estarán ausentes —aún si se mantuvieran las actuales democracias representativas— nuevos crímenes de *lesa humanidad*, nuevas violaciones al Derecho Internacional Humanitario, al igual que masivas y flagrantes violaciones a todos los derechos humanos. Tampoco, el empleo más o menos selectivo del terrorismo de Estado y de la violencia reaccionaria con el propósito de sofocar las aspiraciones de los pueblos de la región, así como de instaurar, a toda costa, lo que he denominado: "un nuevo orden panamericano". Así lo indica la terrible crisis humanitaria que sigue viviendo Colombia. Como consecuencia del Plan Colombia, de la Iniciativa Regional Andina y de la "globalización del terrorismo",[117] esa crisis —al igual que la consiguiente injerencia de los Estados Unidos— podría irradiarse hacia otros países centroamericanos (Panamá) y de la región andino-amazónica; en especial, hacia Venezuela, Perú, Ecuador y Brasil. Sobre todo si, en este último país, obtuviera la victoria electoral el candidato presidencial de la izquierda brasileña.

Por ello, todos los genuinamente interesados en modificar radicalmente las incontables injusticias predominantes en el hemisferio occidental, en romper la creciente y secular dependencia de América Latina y el Caribe hacia los Estados Unidos, en terminar con los continuos ciclos de violencia reaccionaria e impunidad y con el histórico movimiento pendular entre las dictaduras militares o cívico-militares y las "democracias restringidas" que han caracterizado el devenir de las naciones latinoamericanas y caribeñas a lo largo del siglo XX, así como en edificar una vida más libre y justa para todos los pueblos del mundo y, en particular, para los pueblos de Nuestra América, siempre debemos recordar el vigente llamado de José Martí: "¡Los árboles se han de poner en fila para que no pase el gigante de las siete leguas! Es la hora del recuento, y de la marcha unida, y hemos de andar en cuadro apretado como la plata en las raíces de los Andes".[118]

La Habana, 3 de mayo del 2002

NOTAS

1.   ALAI: "De la 'década perdida' a 'la década de la exclusión social'", en *América Latina en Movimiento,* Quito, 4 de julio del 2000, no. 316, p. 21.

2.   ANSA: "Decepcionante crecimiento económico en Latinoamérica", en *Juventud Rebelde,* La Habana, 14 de octubre del 2001, p. 7. Merece la pena recordar que —según la CEPAL— en 1999 (último año de que se disponen de cifras) el número de pobres en América Latina y el Caribe ascendía a 230 000 000 de personas (el 44% de la población regional). De ellos más de 90 000 000 se encontraban en la indigencia. Nada hace suponer que, entre 1999 y el 2001, hayan descendido esos guarismos al nivel que señala el BID.

3.   AFP: "Latinoamérica: 70 millones padecen hambre", en *El Tiempo,* Bogotá, 12 de octubre del 2001, Sección Internacional, p. 1.

4. Raimundo López: "Millones de niños latinoamericanos dirigen sus ojos hacia Panamá", en *Orbe*, La Habana, 18 al 24 de noviembre del 2000, no. 24, p. 4.

5. Maggie Marín: "América Latina: Bomba de tiempo vírica", en *Bohemia*, La Habana, 10 de agosto del 2001, año 96, no. 16, pp. 46-47.

6. Ricardo Navarro: "Más muertos que en la guerra: Deterioro ambiental en El Salvador", en *ALAI-Servicio Informativo*, Quito, 28 de octubre de 1998, no. 282, pp. 19-20.

7. Frei Betto: "Brasil: una infancia prohibida", en *América Latina en Movimiento*, Quito, 14 de marzo del 2000, no. 309, p. 17.

8. Manuel González Bello: "Los hijos de nadie", en *Juventud Rebelde*, La Habana, 12 de noviembre del 2000, p. 8.

9. Joao Pedro Stédile: "FHC cambió Brasil para peor", en *América Latina en Movimiento*, Quito, 20 de enero de 1999, no. 286, pp. 12-13.

10. Ibídem.

11. Eduardo Tamayo G: "América Latina: La región más peligrosa del mundo para los sindicalistas", ed. cit. p. 20.

12. Serafín Ilvay: "Brasil 500 años: Violencia contra Indígenas", en *América Latina en Movimiento*, Quito, 9 de mayo del 2000, no. 313, pp. 2.

13. *Juventud Rebelde* (Tabloide Especial), La Habana, mayo del 2000, p. 12.

14. Pablo González Casanova: "Los zapatistas del Siglo XXI", en *América Latina en Movimiento*, Quito, 24 de abril del 2001, no. 331, p. 11.

15. Eduardo Tamayo G.: "Tirón de orejas al gobierno mexicano", en *América Latina en Movimiento*, Quito, 15 de septiembre de 1999, no. 299, pp. 10 y 20.

16. PNUD: *Human Development Report 2000 (Summary)*, Oxford University Press, 2000, p. 7

17. Osvaldo León: "El grito de los excluidos/as: Resonó en Latinoamérica", en *América Latina en Movimiento*, Quito,18 de octubre de 1999, no. 301, p. 3.

18. Eduardo Tamayo G: "América Latina: La región más peligrosa del mundo para los sindicalistas", ed. cit., p. 20.

19. Miguel Ángel Albuzures: "Guatemala: Un nuevo reto a la justicia", en *América Latina en Movimiento*, Quito, 28 de marzo del 2000, no. 310, p. 2.

20. ALAI: "República Dominicana: Huelguistas dan respiro al gobierno", en *América Latina en Movimiento*, Quito, 26 de mayo de 1999, no. 294, p. 2.

21. Eduardo Tamayo G: "América Latina: la región más peligrosa del mundo para los sindicalistas", ed. cit., pp. 19-21.

22. ALAI: "Haití: Los cálculos electorales no convencen", en *América Latina en Movimiento*, Quito, 13 de junio del 2000, no. 315, p. 9.

23. María José Galárraga: "Costa Rica: Voces ciudadanas marcan nuevas pautas", en *América Latina en Movimiento*, Quito, 25 de abril del 2000, no. 312, p. 7.

24. Gloria Gaitán: "Omar entra al Canal, el pueblo entra a la historia", *Correos para la emancipación*, emancipa@infovia.com.ar.

25. Enoch Adames Mayorga: "Panamá: Decepciones y tareas pendientes", en *Nueva Sociedad*, Caracas, julio-agosto del 2001, no. 174, pp. 26-27.

26. Gary MacEoin: "US troops on El Salvador", en *National Catholic Reporter*, 13 de octubre del 2000.

27. OSPAAAL: "Las bases del hegemonismo", en *Tricontinental*, La Habana, no. 143, pp. 34 y 35.

28. Carlos Iglesias: "Vieques: Isla del consenso", en *Tricontinental*, La Habana, no. 143, pp. 36 y 39.

29. OSPAAAL: ob. cit., pp. 34 y 35

30. ALAI. "Puerto Rico: Marcha por la paz", en *América Latina en Movimiento*, 29 de febrero del 2000, no. 308, p. 19.

31. Carlos Iglesias: ob. cit., p. 39.

32. SERPAJ-Py: "Paraguay: Sociedad salva la democracia", en *América Latina en Movimiento*, Quito, 12 de abril de 1999, no. 290-291, pp. 1-2.

33. Galo Rodríguez: "Paraguay: un país convulsionado", en *América Latina en Movimiento*, Quito, 14 de marzo del 2000, no. 309, pp. 5-6.

34. Osvaldo León: "Tras acuerdo con el FMI: Un nuevo paquetazo para Ecuador", en *América Latina en Movimiento*, Quito, 25 de abril del 2000, no. 312, pp. 3-4.

35. Libardo Sarmiento Anzola: "Plan Colombia, conflicto e intervención", en *Nueva Sociedad*, Caracas, marzo-abril del 2001, no. 172, p. 25.

36. José Ángel Pérez García: "Plan Colombia: ¿para la paz o para la guerra?", en *América Nuestra*, octubre-diciembre del 2000, no. 4, pp. 28-35.

37. James Petras: "Estados Unidos: una democracia en venta", en *América Latina en Movimiento*, Quito, 19 de septiembre del 2000, no. 320, pp. 22-23.

38. Mns. Carlos María Ariz y Héctor Endara Hill: "El Plan Colombia: ¡Más gasolina para el fuego!", en *América Latina en Movimiento*, Quito, 19 de septiembre del 2000, no. 320, pp. 5 y 8.

39. Oscar Ugarteche: "Perú: La Marcha de los Cuatro Suyos", en *América Latina en Movimiento*, Quito, 8 de agosto del 2000, no. 318, p. 2.

40. Javier Diez Canseco. "Transición democrática en Perú: Ser o no ser, esa es la cuestión", en *América Latina en Movimiento*, Quito, 10 de octubre del 2000, no. 321, pp. 3 y 20.

41. Javier Diez Canseco: "Perú: La transición bajo chantaje", en *América Latina en Movimiento*, Quito, 24 de octubre del 2000, no. 322, pp. 3-4.

42. Carlos Franco: "Perú: Entre el proceso electoral y las incertidumbres del futuro", en *Nueva Sociedad*, Caracas, julio-agosto del 2001, no. 174, pp. 15-24.

43. Cácia Cortez: "Bolivia: El estallido de las demandas postergadas", en *América Latina en Movimiento*, Quito, 10 de octubre del 2000, no. 321, pp. 1-2.

44. Sally Burch: "Venezuela: Chávez inicia nueva etapa", en *América Latina en Movimiento*, Quito, 8 de enero del 2000, no. 318, p. 1.

45. Heinz Dieterich: *Hugo Chávez: Un nuevo proyecto latinoamericano*, Editorial de Ciencias Sociales, La Habana, 2001.

46. "Fidel en Venezuela. Como verdaderos amigos", en *Tribuna de La Habana*, 29 de octubre del 2000, pp. 1 y 8.

47. AFP: "Washington Post arremete contra Chávez, 'el próximo Fidel Castro'", Washington, 2 de noviembre del 2000.

48. Felipe Pérez Roque: "Cuba demanda justicia": Intervención en la Mesa Redonda informativa efectuada en los estudios de la Televisión Cubana el día 20 de noviembre del 2000", en *Granma Internacional (digital)*, http://www.granma.cu/español/no4/demanda1-e.html.

49. Robert Maguire: "Haití: El marasmo político", en *Nueva Sociedad*, Caracas, septiembre-octubre del 2001, no. 175, pp. 4-12.

50. Sergio Rodríguez Lascano: "México: 10 Tesis sobre la derrota del PRI", *América Latina en Movimiento*, Quito, 25 de julio del 2000, no. 317, pp. 7-11.

51. Enric González: "La 43ª presidencia nace herida", en *El País*, España, 10 de noviembre del 2000, p. 4.

52. Jesse Helms: "Establecer la Agenda de la Política Exterior de Estados Unidos", en *Agenda de la Política Exterior de los Estados Unidos de América*, Washington, abril del 2001, p. 18.

53. George W. Bush: "Discurso de inauguración", en *Agenda de la Política Exterior de los Estados Unidos de América*, ed. cit., p. 1.

54. Colin Powell : "El Compromiso Internacional de Estados Unidos: Momentos de Grandes Oportunidades", *Agenda de la Política Exterior de los Estados Unidos de América*, ed. cit., pp. 3-5.

55. *Comercio Exterior Mexicano*, México, Abril del 2001, t. 51, no. 4, p. 347.

56. Alejandro Álvarez, Andrés Barreda y Armando Bartra: *Economía Política del Plan Puebla – Panamá*, Editorial Itaca, México D.F., 2002.

57. José Miguel Aguilera: "Plan Puebla-Panamá: El mito económico", en *josaguila@hotmail.com*, 8 de abril del 2001.

58. Ricardo Vargas Meza: "Drogas, seguridad y democracia", en *Nueva Sociedad*, Caracas, mayo-junio del 2001, no. 173, pp. 104-125.

59. Juan Gabriel Toklatian: "Colombia, el Plan Colombia y la región Andina", en *Nueva Sociedad*, Caracas, mayo-junio del 2001, no. 173, pp. 126-143.

60. James Petras: "La geopolítica del Plan Colombia", en *Koe'yú Latinoamericano*, Caracas, abril-junio del 2001, no. 82, pp. 3-11.

61. "No al ALCA: Otra América es posible", en *Juventud Rebelde*, La Habana, 22 de abril del 2001, pp. 8-9.

62. "Cuando los derechos humanos son reprimidos brutalmente", en *Granma*, La Habana, 23 de abril del 2001, p. 1.

63. "Cumbre de las Américas, 2001, Declaraciones finales", en http://www.americascanada.org.//eventsummit/declarations/declaras.asp.

64. Ibídem.

65. "Cumbre de las Américas, 2001, Plan de Acción", en http://www.americascanada.org.//eventsummit/declarations/plan-s.asp.

66. PRELA: "Hasta Québec llegó la voz de Cuba, dijo Hugo Chávez", en *Granma*, La Habana, 23 de abril del 2001, p. 4.

67. "Cumbre de las Américas: Policía canadiense reprime violentamente a manifestantes", en *Granma*, La Habana, 21 de abril del 2001, p. 5.

68. Pedro Franco: "II Asamblea de los Pueblos del Caribe: Denuncia políticas coloniales", en *América Latina en Movimiento*, Quito, 15 de mayo del 2001, no. 332, p. 16.

69. Ibídem.

70. Gustavo Castro Soto: "México: Se suspende proceso de diálogo y de paz", en *América Latina en Movimiento*, Quito, 15 de mayo del 2001, no. 332, pp. 5-8.

71. Enoch Adames Mayorga: "Panamá: Decepciones y tareas pendientes", ed. cit.

72. Centro de Capacitación Social: "Panamá: Un giro peligroso", en *América Latina en Movimiento*, Quito, 15 de mayo del 2001, no. 332, p. 2.

73. Juana Carrasco Martín: "Un 20 de mayo para Bush", en *Juventud Rebelde*, La Habana, 21 de mayo del 2001, p. 6.

74. Coordinadora de Organizaciones Populares, Sindicales y Choferiles, mimeografiado, Santo Domingo, 30 de mayo del 2001.

75. Peter Katel: "¿Tarea a su medida?", en http://cnnenespañol.com/2001/time/06/13//peru.toledo/.

76. Declaración Política del III Foro Mesoamericano: "Frente al Plan Puebla Panamá el Movimiento Mesoamericano por la Integración Popular", en angelibarra@telesal.net, junio del 2001.

77. PRELA: "Política de Estados Unidos con Latinoamérica hacia la extrema derecha", en *Granma*, La Habana, 3 de julio del 2001, p. 5.

78. "Alegan demencia para cerrar proceso contra Pinochet", en *Granma*, La Habana, 10 de julio del 2001, p. 5.

79. "Reprimen carabineros en Chile manifestaciones contra Pinochet", en *Granma*, La Habana, 11 de julio del 2001, p. 4.

80. OEA: *AG/doc 8 (XXVIII-E/01)*, en *Acuerdos y resoluciones de la XXXI Asamblea General*, Lima, Perú, 10 de septiembre del 2001.

81. AFP: "Venezuela enfatiza que la OEA no da carta blanca a Estados Unidos", Washington, 21 de septiembre del 2001.

82. José Antonio Puertas: "OEA acuerda dar 'apoyo adicional' a Estados Unidos en el marco del TIAR", *AFP*, Washington, 21 de septiembre del 2001.

83. Peter Hudson: "There are no terrorists here", en *Newsweek International*, http:////www.msnbc.com/655884.asp.

84. Sergio Gómez Maseri: "E.U. prepara estrategia antiterrorista para Colombia", en *El Tiempo*, Bogotá, 12 de octubre del 2001, Sección Primer Plano, p. 1.

85. CNN: "Pastrana: El terrorismo y el narcotráfico van juntos", en http//cnnespañol.com//2001/americas/11/11/PastranaBush-ap/index.html, 11 de noviembre del 2001.

86. Jairo Ramírez: "Los derechos humanos en Colombia", en *Voz de Colombia*, La Habana, enero-febrero del 2002, no. 37, pp. 3-5.

87. Ibídem.

88. Marlon Carrión: "Nicaragua: ¿Ortega, irá por una cuarta...?", en *América Latina en Movimiento*, Quito, 13 de noviembre del 2001, no. 343, p. 3.

89. Gioconda Belli: "Nicaragua: EE.UU. y su mal papel en nuestras elecciones", en *América Latina en Movimiento*, Quito, 13 de noviembre del 2001, no. 343, pp. 4 y 17.

90. Marelys Valencia: "El clamor de la justicia contra el terror de una Ley", en *Granma Internacional*, La Habana, 2 de diciembre del 2001, p. 3.

91. Fidel Castro: "Discurso pronunciado en la Tribuna Antimperialista José Martí el 27 de noviembre del 2001", *Granma Internacional*, La Habana, 2 de diciembre del 2001, pp. 2-3.

92. Claudia Korol: "Argentina: nuestra rebelión", en *Tricontinental*, La Habana, 2002, no. 150.

93. Jorge Bernstein: "Más allá de Duhualde: La ilegitimidad del poder", en *Enfoques Alternativos*, Buenos Aires, abril del 2002, no. 2, pp. 3-4.

94. Patricio Echagaray: "¿Hacia un régimen blindado", en *Enfoques Alternativos*, Buenos Aires, marzo del 2002, no. 1, pp. 6-7.

95. Ernesto Vera: "Periodismo: profesión de riesgo creciente", en *Granma*, La Habana, 21 de febrero del 2002, p. 5.

96. Sally Burch: "Cocaleros resisten el cierre de los mercados", en *América Latina en Movimiento*, Quito, 24 de enero del 2002, no. 346, p. 5.

97. Juana Carrasco Martín: "El Estado de una nación en guerra", en *Juventud Rebelde*, 31 de enero del 2002, p. 3.

98. Ramón Grosfoguel: "Colonialidad global y terrorismo antiterrorista", en *Nueva Sociedad*, Caracas, Venezuela, enero-febrero del 2002, no. 177, pp. 133-137.

99. José Antonio Puertas: "Bush pide oficialmente autorización para extender ayuda militar a Colombia", *AFP*, Washington, 22 de marzo del 2002.

100. Marina Menéndez Quintero: "Visa vencida", en *Juventud Rebelde*, La Habana, 27 de abril del 2002, p. 2.

101. AFP: "Bush define prioridades en América Latina", Lima, 25 de marzo del 2002.

102. Orlando Oramas León: "Puerto Rico: La perenne batalla contra la descolonización", en *Granma*, La Habana, 26 de marzo del 2002, p. 5.

103. AP: "Nuevo bombardeo sobre Vieques", en *Juventud Rebelde*, La Habana, 3 de abril del 2002, p. 2.

104. AFP: "EE.UU. sirve de refugio a torturadores de todo el mundo", Washington, 10 de abril del 2002.

105. ALAI. "Corte Penal Internacional: Estatuto fue aprobado", en *ALAI-Servicio Informativo*, Quito, 12 de agosto de 1998, no. 278, p. 16.

106. AFP: "Embajador de EE.UU. en Caracas celebra instauración del gobierno transitorio", Caracas, 12 de abril del 2002.

107. Marina Menéndez: "Venció la unidad del pueblo y del Ejército", en *Juventud Rebelde*, La Habana, 16 de abril del 2002, p. 4.

108. Elio Fidel López Vélaz: "La revolución bolivariana: De los actores hegemónicos a las bases del cambio", en *Cuadernos de Nuestra América*, La Habana, julio-diciembre del 2001, no. 28, pp. 70-83.

109. Juana Carrasco Martín: "¿Otro golpe de la 'sociedad civil'?", en *Juventud Rebelde*, La Habana, 28 de abril del 2002, p. 6.

110. PRELA: "Afirma *Newsweek*: Estados Unidos sabía del golpe en Venezuela", en *Granma*, La Habana, 16 de abril del 2002, p. 5.

111. PRELA: "EE.UU. metido hasta la médula en el golpe de Venezuela", en *Granma*, La Habana, 17 de abril del 2002, p. 5.

112. PRELA: "Afirma *Newsweek*: ...", ed. cit.

113. Lázaro Barredo Medina: "Otto Reich fabrica otra grosera mentira", en *Trabajadores*, La Habana, 15 de abril del 2002, p. 5.

114. Ministerio de Relaciones Exteriores: "Cuba ha ejercido su derecho a la legítima defensa", en *Juventud Rebelde*, La Habana, 3 de mayo del 2000, p. 2.

115. Fidel Castro: "Una promesa vilmente traicionada", en *Juventud Rebelde*, La Habana, 23 de abril del 2000, pp. 3-6.

116. Luis Suárez Salazar: "La guerra contra el terrorismo y el nuevo orden panamericano", ponencia presentada al Seminario *La primera guerra del siglo XXI: implicaciones internacionales*, Instituto Superior de Relaciones Internacionales, La Habana, 24 al 26 de abril del 2002.

117. John Saxe-Fernández: "Globalización del terror y guerra", en John Saxe-Fernández y Gian Carlo Delgado-Ramos: *Globalización del terror y amenaza bioterrorista*, Centro de Investigación y Desarrollo de la Cultura Cubana Juan Marinello, La Habana, 2002.

118. José Martí: *Nuestra América*, ed. cit., p. 22.

BIBLIOGRAFÍA*

AGUILERA PERALTA, GABRIEL: "Esquipulas y el conflicto interno en Centroamérica", en *El Salvador: límites y alcances de una pacificación negociada*, Centro de Investigación y Acción Social, El Salvador, enero de 1988.

ALAPE, ARTURO: *El Bogotazo: memorias del olvido*, Fundación Universidad Central, Bogotá, 1983.

ALPERÓVICH, M. S. Y B. T. RUDENKO: *La revolución mexicana de 1910-1917 y la política de los Estados Unidos*, Editorial Popular, México D.F., 1960.

ANTIÁSOV, MARAT: *Panamericanismo: Doctrina y hechos*, Editorial Progreso, Moscú, 1986.

ARBOLEYA, JESÚS: *La contrarrevolución cubana*, Editorial de Ciencias Sociales, La Habana, 1997.

ASTURIAS, MIGUEL ÁNGEL: *Week end en Guatemala*, Editorial Arte y Literatura, La Habana, 1979.

ASOCIACIÓN MADRES PLAZA DE MAYO: *Massera: el genocida*, Página 12, Buenos Aires, s/f.

AVDAKOV, POLIANSKI Y OTROS: *Historia económica de los países capitalistas*, Instituto del Libro, La Habana, 1961,

AYERBE, LUIS FERNANDO: *Los Estados Unidos y la América Latina: La constitución de la hegemonía*, Casa de las Américas, La Habana, 2001.

---

* Por razones de carácter editorial, la presente selección sólo incluye los libros u otros documentos relevantes mencionados en el texto.

BAILEY, THOMAS: *A diplomatic history of the American People*, Décima Edición, Prentice-Hall, New Jersey, 1970.

BLUM, WILLIAM: *Killing Hope. U.S. Military and CIA Interventions since World War II*, Common Courage Press, 1995.

BOERSNER, DEMETRIO: *Relaciones internacionales de América Latina: breve historia*, Nueva Sociedad, Caracas, 1996.

BOLÍVAR, SIMÓN: "Contestación de un Americano Meridional a un caballero de esta isla", Kingston, 6 de septiembre de 1815, en *Simón Bolívar: Obras completas*, Editorial LEX, La Habana, 1947, t. 1, pp. 159-174.

BOSCH, JUAN: *De Cristóbal Colón a Fidel Castro: El Caribe, frontera imperial*, Casa de las Américas, La Habana, 1981.

CANCEL MIRANDA, RAFAEL: *Pólvora y palomas*, Ciudad de Hostos, Puerto Rico, 1995.

CARRERAS, JULIO ÁNGEL: *Historia de Jamaica*, Editorial de Ciencias Sociales, La Habana, 1984.

CASSÁ, ROBERTO: *Historia social y económica de República Dominicana*, Editora Alfa y Omega, Santo Domingo, 1998, t. 1 y 2.

CASTAÑEDA G., JORGE: *La utopía desarmada*, Joaquín Mortiz-Planeta, México, 1993.

CASTRO, FIDEL: *Posición de Cuba ante la Crisis del Caribe*, Comisión de Orientación Revolucionaria, La Habana, diciembre de 1962.

____: *La crisis económica y social del mundo*, Oficina de Publicaciones del Consejo de Estado, La Habana, 1983.

____: "Discurso pronunciado en el acto de despedida del duelo a los héroes caídos en Granada, La Habana, 14 de noviembre de 1983", en *Granada: El mundo contra el crimen*, Editorial de Ciencias Sociales, La Habana, 1983., pp. 243 y 250

____: *La cancelación de la deuda y el nuevo orden económico internacional*, Editora Política, La Habana, 1985.

____: *Discurso ante la Cuarta Cumbre Iberoamericana*, Cartagena de Indias, Colombia, 14 de junio de 1994.

____: *Globalización neoliberal y crisis económica global* (selección de discursos y declaraciones mayo 1998-enero 1999), Oficina de Publicaciones del Consejo de Estado, La Habana, 1999.

CEPAL: *Equidad y transformación productiva: un enfoque integrado*, Santiago de Chile, 1993.

____: *América Latina y el Caribe: 15 años de desempeño económico (1980-1995)*, Santiago de Chile, 1996.

____: *La brecha de la equidad: América Latina, el Caribe y la Cumbre Social*, São Paulo, Brasil, 12 de marzo de 1997.

____: *La inversión extranjera en América Latina y el Caribe*, Santiago de Chile, 1998.

____: *La situación social en América Latina y el Caribe*, Santiago de Chile, 1998.

____: *Estudio económico de América Latina y el Caribe 2000-2001*, Santiago de Chile, 2001.

CICERCHIA, RICARDO, DIANE MARRE Y EDUARDO PALADÍN: "Cronología de América Latina y el Caribe (1972-1996)", en *Nueva Sociedad*, Caracas, julio-agosto de 1997, no. 150.

CIRILO PERDÍA, ROBERTO: *La otra historia: testimonio de un jefe montonero*, Grupo Agora, Buenos Aires, 1997.

COMISIÓN CHILENA DE DERECHOS HUMANOS: *Nunca más en Chile (síntesis corregida y actualizada del Informe Rettig)*, Santiago de Chile, 1991.

CONNELL-SMITH, GORDON: *Los Estados y la América Latina*, Fondo de Cultura Económica, México, 1977.

CUPULL, ADYS Y FROILÁN GONZÁLEZ: *Che, gigante moral*, Editorial Capitán San Luis, La Habana, 1999.

DE BONAFINI, HEBE: *Historia de las Madres de la Plaza de Mayo*, Asociación Madres de Plaza de Mayo, Buenos Aires, 1996.

DEBRAY, RÉGIS: *La crítica de las armas* y *Las pruebas de fuego*, Siglo XXI Editores, México, 1975.

DEERE, CARMEN DIANA: *In the Shadow of the Sun: Caribbean Development Alternatives and U.S. Policy*, Westview Press, San Francisco & Oxford, 1990.

D'ESTÉFANO PISAN, MIGUEL A.: *Dos siglos de diferendo entre Cuba y los Estados Unidos*, Editorial de Ciencias Sociales, La Habana, 2000.

DEPARTAMENTO DE ESTADO: *De la palabra a los hechos*, Washington, abril de 1998.

DEVERELL, JOHN Y LATIN AMERICAN WORKING GROUP: *Anatomía de una corporación transnacional*, Siglo XXI Editores, México, 1977.

DÍAZ ACOSTA, AMÉRICA; SERGIO GUERRA V., Y OTROS: *Panorama histórico-literario de Nuestra América (1900-1943 y 1944-1970)*, Casa de las Américas, La Habana, 1982.

DÍAZ-CALLEJAS, APOLINAR Y ROBERTO GONZÁLEZ ARANA: *Colombia y Cuba: del distanciamiento a la cooperación*, Ediciones Uninorte, Santa Fé de Bogotá, 1998.

DÍEZ ACOSTA, TOMÁS: *La Guerra encubierta contra Cuba*, Editora Política, La Habana, 1997.

DREKONJA, GERHARD Y JUAN G. TOKATLIAN: *Teoría y práctica de la política exterior latinoamericana*, Universidad de los Andes, Bogotá, 1983.

ESPINO, DARISNEL: *El ojo de la tormenta, Panamá: nación o colonia*, Ediciones de El Canal, Panamá, 1989.

DILLA, HAROLDO (compilador): *La democracia en Cuba y el diferendo con los Estados Unidos*, Centro de Estudios sobre América, La Habana, 1995.

ESPINOZA GARCÍA, MANUEL: *La política económica de los Estados Unidos hacia América Latina entre 1945 y 1961*, Casa de las Américas, La Habana, 1971.

FALLAS, CARLOS LUIS: *Mamita Yunai: el infierno de las bananeras*, Editorial de Arte y Literatura, La Habana, 1975.

FERNÁNDEZ, JOSÉ RAMÓN Y JOSÉ PÉREZ FERNÁNDEZ: *La Guerra de Estados Unidos contra Cuba*, Ocean Press, Melbourne, Nueva York y La Habana, 2001.

FLAGG BEMIS, SAMUEL: *The Latin American Policy of the United States*, Harcourt, Brace and Company, New York, 1934.

FONSECA, ELIZABETH: *Centroamérica: Su historia*, FLACSO/EDUCA, Costa Rica, 2001.

FOSTER, WILLIAM: *Outline Political History of the Americas*, New York, 1951.

GALEANO, EDUARDO: *Las venas abiertas de América Latina*, Siglo XXI Editores, México, 1979.

____: *Memoria del fuego: el siglo del viento*, Casa de las Américas, La Habana, 1990, t. 3.

GARCÍA MÁRQUEZ, GABRIEL: *La soledad de América Latina*, Editorial Arte y Literatura, La Habana, 1990.

____: *El general en su laberinto*, Casa de las Américas, La Habana, 1989.

GARCÍA MUÑIZ, HUMBERTO Y JORGE RODRÍGUEZ BERUFF (coordinadores): *Fronteras en conflicto. Guerra contra las drogas, militarización y democracia en el Caribe, Puerto Rico y Vieques*, Red Caribeña de Geopolítica, Seguridad Regional y Relaciones Internacionales, San Juan, 1999.

GARCÍA MUÑIZ, HUMBERTO Y GLORIA VEGA RODRÍGUEZ: *¿Ayuda militar o negocio redondo?: Tráfico de armas y adiestramiento militar de los Estados Unidos en el Caribe (1790-2001)*, mimeografiado, San Juan, 2001.

GAZTAMBIDE GEÍGEL, ANTONIO, JUAN GONZÁLEZ MENDOZA Y MARIO R. CANCEL (coordinadores): *Cien años de sociedad, los 98 del Gran Caribe*, Ediciones Callejón, San Juan, Puerto Rico, 2000.

GILIO, ESTHER: *La Guerrilla Tupamara*, Casa de las Américas, La Habana, 1970.

GILLESPIE, RICHARD: *Soldados de Perón: los Montoneros*, Editorial Grijalbo, Buenos Aires, 1997.

GLINKIN A.: *Sobre la historia de las intervenciones armadas norteamericanas*, Editorial Progreso, Moscú, 1984.

GLINKIN, A., B. MARTÍNOV Y P. YÁKOVLEV: *La evolución de la política de EE.UU. en América Latina*, Editorial Progreso, Moscú, 1983.

GÓMEZ OCHOA, DELIO: *La victoria de los caídos*, segunda edición, Editora Alfa & Omega, República Dominicana, 1998.

GÓMEZ, LUIS: *Los derechos humanos en República Dominicana (1492-1984)*, Editorial Universitaria, Universidad Nacional Autónoma de Santo Domingo, 1995.

GRIGULÉVICH, IÓSIF: *Luchadores por la libertad de América Latina*, Editorial Progreso, Moscú, 1968.

GRIMMETT, RICHARD: *Instances of Use of United States Armed Forces Abroad, 1798-1999*, Congressional Research Service, Washington, 1999.

GUERRA, RAMIRO: *La expansión territorial de los Estados Unidos*, Editorial de Ciencias Sociales, La Habana, 1975.

GUERRA VILABOY, SERGIO: *Historia mínima de América*, Editorial "Félix Varela", La Habana, 2001.

GUERRA VILABOY, SERGIO Y ALEJO MALDONADO GALLARDO: *Historia y perspectiva de la integración latinoamericana*, Asociación por la Unidad de Nuestra América (Cuba)/Escuela de Historia de la Universidad Michoacana de San Nicolás de Hidalgo, Morelia, Michoacán, México, 2000.

GUEVARA, ERNESTO CHE: *Obras (1957-1967)*, Casa de las Américas, La Habana, 1970.

HALPERIN DONGHI, TULIO: *Historia Contemporánea de América Latina*, Alianza Editorial, Madrid, 1998.

HARNECKER, MARTA: *La izquierda en el umbral del siglo XXI*, Editorial de Ciencias Sociales, La Habana, 1999.

HERMANN, HAMLET: *Caracoles: la guerrilla de Caamaño*, Editora Tele-3, Santo Domingo, 1993.

HODGES, DONALD C.: *La revolución latinoamericana: Política y estrategia desde el apro-marxismo hasta el guevarismo*, Editorial V Siglos, México, 1976.

ILSA: *Globalización, integración y derechos humanos en el Caribe*, Santa Fe de Bogotá, Colombia, 1995.

INSTITUTO INTERAMERICANO DE DERECHOS HUMANOS / CENTRO DE ASESORÍA Y PROMOCIÓN ELECTORAL: *Partidos y clase política en América Latina en los 90*, IIDH, San José, 1995.

IRELA: *La pobreza en América Latina: causas y costos*, Madrid, 1993.

____: *Anuario de las relaciones europeo-latinoamericanas 1994*, Madrid, 1995.

____: *¿Un nuevo debate estratégico en América del Sur?*, Madrid, 1997.

____: *¿Un nuevo diálogo UE-América Latina sobre drogas?*, Madrid, 1998.

____: *Cooperación al desarrollo con América Latina: ¿hacia un menor protago-nismo europeo?*, Madrid, 1999.

ISA CONDE, NARCISO: *Rearmando la utopía: del neoliberalismo global al nuevo socialismo mundial*, Editorial Tropical, Santo Domingo, 2000.

JARAMILLO, ISABEL: *El conflicto de baja intensidad: modelo para armar*, Centro de Estudios sobre América, La Habana, 1987.

KARAVÁEV, A.: *Brasil: pasado y presente del "capitalismo periférico"*, Editorial Progreso, Moscú, 1989.

KENNEDY, ROBERT: *Trece días: la historia de cómo el mundo casi sucumbió*, Centro de Documentación e Información de la Dirección General Técnica del Ministerio del Interior de la República de Cuba, La Habana, 1968.

KENNEDY, PAUL: *Auge y caída de las grandes potencias*, Editorial Plazas & Yanes, Barcelona, 1994.

KISSINGER, HENRY: *Mis Memorias*, Editorial Atlántida, S.A., Buenos Aires, 1979.

____: *La diplomacia*, Fondo de Cultura Económica, México D.F., 1995.

KOROLIOV Y. Y M. KIDACHKIN: *América Latina: las revoluciones en el siglo XX*, Editorial Progreso, Moscú, 1987.

KOSSOK, MANFRED: *La Revolución en la historia de América Latina: Estudios comparativos*, Editorial de Ciencias Sociales, La Habana, 1989.

KOVAL, B.: *La Gran Revolución de Octubre y América Latina*, Editorial Progreso, Moscú, 1978.

____: *Movimiento obrero en América Latina (1917-1959)*, Editorial Progreso, Moscú, 1985.

LARA, PATRICIA: *Siembra vientos y recogerás tempestades*, Editorial Fontamara S.A., Barcelona, 1982.

LENIN, VLADIMIR ILICH: "El imperialismo: fase superior del capitalismo", en Lenin: *Obras escogidas en doce tomos*, Editorial Progreso, Moscú, 1976.

LIEUWEN, EDWIN: *Arms and Politics in Latin American*, edición rústica (revisada), Nueva York, 1961.

MALGESINI, GRACIELA (coordinadora): *Economía y ecología de América Central y el Caribe*, Centro de Investigaciones para la Paz, Madrid, 1997.

MANDEL, ERNEST: *El capitalismo tardío*, Ediciones ERA, México, 1979.

MARTÍ, JOSÉ: *Nuestra América*, Casa de las Américas, La Habana, 1974.

MARTÍNEZ, JOSÉ DE JESÚS: *Mi general Torrijos*, Casa de las Américas, La Habana, 1987.

MEDINA CASTRO, MANUEL: *Estados Unidos y América Latina, siglo XIX*, Editorial de Ciencias Sociales, La Habana, 1974.

MIRANDA, OLGA: *Vecinos indeseables: la base yanqui en Guantánamo*, Editorial de Ciencias Sociales, La Habana, 1998.

MUSEUM AUSCHWITZ: *Los rostros de Abel: Auschwitz*, Editorial Zambon, Frankfurt, 1995.

NESPOLI, GIAN LUIGI Y GIUSEPPE ZAMBON: *Los rostros de Abel: Hiroshima/ Nagasaky*, Editorial Zambon, Frankfurt, 1997.

____: *Los rostros de Abel: Vietnam*, Editorial Zambon, Frankfurt, 1999.

NEVINS, ALLAN, HENRY STEELE COMMAGER Y JEFFREY MORRIS: *Breve Historia de los Estados Unidos*, Fondo de Cultura Económica, México, 1996.

NIETO, CLARA: *Los amos de la guerra y las guerras de los amos*, UNIANDES/ CEREC, Santa Fe de Bogotá, 2000.

NIXON, RICHARD M.: *La verdadera guerra: la tercera guerra mundial ha comenzado...*, Planeta, Barcelona, 1980.

Notario Castro, Nelson: *Desde Panamá reportamos*, Editorial José Martí, La Habana, 1990.

Núñez, Jorge: "Estados Unidos contra América Latina", *Nueva* (Separata), Quito, s/f.

Oficina de Derechos Humanos del Arzobispado de Guatemala: *Guatemala: Nunca más: Informe del Proyecto Interdiocesano de Recuperación de la Memoria Histórica* (REMHI), edición gratuita, Guatemala, 6 de junio de 1998.

Paoletti, Alipio: *Como los nazis, como en Vietnam: Los campos de concentración en Argentina*, Asociación Madres de Plaza de Mayo, Buenos Aires, 1996.

Parlamento Latinoamericano/Instituto de Relaciones Europeo-Latinoamericanas: *Manual de los Partidos Políticos de América Latina*, Madrid, 1997.

Petras, James: *Neoliberalismo en América Latina: la izquierda devuelve el golpe*, Homo Sapiens Ediciones, Rosario, Argentina, 1997.

Pierre Charles, Gerard: *El Caribe a la hora de Cuba*, Casa de las Américas, La Habana, 1981.

PNUD: *Informe sobre el Desarrollo Humano 1997*, Ediciones Mundi-Prensa, 1997.

_____: *Informe sobre el Desarrollo Humano 1998*, Ediciones Mundi-Prensa, 1998.

____: *Informe sobre Desarrollo Humano 2000*, Ediciones Mundi-Prensa, 2000.

Poiárkova, N.: *La política de los EE.UU. en la Cuenca del Caribe*, Editorial Progreso, Moscú 1986.

Prieto Rozos, Alberto: *La burguesía contemporánea en América Latina*, Editorial de Ciencias Sociales, La Habana, 1983.

Ribeiro, Darcy: *Las Américas y la civilización*, Casa de las Américas, La Habana, 1992.

Ruiz González, Raúl: *Bolivia: el prometeo de los Andes*, Ediciones Venceremos, La Habana, 1964.

Saxe-Fernández, John y Gian Carlo Delgado-Ramos: *Globalización del Terror y amenaza bioterrorista*, Centro de Investigación y Desarrollo de la Cultura Cubana "Juan Marinello", La Habana, 2002.

Schlesinger Jr., Arthur: *Los mil días de Kennedy*, Editorial de Ciencias Sociales, La Habana, 1979.

Selser, Gregorio: *Enciclopedia de las intervenciones extranjeras en América Latina (1776-1836)*, Monimbó e. V., Dietzenbach, RFA, 1992, t. 1.

Serbin, Andrés y Joseph Tulchin (editores): *El Caribe y Cuba en la posguerra fría*, Editorial Nueva Sociedad, Caracas, 1994.

Sklar, Holly: *Washington's War on Nicaragua*, South End Press, Boston, Mass, 1988.

Steel, R.: *Pax americana*, Nueva York, 1967.

Stiglitz, Joseph: *El malestar en la globalización*, Editorial Taurus, Buenos Aires, 2002.

Suárez Salazar, Luis: *Cuba: ¿aislamiento o reinserción en un mundo cambiado?*, Editorial de Ciencias Sociales, La Habana, 1997.

_____: *El siglo XXI: posibilidades y desafíos para la Revolución Cubana*, Editorial de Ciencias Sociales, La Habana, 2000.

_____: *América Latina y el Caribe: Medio siglo de crimen e impunidad (1948-1998)*, Editorial Zambon Iberoamericana/Editorial José Martí, Nafarroa-Navarra y La Habana, 2001.

Suárez Salazar, Luis (compilador): *Barbarroja, selección de testimonios y discursos del comandante Manuel Piñeiro Losada*, Ediciones Tricontinental-SIMAR S.A., La Habana, 1999.

Timossi, Jorge: *Grandes Alamedas, el combate del presidente Allende*, Editorial de Ciencias Sociales, La Habana, 1974.

Torres-Cuevas, Eduardo y Oscar Loyola Vega: *Historia de Cuba (1492-1898)*, Editorial Pueblo y Educación, La Habana, 2002.

Torres Rivas, Edelberto y Gabriel Aguilera Peralta: *Del autoritarismo a la paz*, Facultad Latinoamericana de Ciencias Sociales, Guatemala, 1998.

Torreira Crespo, Ramón y José Buajasán Marrawi: *Operación Peter Pan: un caso de guerra psicológica contra Cuba*, Editora Política, La Habana, 2000.

Toussaint, Eric: *Deuda externa en el Tercer Mundo: las finanzas contra los pueblos*, Nueva Sociedad, Caracas, 1998.

Trofimenko, G: *La doctrina militar de EE.UU.*, Editorial Progreso, Moscú, 1987.

Unicef: *Estado mundial de la infancia 1995*, Nueva York, 1995.

Underwood Faulkner, Harold: *Historia Económica de los Estados Unidos*, Editorial de Ciencias Sociales, La Habana, 1972, t. 1 y 2.

Vázquez García, Humberto: *De Chapultepec a la OEA*, Editorial de Ciencias Sociales, La Habana, 2001.

Vergara Meneses, Raúl y otros: *Nicaragua: país sitiado*, Coordinadora Regional de Investigaciones Económicas y Sociales (CRIES) de Centroamérica y el Caribe, Managua, junio de 1986.

Villamizar, Darío: *Sueños de Abril: imágenes en la historia del M-19*, Planeta, Santa Fe de Bogotá, 1997.

West Indian Comission: *Time of Action*, Black Rock, Barbados, 1992.

Wünderich, Volker: *Sandino, una biografía política*, Editorial Nueva Nicaragua, Managua, 1995.

Yanes, Hernán: *Gobernabilidad y militares en América Latina*, Editorial de Ciencias Sociales, La Habana, 1997.

NUEVOS LIBROS DE OCEAN SUR

CHE GUEVARA PRESENTE
Una antología mínima
Por Ernesto Che Guevara
Una antología de escritos y discursos que recorre la vida y obra de una de las más importantes personalidades contemporáneas: Ernesto Che Guevara. *Che Guevara Presente* nos muestra al Che por el Che, recoge trabajos cumbres de su pensamiento y obra, y permite al lector acercarse a un Che culto e incisivo, irónico y apasionado, terrenal y teórico revolucionario, es decir, vivo.
453 páginas, ISBN 1-876175-93-1

EL DIARIO DEL CHE EN BOLIVIA
Edición autorizada
Por Ernesto Che Guevara
Prólogo por Camilo Guevara, Introducción por Fidel Castro
El último de los diarios del Che, encontrado en su mochila en octubre de 1967, se convirtió de forma instantánea en uno de sus libros más célebres. La edición que se le entrega al lector ha sido revisada e incluye un prefacio de su hijo, Camilo Guevara, así como algunas fotos inéditas de la contienda.
291 páginas, ISBN 1-920888-30-6

APUNTES CRÍTICOS A LA ECONOMÍA POLÍTICA
Por Ernesto Che Guevara
La edición de los Apuntes económicos del Che, que se publica con el nombre de *Apuntes críticos a la Economía Política*, ha sido durante años uno de sus textos más esperados y posiblemente el que más polémica ha suscitado.

En la actualidad, cuando muchas de las críticas premonitorias expuestas por el Che se han cumplido de modo indubitable, el análisis y estudio del debate que desde Cuba preconizó, nos permite dimensionar la herencia conceptual que dejara.

Por su contenido los *Apuntes* no es una obra acabada ni agotada en sus presupuestos, sin embargo, queda el desafío a especialistas y en general a los estudiosos de su obra, que hagan suya la propuesta de investigar cómo asumir la transición socialista y la verdadera esencia de su economía política, y que sientan como propio el reto de emprender la gran obra del socialismo del siglo XXI y la apertura a un mundo nuevo.
430 páginas, ISBN 1-920888-63-2

NUEVOS LIBROS DE OCEAN SUR

DE VALENCIA A BAGDAD
Los intelectuales en defensa de la humanidad

Por Eliades Acosta

En el 2005 Jean Paul Sartre recibía, como regalo de centenario, el regreso del compromiso de los intelectuales. Un año antes, congregados en Caracas, cientos de ellos enfrentaban el proyecto imperialista de los neo-conservadores norteamericanos y decían adiós a la desmovilización, el desaliento y la soledad. Hugo Chávez exhortaba a tomar la ofensiva para salvar a la Humanidad de la pobreza, las guerras y el capitalismo, mientras Bagdad ardía, como una Guernica postmoderna. Trayendo el sol de la Valencia republicana en los huesos renacía una tradición combativa, y se reiniciaba la larga marcha. De todo ello trata este libro.

288 páginas, ISBN 1-920888-80-2

SOCIALISMO, LIBERACIÓN Y DEMOCRACIA
En el horno de los noventa

Por Fernando Martínez Heredia

Los trabajos que conforman la presente selección, están marcados por la impronta de la última década del siglo XX. En ellos el autor explora las tendencias que durante la misma fueron haciéndose visibles o maduraron en el pensamiento socialista, la democracia y la sociedad.

Aborda tan inmensa tarea partiendo de las realidades y de sus complejidades, no de simplificaciones, suaves mentiras o discretos velos. Demuestra por qué el pensamiento socialista de cara al siglo XXI debe ser audaz, honesto, creativo y pretender lo que pudiera parecer imposible, empleando para ello el combustible del debate con el fin de que nunca se estanque.

304 páginas, ISBN 1-920888-83-7

CUBA Y VENEZUELA
Reflexiones y debates

Por Germán Sánchez

Cuba y Venezuela es un resumen analítico sobre la Revolución cubana, y a la vez una comparación histórica entre la misma y el proceso de cambios que hoy acontece en Venezuela con la Revolución bolivariana. A través de entrevistas, artículos de prensa y materiales sobre temas comunes a ambos países en el ámbito cultural, comercial, diplomático, político y otros, el autor nos lleva paso a paso a descubrir los fundamentos y los principios de los vínculos entre los pueblos venezolano y cubano en este inicio de milenio.

324 páginas, ISBN 1-920888-34-9

NUEVOS LIBROS DE OCEAN SUR

AMÉRICA, MI HERMANO, MI SANGRE
Un canto latinoamericano de dolor y resistencia
Por Oswaldo Guayasamín y Pablo Neruda

En una colaboración histórica entre la Fundación Guayasamín, la Fundación Pablo Neruda y la editorial Ocean Press, se unen por vez primera la obra de dos de los artistas más importantes de América Latina, el poeta Pablo Neruda y el pintor Oswaldo Guayasamín.

Con texto bilingüe en inglés y español, este libro utiliza extractos de la obra magistral de Neruda, *Canto General*, junto con pinturas de todos los periodos claves de la obra de Guayasamín a través de su larga carrera artística. *América, Mi hermano, Mi sangre* da vida a las batallas, derrotas, victorias y héroes de la historia de resistencia de América Latina.

Señalado por los especialistas como el sucesor de Diego Rivera, gran parte de la obra de Oswaldo Guayasamín se exhibe en galerias y colecciones privadas de los Estados Unidos. Este es el primer libro editado con una selección de sus cuadros.

120 páginas, ISBN 1-920888-73-X

REBELIÓN TRICONTINENTAL
Las voces de los condenados de la tierra de Asia, África y América Latina
Editado por Ulises Estrada y Luís Suárez

"No ha existido ninguna batalla legítima ni causa que reclame justicia en Africa, Asia o América Latina, donde haya faltado el mensaje de apoyo y aliento de los luchadores del Tercer Mundo que militan en las filas de la solidaridad tricontinental, organizados en la OSPAAAL." —Fidel Castro

Una amplia selección de trabajos publicados en la revista *Tricontinental* que agrupa por primera vez lo major del pensamiento radical sobre las luchas y problemas más significativos del movimiento revolucionario del tercer mundo de la década de los 60 hasta el presente.

510 páginas, ISBN 1-920888-58-6

CHÁVEZ: UN HOMBRE QUE ANDA POR AHÍ
Una entrevista con Hugo Chávez por Aleida Guevara

Aleida Guevara, médico pediatra e hija mayor del Che Guevara, entrevistó al Presidente Hugo Chávez en febrero del 2004. La entrevista lleva al lector a descubrir la Revolución bolivariana y a la vez toda la falsedad que esgrimen sus enemigos. Cubre el proceso bolivariano que intenta darle una vida digna a los que por siglos han sido olvidados y explotados.

145 páginas, ISBN 1-920888-22-5

NUEVOS LIBROS DE OCEAN SUR

AMÉRICA LATINA
Despertar de un continente

Por Ernesto Che Guevara

La presente antología lleva al lector de la mano, a través de un ordenamiento cronológico y de diversos estilos, por tres etapas que conforman la mayor parte del ideario y el pensamiento de Che sobre América Latina.

495 páginas, ISBN 1-876175-71-0

AMÉRICA LATINA ENTRE SIGLOS
Dominación, crisis, lucha social y alternativas políticas de la izquierda

Por Roberto Regalado

América Latina entre siglos sintetiza las vivencias y reflexiones acumuladas por un testigo privilegiado, activo participante durante más de 30 años en los debates de la izquierda latinoamericana y caribeña. Cuatro procesos —concluye el autor— caracterizan la situación latinoamericana en el tránsito entre los siglos XX y XXI: la sujeción a un esquema de dominación foránea cualitativamente superior al de posguerra; el agravamiento de la crisis capitalista; el auge de las luchas populares; y las redefiniciones estratégicas y tácticas de los partidos y movimientos políticos de izquierda.

277 páginas, ISBN 1-921235-00-4

MARX, ENGELS Y LA CONDICIÓN HUMANA
Una visión desde Latinoamérica

Por Armando Hart

Los materiales que integran la presente recopilación, constituyen una muestra de la recepción y actualización que hizo el autor de las ideas de Marx y Engels a partir de la tradición revolucionaria cubana, tras los difíciles momentos del derrumbe del campo socialista en Europa Oriental y la Unión Soviética, hasta la actualidad.

240 páginas, ISBN 1-920888-20-9

www.oceansur.com
www.oceanbooks.com.au